专业绘图基础教程

（含习题集）

主　编　李玉菊　张东梅
副主编　王伟冰　杨丽婕

科学出版社
北　京

内 容 简 介

本书以教育部高等学校工程图学教学指导委员会2004年提出的“普通高等院校工程图学课程教学基本要求”为依据，结合21世纪对高校人才培养的需求，在对工程图学的教学本质和功能再认识的基础上，以培养学生综合素质及创新能力为出发点，结合编者多年教学经验、实践经验和教改成果编写而成。

全书由教程、配套习题集组成。内容包括机械图样的表示法、标准件及常用件的表示法、零件图、装配图、展开图、其他工程图简介、工程图样的管理、计算机三维实体造型，共8章，书后有附录。

本书主要针对普通高等院校的“专业绘图基础”课程编写，主要适合于掌握了图学基础知识后，学时在38～68的高校机械类、近机械类各专业的本科生作为专业绘图基础教材使用，同时也可供广大技术人员学习参考。

图书在版编目（CIP）数据

专业绘图基础教程（含习题集）/ 李玉菊，张东梅主编．—北京：科学出版社，2013. 2

ISBN 978-7-03-036663-4

Ⅰ．①专…　Ⅱ．①李…　②张…　Ⅲ．①工程制图 – 高等学校 – 教材
Ⅳ．① TB23

中国版本图书馆 CIP 数据核字（2013）第 024096 号

责任编辑：朱晓颖　张丽花 / 责任校对：李　影
责任印制：张　伟 / 封面设计：迷底书装

科学出版社 出版
北京东黄城根北街16号
邮政编码：100717
http://www.sciencep.com
北京建宏印刷有限公司印刷
科学出版社发行　各地新华书店经销
*
2013年2月第　一　版　开本：787×1092 1/16
2025年12月第九次印刷　印张：28 1/4
字数：705 000

定价：79.80 元（含习题集）
（如有印装质量问题，我社负责调换）

前　言

伴随着高等教育的全面改革，工程制图也面临着教学内容、教学体系及教学手段的改革。近年来，工程制图课程的教育思想、教育理念发生了很大的变化，未来对人才的素质要求、学生的智力开发都对图学教育提出了更新更高的要求。因此，如何适应新时期人才培养模式，紧跟时代步伐，培养高素质的人才，是我们每个图学教育者必须思考和面对的问题。

本书是以教育部高等学校工程图学教学指导委员会2004年提出的“普通高等院校工程图学课程教学基本要求”为依据，结合21世纪对高校人才培养的需求，在对工程图学的教学本质和功能再认识的基础上，以培养学生综合素质及创新能力为出发点，结合编者多年教学经验、实践经验和教改成果编写而成的。

本书全部采用最新颁布的《技术制图》与《机械制图》国家标准，坚决维护标准的权威性，贯彻标准化思想。在书中，综合考虑了当前师生状况，使教学内容、教学方法及教学手段相协调，力求在不增加师生负担的前提下，充分利用有限的教学资源，最大限度地调动学生学习的主动性和积极性，使学生在规定的学时内，掌握好机械制图的基本理论和方法，努力使图学教育向“知识、技能、方法、能力、素质”综合培养的教育方向转化。在教材体系的编排和内容的选取上，突出本课程教学内容的规范性、实践性、创造性，注重理论联系实际，力求简明扼要、重点突出、思路清晰。可较好地启发学生进行创新性思维，有利于培养学生的综合实践能力和产品构形设计能力。

本书的主要特点是：以机械制图为主要内容，简明扼要地介绍其他工程图样，可使学生扩展知识面；增加了工程图样管理的章节，完善了本课程的知识体系，使学生学以致用；将零件的构形设计与三维绘图软件的应用有机结合，使教学更有直观性、前瞻性。

本书可作为普通高等院校教材，也可供广大工程技术人员学习参考。本书配套的习题集含有难易程度不同且数量适中的习题，可供学生练习。

本书由长春理工大学制图教研室“专业绘图编写组”编写。李玉菊、张冬梅担任主编，王伟冰、杨丽婕担任副主编，参加本书编写的还有：张学忱、薛珊、赵峻彦、张宝庆、李俊烨、朱立峰、弯艳玲、高伟。

本书由吉林省工程图学学会理事长侯洪生教授主审，在此谨对侯洪生教授表示衷心的感谢。

本书的编写得到了长春理工大学光电信息学院于洪老师的指导和帮助；本书的出版得到学校教务处的大力支持；编写中参考了国内同类教材和文献资料，在此一并表示衷心的感谢！

由于编者水平所限，书中难免存在缺点和疏漏之处，恳请广大读者和有关专家学者批评指正。

编　者

2012年11月

目 录

绪　论

一、本课程研究的对象及性质

本课程是研究绘制和阅读机械工程图样的一门学科，是工科机械类本科生必修的一门重要的技术基础课，是通向专业课学习的桥梁。

在工程技术中，为了正确地表示出机器、部件、零件的形状、大小、规格和材料等内容，通常将这些物体按照一定的投影方法和技术规定表达在图纸上，这称为机械工程图样。在设计和改造机器设备时，要通过图样来表达设计思想和要求，在制造机器过程中，无论是制作毛坯还是加工、检验、装配等各个环节，都要以图样作为依据。在使用时，也要通过图样来帮助了解机器的结构与性能。因此，图样与语言、文字一样，是人类表达设计思想、交流技术经验必不可少的重要工具，是制造、使用机器过程中的一种主要的技术资料，被称为“工程界的语言”。

二、本课程的学习任务

（1）培养对三维形状与相关位置的逻辑思维和形象思维能力，以及空间想象和空间分析能力。

（2）培养绘制和阅读机械工程图样（主要指零件图和装配图）的能力。

（3）培养测绘机器零件和部件的能力。

（4）培养使用 CAD 软件绘制二维工程图样和三维实体造型设计的能力。

（5）培养认真细致、一丝不苟、对技术精益求精的工程技术人员的素质。

三、本课程的学习方法

1. 灵活应用图学基本理论和方法，提高两个能力

本课程是在学习了图学的基本理论和基本方法的基础上，进一步学习专业绘图方面的基本知识。学习时，要把基本概念理解透彻，做到融会贯通，紧紧抓住“图形”不放，严格遵守制图的基本规则，理论联系实际，勤于思考，多看多画，不断地“由物画图”、“由图想物”，逐渐提高绘制和阅读机械工程图样的能力和创造性构形设计的能力。

2. 重视实践

绘图和读图的能力培养主要通过一系列的绘图和读图实践来实现。完成一定数量的习题和作业，是巩固基本理论和培养绘图、读图能力的基本保证。因此，对习题和作业应高度重视，认真、按时、独立、优质地完成。

在部件测绘中，学会查阅资料，独立思考，不断增强和积累实践知识，综合应用所学知识，独立完成部件测绘任务。

3. 掌握正确的绘制和阅读机械图样的步骤和方法

在学习中，一般对制图的基本规定的理解并不难，难的是画图和读图的实际应用。因此，必须分析机械零件的特征，明确它们的用途，熟悉它们的表达方法，掌握正确的画图和读图的步骤和方法，才能准确、快速地画出图形和读懂图样。

4. 要注意培养自学能力

在自学中，要循序渐进和抓住重点，把基本概念、基本理论、基本知识掌握好，还要多动手画图，多看一些图例，不断增加知识储备，从而扩展知识面。

5. 严格遵循国家标准

国家标准是评价机械工程图样是否合格的重要依据，因此，要认真学习和掌握国家标准的相关内容，并严格遵守。要学会查阅和使用国家标准，掌握查阅机械设计手册及相关资料的方法。

第一章　机械图样的表示法

表达机件（泛指零件，部件）的图样统称为机械图样，机件的不同功能决定其形状是多种多样的，为了使图样能够正确、完整、清晰地表达机件的内外结构形状，国家标准《机械制图》、《技术制图》中规定了一系列表示法。本章主要介绍一些常用的表示法，并侧重讨论根据机件结构特点，正确选择图样的各种表示法，组合成零件的表达方案，正确、完整、清晰地表达机件结构形状。

1.1　视　　图

视图主要用来表达机件的外部形状，视图一般只画机件的可见轮廓，必要时才画出其不可见轮廓。

视图分为基本视图、向视图、局部视图和斜视图四种。

在本节内容中遵循和采用了国家标准 GB/T 17451—1998《技术制图 图样画法 视图》和 GB/T 4458.1—2002《机械制图 图样画法 视图》。

一、基本视图

物体在基本投影面上的投影称为基本视图。

1. 基本视图的建立

表示一个物体可以有六个基本投射方向，相应地有六个基本的投影平面分别垂直于六个基本投射方向，形成由六个基本投影面构成的投影体系。将物体置于该体系中，分别向六个基本投影面投射，将得到六个基本视图。六个基本视图的投射方向及相应的视图名称，如图 1-1 所示。

在机械制图中，六个基本视图的名称一般采用主视图、俯视图、左视图、右视图、仰视图和后视图。

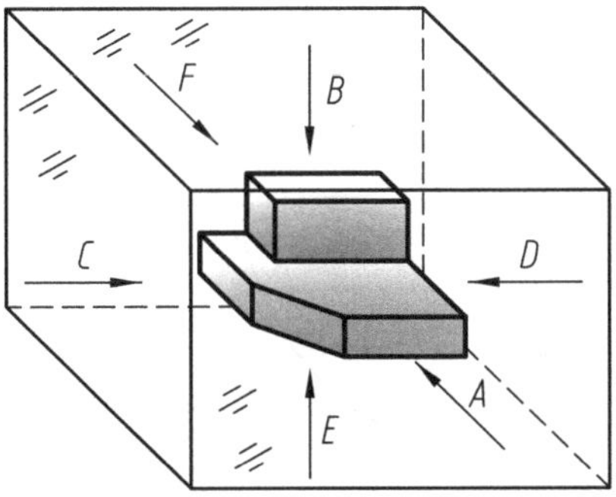

投射方向		视图名称
方向代号	方向	
A	自前方投射	主视图或正立面图
B	自上方投射	俯视图或平面图
C	自左方投射	左视图或左侧立面图
D	自右方投射	右视图或右侧立面图
E	自下方投射	仰视图或底面图
F	自后方投射	后视图或背立面图

图 1-1　六个基本视图的投射方向及名称

2. 基本视图的展开

将物体置于第一分角内，即物体处于观察者与投影面之间进行投射，然后按规定展开投影面。六个基本投影面展开方法是：正立投影面 V 不动，其他各投影面按图 1-2 中箭头所指方向转至与 V 面共面位置。

展开后的六个基本视图的配置位置和度量、方位的对应关系如图 1-3 所示。

在同一张图纸内若按图 1-3 配置视图时，称为按投影关系配置视图，一律不注视图的名称。必要时，可画出第一角画法的投影识别符号，如图 1-4（a）所示。

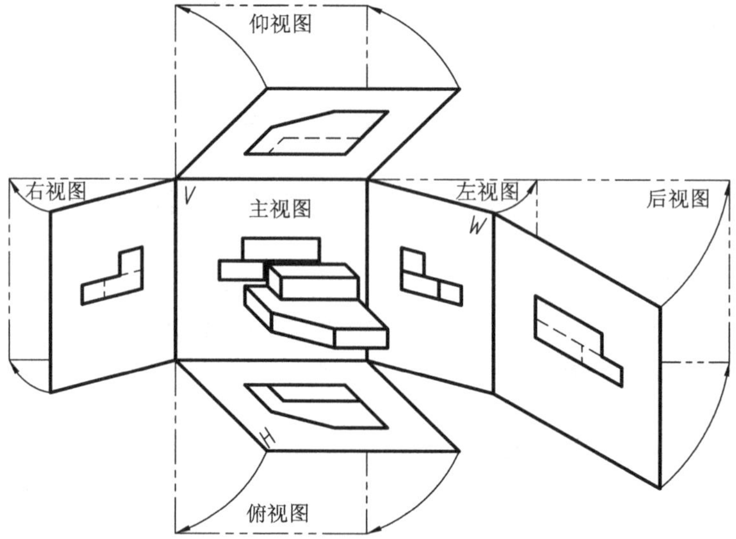

图 1-2　六个基本投影面的展开

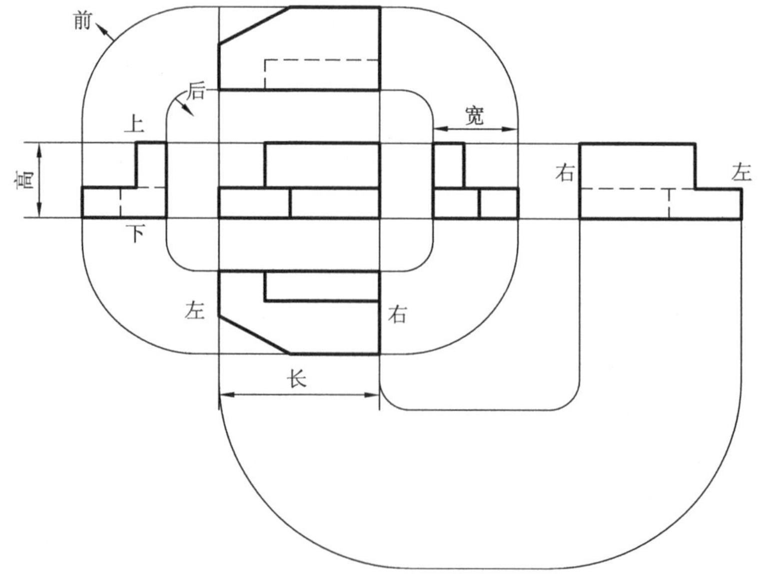

图 1-3　六个基本视图的配置和度量、方位对应关系

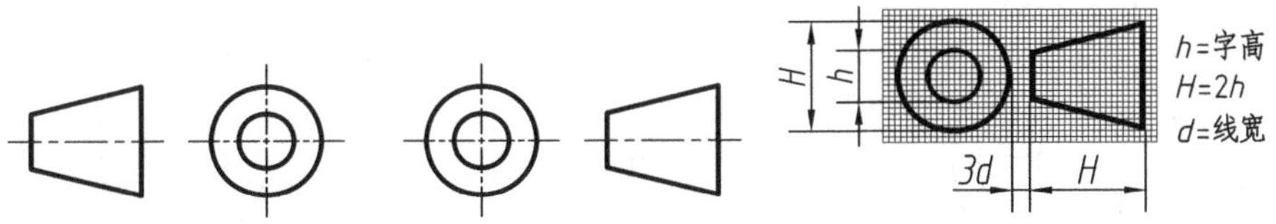

（a）第一角画法　　（b）第三角画法　　（c）尺寸比例

图 1-4　投影识别符号

在六个视图之间仍要保持“三等”关系，即

主、俯、仰、后视图——长对正——长度尺寸相等；

主、左、右、后视图——高平齐——高度尺寸相等；

俯、仰、左、右视图——宽相等——宽度尺寸相等。

3. 基本视图的应用

实际画图时，没有必要将六个基本视图全部画出。应用基本视图时，主视图应尽量反映物体的主要特征，可根据物体的实际情况选用其他视图。在完整、清晰地表达物体特征的前提下，使视图数量为最少，力求制图简便。

如图 1-5 所示支架，图中用了主、俯、左三个视图。从图中可以看出，采用主、左两个视图，已经能够将支架的各部分形状完全表达，其中的俯视图显然是多余的，可以不画。但由于零件的左、右部分都一起投影在左视图上，使得虚、实线重叠，很不清晰。如果采用一个右视图，便能把支架右边的孔腔形状表达清楚。同时，在左视图上，表示支架右边的孔腔形状的虚线可省略不画，如图 1-6 所示。显然采用了主、左、右三个视图表达该零件比图 1-5 表达得清晰。

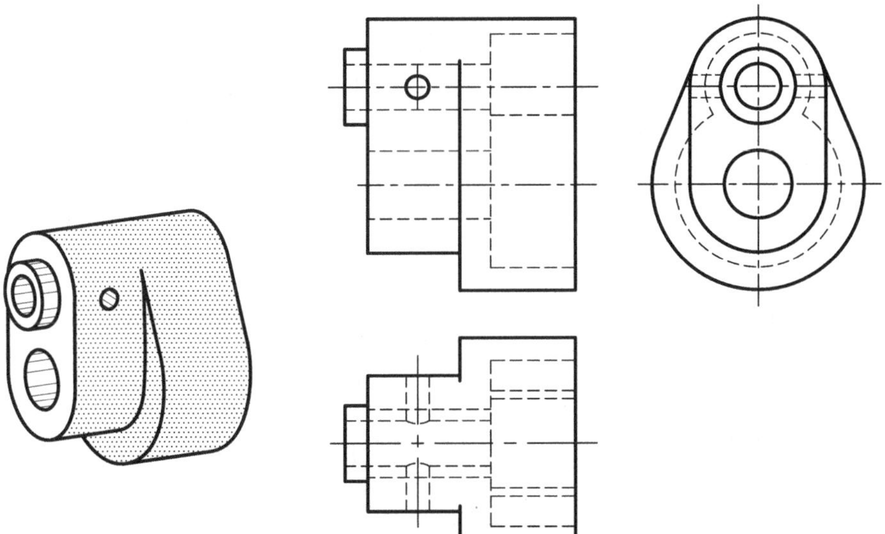

图 1-5　用主、俯、左三个视图表达支架并不适宜

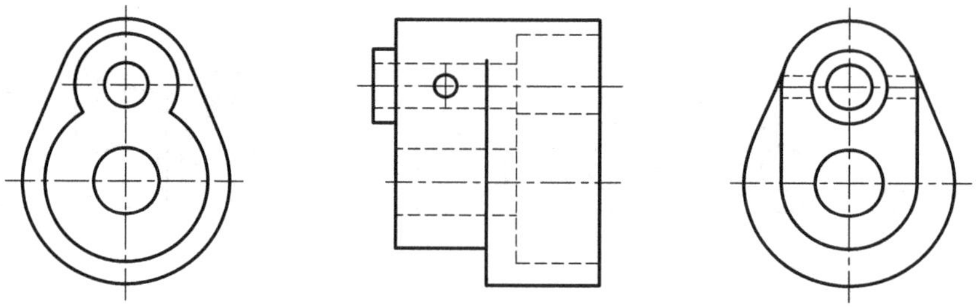

图 1-6　用主、左、右三个视图表达支架较好

二、向视图

向视图是可自由配置的视图。

当基本视图按图 1-3 所示的位置配置时，一律不标注视图的名称。为合理利用图纸，可以自由配置视图，如图 1-7 所示，此时，要在向视图上方居中标注名称“×”（“×”为大写拉丁字母），在相应的视图附近用箭头指明投射方向，并标注相同的字母。

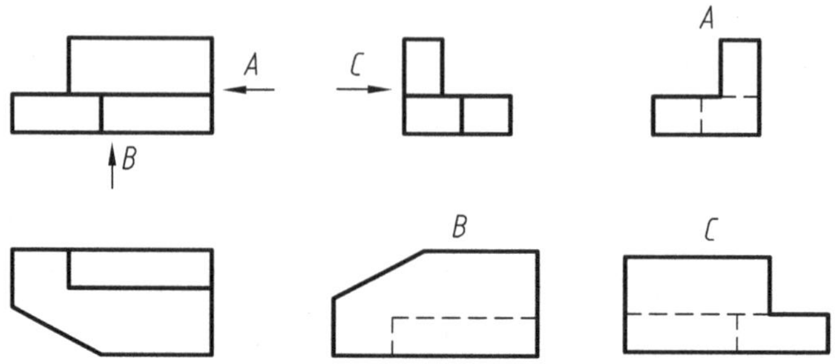

图 1-7　向视图及其标注

画向视图时应注意：

（1）向视图是基本视图的一种表达形式，其主要差别是视图的配置。

（2）表示投射方向的箭头应尽可能配置在主视图上。而表示后视图的投射方向的箭头尽可能配置在左视图或右视图上，如图 1-7 所示。如果将投射方向的箭头指向俯视图，得到的反应物体后面形状的 C 视图出现了底面向上、顶面向下，即旋转了 180° 的倒置现象，如图 1-8 所示。按照这一指向画出的图形，实质上已是由换面法生成的辅助视图，而不属于基本视图了。若按图 1-8 所示选择后视图投射方向，会给读图带来麻烦。

（3）画向视图时，不能倾斜地投射，不能只画出部分图形，不能旋转配置。

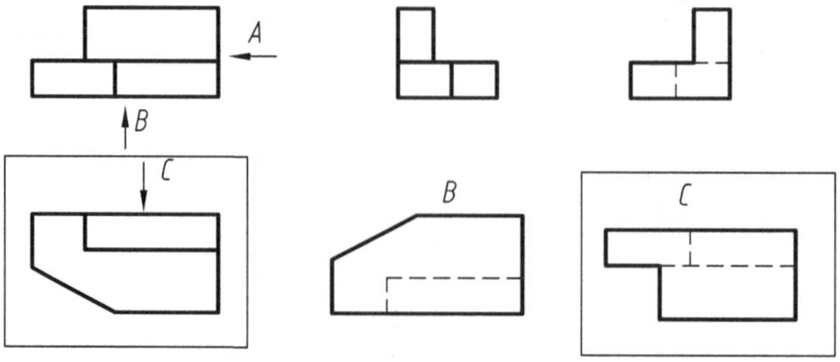

图 1-8　后视图投射方向的选择

三、局部视图

局部视图是将物体的某一部分向基本投影面投射所得的视图。

1. *局部视图的画法*

画局部视图时，其断裂边界用波浪线或双折线表示，如图 1-9 所示的 *A* 局部视图。当所表示的局部视图的外轮廓线成封闭式，则不必画出其断裂边界线，只需完整画出该局部结构，如图 1-9 所示的 *B* 局部视图。

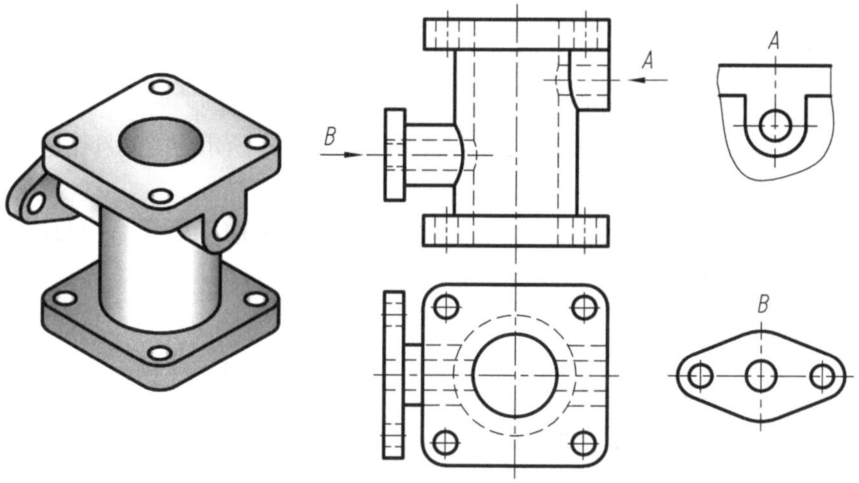

图 1-9　局部视图的画法

为了节省绘图时间和图幅，对称的机件的视图可画一半或四分之一，并在对称中心线的两端画出两条与其垂直的平行细实线，如图 1-10 所示。此图可看成是局部视图的特殊画法，断裂边界线可看成是用细点画线表示。

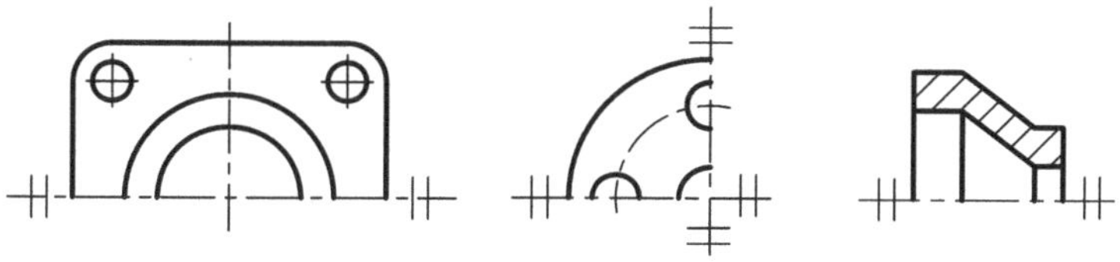

图 1-10　对称机件局部视图的特殊画法

画局部视图时应注意：

（1）由于截断机件是假想的，机件的其他视图应完整画出。

（2）表示机件断裂边界的波浪线不应超出轮廓线，也不应画在机件的中空处。图 1-11 所示为一块用波浪线断开的空心圆板，用正、误对比说明了表示断裂边界线的波浪线的正确画法。

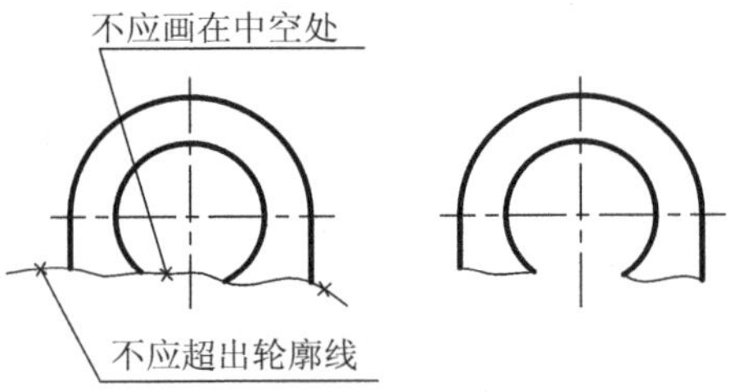

（a）错误　　　　（b）正确

图 1-11　表示断裂边界线的波浪线的正确画法

2. 局部视图的配置

在机械制图中，局部视图的配置可采用以下方式：

（1）局部视图可按基本视图的配置形式配置，如图 1-12 所示中的局部俯视图和左视图。

（2）局部视图可按向视图的配置形式配置，如图 1-13 所示。

（3）局部视图可按第三角画法配置在视图上所需表示物体局部结构的附近，并用细点画线相连，如图 1-14 所示。

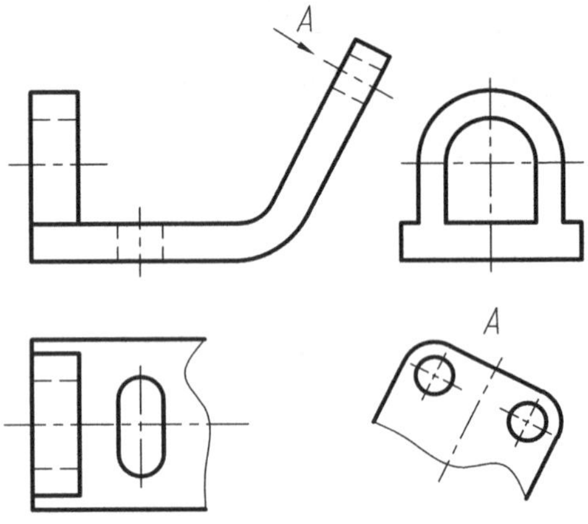

图 1-12　按基本视图配置的局部视图

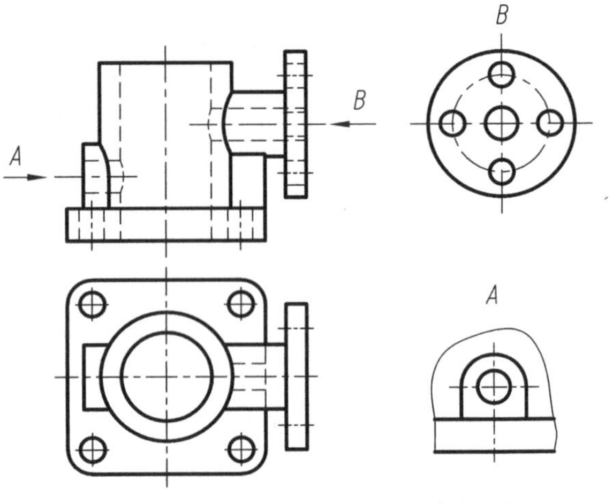

图 1-13　按向视图配置的局部视图

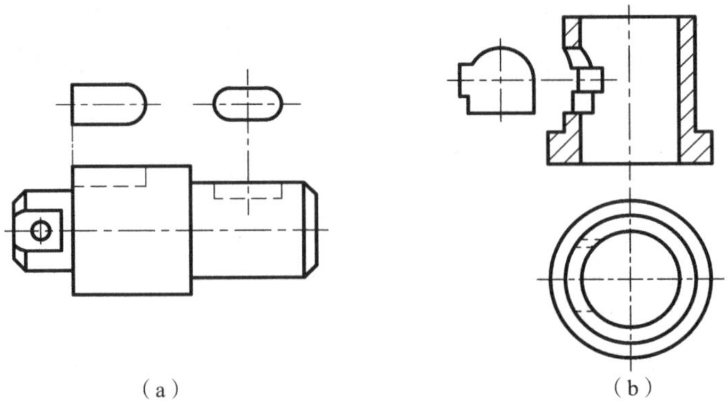

（a）　　　　（b）

图 1-14　按第三角画法配置的局部视图

3. 局部视图的标注

标注局部视图时，通常在其上方用大写的拉丁字母标出视图的名称，在相应的视图附近用箭头指明投影方向，并注上相同的字母，如图 1-13 所示。

当局部视图按基本视图配置，中间又没有其他图形隔开时，则不必标注，如图 1-12 所示。按第三角画法配置的局部视图也不必标注，如图 1-14 所示。

四、斜视图

斜视图是物体向不平行于基本投影面的平面投射所得的视图。

如图 1-15（a）所示，当机件上某部分的结构不平行于基本投影面，在基本视图上不能反映该部分的实形时，可选一个新的辅助投影面，使它与机件上倾斜部分的主要平面平行，新的辅助投影面垂直于某个基本投影面，然后将机件的倾斜部分向该辅助投影面投射，就可获得反映倾斜部分实形的视图，即斜视图。

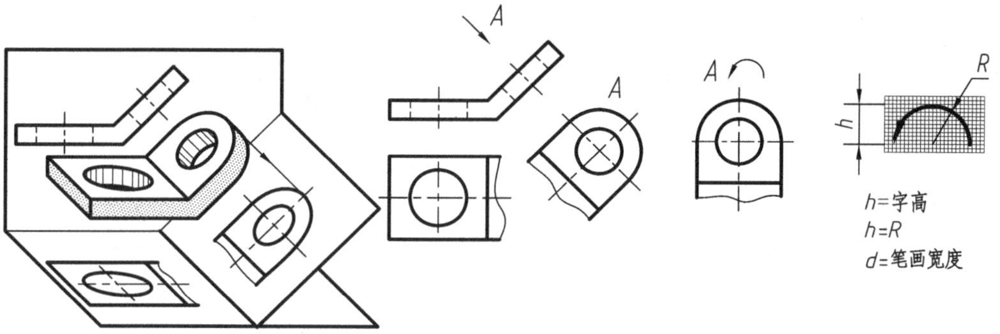

（a）（b）（c）（d）

图 1-15　斜视图及其标注

斜视图通常只要求表达机件倾斜部分的实形，其余部分不必全部画出，其断裂边界线用波浪线表示。

画斜视图时应注意：

（1）斜视图通常按向视图的配置形式配置并标注。即按投射方向配置并标注，如图 1-15（b）所示的 *A* 斜视图，其名称和表示投射方向的箭头旁的字母均要水平书写，箭头要垂直于倾斜表面。

（2）必要时，允许斜视图按小于 90° 方向旋转配置，转正后的斜视图名称改为“*X*↶”或“↷*X*”。表示视图名称的字母应靠近旋转符号的箭头端，也允许将旋转角度值标注在字母后，旋转符号的方向应与实际旋转方向相一致，如图 1-15（c）所示。旋转符号的尺寸和比例，如图 1-15（d）所示。

【例 1-1】已知图 1-16 所示压紧杆的结构形状（图中用三视图表达），选择适当的一组视图将机件完整、清晰、简捷地表达出来。

解：压紧杆由大圆柱筒、凸台、弯板和小圆柱筒四部分组成，其中弯板和小圆柱筒是倾斜结构，处于正垂面位置，不平行于基本投影面。它的俯、左视图均不反应实形，给绘图、读图带来困难，也不便于标注尺寸。

为了表达倾斜部分的实形，可采用变换投影面的方法，如图 1-17 所示，沿箭头 *A* 的方向，将倾斜部分结构投射到平行于倾斜表面的新投影面 H_1 上，得到斜视图，表达了该倾斜表面的实形。画了 *A* 向斜视图后，俯视图上倾斜表面的投影可以不画，其断裂边界线也用波浪线表示。有了俯视图表达大圆柱体、凸台、弯板的宽度尺寸后，左视图可以不画。对于凸台的轮廓形状，可以用一个局部视图来表达。如图 1-18 所示，最终采用一个主视图、一个斜视图和两个局部视图来表达该零件，就显得更清晰、更合理。

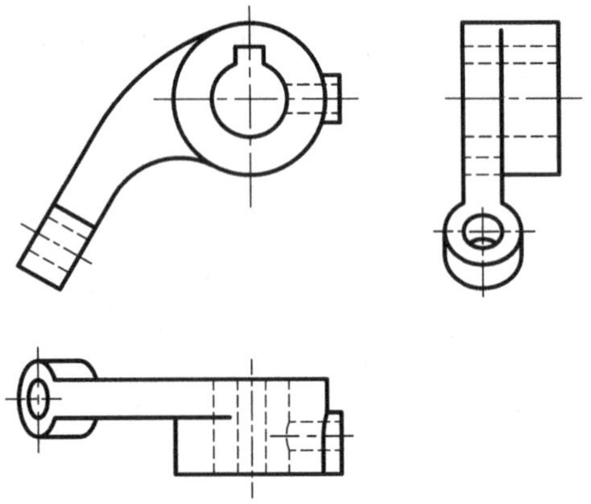

图 1-16　压紧杆的三视图

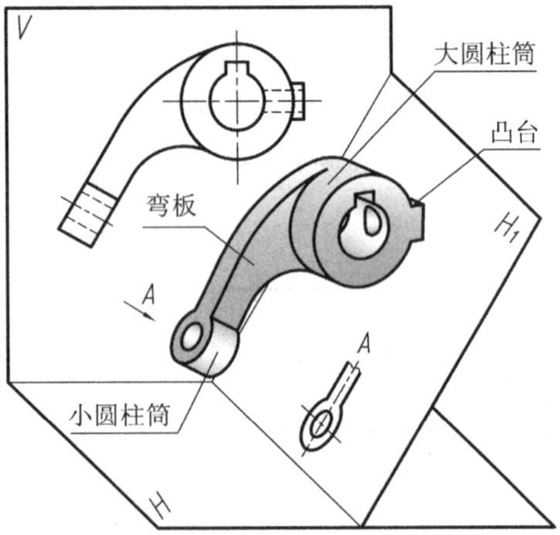

图 1-17　压紧杆斜视图的形成

局部视图和斜视图一般按投影关系配置，如图 1-18（a）所示。若这样配置在图纸的布局上不很适宜时，也可以配置在其他适当位置，斜视图也允许旋转，故采用了图 1-18（b）所示的位置。显然图 1-18（b）所示的布局较好。

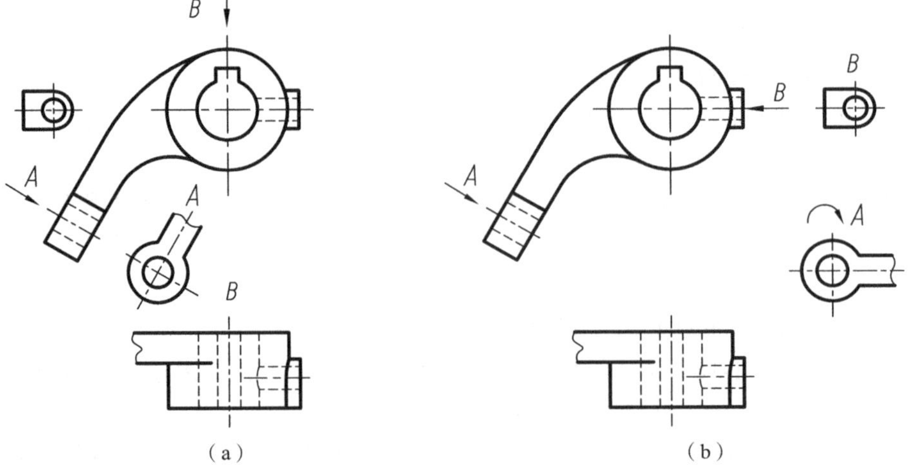

（a）　（b）

图 1-18　压紧杆结构完整、清晰、简捷的表达

1.2 剖 视 图

当机件的内部结构比较复杂时，在视图中就会出现许多虚线，如图 1-19 所示，这些虚线与其他图线重叠影响图形的清晰，给读图和标注尺寸带来不便。为了清晰地表达机件的内部结构，常采用剖视的画法。

在本节内容中完全遵循和采用了 GB/T 17452—1998《技术制图 图样画法剖视图和断面图》和 GB/T 4458.6—2002《机械制图 图样画法 剖视图和断面图》。

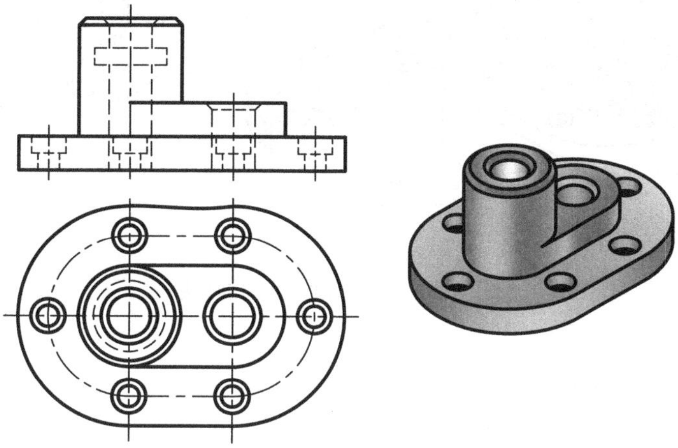

图 1-19 未剖开的机件

一、剖视图的概念及基本画法

1. 剖视图的定义

假想用剖切平面剖开机件，将处在观察者和剖切面之间的部分移开，而将其余部分向投影面投射并在剖面区域内画上剖面符号，所得到的图形叫剖视图，简称剖视。所谓剖面区域是指剖切平面与被剖机件相接触的部分，如图 1-20（a）所示。

2. 画剖视图的方法和步骤

1）确定剖切面的位置

一般用平面作剖切面（也可用柱面）。为了能够清楚地表达机件内部结构的真实形状，避免剖切后产生不完整的结构要素，剖切平面通常平行于投影面，且通过机件内部孔、槽的轴线或对称面，如图 1-20（a）所示，选择平行于正面的对称面为剖切面。

2）画剖切后的投影图

画图时，首先要想象清楚剖切后哪部分移走了，哪部分留下了，留下的部分向哪个投影面投射，有哪些剖面区域，剖切面后面的结构还有哪些是可见的？要把剖面区域和剖切面后面的可见轮廓线画全，如图 1-20（b）所示。

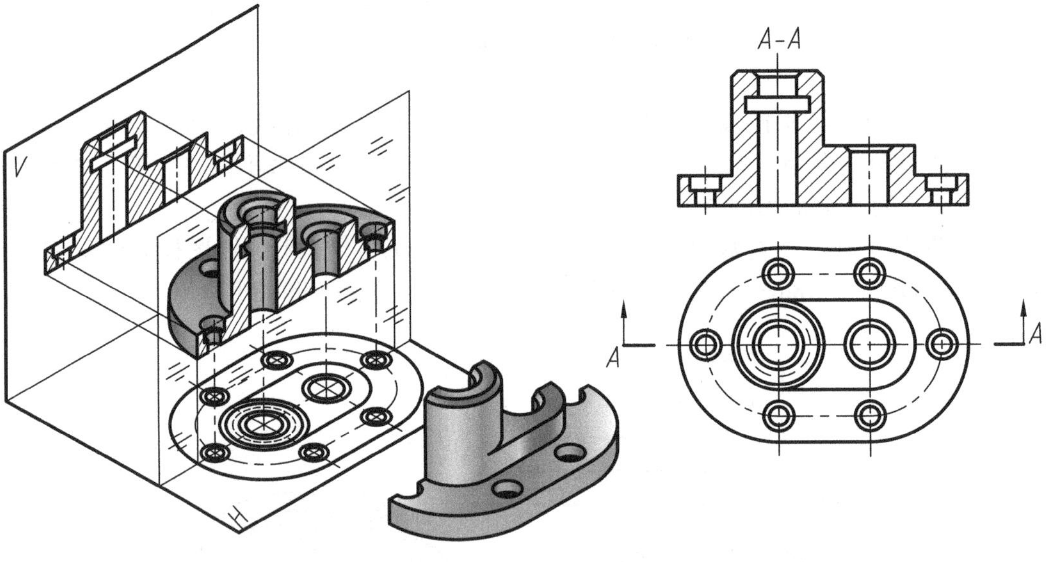

（a）　　　　（b）

图 1-20　剖视图的形成和画法

3）在剖面区域内画上剖面符号

画剖视图要在剖面区域内画上剖面符号。表 1-1 列出了 GB/T4457.5—1984《机械制图 剖面符号》规定的剖面符号。

表 1-1　剖面符号

金属材料（已有规定剖面符号者除外）	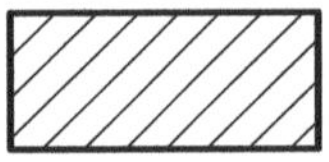	玻璃及供观察用的其他透明材料	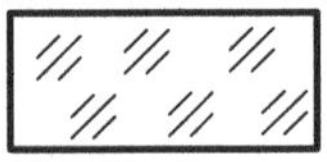
非金属材料（已有规定剖面符号者除外）		基础周围的泥土	
型砂、填砂、砂轮、粉末冶金、陶瓷刀片、硬质合金刀片等	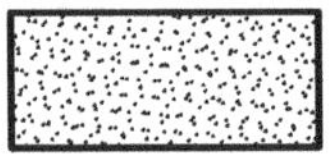	混凝土	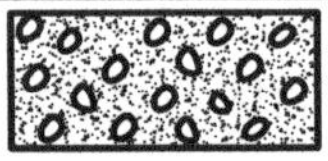
线圈绕组元件	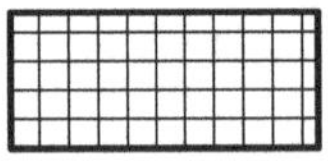	钢筋混凝土	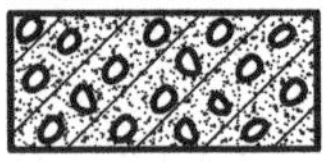
转子、电枢、变压器和电抗器等的迭钢片	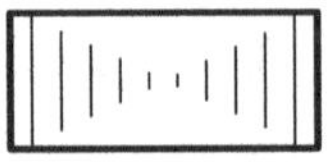	砖	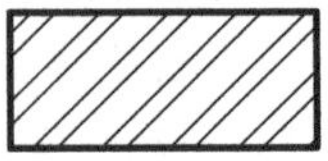
木材　纵断面	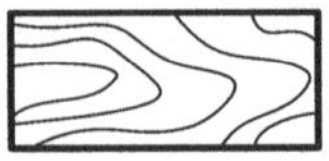	木质胶合板（不分层数）	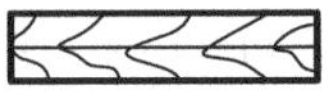
		格网（筛网、过滤网）	
木材　横断面		液体	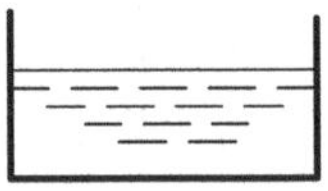

剖面符号一般与机件的材料有关，当不需要在剖面区域中表示材料的类别时，可采用通用的剖面符号。通用的剖面符号用细实线绘制，称为剖面线。

在 GB/T 4457.5—1984 中规定剖面线应画成间隔相等、方向相同而且与水平线成 45° 的平行线。剖面线的间距视剖面区域的大小而异，一般取 2～4mm，同一零件的各个剖面区域的剖面线应方向相同，间隔相等，如图 1-21 所示。当图形的主要轮廓线或剖面区域的对称线与水平线成 45° 或接近 45° 时，该图形的剖面线可画成与主要轮廓线或剖面区域的对称线成 30° 或 60° 的平行线，其倾斜方向仍与其他图形的剖面线一致，如图 1-22 所示。

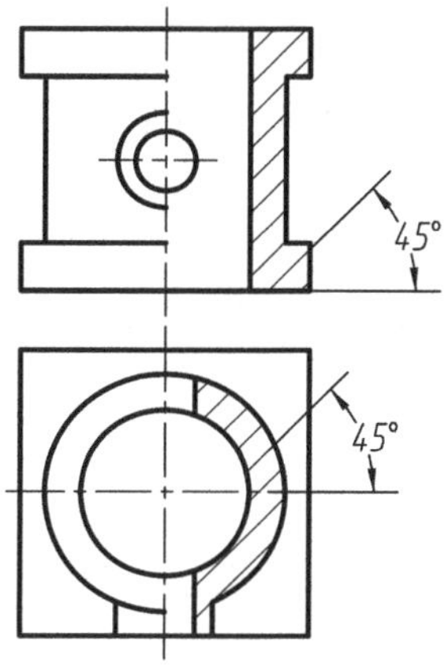

图 1-21　剖面线与水平线成 45°

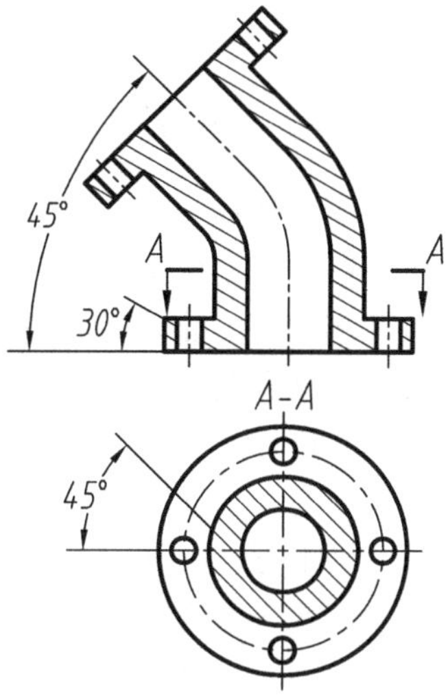

图 1-22　剖面线与水平线成 30° 或 60°

在 GB/T 17453—2005《技术制图 图样画法 剖面区域的表示法》中规定剖面线最好与图形的主要轮廓线或剖面区域的对称中心线成 45°，如图 1-23 所示。这种将剖面线的倾斜角度以表达对象的轮廓线（或中心线）为参照物是较为灵活和合理的。该标准还规定允许用点阵或涂色代替剖面线。这种规定主要方便于计算机绘图，通常用于零件图，如图 1-24 所示。

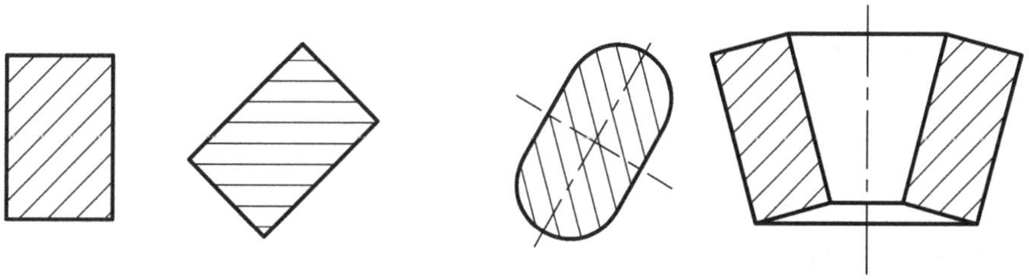

（a）剖面线与主要轮廓线成45°　　（b）剖面线与中心线成45°

图 1-23　剖面线与轮廓线（或中心线）成 45°

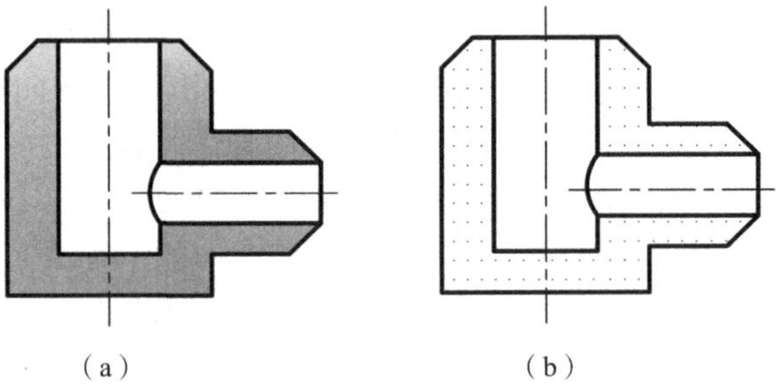

图 1-24　剖面区域用涂色和点阵表示

3. 剖视图的标注

剖视图一般应进行标注，以指明剖切位置，指示视图间的投影关系，便于看图。

1）剖视图标注的三要素

（1）剖切线。指示剖切面位置的线，用细点画线表示。

（2）剖切符号。指示剖切面起讫和转折位置（用粗短画线表示）及投射方向（用箭头表示）的符号。

（3）字母。在剖视图的上方用大写的拉丁字母标出“*X–X*”，以表示剖视图的名称；在剖切符号附近注写相同的字母，以便于看图。

以上三要素的组合标注如图 1-25（a）所示。在这三要素中，画在剖切符号之间的剖切线可以不画，如图 1-25（b）所示。

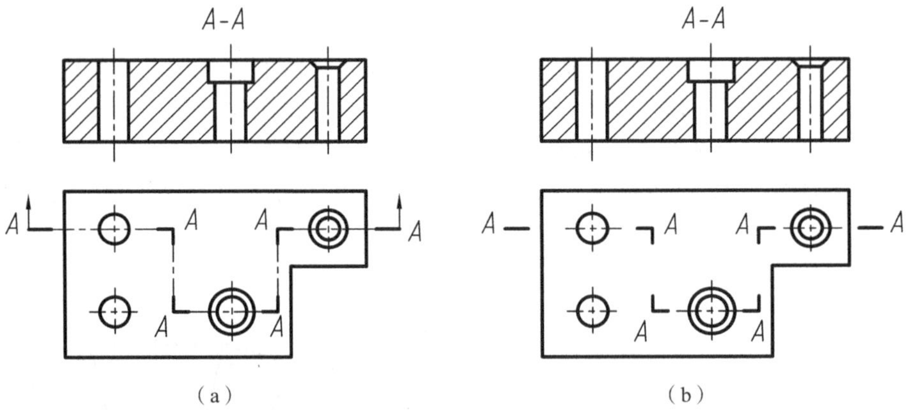

图 1-25　剖视图标注的三要素

2）剖视图的完整标注

一般应在剖视图的上方用大写的拉丁字母标出剖视图的名称“*X–X*”，在相应的视图上用剖切符号表示剖切位置（用粗短画线表示）和投射方向（用箭头表示），并标注相同的字母，如图 1-26 所示。

注意剖切符号起讫处的粗短画与轮廓线相交的地方应留适当间隙。

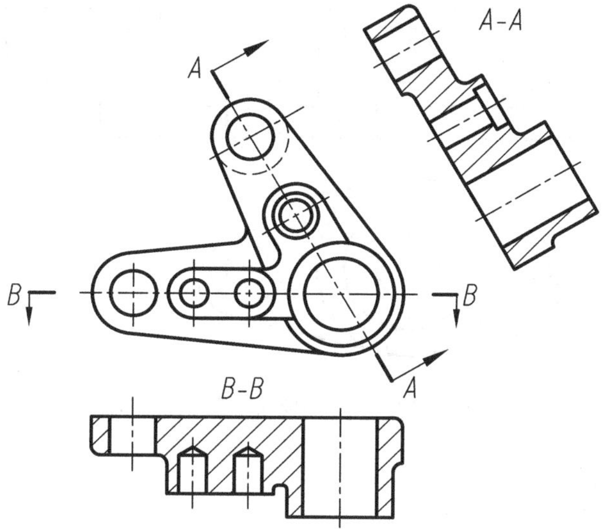

图 1-26 剖视图的完整标注

3）剖视图省略标注的情况

（1）当剖视图按投影关系配置，中间又无其他图形隔开时，可省略表示投射方向的箭头，如图 1-27 所示。

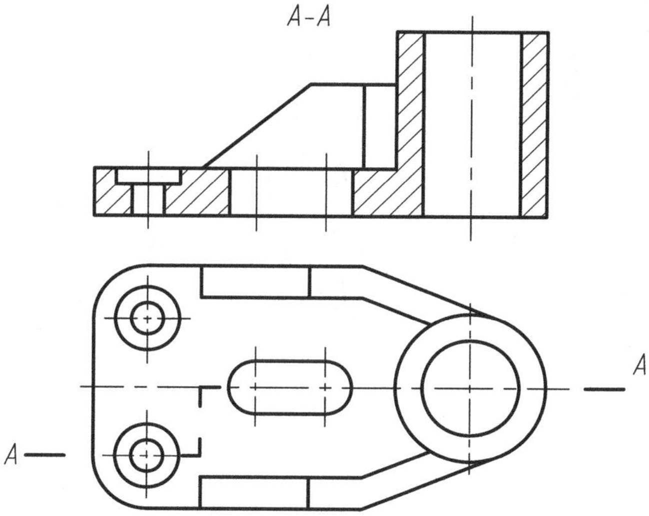

图 1-27 省略投射方向标注的剖视图

（2）当单一剖切平面通过机件的对称或基本对称平面，且剖视图按投影关系配置，中间又无其他图形隔开时，则不必标注，如图 1-28 所示。

剖视图完整地标注是基本规定，标注时可省而未省不作错论，但应提倡可省则省的简化注法。

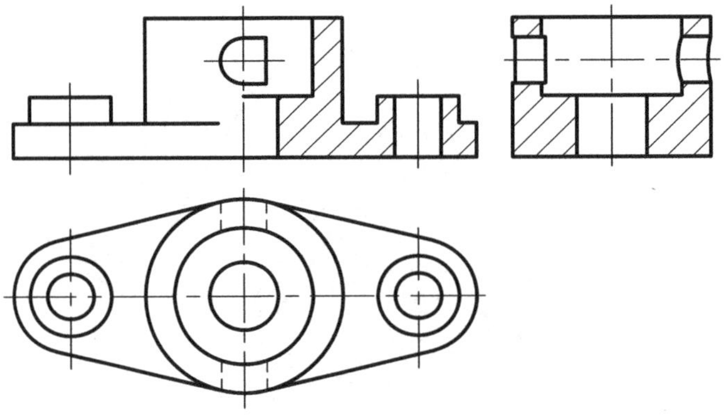

图 1-28　完全省略标注的剖视图

4）剖视图标注的应用

（1）在剖视图的标注中，当只需剖切绘制零件的部分结构时，为更好地表明剖切面的起讫和转折位置，应用剖切线（细点画线）连接剖切符号。剖切面可位于零件实体之外，但实体之外不画剖面线，如图 1-29 所示。

（2）选择剖切面位置时，一般不与轮廓线重合，必要时也允许紧贴机件的表面进行剖切，此时，该表面不画剖面线，如图 1-30 所示。

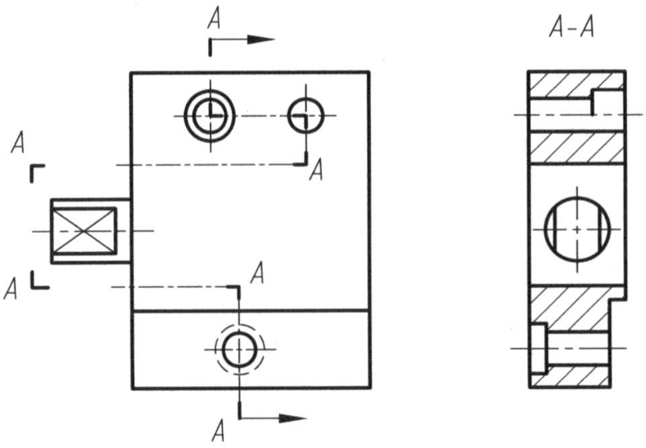

图 1-29　剖切部分结构的标注

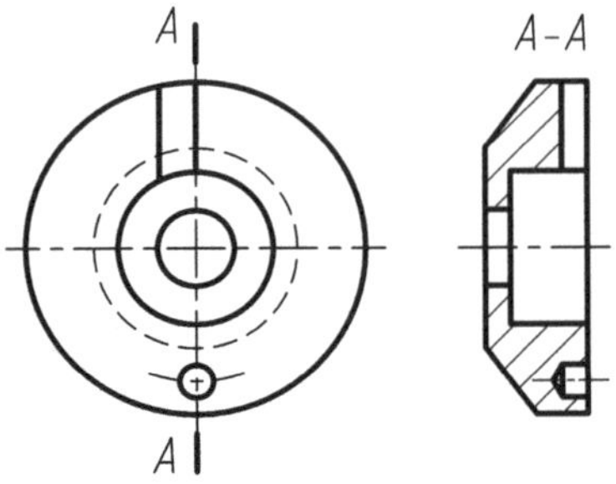

图 1-30　沿表面剖切的剖视图

4. 画剖视图注意点

（1）由于剖视图是假想地剖开机件，因此机件的一个视图画成剖视图，对机件的其他视图不产生影响，其他视图仍应完整地画出，如图 1-20 所示（主视图按剖切来画，俯视图仍按原形画出）。

（2）为清晰表达机件的内部结构，亦可以同时在几个视图上采用剖视，它们之间相独立，互不影响，如图 1-21 所示（主、俯、左都采用了剖视，三个图各自独立，互不影响）。

（3）不要漏画剖切面后边的可见轮廓线，对不可见轮廓线一般不画，只有对尚未表达清晰的结构，才用虚线画出，如图 1-31 所示。

（4）剖视图的位置按基本视图的配置规定配置，前面所讲的剖视图都是按基本视图的位置配置的。必要时允许配置在其他适当位置，如图 1-32 中 *B–B* 所示。

（5）当剖切平面纵向剖开机件的肋、轮辐及薄壁等结构时，这些结构通常按不剖绘制，即不画剖面符号，而用粗实线将它与邻接部分分开，如图 1-33 所示。

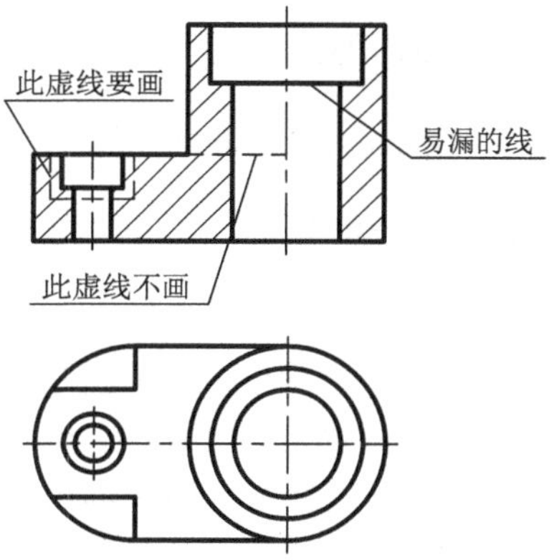

图 1-31　对处于剖切面后面的图线的表达

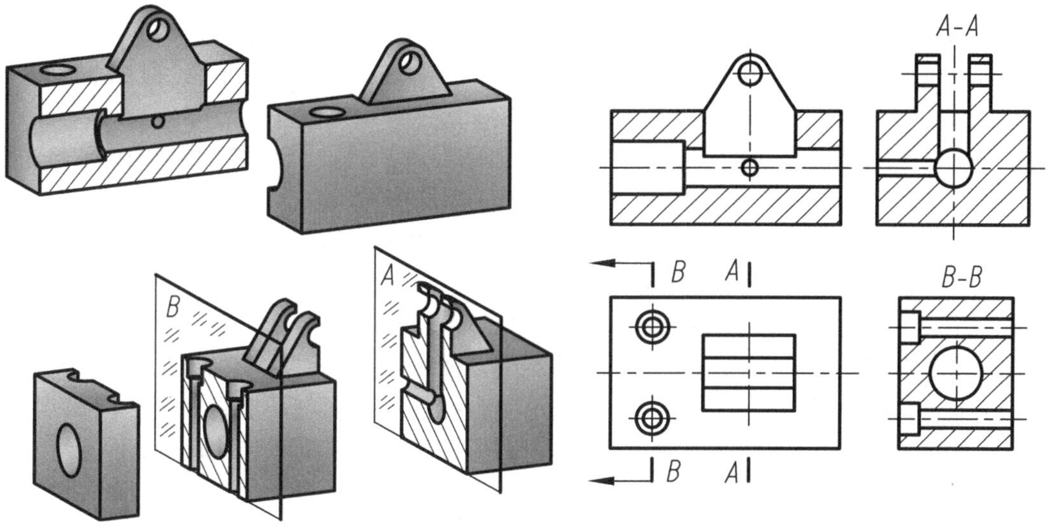

（a）　　（b）

图 1-32　剖视图不按基本视图位置配置

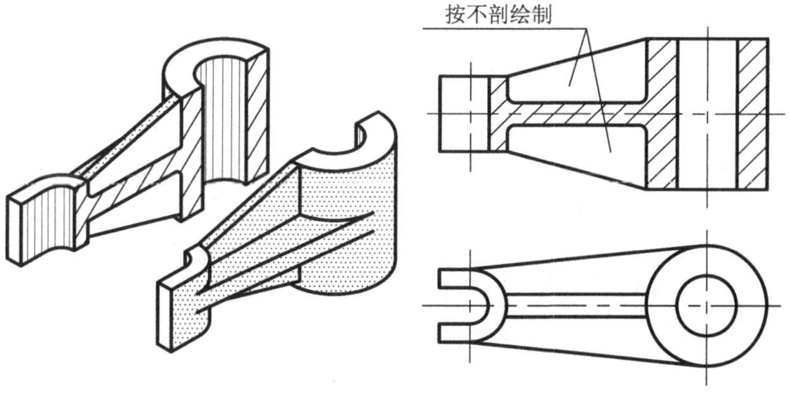

图 1-33　剖视图肋的规定画法

二、剖视图的种类

按剖切面剖开机件的程度不同，剖视图分为全剖视图、半剖视图和局部剖视图。

1. 全剖视图

用剖切面完全剖开机件所得的剖视图，称为全剖视图。

全剖视图的画法及标注规则如图 1-20、图 1-22、图 1-25、图 1-26、图 1-27、图 1-29、图 1-32 和图 1-33 所示。

用途：全剖视图适用于内形比较复杂、外形比较简单（或外形已在其他视图上表达清楚）的机件。

2. 半剖视图

当机件具有对称平面时，向垂直于对称平面的投影面上投射所得的图形，可以对称中心线分界，一半画成剖视图，另一半画成视图，这种剖视图称为半剖视图。

用途：半剖视图用于内、外形都需要表达的对称机件。当机件的形状接近于对称，且不对称部分已另有图形表达清楚时，也可画成半剖视。

图 1-34 所示为支座体的两视图和轴测图。从图中分析该零件内、外形都较复杂，但前后、左右都对称。为了清楚地表达这个零件，可采用图 1-35（a)、(b）所示的剖切位置，将主、俯视图都画成半剖视图，如图 1-35（c）所示。

图中半剖视图的标注为：主视图上的半剖视图是用前后对称平面剖切后得到的，可省略标注；而俯视图上的半剖视图是用通过凸台孔的水平面剖切后得到的，因该水平面不是上下的对称平面，故需进行标注，由于图形按投影关系配置，中间无图隔开，可省略表示投射方向的箭头。

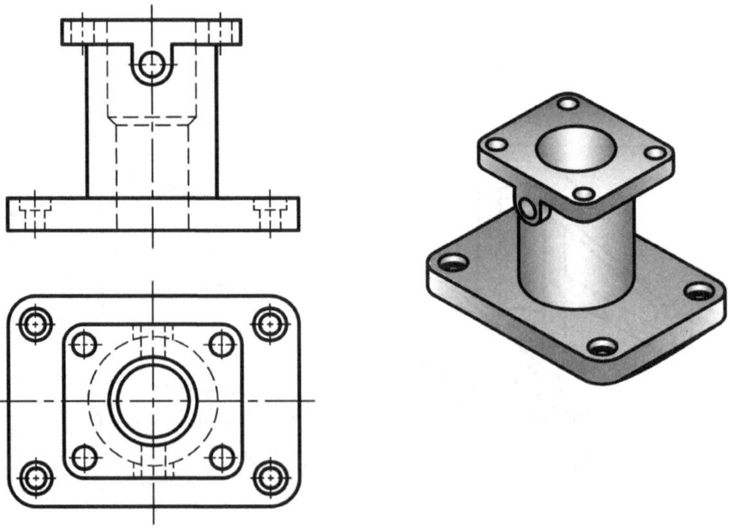

图 1-34　未剖的对称机件

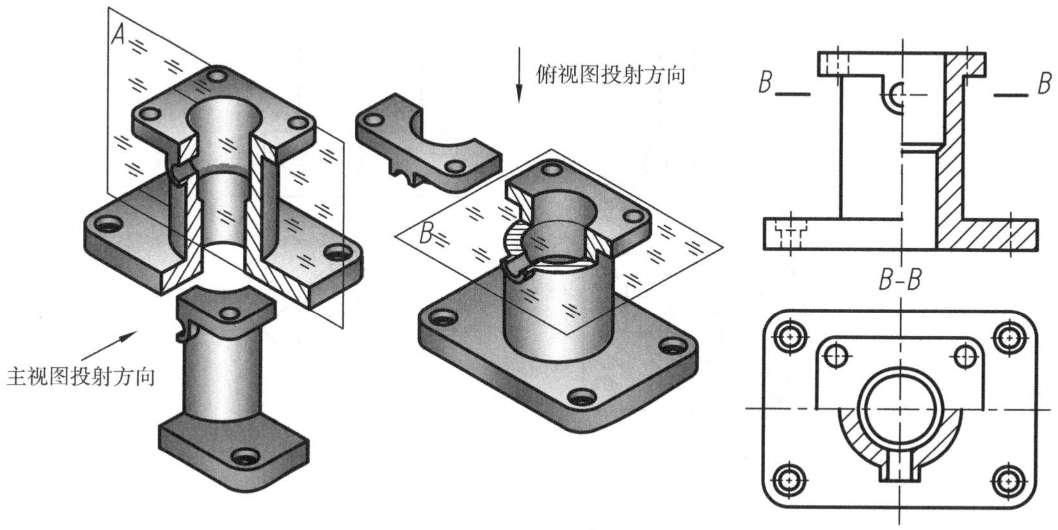

（a）　　　（b）　　　（c）

图 1-35　半剖视图的形成及画法

图 1-36 所示的带轮是基本对称的零件，不对称的键槽已用一个局部视图表达清楚了，在主视图中可以画成半剖视图。

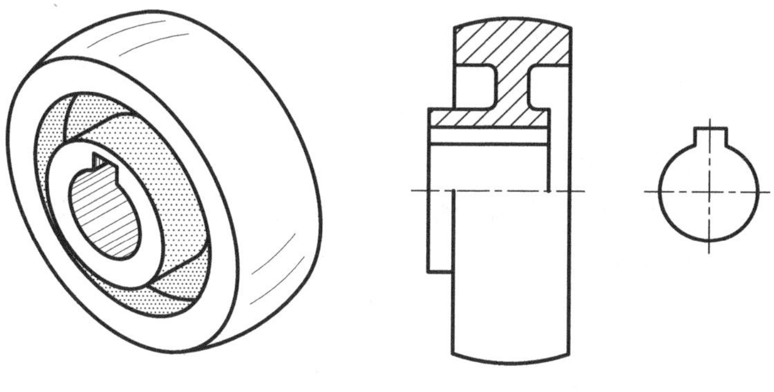

图 1-36　带轮的半剖视图

画半剖视图应注意以下几点：

（1）在半个剖视图上已表达清晰的内部结构，在不剖的半个视图上，表示该部分结构的虚线不画。

如图 1-35（c）所示，中间的台阶孔在主视图半边剖视中已表达清楚，半边视图中的虚线不画，而上、下板中的四个孔未剖到，故在半边视图中的虚线需画出。

（2）半个剖视与半个视图的分界线为细点画线，中间不能有粗实线，如图 1-37 所示。

（3）半剖视图中半个剖视图的位置通常配置在主视图、左视图的对称线的右侧。在俯视图中，半个剖视图配置在对称线的前方或右侧，如图 1-35 所示。在主视图中，半个剖视图配置在对称线的上方，如图 1-36 所示。

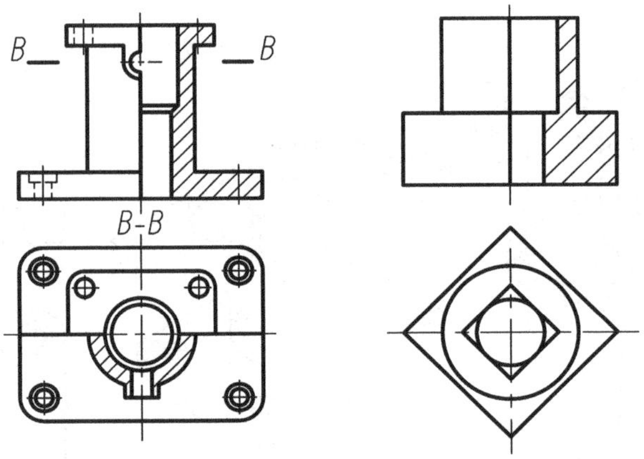

（a）中间不能画粗实线　　（b）不能采用半剖视图

图 1-37　半剖视图中间不能有粗实线

3. *局部剖视图*

用剖切面局部地剖开机件所得的剖视图，称为局部剖视图。

图 1-38 所示为箱体的两视图和轴测图。从图中分析该零件结构：主体是一个矩形空腔体，在右上方和左下方各有圆柱凸台，底部是一块有四个安装孔的底板，箱体左右、上下、前后都不对称。它的两个视图都不宜采用全剖视图，也不能用半剖视图来表达。为了清晰表达箱体的内、外形结构，可采用图 1-39(a)所示的剖切位置和断裂边界，将主、俯视图都画成局部剖视图，如图 1-39(b)所示。如果局部剖的剖切范围选择恰当，表示矩形空腔的虚线可省略不画。

图 1-39（b）中局部剖视图省略了标注。在局部剖视图中，当单一剖切平面的剖切位置明显时，可以省略标注。

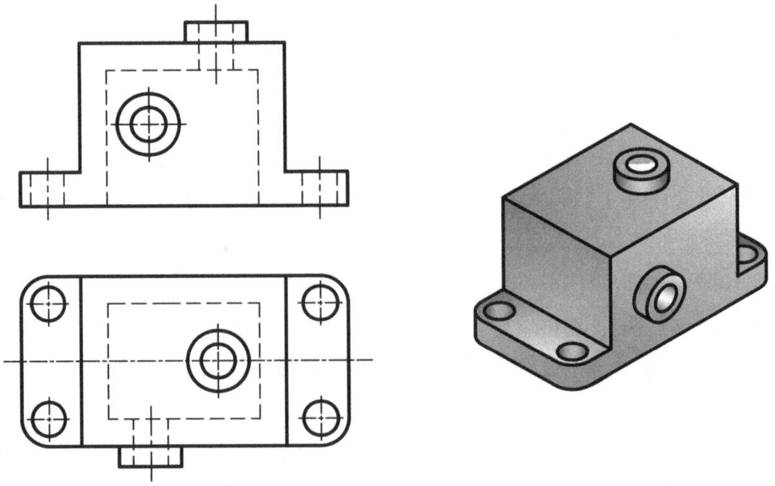

图 1-38　箱体的两视图和轴测图

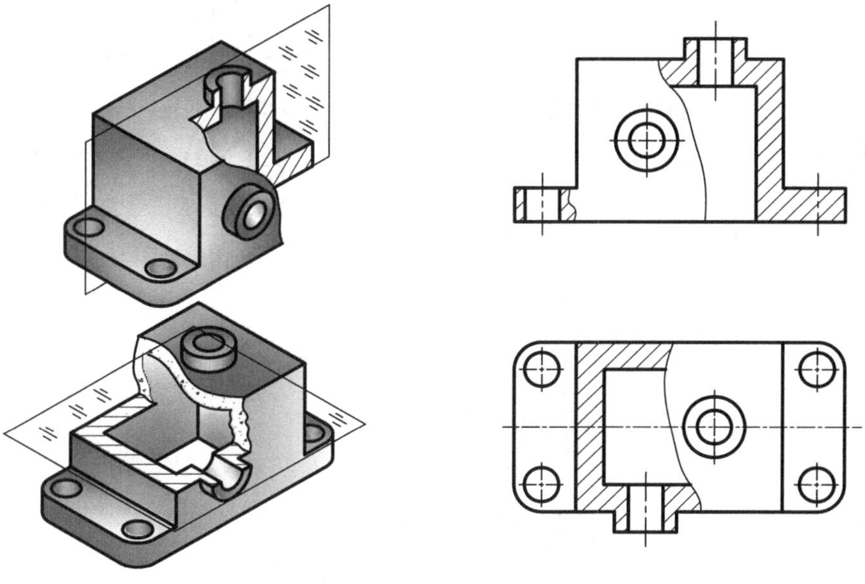

（a）　　　　（b）

图 1-39　局部剖视图的形成及画法

从图 1-39 中看出，局部剖视图存在一个被剖部分与未剖部分的分界线，这个分界线一般用波浪线（表示断裂处的痕迹线）表示。为了计算机绘图方便，也可采用双折线表示，如图 1-40（a）所示。当被局部剖切的结构形状为回转体时，允许以回转体轴线的投影（细点画线）作为剖开与未剖部分的分界线，如图 1-40（b）所示。

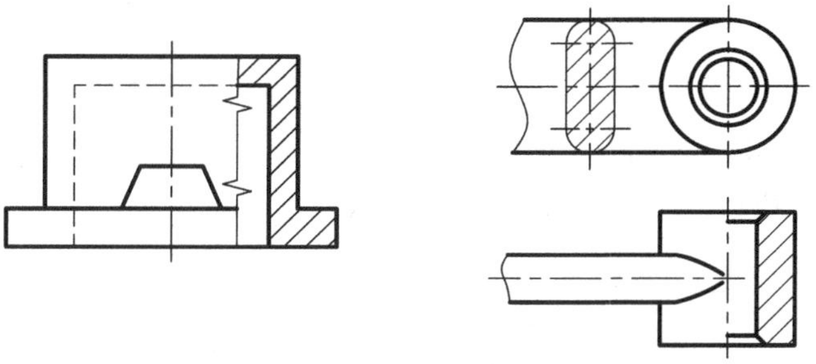

（a）用双折线表示断裂边界　　（b）以中心线代替波浪线

图 1-40　表示局部剖视图断裂边界的特例

局部剖视图的用途如下：

（1）当不对称的机件内、外形都需要表达时，如图 1-38 所示。

（2）当实心件上的孔、槽等内部结构需要剖开表达时，如图 1-41 所示。

（3）当对称机件的轮廓线与中心线重合，不宜采用半剖视图时，如图 1-42 所示。

（4）当主要结构的内外形都已表达清楚，局部地方需表达，可在局部视图上作局部剖视，如图 1-43 中 *A–A* 所示。

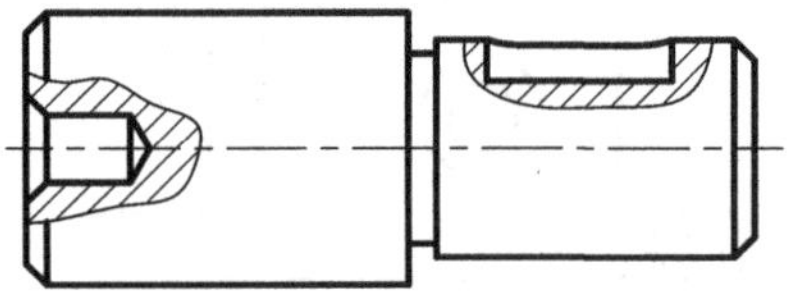

图 1-41　用局部剖视图表示实心件上孔和槽

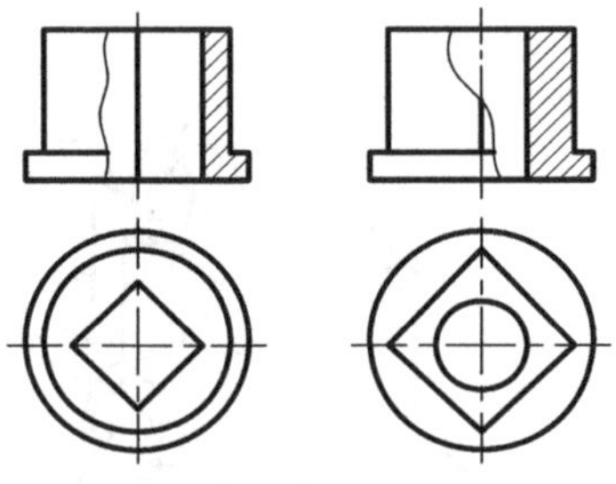

图 1-42　用局部剖表示对称机件

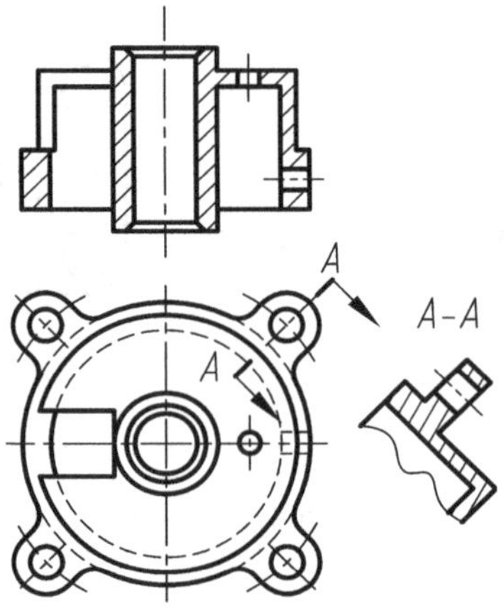

图 1-43　在局部视图上作局部剖视

画局部剖视图应注意以下几点：

（1）局部剖视图是一种比较灵活的表达方法，剖在什么位置、剖多大范围不受限制，但要注意在同一视图上，采用局部剖的数目不宜过多，以免使图形支离破碎，影响图形的整体性和清晰性。

如图 1-44 所示，其中图 1-44（a）局部数目多，剖切范围小，视图中虚线不能省略，图形不清晰，而图 1-44（b）减少了局部的数量，选择了恰当的剖切范围，视图中虚线都可省略，使图形清晰。

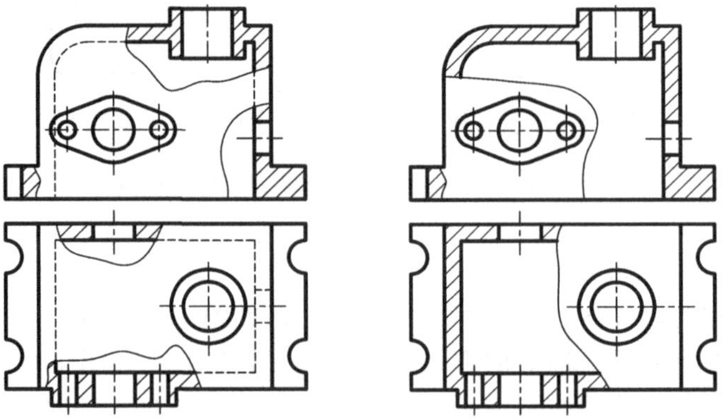

（a）不好　　（a）好

图 1-44　局部剖视图的选择对比

（2）表示剖切范围的波浪线或双折线不能与其他图线重合，如图 1-45（a）所示；不能超越轮廓线，也不能穿空而过，如图 1-45（b）所示。

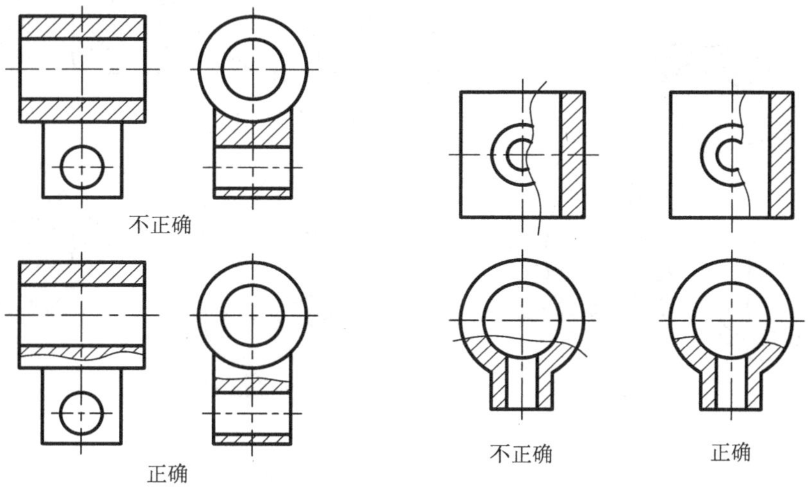

（a）　　　　（b）

图 1-45　注意波浪线的画法

三、剖切面的种类

根据机件结构的特点，可以选择各种剖切面剖开机件，得到所需要的全剖视图、半剖视图和局部剖视图。这些剖切面分为以下三大类。

1. 单一剖切面

1）单一剖切平面

用平行于某一基本投影面的平面剖切。

前面所介绍的剖视图，如图 1-20、图 1-21、图 1-22、图 1-28、图 1-32、图 1-33、图 1-35、图 1-39、图 1-41 和图 1-42，所选用的剖切平面都是平行于基本投影面的平面（如要在主视图上作剖视，需用正平面剖切；要在俯视图上作剖视，需用水平面剖切；要在左视图上作剖视，需用侧平面剖切）。

2）单一斜剖切平面

要表达机件倾斜结构的内部形状时，可以用一个与倾斜部分的主要表面平行且垂直于某一基本投影面的平面剖切，再投影到与剖切平面平行的投影面上，即可得到该倾斜结构的空腔实形，如图 1-46 所示。

用单一斜剖切平面剖得的剖视图处于倾斜位置，一般放置在箭头所指方向，并与基本视图保持对应的投影关系，也可以平移到其他适当地方。必要时允许按小于 90° 的方向旋转，旋转以后要在剖视图上方标注指明旋转方向的旋转符号并标注字母，如图 1-46（a）中的剖视图“*A–A* ⌒”；也可将旋转角度值标注在字母之后，如图 1-46（b）中的剖视图“*A–A* 45° ⌒”。

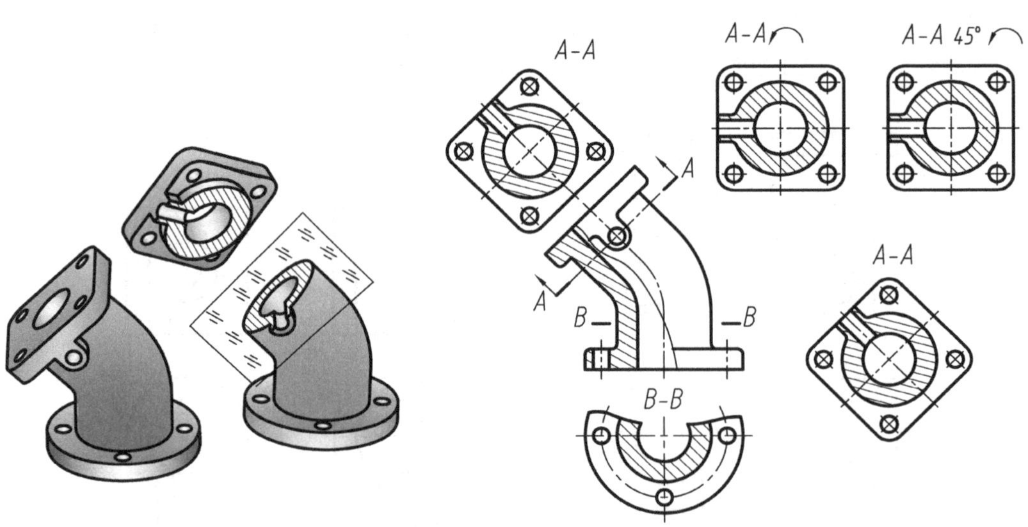

（a）　　　　（b）

图 1-46　用单一斜剖切平面剖切

3）单一剖切柱面

当要表达处于柱面上的内部结构时，可采用单一柱面剖切机件，所得到的剖视图应以展开的方式画出，并注明“×–× 展开”。图 1-47 所示为用单一柱面剖切机件所得到的一个全剖视图；图 1-48 所示为用单一柱面剖切机件所得到的一个局部剖视图。

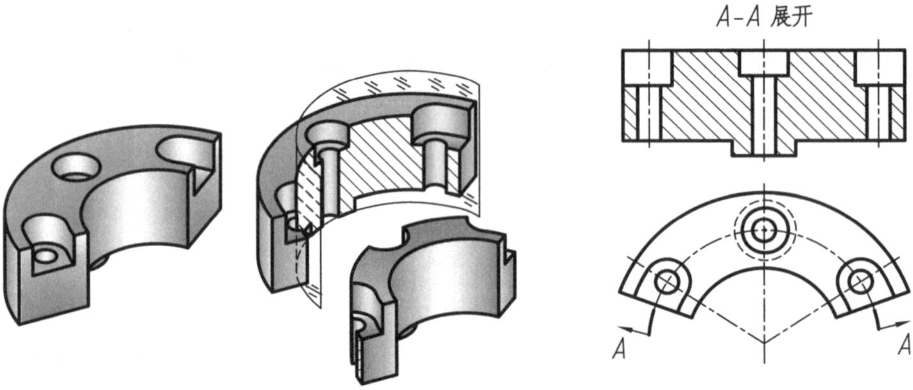

（a）　　　　（b）

图 1-47　用单一剖切柱面剖切（一）

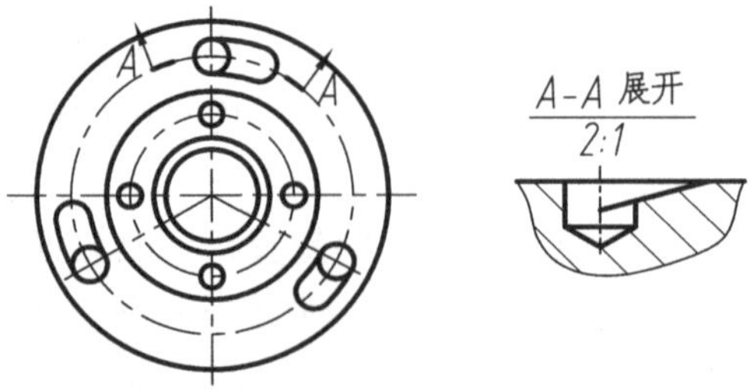

（a）　　　　（b）

图 1-48　用单一剖切柱面剖切（二）

2. 几个平行的剖切平面

当机件上的孔、槽的轴线或对称面位于几个相互平行的平面上时，可以用几个平行的剖切平面剖开机件，再向投影面进行投射，如图 1-49 所示。这种剖视图的标注方法是在剖切平面的起始和转折处用相同的字母标注，各剖切平面的转折处必须是直角，当转折处地方有限，又不至于引起误解时，可省略字母。

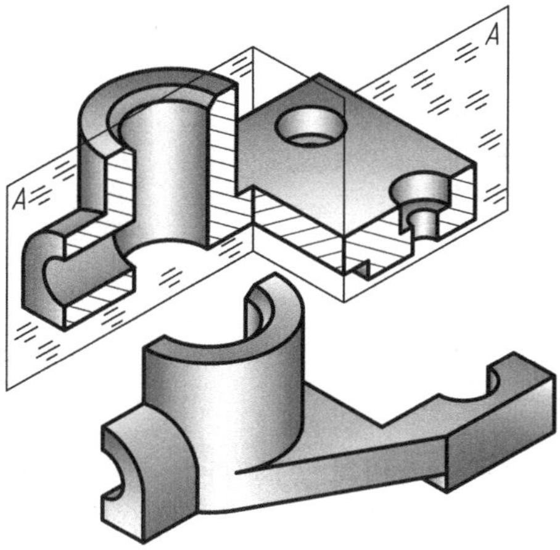

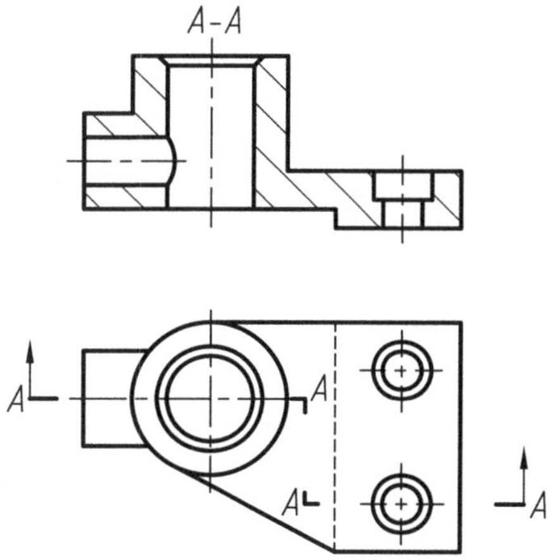

（a）　　（b）

图 1-49　用几个平行的剖切平面剖切

用几个平行剖切平面剖切机件时应注意以下几点：

（1）在剖视图上不画出两个剖切平面转折处的投影，剖切符号的转折处不应与图上轮廓线重合，如图 1-50（a）所示。

（2）要正确选择剖切平面的位置，不能剖出不完整要素如图 1-50（b）所示。

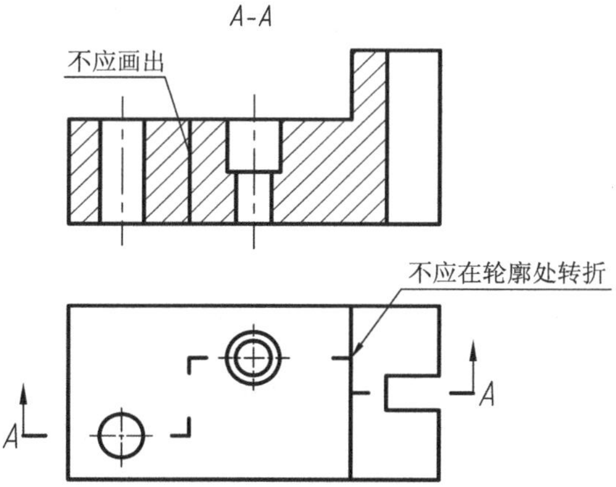

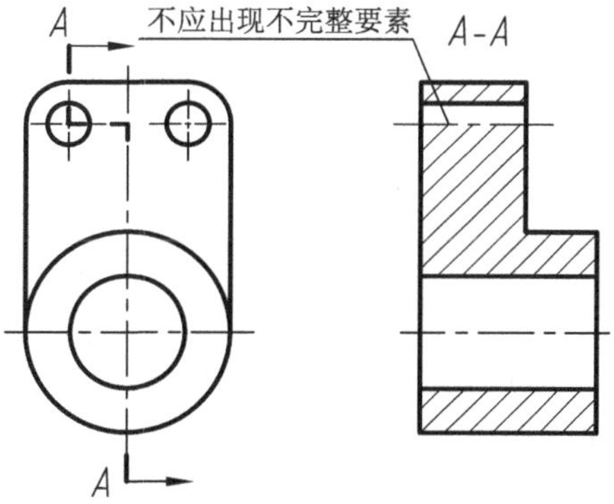

（a）　　（b）

图 1-50　用几个平行的剖切平面剖切机件注意点

（3）当机件上的两个要素在图形上具有公共对称中心线或轴线时，可以以对称中心线或轴线为界各画一半，如图 1-29、图 1-51 所示。

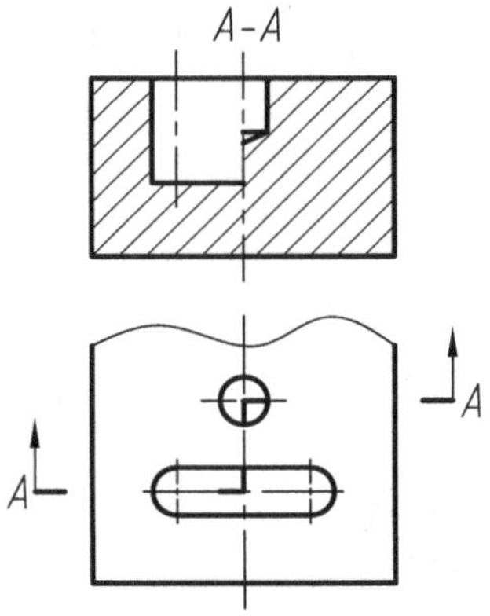

图 1-51　允许出现不完整要素的特例

3. 几个相交的剖切平面（交线垂直于某一投影面）

当机件的内部结构形状处于几个相交平面位置，而机件又具有回转轴时，可以采用几个相交的剖切平面剖开机件，并将被倾斜平面剖开的结构及其有关部分转到与投影面平行的位置后，再进行投射，如图 1-52 所示。

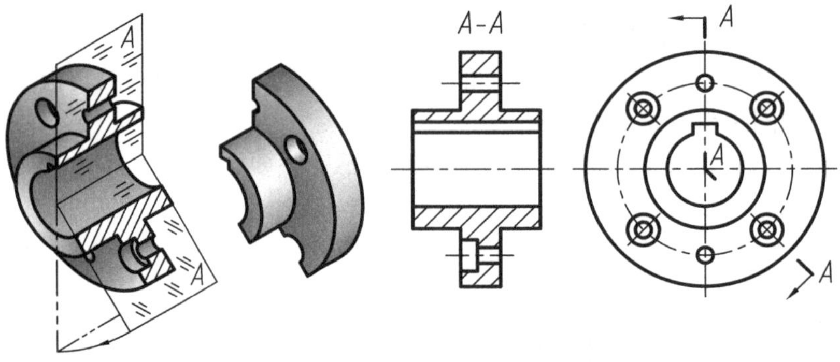

图 1-52　用几个相交的剖切平面剖切

用这种剖切方法所得到的剖视图，需要进行完整标注。标注时，箭头要垂直于剖切符号粗短横，箭头的方向指投射方向；在剖切面的起止和转折处均用相同的字母标注。当转折处地方有限又不致引起误解时，允许省略字母，如图 1-53 所示。

用几个相交剖切平面剖切机件时应注意以下几点：

（1）两个相交的剖切平面的交线必须垂直于投影面，且通过回转轴轴线。如图 1-52、图 1-53 所示。

（2）位于剖切平面后面且与所表达的倾斜结构关系不甚密切的结构，一般仍按原来位置投影，如图 1-53（a）中的油孔。

（3）当剖切后产生不完整要素时，该部分按不剖绘制，如图 1-53（b）所示。

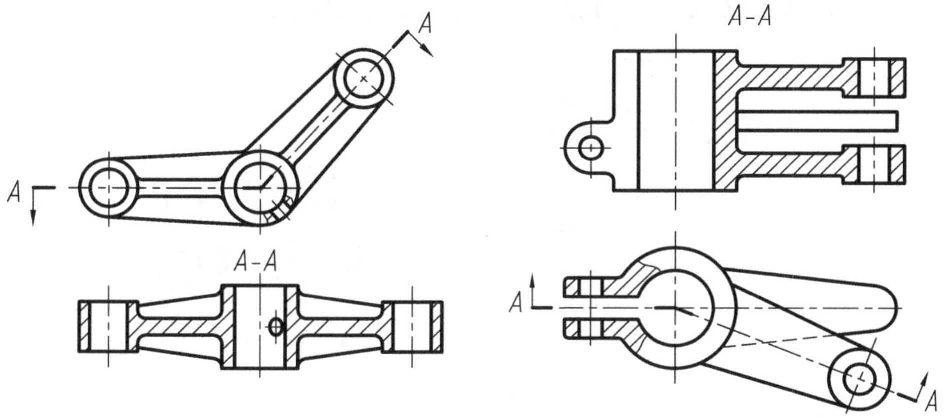

（a）　　（b）

图 1-53　剖切后产生不完整要素的画法

四、机件剖视图的应用

1. 用相交和平行的剖切平面组合剖切机件

如图 1-54 所示，用了两个相交的剖切平面和两个平行的剖切平面的组合剖切机件，得到全剖的左视图。

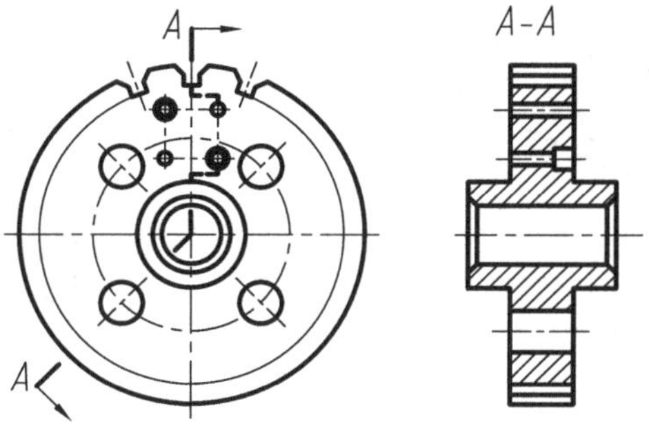

图 1-54　用相交和平行的剖切平面组合剖切机件

2. 用相交的剖切平面和柱面组合剖切机件

如图 1-55 所示，用了两个相交的剖切平面和一个柱面的剖切平面的组合剖切机件，得到全剖的主视图，并采用了展开画法。采用展开画法时，剖视图的名称应标注“×–×展开”。

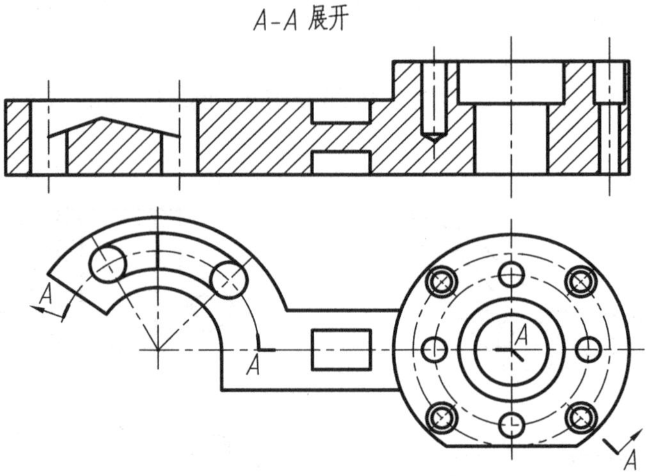

图 1-55　用相交剖切平面和柱面组合剖切机件

3. 展开绘制的剖视图

如图 1-56 所示，用了六个相交的剖切平面剖切机件，得到全剖的左视图，并采用了展开画法。

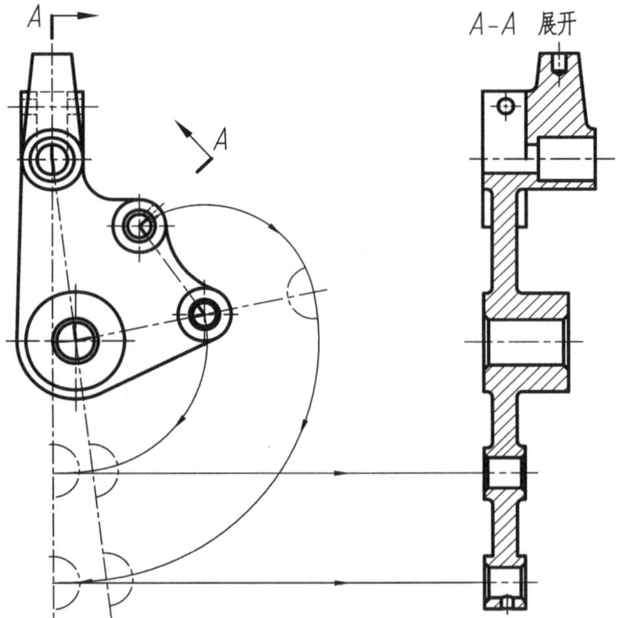

图 1-56　展开绘制的剖视图

4. 用几个剖切平面获得相同图形的剖视图

如图 1-57 所示，用几个剖切平面分别剖切机件，得到的剖视图为相同图形时，可画出一个图形，并按图示的标注方法进行标注。

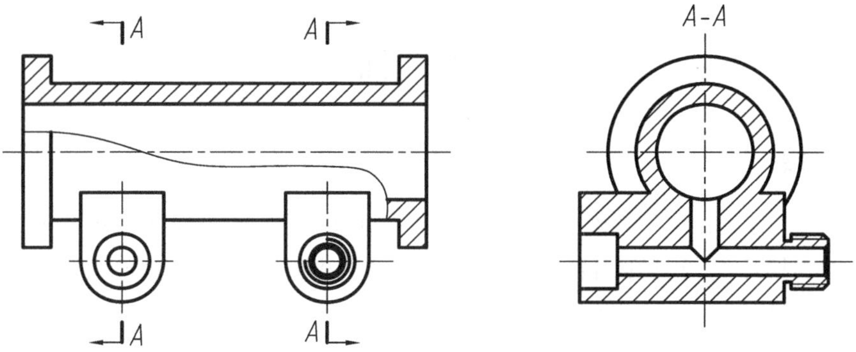

图 1-57　用几个剖切平面获得相同图形的剖视图

5. 合成图形的剖视图

如图 1-58 所示，可将投射方向一致的几个对称图形各取一半（或四分之一）合并成一个图形。此时应在剖视图的附近标出相应的剖视图的名称“×–×”。

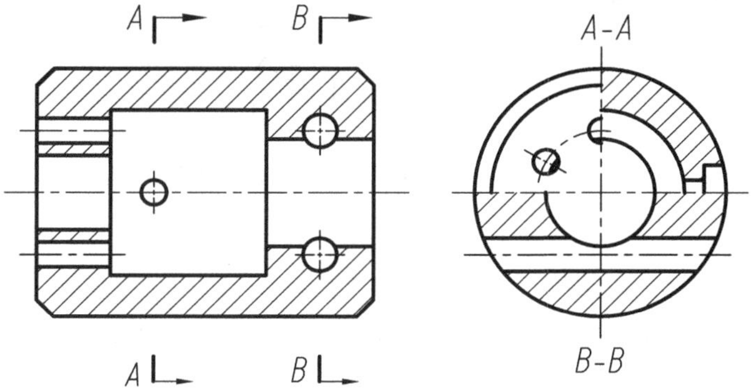

图 1-58　合成图形的剖视图

6. 用一个公共剖切平面获得两个剖视图

如图 1-59 所示，可用一个公共剖切平面剖开机件，按不同方向投射，获得两个剖视图，并按图示的标注方法进行标注。

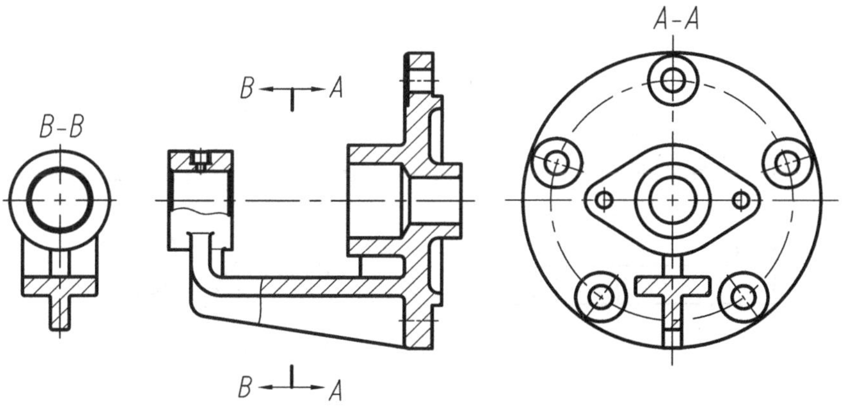

图 1-59　用一个公共剖切平面获得两个剖视图

1.3 断 面 图

一、断面图概念

断面图主要用来表达机件某部分截断面的形状。假想用剖切平面把机件的某处截断，只画出剖切面与机件接触部分（剖面区域），并在剖面区域内画出剖面符号的图形称为断面图，简称断面，如图 1-60 所示。

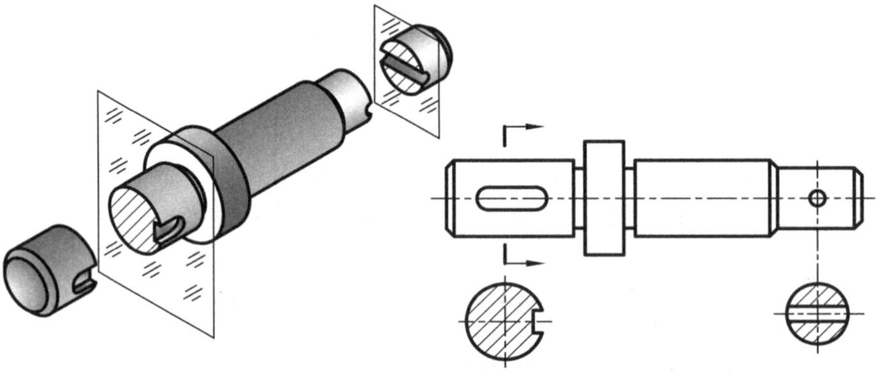

图 1-60　断面图的形成及基本概念

二、断面图种类

按断面图配置位置不同，断面图分为移出断面图和重合断面图。

1. 移出断面图

画在视图外面的断面图称为移出断面图。

1）移出断面图的画法

移出断面图的轮廓线用粗实线绘制，一般只画出断面的形状，如图 1-60 所示。

2）移出断面的位置配置

移出断面图的位置通常配置在剖切线的延长线上，如图 1-61 所示。

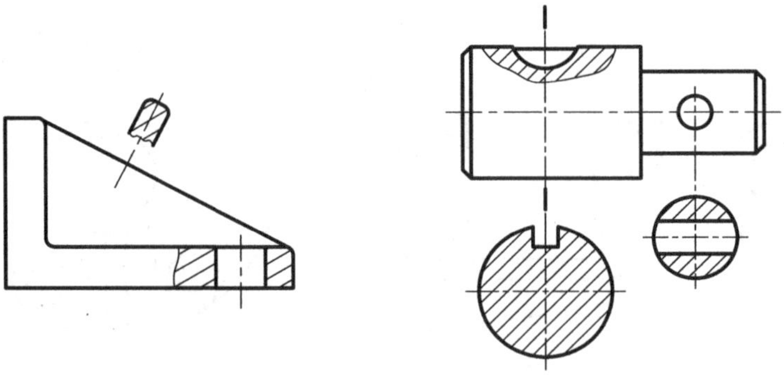

（a）　　　　　　　　（b）

图 1-61　配置在剖切线延长线上的移出断面图

必要时可将移出断面配置在其他适当位置，在不引起误解时允许将图形旋转，如图 1-62 所示。

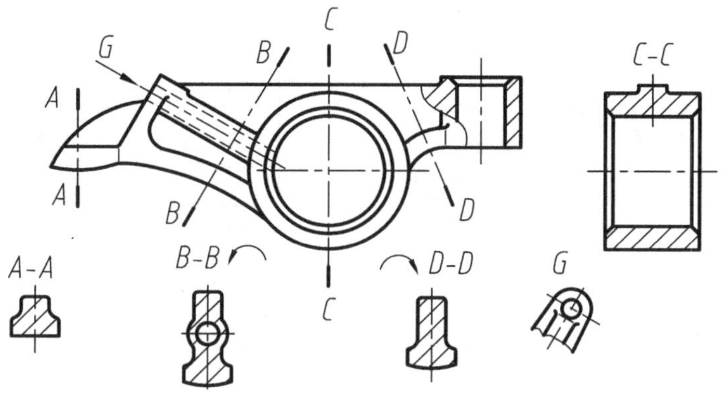

图 1-62　配置在适当位置的移出断面图

当移出断面的图形对称时可画在视图的中断处，此时视图应用波浪线（或双折线）断开，如图 1-63 所示。

当用两个或多个相交的剖切平面获得的移出断面图，中间一般应断开，如图1-64 所示。

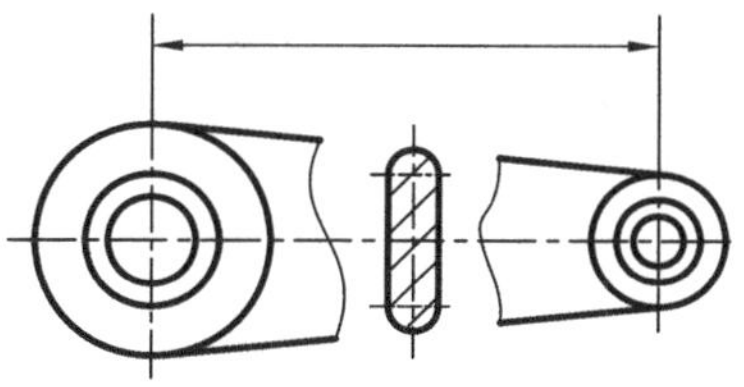

图 1-63　配置在视图中断处的移出断面图

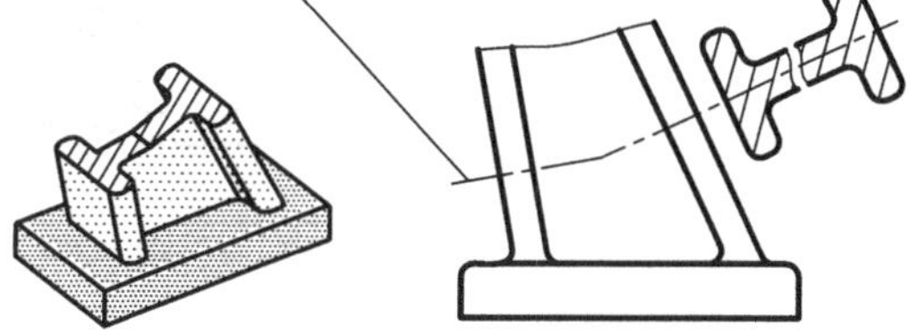

图 1-64　断开的移出断面图

3）移出断面图的标注

移出断面图的标注要素与剖视图的一样，一般应标注剖切线、剖切符号及字母（名称）。按以下位置配置的移出断面图，可省略某些标注：

（1）配置在剖切符号延长线上的不对称的移出断面，可省略字母，如图 1-60 中的键槽。

（2）按投影关系配置的移出断面可省略箭头，如图 1-65 所示。

（3）配置在剖切线延长线对称的移出断面，可省略标注，如图 1-61、图 1-64 所示；配置在视图中断处的移出断面图，也可省略标注，如图 1-63 所示。

旋转后的移出断面应标注旋转符号，如图 1-62 中的“*B–B*↶”、“↷*D–D*”移出断面。

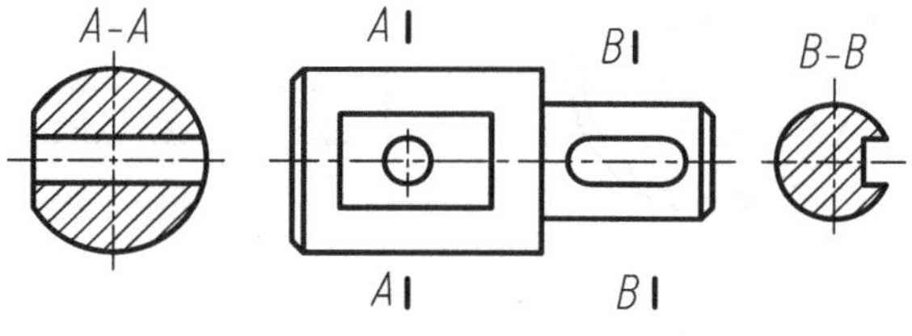

图 1-65　可省略箭头标注的移出断面图

4）画移出断面图时的两点规定

当剖切平面通过回转面形成的孔或凹坑的轴线时，则这些结构按剖视图要求绘制，如图 1-66 所示。

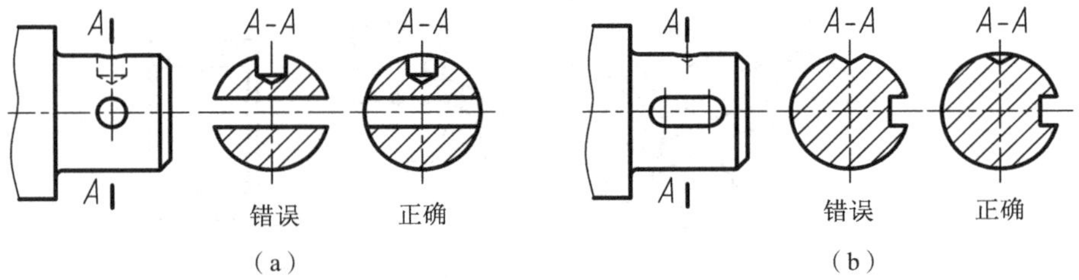

图 1-66　按剖视图要求绘制的移出断面图（一）

当剖切平面通过非圆孔会导致完全分离的剖面区域时，则这些结构按剖视图要求绘制，如图 1-67 所示。

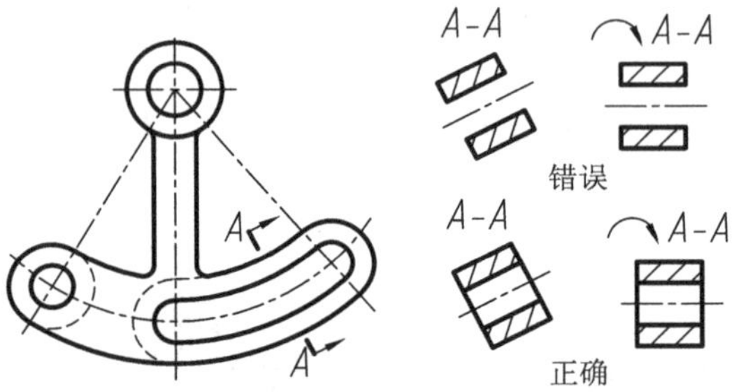

图 1-67　按剖视图要求绘制的移出断面图（二）

2. 重合断面图

画在视图中的断面称为重合断面图。

1）重合断面图的画法

重合断面图的轮廓线用细实线绘制。

当视图中的轮廓线与重合断面图的图形重合时，视图中的轮廓线仍应连续画出，不可间断，如图 1-68 所示。

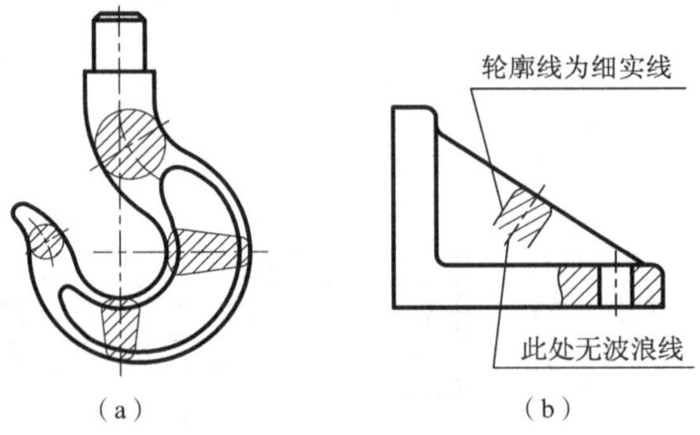

图 1-68　重合断面图的画法

2）重合断面图的标注

对称的重合断面图可不标注，如图 1-69（a）所示。不对称的重合断面图可省略字母但须画出剖切符号，如图 1-69（b）所示。当不会引起误解时，可省略标注，如图 1-69（c）所示。

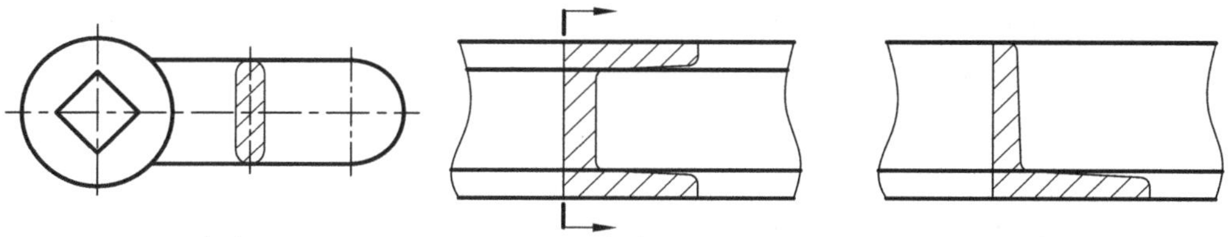

（a）　　（b）　　（c）

图 1-69　重合断面图的标注

重合断面与移出断面的基本画法相同，其区别是画在图上的位置不同，采用的线型不同。由于移出断面的主要优点是不影响视图的清晰，因此应用较多。当断面图形简单，而又对称时，时常采用重合断面，这样并不影响图形的清晰，且能使图形的布局紧凑。

1.4　局部放大图、简化表示法及其他规定画法

一、局部放大图

局部放大图是把机件的某局部结构用大于原投影图（视图或剖视图）所采用的比例画出的图形，如图 1-70 所示。局部放大图应尽量配置在被放大部位的附近。

局部放大图可画成视图、剖视图和断面图，它与被放大部位的原图的表示法无关。在局部放大图中已表达完整的局部的投影，在原图中的投影可简化。

绘制局部放大图时，一般应用细实线圈出被放大的部位。当同一零件上有几个放大部位时，必须用罗马数字依次标明被放大的部位，并在局部放大图的上方标出相应的罗马数字和所采用的比例，如图 1-70 所示。当零件上被放大部位仅一个时，在局部放大图的上方只需注明所采用的比例，如图 1-71 所示。

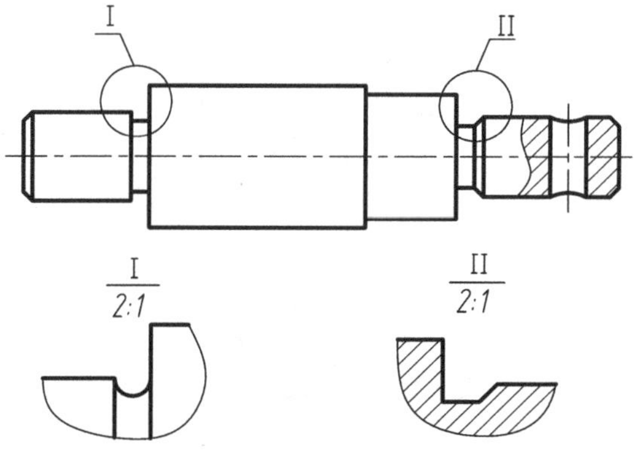

图 1-70　局部放大图画法及标注

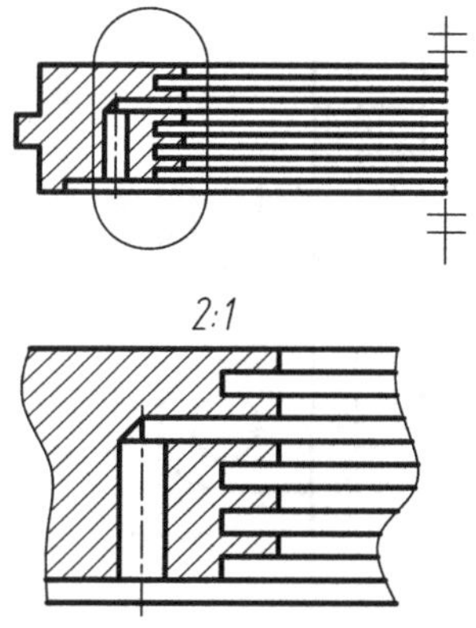

图 1-71　只有一个放大部位时的标注

局部放大图上的比例是指该图形与零件实际大小之比，而不是与原图形之比。

二、简化画法和其他规定画法

为提高设计效率和图样的清晰度，满足手工绘图、计算机绘图及缩微制图对技术图样的要求，应推行简化制图。

简化表示法的原则是在保证不致引起误解和不会产生理解多意性的前提下，力求制图简便。要便于识图绘制，注重简化的综合效果。

简化表示法的基本要求是：

（1）应避免不必要的视图和剖视图。如图 1-72（a）所示，用了两个视图，表达一个带三个孔和倒角的圆柱体，简化后，只用了一个视图，在尺寸的配合下已将机件表达清楚，如图 1-72（b）所示。

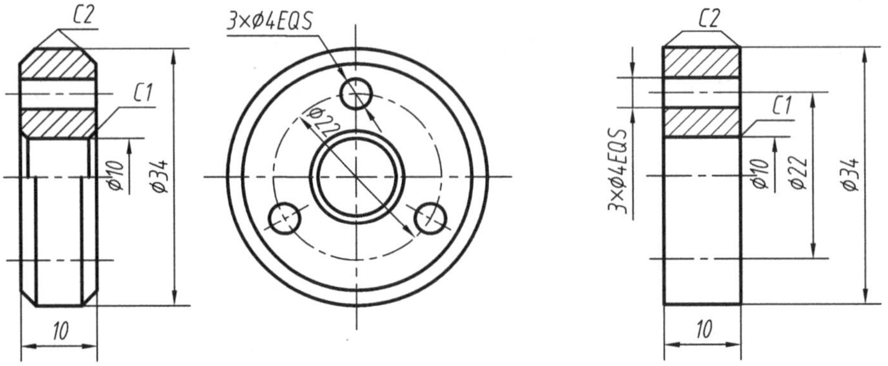

（a）简化前　　（b）简化后

图 1-72　减少不必要的视图的简化画法

（2）在不引起误解时，应避免用虚线表示不可见的结构，如图 1-73 所示。

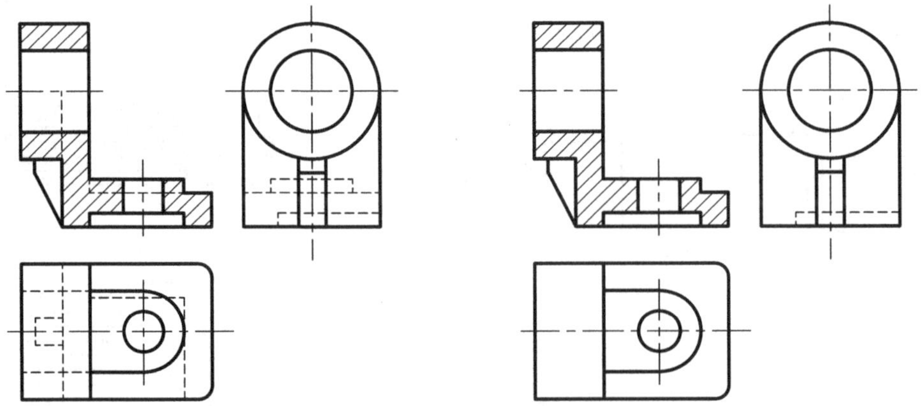

（a）简化前　　（b）简化后

图 1-73　避免用虚线表示不可见结构的简化画法

（3）尽可能使用有关标准中规定的符号来表达设计要求，如图 1-74 所示。

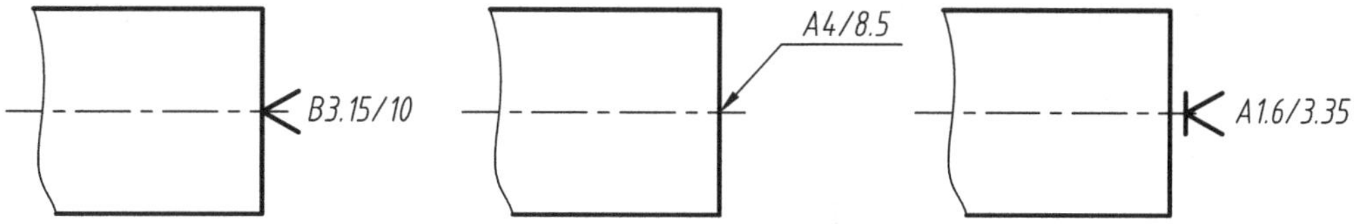

图 1-74　使用标准中规定的符号（中心孔）

GB/T 16675.1—1996《技术制图简化表示法第一部分：图样画法》中规定了简化表示法，共 43 项，以下介绍的是一些常用的简化画法。

（1）若干直径相同且成规律分布的孔，可以画出一个或几个，其余只需用点画线表示其中心位置，如图 1-75 所示。

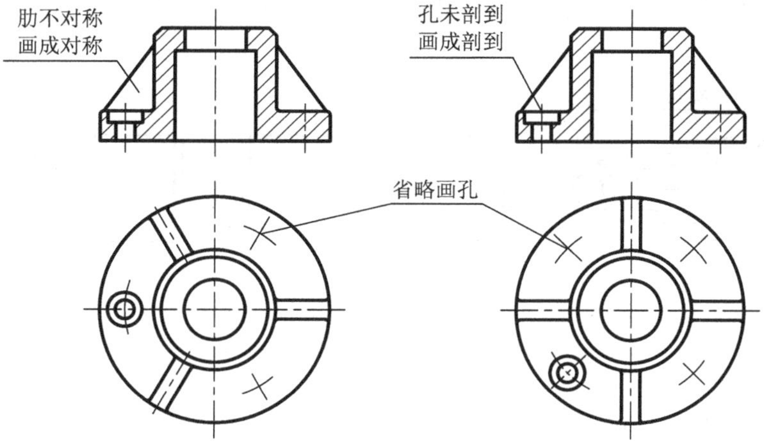

图 1-75　均匀分布的孔及肋板的画法

（2）当回转体机件上均匀分布的孔、肋板、轮辐等不处于剖切平面上时，可将这些结构旋转到剖切平面上画出。而对于机件的肋、轮辐等，当剖切平面通过肋板厚度的对称平面或轮辐的轴线时，这些结构都不画剖面符号，而是用粗实线将它与邻接部分分开，如图 1-75 和图 1-76 所示。

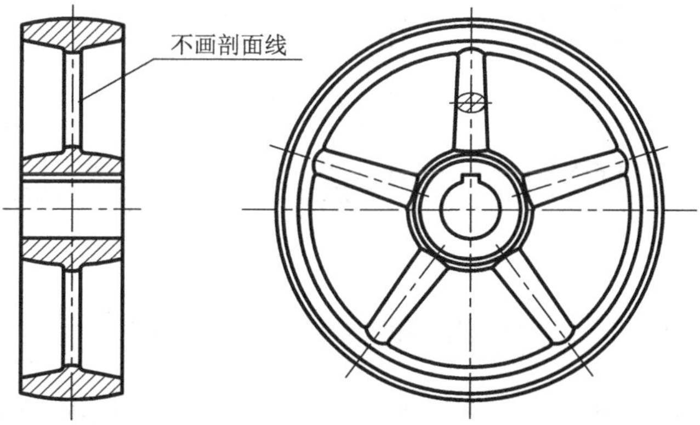

图 1-76　轮辐的剖切画法

（3）在不致引起误解时，对称机件的视图可只画一半或四分之一，并在对称中心线的两端画出两条与其垂直的平行细实线，如图 1-77 所示。该图也称为局部视图。

图 1-77　对称机件的画法

（4）对于一些较长的机件（轴、杆类），当沿其长度方向的形状相同且按一定规律变化时，允许断开画出，但仍标注其实际长度尺寸，如图 1-78 所示。

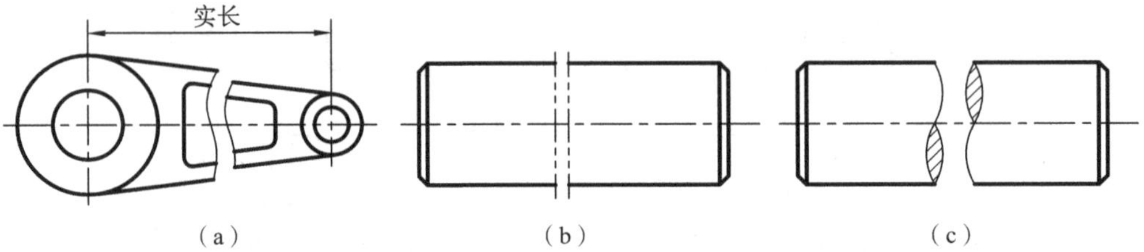

图 1-78　较长机件的断开画法

（5）当机件上具有若干相同的结构要素（如孔槽），并按一定规律分布时，只需画出几个完整的结构要素，其余可用细实线连接或只画出它们的中心位置，但必须标出结构要素的总数，如图 1-79 所示。

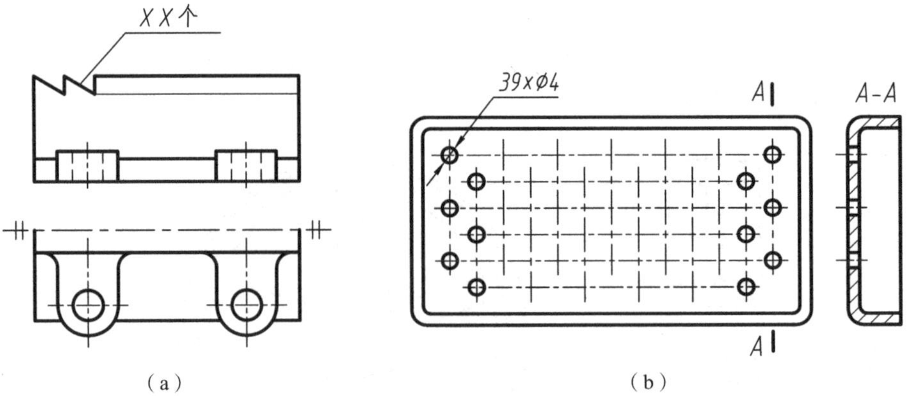

图 1-79　若干相同结构要素的简化画法

（6）当回转体零件上的平面在图形中不能充分表达时，可用两条相交的细实线表示，如图 1-80 所示。

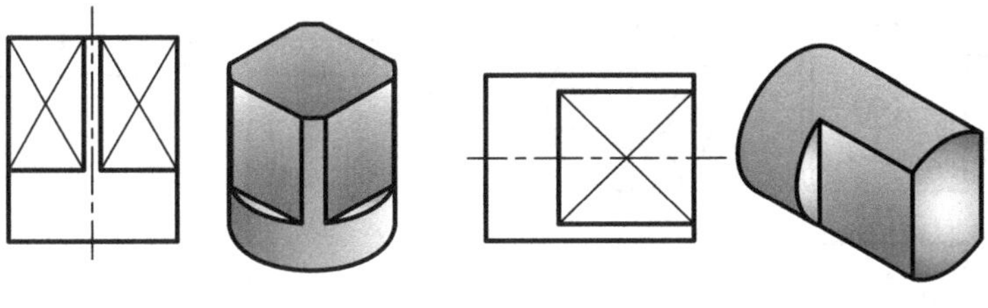

图 1-80　回转体上平面的表示法

（7）圆柱体上因钻小孔和铣键槽等出现的交线允许省略，但必须有一个视图已清楚地表示了孔、槽的形状，如图 1-81 所示。

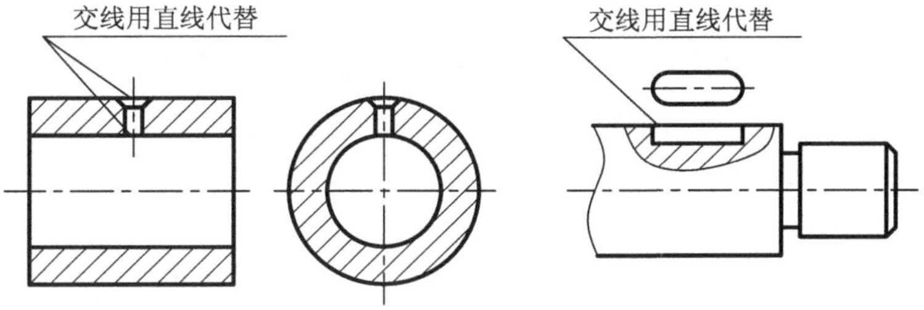

（a）　　（b）

图 1-81　省略交线

（8）与投影面倾斜角度小于 30° 的圆或圆弧，其投影可用圆或圆弧代替，如图 1-82 所示。

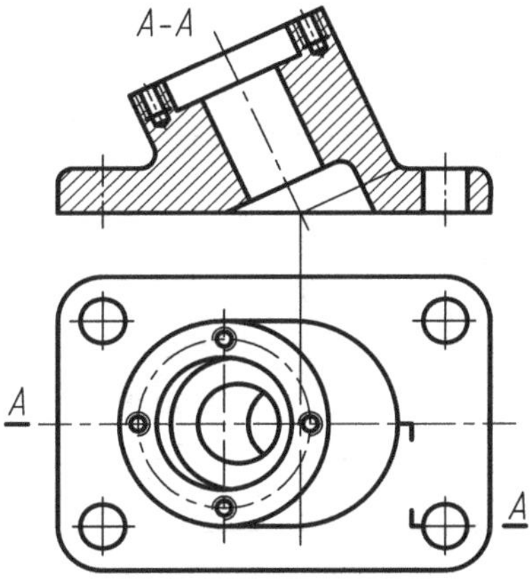

图 1-82　倾斜圆或圆弧的简化画法

（9）对于机件上较小的结构及斜度不大的结构，如在一个图形中已表达清楚时，其他图形可简化或省略，斜度按小端画出，如图 1-83 所示。

（10）在需要表示位于剖切平面前结构时，这些结构按假想投影的轮廓线（双点画线）绘制，如图 1-84 所示。

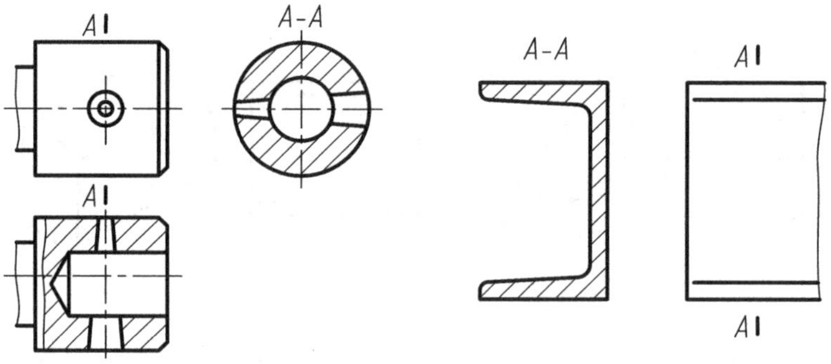

（a）　　（b）

图 1-83　较小结构的简化画法

（11）必要时，允许在剖视图的剖面中再作一次简单的局部剖，称为”剖中剖”。采用这种表达时，两个剖面的剖面线应同方向、同间隔，但要相互错开，并用引出线标注其名称，如图 1-85 所示。

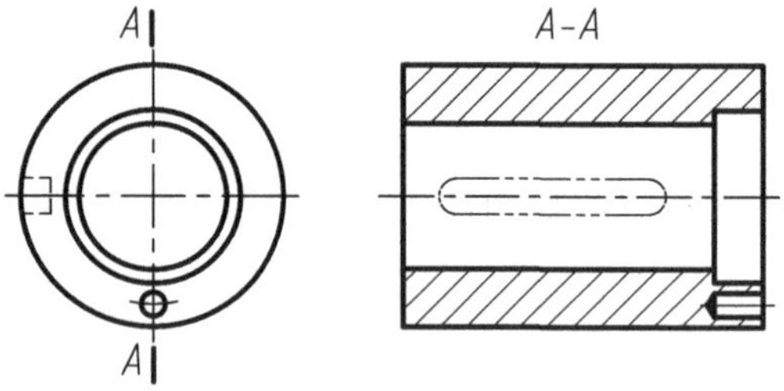

图 1-84　假想画法

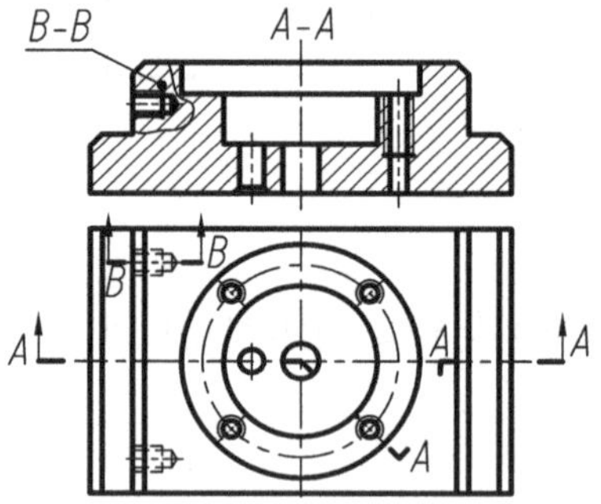

图 1-85　在剖视图的剖面中再作一次局部剖

（12）圆柱形法兰和类似零件上均匀分布的孔，可按图 1-86 所示的方法表示（由机件外向该法兰盘端面方向投射）。

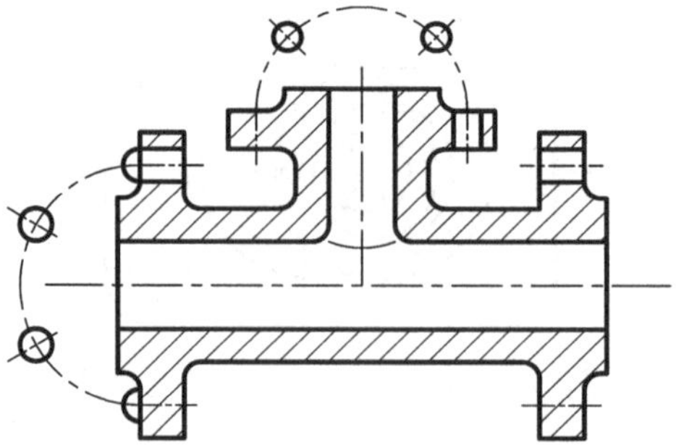

图 1-86　法兰盘上均布孔的简化画法

（13）对应左右手零件和装配件，允许仅画出其中一件，另一件则用文字说明，如图 1-87 所示。

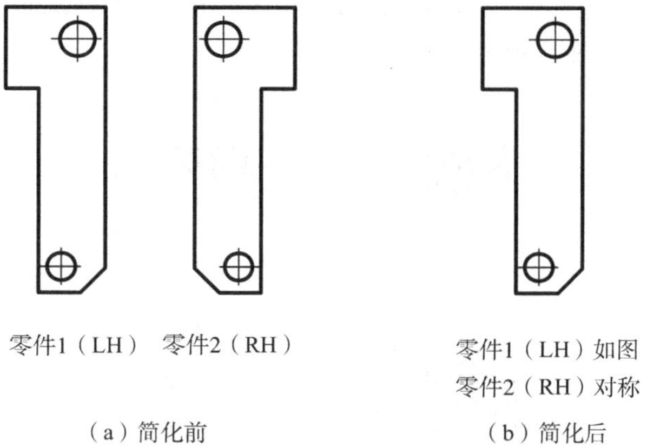

图 1-87　左右手件的画法

（14）在局部放大图表达完整的前提下，允许在原视图中简化被放大部位的图形，如图 1-88 所示。图中给出了两种简化方案，一种是大致给出了顶尖的外形轮廓，另一种是全部省略了顶尖结构。

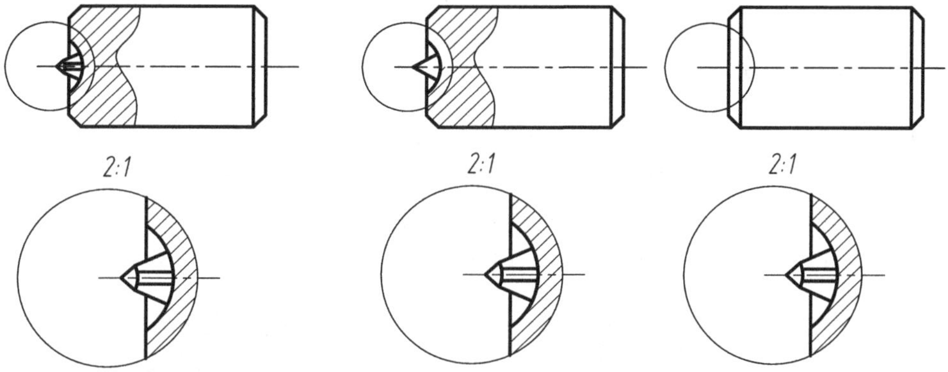

图 1-88　被放大部位的简化画法

（15）基本对称的零件仍可按对称零件的方式绘制，但应对其中不对称的部分加注说明，如图 1-89 所示。

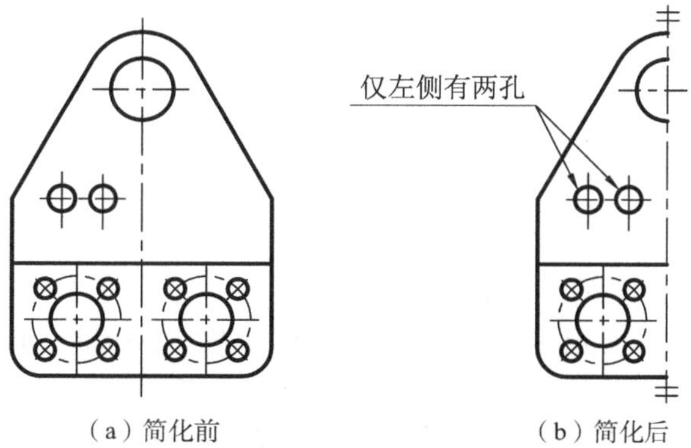

图 1-89　基本对称零件的画法

（16）零件上的滚花部分，可以在轮廓线附近用粗实线局部画出一小部分，并在图上注明其具体要求，如图 1-90 所示。

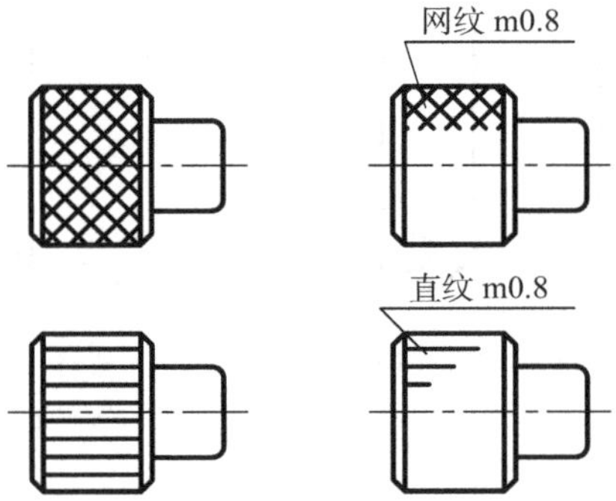

（a）简化前　　（b）简化后

图 1-90　滚花的简化画法

1.5　轴测剖视图

一、轴测剖视图的画法

在轴测图上，为了表示机件的内部形状，也可采用剖视画法，所得到的图称为轴测剖视图。为了保持外形的清晰，不论机件是否对称，常以两个平行于坐标平面的相交平面剖开机件的四分之一，如图 1-91（a）所示。选择剖切平面时，应尽量避免用一个剖切平面剖开机件，如图 1-91（b）所示，以免使形体的外形表达不完整。

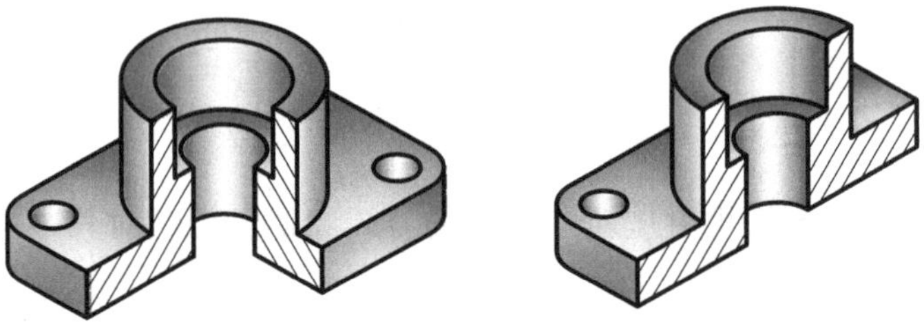
（a）　　（b）

图 1-91　轴测剖视图的剖切

轴测剖视图的画法有以下两种。

1. 先画外形再取剖视的画法

如图 1-92 所示，作图过程如下：

（1）由图 1-92（a）所示为套筒的两个视图，选定坐标轴，画出套筒的正等测，如图 1-92（b）所示。

（2）用两个相互垂直的平面将套筒剖开，画出与剖切平面相交的剖面区域，如图 1-92（c）所示。

（3）去掉多余线，在剖面区域画上剖面线，完成作图，如图 1-92（d）所示。

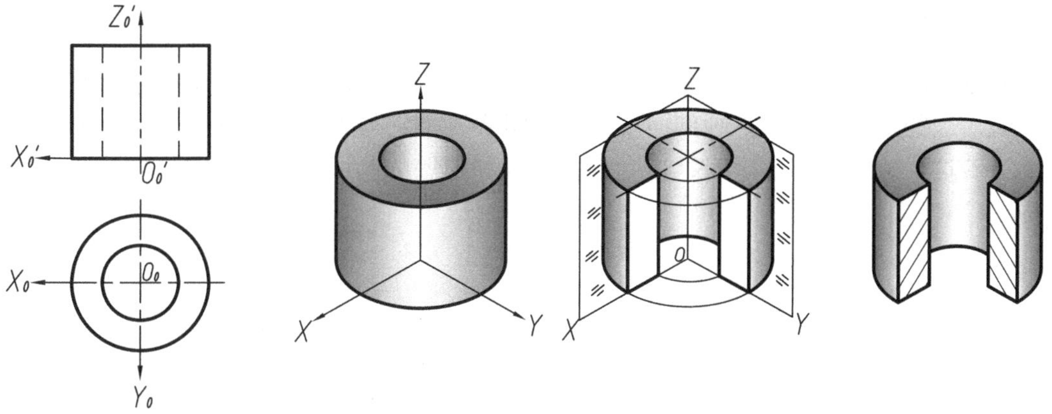

（a）　（b）　（c）　（d）

图 1-92　套筒的轴测剖视图

2. 先画断面形状，再画剖开后的可见轮廓的投影

如图 1-93 所示，作图过程如下：

（1）图 1-93（a）所示为支座的三视图，在视图上选定坐标轴，

（2）用两个相互垂直的平面将套筒剖开，在轴测图上作出 *XOZ* 和 *YOZ* 面上的断面形状，在剖面区域画上剖面线，如图 1-93（b）所示。

（3）再画剖切后可见轮廓的投影，画图时注意不要漏画剖开后孔中可见的线，完成作图，如图 1-93（c）所示。

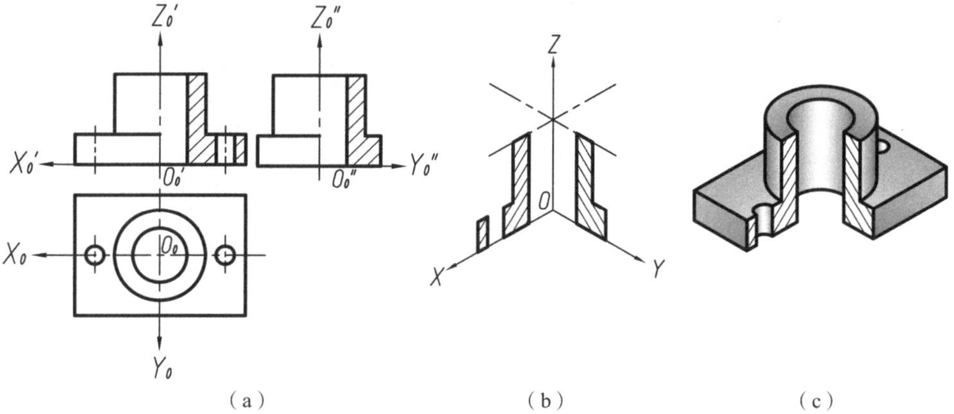

（a）　（b）　（c）

图 1-93　支座的轴测剖视图

二、轴测剖视图上的有关规定

1. 剖面线的方向

轴测图中的剖面线方向与轴间角和轴向伸缩系数有关。正等测和斜二测的剖面线如

图 1-94 所示。

2. 肋剖切后的画法

在轴测图上，当剖切平面通过机件的肋或薄壁等结构的纵向平面（垂直于肋的厚度方向）时，这些结构剖后都不画剖面线，而用粗实线将它与邻接部分分开，如图 1-95（a）所示。若这样表示不够清晰时，也允许在肋板和薄壁的刮面处画上细点，如图 1-95（b）所示。

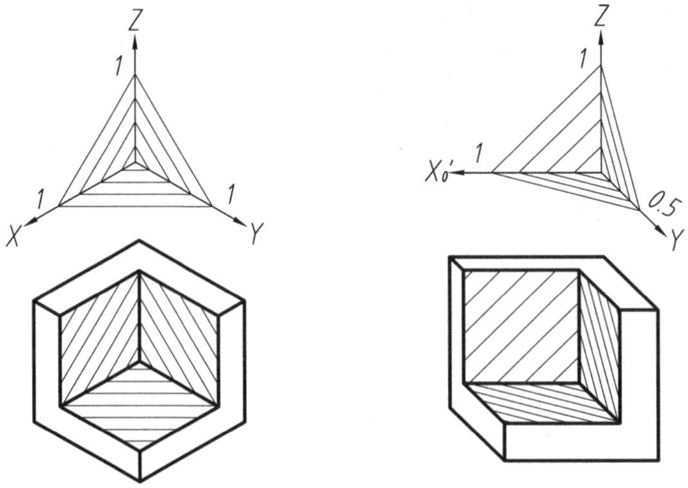

（a）正等测的剖面线　　（b）斜二测的剖面线

图 1-94　轴测图三个坐标面剖面线的方向

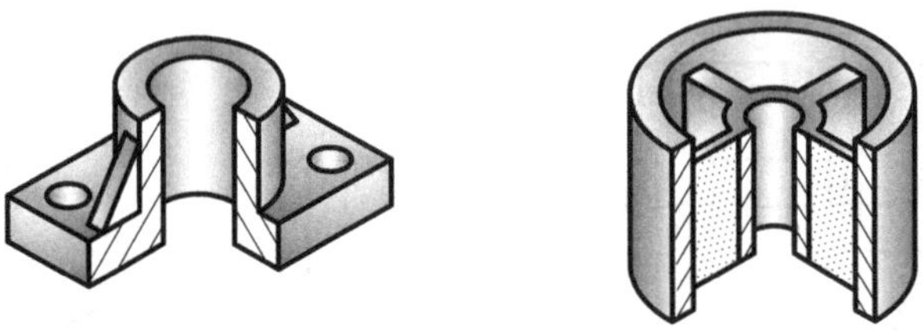

（a）　　（b）

图 1-95　轴测图上肋剖开后的画法

1.6　第三角投影法简介

在 GB/T 14692—2008《技术制图 投影法》中规定，我国的机械图样采用第一角画法，而美国、英国等国家则采用第三角画法。

一、投影面、机件与观察者的相对位置关系

将物体放在第一分角内进行投射，物体处在观察者与投影面之间，如图 1-96（a）所示，所得视图配置如图 1-96（b）所示。

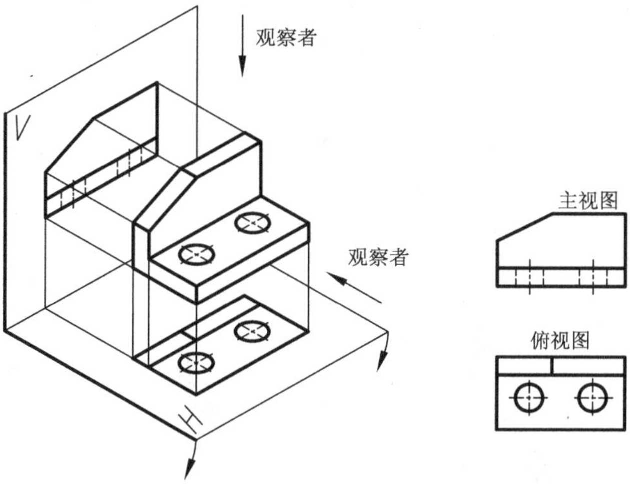

（a）　　　　　　（b）

图 1-96　第一角画法

若将物体放在第三分角内进行投射时，投影面处在观察者与物体之间，如图 1-97（a）所示，把投影面看成是透明的，由前向后投影得到前视图，投影面展开时，规定正立投影面不动，水平投影面向上翻转与正立投影面重合，展开后，两视图的配置如图 1-97（b）所示。

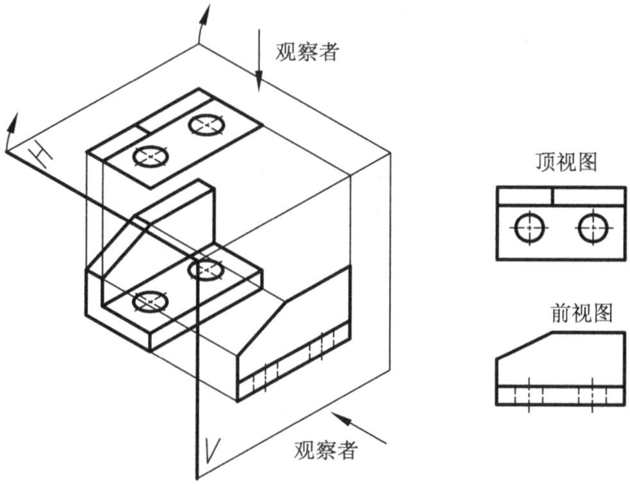

（a）　　　　　　（b）

图 1-97　第三角画法

二、视图配置及投影规律

在第三角投影中，同样有六个基本投影面，可以得到六个基本视图，分别是：前视图、顶视图、右视图、左视图、底视图和后视图，六个基本视图的展开方法如图 1-98 所示。展开后六个基本视图的配置如图 1-99 所示。

第三角投影与第一角投影的基本区别在于观察者与投影面、物体三者的相对位置不同和观察的位置不同，但第三角投影仍然采用 投影法绘制，因此，视图间的投影规律仍符合“长对正、高平齐、宽相等”的投影规律。

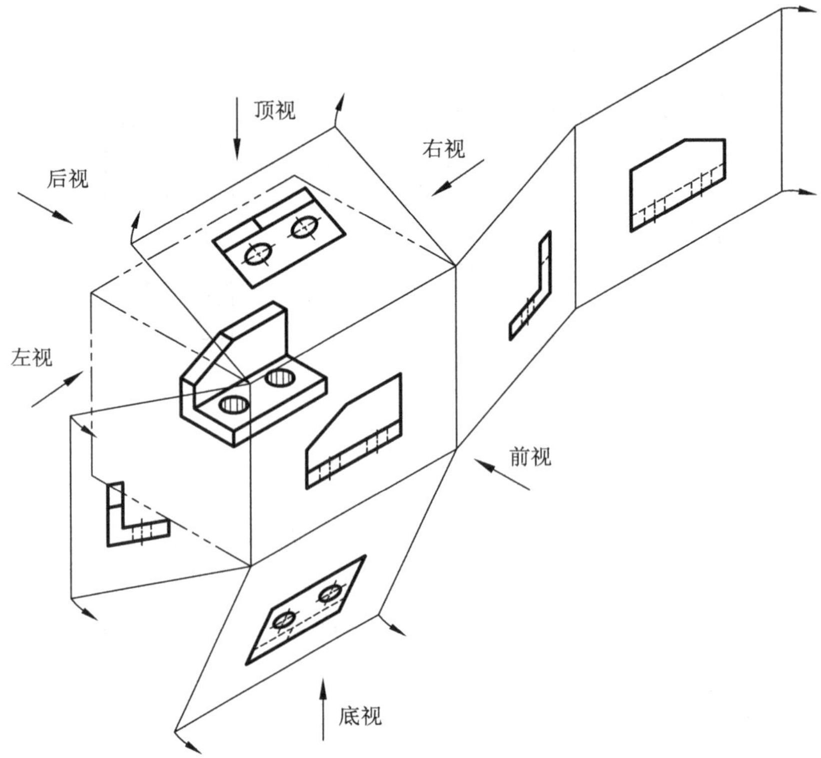

图 1-98　第三角投影的展开

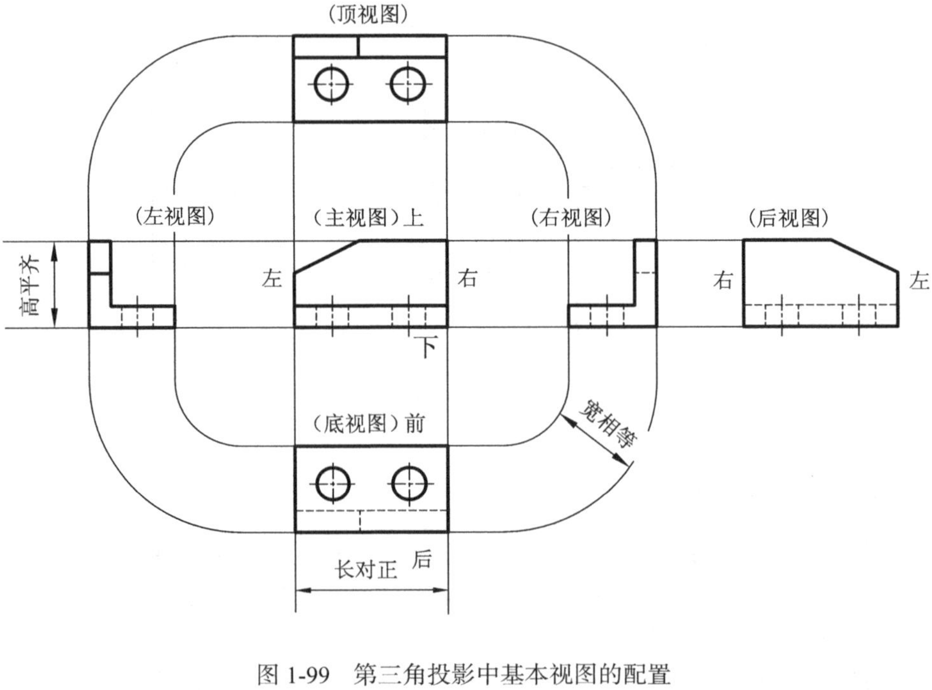

图 1-99　第三角投影中基本视图的配置

三、第三角画法的标志

按 GB/T 14692—2008 规定，采用第三角画法时，必须在标题栏中画出如图 1-4（b）所示的第三角画法的识别符号。当采用第一角画法时，在图样中一般不画出第一角画法的识别符号，必要时可画出如图 1-4（a）所示第一角画法的识别符号。

1.7　机件表达方法综合应用

在绘制机械图样时，应根据机件的具体情况而综合运用视图、剖视图和断面图等各种表达方法，而一个机件往往可以选用几种不同的表达方案。在确定表达方案时，还应结合标注尺寸等问题一起考虑。

一、机件表达方案选择

下面以图 1-100 所示的泵体为例，说明选择表达方案的方法和步骤。

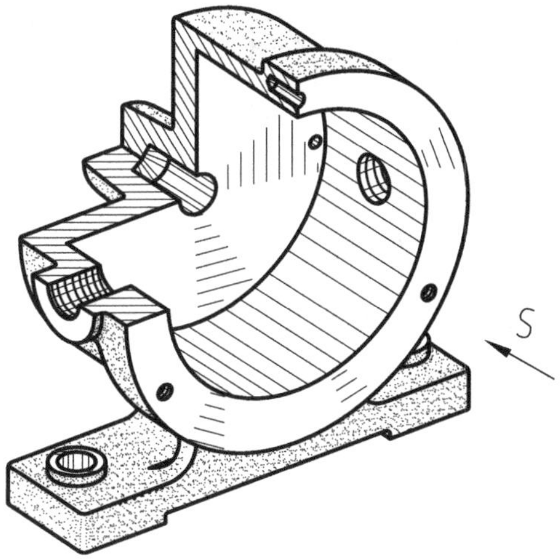

图 1-100　泵体的轴测剖视图

1. 分析机件结构形状

泵体的上面主要由直径不同的两个同轴圆柱体、与圆柱体偏心的圆柱形内腔、左右两个凸台以及背后的锥台等组成；下面部分是一个长方形底板，底板上有两个安装孔；中间部分为 T 字形连接块，它将上下两部分连接起来。

2. 选择主视图

通常选择最能反映机件特征的投射方向作为主视图的投射方向。因此选择图 1-100 所示箭头所指的方向作为主视图的投射方向。由于泵体前面的圆柱直径最大，遮盖了后面的结构，为了表达后面的圆柱和左、有两端的螺孔以及底板上的安装孔，主视图上应取剖视。但前端大圆柱及三个均匀分布的螺孔也需要表达，恰好泵体左右是对称的，因此在主视图上采用半剖视图以达到内、外结构都能得到表达的目的，如图 1-101 主视图所示。

3. 选择其他视图

须选择左视图表达泵体上部沿轴线方向的结构，为表达内腔形状应取剖视，若左视图上作全剖视，则由于下面部分都是实心体，没有必要全部剖切，因而采用局部剖视，这样可保留下部分的外形，便于看图。

底板及中间 T 字形连接块，可在俯视图上用全剖视图来表达，剖切位置选在图上的 *B–B* 处为最好，如图 1-101 所示。

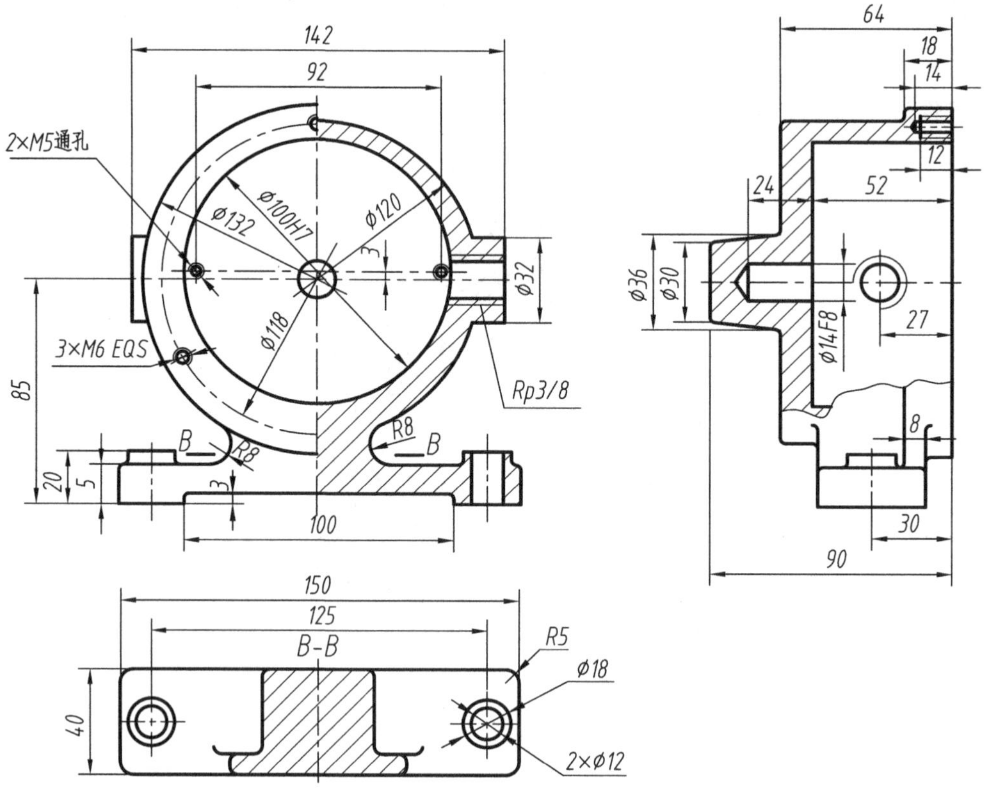

图 1-101　泵体的表达方案

4. 用标注尺寸来帮助表达形体

机件上的某些细节结构，还可以利用所标注的尺寸来帮助表达。例如，泵体后面的圆锥形结构，在图 1-101 所示左视图上标注了 ϕ30、ϕ36 尺寸后，在主视图上就不必再画虚线；又如主视图上尺寸 2 × M5 后面加上“通孔”两字后，就不必再另画剖视图去表达该两孔了。

【例 1-2】图 1-102（a）所示为支座的轴测图，选择较好的表达方案完整、清楚地表达该机件。

解:（1）分析支座的结构形状。有两个垂直交叉的圆柱筒，在上方圆柱筒上有一个斜置的长条形凸台，两圆柱筒之间是用十字肋相连。

选择主视图。选择图 1-102（a）所示箭头所指的方向作为主视图的投射方向，这样可以清楚表达上部圆柱与斜置凸台的角度关系，同时还可以表达下部圆柱前面的两沉孔。为了表达下部圆柱的空腔，在主视图上采用局剖，为表达十字肋，在主视图上画出了重合断面。

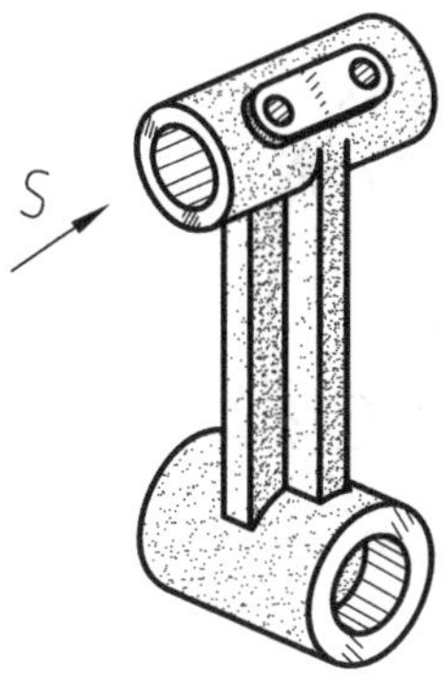

（a）

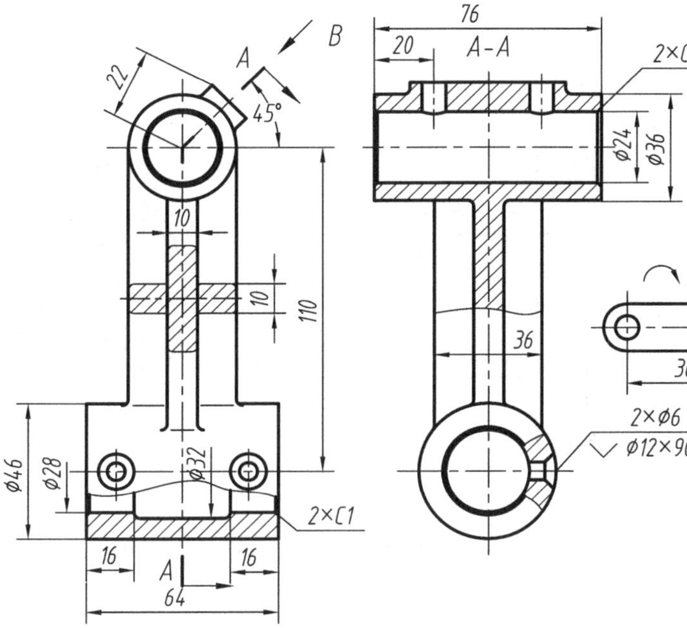

（b）

图 1-102　支座的表达方案

（3）其他视图选择。需要选择左视图，并在左视图上作两个局剖，表达上部圆柱孔和下部圆柱孔上的沉孔；又用一个斜视图表达凸台的表面实形。

通过这样的表达，就能完整、清晰地把支座内外形结构表达清楚，如图 1-102（b）所示。

二、剖视图上的尺寸标注

在《图学基础教程》第九章（张东梅等，2012）中介绍了组合体视图的尺寸标注，该尺寸标注的基本方法同样适合于剖视图。但在剖视图上标注尺寸时，应注意以下几点。

（1）在同一轴线上的圆柱和圆锥的直径尺寸，一般应尽量标注在剖视图上，避免标注在投影为同心圆的视图上。如图 1-102 左视图中所注尺寸 ϕ24、ϕ36 和俯视图中所注尺寸 ϕ28、ϕ32 和 ϕ46。但在特殊情况下，当剖视图上标注直径尺寸有困难时，可以标注在投影为圆的视图上。如图 1-101 泵体的内腔是一偏心为 3 的圆柱面，为了明确表达内腔与外圆柱面的位置，其直径尺寸 ϕ100H7、ϕ118、ϕ120 和 ϕ132 等都标注在主视图上了。

（2）当采用半剖或局剖后，有些尺寸不能完整地标注出来，则尺寸线应略超过圆心或对称中心线，此时仅在尺寸线的一端画出箭头，而尺寸数字标注在尺寸线中间位置上，如图 1-103 中的直径 ϕ10、ϕ16 和 ϕ23。

（3）在剖视图上标注尺寸，应尽量把外形尺寸和内部结构尺寸分开在图形的两侧标注，外形尺寸标注在视图一侧，内形尺寸标注在剖视一侧。这样标注即清晰又便于看图，如图 1-103 所示。图中将长度方向的内形尺寸尽量标注在半边剖视图一侧，而外形尺寸尽量标注在半边视图一侧。

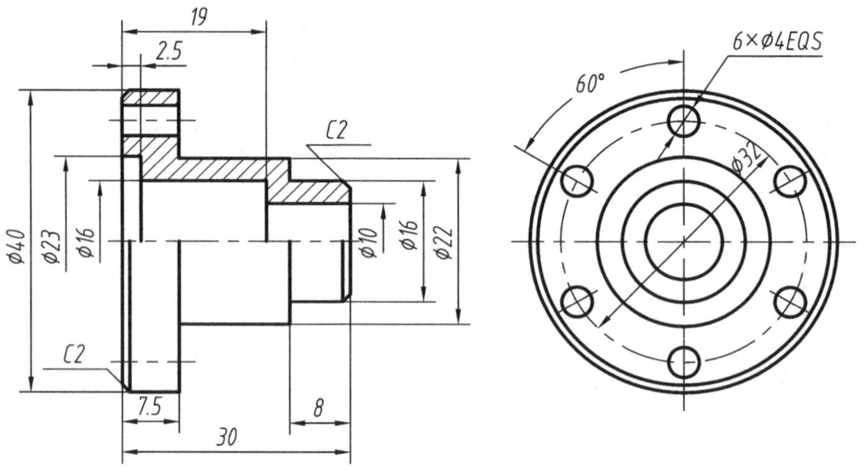

图 1-103　同轴回转体剖视图的尺寸标注

第二章　标准件及常用件的表示法

标准件是结构形式、尺寸大小、表面质量和表示方法均标准化了的零（部）件，例如螺纹紧固件、键、销、滚动轴承和弹簧等。标准件使用广泛，并由专业厂生产。

在机器和设备中，除一般零件和标准件外，还有一些零件，如齿轮，它们应用广泛，结构定型，某些部分的结构形状也有统一的标准，这些零件在制图中都有规定的表示法，通常将它们称为常用件。

图 2-1 所示为摆线转子泵分解后的各零件的轴测图。其中，螺栓、螺母、垫圈等螺纹紧固件以及键属于标准件，齿轮属于常用件，泵盖、泵体、泵轴和内外转子等都是一般零件。

本章将介绍这些标准件和常用件的图样画法及尺寸注法。

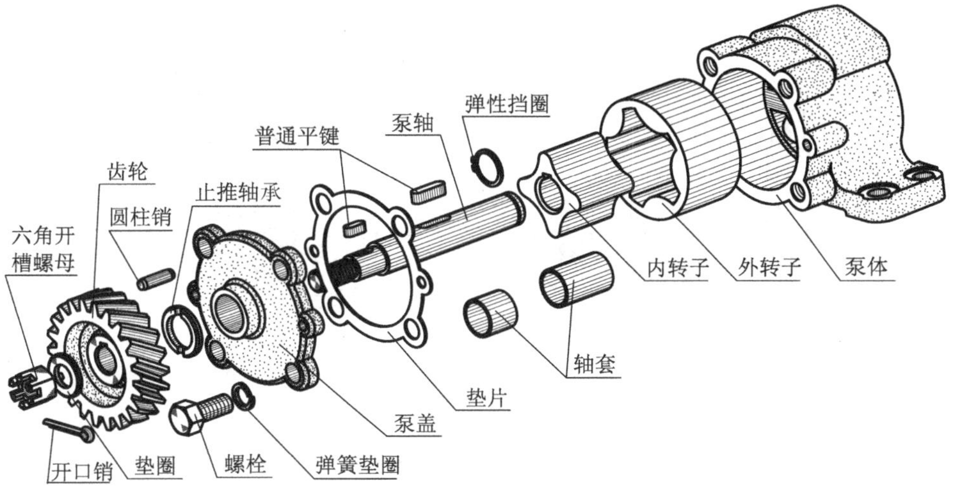

图 2-1　摆线转子泵中的标准件和常用件

2.1　螺纹及螺纹紧固件

螺纹及螺纹紧固件广泛地应用于机械、电气、航空航天、化工、兵器和制造船等各种行业。

本节内容中遵循和采用了国家标准 GB/T 4459.1—1995《机械制图　螺纹及螺纹紧固件表示法》。

一、螺纹的形成、结构和要素

1. 螺纹的形成

螺纹是在圆柱或圆锥表面上沿着螺旋线形成的，具有相同轴向断面的连续凸起和沟槽。

凸起部分的顶端称为牙顶，沟槽部分的底部称为牙底。螺纹在螺钉、螺栓、螺母和丝杠上，起连接零件或传动零件的作用。

在车床上车削螺纹，是常见形成螺纹的一种方法，如图 2-2 所示。当螺纹直径较小时，可用丝锥（加工内螺纹）和板牙（加工外螺纹）来加工螺纹，如图 2-3（a）所示；也可用碾压的方法来加工螺纹，如图 2-3（b）所示。

加工在零件外表面的螺纹叫外螺纹，加工在零件孔腔内表面的螺纹叫内螺纹。

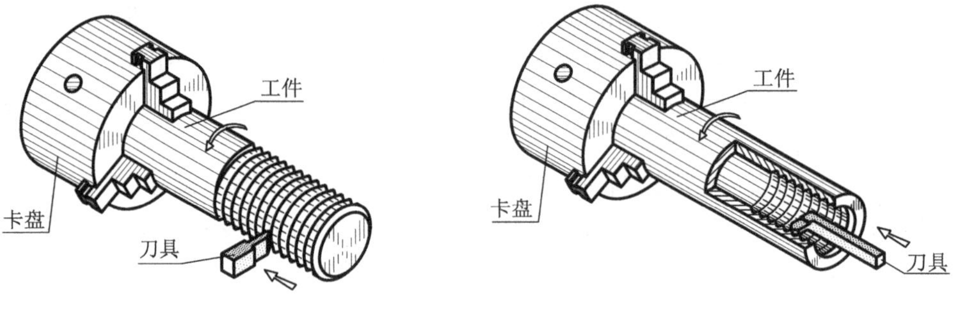

（a）加工外螺纹　　（b）加工内螺纹

图 2-2　车床上加工螺纹

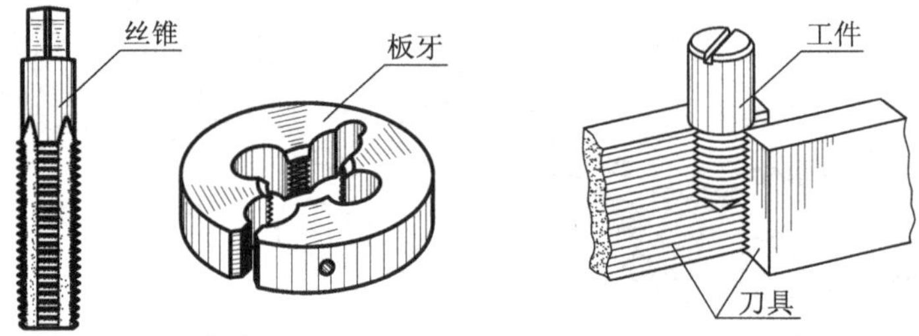

（a）　　（b）

图 2-3　加工直径较小的螺纹

2. 螺纹的结构

为防止螺纹端部损坏和便于安装，通常在螺纹的端面做出圆锥形倒角或球面形的圆顶，如图 2-4 所示。

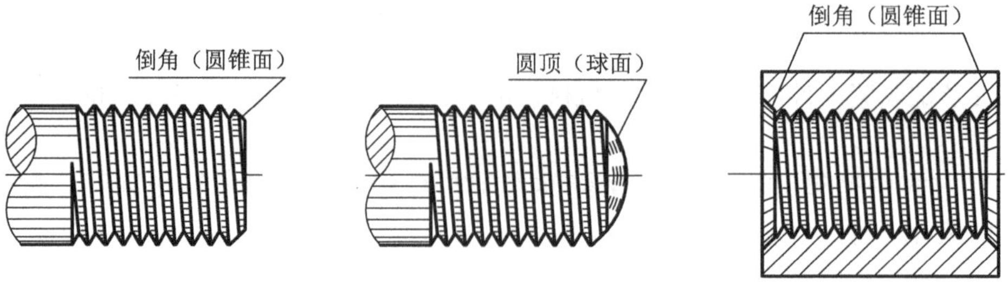

图 2-4　螺纹的端面

当车削螺纹的车刀逐渐离开工件的螺纹处时，出现一段牙型不完整的螺纹称为螺尾，如图 2-5（a）所示。为了便于退刀，并避免螺尾，可在螺纹终了处预先车出一个小槽，称为螺纹退刀槽，如图 2-5（b）所示。

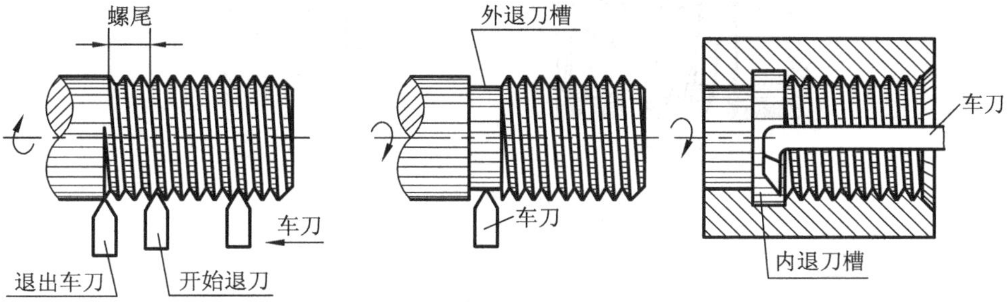

（a）螺尾　　（b）退刀槽

图 2-5　螺尾及螺纹退刀槽

3. 螺纹的要素

1）螺纹的牙型

在通过螺纹轴线的剖面上，螺纹轮廓形状，称为螺纹的牙型。常用的螺纹的牙型有三角形、梯形和锯齿形，见表 2-1。还有一种常用螺纹的牙型为方形，但它不属于标准螺纹，如图 2-6 所示。

表 2-1　常用的标准螺纹

螺纹种类			特征代号	外形图	牙型图	用途
连接螺纹	普通螺纹	粗牙	M	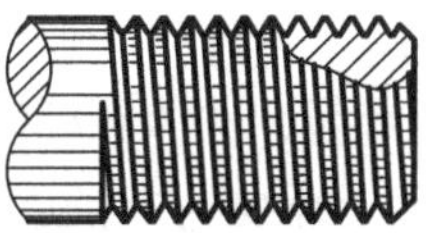	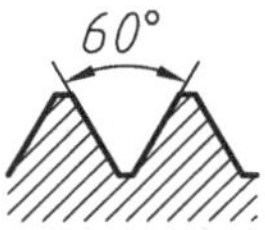	最常用的连接螺纹
		细牙				用于细小的精密零件或薄壁零件
	管螺纹	非螺纹密封管螺纹	G	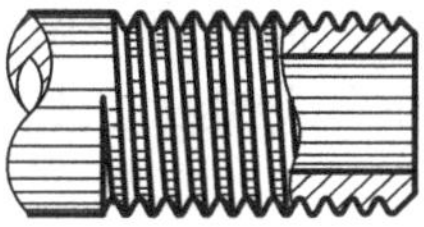		本身无密封能力，常用于电线管等不需要密封的管路系统。若另加密封结构，密封性能很可靠
		螺纹密封的管螺纹	R_c R_p R_1 R_2	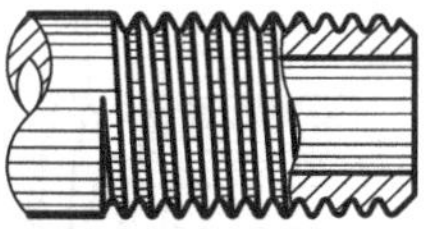		圆柱内螺纹 R_p 与圆锥外螺纹 R_1 连接，圆锥内螺纹 R_c 与圆锥外螺纹 R_2 连接，其旋合后有密封能力
传动螺纹	梯形螺纹		Tr		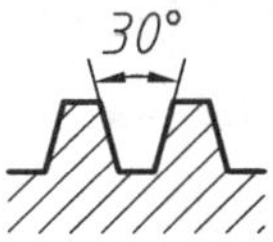	可双向传递运动及动力，常用于承受双向力的丝杠传动
	锯齿形螺纹		B	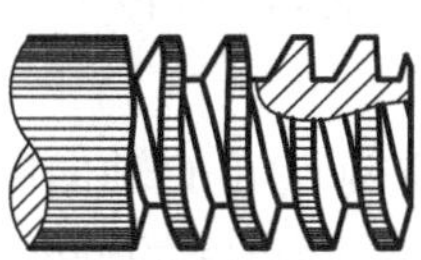	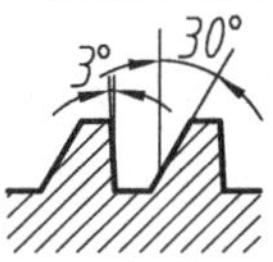	只能传递单向动力，如螺旋压力机用的传动丝杠

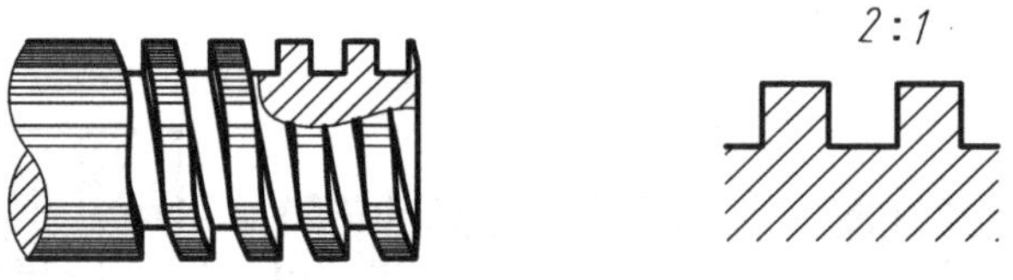

（a）外形图　　（b）牙型图

图 2-6　方形螺纹

2）螺纹的直径

螺纹的直径有大径、小径和中径，如图 2-7 所示。

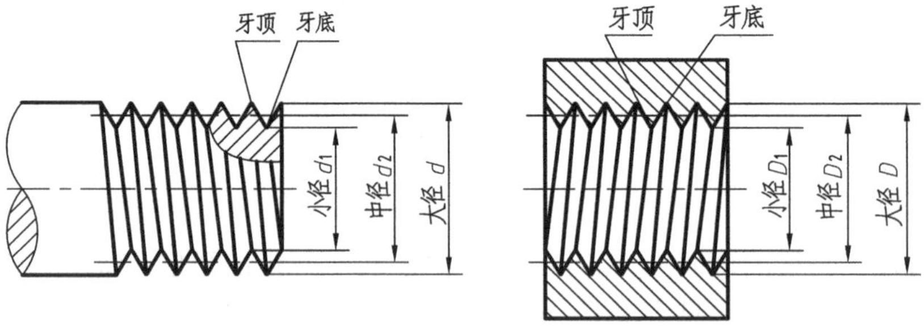

（a）外螺纹　　（b）内螺纹

图 2-7　螺纹的直径

（1）大径（D，d）。大径是与外螺纹的牙顶和内螺纹的牙底相切的假想圆柱面的直径。内、外螺纹的大径分别用 D 和 d 表示。

（2）小径（D_1，d_1）。小径是与外螺纹的牙底和内螺纹的牙顶相切的假想圆柱面的直径。内、外螺纹的小径分别用 D_1 和 d_1 表示。

（3）中径（D_2，d_2）。中径是一个假想圆柱面直径，在该圆柱面母线上牙型的沟槽和凸起宽度相等。内、外螺纹的中径分别用 D_2 和 d_2 表示。螺纹的中径近似或等于螺纹的平均直径。

3）螺纹的线数 n

螺纹有单线和多线之分，如图 2-8 所示。圆柱面只有一条螺纹盘绕时，称为单线螺纹；有两条或两条以上螺纹时，称为双线螺纹和多线螺纹。线数又称为头数。

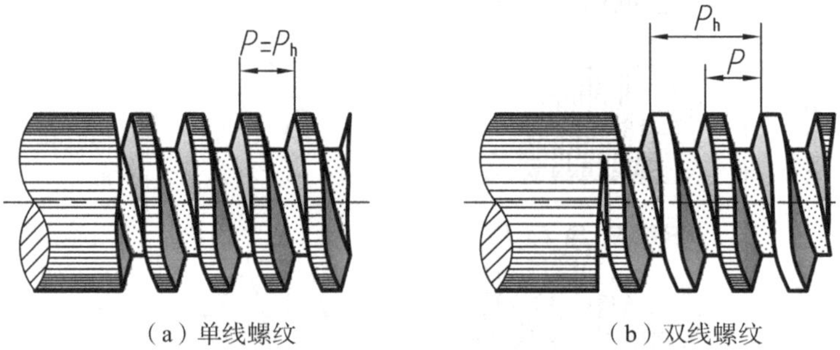

（a）单线螺纹　　（b）双线螺纹

图 2-8　螺纹的线数、螺距与导程

4）螺纹的螺距（P）和导程（P_h）

螺纹的螺距是指相邻两牙在中径线上对应两点间的轴向距离，如图 2-8（a）所示；导程是指同一条螺旋线上相邻两牙在中径线上对应两点间的轴向距离，如图 2-8（b）所示。

螺距和导程的关系是：

单线螺纹，$P=P_h$；多线螺纹，$P=P_h/n$。

5）螺纹的旋向

螺纹旋向分左旋和右旋。其判断方法如图 2-9 所示，顺时针旋转时旋入的螺纹，称为右旋螺纹；逆时针旋转时旋入的螺纹，称为左旋螺纹。常用的是右旋螺纹。

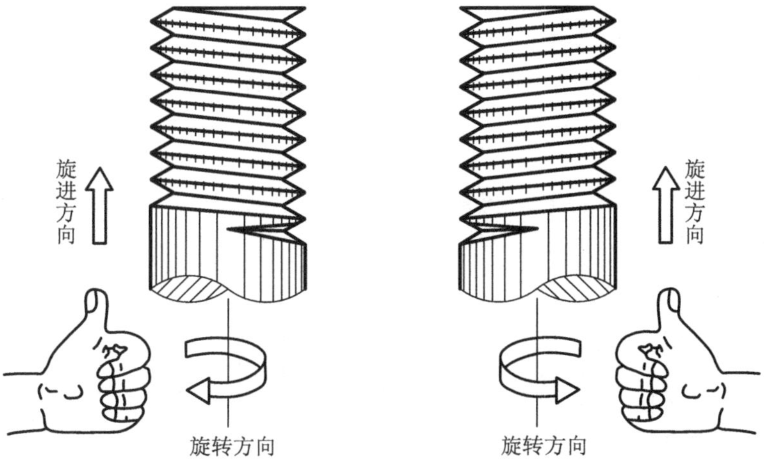

（a）左旋螺纹　（b）右旋螺纹

图 2-9　螺纹的旋向

二、螺纹的规定画法

螺纹的真实投影比较复杂，为了简化作图，国家标准规定，不管螺纹的种类如何，螺纹的画法均按规定绘制。

1. 外螺纹的画法

外螺纹的大径（牙顶圆的投影）用粗实线绘制，外螺纹的小径（牙底圆的投影）用细实线绘制（画图时可取 $d_1 \approx 0.85d$），倒角的部分也应画出。在投影为圆的视图中，小径只画约 3/4 圈（空出约 1/4 圈的位置不作规定），倒角圆省略不画。表示螺纹有效长度的图线称为螺纹终止线，螺纹终止线用粗实线绘制，如图 2-10（a）所示。

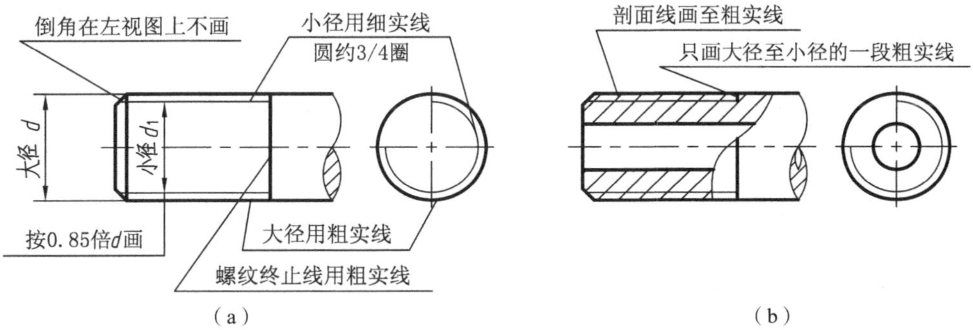

（a）　（b）

图 2-10　外螺纹的画法

在剖视图中，剖面线应画到粗实线，螺纹终止线只画大径至小径的一段，如图 2-10（b）所示。

2. 内螺纹的画法

在剖视图中，内螺纹的小径（牙顶圆的投影），用粗实线绘制，内螺纹的大径（牙底圆的投影）用细实线绘制，在投影为圆的视图上，大径只画 3/4 圈，倒角圆省略不画，螺纹终止线用粗实线绘制，如图 2-11（a）所示。

当螺孔未作剖切，内螺纹不可见时，其大径、小径和螺纹终止线均用虚线绘制，如图 2-11（b）所示。

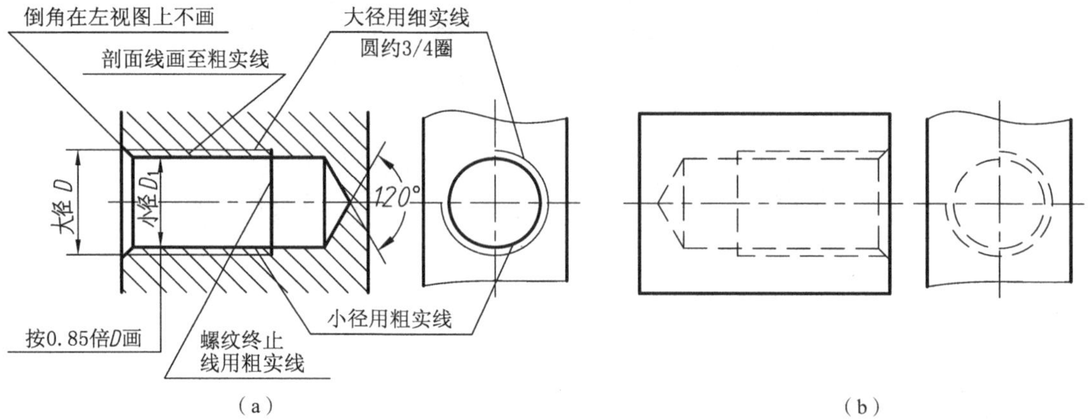

图 2-11　内螺纹的画法

3. 内外螺纹的连接画法

当内外螺纹旋合在一起时，国家标准规定，在剖视图中表示螺纹连接时，其旋合部分应按外螺纹的画法绘制，其余部分仍按各自的画法绘制，如图 2-12 所示。

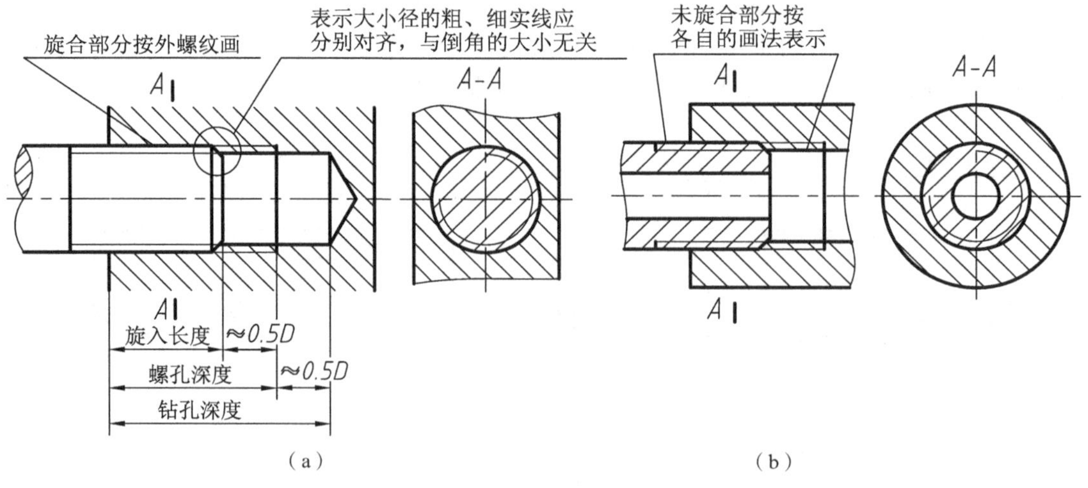

图 2-12　内外螺纹的连接画法

4. 其他规定画法

（1）当需要表示螺纹牙型时，可采用局部剖视图、剖开的局部放大图表示或直接在剖视图中表示，如图 2-13 所示。

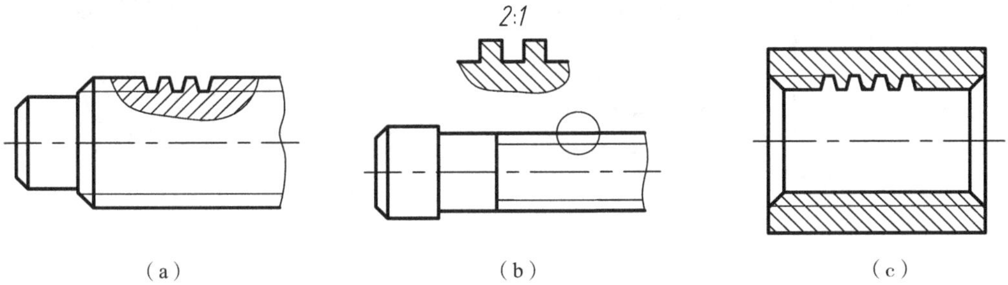

图 2-13　螺纹牙型的画法

（2）螺纹的螺尾一般不必画出，当需要表示螺尾时，该部分用与轴线成 30° 的细实线画出，如图 2-14 所示。

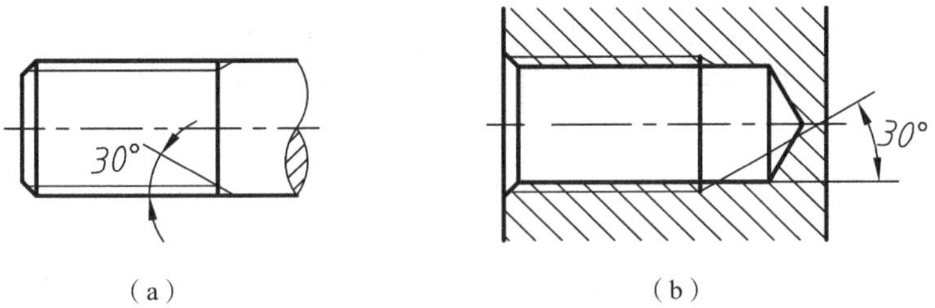

图 2-14　螺尾的画法

（3）在绘制不穿通的螺孔时，一般应将钻孔深度与螺孔深度分别画出，如图 2-15 所示。钻孔深度 H 一般应比螺纹深度 b 大 $0.5D$，钻孔底部锥面的锥顶角画成 120°。

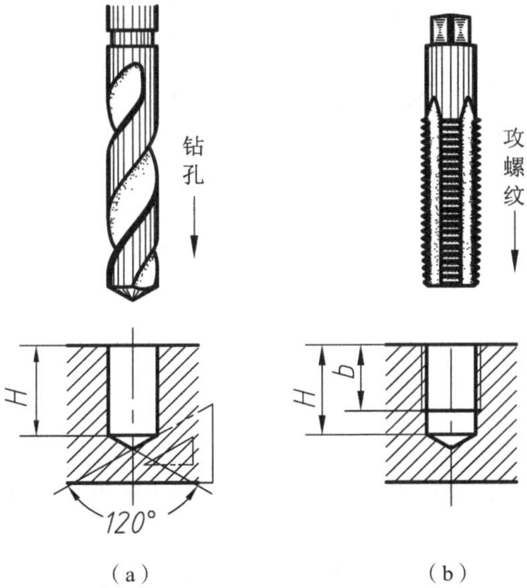

图 2-15　不穿通螺孔的画法

（4）在垂直于螺纹轴线的投影面的视图中，需要表示部分螺纹时，表示牙底圆的细实线也应空出一段，如图 2-16 所示。

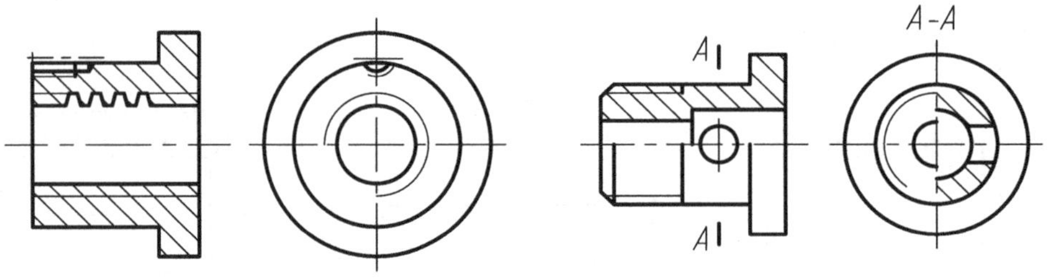

（a）　　（b）

图 2-16　部分螺纹的画法

（5）螺孔与螺孔相交或螺孔与光孔相交时，只在螺纹小径处画一条相贯线，如图 2-17 所示。

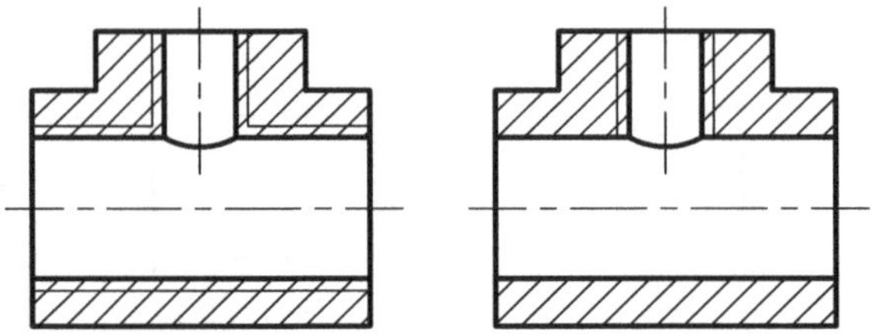

图 2-17　螺孔中相贯线的画法

（6）圆锥螺纹的画法如图 2-18 所示。

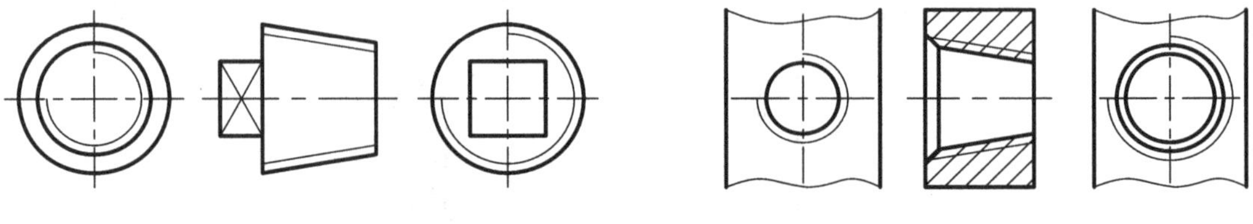

（a）圆锥外螺纹　　（b）圆锥内螺纹

图 2-18　圆锥螺纹的画法

三、螺纹的种类和标注

1. 螺纹的种类和标注

螺纹按用途分为连接螺纹和传动螺纹。常用标准螺纹的种类、牙型及用途见表 2-1。

由于各种螺纹都按同一规定画法表示，为了加以区别，必须按国家标准对螺纹进行标注。常用标准螺纹的规定标注见表 2-2。

表 2-2　标准螺纹的规定标注

<table>
<tr><th colspan="3">螺纹种类及特征代号</th><th>标注方式</th><th>标注图例</th><th>说明</th></tr>
<tr><td rowspan="3">普通螺纹单线</td><td rowspan="3">M</td><td rowspan="2">粗牙</td><td>M12-5g6g
顶径公差带代号
中径公差带代号
螺纹大径</td><td>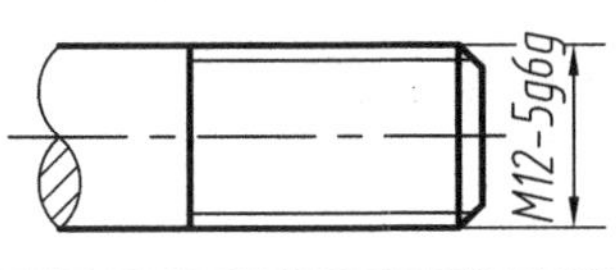
</td><td rowspan="3">（1）螺纹的标记应标注在大径的尺寸线或其引出线上；
（2）粗牙螺纹不标螺距，细牙螺纹标注螺距</td></tr>
<tr><td>M12LH-7H-L
旋合长度代号
中径和顶径公差带代号
旋向（左旋）</td><td>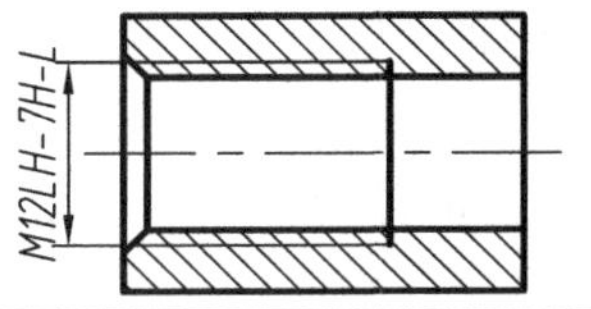
</td></tr>
<tr><td>细牙</td><td>M15×1.5-5g6g
细牙螺距</td><td>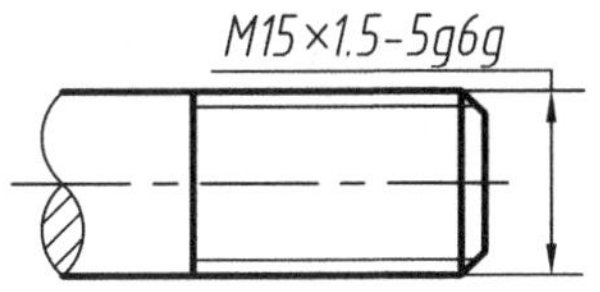
</td></tr>
<tr><td rowspan="4">管螺纹单线</td><td rowspan="2">G</td><td rowspan="2">55°非密封管螺纹</td><td>G1/2A
公差等级代号
尺寸代号
外螺纹公差等级分A、B级，需标注</td><td>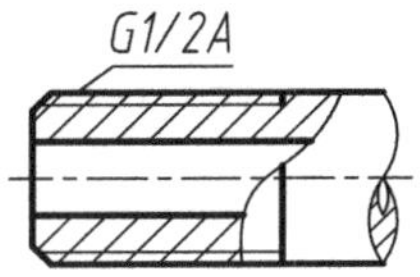
</td><td rowspan="2">（1）尺寸代号采用小一号的数字书写；
（2）管螺纹的直径、螺距等需查其标准确定；
（3）在图中从螺纹大径画指引线进行标注</td></tr>
<tr><td>G1/2
内螺纹公差等级只有一种，不需标注</td><td>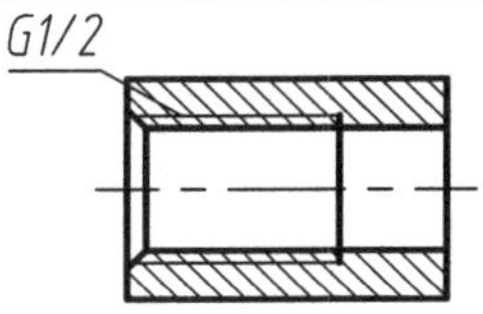
</td></tr>
<tr><td rowspan="2">R_c
R_p
R_1
R_2</td><td rowspan="2">55°密封管螺纹</td><td>$R_2 3/4$</td><td>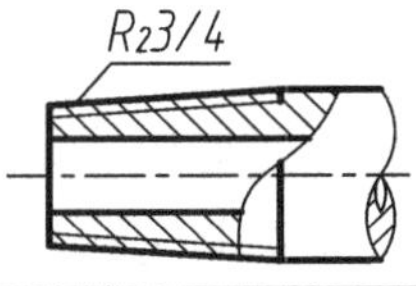
</td><td rowspan="2">（1）R_1 表示与圆柱内螺纹 R_p 相配合的圆锥外螺纹；
（2）R_2 表示与圆锥内螺纹 R_c 相配合的圆锥外螺纹；
（3）内、外螺纹只有一种公差等级省略不标</td></tr>
<tr><td>$R_c 3/4$</td><td>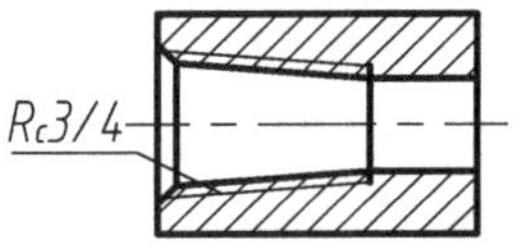
</td></tr>
<tr><td rowspan="2">梯形螺纹</td><td rowspan="2">Tr</td><td>单线</td><td>Tr40×7-7e
中径公差带代号</td><td>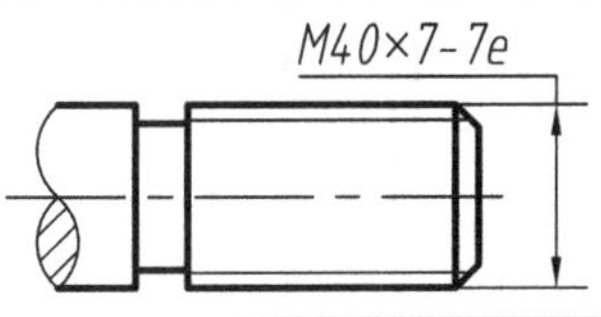
</td><td rowspan="2">（1）单线螺纹只标螺距，多线螺纹标注导程和螺距；
（2）梯形螺纹只规定了中径公差带</td></tr>
<tr><td>多线</td><td>Tr40×14(P7)LH-7e
螺距
导程</td><td>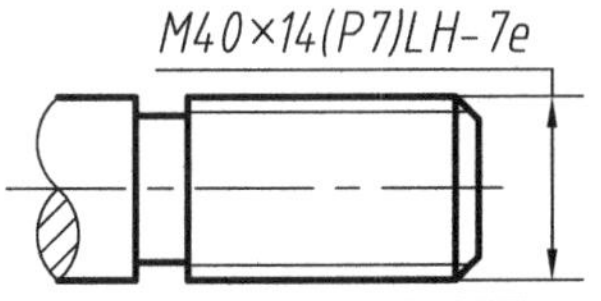
</td></tr>
</table>

标注说明：

（1）普通螺纹、梯形螺纹、锯齿形螺纹的标注顺序及格式为：

特征代号 公称直径 × 螺距或导程（P 螺距） 旋向 — 公差带代号 — 旋合长度代号

如表 2-2 中的标注：M15 × 1.5–5g6g；M12LH–7H–L；Tr40 × 14（P7）LH–7e。

①特征代号。螺纹特征代号见表 2-1。

②公称直径。一般为螺纹大径。

③螺距。粗牙普通螺纹不必标注螺距，多线螺纹应标注“导程（P 螺距）”。

④旋向。左旋螺纹要标注“LH”，右旋螺纹不标。

⑤公差带代号。公差带代号由表示其大小的公差等级数字和表示其位置的基本偏差代号组成。一般要同时注出中径在前、顶径在后的两项公差带代号（梯形螺纹只规定了中径公差带代号）。中径和顶径公差带代号相同时，只注一个。代号中的小写字母指外螺纹，大写字母指内螺纹。

⑥旋合长度代号。两个互相配合的螺纹，沿其轴线方向相互旋合部分的长度称为旋合长度。螺纹旋合长度分为短、中、长三组，分别用代号 S、N、L 表示，中等旋合长度 N 不标注。

（2）管螺纹的标注顺序及格式为

特征代号 尺寸代号 公差带代号 — 旋向

如表 2-2 中的标注：G1/2A；R_c3/4。

在管螺纹标注中，螺纹特征代号（如 G）后面为尺寸代号，它表示管子的内径，管螺纹的直径、螺距等可查有关标准确定。只有特征代号为 G 的非螺纹密封的外管螺纹有 A、B 两种公差等级，需要标出，其余管螺纹只有一种公差等级，不必标出。同样左旋螺纹要标注“LH”，右旋螺纹不标。

2. 螺纹副的标注方法

内、外螺纹旋合时，其公差带代号可用分数线或斜线分开，分子表示内螺纹的公差带代号，分母表示外螺纹的公差带代号。米制螺纹直接标注在大径尺寸线上，如图 2-19（a）所示；管螺纹应标注在由配合部分的大径处引出的线上，如图 2-19（b）所示。

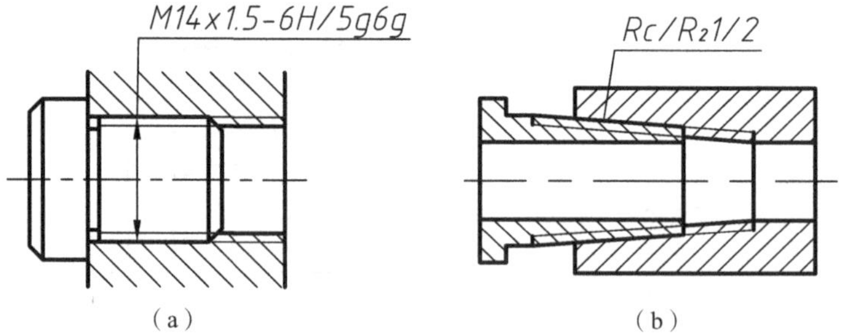

（a）　（b）

图 2-19　螺纹副的标注

四、螺纹紧固件

1. 螺纹紧固件的种类

螺纹紧固件是利用一对内、外螺纹的连接作用来连接和紧固一些零件。常用的螺纹紧固件有螺栓、螺母、双头螺柱、螺钉和垫圈等，如图 2-20 所示。

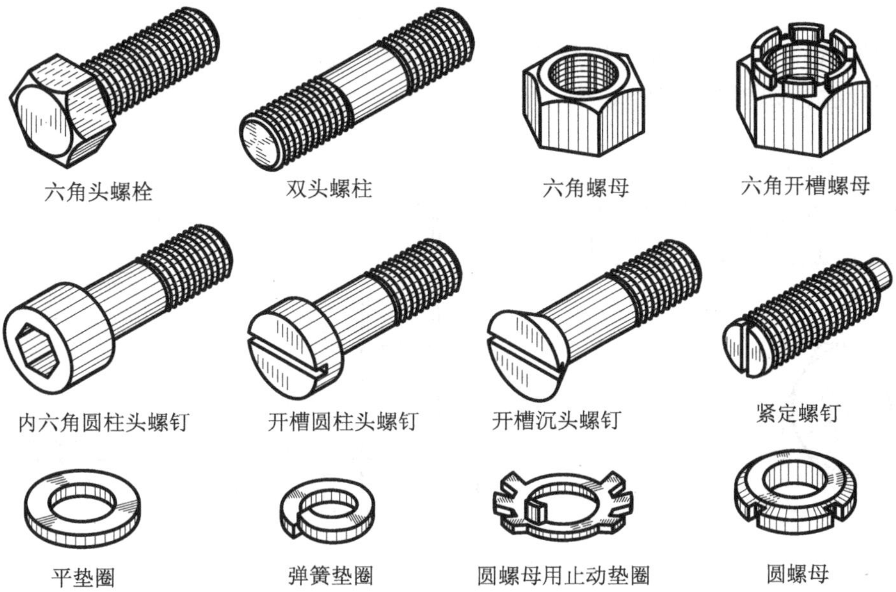

图 2-20　常用的螺纹紧固件

2. 螺纹紧固件的标记

常用螺纹紧固件的结构形式和尺寸都已标准化，使用时按规定标记直接外购即可，表 2-3 列出了常用螺纹紧固件的结构形式和标记。

表 2-3　常用螺纹紧固件的规定标记示例

名称及视图	规定标记示例	名称及视图	规定标记示例
六角头螺栓 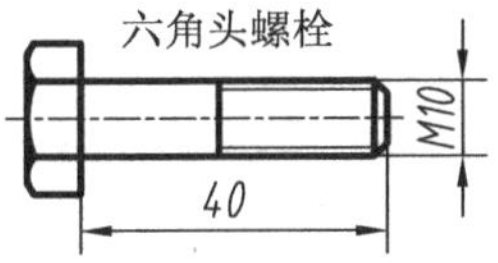	螺栓 GB/T 5780—2000 M10 × 40	Ⅰ型六角螺母 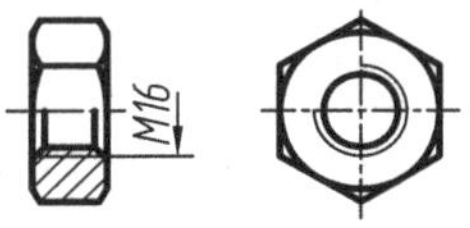	螺母 GB/T 6170—2000 M16
螺柱 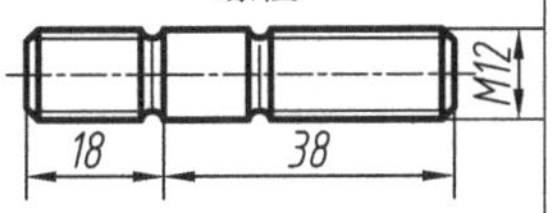	螺柱 GB/T 899—2000 M12 × 38	Ⅰ型六角开槽螺母 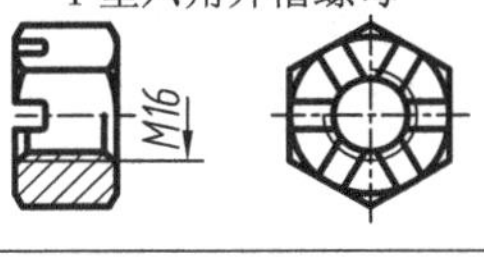	螺母 GB/T 6178—2000 M16
开槽圆柱头螺钉 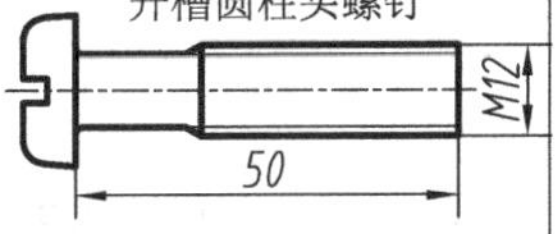	螺钉 GB/T 65—2000 M12 × 50	平垫圈 	垫圈 GB/T 97.1—2002 12
开槽锥端紧定螺钉 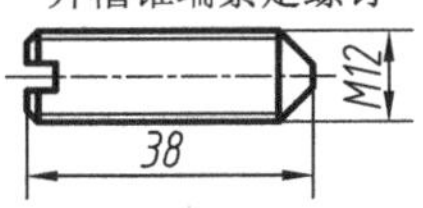	螺钉 GB/T 71—2000 M12 × 38	弹簧垫圈 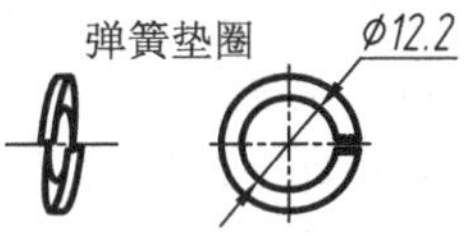	垫圈 GB/T 93—1987　12

3. 螺纹紧固件的画法

螺纹紧固件各部分尺寸可以从相应国家标准中查出，但在绘图时为了提高效率，常采用比例画法，如图 2-21 所示。

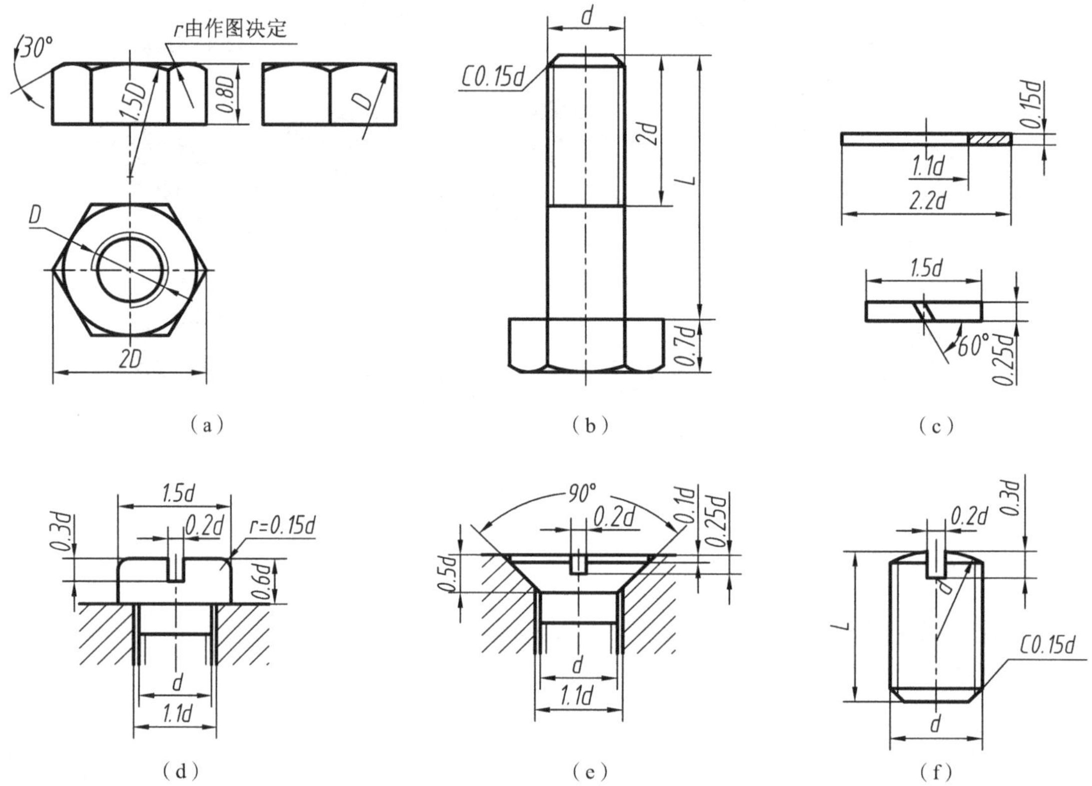

图 2-21　螺纹紧固件的比例画法

（1）六角螺母。六角螺母各部分尺寸及其表面上用几段圆弧近似表示的交线，都以螺纹大径 D 的比例关系画出，如图 2-21（a）所示。

（2）六角螺栓。其头部除厚度为 0.7d 外，其余尺寸的比例关系和画法与六角螺母相同。其余部分与 d 成比例关系，如图 2-21（b）所示。

（3）垫圈。其各部分按与它相配的螺纹紧固件的大径 d 的比例关系画出，如图 2-21（c）所示。

（4）螺钉。螺钉头部 5d 的比例画法如图 2-21（d）～（f）所示。

五、螺纹紧固件的连接画法

常见的螺纹紧固件连接形式有螺栓连接、双头螺柱连接和螺钉连接三种，如图 2-22 所示。在画螺纹紧固件的连接画法时，常用比例画法和简化画法。

螺纹紧固件的装配画法，应遵循以下规定：

（1）两零件接触的表面画一条线，不接触的表面画两条线。

（2）两零件邻接时，不同零件的剖面线方向应相反，或方向相同而间隔不等。

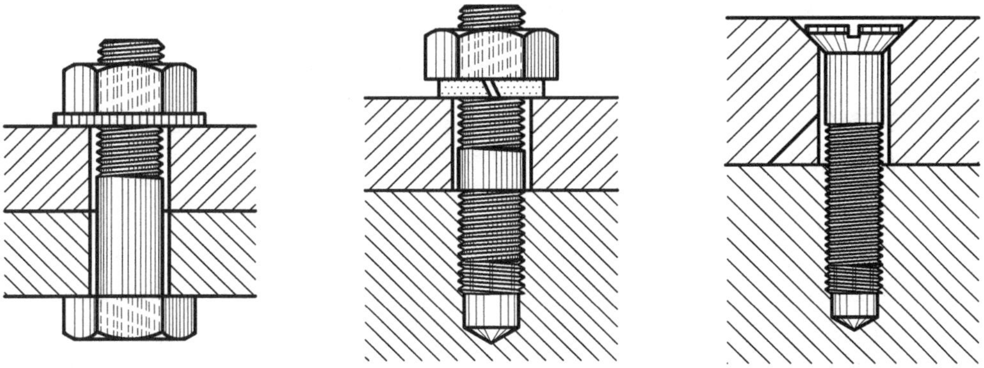

（a）螺栓连接　　（b）螺柱连接　　（c）螺钉连接

图 2-22　螺纹紧固件的连接形式

（3）当剖切平面通过螺纹紧固件轴线时，螺纹紧固件按不剖绘制，仍画外形，需要时，可采用局部剖视。

1. 螺栓连接

螺栓是用来连接不太厚，并能钻成通孔的零件。图 2-23（a）所示为螺栓连接前的情况，在被连接的零件上钻成比螺栓公称直径略大的通孔。连接时，先将螺栓穿过被连接件上的通孔，在螺栓上部套上垫圈，用螺母拧紧。图 2-23（b）所示为用螺栓连接两块板的装配画法，也可采用如图 2-22（c）所示的简化画法。

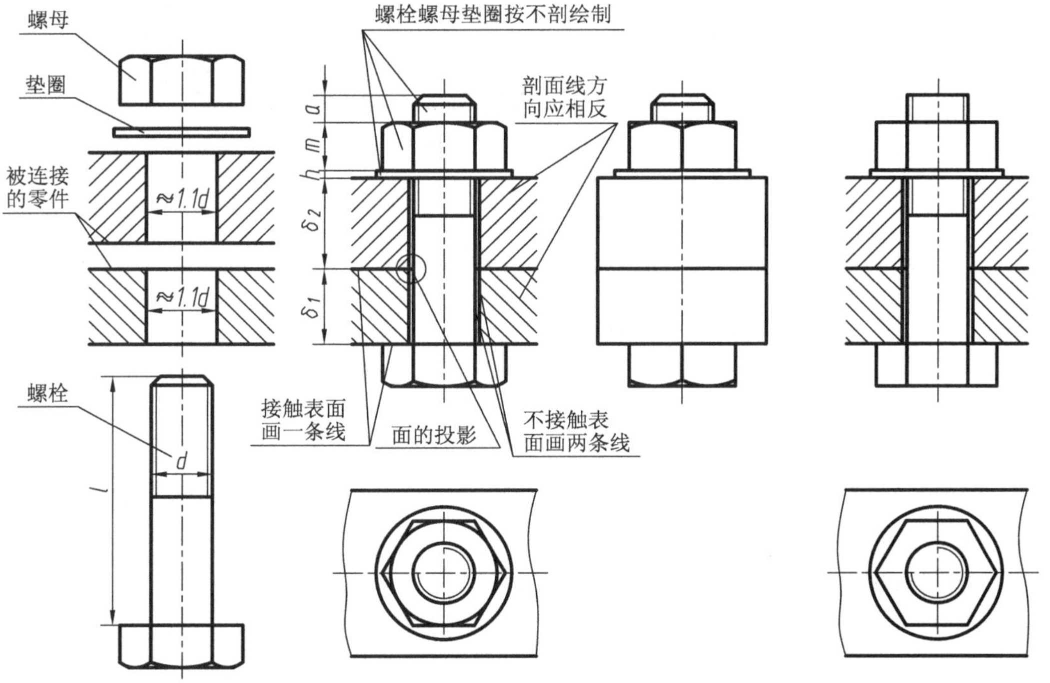

（a）连接前　　（b）连接后规定画法　　（c）连接后简化画法

图 2-23　螺栓连接的画法

确定螺栓长度时，可按以下方法计算：

$$l=\delta_1+\delta_2+h+m+a\ (a\ 一般可按\ 0.2d\sim0.3d\ 取值)$$

如图 2-23（b）所示，根据上式算出的螺栓长度 l 值，查附表 12 中螺栓长度 l 的系列值，选择接近的标准数值。

2. 双头螺柱连接

双头螺柱连接常用于被连接件之一太厚，不宜钻成通孔的场合。如图 2-24（a）所示为双头螺柱连接前的情况，在一个较厚的被连接零件上加工螺孔。连接时将双头螺柱的旋入端 b_m 完全旋入到这个螺孔里，而另一端（紧固端）则穿过另一被连接件的通孔，然后套上垫圈，再用螺母拧紧，如图 2-24（b）所示。图 2-24（c）所示为连接后的错误画法。

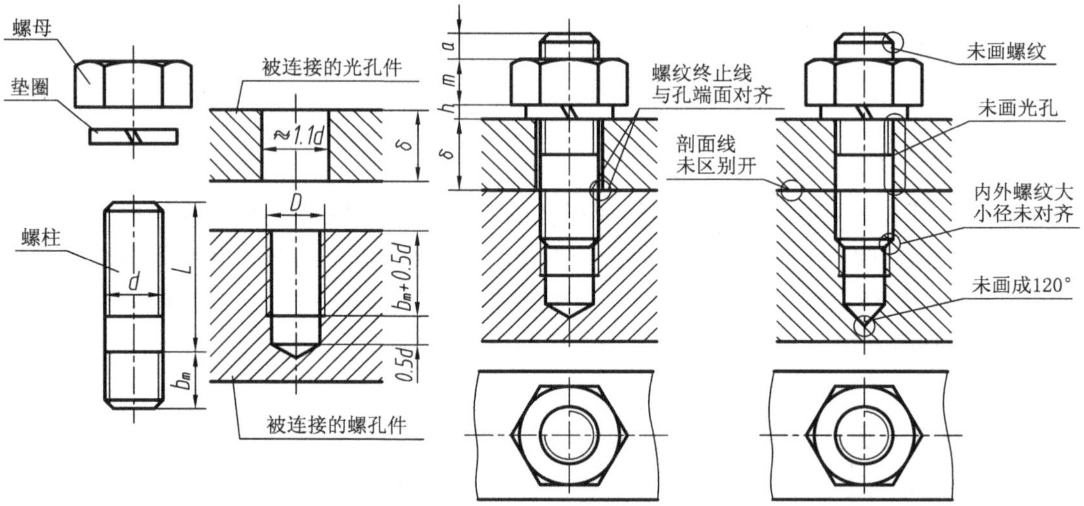

（a）连接前　　（b）连接后正确画法　　（c）连接后错误画法

图 2-24　双头螺柱连接的画法

双头螺柱旋入端的长度为 b_m。b_m 的长度由国家标准规定，有四种长度：

$b_m=d$（GB/T 897—1988），$b_m=1.25d$（GB/T 898—1988）

$b_m=1.5d$（GB/T 899—1988），$b_m=2d$（GB/T 900—1988）

可根据螺孔的材料选定，对于钢、青铜零件取 $b_m=d$；铸铁零件取 $b_m=1.25d$；材料强度介于铸铁和铝之间的零件取 $b_m=1.5d$；铝合金、非金属材料取 $b_m=2d$。

确定双头螺柱的有效长度 l 时，可按下式计算：

$$l=\delta+h+m+a$$

3. 螺钉连接

螺钉按用途可分为连接螺钉和紧定螺钉两种。前者用来连接零件，后者主要用来固定零件。连接螺钉用于连接不经常拆卸，并且受力不大的零件。一般在较厚的被连接件上加工出螺孔，然后把螺钉穿入另一被连接件的通孔旋进螺孔来连接两零件，如图 2-25 所示。

螺钉的长度 l 可按下式来确定：

$$l = \delta + b_{\mathrm{m}}$$

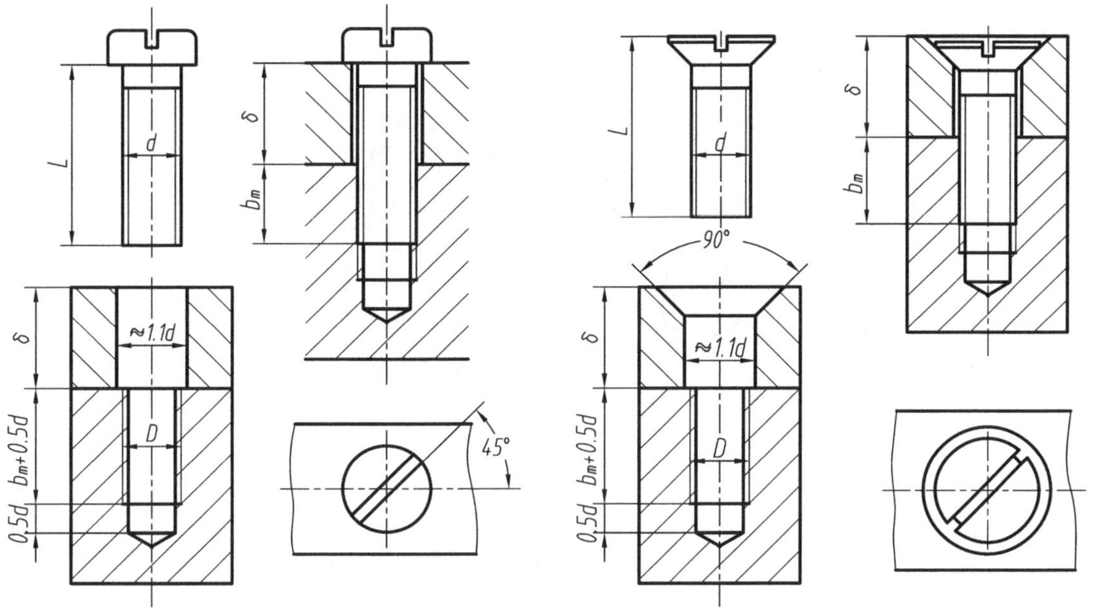

连接前　　连接后　　连接前　　连接后

（a）　　（b）

图 2-25　螺钉连接的画法

图 2-26 所示为紧定螺钉固定轴和轮的画法。用一个开槽锥端紧定螺钉旋入轮毂的螺孔，使螺钉端部的 90° 锥顶角与轴上的 90° 锥孔压紧，从而固定了轴和轮的轴向位置。

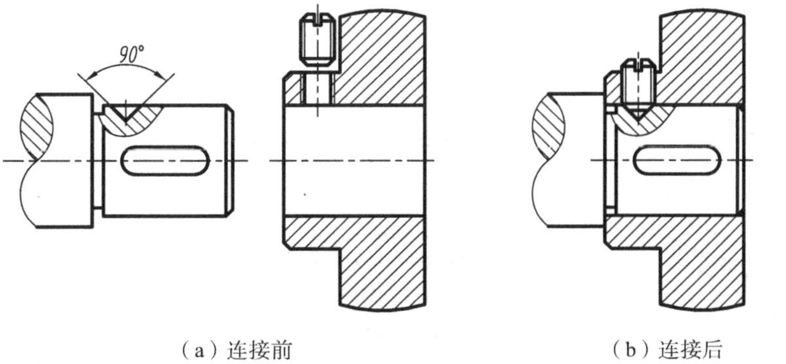

（a）连接前　　（b）连接后

图 2-26　紧定螺钉连接的画法

2.2　键、花键与销

一、键

键是标准件，键通常用来连接轴和装在轴上的传动零件，它的一部分被安装在轴上键槽内，另一凸出部分则嵌入轮毂槽内，使两个零件一起转动，起到传递扭矩的作用，如图 2-27 所示。

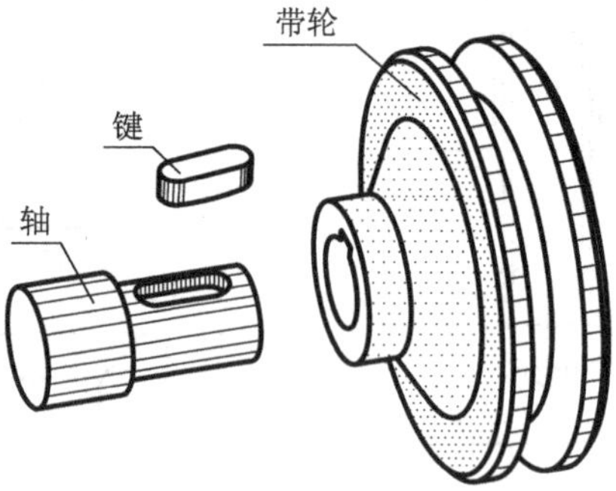

图 2-27　键连接

1. 常用键及其标记

键的种类很多，常用的有普通平键、半圆键和钩头楔键等，它们的型式和规定标记见表 2-4。

表 2-4　常用键的形式及规定标记

名称及型式	图例	规定标记
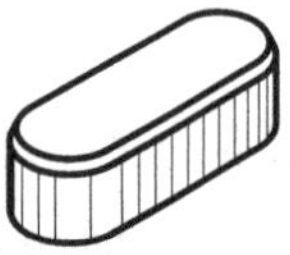 普通平键	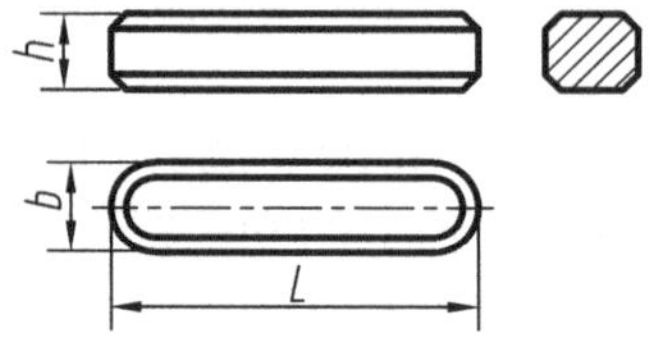	键 $b \times h \times L$ GB/T 1096—2003
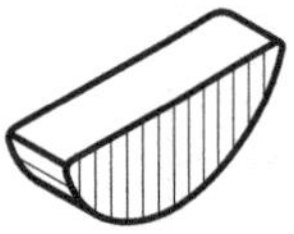 半圆键	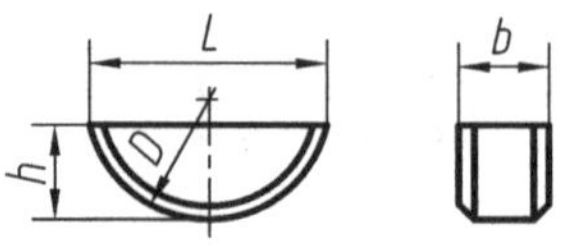	键 b $\times h \times D$ GB/T 1099.1—2003
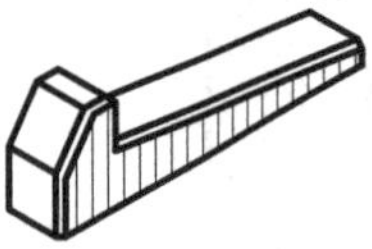 钩头楔键	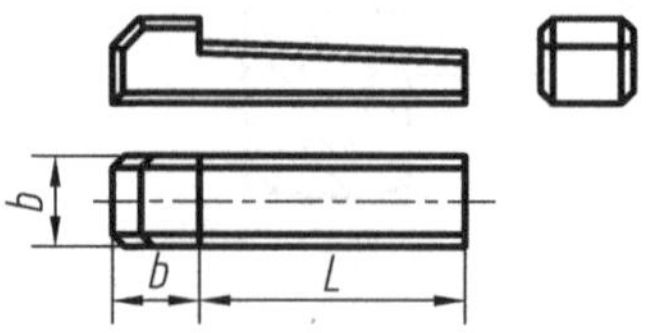	键 $b \times L$ GB/T 1565—2003

2. 普通平键连接

普通平键应用最广，其型式有 A、B、C 三种，其形状和尺寸如图 2-28 所示，在标记时 A 型平键省略 A 字，而 B、C 型键需标出字母。

例如：b =18mm，h =11mm，L =100mm 的 B 型普通平键，则应标记为：

键　B　18×100　GB/T　1096—2003

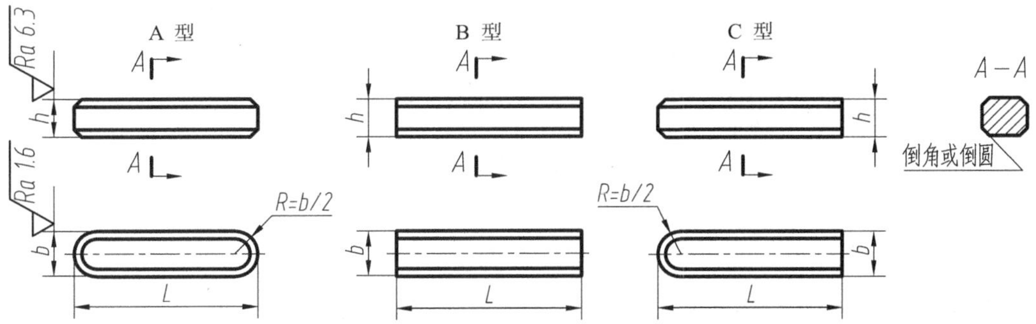

图 2-28　普通平键的型式和尺寸

常用普通平键的尺寸和键槽的断面尺寸，可按设计计算后确定的键宽查阅附录。

轴和轮毂的键槽尺寸注法如图 2-29（a）、（b）所示，图 2-29（c）所示为普通平键连接画法。普通平键的两侧面是工作面，在装配图中，键的两侧面与轮毂、轴的键槽两侧面配合，键的底面与轴的键槽底面接触，所以都画一条线，而键的顶面与轮毂上键槽的底面之间应有间隙，为非接触面，因此要画两条线。按国家标准规定，键沿纵向剖切时，不画剖面线。

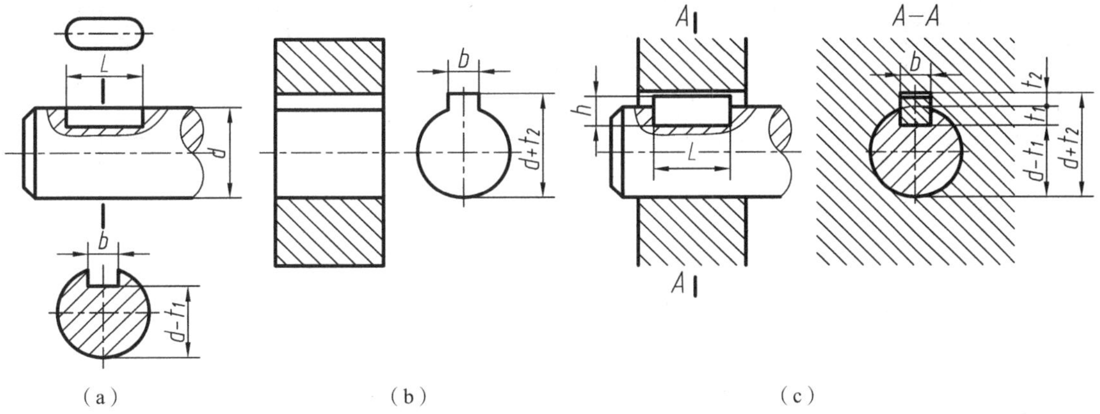

图 2-29　键槽及其尺寸注法和普通平键连接的画法

3. 半圆键连接

半圆键与普通平键一样，两侧面为工作面。在装配图中，键的两侧面与轮毂、轴的键槽两侧面不留间隙，而键的顶面与轮毂上键槽的底面之间应有间隙。由于半圆键在轴槽中能绕槽底圆弧摆动，可以自动适应轮毂中键槽的斜度，因此适用于具有锥度的轴孔。半圆键的连接画法如图 2-30 所示。

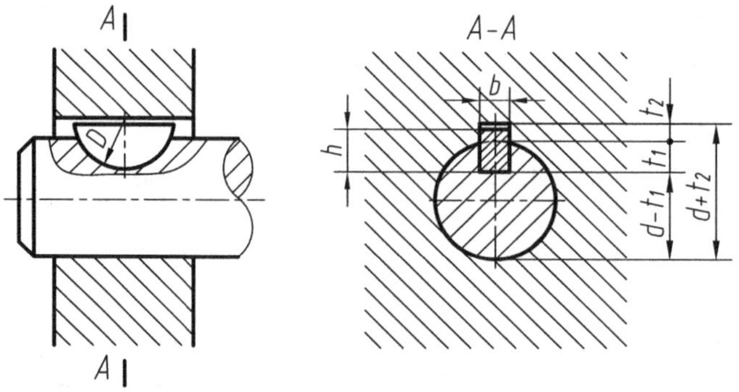

图 2-30　半圆键连接的画法

4. 楔键连接

楔键分普通楔键和钩头楔键两种。普通楔键有 A 型（圆头）、B 型（方头）、C 型（单圆头）三种。

楔键的上顶面有 1∶100 的斜度，它的上下两面是工作面，与槽底和槽顶都没有间隙，楔键的两侧面与键槽的两侧面有间隙配合关系（D11/h9）。装配时，楔键从轴端打入轴和轮毂的键槽内，靠楔面作用传递扭矩，能轴向固定零件和传递单向的轴向力。普通楔键的连接画法如图 2-31（a）所示，钩头楔键的连接画法如图 2-31（b）所示。

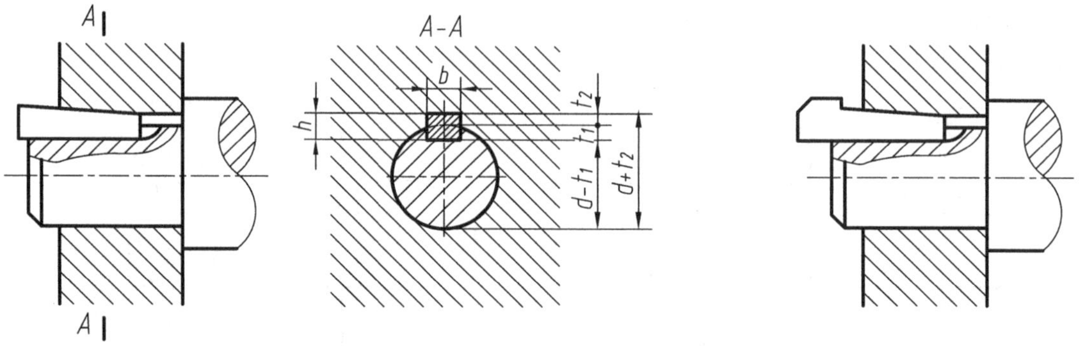

（a）普通楔键连接　　（b）钩头楔键连接

图 2-31　楔键连接的画法

二、花键

花键是把键直接做在轴上（为凸条）和轮孔上（为凹槽），与轴孔零件成一体，如图 2-32 所示。

1. 矩形花键的画法

国家标准 GB/T 4459.3—2000《机械制图　花键表示法》规定了花键的画法和标注方法。

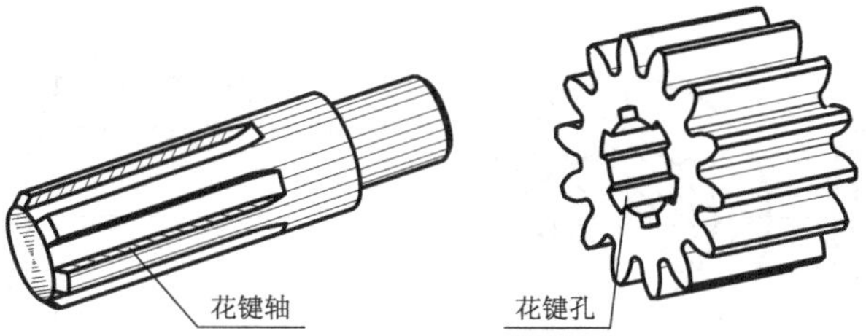

图 2-32　矩形花键

1）外花键的画法

在平行于花键轴线的投影面的视图中，大径用粗实线，小径用细实线绘制。并在断面图中画出一部分或全部齿形。外花键工作长度的终止端和尾部的末端均用细实线绘制，终止端与轴线垂直，尾部则画成与轴线成 30° 的斜线，如图 2-33 所示。

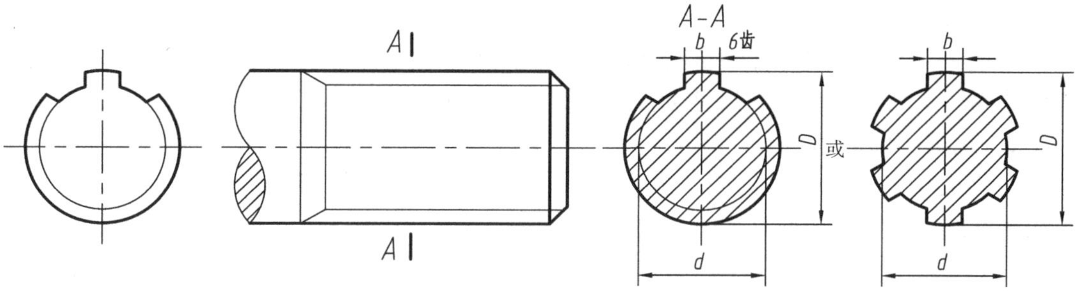

图 2-33　外花键的画法

2）内花键的画法

在平行于花键轴线的投影面的视图中，大径和小径均用粗实线绘制。并用局部视图中画出一部分或全部齿形，如图 2-34 所示。

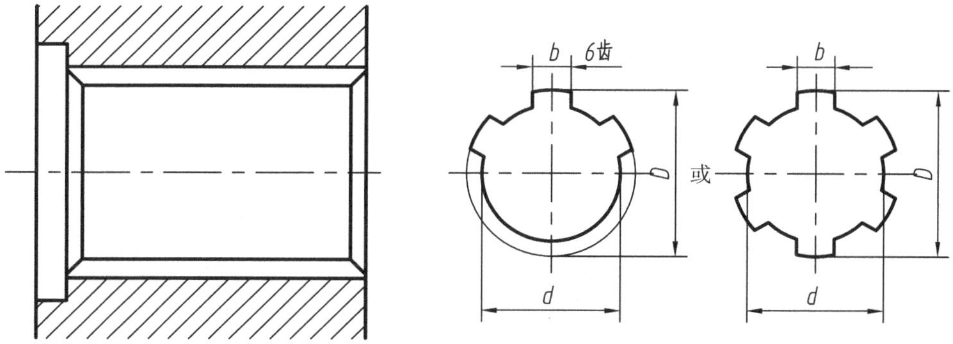

图 2-34　内花键的画法

3）花键连接的画法

在装配图中，花键连接用剖视图或断面图表示时，其连接部分按外花键绘制。矩形花键的连接画法如图 2-35（a）所示，渐开线花键的连接画法如图 2-35（b）所示。

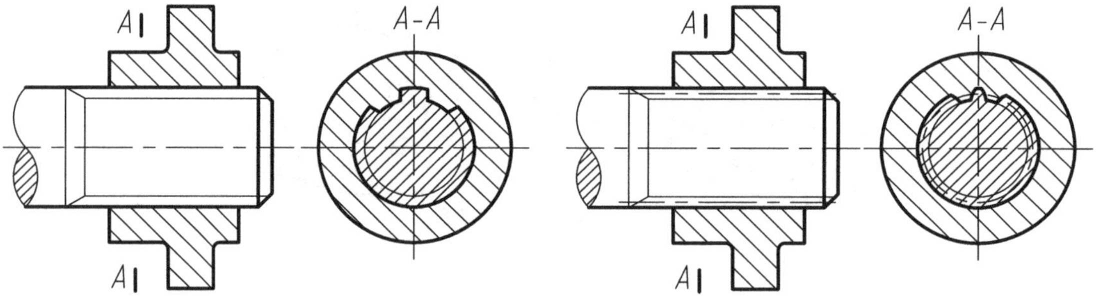

（a）矩形花键连接　　（b）渐开线花键连接

图 2-35　花键连接的画法

2. 花键的标注

1）花键的尺寸标注法

花键一般应注出小径、大径、键宽和工作长度，图 2-33 和图 2-34 所示为矩形花键的尺寸标注，渐开线花键的尺寸标注与矩形花键相同。

2）花键的标记标注法

花键类型由图形符号标明，表示矩形花键的图形符号如图 2-36（a）所示，表示渐开线花键的图形符号如图 2-36（b）所示。

矩形花键的代号为：　　　　　$Z \times d \times D \times b$

其中，Z—齿数、d—小径、D—大径、b—键宽。在 d、D 和 b 的数字后面应加注公差带代号，若为装配图还需加配合代号。

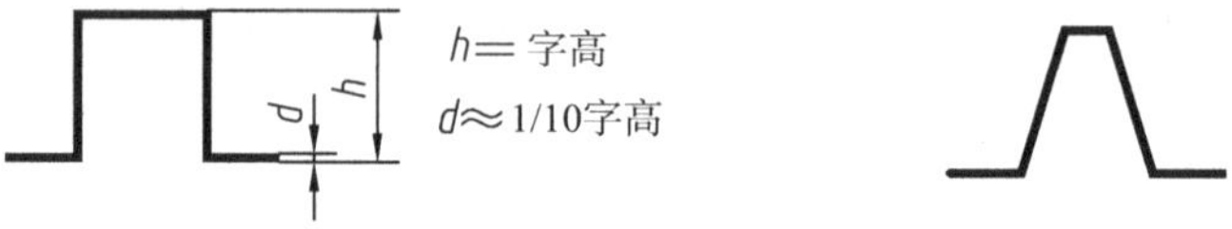

（a）　　（b）

图 2-36　花键类型图形符号

花键的标记应注写在指引线的基准线上，图 2-37 所示为花键的标记标注法，图 2-38 所示为花键副的标记标注法。

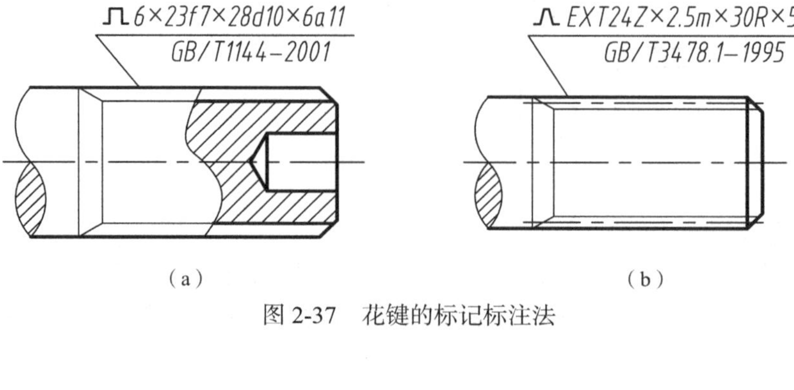

（a）　　（b）

图 2-37　花键的标记标注法

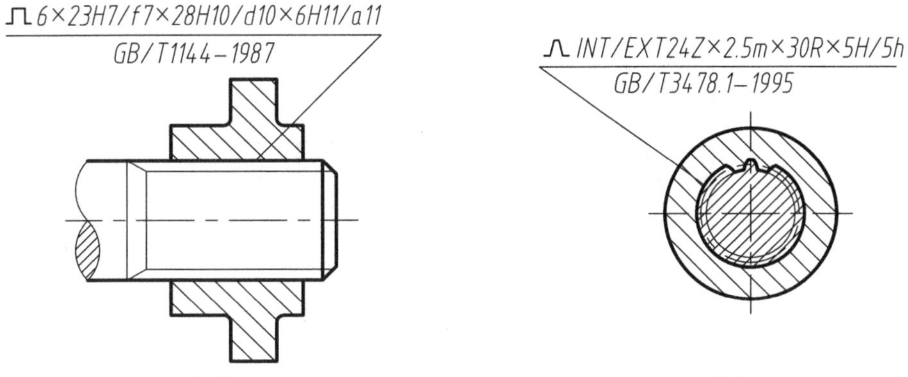

（a）　　　　（b）

图 2-38　花键副的标记标注法

三、销

销也是标准件，常用于零件间的定位或连接。常用的销有圆柱销、圆锥销和开口销，它们的型式和规定标记见表 2-5。

表 2-5　常用销的型式及规定标记

名称及型式	图例	规定标记
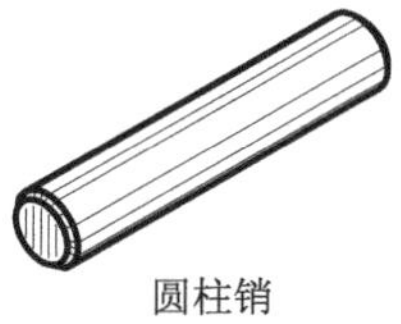 圆柱销	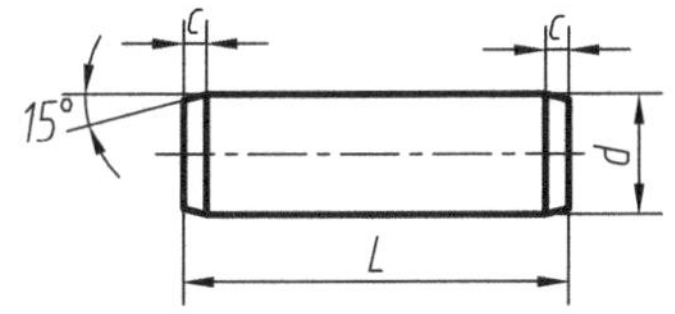	销 GB/T 119.1—2000 $d \times L$
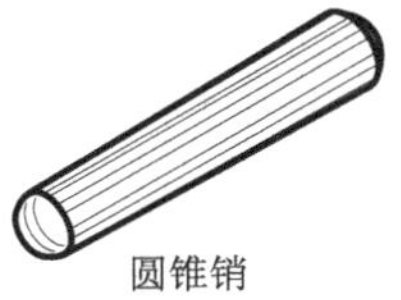 圆锥销	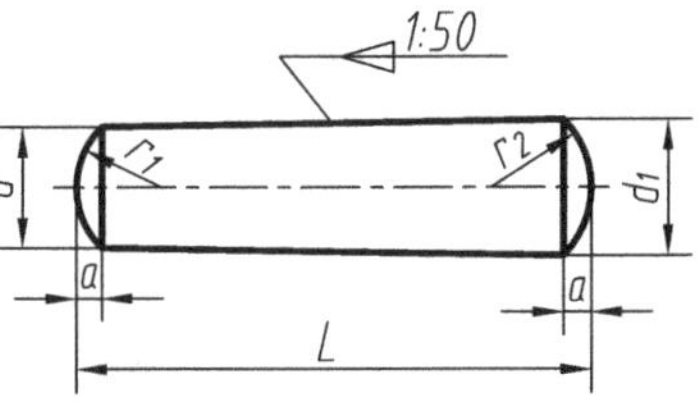	销 GB/T 117—2000 $d \times L$
 开口销	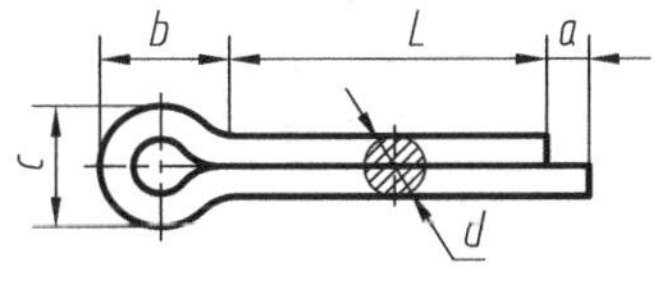	销 GB/T 91—2000 $d \times L$

圆柱销的装配画法如图 2-39 所示。圆锥销的装配画法如图 2-40 所示，画图时一定要把圆锥销的大头放在上面高出销孔 3～5mm。

用销连接或定位的两个零件，它们的销孔应在装配时一起加工。图 2-41 为零件图上销孔的尺寸注法。其中 $\phi 4$ 为所配圆柱销、圆锥销的公称直径。

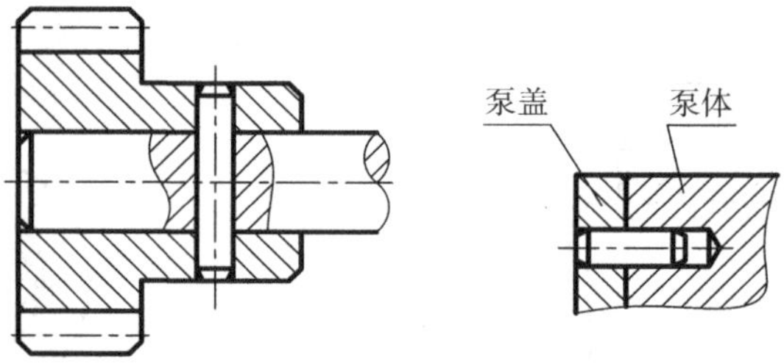

（a）连接用　　（b）定位用

图 2-39　圆柱销的装配画法

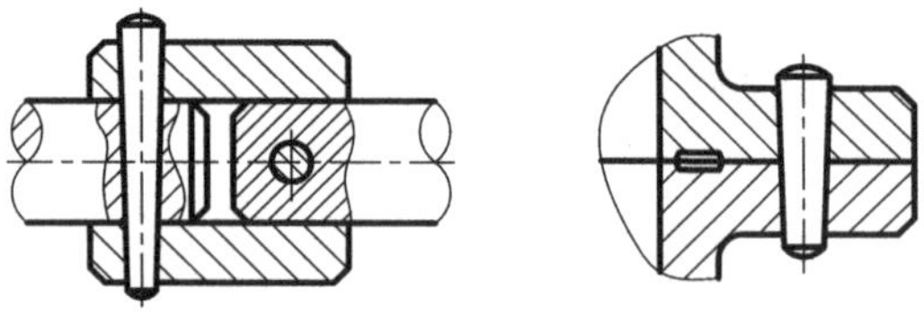

（a）连接用　　（b）定位用

图 2-40　圆锥销的装配画法

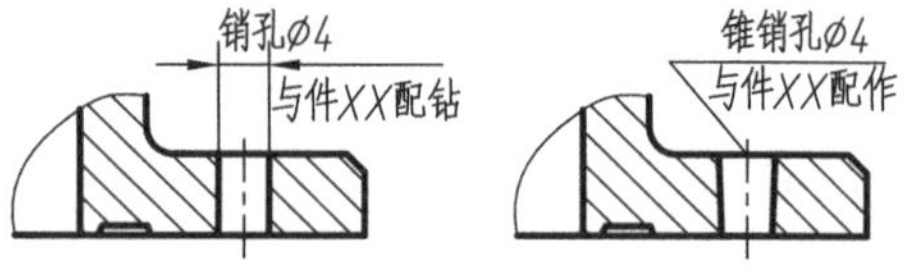

（a）圆柱销孔　　（b）圆锥销孔

图 2-41　销孔的尺寸注法

2.3　滚 动 轴 承

轴承分为滑动轴承和滚动轴承，用于支撑轴。滚动轴承的摩擦阻力小，转动灵活，结构紧凑，在机械设备中应用广泛。

一、滚动轴承的结构及类型

滚动轴承是一种标准组合件，一般由内圈、外圈、滚动体和隔离架四部分组成。内圈上有凹槽，以形成滚动体圆周运动时的滚动道，滚动体有球、圆柱滚子、圆锥滚子等，如图 2-42 所示。

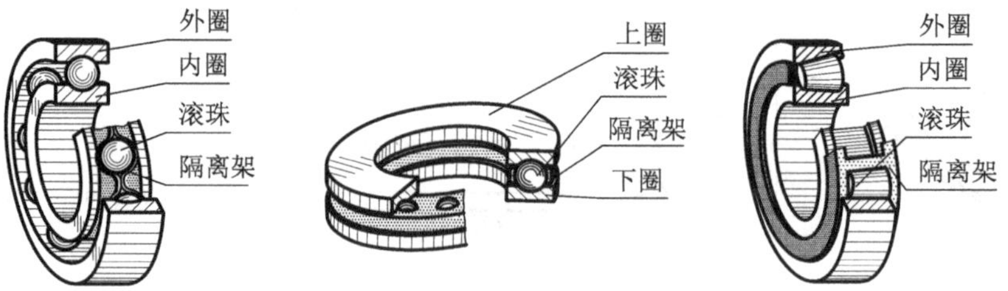

（a）深沟球轴承　　（b）推力球轴承　　（c）圆锥滚子轴承

图 2-42　滚动轴承

使用时，一般内圈套在轴颈上随轴一起转动，外圈安装固定在轴承座孔中。

滚动轴承按所能承受的载荷方向分为以下几种。

（1）向心轴承。主要承受径向载荷，如图 2-42（a）中的深沟球轴承。

（2）推力轴承。主要承受轴向载荷，如图 2-42（b）的推力球轴承。

（3）向心推力轴承。能同时承受径向载荷和轴向载荷，如图 2-42（c）中的圆锥滚子轴承。

二、滚动轴承的代号及标记

滚动轴承的结构尺寸、公差等级、技术性能等特性由滚动轴承代号表示，代号由前置代号、基本代号和后置代号组成。其排列顺序为：

前置代号　基本代号　后置代号

1. 基本代号

表示轴承的基本类型、结构和尺寸，是滚动轴承代号的基础。基本代号由滚动轴承的类型代号、尺寸系列代号和内径代号组成，其排列顺序为：

轴承类型代号　尺寸系列代号　内径代号

（1）轴承类型代号。用数字或字母来表示，见表 2-6。

表 2-6　滚动轴承的类型代号

代号	轴承类型	代号	轴承类型
0	双列角接触球轴承	6	深沟球轴承
1	调心球轴承	7	角接触球轴承
2	调心滚子轴承和推力调心滚子轴承	8	推力圆柱滚子轴承
3	圆锥滚子轴承	N	圆柱滚子轴承 双列或多列用字母 NN 表示
4	双列深沟球轴承	U	外球面球轴承
5	推力球轴承	QJ	四点接触球轴承

（2）尺寸系列代号。由轴承的宽（高）度系列代号和直径系列代号组合而成，用两位数字表示。其主要作用是区别内径相同而宽度和外径不同的轴承，见表 2-7。

（3）内径代号。表示轴承公称内径，一般为两位数字组成，内径代号为 00、01、02、03 分别表示轴承公称内径为 10、12、15、17。当内径尺寸在 20～480 mm（22、28、32 或大于 500 除外）的范围内时，内径代号 = 内径尺寸 /5。

2. 前置代号和后置代号

前置代号用字母表示，后置代号用字母或加数字表示。前置、后置代号是轴承在结构形状、尺寸公差、技术要求等有改变时，在其基本代号的左、右添加的补充代号。需要时可查阅国家标准 GB/T 272—1993。

表 2-7　滚动轴承的尺寸系列代号

直径系列代号	向心轴承								推力轴承			
	宽度系列代号								高度系列代号			
	8	0	1	2	3	4	5	6	7	9	1	2
	尺寸系列代号											
—	—	—	17	—	37	—	—	—	—	—	—	—
8	—	08	18	28	38	48	58	68	—	—	—	—
3	—	09	19	29	39	49	59	69	—	—	—	—
0	—	00	10	20	30	40	50	60	70	90	10	—
1	—	01	11	21	31	41	51	61	71	91	11	—
2	82	02	12	22	32	42	52	62	72	92	12	22
3	83	03	13	23	33	—	—	—	73	93	13	23
4	—	04	—	24	—	—	—	—	74	94	14	24
5	—	—	—	—	—	—	—	—	—	95	—	—

基本代号示例：

6 2 0 6

内径代号（内径尺寸 = 6 × 5 = 30mm）

（深沟球轴承）类型代号

尺寸系列代号（02省略0）

3. 标记

滚动轴承的标记由名称、代号和国标号三个部分组成，例如：

滚动轴承　5　12　08　GB/T 301—1995

内径代号（内径尺寸 = 8 × 5 = 40mm）

尺寸系列代号（宽度系列代号为1、直径系列代号为2）

类型代号（推力球轴承）

三、滚动轴承的画法

滚动轴承是标准组件，不需要画各组成部分的零件图。在装配图中，只需根据国家标准规定的画法表示，画图时应根据轴承代号从其标准中查出外径 D、内径 d、宽度 B、T 等主要尺寸后，按与主要尺寸的比例关系画出。在国家标准 GB/T 4459.7—1998《机械制图 滚动轴承表示法》中规定了通用画法、特征画法和规定画法三种画法，并作了如下规定。

1. 基本画法规定

（1）通用画法、特征画法和规定画法中各种特征符号、矩形线框均用粗实线绘制。

（2）绘制滚动轴承的外框轮廓或矩形线框的大小应与外形尺寸一致，并与所属图样采用同一比例。

（3）在剖视图中，采用通用画法和特征画法绘制滚动轴承时，一律不画剖面符号；采用规定画法时，滚动体不画剖面线，其各套圈等可画成方向和间隔相同的剖面线。

2. 规定画法和特征画法

如果需要详细地表示滚动轴承的主要结构时可采用规定画法；如果需要比较形象地表示滚动轴承的结构特征时，可采用特征画法，其两种画法见表 2-8。

表 2-8　常用滚动轴承的规定画法和特征画法

轴承名称及代号	结构形式	规定画法	特征画法
深沟球轴承 GB/T 276—1994 类型代号 6 主要参数 *D*、*d*、*B*	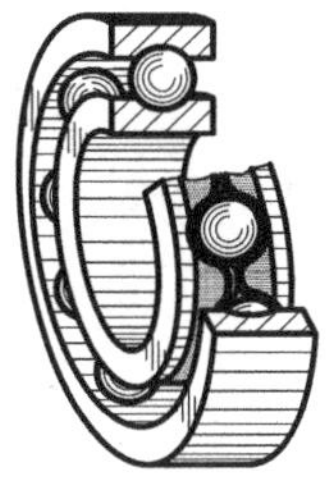	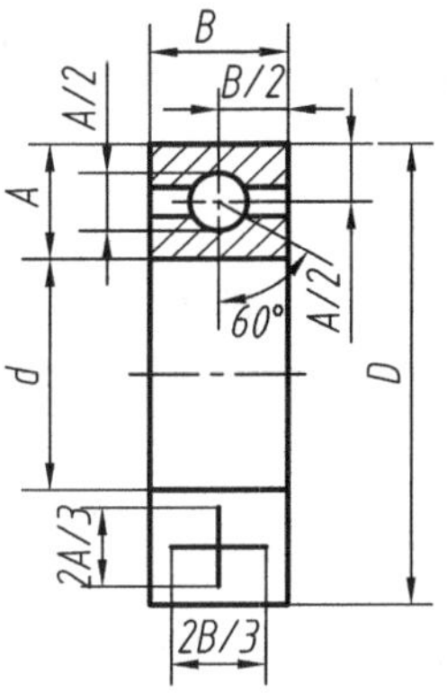	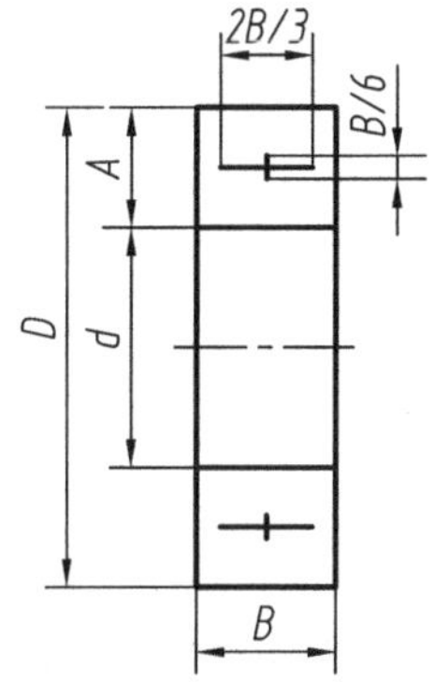
圆锥滚子轴承 GB/T 297—1994 类型代号 3 主要参数 *D*、*d*、*T*、*B*、C	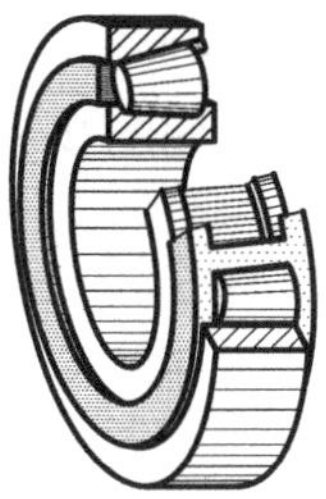	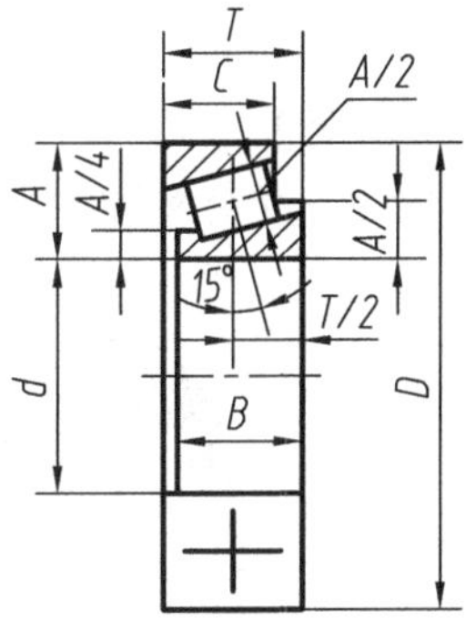	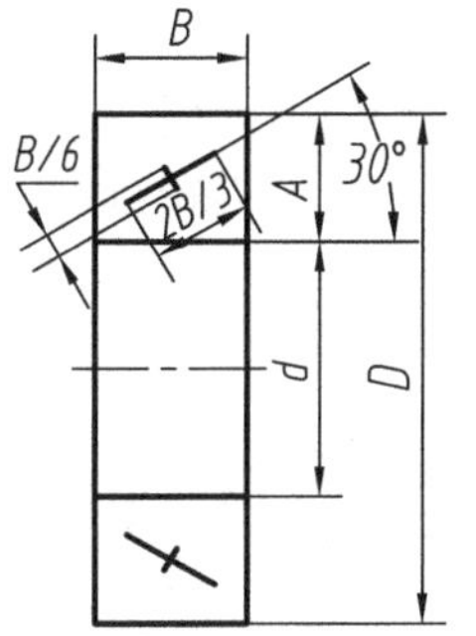
推力球轴承 GB/T 301—1995 类型代号 5 主要参数 *D*、*d*、*T*	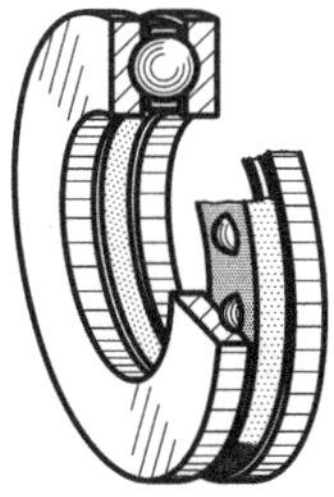	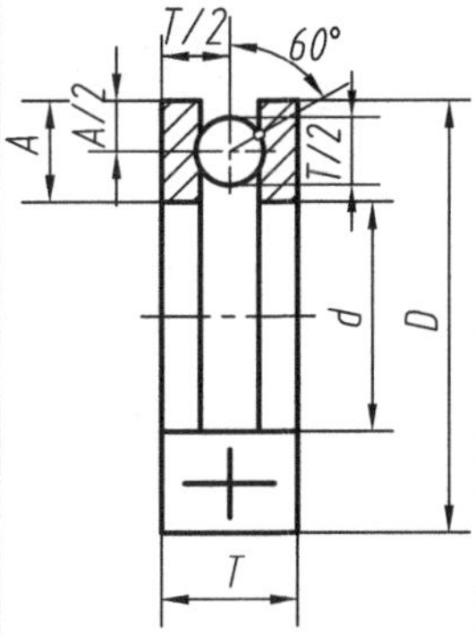	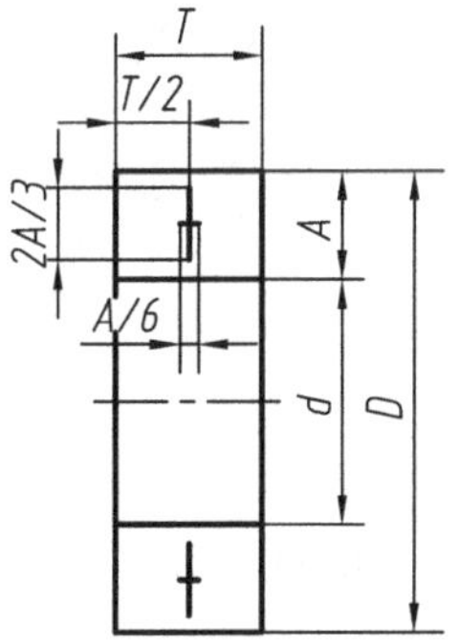

3. 通用画法

如果不需要详细地表示滚动轴承的外形结构、载荷特性、结构特征时可采用通用画法，如图 2-43 所示。

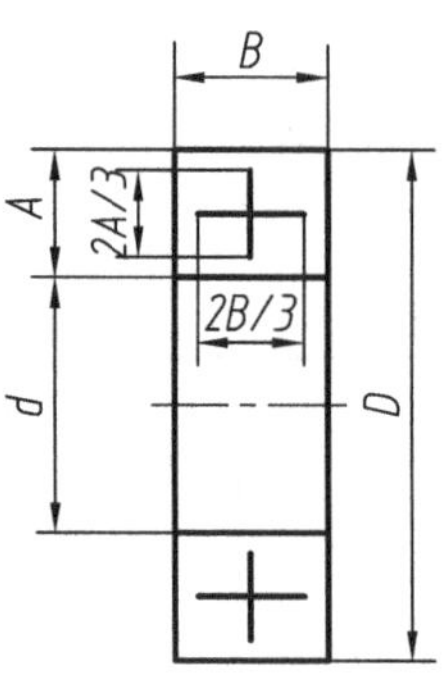

（a）一般通用画法

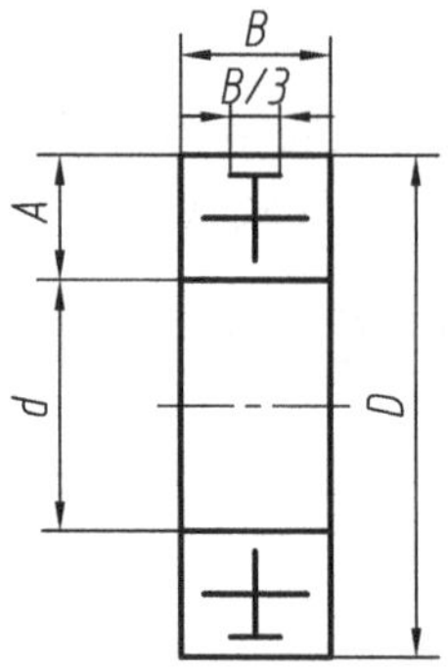

（b）外圈无挡边

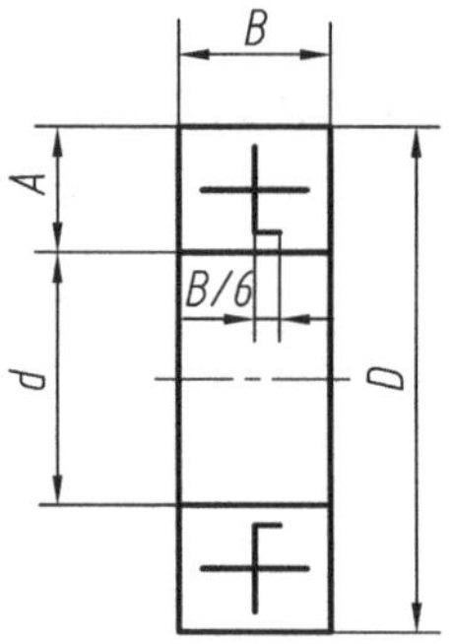

（c）内圈有单挡边

图 2-43　滚动轴承的通用画法

2.4　齿　　轮

齿轮是广泛用于机器或部件中的传动零件，其主要作用是传递动力，改变运动的速度和方向。根据传动轴的相对位置，齿轮可分为以下三类。

（1）圆柱齿轮。用于两平行轴之间的传动，如图 2-44（a）所示。

（2）锥齿轮。用于两相交轴之间的传动，如图 2-44（b）所示。

（3）蜗轮蜗杆。用于两垂直交叉轴之间的传动，如图 2-44（c）所示。

（a）圆柱齿轮

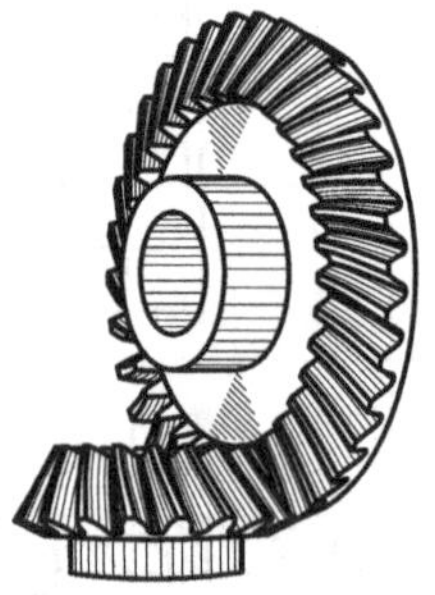

（b）锥齿轮

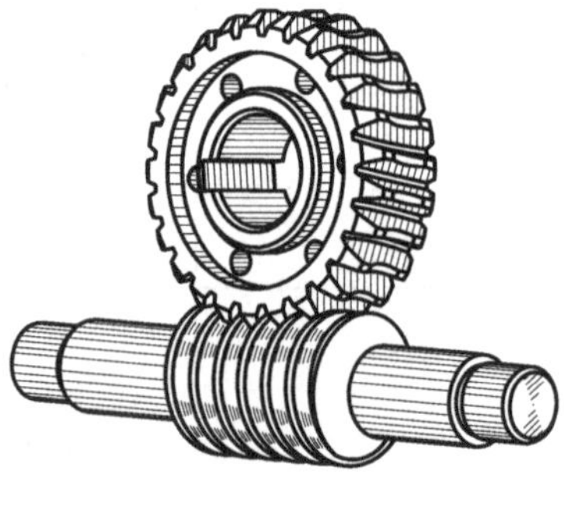

（c）蜗杆和蜗轮

图 2-44　齿轮传动

一、圆柱齿轮

圆柱齿轮按其轮齿的方向分为直齿、斜齿、人字齿，如图 2-45 所示。

（a）直齿　　　　（b）斜齿　　　　（c）人字齿

图 2-45　圆柱齿轮

1. 直齿圆柱齿轮各部分的名称、基本参数及尺寸关系

直齿圆柱齿轮各部分的名称、基本参数及尺寸关系如图 2-46 所示。

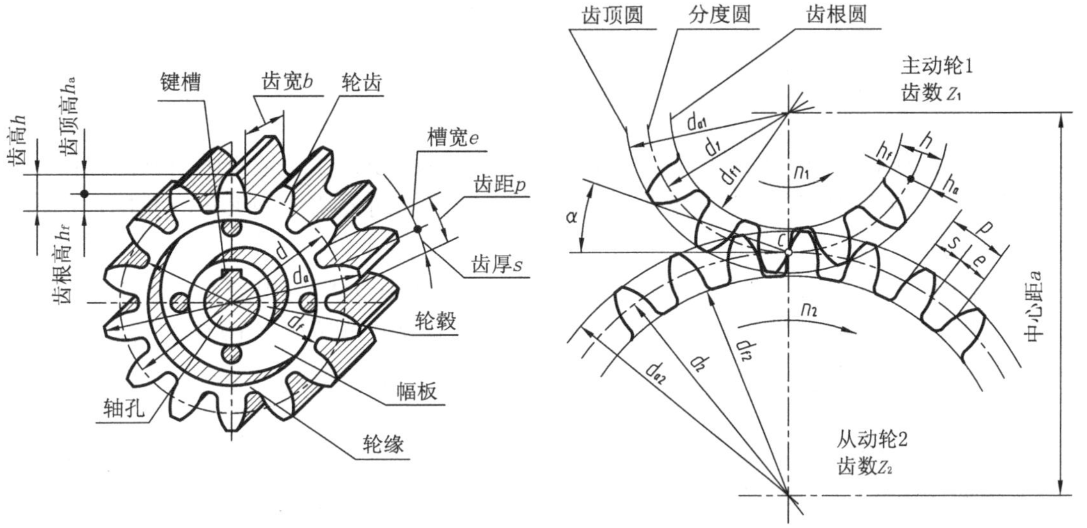

图 2-46　圆柱齿轮各部分的名称、基本参数

（1）齿顶圆 d_a。通过轮齿顶部的圆称为齿顶圆。

（2）齿根圆 d_f。通过轮齿根部的圆称为齿根圆。

（3）分度圆 d。标准齿轮的齿槽宽 e（相邻两齿廓在某圆周上的弧长）与齿厚 s（一个齿两侧齿廓在某圆周上的弧长）在某圆周上的弧长相等的圆称为分度圆，它是设计、制造齿轮时，计算各部分尺寸的基准圆。

（4）齿距 p。分度圆上相邻两齿廓对应点之间的弧长称为齿距。

（5）齿高 h。轮齿在齿顶圆和齿根圆的径向距离称为齿高。齿高分为齿顶高 h_a 和齿根高 h_f，$h=h_a+h_f$。

齿顶高 h_a 指齿顶圆与分度圆之间的径向距离；齿根高 h_f 指齿根圆与分度圆之间的径向距离。

（6）中心距 a。两啮合齿轮轴线之间的距离。

$$a = \frac{d_1 + d_2}{2} = \frac{m(z_1 + z_2)}{2}$$

（7）传动比 i。主动齿轮的转数 n_1 与从动齿轮的转数 n_2 之比。由 $n_1 z_1 - n_2 z_2$，可得

$$i=\frac{n_1}{n_2}=\frac{z_2}{z_1}$$

（8）齿数 z。齿轮上轮齿的个数。

（9）模数 m。齿轮的分度圆周长 $\pi d = zp$，令 $p/\pi = m$，则 $d = mz$。

所以模数是齿距 p 与圆周率 π 的比值，即 $m=p/\pi$，单位为 mm。它表示了轮齿的大小，模数是设计和制造齿轮的基本参数。为了设计和制造方便，已经将模数标准化。模数的标准值见表 2-9。

表 2-9　标准模数 *m*

第一系列	0.1，0.12，0.15，0.2，0.25，0.3，0.4，0.5，0.6，0.8，1，1.25，1.5，2，2.5，3，4，5，6，8，1，12，16，20，25，32，40，50
第二系列	0.35，0.7，0.9，1.75，2.25，2.75，（3.25），3.5，（3.75），4.5，5.5，（6.5），7，9，（11），14，18，22，28，（30），36，45

注：选用时，应优先采用第一系列，括号内的模数尽可能不用。

（10）压力角 α。两啮合齿轮的齿廓在接触点 C 处的受力方向和运动方向之间的夹角。若接触点在分度圆上，则为两齿廓公法线与两节圆内公切线的夹角。我国标准齿轮分度圆上的压力角为 20°，通常所用的压力角是指分度圆上的压力角。

两标准直齿圆柱齿轮正确啮合传动的条件是模数和压力角均相等。

齿轮的基本参数 z、m、α 确定之后，齿轮各部分尺寸可按表 2-10 中的公式计算。

表 2-10　外啮合标准直齿圆柱齿轮几何尺寸计算公式

基本参数：模数 m、齿数 z、压力角 20°		
各部分名称	代号	计算公式
分度圆直径	d	$d=mz$
齿顶高	h_a	$h_a=m$
齿根高	h_f	$h_f=1.25m$
齿顶圆直径	d_a	$d_a=m(z+2)$
齿根圆直径	d_f	$d_f=m(z-2.5)$
齿距	p	$p=\pi m$
分度圆齿厚	s	$s=\frac{1}{2}\pi m$
中心距	a	$a=\frac{1}{2}(d_1+d_2)=\frac{1}{2}m(z_1+z_2)$

齿轮的轮齿是在专用的机床上加工出来的，一般不用画出真实投影。国家标准 GB/T 4459.2—2003《机械制图　齿轮表示法》规定了齿轮的画法。

2. 单个圆柱齿轮的画法

（1）在视图中，齿顶圆和齿顶线用粗实线表示；分度圆和分度线用细点画线

表示（分度线应超出轮廓 2～3mm）；齿根圆和齿根线用细实线表示或省略不画。当齿顶倒角后，在投影为圆的视图中，不画倒角圆的投影，如图 2-47（a）所示。

（2）在剖视图中，当剖切平面通过齿轮的轴线时，轮齿一律按不剖绘制，这时齿根线用粗实线表示，如图 2-47（b）所示。

（3）当需要表示斜齿与人字齿的齿线形状时，可在非圆的外形图上用三条与轮齿齿线方向相同的平行的细实线表示，如图 2-47（c）、（d）所示。

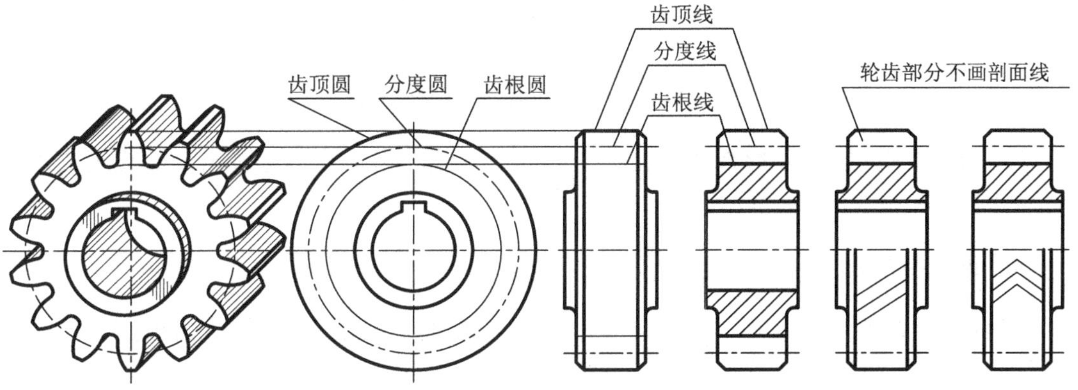

（a）外形视图　（b）剖视图　（c）斜齿　（d）人字齿

图 2-47　单个圆柱齿轮的规定画法

3. 两圆柱齿轮啮合的画法

（1）在投影为圆的视图中，两齿轮的分度圆处于相切的位置。此时，分度圆又称为节圆，啮合区内的齿顶圆和齿根圆仍用粗实线和细实线绘制，如图 2-48（a）所示，也可以省略不画，如图 2-48（b）所示。

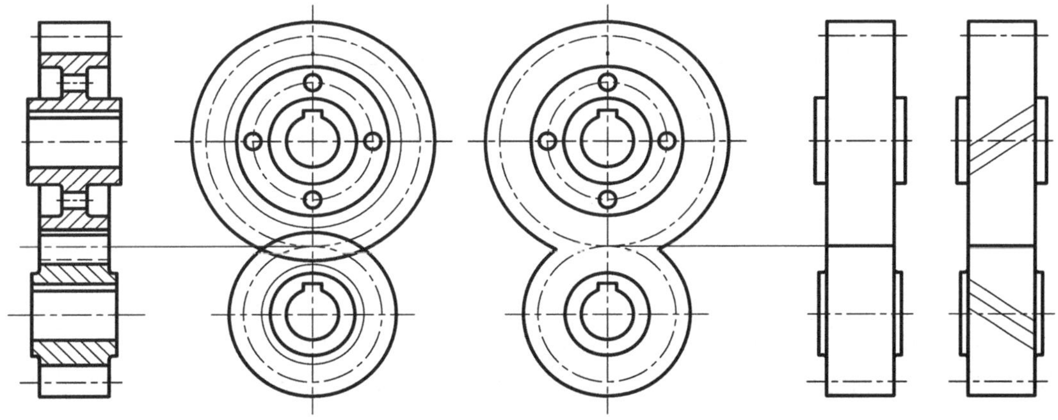

（a）　（b）　（c）　（d）

图 2-48　两圆柱齿轮啮合的规定画法

（2）在非圆投影的剖视图中，两齿轮节线重合，画点画线。齿根线画粗实线。齿顶线的画法是将一个轮的轮齿作为可见画成粗实线，另一个齿轮的轮齿被遮住画成虚线，如图 2-48（a）所示。注意：两齿轮在啮合区存在 0.25m 的径向间隙，如图 2-49 所示。

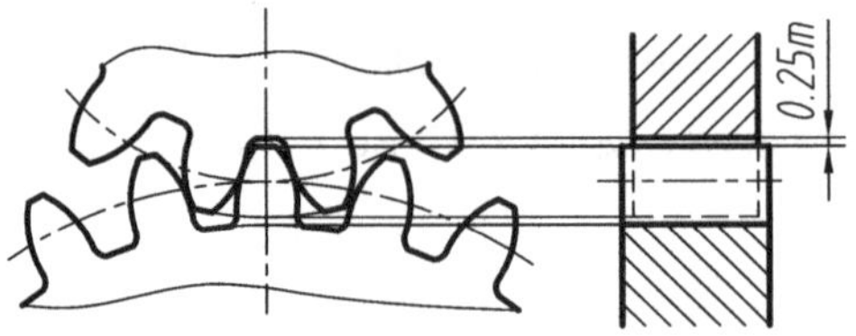

图 2-49　圆柱齿轮啮合区的规定画法

（3）在非圆投影的外形视图中，啮合区的齿顶线和齿根线不必画出，节线画成粗实线，如图 2-48（c）、（d）所示。

4. 齿轮与齿条啮合的画法

当齿轮的直径无限大时，齿轮就成为齿条。此时齿顶圆、分度圆、齿根圆和齿廓曲线都成为直线。齿轮和齿条啮合时，齿轮旋转，齿条作直线运动。齿轮和齿条啮合的画法与两圆柱齿轮啮合的画法基本相同。齿轮的节圆与齿条的节线相切，在剖视图中，应将啮合区内齿顶线之一画成粗实线，另一轮齿被遮挡部分画成虚线或省略不画，如图 2-50 所示。

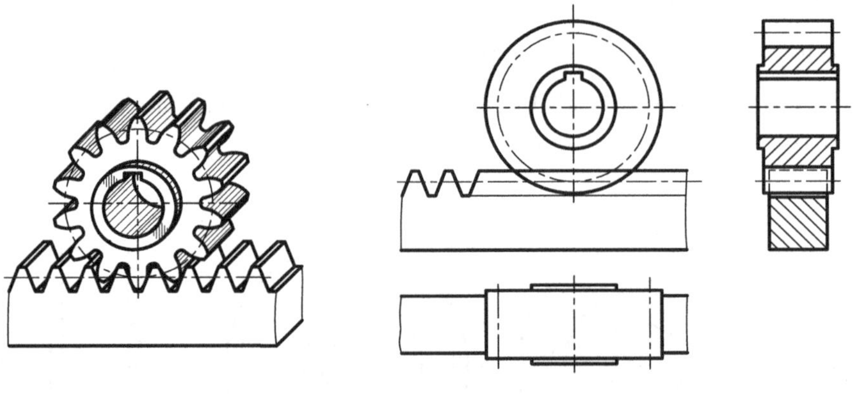

图 2-50　齿轮与齿条啮合的画法

5. 圆柱齿轮的零件图

图 2-51 是一张圆柱齿轮的零件图，它的内容包括一组图形、一组完整的尺寸、必需的技术要求和制造齿轮所需要的基本参数。模数、齿数等齿轮参数和齿轮公差要求需列表说明。

当需要在齿轮零件图上表示齿形轮廓时，可采用近似画法画出一个齿形轮廓，以便标注尺寸，如图 2-52 所示。

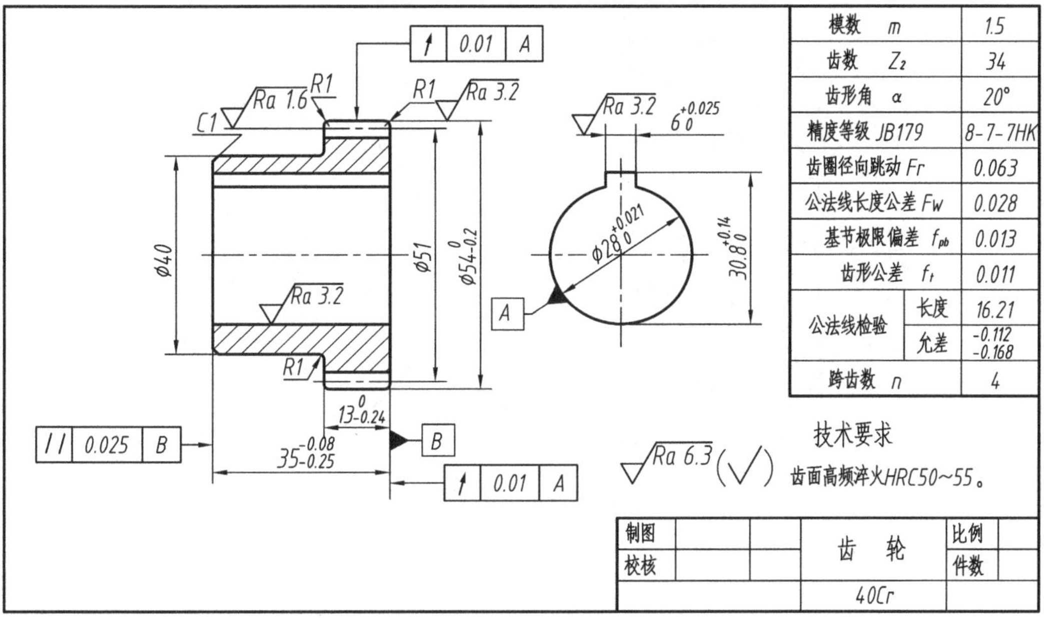

图 2-51　圆柱齿轮的零件图

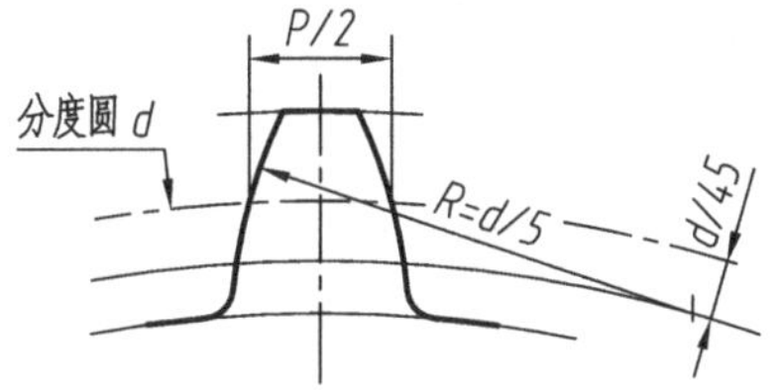

图 2-52　齿廓的近似画法

二、锥齿轮

锥齿轮传递两相交轴（一般相交成直角）之间的传动。锥齿轮的轮齿位于圆锥面上，它的轮齿一端大而另一端小。为了计算和制造方便，规定大端的模数为标准模数，以此来计算和决定其他各尺寸。锥齿轮分为直齿、斜齿、螺旋齿和人字齿，如图 2-53 所示。

（a）直齿　　（b）螺旋齿　　（c）人字齿

图 2-53　锥齿轮

1. 锥齿轮各部分名称及几何尺寸的计算

锥齿轮各部分名称及符号如图 2-54 所示。

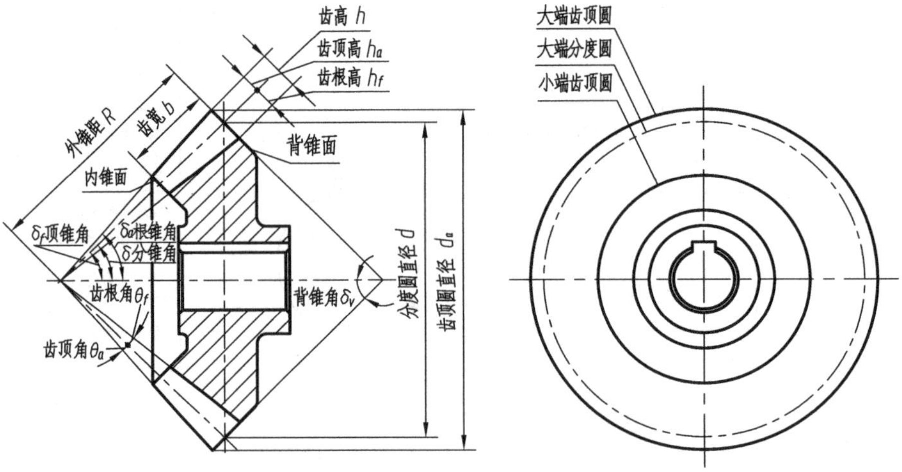

图 2-54　锥齿轮各部分的名称及规定画法

锥齿轮各部分尺寸可按表 2-11 的公式计算。

表 2-11　标准锥齿轮几何尺寸计算公式

基本参数：模数 m、齿数 z、分度圆锥角 δ		
各部分名称	代号	计算公式
齿顶高	h_a	$h_a=m$
齿根高	h_f	$h_f=1.2m$
齿高	h	$h=2.2m$
分度圆直径	d	$d=mz$
齿顶圆直径	d_a	$d_a=m（z+2\cos\delta）$
齿根圆直径	d_f	$d_f=m（z-2.4\cos\delta）$
外锥距	R	$R= mz/2\sin\delta$
齿顶角	θ_a	$\tan\theta_a=2\sin\delta/z$
齿根角	θ_f	$\tan\theta_f=2.4\sin\delta/z$
分度圆锥角	δ	$\tan\delta_1= z_1/z_2$，$\delta_2= z_2/z_1$
顶锥角	δ_a	$\delta_a=\delta+\theta_a$
根锥角	δ_f	$\delta_f=\delta-\theta_f$
齿宽	b	$B\leqslant R/3$

2. 单个锥齿轮的画法

锥齿轮的主视图通常画成剖视图，在左视图上用粗实线画出大端和小端的齿顶圆，用点画线画出大端的分度圆。画图步骤如图 2-55 所示。

图 2-56 所示为直齿锥齿轮的零件图（对精度等级及公差检验项目做了简略）。

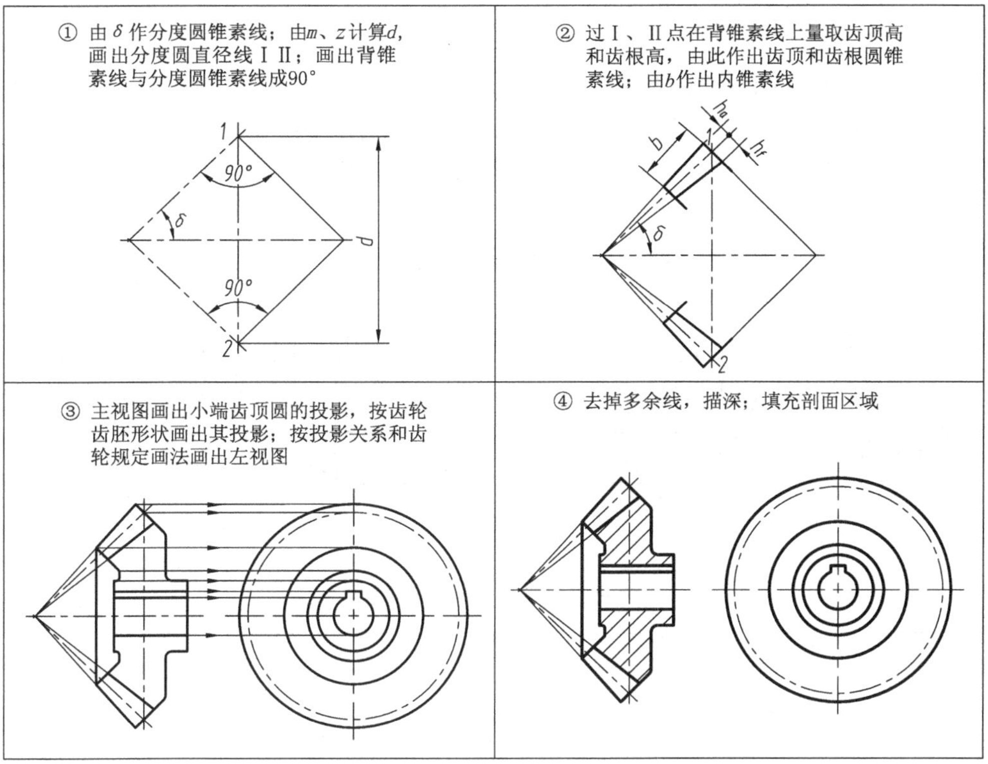

图 2-55　单个锥齿轮的画图步骤

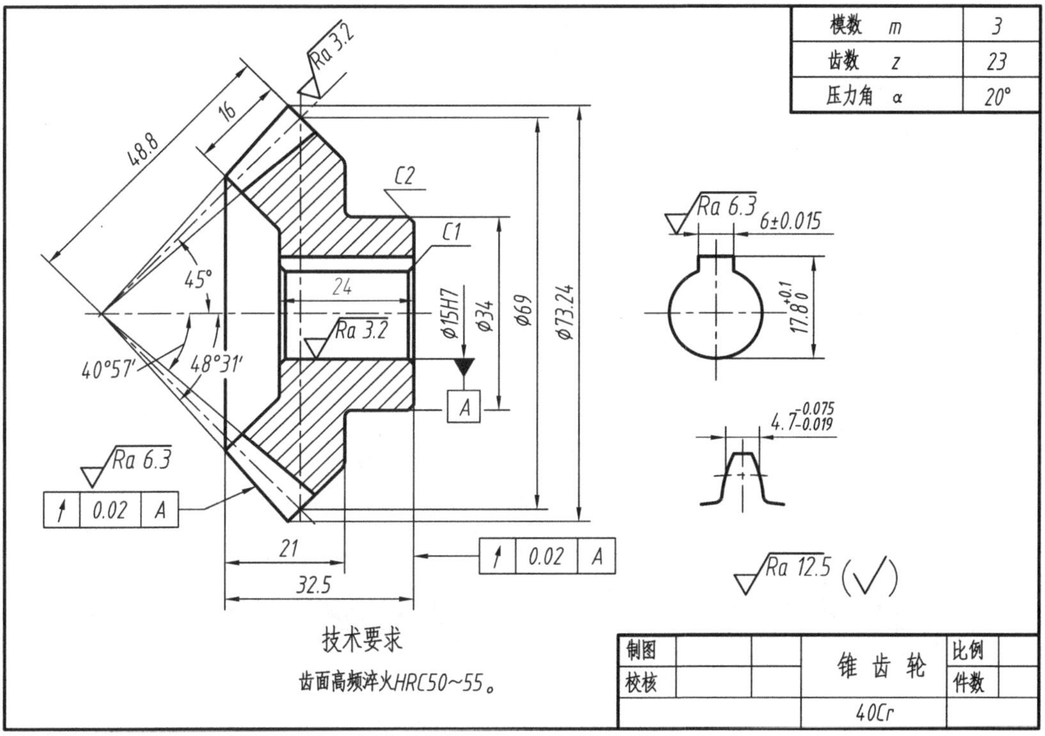

图 2-56　直齿锥齿轮的零件图

3. 锥齿轮啮合的画法

锥齿轮啮合时，两分度圆相切，且分度圆处的锥顶交于一点。画图时主视图多用剖视图，如图 2-57（a）所示，当需要表示外形或需要表示斜齿、人字齿时，如图 2-57（b）所示，在外形图上加画三条平行的细实线表示轮齿的方向。

锥齿轮啮合的画图步骤如图 2-58 所示。

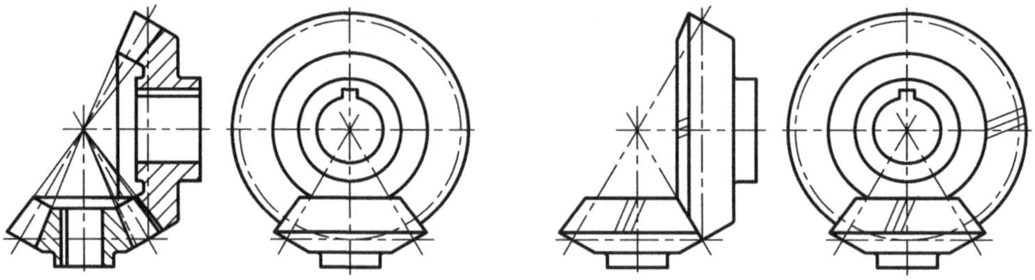

（a）剖视（直齿）　　（b）外形（斜齿）

图 2-57　锥齿轮啮合的画法

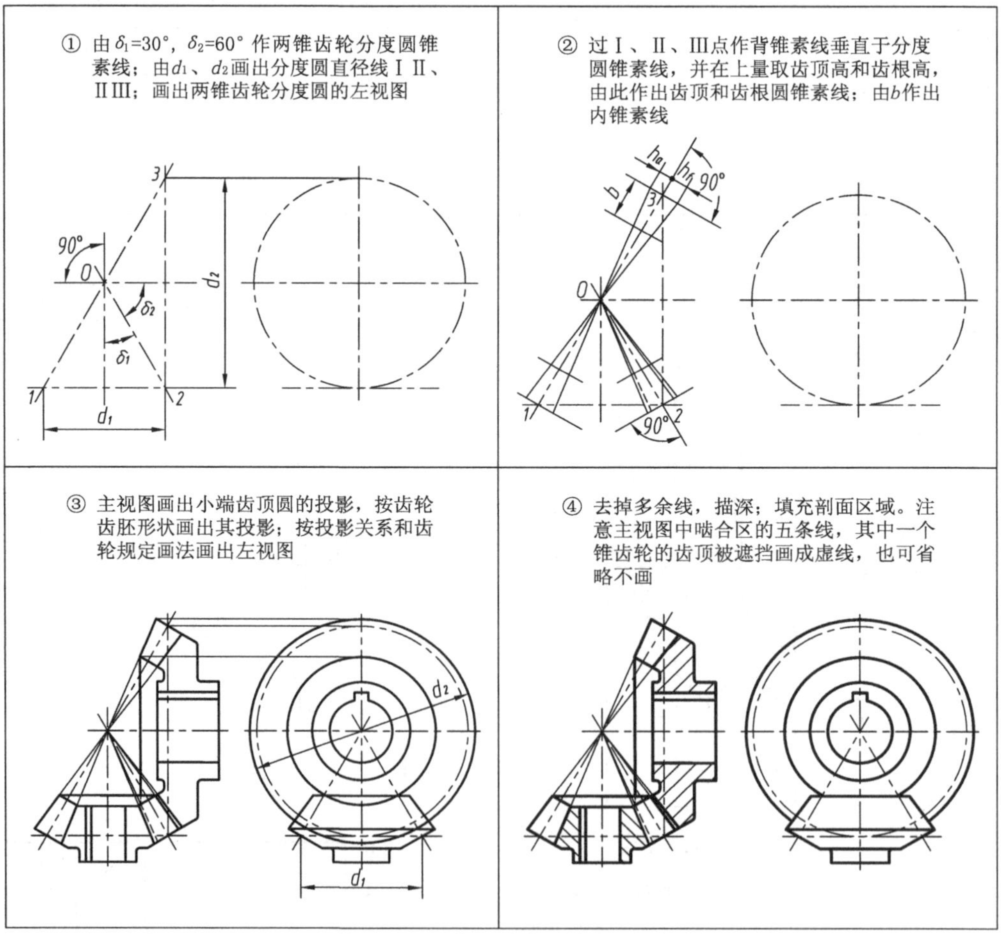

图 2-58　锥齿轮啮合的画图步骤

三、蜗杆蜗轮

蜗杆蜗轮是用来传递空间交叉两轴（一般交叉成直角）之间的回转运动。蜗杆蜗轮的结构形状如图 2-44（c）所示。

蜗轮实际上是斜齿的圆柱齿轮，为了与蜗杆很好地啮合，它的分度圆柱面改为分度圆环面，齿顶和齿根也形成圆环面。

蜗杆实际上是螺旋角很大而分度圆较小，轴向尺寸较长的斜齿圆柱齿轮，这样轮齿在圆柱表面上形成完整的螺旋线，因此蜗杆的外形和梯形螺纹相似。蜗杆的齿数 z_1 等于它的螺旋线的线数（也称头数）。若线数为单线，蜗杆转一圈，蜗轮只转过一个轮齿。因此，蜗杆蜗轮的转动比可达到 40～50。但蜗杆蜗轮传动的缺点是摩擦大、发热多、效率低。

1. 蜗杆蜗轮各部分名称及几何尺寸的计算

蜗杆蜗轮的模数是在通过蜗杆轴线并垂直于蜗轮轴线的主截面内度量。在主截面内，蜗轮的截面相当于一齿轮，蜗杆的截面相当于一齿条。因此，相互啮合的蜗杆蜗轮在主截面内的模数和压力角是相等的，压力角为 20°。

蜗杆蜗轮各部分名称及符号如图 2-59 所示。

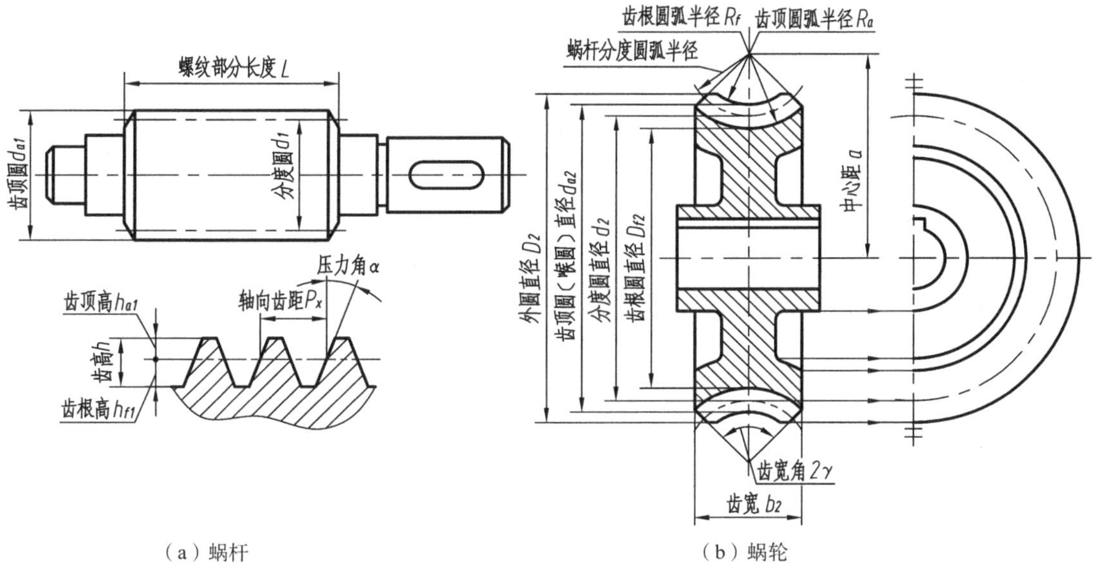

（a）蜗杆　　（b）蜗轮

图 2-59　蜗杆蜗轮各部分名称及符号

由于模数相同的蜗杆可能有多种直径（直径的选择取决于蜗杆轴所需强度和刚度），因此不但要规定标准模数，还需将蜗杆的分度圆直径 d_1 也标准化。蜗杆蜗轮标准模数与蜗杆标准分度圆直径数值见表 2-12。

当蜗杆蜗轮的主参数 m、d_1、z_1、z_2 确定后，它们各部分的尺寸可按表 2-13 及表 2-14 计算。

表 2-12　标准模数及标准分度圆直径　（单位：mm）

m	d_1	m	d_1	m	d_1	m	d_1
1	18	2.5	（22.4）28 （35.5）45	6.3	（50）63 （80）112	16	（112）140 （180）250
1.25	20 22.4	3.15	（28）35.5 （45）56	8	（63）80 （100）140	20	（140）160 （224）315
1.6	20 28	4	（31.5）40 （50）71	10	（71）90 （112）160	25	（180）200 （280）400
2	（18）22.4 （28）35.5	5	（40）50 （63）90	12.5	（90）112 （140）200		

表 2-13　蜗杆的尺寸计算公式

基本参数：轴向模数 m、蜗杆头数 z_1、蜗杆分度圆直径 d_1		
各部分名称	代号	计算公式
分度圆直径	d_1	根据强度、刚度计算结果按标准选取
齿顶高	h_a	$h_a = m$
齿根高	h_f	$h_f = 1.2m$
齿顶圆直径	d_{a1}	$d_{a1} = d_1 + 2m$
齿根圆直径	d_{f1}	$d_{f1} = d_1 - 2.4m$
导程角	γ	$\tan\gamma = m\,z_1 / d_1$
轴向齿距	p_x	$p_x = \pi m$
导程	P_z	$P_z = z_1 p_x$
螺纹部分长度	L	$L \geqslant (11+0.1z_2)m$（当 z_1=1～2 时） $L \geqslant (13+0.1z_2)m$（当 z_1=3～4 时）

表 2-14　蜗轮的尺寸计算公式

基本参数：端面模数 m、蜗轮齿数 z_2		
各部分名称	代号	计算公式
分度圆直径	d_2	$d_2 = m\,z_2$
齿顶高	h_a	$h_a = m$
齿根高	h_f	$h_f = 1.2m$
齿顶圆（喉圆）直径	d_{a2}	$d_{a2} = d_2 + 2m$
齿根圆直径	d_{f2}	$d_{f2} = d_2 - 2.4m$
齿顶圆弧半径	R_a	$R_a = d_1/2 - m$
齿根圆弧半径	R_f	$R_f = d_1/2 + 1.2m$

基本参数：端面模数 m、蜗轮齿数 z_2		
各部分名称	代号	计算公式
外径	D_2	$D_2 \leqslant d_{a2}+2m$（当 z_1=1 时） $D_2 \leqslant d_{a2}+1.5m$（当 z_1=2～3 时） $D_2 \leqslant d_{a2}+m$（当 z_1= 4 时）
蜗轮宽度	b_2	$b_2 \leqslant 0.75d_{a1}$（当 $z_1 \leqslant 3$ 时） $b_2 \leqslant 0.67d_{a1}$（当 z_1= 4 时）
齿宽角	γ	$2\gamma = 45° \sim 60°$ 用于分度传动 $2\gamma = 70° \sim 90°$ 用于一般传动 $2\gamma = 90° \sim 130°$ 用于高速传动
中心距	a	$a =（d_1 + d_2）/ 2$

2. 单个蜗杆、蜗轮的画法

蜗杆的画法与圆柱齿轮的画法相同。为了表示蜗杆的牙型，一般要采用局部剖视图画出几个牙型，或画出牙型的局部放大图，如图 2-59（a）所示。

蜗轮的画法是：在非圆的视图上采用全剖，与圆柱齿轮规定画法相似，齿顶部分需画出齿顶圆弧、齿根圆弧、蜗杆分度圆圆弧；在投影为圆的视图中只画外圆和分度圆，齿顶圆和齿根圆不画，如图 2-59（b）所示。

图 2-60 和图 2-61 所示为蜗杆、蜗轮的零件图。

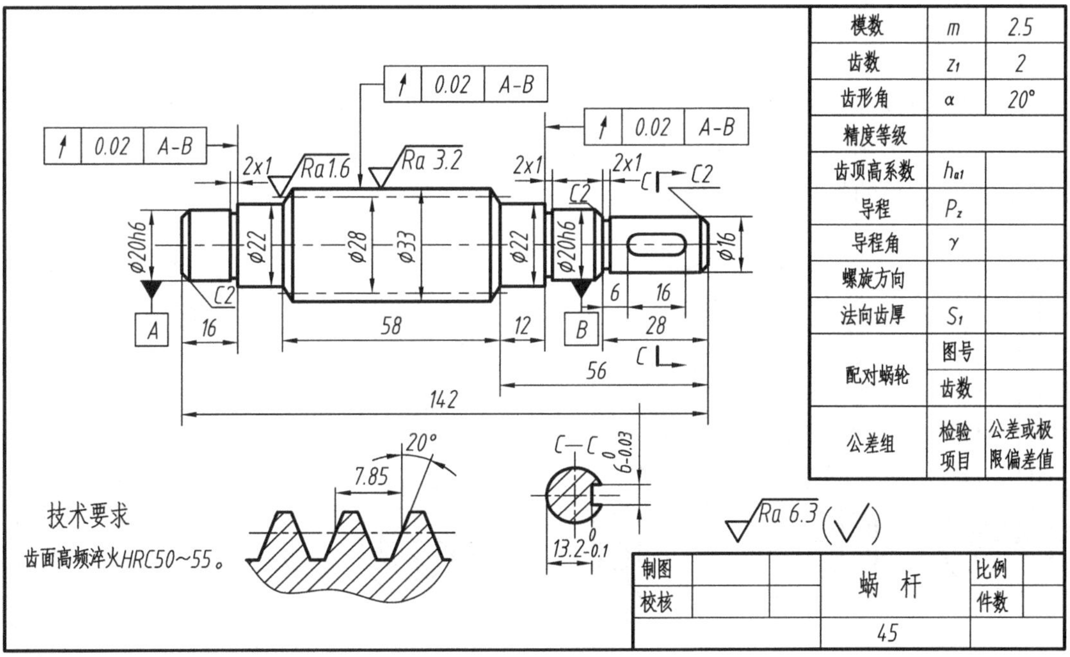

图 2-60 蜗杆的零件图

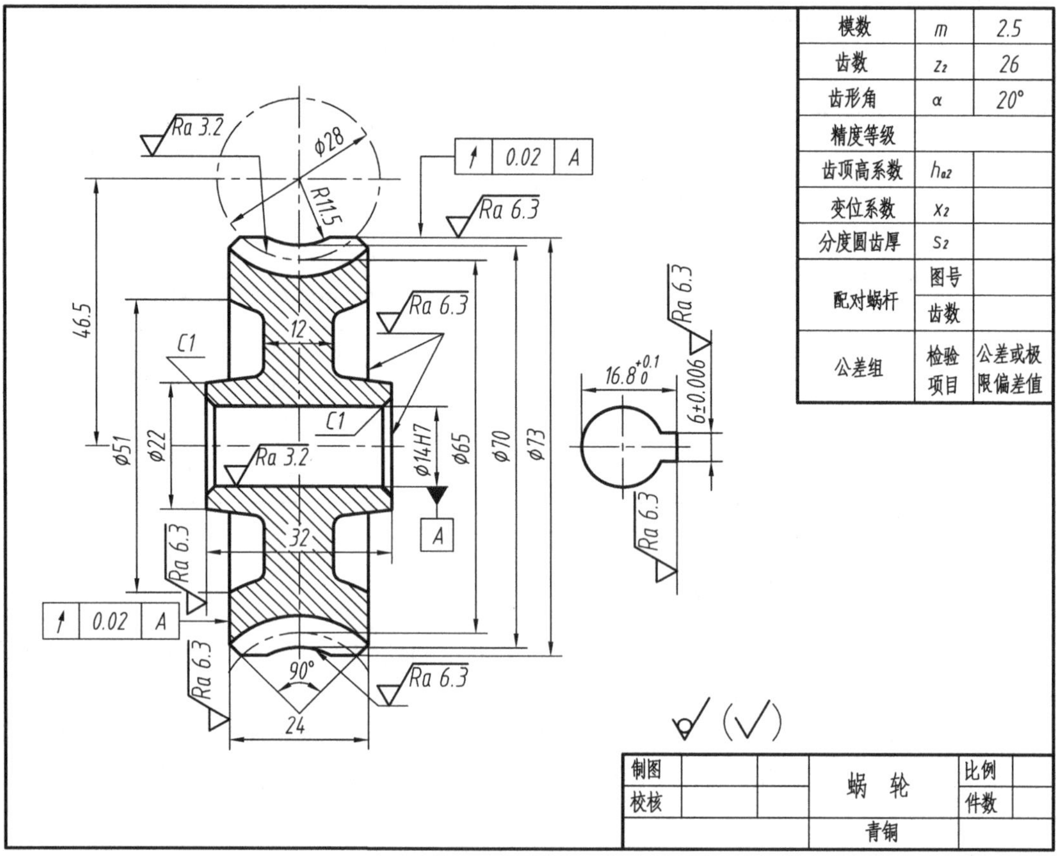

图 2-61　蜗轮的零件图

3. 蜗杆蜗轮啮合的画法

不剖的画法是：在蜗杆投影为非圆的视图中，蜗轮的分度圆和蜗杆的分度线画成相切。啮合区的齿顶圆和齿顶线仍用粗实线画出；在蜗杆投影为圆的视图中，啮合区只画蜗杆，不画蜗轮的齿顶部分，如图 2-62（a）所示。

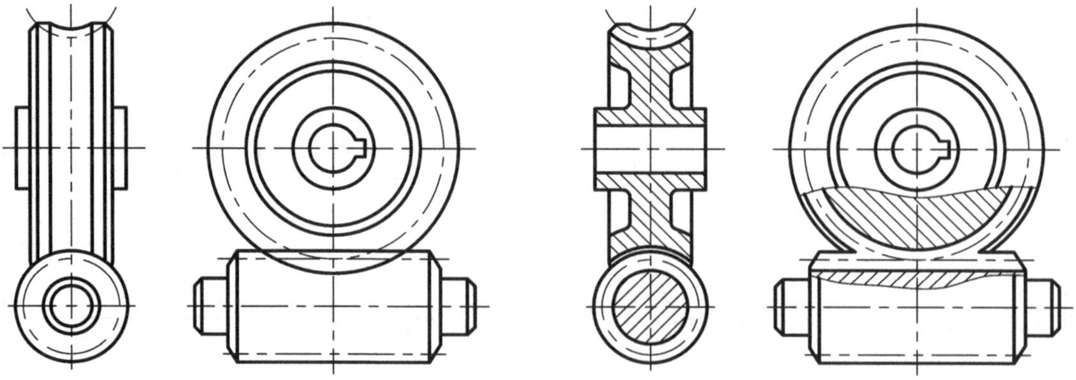

（a）外形　　（b）剖视

图 2-62　蜗杆蜗轮啮合的画法

剖视的画法是：在蜗杆投影为非圆的视图中，在啮合区采用局部剖，蜗轮外圆、齿顶圆在啮合区省略不画，蜗杆齿顶线也省略不画；在蜗杆投影为圆的剖视图中，啮合区蜗轮被遮挡部分不画，只画蜗杆，如图 2-62（b）所示。

蜗杆蜗轮啮合的作图步骤如图 2-63 所示。

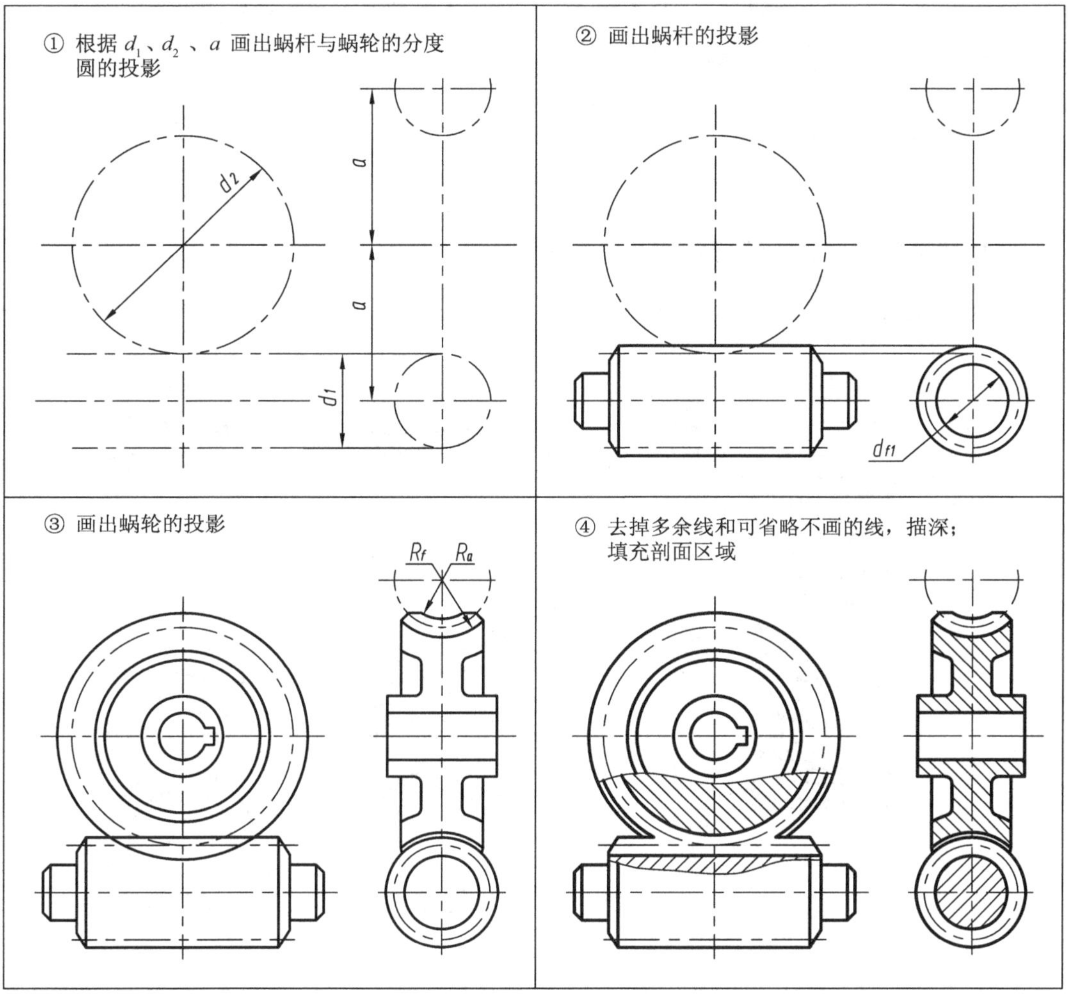

图 2-63　蜗杆蜗轮啮合的画图步骤

2.5　弹　　簧

弹簧也是标准件，国家标准 GB/T 4459.4—2003《机械制图　弹簧表示法》规定了弹簧的表示方法。弹簧用途非常广泛，其作用主要是减振、复位、夹紧、测力和储能等。其特点是利用材料的弹性和结构特点，通过变形和储存能量工作，当外力去除后能立即恢复原状。

弹簧种类很多，常用的弹簧如图 2-64 所示。下面以圆柱螺旋压缩弹簧为例，介绍弹簧的基本知识。

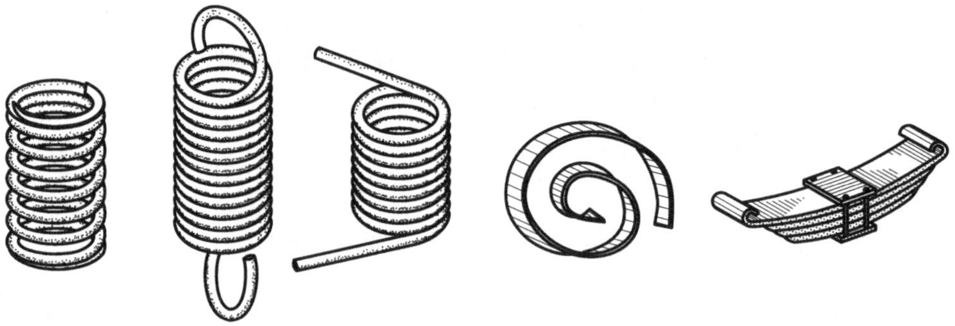

（a）压缩弹簧　（b）拉伸弹簧　（c）扭转弹簧　（d）涡卷弹簧　（e）板弹簧

图 2-64　常用弹簧的种类

一、圆柱螺旋压缩弹簧各部分名称及参数

弹簧各部分名称及参数如图 2-65（a）所示。

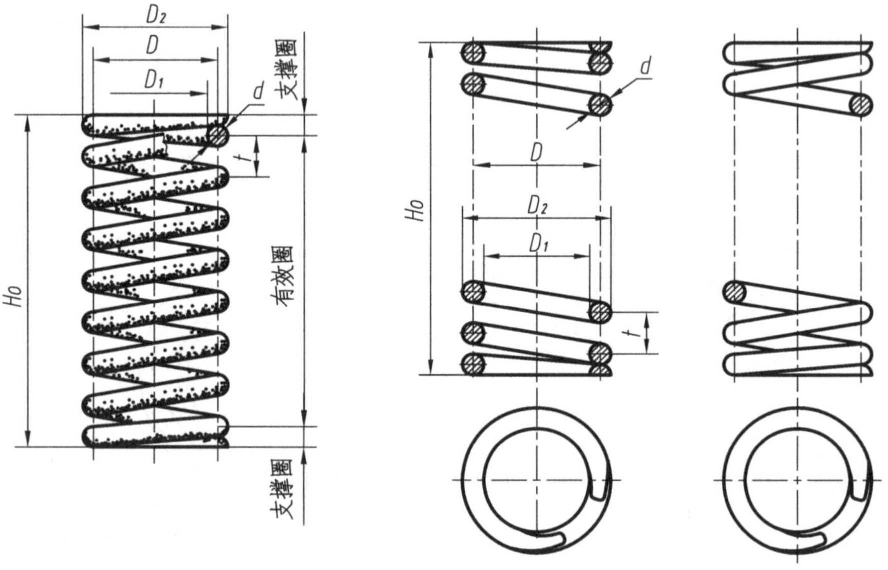

（a）　（b）

图 2-65　圆柱螺旋压缩弹簧各部分名称、参数及画法

（1）线径 d。制作弹簧的钢丝直径。

（2）弹簧中径 D。弹簧的平均直径。

（3）弹簧内径 D_1。弹簧的最小直径 $D_1=D-d$。

（4）弹簧外径 D_2。弹簧的最大直径 $D_2=D+d$。

（5）节距 t。相邻两有效圈截面中心线的轴向距离。

（6）有效圈数 n。弹簧上能保持相同节距的圈数。

（7）支撑圈数 n_2。为使弹簧受力均匀，放置平稳，一般都将弹簧两端并紧磨平，工作时起支撑作用，这部分圈称为支撑圈。支撑圈有 1.5 圈、2 圈、2.5 圈三种，一般取 n_2=2.5 圈。

（8）总圈数 n_1。$n_1=n+n_2$。

（9）自由高度 H_0。弹簧未受力时的高度，$H_0=nt+(n_2-0.5)d$。

（10）展开长度 L。弹簧制造时坯料的长度，$L=n_1\sqrt{(\pi D)^2+t^2}$。

二、圆柱螺旋压缩弹簧的规定画法

弹簧在图样中的画法无需按真实投影绘制，国家标准 GB/T 4459.4—2003 规定了弹簧的画法。

（1）在平行于弹簧轴线的投影面上的视图中，各圈轮廓线均画成直线，如图 2-65（b）所示。

（2）左旋弹簧允许画成右旋，但左旋需标注“LH”字样。

（3）有效圈数大于 4 圈，可只画两端的 1～2 圈，而省略中间各圈。同时，图形的轴向长度也可适当缩短，如图 2-65（b）所示。

（4）在装配图中，弹簧中间各圈采用省略画法时，弹簧后面被挡住的部分一般不画，可见部分可画到弹簧钢丝的断面轮廓或中心线处，如图 2-66（a）所示；当簧丝直径小于 2mm 时剖面可以用涂黑表示，如图 2-66（b）所示；当簧丝直径小于 1mm 时，可采用示意画法，如图 2-66（c）所示。

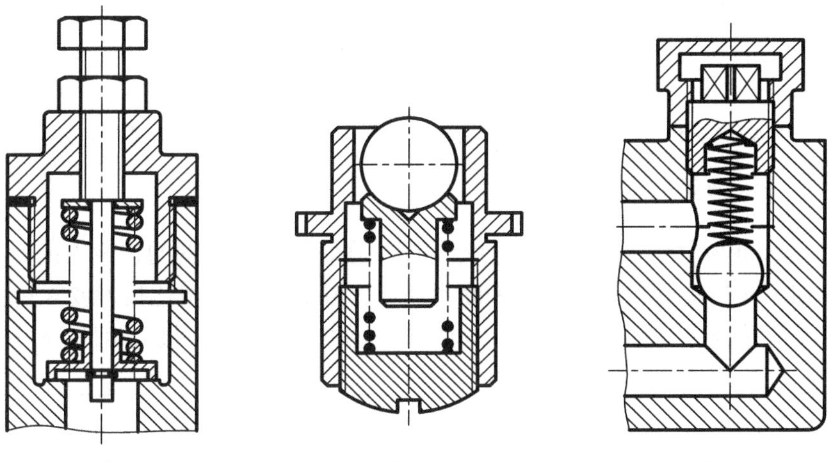

（a）　　（b）　　（c）

图 2-66　装配图中弹簧的画法

三、圆柱螺旋压缩弹簧的作图步骤

若已知弹簧的中径 D、线径 d、节距 t 和圈数（n_1, n_2），先算出自由高度，然后再按下列步骤作图：

（1）根据 D 和 H_0 画矩形 $ABCD$，如图 2-67（a）所示。

（2）根据 d 画支撑圈部分的圆和半圆，如图 2-67（b）所示。

（3）根据 t 画有效圈部分的圆，如图 2-67（c）所示。

（4）按右旋方向作相应圈的公切线及剖面线，加深、完成作图，如图 2-67（d）所示。

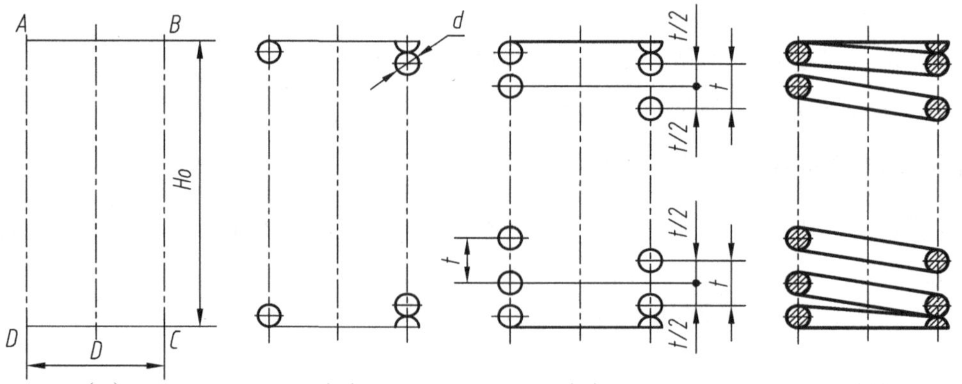

（a） （b） （c） （d）

图 2-67 圆柱螺旋压缩弹簧的作图步骤

四、圆柱螺旋压缩弹簧的标记

弹簧的标记由名称、型式、尺寸、标准编号、材料牌号以及表面处理组成。表示如下：

弹簧代号 类型 $d\times D\times H_0$ — 精度代号 旋向代号 标准号 材料牌号 — 表面处理

例如，A 型圆柱螺旋压缩弹簧，线径 1.2mm，弹簧中径 8mm，自由高度 40mm，刚度、外径、自由高度的精度为 2 级，材料为碳素弹簧钢丝 B 级，表面镀锌处理的左旋弹簧的标记为：

YA1.2 × 8 × 40 — 2 LH GB/T 2089 — 1994 B 级— D — Zn

五、圆柱螺旋压缩弹簧的零件图

图 2-68 为一张圆柱螺旋压缩弹簧的零件图。在轴线水平放置的弹簧主视图上，注出了完整的尺寸和尺寸公差、几何公差、表面粗糙度，同时用文字叙述技术要求，并在零件图上方用图解表示弹簧受力的压缩长度。其中：F_1—预加负荷；F_2—最大负荷；F_j—极限负荷。

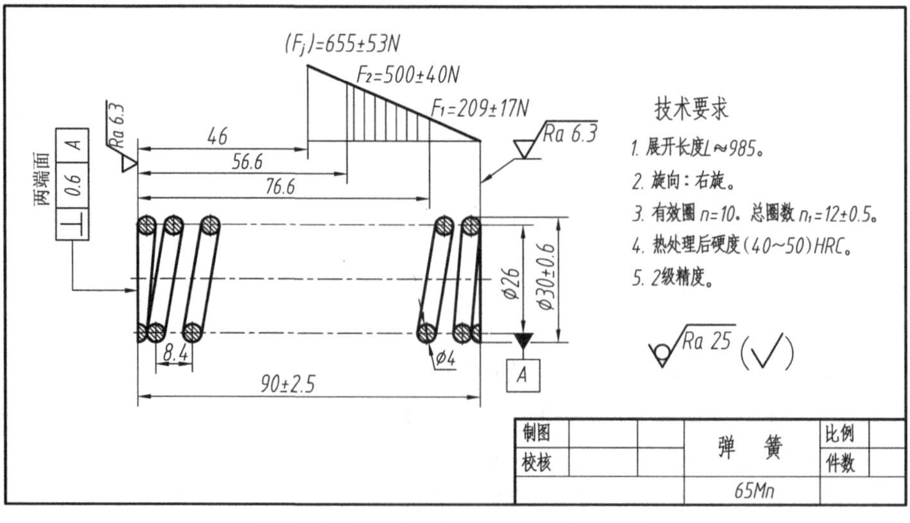

图 2-68 圆柱螺旋压缩弹簧的零件图

第三章　零　件　图

零件是组成机器的不可再分的最小单元，在设计制造机器时，要落实到每个零件的设计，包括零件的结构、零件的材料、零件的制造精度以及加工方法。只有设计合理、制造符合要求的零件装配成机器，才能满足机器的使用要求。

3.1　零件的基本知识

由于每个零件都具有功能特性，在设计和制造零件时，需了解零件的加工方法、零件的工艺结构。

一、零件常用的加工方法

（1）切削加工。利用机床、刀具和夹具，从材料或毛坯上去掉多余材料的成形加工方法。切削加工是非常重要和常用的加工方法，可使零件获得较精确的几何形状、较高的尺寸精度和表面质量。根据使用的机床不同，切削加工分为车、铣、刨、磨、钻等多种，如图 3-1 所示。

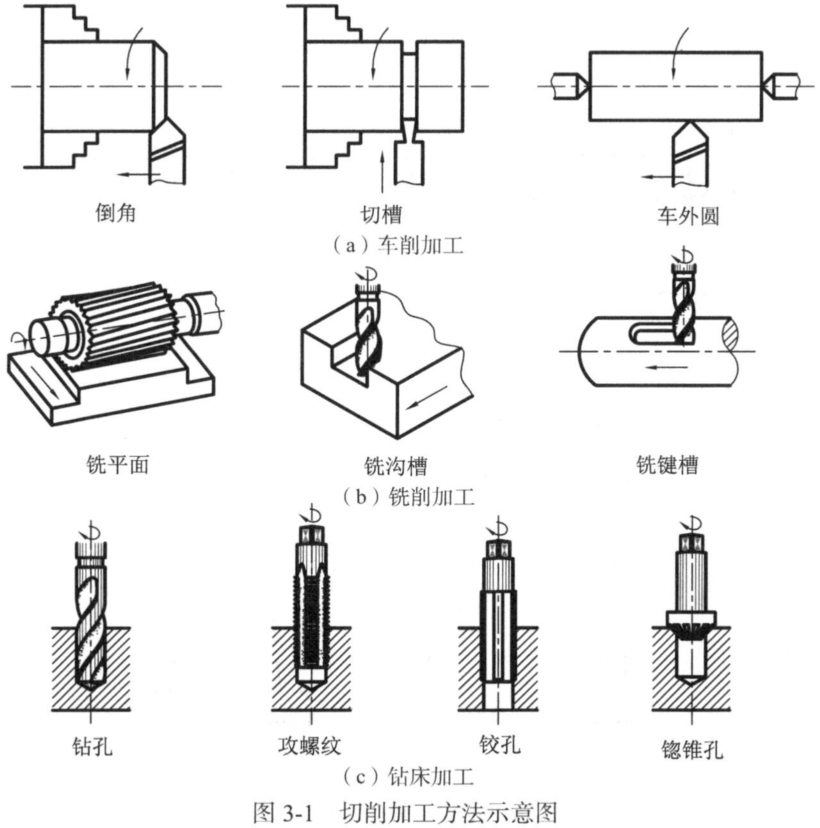

图 3-1　切削加工方法示意图

（2）铸造。利用零件的毛坯做好需要的型腔，然后将金属熔化后注入型腔，凝固后形成与腔同形的铸件的成形加工方法。这种方法可以铸造出较复杂的零件的毛坯。根据铸造方法不同，分为砂型铸造、离心铸造、压力铸造和精密铸造，最常用的是砂型铸造。

（3）锻造。在锻锤或压力机上，借助冲击力和静压力，使金属材料产生塑性变形的成形加工方法，这种加工方法效率较低，适用于单件小批量生产及大型锻件的场合。但在锻造的同时可使材料的组织发生变化，改善其一定的机械性能。锻造分自由锻造和模型锻造。

（4）冲压。在冲床上用冲模对板料施加压力，迫使其按模具形状发生分离或塑性变形的成形加工方法。此种加工方法生产效率高，适用于批量较大而零件较薄的中小型零件。

（5）焊接。通过加热或加压，或两者并用，使型钢或钢板之间产生原子间的结合力而合为一体的加工方法。适用于单件小批量生产中制造较大型的零件，施工方便，制造周期短，零件间连接可靠。

二、零件上常见的工艺结构

零件的结构形状，不仅要满足设计要求，而且要满足加工工艺对零件结构的要求，即要考虑加工方便。

1. 零件的铸造工艺结构

1）拔模斜度

在铸造零件毛坯时，为便于将木模从砂型中取出，零件的内、外壁沿起模方向应有一定的斜度，称为拔模斜度（也叫起模斜度，一般为 1 ∶ 20）。若斜度较小可不画出，但若斜度较大则应画出，并在技术要求中写出拔模斜度，如图 3-2 所示，

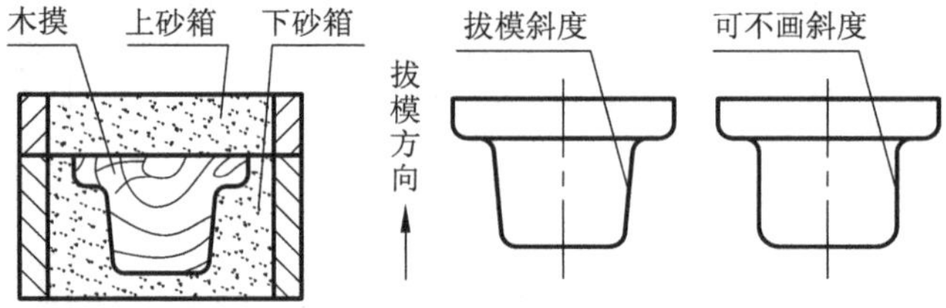

图 3-2　拔模斜度

2）铸造圆角

为了防止铸件冷却时产生裂纹或缩孔，防止浇注时落砂，在铸件各表面的相交处都有圆角，称为铸造圆角。相交的两铸造表面中有一个表面经过切削加工后，相交处变成尖角，如图 3-3 所示。

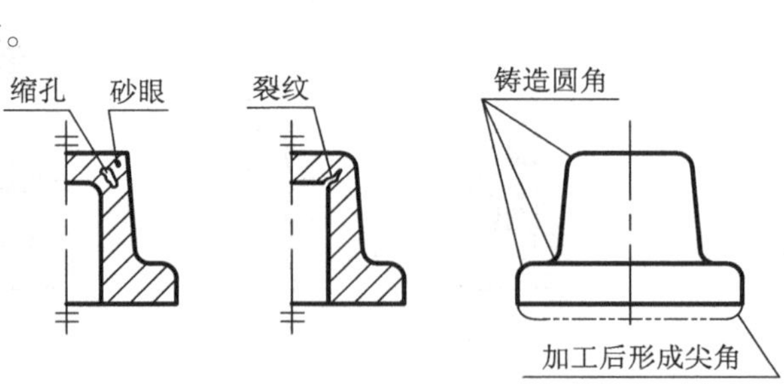

图 3-3　铸造圆角

由于铸造圆角的存在，两铸造表面的交线变得不太明显，这种线称为过渡线。过渡线用细实线绘制。过渡线只画到理论交点处。但在表示方法上应注意：当两曲面相交时，过渡线不应与圆角轮廓接触，如图 3-4 所示；当平面与平面相交，平面与曲面相交时，应在交线两端断开，并按铸造圆角方向画出过渡圆弧，如图 3-5 所示。

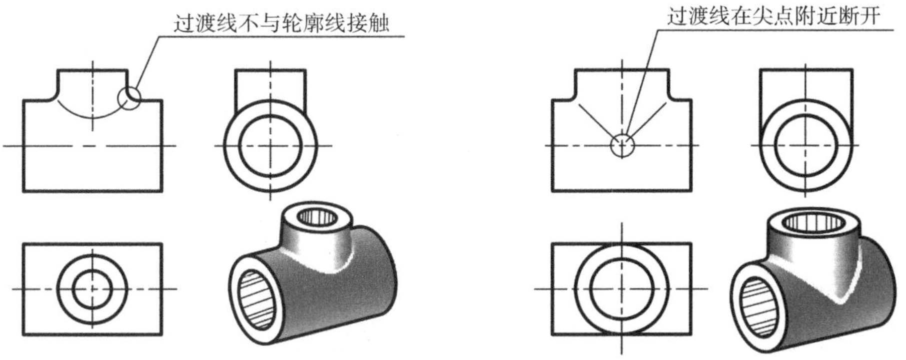

图 3-4　过渡线的画法

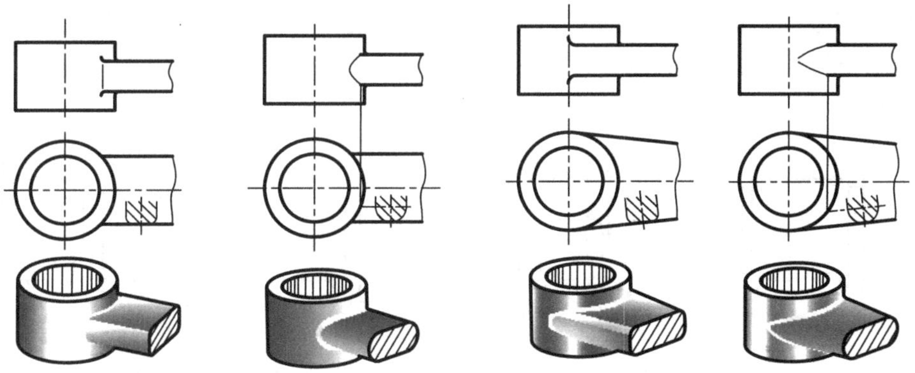

（a）相交　　（b）相切

图 3-5　过渡线的画法

3）铸件壁厚

铸件各处的厚薄如不均匀，冷却速度就大不一样。薄的的地方先冷，厚的地方冷却时没有足够的液态金属来补充而容易形成缩孔。因此在设计铸件时尽可能使壁厚比较均匀，不同的壁厚要逐渐均匀过渡，避免突然变厚或局部变大，如图 3-6 所示。

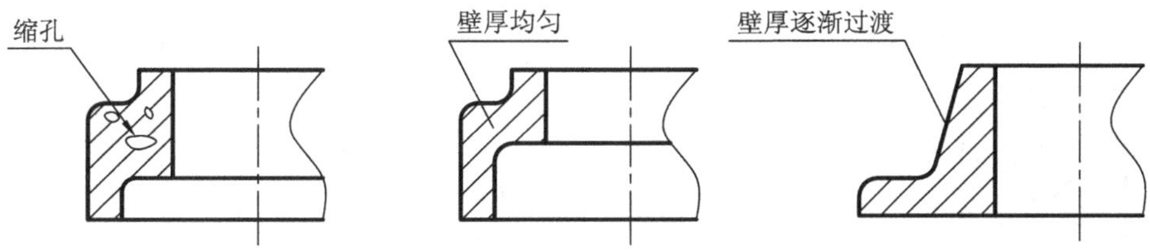

（a）　（b）　（c）

图 3-6　铸件壁厚

2. 零件的切削工艺结构

1）倒角

为了便于装配和操作安全，常将轴和孔端部的尖角加工成一个小圆锥面，称为倒角，如图 3-7 所示。

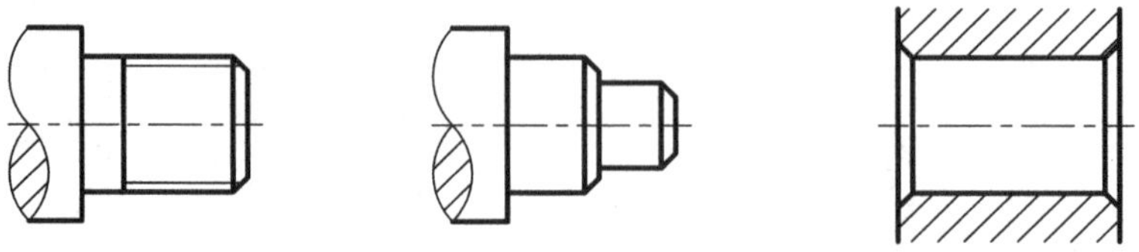

（a）　　（b）　　（c）

图 3-7　倒角

2）退刀槽

在车削螺纹时，为避免螺尾的存在而具有完整螺纹，便于螺纹的旋入，常在待加工螺纹的表面的末端切出一个退刀槽，称为螺纹退刀槽，如图 3-8（a）所示。

为避免轴肩与圆柱面交界处产生的圆角，影响到装配时零件的可靠定位，在磨削时使砂轮稍稍超过加工面，为便于退刀，通常预先在被加工轴的轴肩处，加工出一个退刀槽，称为砂轮越程槽，如图 3-8（b）所示。

退刀槽是标准结构，需要时可查阅有关国家标准。

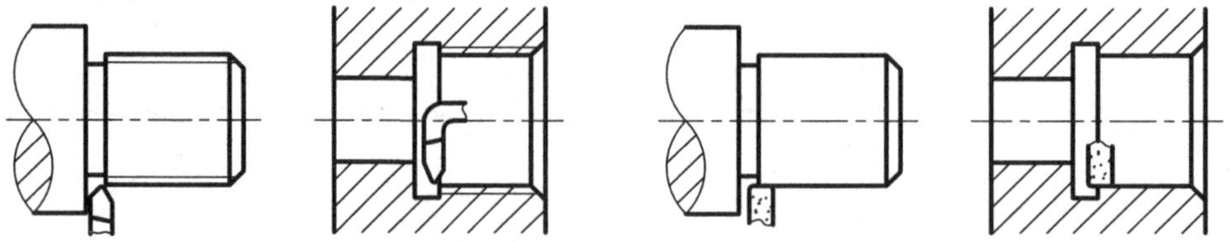

（a）螺纹退刀槽　　（b）砂轮越程槽

图 3-8　退刀槽

3）凸台和凹坑

凡零件与零件的接触面都要加工，为减少加工面，使两零件接触良好，常在两零件的接触面做出凸台、凹坑等，如图 3-9 所示。

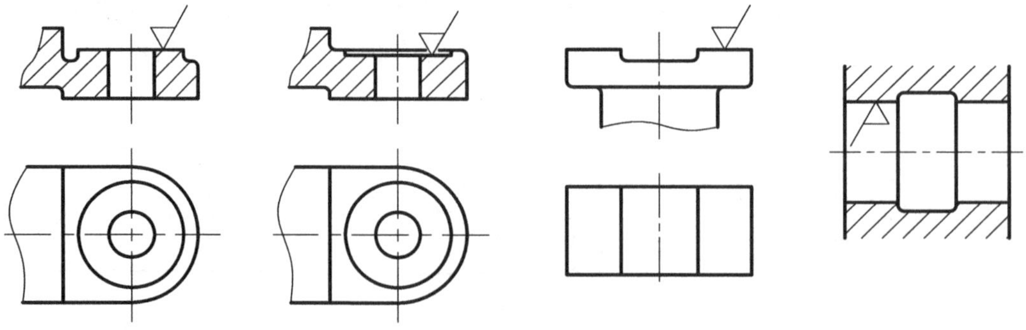

（a）　　（b）　　（c）　　（d）

图 3-9　凸台和凹坑

4）钻孔端面结构

为防止钻头折断和钻孔倾斜，被钻孔的端面应与钻头轴垂直，如图 3-10 所示。

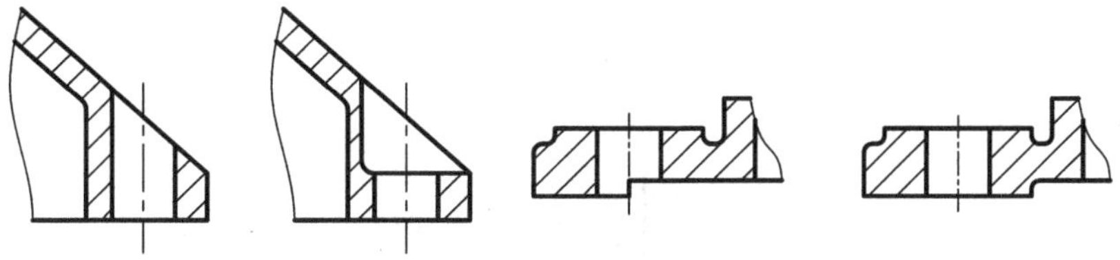

图 3-10　钻孔端面结构

5）中心孔

中心孔是轴类零件常用的结构要素，其作用是便于零件的装夹和定位。中心孔是标准结构要素。国家标准规定了中心孔 R 型、A 型、B 型和 C 型四种型式，中心孔的型式、画法和标记见表 3-1。

表 3-1　中心孔的型式、画法和标记

中心孔的型式	中心孔的画法	中心孔的标记
R 型 （弧形） 按 GB/T 145—2001 选择中心钻	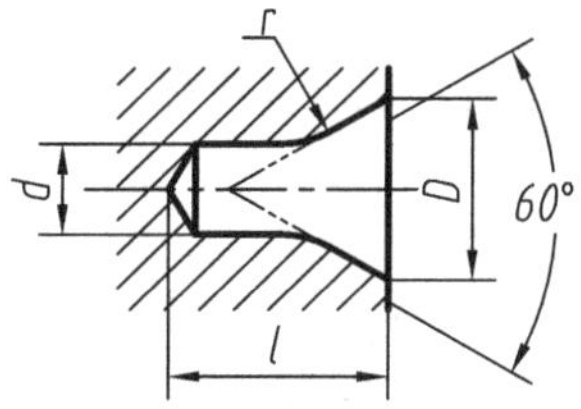 $d = 3.15mm$ $D = 6.7mm$	GB/T 4459.5—R3.15/6.7
A 型 （不带护锥） 按 GB/T 145—2001 选择中心钻	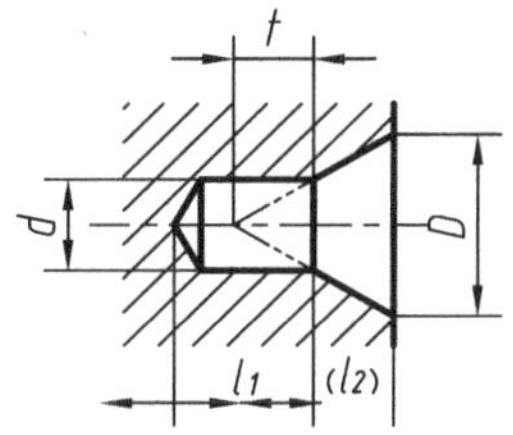 $d = 4mm$ $D = 8.5mm$	GB/T 4459.5—A4/8.5
B 型 （带护锥） 按 GB/T 145—2001 选择中心钻	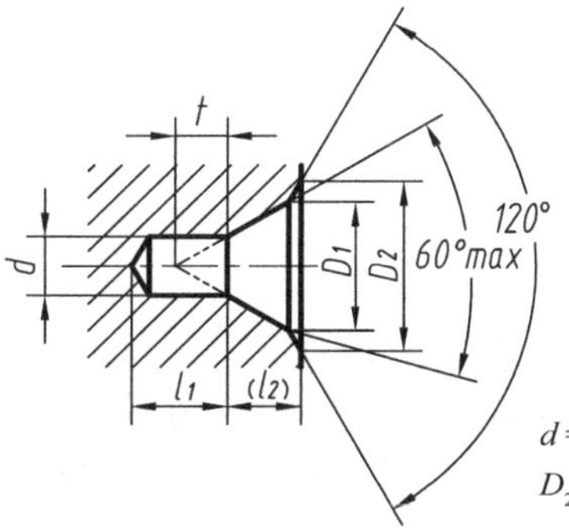 $d = 2.5mm$ $D_2 = 8mm$	GB/T 4459.5—B2.5/8

续表

中心孔的型式	中心孔的画法	中心孔的标记
C 型 （带螺纹） 按 GB/T 145—2001 选择中心钻	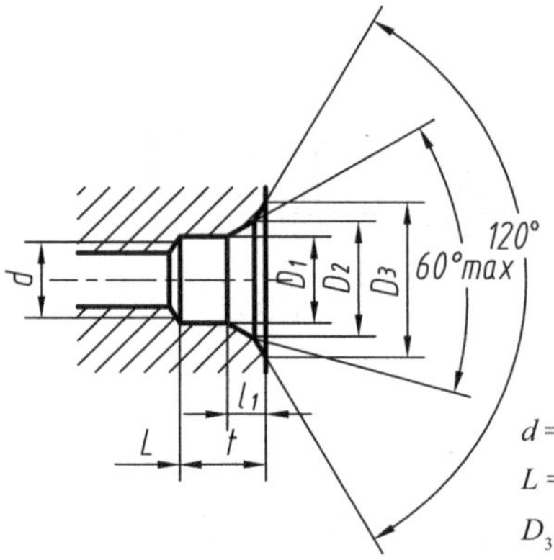 d = M10 L = 30mm D_3 = 16.38mm	GB/T 4459.5—CM10/16.3

在图样中不必绘制中心孔的详细结构，只需在零件轴端面绘制出对中心孔是否保留要求的符号，随后标注出其相应的标记。中心孔的规定表示法示例见表 3-2。表中中心孔的符号画成张开 60°，符号的图线宽度等于相应图样中所注尺寸数字字高 h 的 1/10。

表 3-2　中心孔的规定表示法示例

要求	符号	表示法示例	说明
在完工的零件上要求保留中心孔	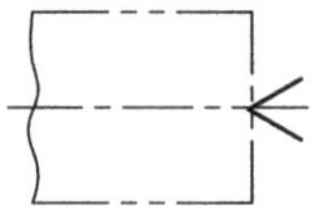	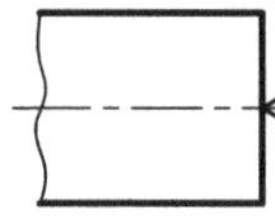	采用 B 型中心孔 d=2.5mm D_2=8mm
在完工的零件上可以保留中心孔	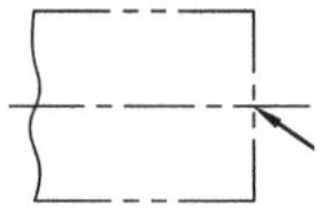	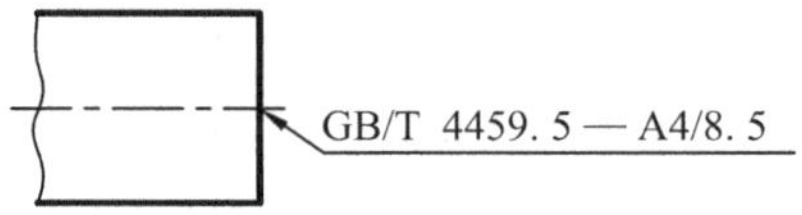	采用 A 型中心孔 d=4mm D=8.5mm
在完工的零件上不允许保留中心孔	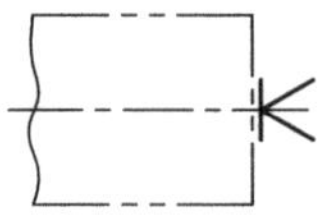	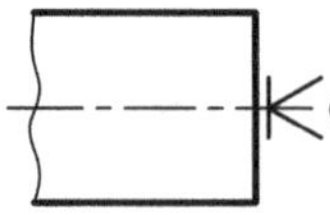	采用 A 型中心孔 d=1.6mm D=3.35mm

6）滚花

有些如手柄之类的轴类零件，为防止表面打滑，在头部做出的沟槽，称为滚花。滚花有直纹和网纹两种形式。滚花是标准结构，用专用刀具加工，其尺寸大小可查阅国家标准 GB/T 64.3.3—1986。滚花的画法及尺寸标注如图 3-11（a）所示，其简化画法和标注如图 3-11（b）所示。

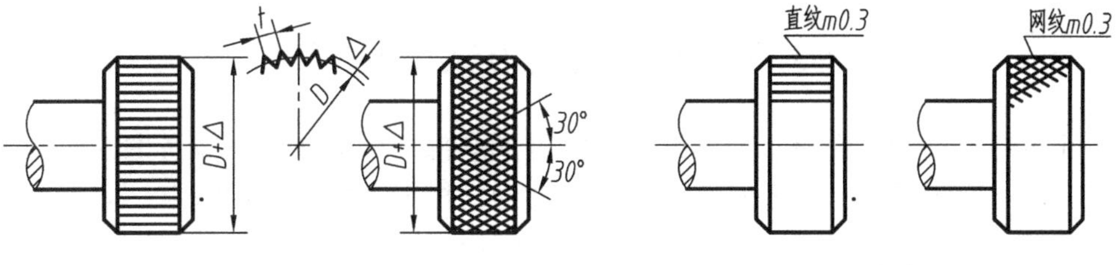

（a）　　　　　　　　　　　　（b）

图 3-11　滚花的画法及尺寸标注

3.2　零件图的内容

要制造机器必须先制造零件，加工制造和检验零件必须具备图样，该图样要表达零件的结构形状、尺寸大小以及技术要求，称为零件图。因此零件图是生产过程中，加工制造和检验测量零件的基本技术文件，图 3-12 所示是泵套零件图，由图可知，一张完整的零件图应包括以下四个方面的内容：

（1）一组图形。用一组图形（包括视图、剖视图、断面图等）正确、完整、清晰和简捷地表达出零件各部分的结构形状。

（2）零件尺寸。用一组尺寸正确、完整、清晰、合理地标注零件制造、检验时的全部尺寸。

（3）技术要求。标注或说明零件制造和检验时应达到的技术指标，如零件的表面粗糙度、尺寸公差、几何公差、材料的热处理等。

（4）标题栏。填写零件的名称、材料、数量、绘制比例和必要的签署等。

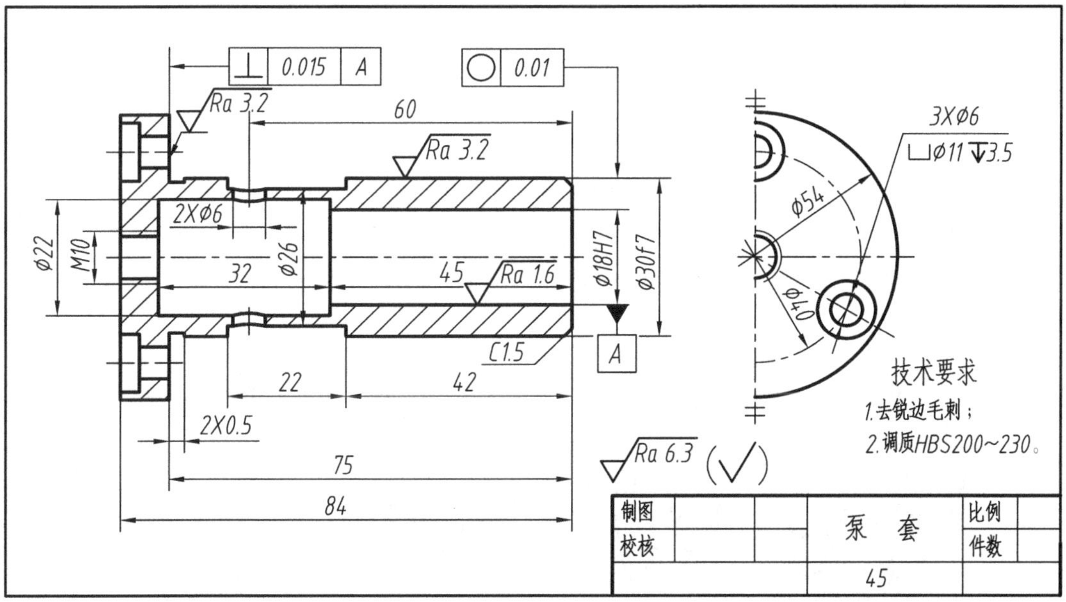

图 3-12　泵套零件图

3.3 零件表达方案的选择

零件图要求正确、完整、清晰地表达零件的全部结构形状，亦应考虑读图和画图的简便，要达到这些要求，关键要分析零件的结构，根据零件的结构特点，适当地选择表达方案。在第一章所介绍的机件的基本视图、剖视图、断面图等各种表达方法仍然适用于零件图的表达。但在选择零件的表达方案时，要充分体现零件的功能特性。

一、分析零件的结构形状

零件的结构形状是根据零件在机器中的作用、装配关系和制造工艺的要求确定的。对机器中的一般零件，按其结构特点，通常分为轴、套类，盘、盖类，叉、架类和箱体类等典型零件。

1. 轴、套类零件

主要结构是同轴回转体，轴向尺寸长，径向尺寸短，常带有键槽、螺纹等局部的功能结构，还有倒角、退刀槽、中心孔等局部的工艺结构。轴主要用来支承转动零件和传递扭矩，有光轴、台阶轴、空心轴等，套则用于支承和保护转动零件或其他零件，如图3-13所示。

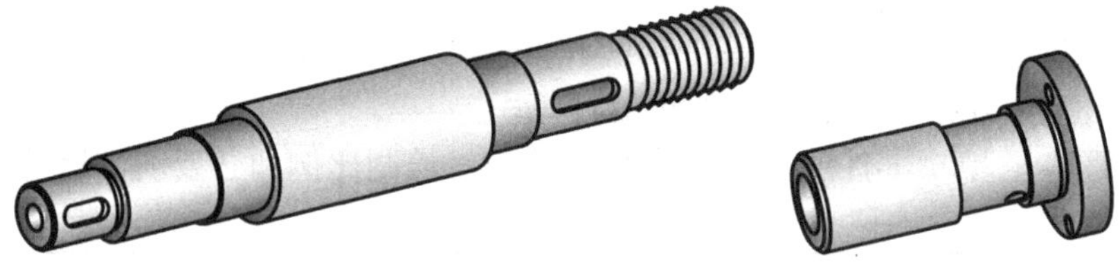

图 3-13　轴、套类零件

2. 盘、盖类零件

通常主体部分是同轴圆柱面。有些盖类零件外形轮廓较复杂，一般都有一个端面是其他零件紧靠的主要结合面，有较多的螺孔、销孔等，多用于密封、压紧和支承；盘类零件多用于传动、支承、连接、分度和防护，常有凸缘等结构，如图3-14所示。

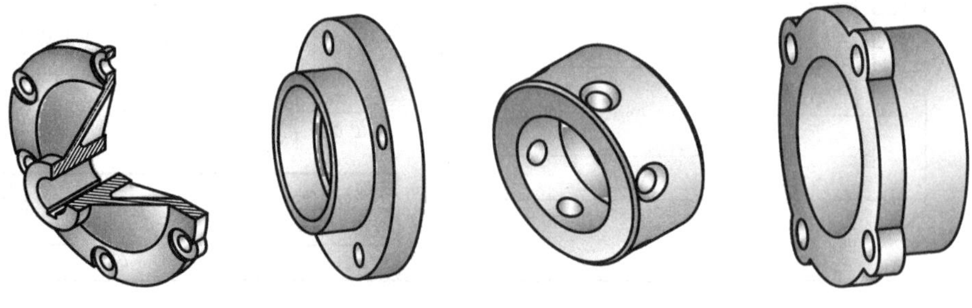

图 3-14　盘、盖类零件

3. 叉架类零件

叉类零件带有叉形结构，主要起拨动、连接和支承等作用；支架多由承托、支撑和底座三部分组成，主要用于支承其他零件。由于受地方限制和运动需要，一般叉架类零件形状比较复杂，如图 3-15 所示。

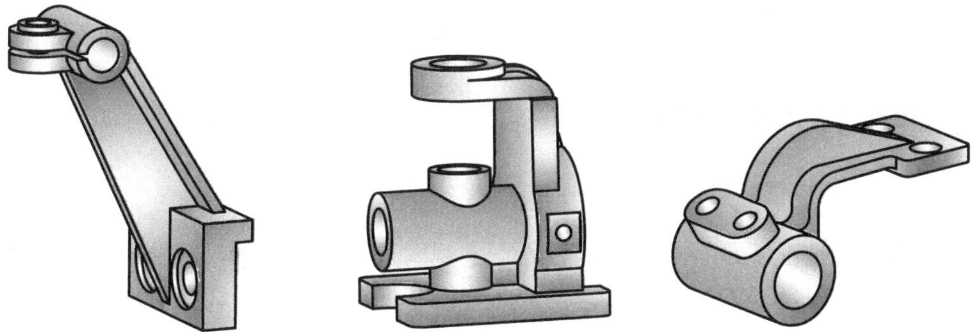

图 3-15 叉架类零件

4. 箱体类零件

该类零件内、外形较复杂，具有较大的用于承托和容纳有关零件的空腔。主要用于承托轴瓦、套和轴承等，容纳和保护轴、齿轮和叶轮等零件。泵体、阀体和机体等都属箱体类零件。箱体的底板常有孔、凸台和加强肋等结构，如图 3-16 所示。

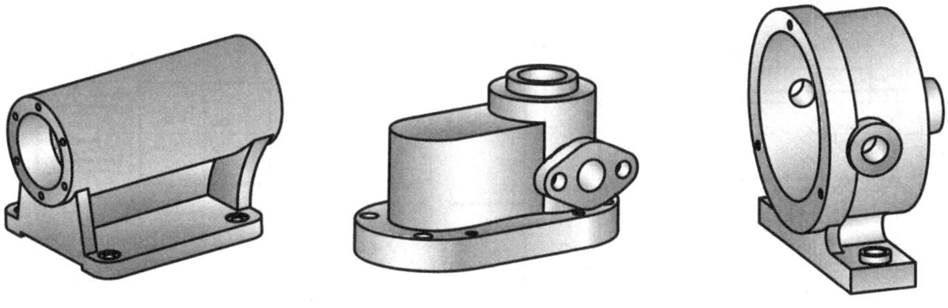

图 3-16 箱体类零件

5. 薄板冲压件

薄板冲压件是将薄金属材料板经过裁剪、冲孔，再冲压或弯制成形的零件。这类零件的弯折处，一般有小圆角，板面上有孔或槽口。机电设备中，常用于电信、仪表的底板、支架和罩壳等，如图 3-17 所示。

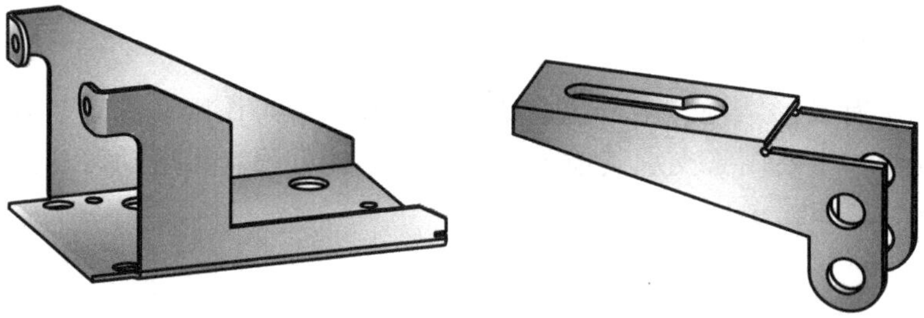

图 3-17　薄板冲压件

二、零件图视图选择的一般原则

1. 主视图的选择

主视图一般情况下是一组图形的核心，主视图选择是否合理，直接影响其他视图的选择和画图与看图是否方便。因此，在全面分析零件结构形状后，应考虑下述两方面的问题。

1）确定主视图的安放位置

其选择原则是：

（1）符合零件的加工位置。以回转体为主要结构的零件，如轴、套类零件和盘、盖类零件，主要加工方法是在车床和磨床上加工，一般为方便车削、磨削等主要工序看图，选择主视图位置时，应与零件加工位置相一致，即将轴线水平放置画主视图，如图3-12、图3-18和图3-19所示。

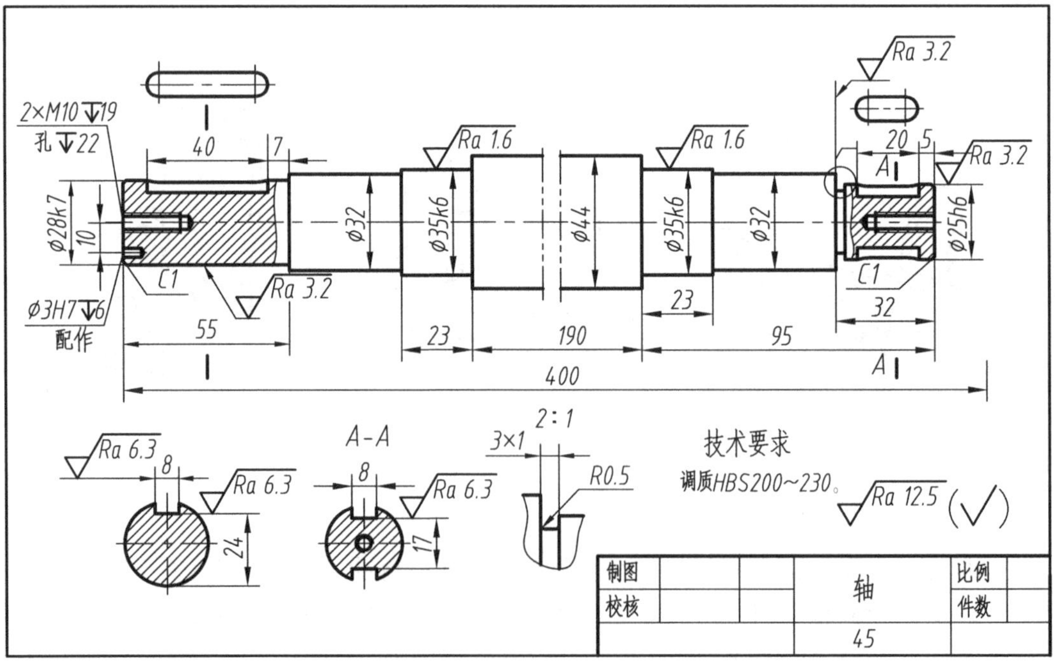

图 3-18　轴零件图

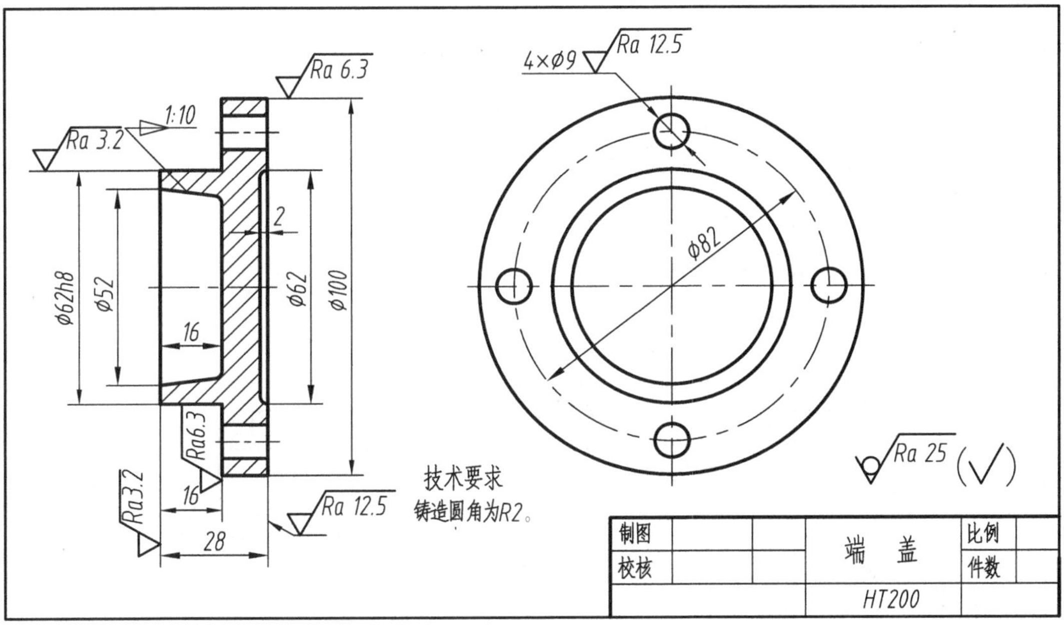

图 3-19 端盖零件图

（2）符合零件的工作位置。零件在机器上都有一定的工作位置。对叉、架和箱体类零件，其加工工序较多，加工位置各不相同，无法使一张图符合各个不同的加工位置。因此，主视图应选择符合零件的工作位置，如图 3-20～图 3-23 所示。

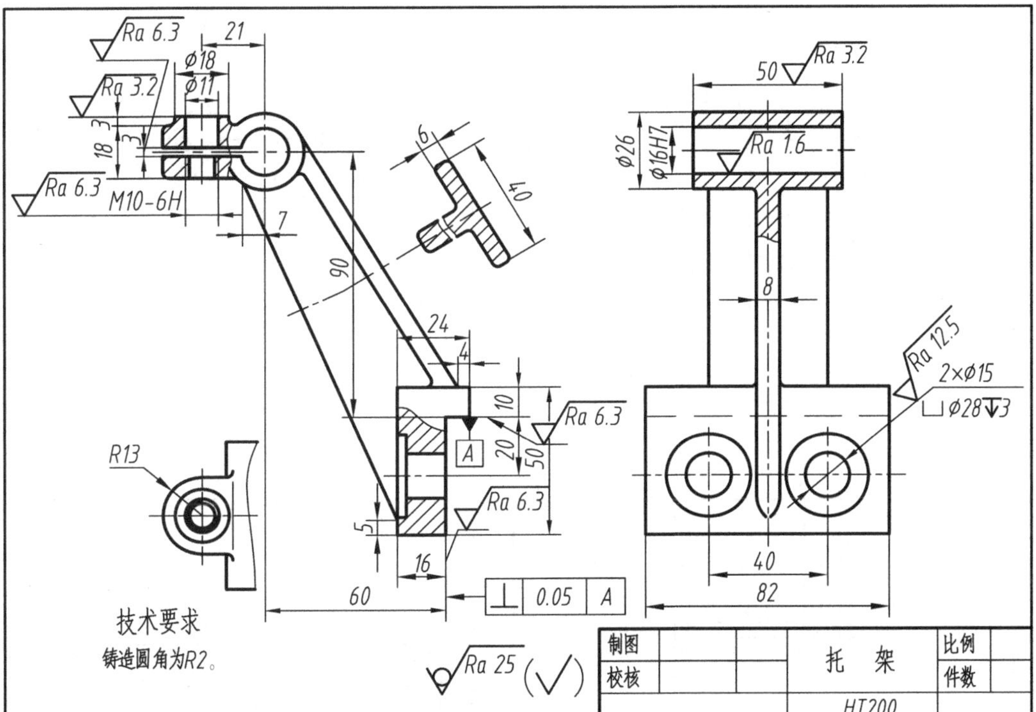

图 3-20 托架零件图

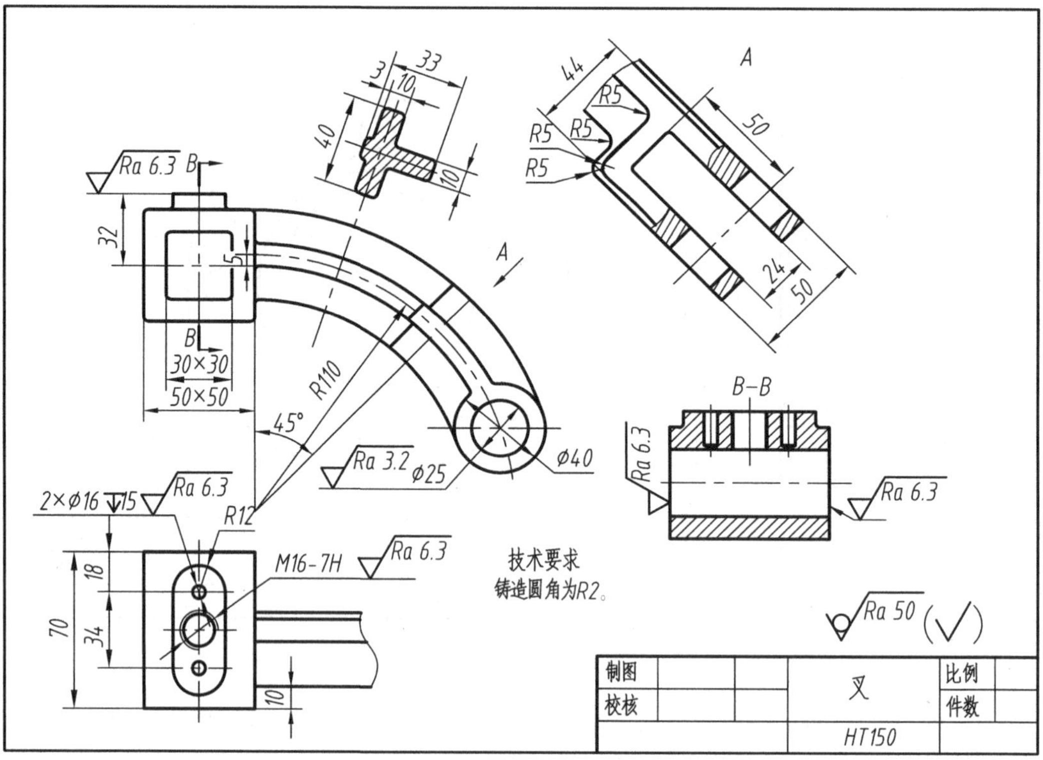

图 3-21　叉零件图

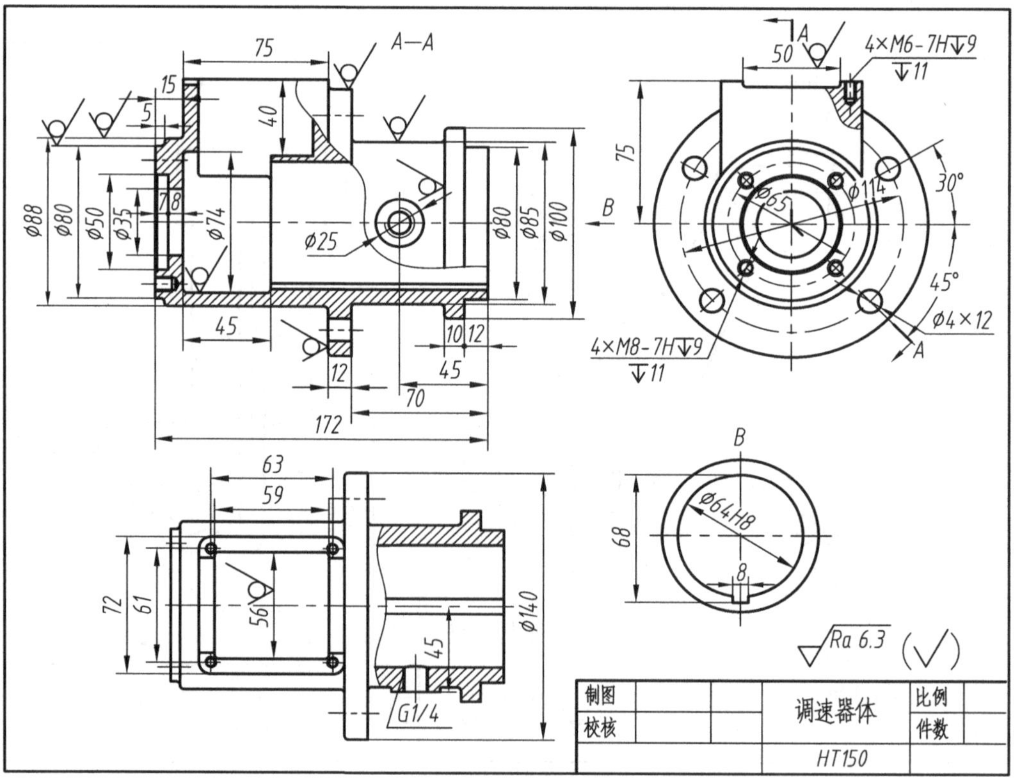

图 3-22　调速器体零件图

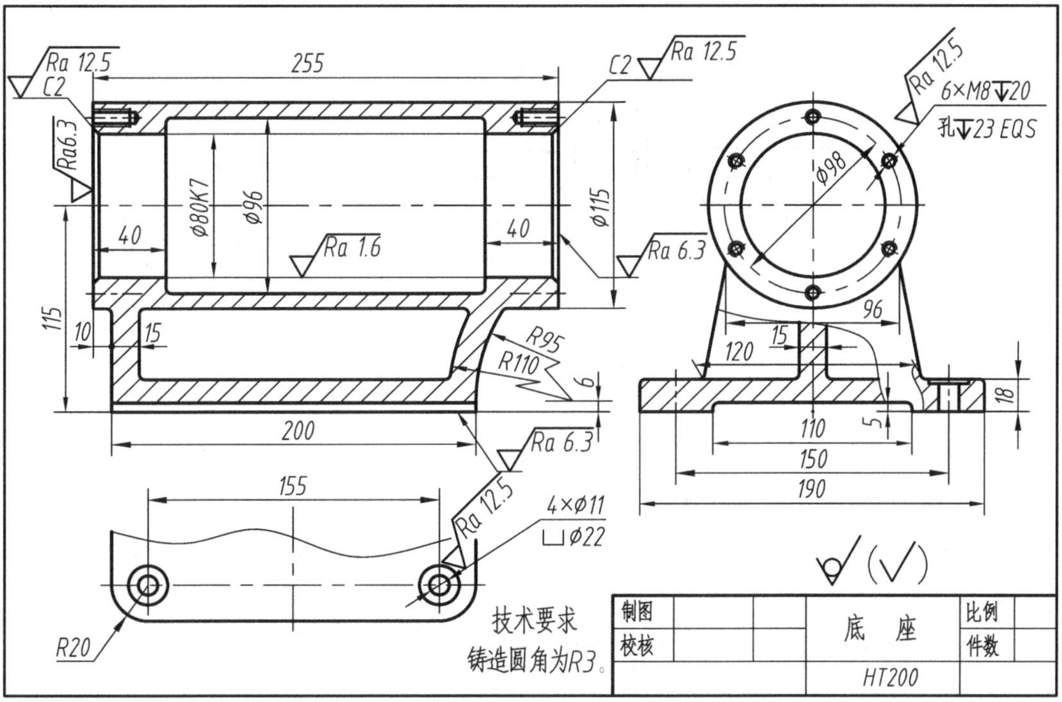

图 3-23　底座零件图

2）确定主视图的投影方向

其选择原则是主视图要最能反映零件形状和结构特征以及各组成部分之间的关系，这样能较快地看清楚零件的形状和结构。

图 3-24 所示的轴，它的主体结构是由四段不同直径的圆柱体组成，主体结构上有螺纹、退刀槽、键槽等结构。主视图的选择除了位置要符合轴的加工位置外，还需考虑主视图的投影方向能反映轴更多的形状特征。如图 3-25（a）所示，选择图 3-24 中 *A* 向作为主视图，即主视图轴线水平横放，并将螺纹一端放在左端，将键槽和通槽放在正前方，这样在主视图上即能反映键槽的形状和位置，还能反映通槽的特征。如图 3-25（b）所示，选择图 3-24 中 *B* 向作为主视图，即若沿轴线方向作为主视图的投影方向，则主视图的图形积聚成同心圆，不能反映零件结构特征。

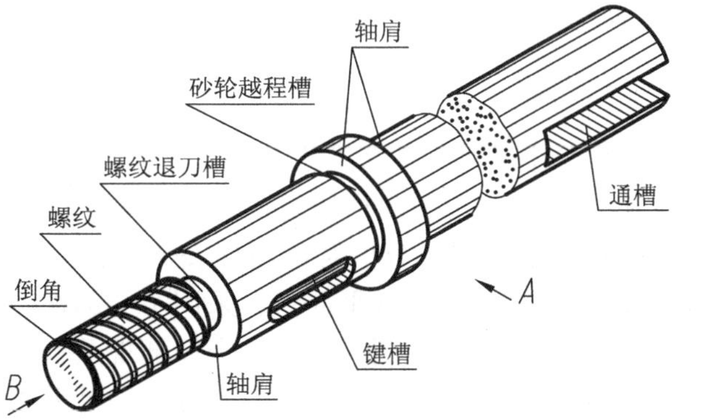

图 3-24　轴的结构分析

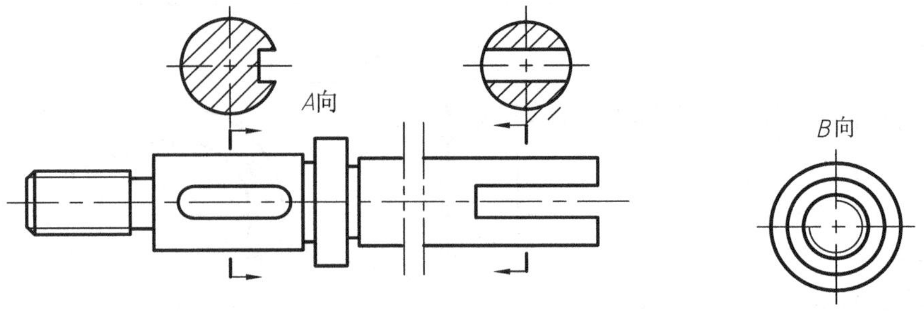

（a）　　（b）

图 3-25　轴的视图的选择

2. 其他视图选择

主视图确定之后，在便于看图的前提下，其他视图的选择原则可以考虑以下几点。

（1）根据零件的复杂程度，全面考虑所需要的其他视图，要使每一个视图有一个表达的重点，但要注意采用的视图数量不宜过多，以免繁琐、重复、主次不分。

（2）优先考虑基本视图以及在基本视图上作剖视图。采用局部视图或斜视图时，尽可能按投影关系配置在有关视图附近。

（3）要考虑合理的布置图形的位置，使图样清晰美观又有利于图幅的充分利用。

图 3-25（a）中其他视图的选择：由于轴的各段都可以用标注尺寸 ϕ 来表示，因此不必画出其左视图或右视图。轴上的键槽主视图上仅反映了它的长度和宽度，为了表示深度，采用了移出断面图。为了进一步清楚表达通槽，也采用了移出断面图。这样轴的全部结构形状已经表达清楚。

三、典型零件视图表达方案选择举例

零件的结构形状是各种各样的，有的零件外部结构较简单而内部结构复杂，有的恰恰相反；有的可能内外形都很复杂；有的结构大，有的结构很小。在选择表达方案时，要根据零件的结构特点，灵活、适当地选用第一章学习的机械图样的表示法，把零件的内外形都正确、完整、简捷地表达清楚。在确定表达方案时，要有多种表达方案的设想，经过比较、修改，最后确定最佳的表达方案。下面以几种典型的零件说明零件表达方案选择的过程，供读者参考。

1. 轴套类零件的表达分析

前面已经讨论过轴类零件，现讨论套类零件的表达。图 3-26 所示的顶尖套，是机床上的一个零件，该零件外形较简单，内形较复杂一些，左边有锥孔，右边有台阶孔。

图 3-26 中采用了两种表达方案。分析对比两种表达方案，哪一种更好呢。从图中看出两种方案的主视图的选择都是轴线水平放置，采用了全剖视图，将主要的内部结构表达得很清楚了，符合主视图的选择原则。用了一个局部视图表达上部键槽的形状，此时键槽不能放在正前方。其他视图的选择比较，表达方案一是采用了一个右视图表达右端的三个螺孔的位置；采用了两个断面图分别表达了径向孔和上下槽的深度和宽度。方

案一把顶尖套的内外形都已表达清楚了，但两个断面图有重复表达的部分。而表达方案二在其他视图选择时，采用了一个局部视图表达右端螺孔，只用了一个剖视图（用两个平行的剖切平面剖切）表达了径向孔和上下槽的深度和宽度，这样表达既简捷又清楚。显然，表达方案二是较好的表达方案。

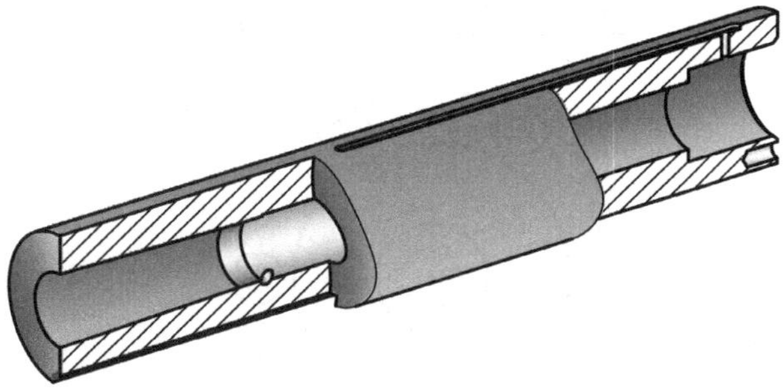

（a）顶尖套的轴测剖视图

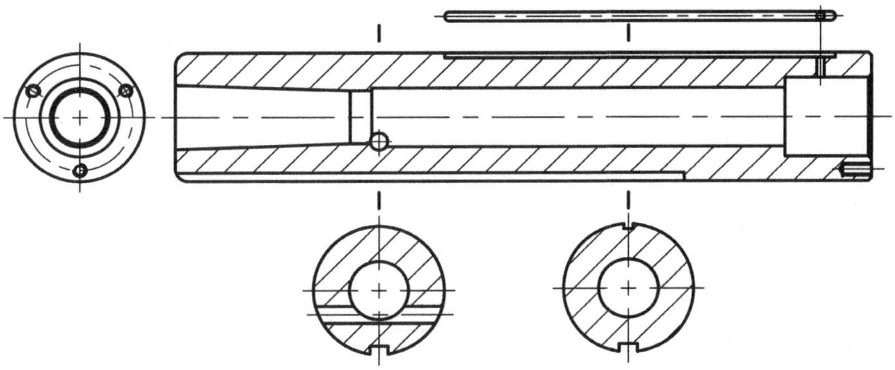

（b）顶尖套的表达方案（一）

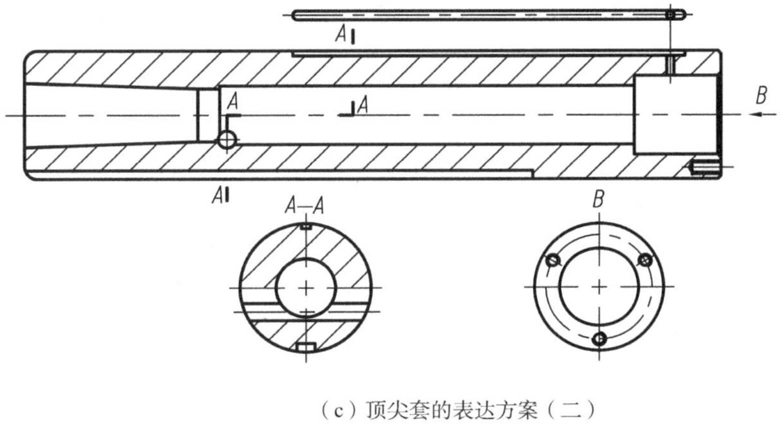

（c）顶尖套的表达方案（二）

图 3-26　顶尖套的视图表达方案

2. 盘盖类零件的表达分析

如图 3-27 所示为机闸盖零件，属于盘盖类零件，主体结构是回转体，有圆锥面，中间有带键槽孔的圆柱凸台，有四个肋与锥体和圆柱体相连，底盘上有六个带沉孔的凸缘。

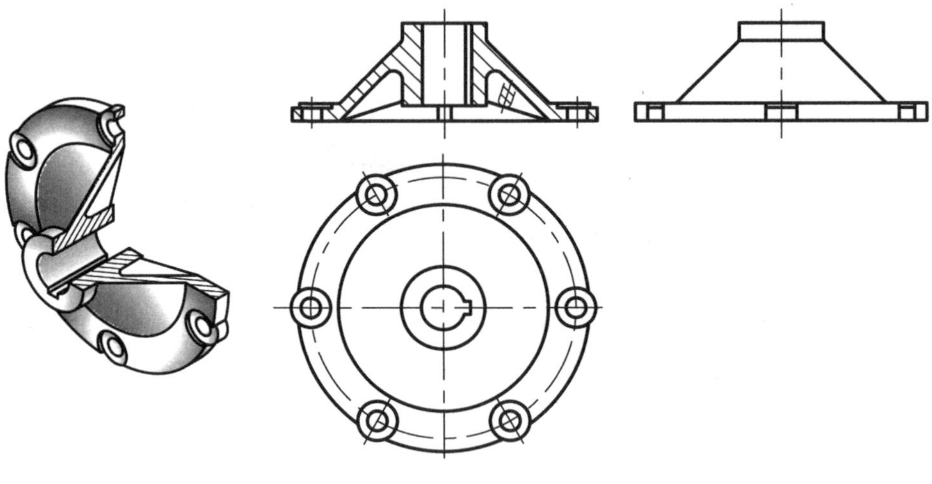

（a）机闸盖的表达方案（一）

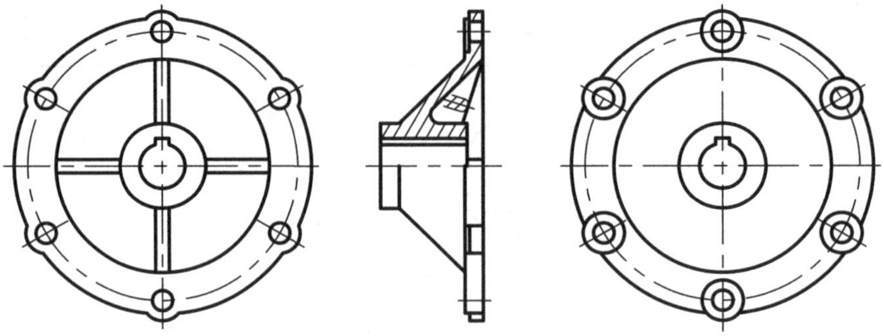

（b）机闸盖的表达方案（二）

图 3-27　机闸盖的视图表达方案

图 3-27 中采用了两种表达方案，两种方案都用了三个视图。分析对比两种表达方案，显然第一种表达方案主视图是将轴线垂直放置，位置选择不当，不符合零件的加工位置，四个肋的位置表达也不清楚。而第二种表达方案主视图是将轴线水平放置，采用了半剖视图，兼顾了内外形的表达，用左视图表达了底盘上六个带沉孔的凸缘和键槽，用右视图表达了四个肋的厚度和位置。显然，第二种表达方案是较好的方案。

3. 叉架类零件的表达分析

图 3-28 所示为支座零件，属于叉架类零件，主体分三部分，工作部分是一个带圆锥凸台的圆柱筒结构，用来支撑轴类零件；安装部分是带两个安装孔的条形板，其作用是将支座固定在机器的某个位置；支承部分是一块扇形板和肋板，将工作部分与安装部分连接起来。

图 3-28 中采用了两种表达方案，第一种表达方案是沿工作部分的轴向方向作为主

视图，用了五个图形来表达。从图中可以看出，主视图没有反映出工作部分的主要结构，左视图采用全剖，连接部分的外形没表达清楚，又不得不增加一个单独的 *B–B* 局部剖视图，俯视图没有多大必要，要表示支撑板的断面可采用重合断面。而第二种表达方案是将工作部分的轴线水平横向放置作为主视图，且在主视图上采用了两个局部剖和一个重合断面，这样就将支座的内外结构基本表达清楚了，因此，可省略两个图形。显然，第二种表达方案是较好的方案。

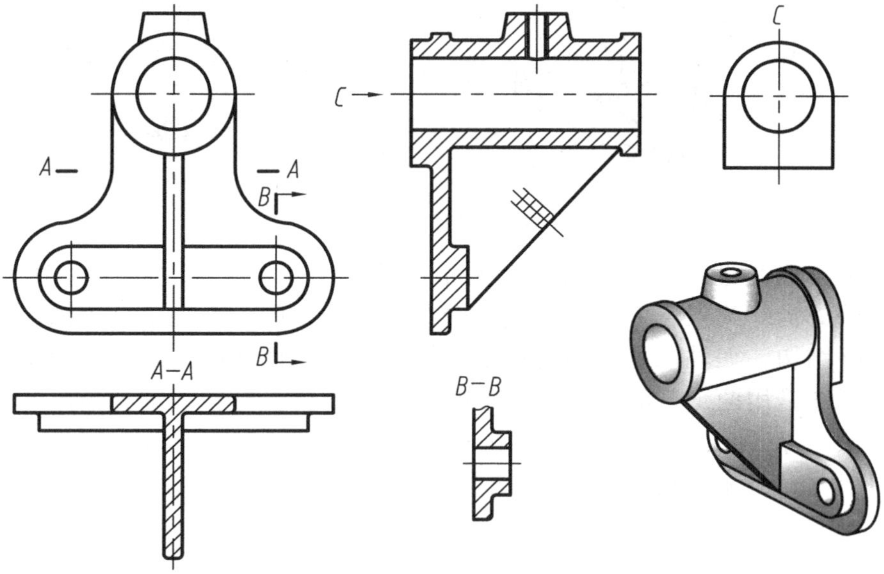

（a）支座的表达方案（一）

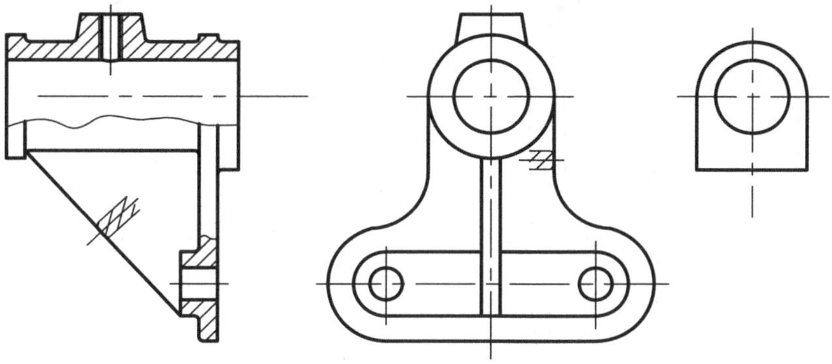

（b）支座的表达方案（二）

图 3-28　支座的视图表达方案

4. 箱体类零件的表达分析

图 3-29 所示为变速器箱体零件的结构图，其功能是支承和容纳其他零件。图 3-30 所示为该零件的两种表达方案。两种方案都选择了箱体的工作位置作为主视图的位置，是合理的。

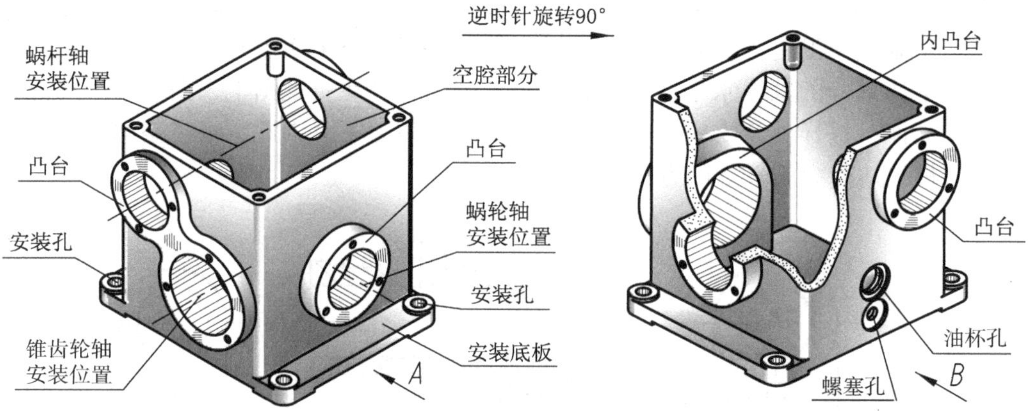

图 3-29　变速器的结构图

第一种方案是选择了三个视图和两个局部视图，主视图是按图 3-29 中垂直于蜗轮轴线的 *B* 向作为投影方向，沿蜗轮轴线剖开画出的一个局部剖视图，主要表达箱体的内外结构，如轴承孔、凸台形状及螺孔以及箱体前的油杯孔和螺塞孔的形状位置。左视图是用两平行的剖切平面沿蜗杆轴线和锥齿轮轴线剖开画出的一个 *B*–*B* 局部剖视图，表达凸台的结构和形状，在部分视图中，又画出一个局部剖视图，表达油杯孔和螺塞孔的结构。俯视图画出了外形视图，在视图上局部剖了轴承孔的结构。

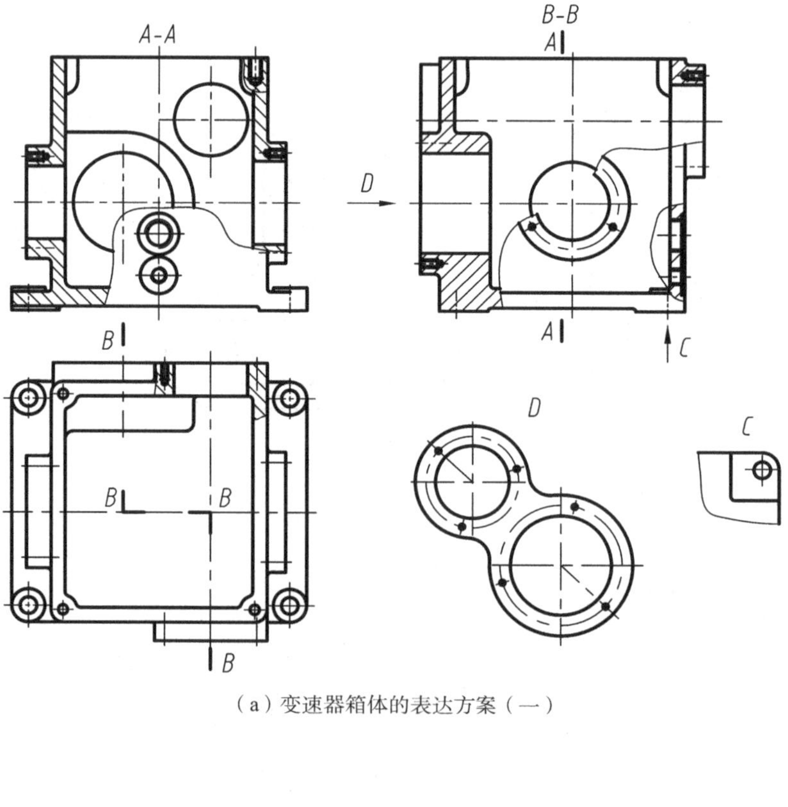

（a）变速器箱体的表达方案（一）

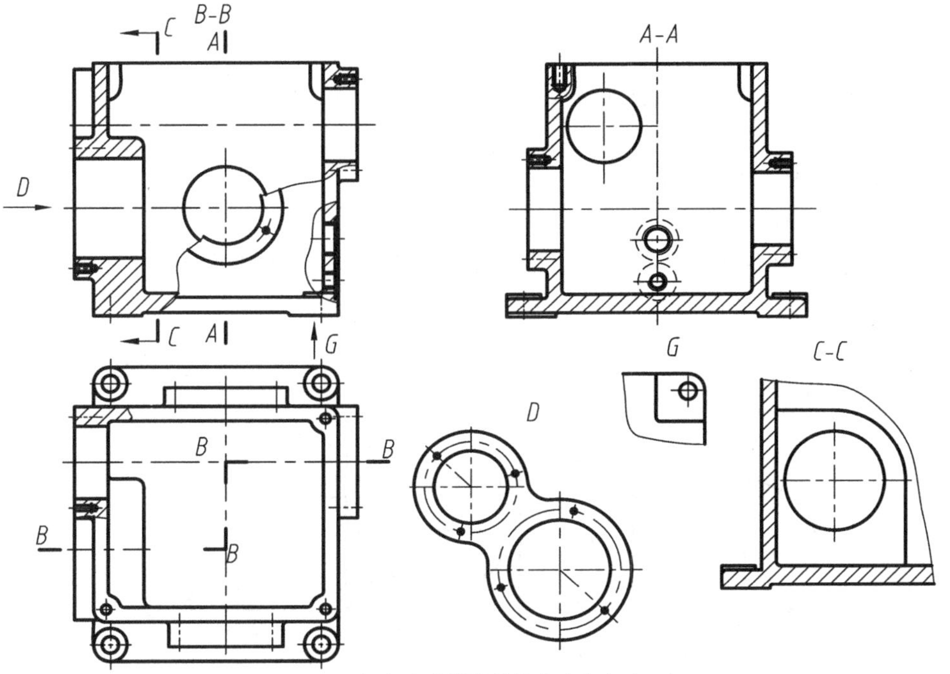

（b）变速器箱体的表达方案（二）

图 3-30　变速器的视图表达方案

第二种方案是选择了三个视图、两个局部视图和一个局部剖视图，主视图是按图 3-29 中垂直于蜗杆轴线的 *A* 向作为投影方向，用两平行的剖切平面通过蜗杆轴线和锥齿轮轴线沿蜗轮轴线剖开画出的一 *B–B* 局部剖视图，与方案一中的左视图一致；左视图采用了全剖视图，主要表示轴承孔、凸台、箱体宽度方向的内形结构形状，俯视图与前者类似，增加了一个 *C–C* 的局部剖视图表达内凸台的形状。

分析比较两种表达方案，不难看出，方案一中三个基本视图均采用了局部剖视图，表达外形占比例较大，削弱了对主要内形的表达。而方案二恰恰抓住了表达箱体内部结构形状为主的特点，因此，方案二是较好的表达方案。

3.4　零件图上尺寸的合理标注

零件图上所标注的尺寸是加工和检验零件的重要依据。在前面的内容中已说明了标注尺寸要正确、完整、清晰。但按这些要求并不一定能保证满足零件使用上的要求，所以标注尺寸还要求合理。也就是标注的尺寸既要满足零件在机器中使用的设计要求，又要满足制造、加工、测量和检验的要求。

要做到这一点，首先要了解零件在机器中的位置、作用和加工方法，据此正确地选择尺寸基准，确定影响零件使用性能的主要尺寸，并在图样中直接注出这些主要尺寸，其他尺寸按工艺要求进行标注。

一、正确选择尺寸基准

做到合理标注尺寸，首先要正确选择尺寸基准，明确尺寸基准的属性。

1. 尺寸基准的形式

尺寸基准是指图样中作为标注定位尺寸起点的那些点、线、面，如图 3-31 所示。

例如：

点基准——零件上球面的球心；

线基准——零件上回转面的轴线或面面交线；

面基准——零件的主要装配面和支承面、零件的主要加工面（定位面、接触面等）及零件的对称平面。

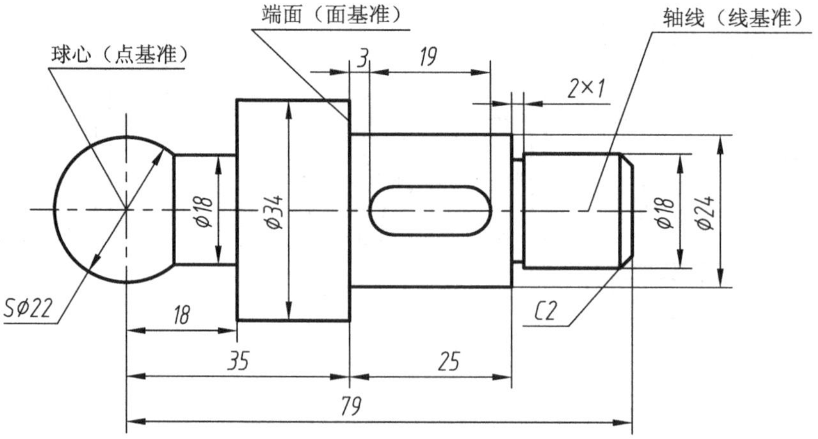

图 3-31 尺寸基准的形式

2. 主要基准和辅助基准

每个零件都有长、宽、高三个方向，因此每个方向至少应该有一个基准。但根据设计、加工、测量上的要求，一般还要附加一些基准。我们把决定零件主要尺寸的基准称为主要基准，而把附加的基准称为辅助基准。主要基准与辅助基准之间应有尺寸相联系，如图 3-32 所示。

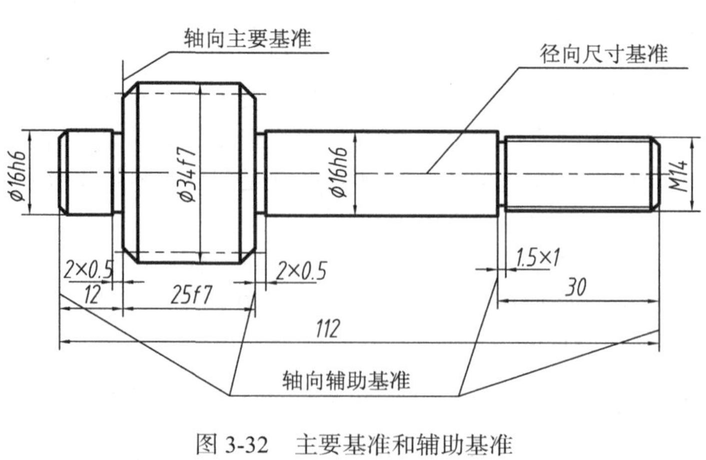

图 3-32 主要基准和辅助基准

3. 设计基准和工艺基准

尺寸基准按功能要求一般有下列两种：

（1）设计基准。根据零件功能要求直接注出的尺寸称为设计尺寸，标注设计尺寸的起点称为设计基准。

（2）工艺基准。零件在加工、测量时使用的基准称为工艺基准。

在选择基准时，要考虑是从设计基准出发，还是从工艺基准出发。从设计基准出发标注尺寸其优点是所注尺寸反映了设计要求，能保证零件的功能要求。从工艺基准出发标注尺寸其优点是把尺寸标注与加工制造联系起来，满足了工艺要求，使零件便于加工制造和检验。

为了减少加工误差，保证设计要求和工艺要求，在选择基准时，应尽可能使设计基准和工艺基准重合。若两者不能重合，一定要在保证设计要求的前提下，满足工艺要求。

图 3-33 所示为蜗轮轴的尺寸标注。从图中可以看出，径向与轴向的设计基准和工艺基准基本是重合的，但键槽深度的工艺基准和设计基准（轴线）是不重合的，由于键槽深度的尺寸精度并不高，按工艺基准测量，能够满足轴的功能要求。

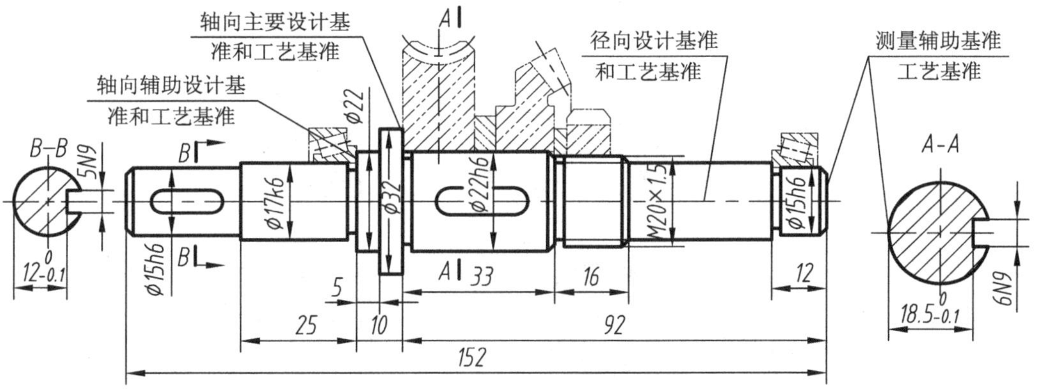

图 3-33　设计基准和工艺基准

二、合理标注尺寸的一些原则

要合理的标注零件图的尺寸，必须具备一定的工艺知识和实践知识，下面介绍合理标注尺寸的一些原则。

1. 满足设计要求

1）主要尺寸应直接标出

主要尺寸是指影响产品机械性能、工作精度及互换性的尺寸，如配合表面的尺寸、重要的结构尺寸、重要的定位尺寸等。这些尺寸在零件图上应相对设计基准直接注出。

图 3-34 所示的轴承座，轴承座孔的中心到底面的距离很重要，应相对设计基准（底面）直接注出尺寸 h_1，这样才能保证轴装入座孔后两端高度相同。同样，底板两安装孔的距离很重要，应相对设计基准（左右对称平面）直接注出尺寸 l_1，这样才能保证准确

的安装位置，如图 3-34（a）所示。如果采用图 3-34（b）所示的标注方法，尺寸 h_1 的加工误差是 h_2、h_3 的加工误差和，难以保证尺寸 h_1 的精确性。同理，标注 l_2、l_3 也不能保证 l_1 的精确度。

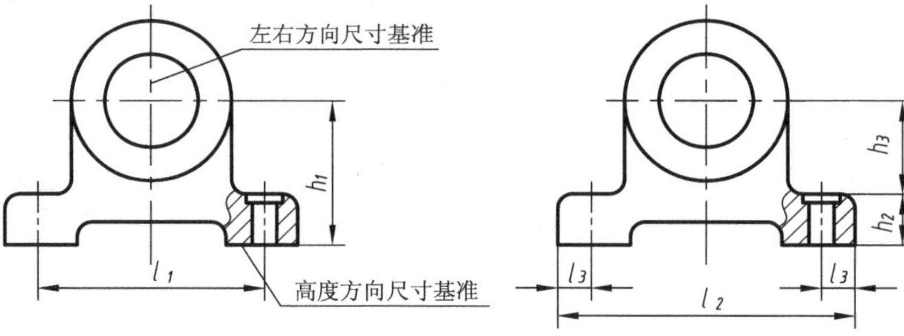

（a）合理　　（b）不合理

图 3-34　尺寸的合理标注

主要尺寸标注示例见表 3-3。

表 3-3　主要尺寸标注示例

主要尺寸	标注示例	说明
配合表面的尺寸	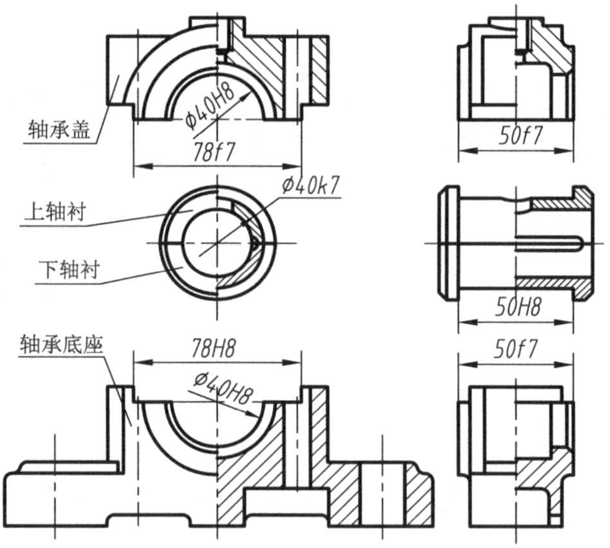	图中有尺寸公差带代号的尺寸均为配合表面的尺寸。如：ϕ40H8，ϕ40K7，70H8，70f7，50H8，50f7
重要的结构尺寸	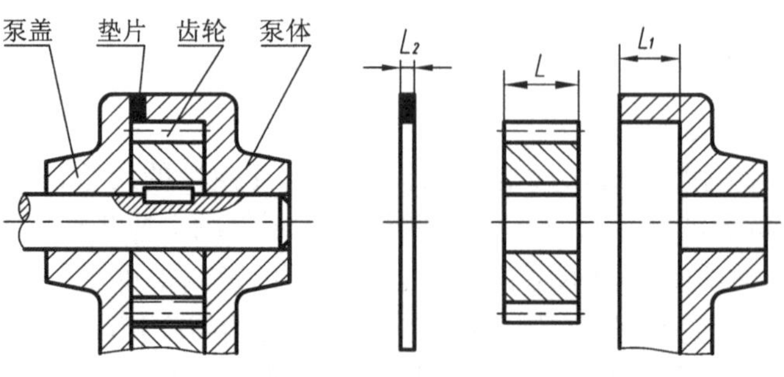	为了使齿轮在泵体内能自由转动，侧面的间隙又不至于过大，应保证 $L<L_1+L_2$；图中尺寸 L、L_1、L_2 即是齿轮、泵体、垫片的重要结构尺寸

主要尺寸	标注示例	说明
重要的定位尺寸	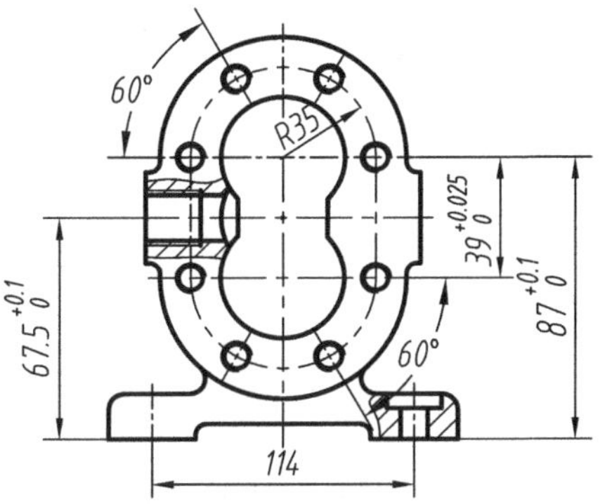	图中尺寸 $87^{+0.1}_{0}$、$67.5^{+0.1}_{0}$、$39^{+0.025}_{0}$ 直接影响油泵的工作性能和装配关系，所以是三个重要的定位尺寸

2）有联系的尺寸应协调一致地标出

部件中各零件有配合、连接和传动等联系。标注零件之间有联系的尺寸时，应尽可能做到尺寸基准、标注形式及内容协调一致。如图 3-35 中一对齿轮传动中心距为 $27^{+0.052}_{0}$，左、右泵盖的两个轴孔中心距及泵体齿轴室中心距，这三个尺寸的基准、尺寸数值和偏差值等都应协调一致标注，如图 3-35（b）所示。

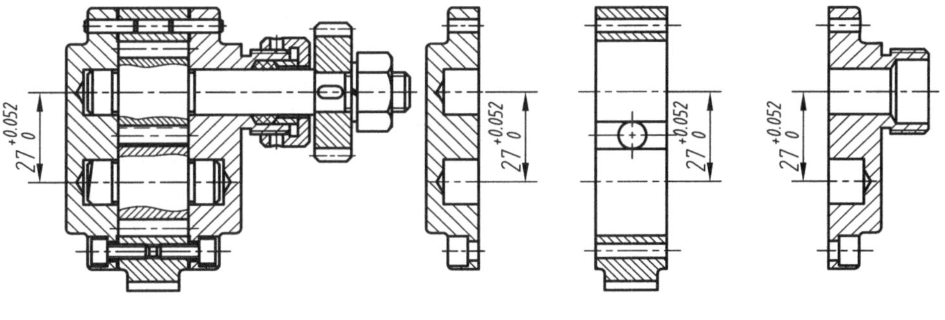

（a）　　　　（b）

图 3-35　零件图上有联系的尺寸

3）不要标注成封闭的尺寸链

封闭尺寸链是首尾相接、绕成一整圈的一组尺寸。图 3-36（a）注成了封闭的尺寸链。尺寸链中每个尺寸都是其中的一环。封闭尺寸链中任一环的尺寸误差都是各环尺寸误差之和。因此，这样标注在加工时往往难以保证设计要求。

标注尺寸时，在尺寸链中挑选一个不重要的环不注尺寸，此环称为开口环，如图 3-36（b）所示。这时，A_2 为开口环不注出，A_2 的尺寸误差是各环尺寸误差之和。因为它不重要，不影响设计要求和使用要求。

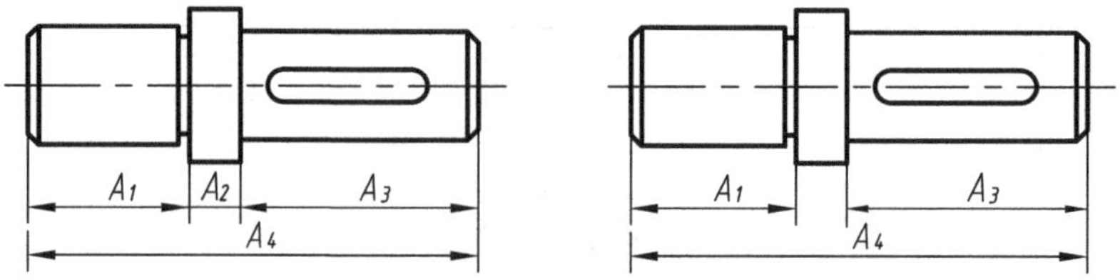

（a）　　　　（b）

图 3-36　不注封闭的尺寸链

2. 满足工艺要求

1）按加工顺序标注尺寸

图 3-33 所示为减速器中的蜗轮轴，上部用双点画线表示出与其相配的零件。相对径向基准直接注出了径向尺寸，相对轴向基准注出了一些轴向尺寸。从结构分析，有配合表面的径向尺寸，功能上有较高的要求，注出了精度要求。而轴向尺寸在功能上没有较高要求，应该根据加工顺序和方法来进行尺寸标注。表 3-4 表示了蜗轮轴的加工顺序和标注尺寸的过程。按加工顺序标注尺寸符合加工过程，便于加工和测量。

表 3-4　蜗轮轴的加工顺序和尺寸标注过程

序号	说明	图例
1	取 ϕ32 圆钢下料； 车两端长度为 152； 打中心孔	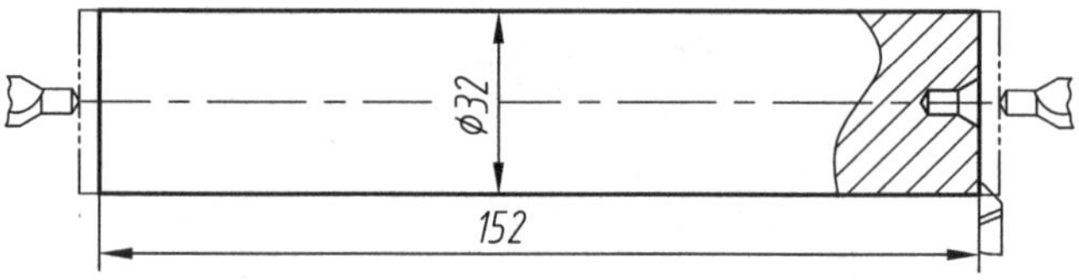
2	粗车： 取右端直径 ϕ24 长 92； 取左端直径 ϕ24 长 55	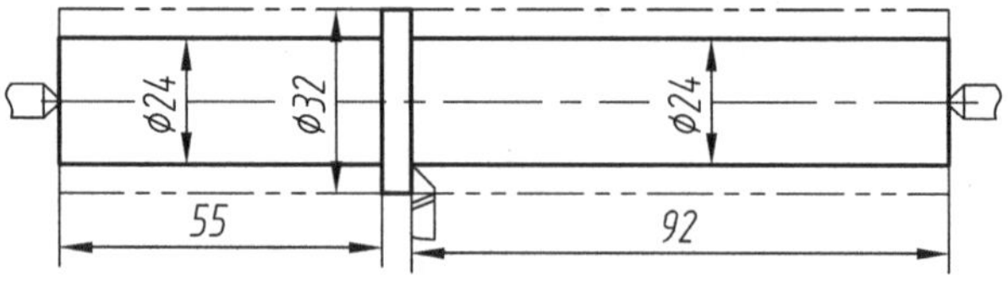
3	调质； 精车右端直径 ϕ22 长度 33，ϕ20 长度 16，ϕ17、ϕ15 长度 12； 切槽和倒角； 加工螺纹 M20 × 1.5 （待磨削的表面需留加工余量）	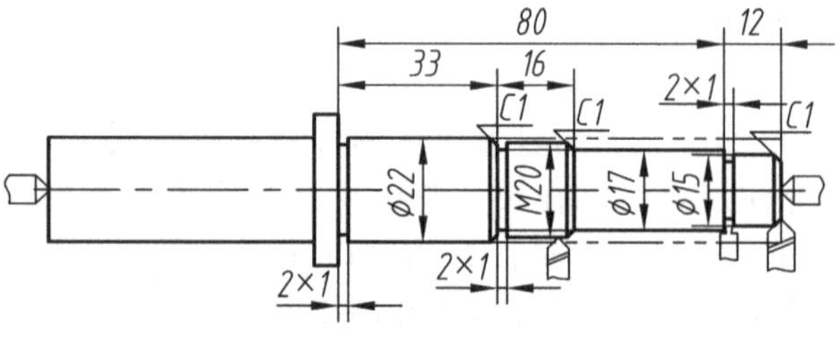

序号	说明	图例
4	调头精车左端直径 $\phi 22$ 长度 5、$\phi 17$ 长度 25、$\phi 15$； 切槽和倒角	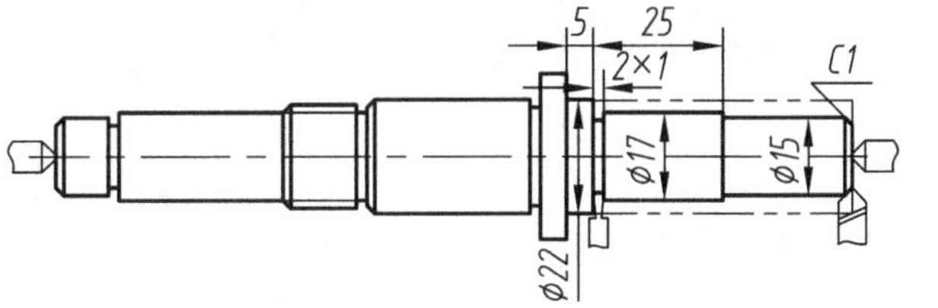
5	铣键槽； 磨四处外圆 $\phi 15$、$\phi 22$、$\phi 17$，达到尺寸公差要求 (图中省略了尺寸公差)	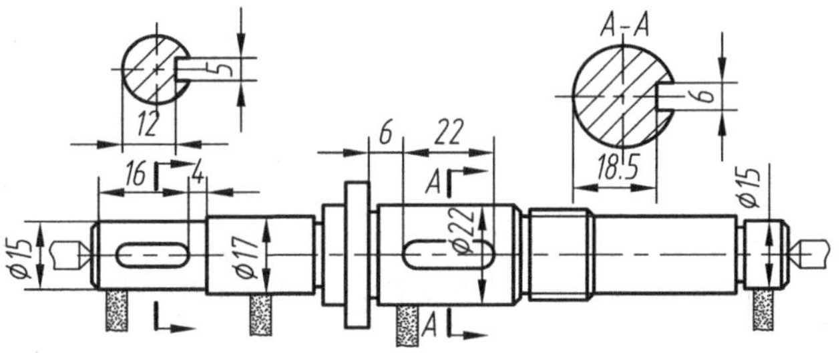

2）同一种加工方法的尺寸应尽量集中标注

一个零件往往需要几种不同的加工方法来制造，而同一种加工方法的尺寸应尽量集中标注在一个视图上。

图 3-37（a）所示轴上键槽尺寸在铣床上加工，长度尺寸注出在主视图上，而槽宽和槽深的尺寸集中标注在断面图上。图 3-37（b）所示轴上圆槽在铣床上加工，除了标注圆弧圆心位置尺寸 28 和 2 外，为便于选择刀具，还应标出圆弧直径 $\phi 36$，且这三个尺寸应集中标注在一个图上。

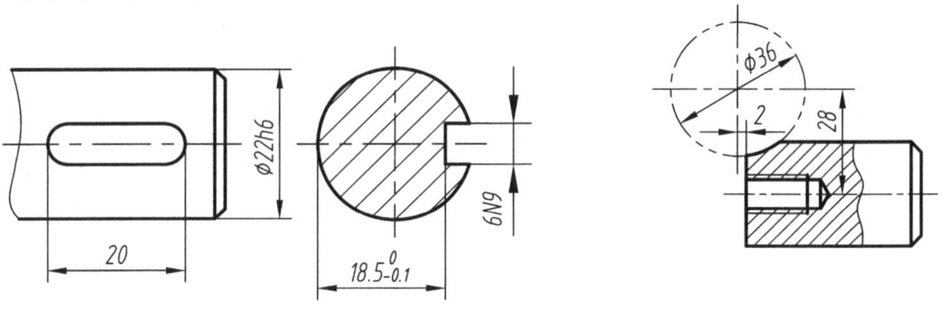

（a） （b）

图 3-37　集中标注同种加工方法的尺寸

3）要便于测量

在没有结构上或其他重要的要求时，标注尺寸应尽量考虑测量方便。如图 3-38 所示，图 3-38（a）便于测量，而图 3-38（b）则不便于测量。

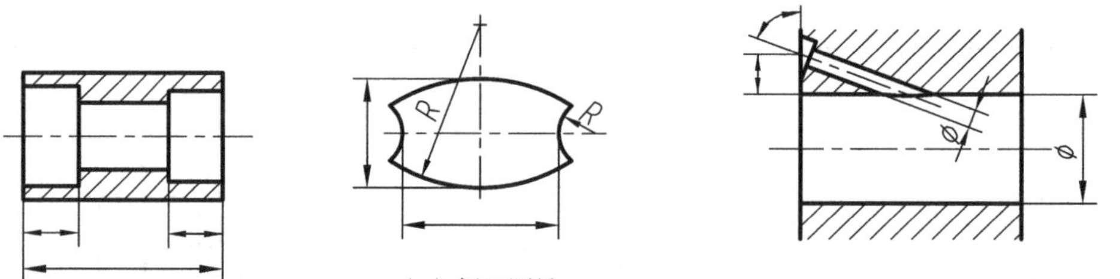

（a）便于测量

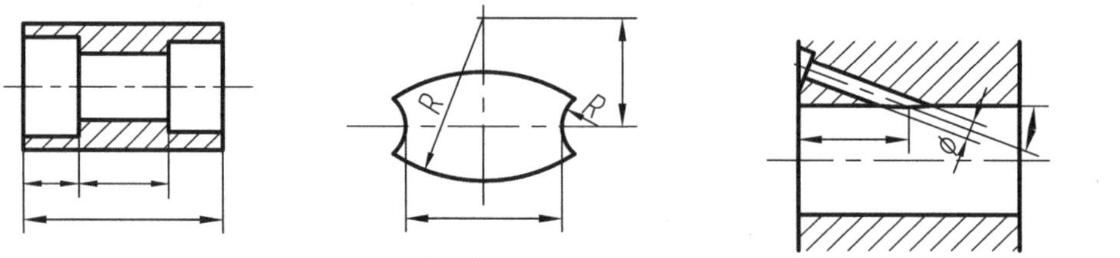

（b）不便于测量

图 3-38　标注尺寸要便于测量

4）铸件、锻件按基本形体标注尺寸

按形体标注尺寸，给制作模型和锻模带来方便。图 3-39 所示是按形体标注铸件尺寸的一个例子。

5）分组标注毛坯面与加工面的尺寸

同一零件上的毛坯面与加工面按两组尺寸分别标注，而同一方向上用一个尺寸把两组尺寸联系起来，如图 3-40（a）所示，Z 组尺寸是毛坯面之间的尺寸，J 组尺寸是加工面之间的尺寸，尺寸 A 将两种尺寸联系起来。这样标注是合理的。若按图 3-40（b）所示标注则不合理，因为加工面与不加工面都以同一加工面为基准，保证不了各个尺寸的精度。

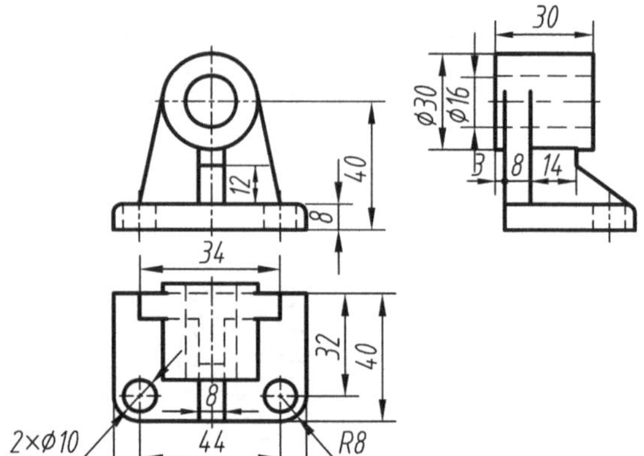

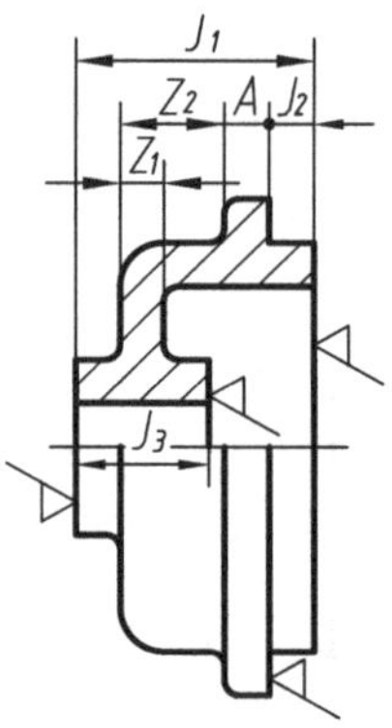

（a）合理

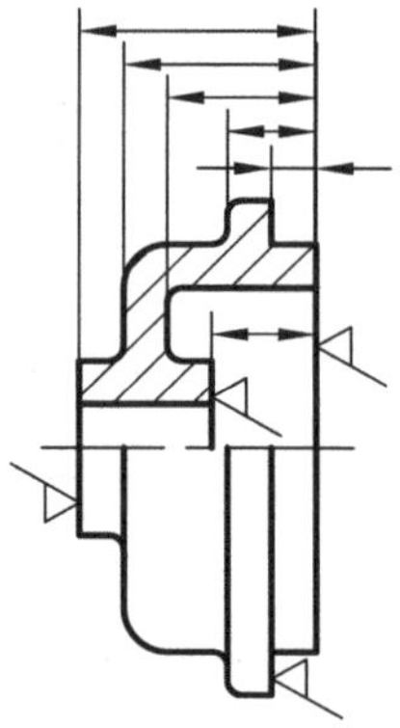

（b）不合理

图 3-39　按基本形体标注铸件尺寸

图 3-40　分组标注铸件尺寸

三、典型工艺结构和常见孔的尺寸注法

零件上典型工艺结构的尺寸注法已经格式化。倒角、退刀槽等工艺结构的尺寸注法见表 3-5。

表 3-5　倒角、退刀槽的尺寸标注

结构名称	尺寸标注方法	说明
倒角	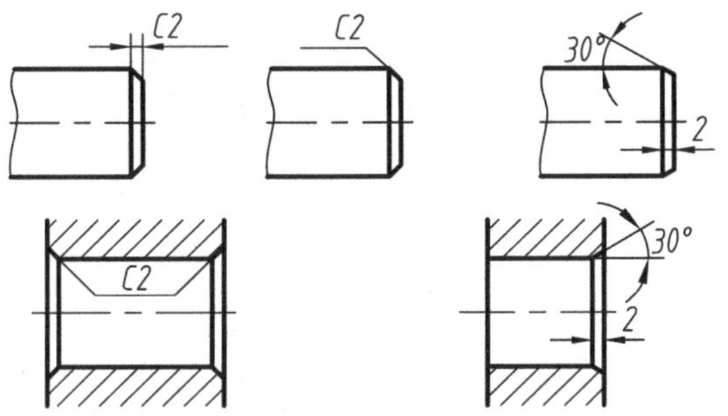	一般 45° 倒角按“C 倒角宽度”注出，30° 或 60° 倒角应分别注出宽度和角度
退刀槽	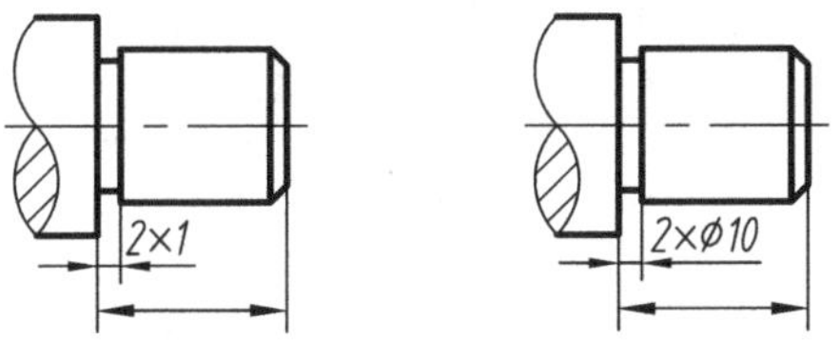	一般按“槽宽 × 槽深”或“槽宽 × 直径”注出

零件上常见孔的尺寸注法见表 3-6。

表 3-6　常见孔的尺寸注法

类型	旁注法		普通注法	说明
螺孔	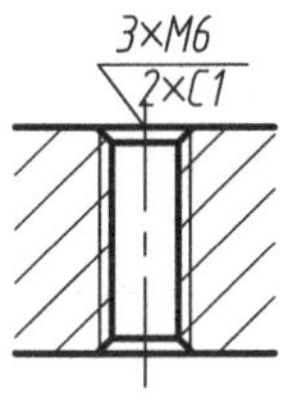	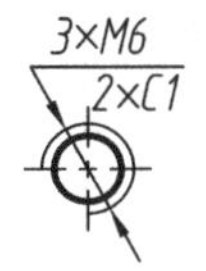	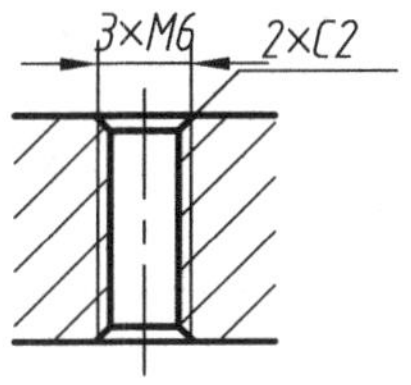	3 × M6 表示公称直径为 6，均匀分布的三个螺孔
	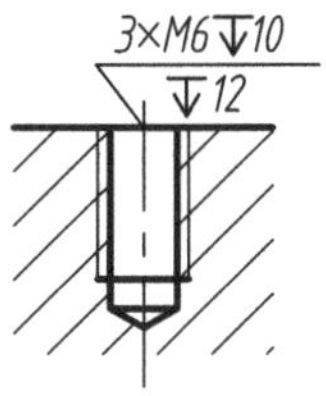	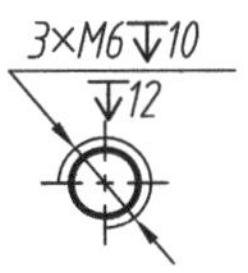	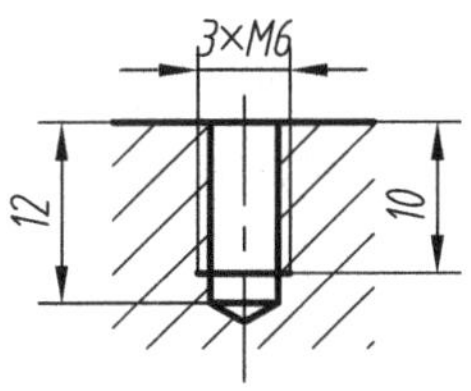	“↧”为深度符号，M6 ↧ 10：表示螺孔深 10；↧ 12：表示钻孔深度 12
	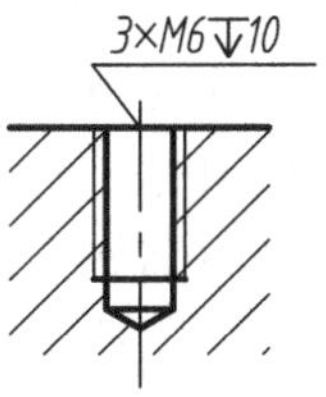	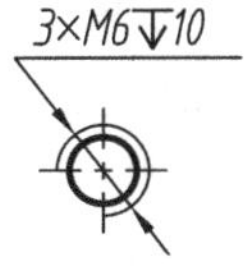	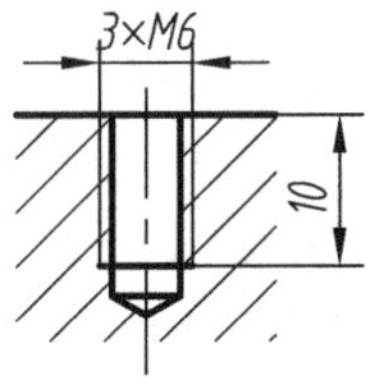	如对钻孔深度无一定要求，可不必标注，一般加工到比螺孔稍深即可

类型	旁注法		普通注法	说明
光孔	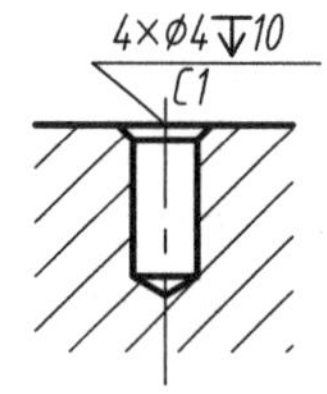		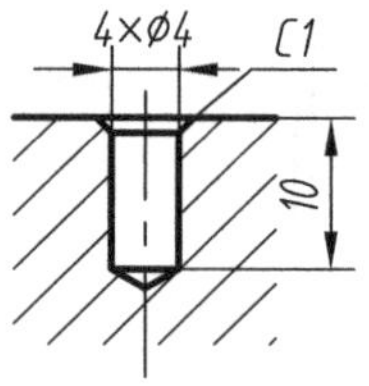	4 × ϕ4 表示直径为 4。均匀分布的四个光孔
沉孔	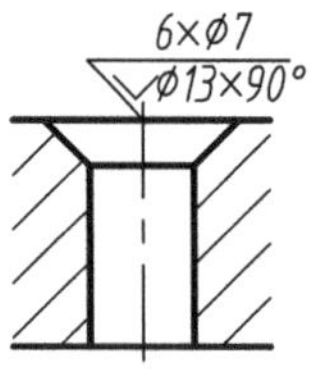	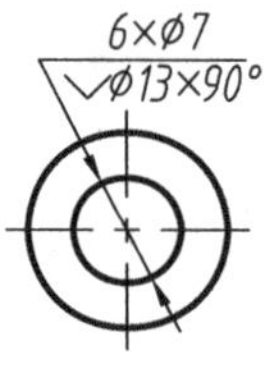	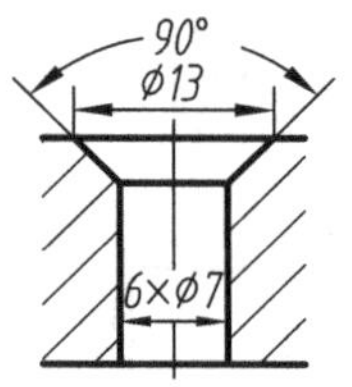	“⌵”为埋头孔的符号。锥形孔的直径 ϕ13 及锥角 90° 均需注出
	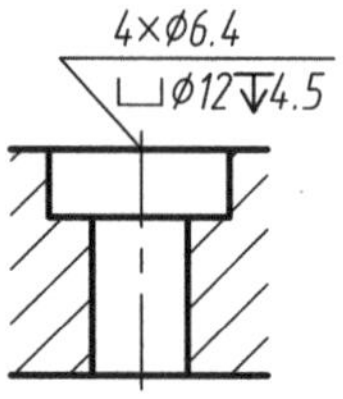	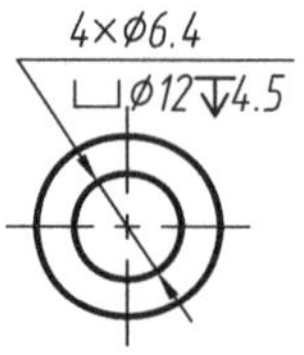	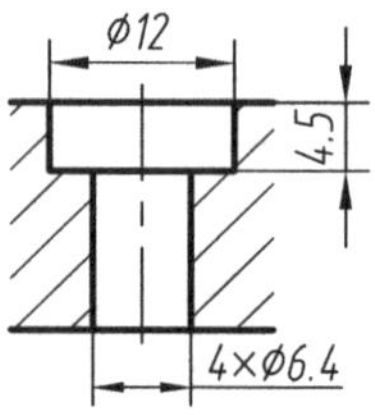	“⌴”为沉孔及锪平孔的符号
	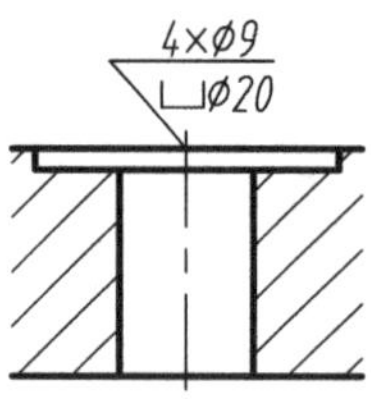	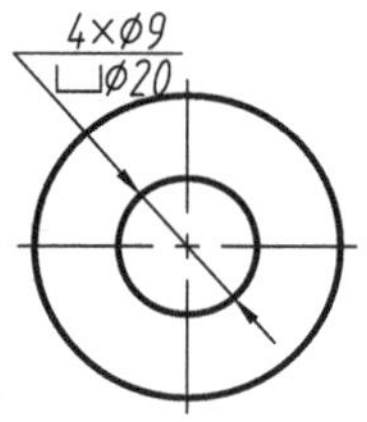	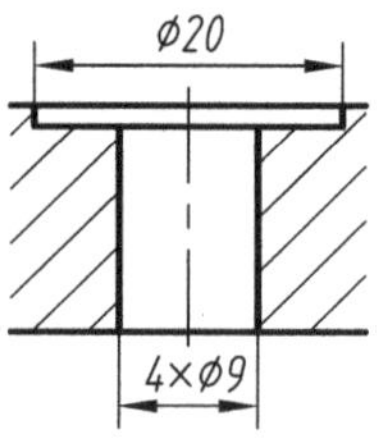	锪平 ϕ20 的深度不需标注。一般锪平到不出现毛坯面为止

3.5 零件图上技术要求的注写

在零件图上除了用一组图形表达零件的结构形状，用尺寸表达零件的大小外，还必须标注和说明制造零件时应达到的一些技术要求。零件图上的技术要求主要包括表面粗糙度、极限与配合、几何公差、热处理和表面处理等内容。

一、表面粗糙度

为了正确地测量和评定零件表面质量，正确地标注表面粗糙度轮廓的技术要求，保证零件的互换性，我国颁布了 GB/T 131—2006《产品几何技术规范　技术文件中表面结构的表示法》、GB/T 3505—2000《产品几何技术规范　轮廓法　表面结构的术语、定义及参数》、GB/T 10610—1998《产品几何技术规范　表面结构　轮廓法评定表面结构的规则和方法》和 GB/T 1031—1995《表面粗糙度　参数及其数值》等国家标准。

1. 表面粗糙度的概念

零件表面无论加工得多么光滑，在放大镜或显微镜下观察，都可以看到峰谷高低不平的情况，如图 3-41 所示。因此，把零件加工表面具有较小间距的峰谷所组成的微观几何形状特征称为表面粗糙度。它是受刀具和工件之间的运动与摩擦、机床的振动及零件的塑性变形等因素的影响而造成的。

表面粗糙度是零件表面结构要求中的 R 轮廓参数。零件的表面结构是由粗糙度轮廓（称为 R 轮廓）、波纹度轮廓（称为 W 轮廓）和原始轮廓（称为 P 轮廓）构成。粗糙度轮廓是表面结构中具有较小间距和峰谷的微观几何形状部分，波纹度轮廓是表面结构中的表面不平度的间距比粗糙度大很多的部分，而原始轮廓是忽略了粗糙度轮廓和波纹度轮廓后总的轮廓，它具有宏观的几何形状特征，如图 3-42 所示。零件的表面结构特性是通过不同的测量与计算方法得出的一系列参数来表征的。

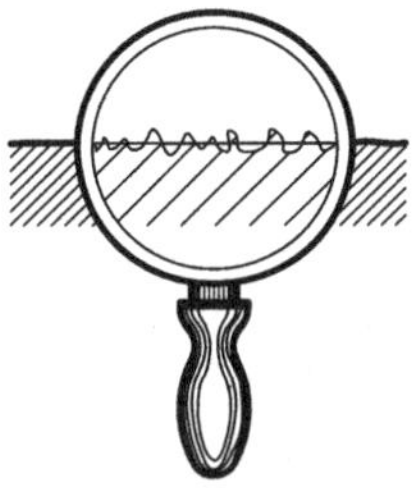

图 3-41　放大镜下表面的微观状态图

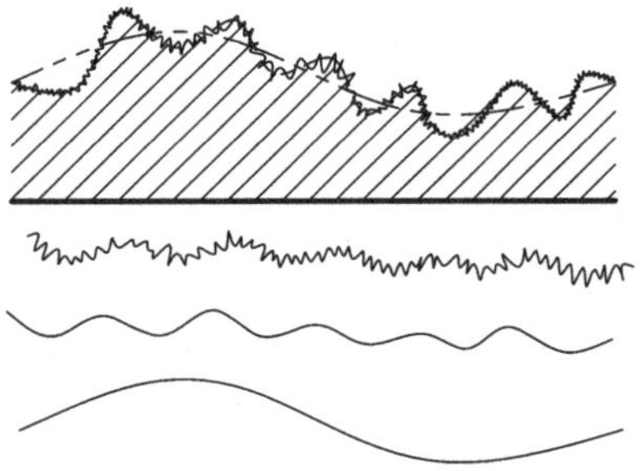

图 3-42　零件的表面结构特征

表面粗糙度反映了零件表面的质量，对零件的配合性质、耐磨性、耐腐蚀性、密封性和外观等都有影响，是评定零件表面质量，保证其表面功能的重要的技术指标。对不同的表面粗糙度要求需要采用不同的加工方法，因此，零件的表面粗糙度应根据零件表面的功用恰当选择，在保证零件性能要求的前提下，尽量降低生产成本。

2. 表面粗糙度的主要评定参数

1）轮廓算术平均偏差 Ra

轮廓算术平均偏差是指在一个取样长度 l_r（用于判别具有表面粗糙度特征的一段基准线的长度）范围内，被评定轮廓在任一位置至 OX 轴（基准线）的高度 $Z(x)$ 绝对值的算术平均值，用符号 Ra 表示，如图 3-43 所示。它用公式表示为

$$Ra = \frac{1}{l_r}\int_0^{l_r} |Z(x)| \mathrm{d}x$$

或近似表示为

$$Ra = \frac{1}{n}\sum_{i=1}^{n}|Z_i|$$

Ra 用表面粗糙度测量仪器进行测量，运算过程由仪器自动完成。Ra 的数值见表 3-7。

表 3-7　*Ra* 及 l_r、l_n 选用表

Ra/μm	≥0.008～0.02	＞0.02～0.1	＞0.1～0.2	＞2.0～10.0	＞10.0～80
取样长度 l_r/mm	0.08	0.25	0.8	2.5	8.0
评定长度 l_n/mm	0.4	1.25	4.0	12.5	40
Ra（系列）/μm	0.008，0.010，**0.012**，0.016，0.020，**0.025**，0.032，0.040，**0.050**，0.063 0.080，**0.100**，0.125，0.160，**0.20**，0.25，0.32，**0.40**，0.50，0.63，**0.80** 1.00，1.25，**1.60**，2.0，2.5，**3.2**，4.0，5.0，**6.3**，8.0，10.0，**12.5** 16，20，**25**，32，40，**50**，63，80，**100**				

注：1. *Ra* 数值黑体为第一系列，应优先采用。

2. l_n 是评定轮廓所必需的一段长度，一般为五个取样长度。

2）轮廓粗糙度最大高度 *Rz*

轮廓粗糙度最大高度是指在一个取样长度内最大轮廓峰高和最大轮廓谷深之和的高度，用符号 *Rz* 表示，如图 3-43 所示。

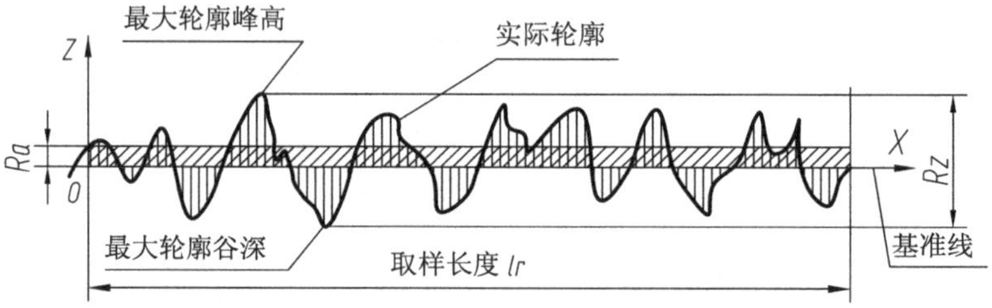

图 3-43　零件的轮廓曲线和表面粗糙度参数

在以上两个评定参数中，*Ra* 最为常用。表 3-8 列出了 *Ra* 的不同数值和表面特征所对应的加工方法和应用举例。

表 3-8　*Ra* 与应用

Ra/μm	表面特征	主要加工方法	应用举例
50	明显可见刀痕	粗车、粗铣、粗刨、钻、粗纹锉刀和粗砂轮加工	粗加工表面，一般很少应用
25	可见刀痕		
12.5	微见刀痕	粗车、刨、立铣、平铣、钻	不接触表面，不重要的接触面，如螺钉孔、倒角、机座底面等
6.3	可见加工痕迹	精车、精铣、精刨、铰、镗、粗磨等	没有相对运动的零件接触面，如箱、盖、套间要求紧贴的表面、键槽工作表面；相对运动速度不高的接触面，如支架孔、衬套、带轮轴孔的工作表面
3.2	微见加工痕迹		
1.6	看不见加工痕迹		
0.8	可辨加工痕迹方向	精车、精铰、精拉、精镗、精磨等	要求很好密合的接触面，如与滚动轴承配合的表面、锥销孔等；相对运动速度较高的接触面，如滑动轴承的配合表面、齿轮轮齿的工作表面等
0.4	微辨加工痕迹方向		
0.2	不可辨加工痕迹方向		

续表

Ra	表面特征	主要加工方法	应用举例
0.1	暗光泽面	研磨、抛光、超级精细研磨等	精密量具的表面、极重要零件的摩擦面，如气缸的内表面、精密机床的主轴颈、坐标镗床的主轴颈等
0.05	亮光泽面		
0.025	镜状光泽面		
0.012	雾状镜面		
0.006	镜面		

3. 表面结构符号、代号的含义及其标注

表面结构符号的画法，如图 3-44 所示。

表面结构图形符号附加尺寸见表 3-9。

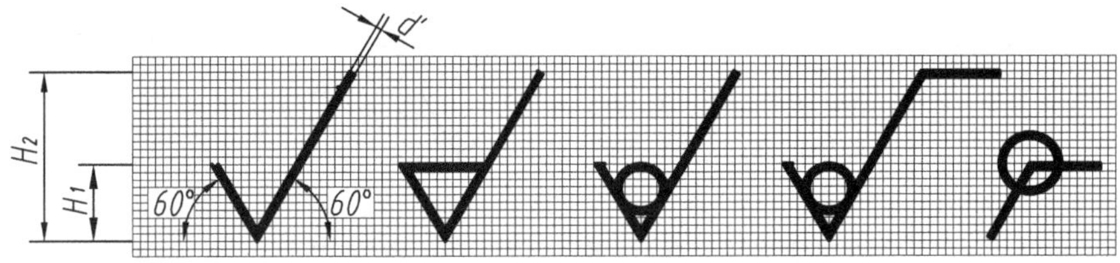

图 3-44　表面结构符号的画法

表 3-9　表面结构图形符号附加尺寸　（单位：mm）

数字和字母高度 h	2.5	3.5	5	7	10	14	20
符号线宽 d' / 字母线宽 d	0.25	0.35	0.5	0.7	1	1.4	2
高度 H_1	3.5	5	7	10	14	20	28
高度 H_2（最小值）	7.5	10.5	15	21	30	42	60
H_2 取决于标注内容							

图样上表示零件表面结构的符号及含义见表 3-10。

表面结构要求中表面粗糙度代号及含义见表 3-11。

表 3-10　表面结构符号及含义

符号	含义及说明
	基本图形符号，未指定工艺方法的表面，当通过一个注释解释时可单独使用

续表

符号	含义及说明
	扩展图形符号，用去除材料方法获得的表面；仅当其含义是“被加工表面”时可单独使用
	扩展图形符号，不去除材料的表面，也可用于表示保持上道工序形成的表面，不管这种状况是通过去除材料或不去除材料形成的
	在上述三个符号的长边上加一横线，用于标注有关参数和说明
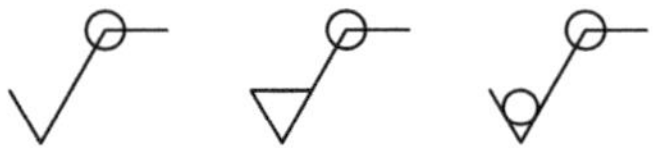	在上述三个符号的长边上加一小圆，表示图形周边各面有相同的表面结构要求

表 3-11　表面粗糙度代号及含义

代号	含义及说明	代号	含义及说明
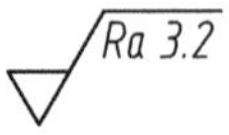	表示去除材料，*Ra* 的上限值为 3.2μm，“16% 规则”	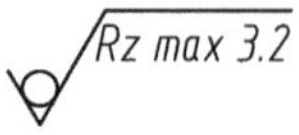	表示不允许去除材料，*Rz* 的最大值为 3.2μm，“最大规则”
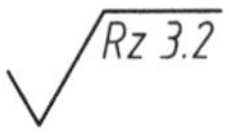	表示任意加工方法，*Rz* 的上限值为 3.2μm，“16% 规则”	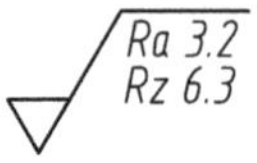	表示去除材料，*Ra* 的上限值为 3.2μm，*Rz* 的上限值为 3.2μm，“16% 规则”
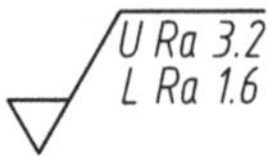	表示去除材料，*Ra* 的上限值为 3.2μm，下限值为 1.6μm，“16% 规则”	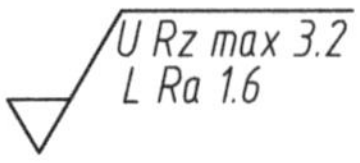	表示去除材料，*Rz* 的上限值为 3.2μm，“最大规则”；*Ra* 的下限值为 1.6μm，“16% 规则”
	说明：以上标注均采用默认的传输带、取样长度、评定长度		

为了明确表面结构要求，除了标注表面结构参数外，必要时应标注补充要求，补充要求包括传输带、取样长度、加工工艺、表面纹理及方向、加工余量等。表面结构补充要求的注写位置和示例见表 3-12。

常见的加工纹理方向符号及标注见表 3-13。

表 3-12　表面结构补充要求的注写位置及示例

补充符号	含义及说明
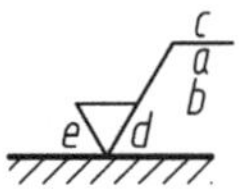	*a* 和 *b*—注写表面结构的单一要求或多个要求；*c*—注写加工方法；*d*—注写表面纹理和方向；*e*—注写加工余量

续表

补充符号	含义及说明
	加工方法：铣削
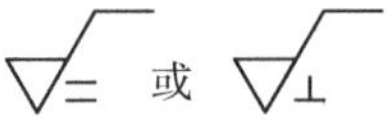	表面纹理：纹理平行于视图所在的轮廓线或垂直于视图所在的轮廓线
	加工余量 2mm

表 3-13　常见加工纹理符号

符号	说明	示例	符号	说明	示例
=	纹理平行于视图所在的投影面	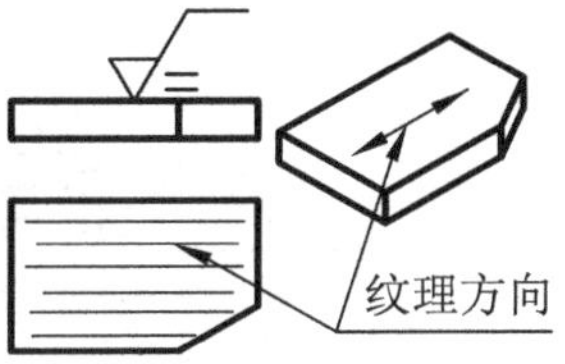	C	纹理呈近似同心圆且圆心与表面中心相关	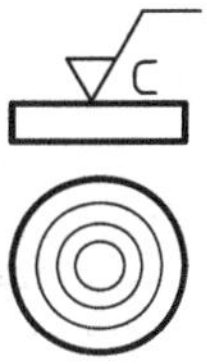
⊥	纹理垂直于视图所在的投影面	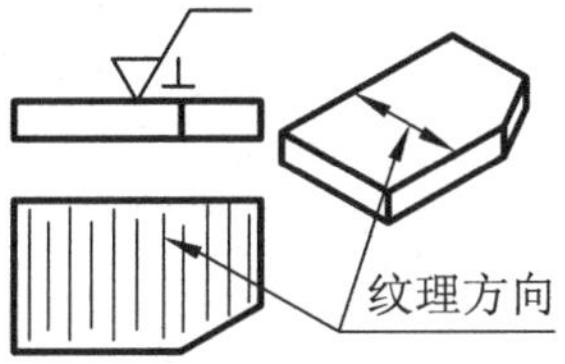	R	纹理呈近似放射状且与表面圆心相关	
×	纹理呈两斜向交叉且与视图所在的投影面相交	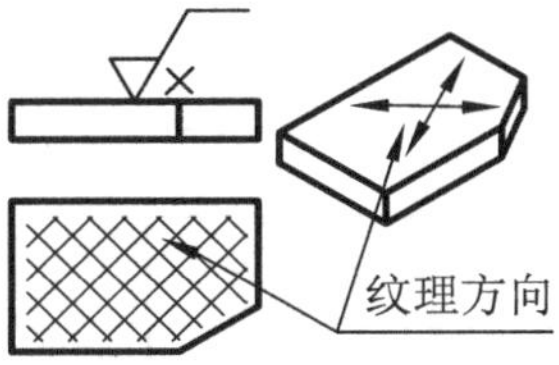	P	纹理呈微粒、凸起，无方向	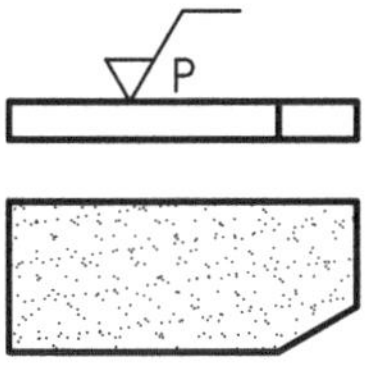
M	纹理呈多方向	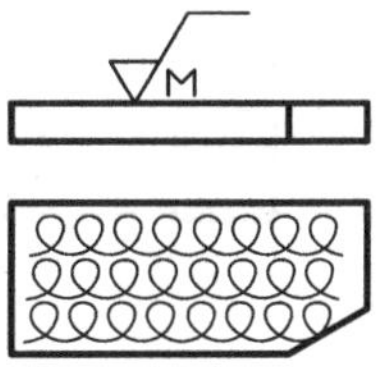	注：如果表面纹理不能清楚地用这些符号表示，必要时，可以在图样上加以说明		

4. 表面粗糙度在图样上的标注

表面粗糙度在图样上的标注示例见表 3-14。

表 3-14　表面粗糙度的标注方法

总则：1．对每一表面一般只标注一次代（符）号，并尽可能注在相应的尺寸及其公差的同一视图上；
2．代（符）号可标注在轮廓线上，其符号应从材料外指向并接触表面。必要时也可用带箭头或带黑点的指引线引出标注；
3．代号中字母、数字的注写和读取方向与尺寸数字的注写和读取方向一致

标注示例	说明	标注示例	说明
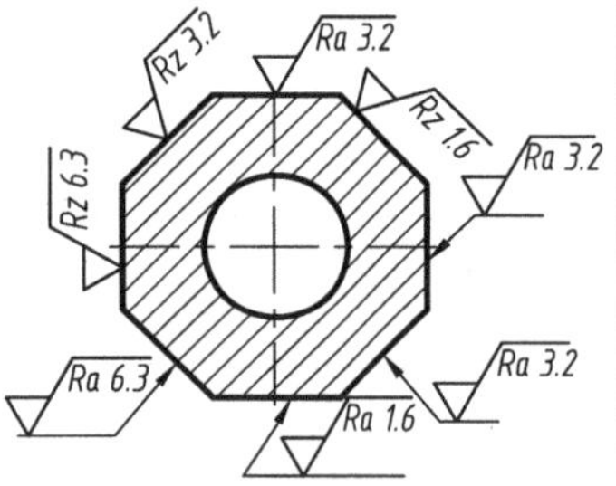	代号中字母、数字的注写和读取方向按左图规定标注	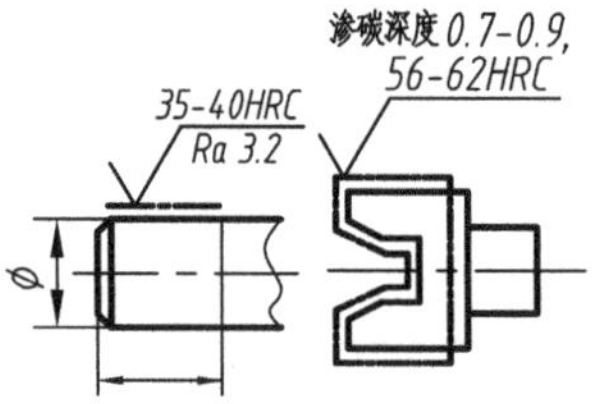	零件需要局部热处理或局部镀覆时，应用粗点画线画出其范围，并标注相应的尺寸，也可将其要求注写在表面结构符号中
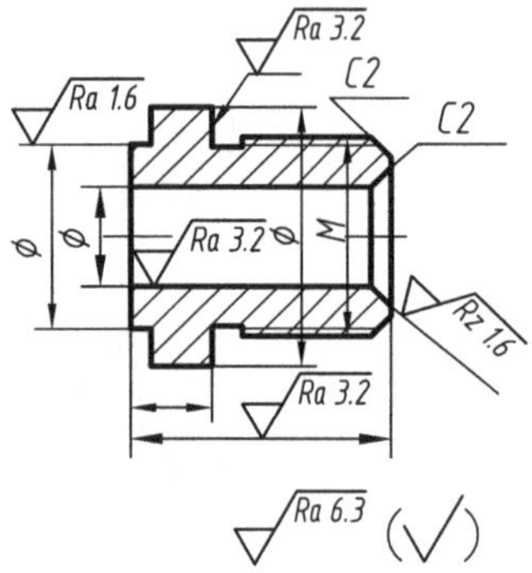	代（符）号可直接标在轮廓线延长线上，也可标注在尺寸线上，或用带箭头的指引线引出标注； 对图中使用最多的一种代号可统一标注在标题栏附近，并在括号内给出无任何其他标注的基本符号	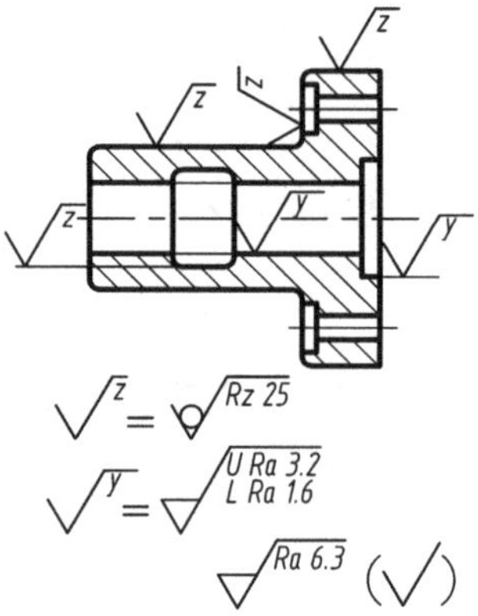	可用带字母的完整符号，以等式的形式，在图形或标题栏附近，对有相同表面结构要求的表面进行简化标注
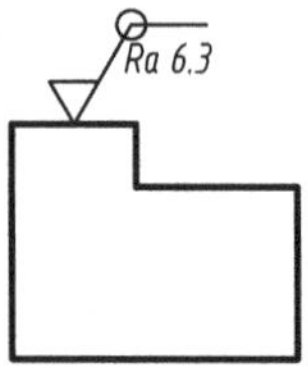	当投影图上封闭的轮廓线所表示的各表面有相同的表面结构要求时，按左图规定标注	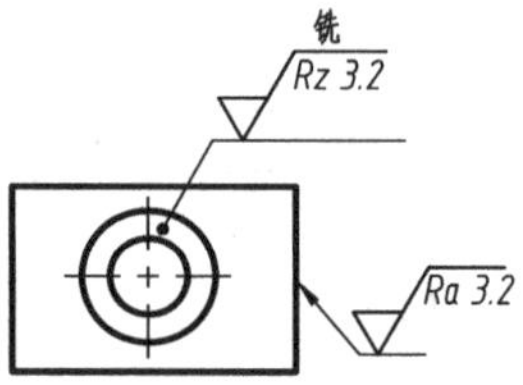	必要时，也可用带箭头或带黑点的指引线引出标注
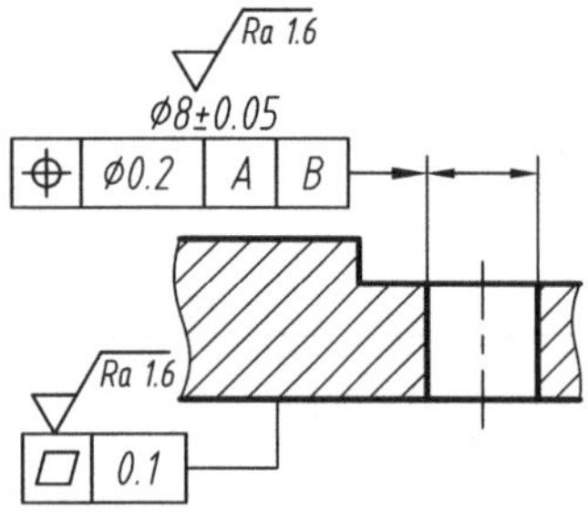	代（符）号可标注在几何公差框格的上方	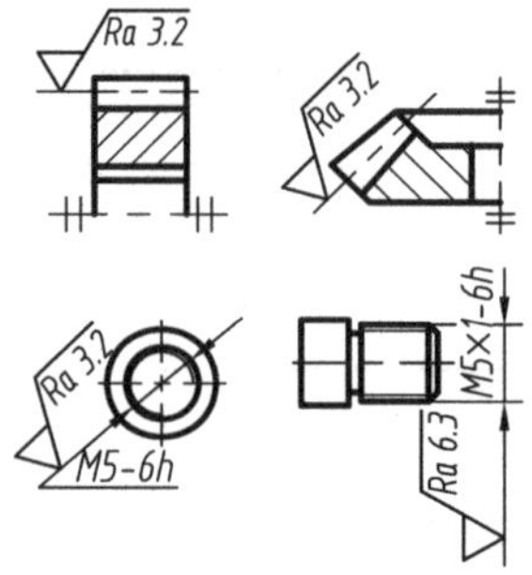	齿轮、螺纹等工作表面没有画出齿（牙）形时，可按图中的方式标注

二、极限与配合

机械零件的尺寸精度的高低直接影响零件的功能。为了正确地测量和评定零件的尺寸精度，恰当地标注零件极限与配合的技术要求，保证零件的互换性，我国颁布了 GB/T 1800.1—2009《极限与配合　第 1 部分　公差、偏差和配合的基础》、GB/T 1800.4—1999《极限与配合　标准公差等级和孔、轴的极限偏差表》、GB/T 1801—1999《极限与配合　公差带和配合的选择》、GB/T 18041—2000《一般公差　未注公差的线性和角度尺寸的公差》等国家标准。

1. 极限与配合的概念

1）零件的互换性

从一批相同零件中任取一件，不经修配就能立即装配到机器上去，并能达到一定的使用要求，零件所具有的这种性质称为零件的互换性。零件具有互换性，既能满足生产部门广泛协作要求，又能进行高效的专业化生产，还能保证产品质量的稳定性。

2）极限

在零件的加工过程中，由于受机床的精度、刀具的磨损、测量误差等因素的影响，不能把零件尺寸加工得绝对准确。为了保证零件的互换性，必须将零件尺寸的加工误差限制在一定范围内，并规定出允许尺寸变动的极限。下面以图 3-45 为例说明极限的有关术语。

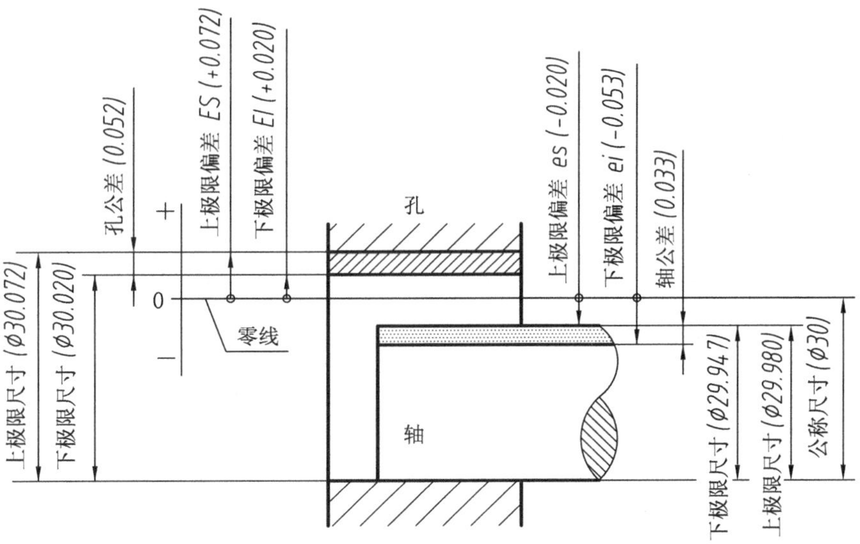

图 3-45　极限的有关术语解释

（1）公称尺寸。根据零件的使用要求确定的理想形状要素的尺寸。

（2）极限尺寸。尺寸要素允许的尺寸的两个极端。尺寸要素允许的最大尺寸称为上极限尺寸，允许的最小尺寸称为下极限尺寸。

（3）偏差。某一尺寸减其公称尺寸所得的代数值。偏差有以下两个：

$$上极限偏差 = 上极限尺寸 - 公称尺寸$$

$$下极限偏差 = 下极限尺寸 - 公称尺寸$$

上、下极限偏差统称为极限偏差，上、下极限偏差可以是正值、负值和零。

国标规定：孔的上（下）极限偏差代号为 ES（EI）；轴的上（下）极限偏差代号为 es（ei）。

（4）尺寸公差（简称公差）。允许尺寸的变动量。公差恒为正值，其计算公式为

$$公差 = 上极限尺寸 - 下极限尺寸 = 上极限偏差 - 下极限偏差$$

如图 3-45 所示，孔、轴公差的计算如下：

$$孔公差 = 30.072 - 30.020 = 0.052 \quad 或 \quad +0.072 - (0.020) = 0.052$$

$$轴公差 = 29.980 - 29.947 = 0.033 \quad 或 \quad -0.020 - (-0.53) = 0.033$$

（5）公差带。在公差带图解中，是由代表上极限偏差和下极限偏差或上极限尺寸和下极限尺寸的两条直线所限定的一个区域。它由公差大小和其相对零线的位置的基本偏差来确定。

为了便于分析，一般将按尺寸公差、极限偏差和公称尺寸之间的关系以放大的比例画出的简图，称为公差带图，如图 3-46 所示。在公差带图中，上、下极限偏差的距离应成比例，公差带方框的左右长度根据需要可任意确定。

（6）标准公差等级。确定尺寸精确程度的等级。国家标准将公差等级分为 20 个等级：从 IT01、IT0、IT1～IT18。“IT”表示标准公差，公差等级的代号用阿拉伯数字表示。从 IT01 至 IT18 等级依次降低。在极限与配合制中，同一公差等级（例如 IT7）对所有公称尺寸的一组公差认为具有同等精确程度。

（7）标准公差。国家标准“标准公差数值表”中所列出，用以确定公差带大小的任一公差称为标准公差，见表 3-15。

表 3-15　标准公差数值（GB/T 1800.1—2009）（摘录）

公称尺寸/mm		标准公差等级																			
		/μm													/mm						
大于	至	IT01	IT0	IT1	IT2	IT3	IT4	IT5	IT6	IT7	IT8	IT9	IT10	IT11	IT12	IT13	IT14	IT15	IT16	IT17	IT18
—	3	0.3	0.5	0.8	1.2	2	3	4	6	10	14	25	40	60	0.1	0.14	0.25	0.40	0.60	1.0	1.4
3	6	0.4	0.6	1	1.5	2.5	4	5	8	12	18	30	48	75	0.12	0.18	0.30	0.48	0.75	1.2	1.8
6	10	0.4	0.6	1	1.5	2.5	4	6	9	15	22	36	58	90	0.15	0.22	0.36	0.58	0.90	1.5	2.2
10	18	0.5	0.8	1.2	2	3	5	8	11	18	27	43	70	110	0.18	0.27	0.43	0.70	1.10	1.8	2.7
18	30	0.6	1	1.5	2.5	4	6	9	13	21	33	52	84	130	0.21	0.33	0.52	0.84	1.30	2.1	3.3

续表

公称尺寸/mm		标准公差等级																			
		/μm													/mm						
大于	至	IT01	IT0	IT1	IT2	IT3	IT4	IT5	IT6	IT7	IT8	IT9	IT10	IT11	IT12	IT13	IT14	IT15	IT16	IT17	IT18
30	50	0.6	1	1.5	2.5	4	7	11	16	25	39	62	100	160	0.25	0.39	0.62	1.00	1.60	2.5	3.9
50	80	0.8	1.2	2	3	5	8	13	19	30	46	74	120	190	0.30	0.46	0.74	1.20	1.90	3.0	4.6
80	120	1	1.5	2.5	4	6	10	15	22	35	54	87	140	22	0.35	0.54	0.87	1.40	2.20	3.5	5.4
120	180	1.2	2	3.5	5	8	12	18	25	40	63	100	160	250	0.40	0.63	1.00	1.60	2.50	4.0	6.3
180	58	2	3	4.5	7	10	14	20	29	46	72	115	185	290	0.46	0.72	1.15	1.85	2.90	4.6	7.2
250	315	2.5	4	6	8	12	16	23	32	52	81	130	210	320	0.52	0.81	1.30	2.10	3.2	5.2	8.1
315	400	3	5	7	9	13	18	25	36	57	89	140	230	360	0.57	0.89	1.40	2.30	3.60	5.7	8.9
400	500	4	6	8	10	15	20	27	40	63	97	155	250	400	0.63	0.97	1.55	2.50	4.00	6.3	9.7

注：公称尺寸小于或等于 1mm 时，无 IT14～IT18。

（8）基本偏差。国家标准所列的用以确定公差带相对零线位置的那个极限偏差，它可以是上极限偏差或下极限偏差，一般为靠近零线的那个偏差。

公差带在零线上方时，基本偏差为下极限偏差；公差带在零线下方时，基本偏差为上极限偏差，如图 3-47 所示。

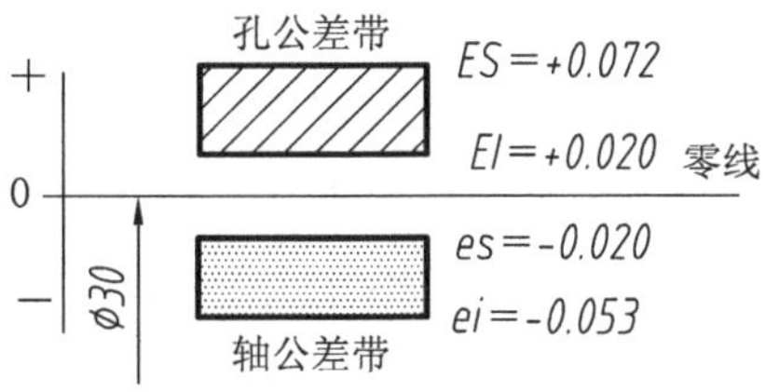

图 3-46　公差带图

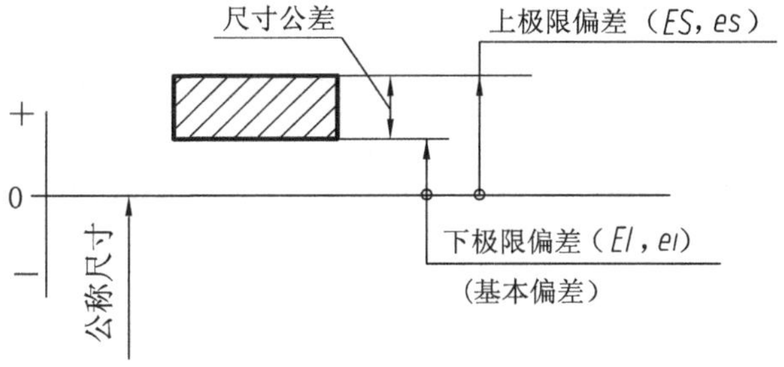

图 3-47　基本偏差示意图

国家标准规定了基本偏差代号：对孔用大写字母 A、B、…、ZC 表示；对轴用小写字母 a、b、…、zc 表示，各 28 个，形成基本偏差系列，如图 3-48 所示。基本尺寸确定后，孔、轴各基本偏差所对应的数值表见表 3-16 和表 3-17。

从图 3-48 中可知：轴的基本偏差从 a～h 为上极限偏差，从 j～zc 为下极限偏差；孔的基本偏差从 A～H 为下极限偏差，从 J～ZC 为上极限偏差；js（JS）的上、下极限偏差分别为 $\pm\frac{IT}{2}$。当 js（JS）的数字中，对 IT7～IT11，若 IT 的数值为奇数，则取偏差 = $\pm\frac{IT-1}{2}$。

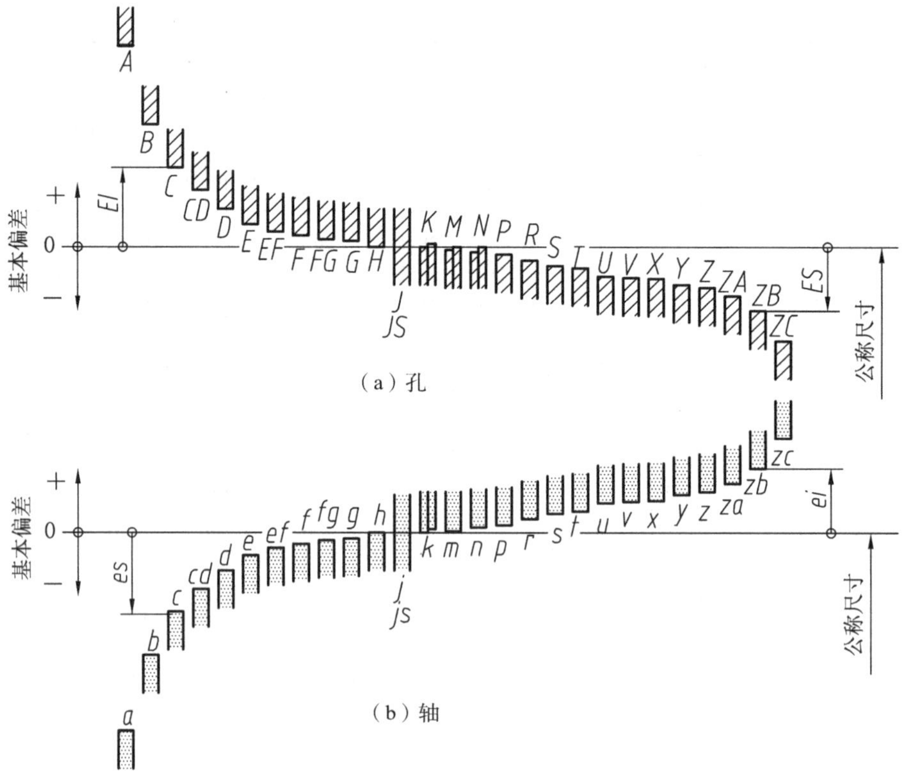

图 3-48　基本偏差系列

在基本偏差系列图中，只表示公差带的各种位置，而未表示公差带大小，因此，公差带一端是开口的。当公称尺寸和基本偏差代号确定后，所对应的基本偏差数值可查阅相应的国家标准。表 3-16 和表 3-17 摘录了孔、轴部分基本偏差数值，供参考。

表 3-16　轴的基本偏差数值表（GB/T 1800.1—2009）（摘录）

公称尺寸 /mm		上极限偏差 es/μm					js	下极限偏差 ei/μm						
		d	e	f	g	h		j		k	m	n	p	r
大于	至	所有标准公等级						5、6	7	4～7	所有标准公差等级			
3	6	-30	-20	-10	-4			-2	-4	+1	+4	+8	+12	+15
6	10	-40	-25	-13	-5			-2	-5	+1	+6	+10	+15	+19
10	18	-50	-32	-16	-6		偏差 =	-3	-6	+1	+7	+12	+18	+23
18	30	-65	-40	-20	-7	0	$\pm\frac{IT}{2}$	-4	-8	+2	+8	+15	+22	+28
30	50	-80	-50	-25	-9			-5	-10	+2	+9	+17	+26	+34
50	80	-100	-60	-30	-10			-7	-12	+2	+11	+20	+32	+41
800	120	-120	-72	-36	-12			-9	-15	+3	+13	+23	+37	+51

表 3-17　孔的基本偏差数值表（GB/T 1800.1—2009）（摘录）

公称尺寸 /mm		下极限偏差 EI/μm			JS	上极限偏差 ES/μm						Δ		
		F	G	H		J			K	M	N			
大于	至	所有标准公差等级				6	7	8	≤8			6	7	8
3	6	+10	+4	0	偏差 = $\pm\frac{IT}{2}$	+5	+6	+10	$-1+\Delta$	$-4+\Delta$	$-8+\Delta$	3	4	6
6	10	+13	+5			+5	+8	+12	$-1+\Delta$	$-6+\Delta$	$-10+\Delta$	3	6	7
10	18	+16	+6			+6	+10	+15	$-1+\Delta$	$-7+\Delta$	$-12+\Delta$	3	7	9
18	30	+20	+7			+8	+12	+20	$-2+\Delta$	$-8+\Delta$	$-15+\Delta$	4	8	12
30	50	+25	+9			+10	+14	+24	$-2+\Delta$	$-9+\Delta$	$-17+\Delta$	5	9	14
50	80	+30	+10			+13	+18	+28	$-2+\Delta$	$-11+\Delta$	$-20+\Delta$	6	11	16
80	120	+36	+12			+16	+22	+34	$-3+\Delta$	$-13+\Delta$	$-23+\Delta$	7	13	19

孔、轴的基本偏差确定后，另一偏差按下式求出：

$$ES（es）= EI（ei）+ IT$$

$$EI（ei）= ES（es）- IT$$

附表 32、33 分别列出了优先配合中轴、孔的极限偏差，需要时，可直接查阅，不需计算。

（9）孔、轴公差带代号——孔、轴公差带代号是用基本偏差代号的字母和标准公差等级中的数字表示来表示，并且用同一号字体书写。

例如：

ϕ50 H 8
- H 8 — 孔的公差带代号
- 8 — 公差等级代号（大小要素）
- H — 孔的基本偏差代号（位置要素）
- ϕ50 — 公称尺寸

ϕ50 f 8
- f 8 — 轴的公差带代号
- 8 — 公差等级代号（大小要素）
- f — 轴的基本偏差代号（位置要素）
- ϕ50 — 公称尺寸

3）配合

公称尺寸相同的、相互结合的孔与轴公差带之间的关系称为配合。孔与轴配合时，由于二者实际尺寸不同，可能产生“间隙”，也可能产生“过盈”。孔的尺寸减去相配合的轴的尺寸所得的代数差，为正数时（孔大轴小）产生间隙；为负数时（即孔小轴大）则产生过盈。

（1）配合种类。

根据两配合零件在机器中所起的作用的不同，孔与轴之间的配合有松有紧，国家标准将配合分为三大类：

① 间隙配合。具有间隙（包括最小间隙等于零）的配合，如图 3-49（a）所示，孔的公差带在轴的公差带之上。

② 过盈配合。具有过盈（包括最小过盈等于零）的配合，如图 3-49（b）所示，孔

的公差带在轴的公差带之下。

③ 过渡配合。可能具有间隙或过盈的配合，如图 3-49（c）所示，孔的公差带与轴的公差带相互重叠。

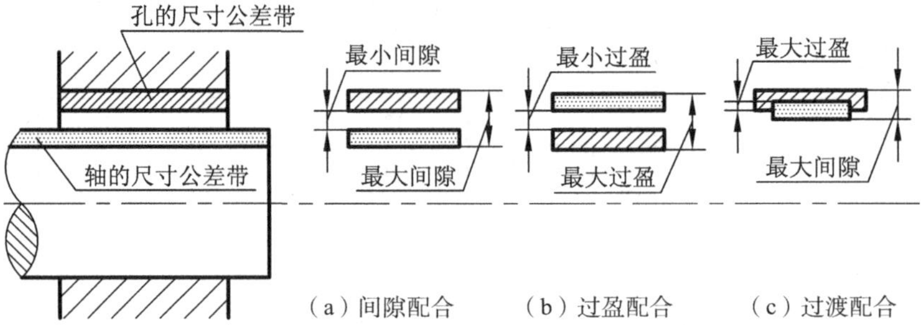

图 3-49　配合种类示意图

（2）配合制。

是同一极限制的孔和轴组成配合的一种制度。

采用配合制是为了统一基准件的极限偏差，从而减少定值刀具、量具的规格数量，获得最大的技术经济效益。为此，国家标准规定了基孔制配合和基轴制配合两种制度，并明确规定，在一般情况下，应优先采用基孔制配合。

① 基孔制配合。基本偏差为一定的孔的公差带与不同基本偏差的轴的公差带形成各种配合的一种制度，如图 3-50 所示。基孔制配合中的孔为基准孔，用代号 H 表示，其下极限偏差为零。

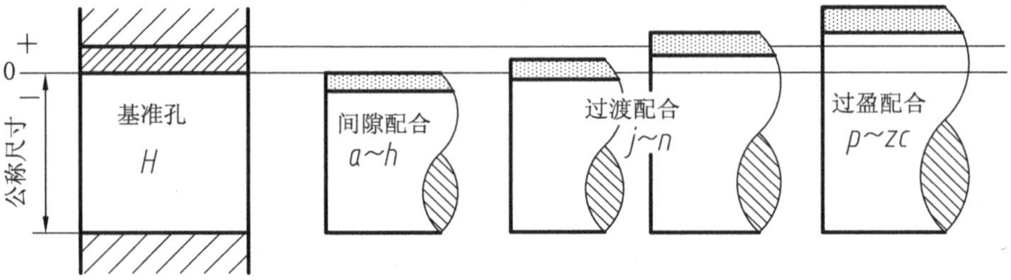

图 3-50　基孔制配合示意图

② 基轴制配合。基本偏差为一定的轴的公差带与不同基本偏差的孔的公差带形成各种配合的一种制度，如图 3-51 所示。基轴制配合中的轴为基准轴，用代号 h 表示，其上极限偏差为零。

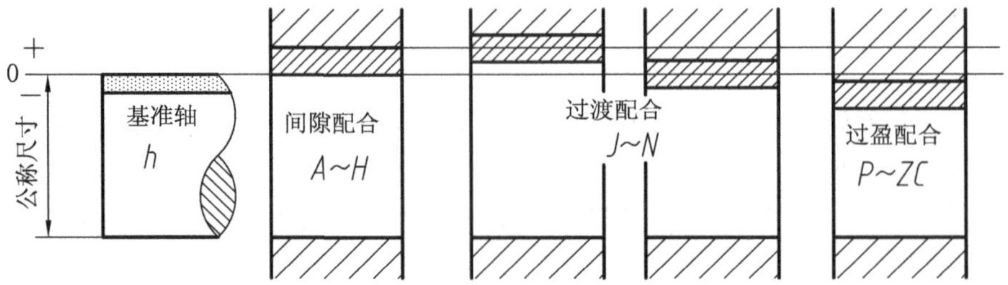

图 3-51　基轴制配合示意图

（3）配合代号。

配合代号用孔、轴公差带代号的组合，写成分数形式。左边写公称尺寸，右边分子写孔的公差带代号，分母写轴的公差带代号。

例如 ϕ50H8/f7 或 $\phi 50\frac{H8}{f7}$。其中 ϕ50 表示孔、轴的公称尺寸，H8 表示孔的公差带代号，f7 表示轴的公差带代号，H8/f7 表示配合代号。

在配合代号中，凡孔的基本偏差为 H 者，表示基孔制配合；凡轴的基本偏差为 h 者，表示基轴制配合；若孔的基本偏差为 H，同时轴的基本偏差为 h 者，可认为是基孔制，也可认为是基轴制配合；若孔、轴基本偏差代号都不是 H 或 h，则是非基准制配合。

公差等级有 20 个等级，孔、轴基本偏差各 28 个，可组成大量配合。国家标准规定了基孔制和基轴制的优先配合和常用配合，以便选用。基孔制和基轴制各 13 种优先配合见表 3-18。

表 3-18　优先配合（GB/T 1801—1999）

配合种类	基孔制优先配合	基轴制优先配合
间隙配合	$\frac{H7}{g6}$ $\frac{H7}{h6}$ $\frac{H8}{f7}$ $\frac{H8}{h6}$ $\frac{H9}{d9}$ $\frac{H9}{h9}$ $\frac{H11}{c11}$ $\frac{H11}{h11}$	$\frac{G7}{h6}$ $\frac{H7}{h6}$ $\frac{F8}{h7}$ $\frac{H8}{h7}$ $\frac{D9}{h9}$ $\frac{H9}{h9}$ $\frac{C11}{h11}$ $\frac{H7}{h11}$
过渡配合	$\frac{H7}{k6}$ $\frac{H7}{n6}$	$\frac{K7}{h6}$ $\frac{N7}{h6}$
过盈配合	$\frac{H7}{p6}$ $\frac{H7}{s6}$ $\frac{H7}{u6}$	$\frac{P7}{h6}$ $\frac{S7}{h6}$ $\frac{U7}{h6}$

【例 3-1】已知孔、轴的配合尺寸为 ϕ30H7/g6，试确定孔、轴的极限偏差值和配合性质。

解：（1）由孔的公称尺寸 ϕ30（属于尺寸分段＞18～30）和公差带代号 H7 查表 3-17 得孔的下偏差 EI = 0，查表 3-15 得孔的公差值 IT7 = 0.021，由此计算孔的上偏差 ES = EI + IT7 = 0 + 0.021 = + 0.021。

（2）同理，由轴的公称尺寸 ϕ30 和公差带代号 g6 查表 3-16 得轴的上偏差 es =－0.007，查表 3-15 得轴的公差值 IT6 = 0.013，由此计算轴的下偏差 ei = es－IT6 =－0.007－0.013 =－0.020。

（3）根据孔、轴的极限偏差画出孔、轴的公差带图，如图 3-52 所示。从图中看出，孔的公差带在轴的公差带之上，又因孔的基本偏差代号为 H，所以该孔、轴的配合是基孔制的间隙配合。配合的最大间隙为 0.041，最小间隙为 0.007。

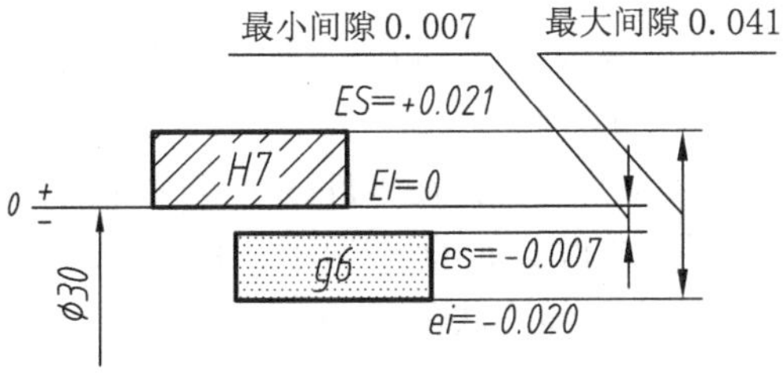

图 3-52　孔、轴公差带图

2. 极限与配合的标注

1）在装配图中的标注

在装配图中，要在孔、轴的配合表面标注孔、轴的配合代号，标注的通用形式如下：

$$\text{公称尺寸}\,\frac{\text{孔的公差带代号}}{\text{轴的公差带代号}}\ （见图 3\text{-}53（a）中的\ \phi 50\frac{H7}{g6}）$$

或

公称尺寸　孔的公差带代号 / 轴的公差带代号（图 3-53（b）中 ϕ 20H7/g6）

孔、轴一般是指圆柱形的内外表面，也包括其他包容面与被包容面中由单一尺寸决定的表面，其配合代号的注法如图 3-54 所示。

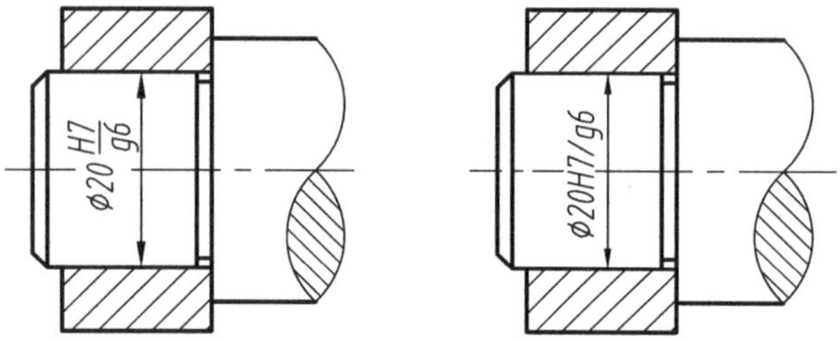

（a）　（b）

图 3-53　装配图中配合代号的标注图

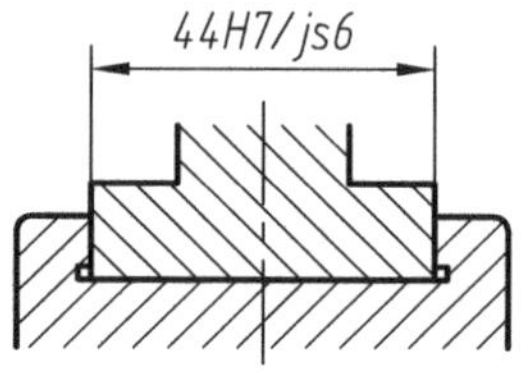

图 3-54　滑块与槽配合代号的注法

2）在零件图中的标注

现以图 3-53 中 ϕ 20 H7/g6 为例，说明在零件图中极限标注的三种形式。

（1）标注公差带代号。如图 3-55（a）所示，这种标注方法适合于大批量生产，亦便于与装配图对照，如图中的 ϕ 20 H7、ϕ 20 g6。

（2）标注极限偏差。如图 3-55（b）所示，这种标注方法直观，便于用带读数量具测量尺寸，最为常用，如图中 $\phi 20^{+0.021}_{0}$、$\phi 20^{-0.007}_{-0.020}$。这种标注方法的标注规则为：

① 极限偏差数值字高比公称尺寸字高小一号。上、下极限偏差数值以 mm 为单位，分别写在公称尺寸的右上、右下角，并与公称尺寸数字底线平齐。

② 上、下极限偏差数值中的小数点对齐，其后面的位数也应相同。若上极限偏差或下极限偏差为零时，可简写为“0”，并与另一极限偏差小数点左边的个位数对齐。极限偏差为正时，“+”也必须写出。

③ 上、下极限偏差数值相等时，可写在一起，且极限偏差数值字高与公称尺寸字高相同，如图 3-55（d）中 44 ± 0.012。

（3）混合标注。如图 3-55（c）所示，在零件图上同时注出公差带代号和上、下极限偏差数值。极限偏差数值要写在公差带后面的括号内，如图中 $\phi 20H7\,(^{+0.021}_{0})$、$\phi 20g6\,(^{-0.007}_{-0.020})$。此种方法虽麻烦一些，但兼有前两种注法的优点。

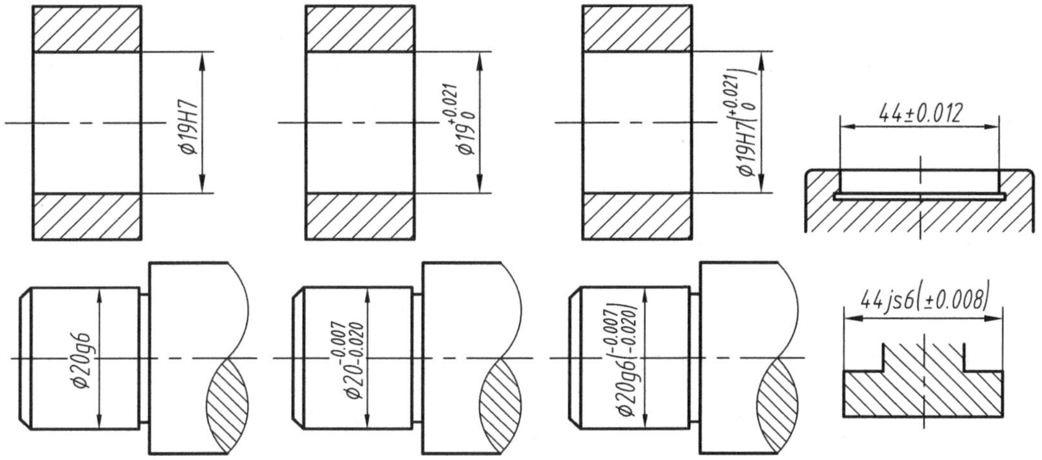

（a）　　（b）　　（c）　　（d）

图 3-55　零件图中极限的注法

3）与标准件相配的孔、轴配合表面的标注

标注标准件、外购件与零件（孔或轴）的配合代号时，可以仅标注零件（孔或轴）的公差带代号。

图 3-56 所示为零件孔、轴与滚动轴承相配合时的配合代号注法。滚动轴承为标准部件，内圈直径与零件轴配合，按基孔制配合（基准孔是轴承内圈，其尺寸公差由轴承的公差来确定），只标轴的公差带代号。轴承外圈与零件孔的配合，按基轴制配合（基准轴是轴承外圈），只标零件孔的公差带代号。

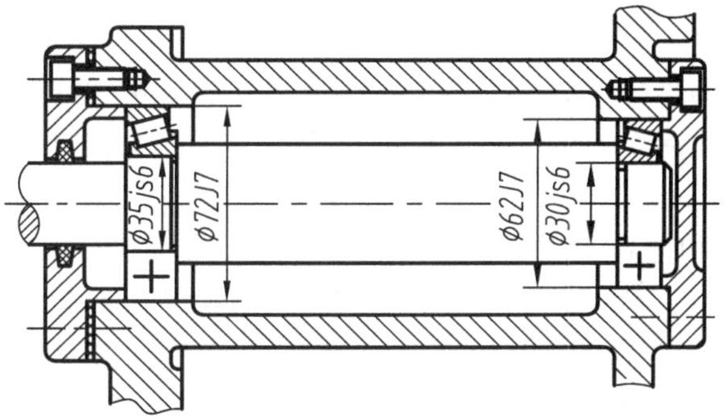

图 3-56　滚动轴承与孔、轴配合代号的注法

3. 线性尺寸的未注公差

零件上所有的尺寸原则上都应受到一定公差的约束，凡是图中尺寸给出了公差的都要检验。为了简化制图，节省时间，降低生产成本，对不重要的尺寸和精度要求较低的非配合尺寸，在图中不标注它们的公差，称为未注公差。为了保证零件的使用要求，避免在生产中引起不必要的纠纷，国家标准对未注公差的尺寸规定了一

般公差。

一般公差是指在车间正常加工条件下可保证的公差，常用于无特殊要求的要素。GB/T 1804—2000 对线性尺寸和倒角高度、倒圆半径尺寸的一般公差各规定了四个公差等级，即 f 级（精密级）、m 级（中等级）、c 级（粗糙级）和 v 级（最粗级）。采用一般公差的尺寸，在该尺寸后不需注出极限偏差，但要在相关图样的标题栏附近或技术要求、技术文件中注出一般公差的标准号和一般公差等级，供车间在加工时抽检，便于控制。如果选取一般公差的 m 级时，标注为

线性尺寸一般公差为 GB/T 1804—m

一般公差线性尺寸的极限偏差数值见表 3-19。

表 3-19　一般公差线性尺寸的极限偏差数值　（单位：mm）

公差等级	尺寸分段							
	0.5～3	>3～6	>6～30	>30～120	>120～400	>400～1000	>1000～2000	>2000～4000
f（精密级）	±0.05	±0.05	±0.1	±0.15	±0.2	±0.3	±0.5	—
m（中等级）	±0.1	±0.1	±0.2	±0.3	±0.5	±0.8	±1.2	±2
c（粗糙级）	±0.2	±0.3	±0.5	±0.8	±1.2	±2	±3	±4
v（最粗级）	—	±0.5	±1	±1.5	±2.5	±4	±6	±8

三、几何公差

经加工后的机械零件除了表面结构、尺寸会产生误差外，零件的几何要素也会产生几何误差。由于这些几何误差的存在，同样会影响零件的互换性，乃至影响整个机械产品的质量。

为了正确地测量和评定零件几何要素的几何精度，恰当地标注几何公差的技术要求，保证零件的互换性，我国颁布了 GB/T 1182—2008《几何公差　形状、方向、位置和跳动公差标注》、GB/T 1184—1996《形状和位置公差　未注公差值》、GB/T 4249—1996《公差原则》、GB/T 16671—1996《形状与位置公差　最大实体要求、最小实体要求和可逆要求》等国家标准。

1. 几何公差的概念

1）几何公差的作用

构成零件几何特征的点、线、面称为要素，它是构成零件的基本单元。加工后的零件不仅尺寸存在误差，而且几何形状和各要素的方向、位置也存在误差，如图 3-57 所示。为了满足零件的使用要求和装配的互换性，对零件几何要素的几何形状和方向、位置的误差，须用几何公差来加以限制。

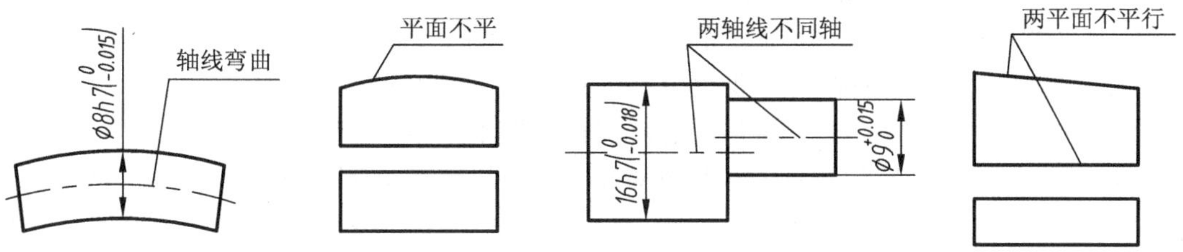

图 3-57　零件的几何误差

2）零件几何要素分类

为了从图样标注、项目特征和检测等方面来研究几何公差，需要从不同的角度命名要素。下面以图 3-58 为例，说明零件几何要素 不同属性。

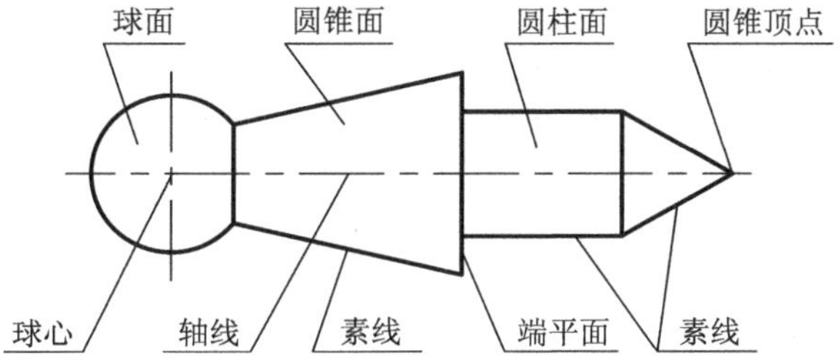

图 3-58　零件的几何要素

（1）组成要素和导出要素。按要素的结构特征分为组成要素和导出要素：

组成要素是指构成零件外形的点、线、面各要素，它能直接地被人们所感观，如图 3-58 所示零件上的球面、圆锥面、端平面、圆柱面和圆锥面、圆柱面的素线以及圆锥锥顶。

导出要素是指组成要素对称中心所表示的点、线、面各要素，它是依附于组成要素的存在而假想存在的，如图 3-58 所示零件上的球面的球心和圆锥面、圆柱面的轴线。

（2）理想要素和实际要素。按要素存在的状态分为理想要素和实际要素：

理想要素是指具有几何学意义，不存在任何误差的要素。零件图上表示的要素均为理想要素。

实际要素是指零件上实际存在几何误差的要素。在评定几何误差时。通常以提取要素代替实际要素。提取要素是指按规定方法，从实际要素提取的有限数目的点所形成的近似替代。

（3）被测要素和基准要素。按要素的检测关系分为被测要素和基准要素：

被测要素是指图样上给出了几何公差要求的要素，是检测的对象。

基准要素是指用来确定被测要素几何关系的要素。基准则是检测时用来确定实际被测要素几何位置关系的参考对象。

（4）单一要素和关联要素。按要素的功能关系分为单一要素和关联要素：

单一要素是指按本身功能要求而给出了形状公差要求的要素。

关联要素是指对基准要素有功能关系而给出了方向、位置和跳动公差的被测要素。

3）几何公差的定义及公差带

（1）形状公差是指单一实际要素的形状所允许的变动全量；

（2）方向公差是指关联实际要素对基准在方向上的变动全量；

（3）位置公差是指关联实际要素对基准在位置上的变动全量；

（4）跳动公差是指关联实际要素绕基准回转一周或连续回转所允许的最大跳动量。

根据公差的几何特征及其标注方法，公差带的主要形状有：一个圆内的区域；两同心圆之间的区域；两等距线或两平行直线之间的区域；一个圆柱面内的区域；两同轴圆柱面之间的区域；两等距面或两平行平面之间的区域；一个球面内的区域。

2. 几何公差的特征项目及符号

国家标准规定的几何公差的项目分为形状公差、方向公差、位置公差和跳动公差四大类，共 19 项，见表 3-20。在几何公差框格中用到的附加符号见表 3-21。

表 3-20　几何公差的特征项目及符号（GB/T 1182—2008）

公差类型	几何特征	符号	有无基准	公差类型	几何特征	符号	有无基准
形状公差	直线度	⏤	无	位置公差	位置度	⌖	有或无
	平面度	⏥			同心度（用于中心点）	◎	有
	圆度	○			同轴度（用于轴线）	◎	
	圆柱度	⌭			对称度	⌯	
	线轮廓度	⌒			线轮廓度	⌒	
	面轮廓度	⌓			面轮廓度	⌓	
方向公差	平行度	∥	有	跳动公差	圆跳动	↗	
	垂直度	⊥			全跳动	⌰	
	倾斜度	∠					
	线轮廓度	⌒					
	面轮廓度	⌓					

表 3-21　几何公差的附加符号

项目	符号	项目	符号
基准目标	⌀2/A1（圆内）	理论正确尺寸	30（方框内）
包容要求	Ⓔ	公共公差带	CZ

续表

项目	符号	项目	符号
最大实体要求	Ⓜ	小径	LD
最小实体要求	Ⓛ	大径	MD
全周（轮廓）	↙○—	中径、节径	PD
可逆要求	Ⓡ	线素	LE
延伸公差带	Ⓟ	不凸起	NC
自由状态（非刚性零件）条件	Ⓕ	任意横截面	ACS

3. 几何公差的标注

1）公差框格和基准符号

在技术图样中，采用公差框格标注几何公差，并用指引线连接被测要素和公差框格，终端带一个箭头。公差框格自左至右标注几何特征符号、公差值、基准符号的字母，如图 3-59 所示。

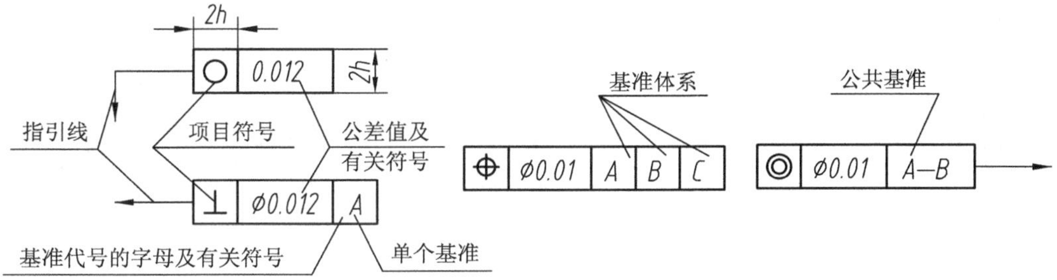

图 3-59　几何公差框格

其中公差值是以线性尺寸单位表示的量值，当公差带为圆形或圆柱形时，在公差值前加注符号“ϕ”；当为圆球形时，在公差值前加注符号“$S\phi$”。基准，用一个字母表示单个基准；用几个字母表示基准体系或公共基准。

基准符号用一个与被测要素相关的大写字母表示，字母写在基准方格内，连一个涂黑的或空心的三角形，如图 3-60 所示。

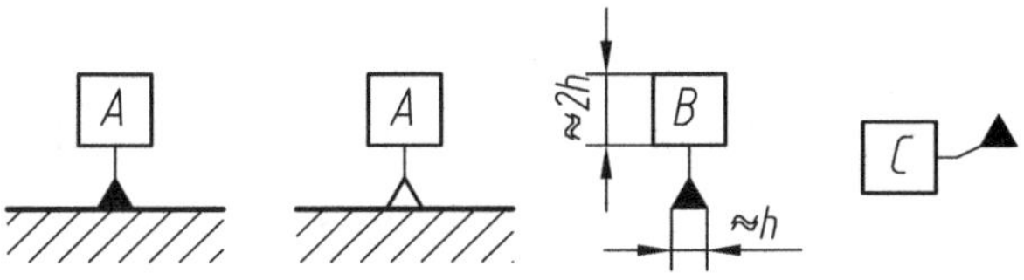

图 3-60　基准代号

2）被测要素的标注

（1）被测组成要素的标注。当被测要素为组成要素（轮廓线或轮廓面）时，指引线的箭头指向该要素的轮廓线（其方向为公差带的方向）或其延长线，应与尺寸线明显错开，如图 3-61（a）、（b）所示；箭头也可指向该引出线的水平线，引出线引自被测面，终端带一小黑点，如图 3-61（c）所示。

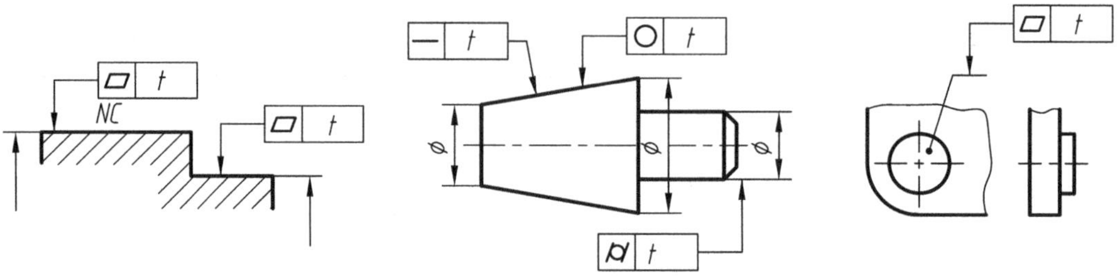

（a）（b）（c）

图 3-61　被测组成要素的标注方法

（2）被测导出要素的标注。当被测要素为导出要素（轴线、中心平面、中心点）时，指引线的箭头应位于相应尺寸线的延长线上，如图 3-62（a）、（b）、（c）所示。

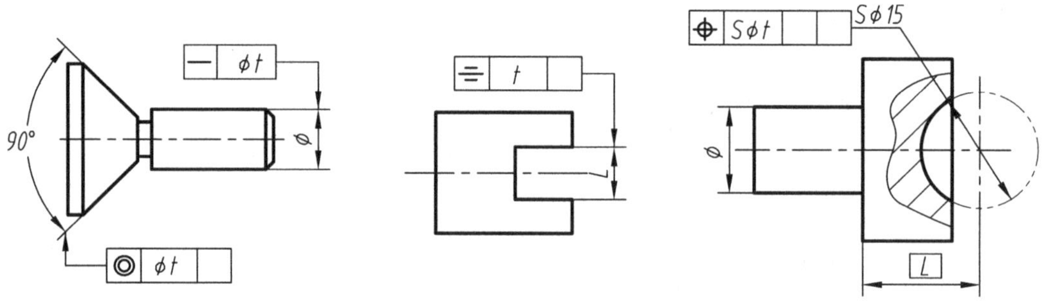

（a）（b）（c）

图 3-62　被测导出要素的标注方法

3）基准要素的标注

对基准要素应标注基准符号。

（1）基准组成要素的标注。当基准要素为组成要素（轮廓线或轮廓面）时，应将基准符号的三角形放置在基准要素的轮廓线或其延长线上，应与尺寸线明显错开，如图 3-63（a）、（b）所示；基准三角形也可放置在该引出线的水平线上，引出线引自被测面，终端带一小黑点，如图 3-63（c）。

（2）基准导出要素的标注。当基准要素为导出要素（轴线、中心平面、中心点）时，基准三角形应放置在该尺寸线的延长线上，如图 3-64（a）、（b）所示。如果没有足够的位置标注基准要素尺寸的两个箭头，其中一个箭头可用基准三角形代替，如图 3-64（c）所示。

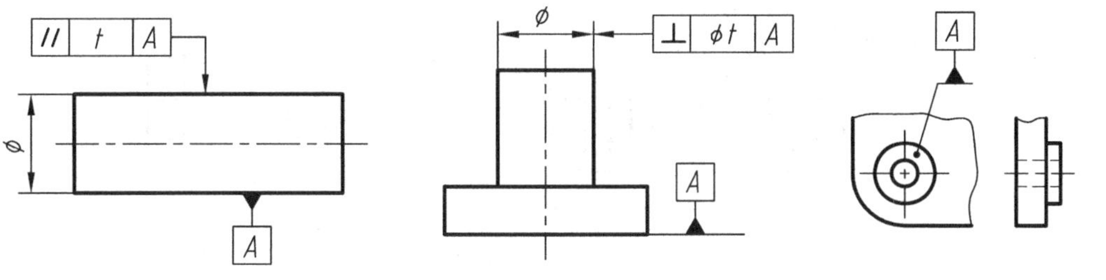

（a）　　　　（b）　　　　（c）

图 3-63　基准组成要素的标注方法

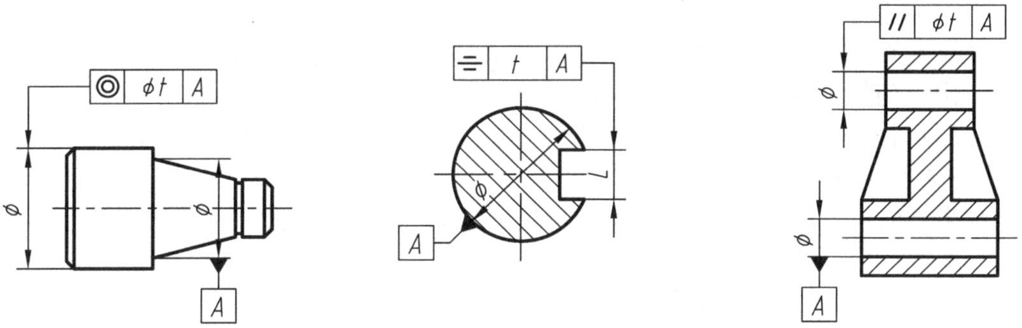

（a）　　　　（b）　　　　（c）

图 3-64　基准导出要素的标注方法

（3）基准的种类及标注。基准是用来确定关联实际要素几何位置关系的参考对象，应具有理想形状。根据需要可采用单一基准、公共基准和基准体系。

① 单一基准。指由一个基准要素建立的基准，标注形式如图 3-63、图 3-64 所示。

② 公共基准。指由两个或两个以上的同类基准要素建立的一个独立的基准，标注形式如图 3-65 所示。

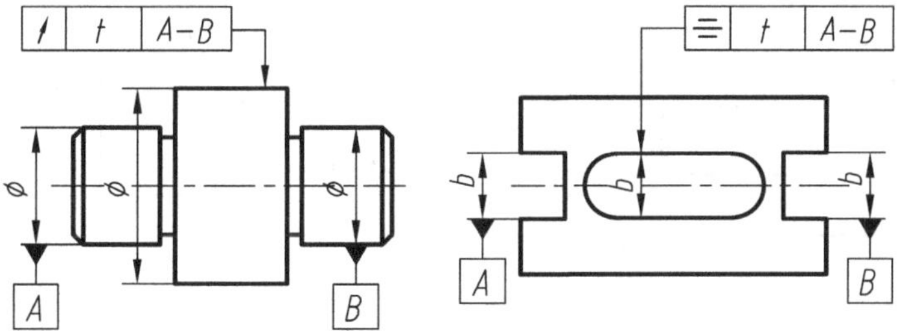

（a）　　　　（b）

图 3-65　公共基准的标注

③ 基准体系。指两个或三个互相垂直的基准平面构成的一个基准体系，对关联要素提供完整而正确的定向和定位，标注形式如图 3-66 所示。

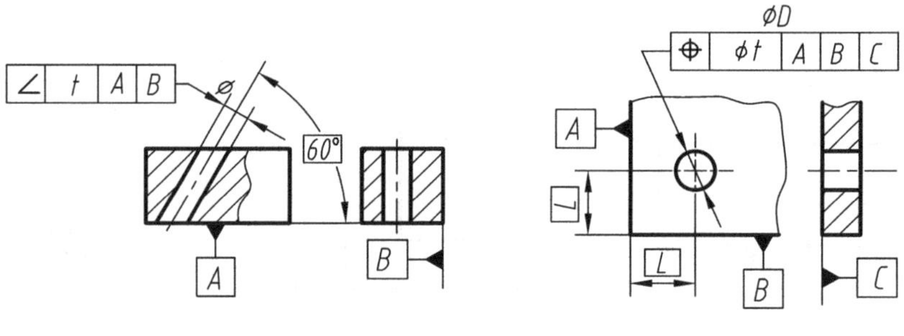

（a）　　　　　　　　（b）

图 3-66　基准体系的标注

4）几何公差的简化标注方法

对若干个被测要素分别给出相同的公差带时，只采用一个公差框格标注，指引线箭头分别指向各被测要素，如图 3-67（a）所示。

对若干个分离要素给出单一公差带时，需在公差框格内公差值的后面加注公共公差带的符号 CZ，如图 3-67（b）所示。

对某个被测要素给出几种几何特征的公差时，可将一个公差框格放在另一个的下面，如图 3-67（c）所示。

当某个公差应用于几个相同要素时，应在公差框格上方的被测要素尺寸之前注明要素的个数，并在两者之间加上符号“×”，如图 3-67（d）所示。

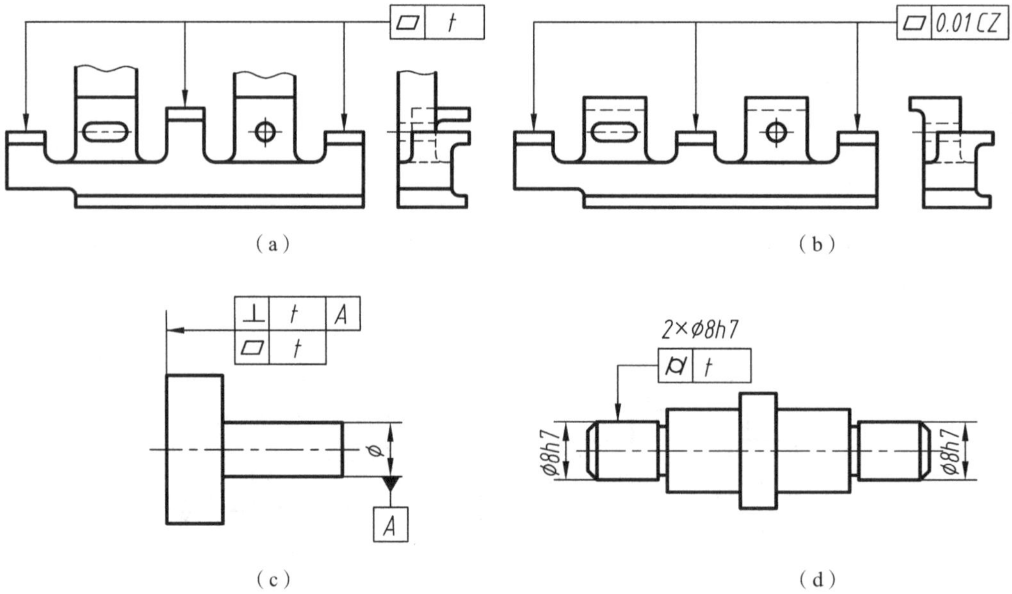

（a）　（b）　（c）　（d）

图 3-67　几何公差的简化标注方法

5）不允许采用的标注方法

过去使用的一些简化的标注方法，由于理解不一，含义模糊，以后不再使用。今后不允许采用的标注方法见表 3-22。

表 3-22　不允许采用的标注方法

要素	说明	图例	要素	说明	图例
被测要素	被测要素为单一要素的轴线，指引线线的箭头不允许直接指向轴线，必须与尺寸线相连	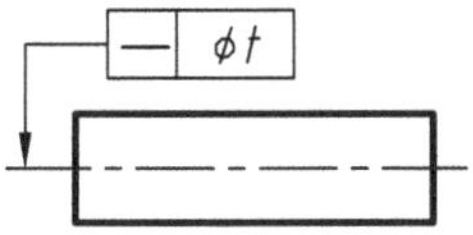	基准要素	基准要素为轴线、或公共轴线时，基准符号不允许直接放置在这些要素上，而应与尺寸线相连	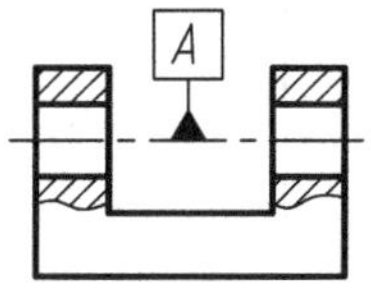
	被测要素为多要素的公共轴线时，指引线的箭头不允许直接指向轴线，而应各自分别标出	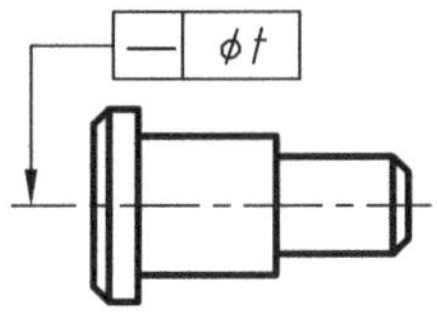		基准符号的三角形不允许直接与框格相连，必须标出完整的基准符号，并在框格中标出相应的字母	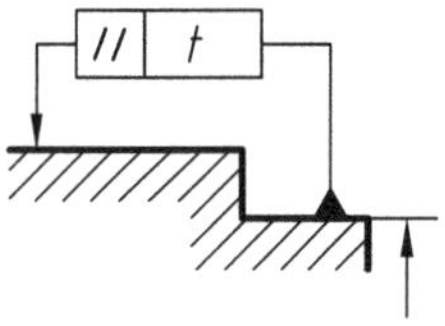
	不允许采用这种简化标注的形式	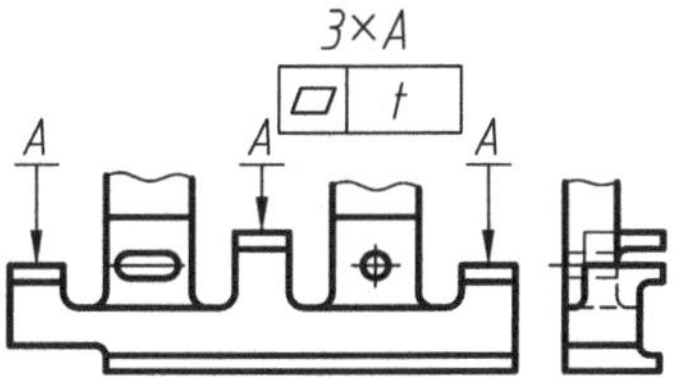			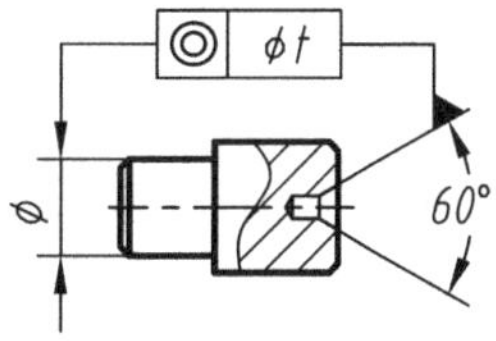
	应将公共公差带的符号CZ直接注在公差值后面	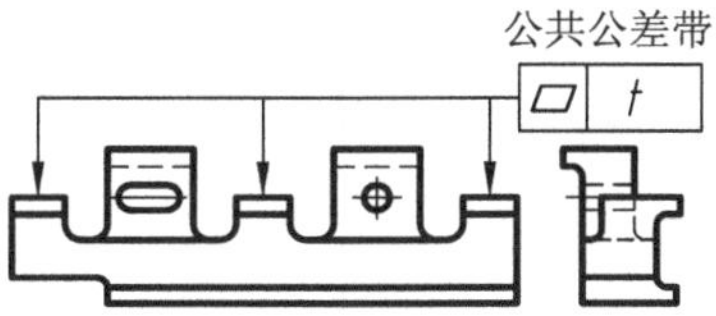		图例所示任选基准的标注方法今后不允许再使用	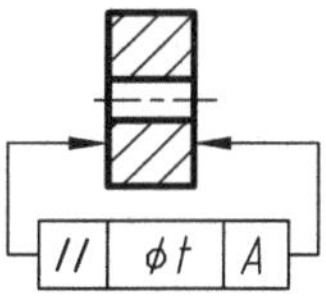

4. 几何公差值

在零件图上，被测要素的几何精度要求有两种表示方法：一种是用公差框格的形式单独注出的几何公差值；另一种是统一给出未注几何公差值。

1）注出公差值

国家标准 GB/T 1184—1996 对形位公差值做了规定，将注出公差分为 12 个公差等级，其中 1 级最高，12 级最低。同一等级时，要素的主参数的尺寸大小不同，具体公差值就不同。框格中注出公差值应符合标准的规定值。表 3-23 列出了直线度和平面度的注出公差标准值和主参数图例供参考。

表 3-23　直线度、平面度注出公差值

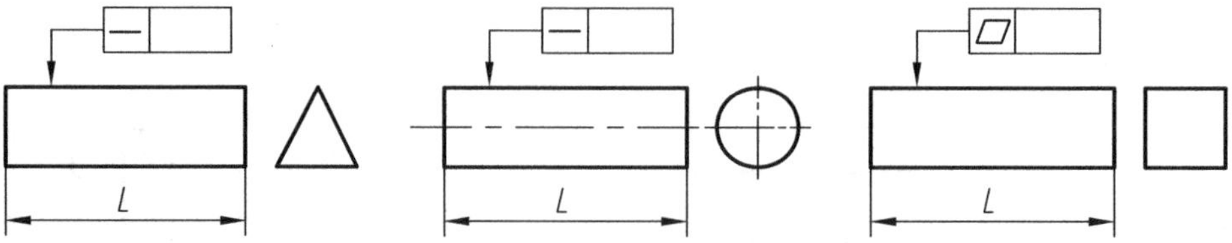

主参数 L/mm		公差等级											
		1	2	3	4	5	6	7	8	9	10	11	12
大于	至	公差值/μm											
10	16	0.25	0.5	1	1.5	2.5	4	6	10	15	25	30	80
16	25	0.3	0.6	1.2	2.2	3	5	8	12	20	30	40	100
25	40	0.4	0.8	1.5	2.5	4	6	10	15	25	40	50	120
40	63	0.5	1	2	3	5	8	12	20	30	50	60	150
63	100	0.6	1.2	2.5	4	6	10	15	25	40	60	80	200
100	160	0.8	1.5	3	5	8	12	20	30	50	80	100	250
160	250	1	2	4	6	10	15	25	40	60	100	120	300
250	400	1.2	2.5	5	8	12	20	30	50	80	120	150	400
400	630	1.5	3	6	10	15	25	40	60	100	150	200	500

2）未注公差值

从经济原则出发，大多数零件的大部分要素应选择未注公差值。未注公差是指在车间常用设备正常加工条件下可保证的公差，常用于无特殊要求的要素。GB/T 1184—1996 对部分特征项目的未注公差作了规定。直线度、平面度、垂直度、对称度和圆跳动的未注公差各规定了三个公差等级，即 H 级（最高级）、K 级（中等级）和 L 级（最低级）。采用未注公差的要素，不需标注公差框格，但要在相关图样的标题栏附近或技术要求、技术文件中注出未注公差的标准号和未注公差等级。如果选取未注公差的 K 级时，标注为：

未注几何公差为 GB/T 1184—K

表 3-24 列出了直线度和平面度的未注公差标准值供参考。

表 3-24　直线度、平面度未注公差值　　（单位：mm）

公差等级	基本长度范围					
	≤10	>10～30	>30～100	>100～300	>300～1000	>1000～3000
H	0.02	0.05	0.1	0.2	0.3	0.4
K	0.05	0.1	0.2	0.4	0.6	0.8
L	0.1	0.2	0.4	0.8	1.2	1.6

【例 3-2】图 3-68 所示为气门阀杆，图中标注了三项几何公差。用文字说明标注的含义。

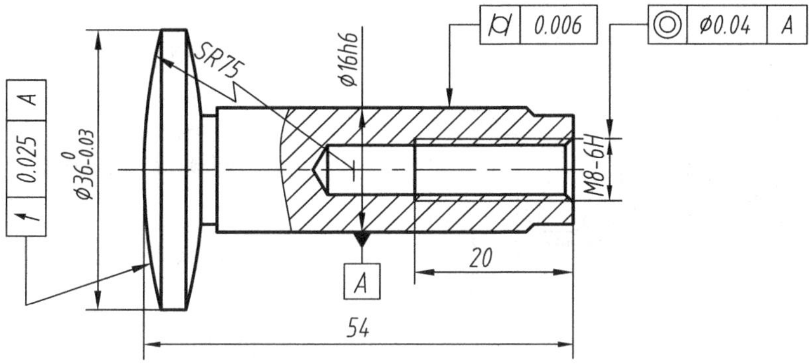

图 3-68　几何公差标注示例

解：对于形状公差，要说明标注的三要素，即被测要素、公差项目和公差值；对于方向、位置和跳动公差，一般要说明标注的四要素，即被测要素、基准要素、公差项目和公差值。说明如下：

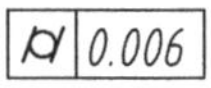

——ϕ 16h6圆柱面的圆柱度公差为0.006；

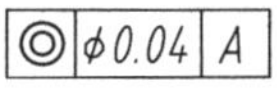

—— M8-6H轴线相对ϕ16h6轴线的同轴度公差为ϕ 0.04；

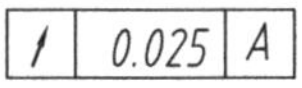

——*SR*75球面相对ϕ16h6轴线的圆跳动公差为0.025。

3.6　读零件图和典型零件图分析

一、读零件图

读零件图的目的就是要根据零件图想象出零件的结构形状，还应了解零件的尺寸和技术要求，以便在制造零件时，采用经济适当的加工方法，或者进一步研究零件的合理性，以便不断地进行改革与创新。

下面以图 3-69 所示泵体零件为例说明读零件图的一般方法和步骤。

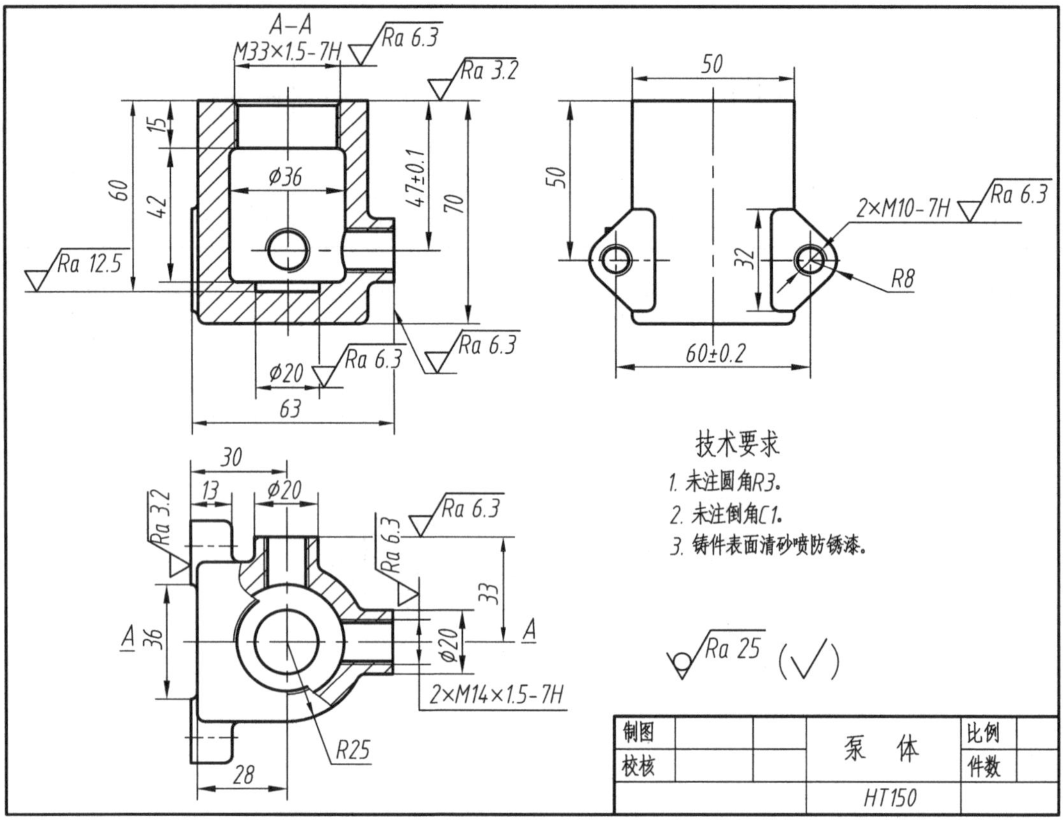

图 3-69 泵体零件图

1. 读标题栏初步了解零件

从标题栏中可以了解零件的名称、材料、画图比例、图号，结合典型零件的分类及已有的经验，粗略了解零件的用途、结构特点和加工方法。

从图 3-69 可知，零件的名称为泵体，属于箱体类零件。它必有容纳其他零件的空腔结构。材料是铸铁，零件毛坯是铸造而成，结构较为复杂，加工工序较多。

2. 分析视图，读懂零件的结构形状

图 3-69 中有三个图形，主视图采用全剖，俯视图采用局部剖，左视图为外形图。读图的基本方法是形体分析法，即分形体看：先看主要部分，后看次要部分；先看易懂的部分，后看难懂的部分；先看整体，后看细节，然后综合起来，分析和想象整个零件的结构形状。

由图 3-69 的各投影可知，该零件由泵体和两块安装板组成。

泵体部分：其外形为半圆柱状形，内腔为圆柱形，后面和右边各有一个凸台，分别与进、出油孔和内腔相通。从所标尺寸可知两凸台都是圆柱形，孔是螺纹孔。

安装板部分：从左视图和俯视图可知，在泵体左边有两块三角形安装板，上面有安装用的螺纹孔。

通过以上分析，可以想象出泵体的整体形状如图 3-70 所示。

3. 分析零件尺寸和技术要求

分析零件的尺寸时，除了找到长、宽、高三个方向的尺寸基准外，还应按形体分析法找到定形、定位尺寸，进一步了解零件的形状特征。图 3-69 中，从俯视图的尺寸 13、30 可知长度方向的基准是安装板的左端面；主视图的尺寸 70、47±0. 1 可知高度方向的基准是泵体的上顶面；从俯视图尺寸 33 和左视图的尺寸 60±0.2 可知宽度方向的基准是泵体前后对称面。进出油孔的中心高 47±0.1 和安装板两螺孔的中心距 60±0.2 要求比较高，加工时必须保证。

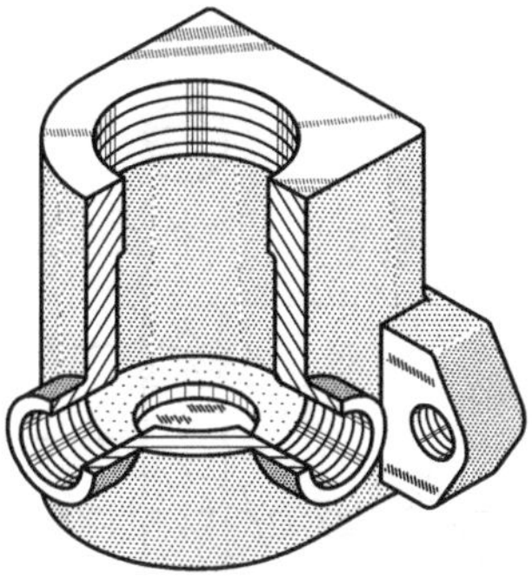

图 3-70　泵体立体图

分析表面粗糙度时，要注意它与尺寸精度的关系。还应了解零件制造、加工时的某些特殊要求。两螺孔端面及顶面等处表面为零件结合面，为防止漏油，表面粗糙度要求较高。

4. 综合归纳

将零件的结构形状、尺寸标注以及技术要求等内容进行综合归纳，就能理解零件图中包含的全部信息，从而读懂零件图。

上述读零件图方法与步骤是对一般情况而言的。如有条件，读零件图时可以充分利用实物或装配图，进行图、物对照，以增强感性认识，逐步提高读图能力，从而掌握“由结构分析功能，由功能想结构”的设计、创新思维方法。

图 3-19～图 3-23 均为完整的零件图，可进行读图练习。

二、典型零件图例分析

在本章第三节介绍了典型零件的用途及表达方案的选择，在这里重点是通过典型零件图例的分析，掌握快速、准确地读懂零件图的方法。

1. 轴套类零件

图 3-71 所示为轴套类零件。

结构分析：从标题栏看零件名称为顶尖套，它是装在顶尖座座孔里用来支撑顶尖的一个套类零件。视图表达是采用了一个主视图和两个断面图，主体结构是由两段直径不同的圆柱体组成。在 ϕ28h6 的圆柱面上有两个半径为 $R4$ 的圆弧槽；从主视图的局部剖看出，右端轴向方向有相连的锥孔和圆柱孔，径向方向有一个通槽；左端有一个退刀槽和倒角，柱面上有一个销孔。该零件的结构形状见图中轴测图。

尺寸及技术要求标注分析：径向方向的尺寸基准是回转轴线，长度方向的主要基准是 ϕ28h6 的左端面；有三处圆柱表面为配合面，因此给出了尺寸公差，分别为 ϕ28h6、ϕ12k7、ϕ4H7，其表面粗糙度值较小；莫氏锥度 2 号是标准结构，表面粗糙度值较小；ϕ28h6 轴线给出了直线度公差，锥孔表面给出了圆度公差。

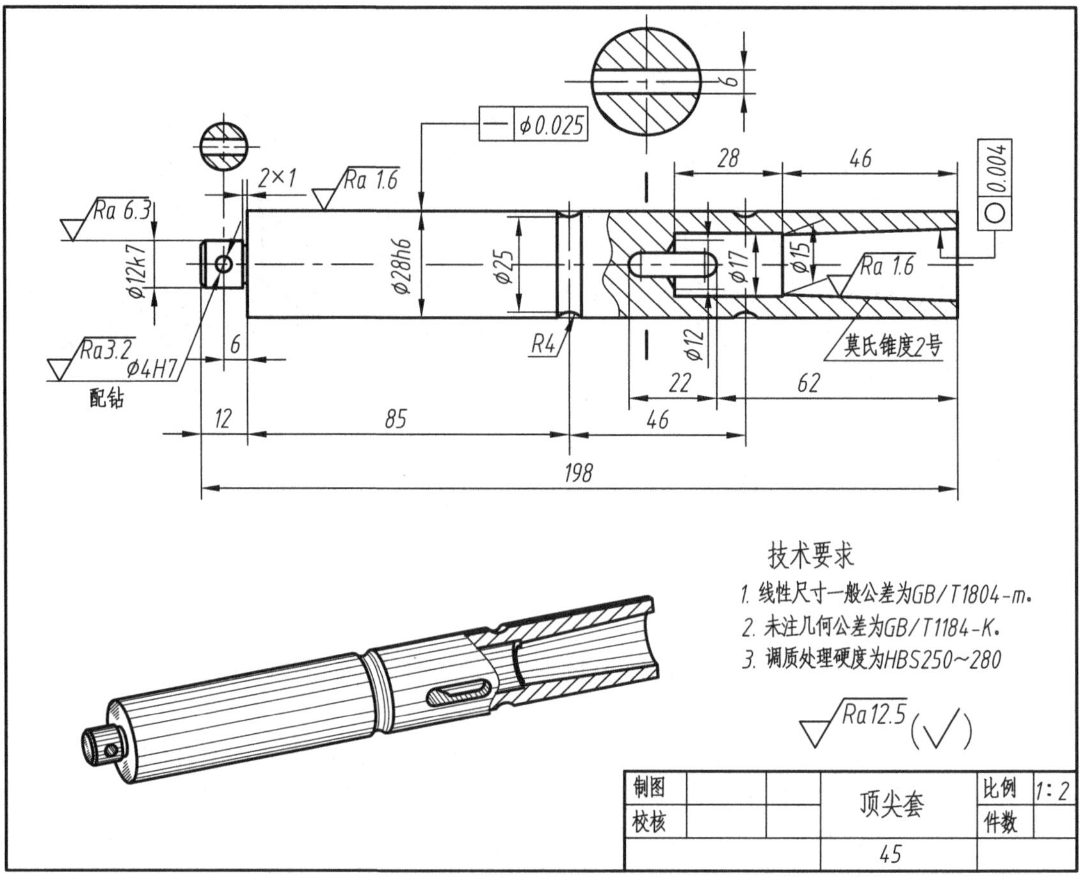

图 3-71　轴套类零件图

2. 盘盖类零件

图 3-72 所示为盘盖类零件。

结构分析：从标题栏看零件名称为工作台，它是机床部件回转工作台中的一个盘类零件，视图表达采用了两个视图和一个局部视图；主体结构是由三个轴向尺寸较短的圆柱体构成，在大圆柱的左端面有八个纵横交错的 T 形槽，其柱面上又有一个环形的 T 形槽；主视图采用了全剖，表达了中间三个直径不同的圆柱孔、螺孔及销孔、T 形槽的深度和环形 T 形槽的形状；左视图表达了 T 形槽的位置和螺孔、销孔的位置；局部视图表达了 T 形槽的形状和柱面上的刻线。综合想象该零件的结构形状，见图 3-72 中轴测图。

尺寸及技术要求标注分析：径向方向的尺寸基准是回转轴线，轴向方向的主要基准是 ϕ500 的左端面；有两处圆柱表面为配合面，因此给出了尺寸公差，分别为 ϕ250h6、ϕ70H7；配合表面的表面粗糙度值较小，T 形槽两侧面及左端面的表面粗糙度值较小；ϕ70H7 轴线相对 ϕ250h6 轴线给出了同轴度公差。

3. 叉架类零件

图 3-73 所示为叉架类零件。

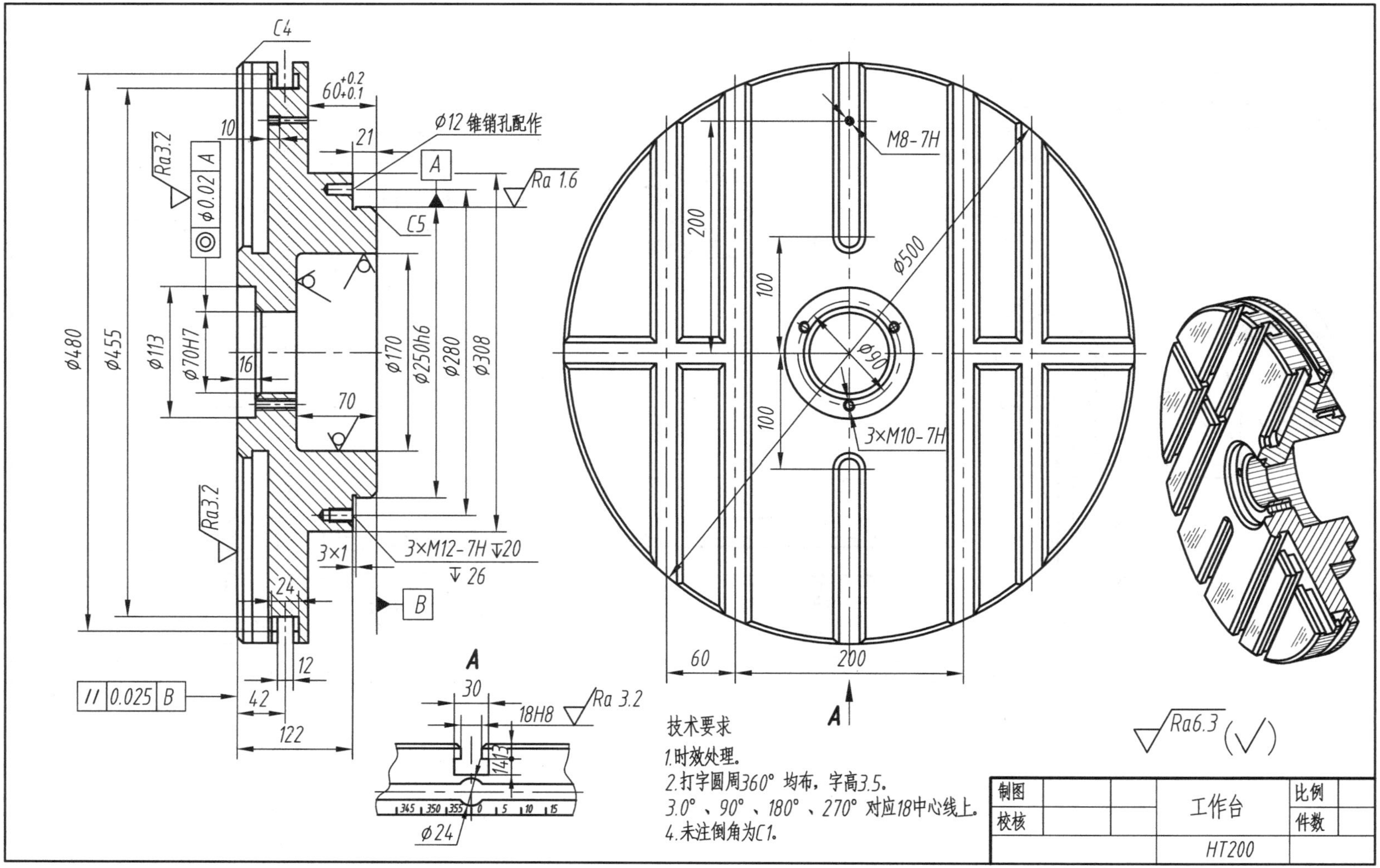
C4
60+0.2 +0.1
10
21
Ø12 锥销孔配作
A
Ra 1.6
C5
Ra3.2
Ø0.02 A
Ø480
Ø455
Ø113
Ø70H7
16
70
Ø170
Ø250h6
Ø280
Ø308
3×1
3×M12-7H ↧20
↧ 26
B
24
12
42
122
// 0.025 B
A
30
18H8
Ra 3.2
14.3
345 350 355 0 5 10 15
Ø24
M8-7H
200
100
100
Ø500
Ø90
3×M10-7H
60
200
A
Ra6.3 (√)
技术要求
1.时效处理。
2.打字圆周360° 均布，字高3.5。
3.0°、90°、180°、270° 对应18中心线上。
4.未注倒角为C1。
制图
校核
工作台
比例
件数
HT200
图 3-72　盘盖类零件图

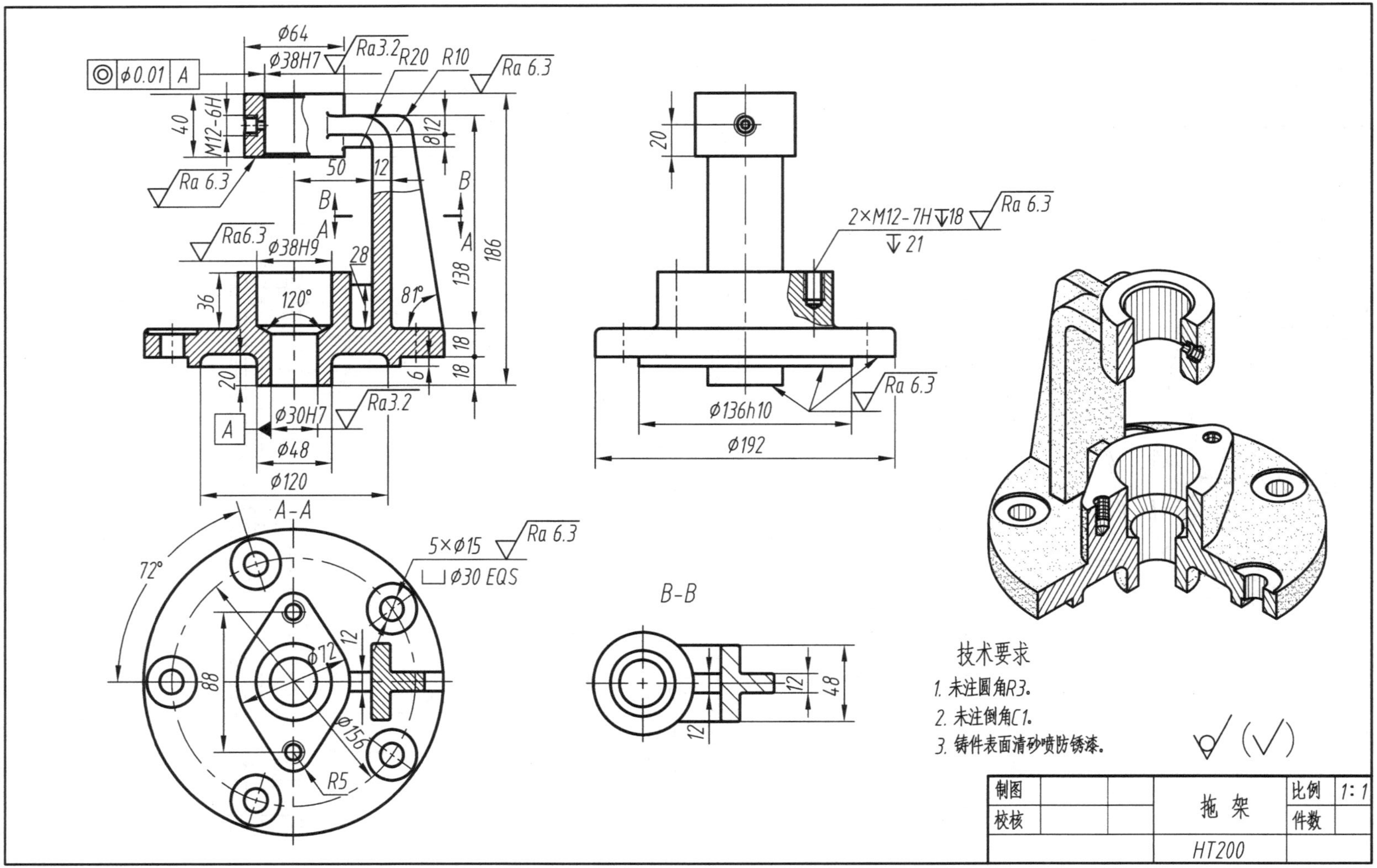

⌀64
⌀38H7
Ra3.2
R20
R10
Ra 6.3
⌀0.01 A
40
M12-6H
50
12
8
12
B
A
Ra6.3
⌀38H9
28
138
186
36
120°
81°
18
18
6
20
⌀30H7
Ra3.2
A
⌀48
⌀120
A-A
72°
5×⌀15
⌴⌀30 EQS
88
⌀12
⌀156
R5
20
2×M12-7H↧18
↧21
⌀136h10
⌀192
B-B
12
48
12
技术要求
1. 未注圆角R3。
2. 未注倒角C1。
3. 铸件表面清砂喷防锈漆。
(√)
制图
校核
拖 架
比例
1:1
件数
HT200

图 3-73 叉架类零件图

结构分析：从标题栏看零件名称为托架，它是支撑轴的一个叉架类零件，视图表达采用了三个视图和一个全剖视图；对叉架类零件主体结构可分为工作部分、安装部分和支撑部分，该零件的工作部分是支撑轴的两同轴的圆柱筒，安装部分是带五个安装孔的圆盘，支撑部分是弯角 T 字形肋；主视图局部剖表达了孔结构和肋与圆柱的连接情况；俯视图 *A–A* 全剖既表达了肋的形状和厚度，又表达了安装孔的位置；左视图表达外形，局部剖了凸台上的螺纹孔；*B–B* 剖视图主要表达上部肋板的厚度。综合想象该零件的结构形状，见图中轴测图。

尺寸及技术要求标注分析：径向方向的尺寸基准是回转轴线，高度方向的主要基准是下底面；有三处圆柱表面为配合面，因此给出了尺寸公差，分别为 ϕ38H7、ϕ38H9、ϕ30H7；配合表面的表面粗糙度值较小，其他加工表面粗糙度值较高，其余为不加工表面；ϕ38H7 轴线相对 ϕ30H7 轴线给出了同轴度公差。

4. 箱体类零件

图 3-74 所示为箱体类零件。

结构分析：从标题栏看零件名称为座体，它是容纳其他零件的一个箱体类零件，视图表达采用了两个视图、一个全剖视图和一个局部视图；对箱体类零件主体结构可采用形体分析法进行分析，可分析为三个带支耳的圆柱筒形的基本形体，其中两个同轴，两个垂直相交；主视图局剖主要表达了内部结构和部分外形，左视图表达外形，局部剖了底板上的安装孔；*A–A* 全剖既表达了四个台阶通孔又表达了安装孔的位置；*B* 向局部视图主要表达上部圆柱筒四个凸缘及孔的位置。综合想象该零件的结构形状见图中轴测图。

尺寸及技术要求标注分析：径向方向的尺寸基准是中心回转轴线，高度方向的主要基准是下底面；有三处圆柱表面为配合面，因此给出了尺寸公差，分别为 ϕ58H7、ϕ45H7、ϕ40H7；配合表面的表面粗糙度值较小，其他加工表面粗糙度值较高，其余为不加工表面；由于几何形状方面无特殊要求，未给出几何公差。

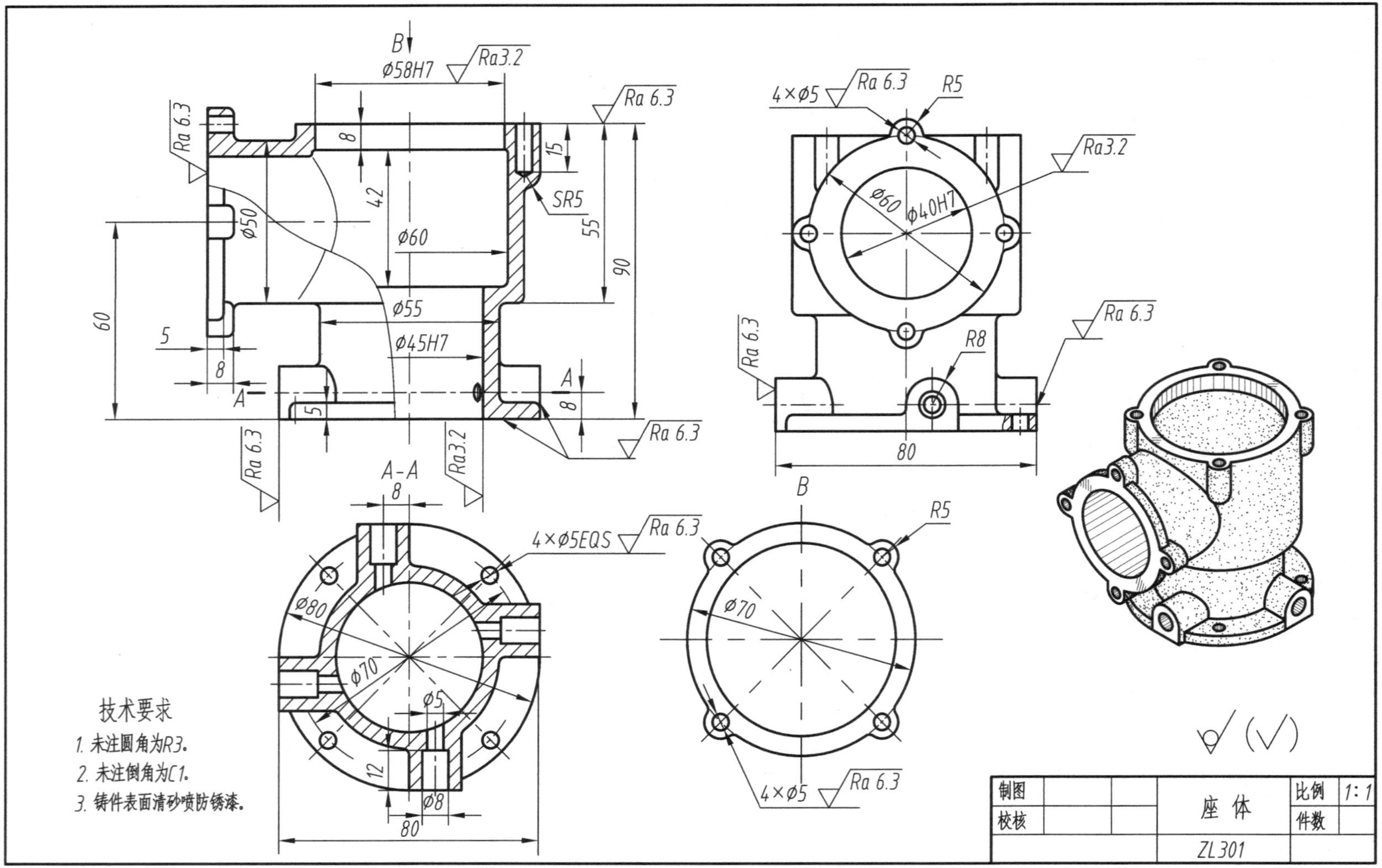
B
Ø58H7
Ra3.2
Ra 6.3
8
15
SR5
42
Ø60
55
90
Ø50
Ø55
Ø45H7
60
5
8
A
A
A-A
4×Ø5EQS
Ø80
Ø70
Ø5
12
Ø8
80
4×Ø5
R5
Ø40H7
R8
技术要求
1. 未注圆角为R3。
2. 未注倒角为C1。
3. 铸件表面清砂喷防锈漆。
制图
校核
座 体
比例
1:1
件数
ZL301

图 3-74　箱体类零件图

第四章 装 配 图

表达一台机器或一个部件的图样，称为装配图。其中表示部件的图样，称为部件装配图；表示一台完整机器的图样，称为总装配图或总图。

4.1 装配图的作用和内容

一、装配图的作用

装配图是生产中重要的技术文件。它表示机器或部件的结构形状、装配关系、工作原理和技术要求。设计时，一般先画出装配图，根据装配图绘制零件图。装配时，则根据装配图把零件装配成部件或机器，同时，装配图又是安装、调试、操作和检修机器或部件的重要技术文件。

图 4-1 所示的球阀是一种管道系统中用来控制流体流量的开关装置。球阀是阀的一种，它的阀芯是球形的。其装配关系是：阀体 1 和阀盖 2 均带有方形的凸缘，它们用四个双头螺柱 6 和螺母 7 连接（轴测图已剖去球阀左前方的一部分），并用合适的调整垫 5 调节阀芯 4 与密封圈 3 之间的松紧程度。在阀体上部有阀杆 12，阀杆下部有凸块，榫接阀芯上的凹槽（轴测图中阀杆 12 未剖去，可以看出它与阀芯 4 的关系）。为了密封，在阀体与阀杆之间加进填料垫 8，填料 9 和 10，并且旋入填料压紧套 11。

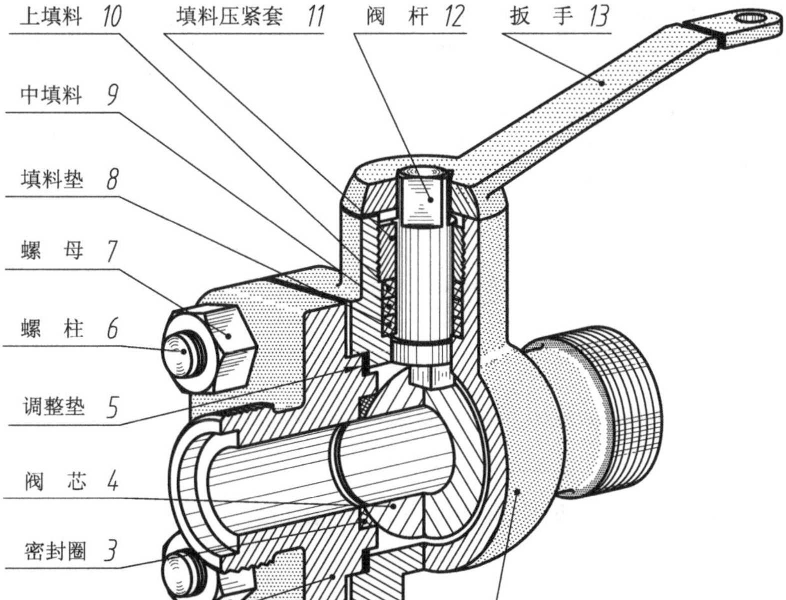

图 4-1 球阀轴测剖视图

图 4-2 是球阀的装配图，球阀的工作原理是：扳手 13 的方孔套进阀杆 12 上部的四棱柱，当扳手处于图 4-1 所示的位置时，则阀门全部开启，管道畅通；当扳手按顺时针方向旋转 90° 时（扳手处于如装配图 4-2 的俯视图中双点画线所示的位置），则阀门全部关闭，管道断流。

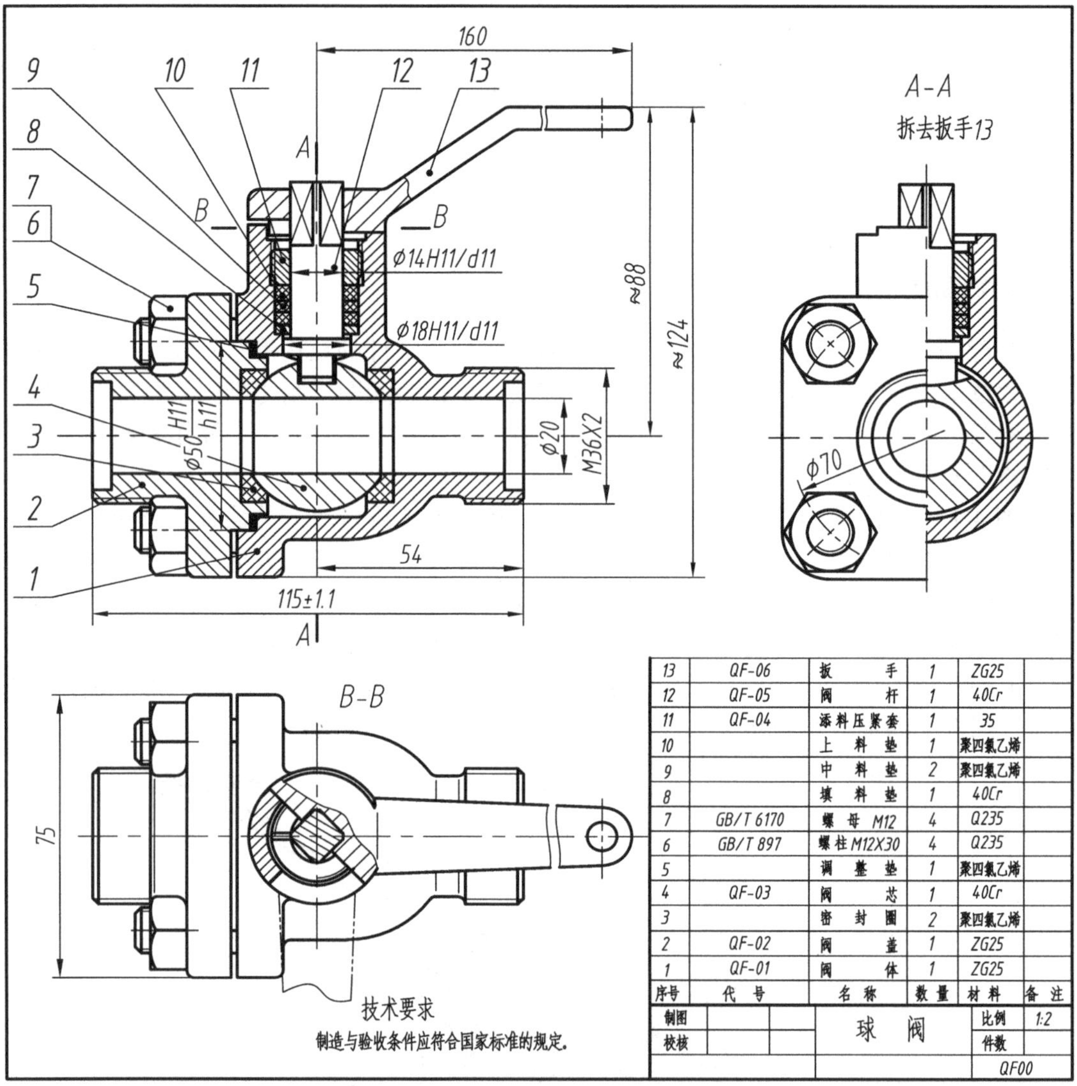

13	QF-06	扳　　手	1	ZG25	
12	QF-05	阀　　杆	1	40Cr	
11	QF-04	添料压紧套	1	35	
10		上　料　垫	1	聚四氯乙烯	
9		中　料　垫	2	聚四氯乙烯	
8		填　料　垫	1	40Cr	
7	GB/T 6170	螺　母　M12	4	Q235	
6	GB/T 897	螺柱 M12X30	4	Q235	
5		调　整　垫	1	聚四氯乙烯	
4	QF-03	阀　　芯	1	40Cr	
3		密　封　圈	2	聚四氯乙烯	
2	QF-02	阀　　盖	1	ZG25	
1	QF-01	阀　　体	1	ZG25	
序号	代　号	名　称	数　量	材　料	备　注

制图			球　阀	比例	1:2
校核				件数	
				QF00	

图 4-2　球阀装配图

二、装配图的内容

由图 4-2 可知，装配图一般应包括以下几方面内容。

1. 一组图形

用一组图形来表达机器或部件的工作原理、各零件的装配关系、零件的连接方式、传动路线以及主要零件的主要结构形状等。

在图 4-2 中，采用了全剖的主视图、半剖的左视图和局部剖的俯视图来表达球阀。

2. 必要的尺寸

必要的尺寸包括部件或机器的规格（性能）尺寸、配合尺寸、外形尺寸、部件或机器的安装尺寸和其他重要尺寸。

3. 技术要求

用文字或符号说明部件或机器的性能、装配和安装调整要求、验收条件和使用规则等。

4. 零部件序号、明细栏和标题栏

在装配图中，应对每个不同的零部件编写序号，并在明细栏中依次填写序号、代号（图号）、名称、件数、材料和备注等内容。标题栏一般应包括部件或机器的名称、比例、重量、图号及设计、制图、审核人员的签名等。

4.2 装配图的表达方法

部件和零件的表达的共同点都是要表达它们的内外结构，因此前面所讲关于零件的各种表达方法和视图选择原则，在表达部件时仍然适用。但也有不同的地方，零件图重点表达零件的结构形状，而装配图重点表达部件的总体情况。为了清晰简捷地表达部件的内外结构，国家标准对画装配图提出了一些规定画法和特殊表达方法。

一、装配图的规定画法

（1）两零件接触表面画一条线，不接触表面画两条线，如图 4-3（a）所示。

（2）两零件邻接时，不同零件的剖面线方向应相反，或者方向一致、间隔不等，如图 4-3（a）所示。同一零件在各个视图上的剖面线应一致，如图 4-2 中阀体 1 的主视图和左视图的剖面线一致。当零件厚度小于 2mm 时，剖切后允许用涂黑代替剖面线，如图 4-2 中的调整垫。

（3）对于紧固件和实心零件（如螺钉、螺栓、螺母、垫圈、键、销、球及轴等），若剖切平面通过它们的基本轴线时或对称平面时，则这些零件按不剖绘制，仍画外形；需要时，可采用局部剖视。当剖切平面垂直于这些零件的轴线时，则应画出剖面线，如图 4-3（b）所示。

二、装配图的特殊表达方法

1. 拆卸画法

在装配图中，当某些零件遮住了需要表达的其他结构或装配关系，而这些零件在其他视图上已表达清楚时，可假想拆去一个或几个零件后绘制视图，称为拆卸画法，如图 4-4 滑动轴承装配图中，为表达下轴衬和轴孔座的装配关系，俯视图右半部分就是拆去了轴孔盖、上轴衬、螺柱、螺母后画出的。采用拆卸画法，需在相应视图上标出“拆去零件 ××”。

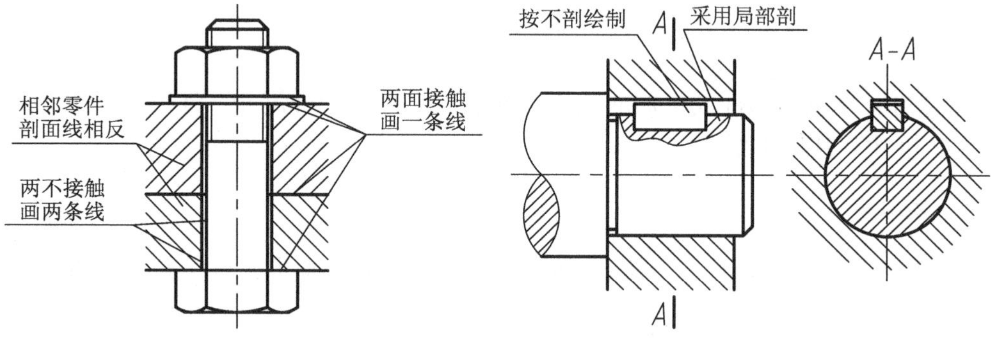

（a）　　　　（b）

图 4-3　装配图的规定画法

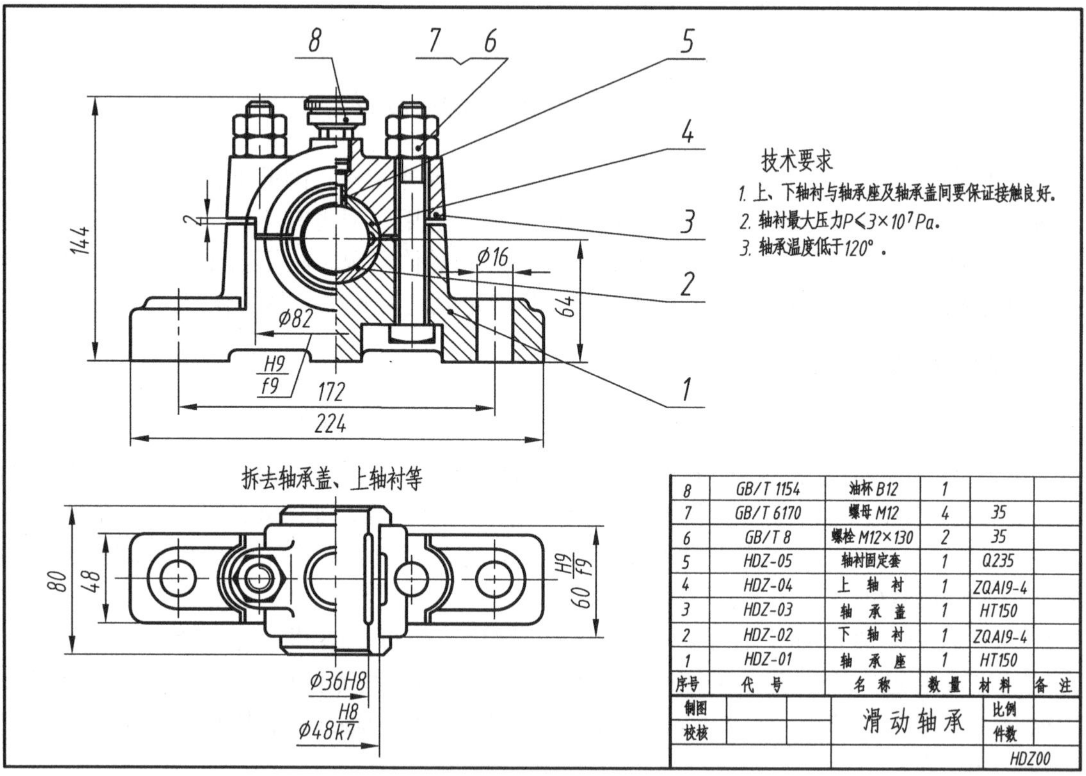

序号	代号	名称	数量	材料	备注
8	GB/T 1154	油杯 B12	1		
7	GB/T 6170	螺母 M12	4	35	
6	GB/T 8	螺栓 M12×130	2	35	
5	HDZ-05	轴衬固定套	1	Q235	
4	HDZ-04	上 轴 衬	1	ZQAl9-4	
3	HDZ-03	轴 承 盖	1	HT150	
2	HDZ-02	下 轴 衬	1	ZQAl9-4	
1	HDZ-01	轴 承 座	1	HT150	

制图		滑动轴承	比例	
校核			件数	
			HDZ00	

图 4-4　滑动轴承装配图中采用的拆卸画法

2. 沿结合面剖切画法

为表达装配体的某些内部结构，可在两零件的结合面处剖切后进行投影，称为沿结合面剖切画法。如图 4-5 转子油泵装配图中，*A–A* 剖视图是沿泵盖与泵体结合面剖切后投影得到的。此时，零件的结合面不画剖面线，而被剖切的零件必须画出剖面线。

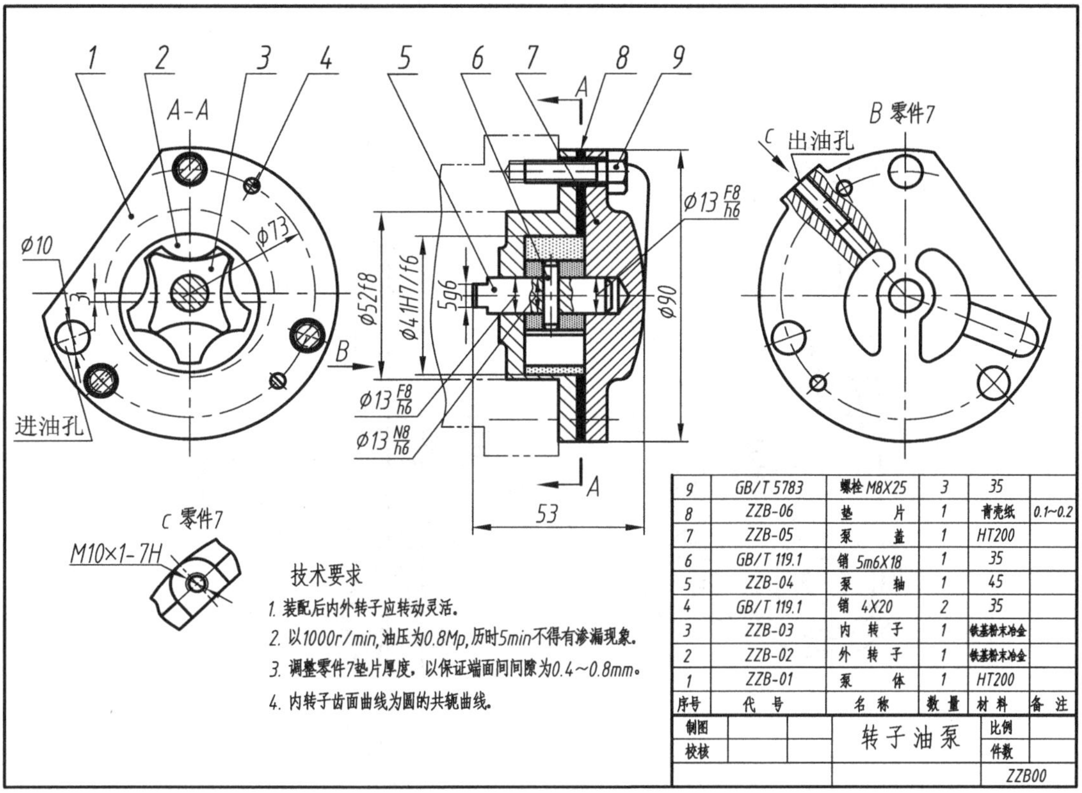

图 4-5　转子油泵装配图中采用的特殊画法

3. 假想画法

（1）在装配图中当需要表达某些零件的运动范围和极限位置时，可用双点画线画出该运动零件在极限位置的外形图。如图 4-6 所示当挂轮架中上部的手柄放在图示位置Ⅰ时，齿轮 2、3 都不能与齿轮 4 啮合；当手柄处于位置Ⅱ时，传动路线为齿轮 1 经 2 传至 4；当手柄处于位置Ⅲ时，传动路线为齿轮 1 经 2、3 传至 4，这样齿轮 4 的转向就与前一种情况相反。图中手柄的Ⅱ、Ⅲ的位置用双点画线表示。

（2）在装配图中当需要表达本部件与相邻部件的装配关系时，可用双点画线画出相邻部分的轮廓线，如图 4-6 中床头箱的画法。

4. 单独表示某个零件的画法

在装配图中，为了表示某个重要零件的结构形状，可另外单独画出该零件的某个视图，但必须在所画视图的上方注出该零件名称和字母名称，在相应视图附近用箭头指明投影方向，并注上同样的字母，如图 4-5 中单独画出了泵盖的 *B* 向视图。

5. 夸大画法

在装配图中，如绘制厚度很小的薄片、直径很小的孔、微小间隙等时，若无法按全图比例正常绘出，或正常绘出不能清晰表达结构或造成图线密集难以区别时，该部分可不按原比例而夸大画出，如图 4-2 和图 4-7 中的垫片厚度及间隙等的夸大画法。

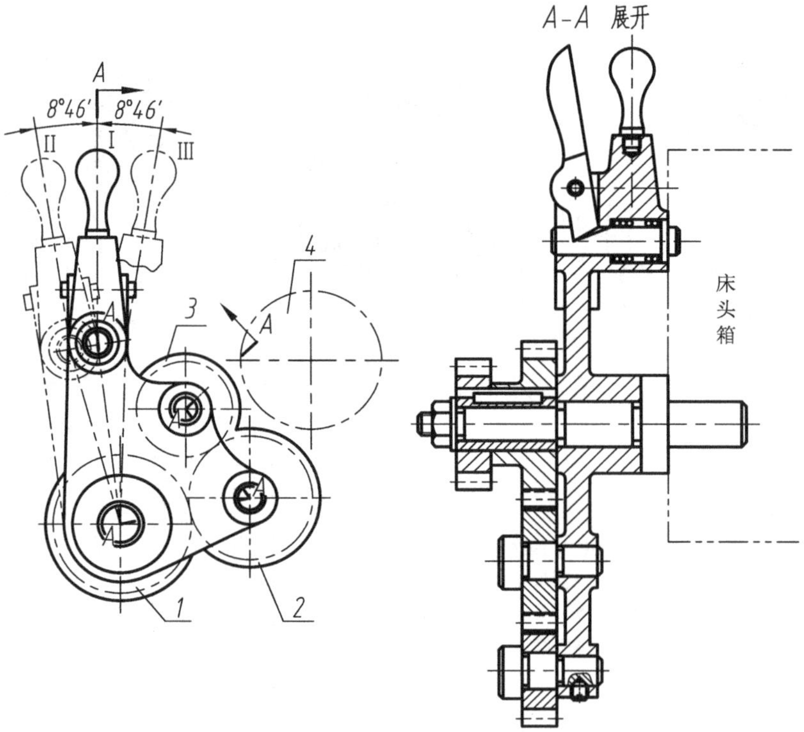

图 4-6　挂轮架装配图中的假想画法和展开画法

6. 展开画法

为了表达一些传动结构各零件的装配关系和传动路线，可假想按传动顺序沿轴线剖开，然后依次将轴线展开在同一平面上画出，这种画法叫展开画法，如图 4-6 所示的左视图。

三、装配图的简化画法

常用的简化画法有以下几种。

（1）在装配图中，零件的工艺结构，如圆角、倒角、退刀槽等可不必画出，如图 4-7 所示。

（2）对于若干相同的零件组，如螺栓连接等，可详细地画出一组或几组，其余只需用点画线表示其装配位置即可，如图 4-7 所示。

（3）对于滚动轴承和密封圈，在剖视图中可以一边用规定画法，另一边用通用画法表示，如图 4-7 所示。

（4）当剖切平面通过某些标准产品部件时，在装配图中可以只画出外形，如图 4-4 中的标准产品油杯；当剖切平面通过组合件，该组合件在其他部件装配图中已表达清楚，也可以只画出外形，如图 4-8 中的调节齿轮组合件。

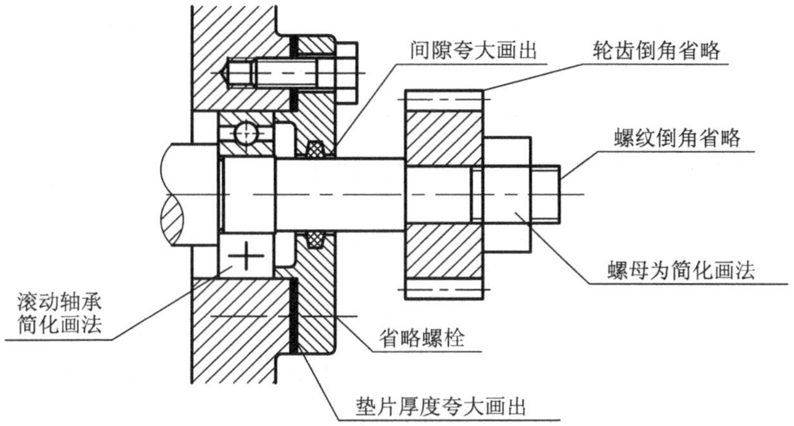

图 4-7　装配图中夸大画法及简化画法

4.3　由零件图画装配图

在进行产品或部件设计时，一般先要根据设计要求画出产品或部件的装配示意图；在完成零件设计后，再根据部件所属的零件图画成部件的装配图。

一、了解部件的工作原理，装配关系

在画装配图前，首先要对部件进行仔细分析，从以下几个方面对部件进行了解。

（1）了解部件的装配干线。在一个机器或部件中，一般都有装配干线。装配干线是指为实现某种功能装配在一起，一般具有共同轴线和中心线的一串零件，当有几个装配干线时，要分主要装配干线和次要装配干线。其余少数零件以单一关系装配在一起的称为零散装配点。

（2）了解部件中各零件的运动情况和部件的工作原理。

（3）了解部件中各零件的安装位置和部件的工作状态，以及本部件与其他部件的连接、固定方式。

二、装配图的视图选择

装配图的视图选择原则与零件图比较有共同之处，但由于表达的内容不同因此也有差异。

1. 主视图的选择

（1）一般将机器或部件按工作位置放置，使装配体的主要装配干线或主要安装面呈水平或铅垂位置。

（2）选择最能反映机器或部件的工作原理、零件间装配关系的视图作为主视图。

（3）选择最能反映机器或部件的整体形状特征和主要零件的结构形状的视图作为主视图。

当不能在同一主视图上反映以上内容时，则应经过比较，取一个能较多反映上述内

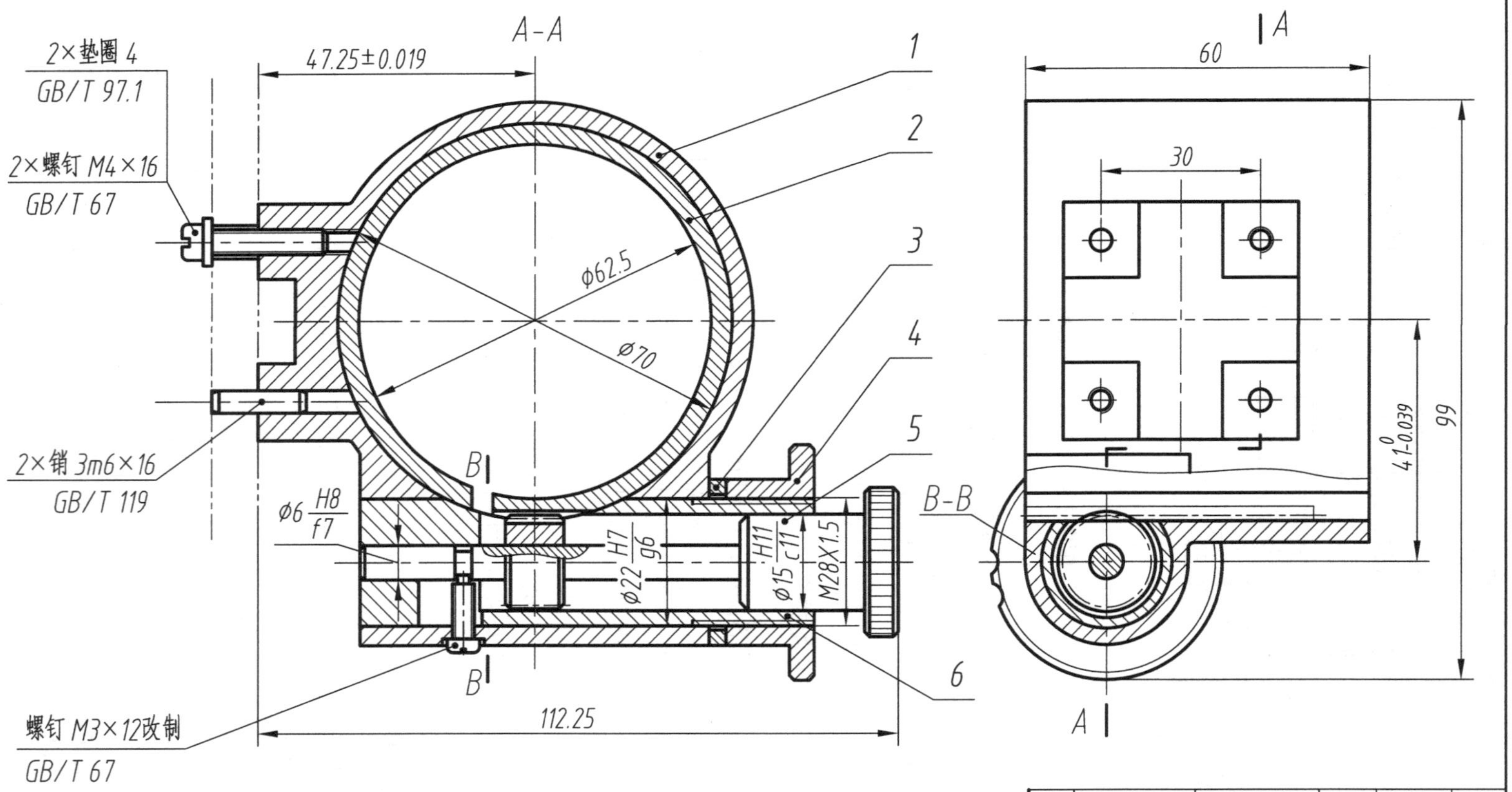

技术要求

传动应平稳轻巧，不允许有卡阻爬行现象。

序号	代号	名称	数量	材料	备注
6	JTJ-00-02	锁紧套	1	LY12	
5	JTJ-01	调节齿轮	1		组合件
4	JTJ-00-04	锁紧螺母	1	LY12	
3	JTJ-00-03	垫圈	1	Q235	
2	JTJ-00-02	内衬套	1	ZL102	
1	JTJ-00-01	架体	1	ZL102	

制图		镜头架	比例
校核			件数
			JTJ-00

图 4-8 镜头架的装配图

容的视图，即反映信息量为最多的视图作为主视图。

2. 其他视图的选择

主视图选定后，对其他视图的选择从以下几点加于考虑。

（1）考虑还有哪些装配关系、工作原理及主要零件的主要结构没有表达清楚，再确定选择哪些视图以及相应的表达方法。

（2）尽可能考虑用基本视图或在基本视图上作剖视（包括拆卸画法、沿结合面剖切的方法）来表达相关内容。

（3）要考虑合理地布置视图位置，使图样清晰并有利于图幅的充分利用。

在选择其他视图时，要使每一个视图有一个表达的重点，避免重复烦琐，还要注意不要漏画某个零件，即每个零件在视图中都应展现出来。

3. 装配图视图表达分析举例

1）平口钳

图 4-9 所示为平口钳的结构图。平口钳是用来夹持被加工的工件。使用时，固定钳体安装在工作台上，旋转螺杆，带动螺母及活动钳体作直线往复运动，使两钳口板闭合或张开以夹紧或松开工件，螺钉用来锁紧螺母。

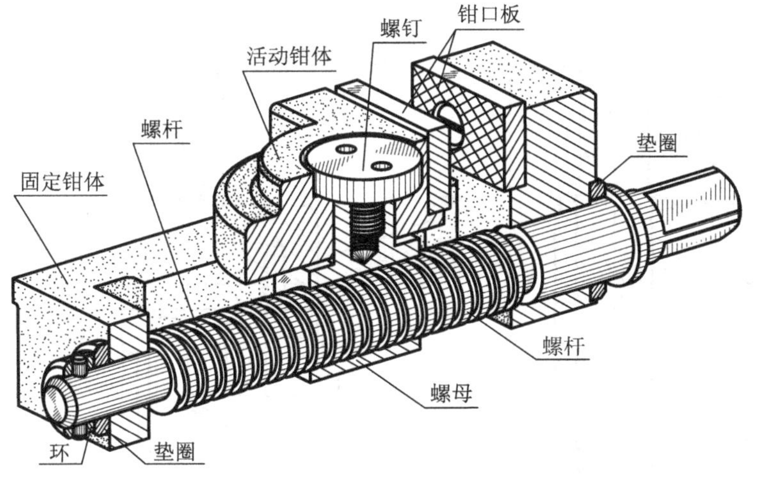

图 4-9　平口钳结构图

图 4-10 所示为平口钳的装配图。其表达方法分析如下。

（1）平口钳通常安装在工作台上，因此选择它的工作位置画图。

（2）按垂直螺杆轴线方向作为主视图的投影方向，为表达内部结构，主视图采用了全剖视图，较清楚地表达了平口钳的工作原理和零件间的装配关系。

（3）在俯视图上采用将活动钳体、螺钉、螺母、钳口板等拆卸一半的画法，这样既表达了活动钳体等零件的形状，又表达了固定钳体的结构形状。俯视图中采用了局部剖，表达了钳口板与钳体的连接关系。

（4）为了反映固定钳体、活动钳体的外形结构和它们的配合关系，以及螺钉、螺母与钳体的位置关系等，左视图采用了局部剖。

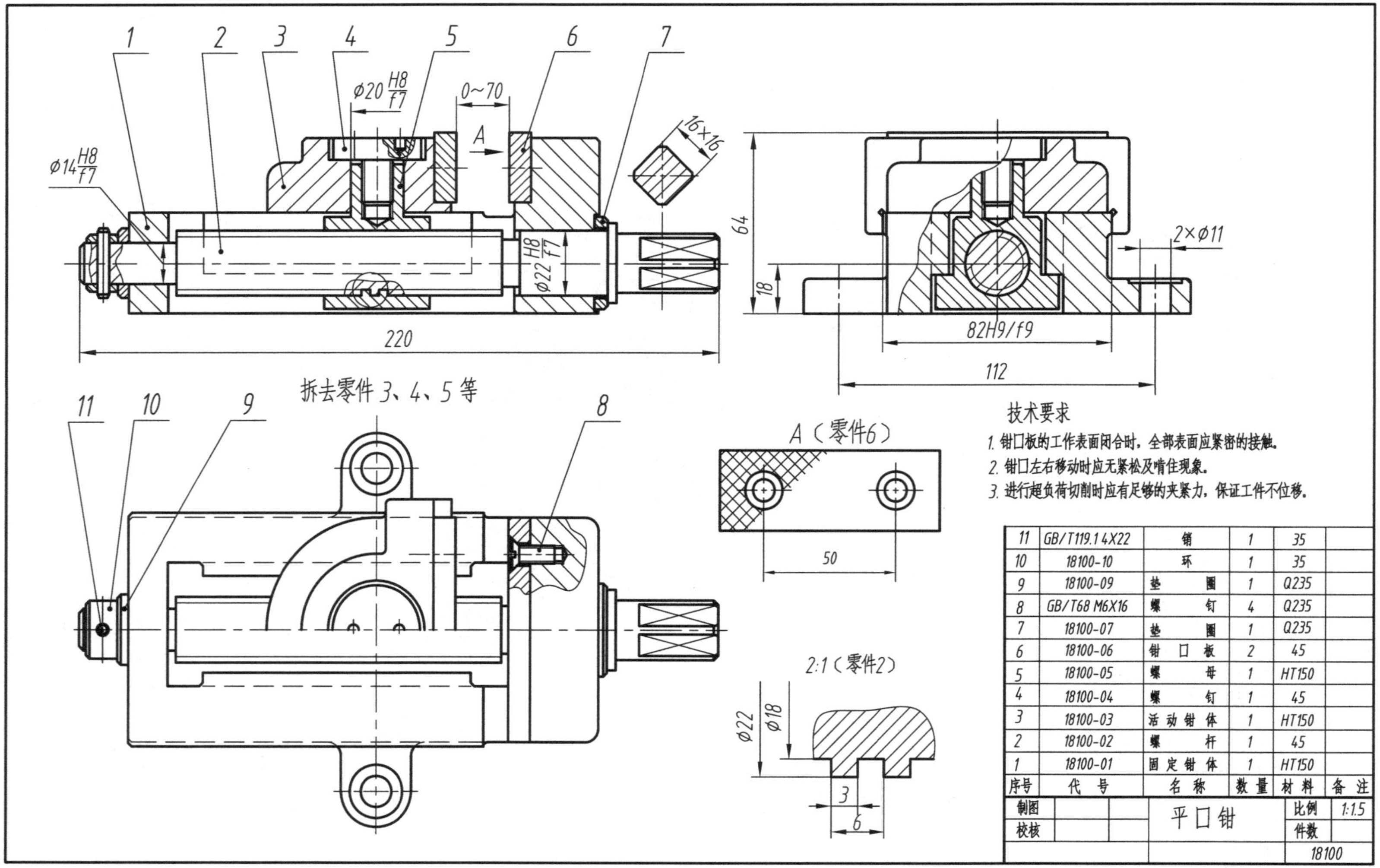

技术要求

1. 钳口板的工作表面闭合时，全部表面应紧密的接触。
2. 钳口左右移动时应无紧松及啃住现象。
3. 进行超负荷切削时应有足够的夹紧力，保证工件不位移。

序号	代号	名称	数量	材料	备注
11	GB/T119.1 4X22	销	1	35	
10	18100-10	环	1	35	
9	18100-09	垫圈	1	Q235	
8	GB/T68 M6X16	螺钉	4	Q235	
7	18100-07	垫圈	1	Q235	
6	18100-06	钳口板	2	45	
5	18100-05	螺母	1	HT150	
4	18100-04	螺钉	1	45	
3	18100-03	活动钳体	1	HT150	
2	18100-02	螺杆	1	45	
1	18100-01	固定钳体	1	HT150	

制图			平口钳	比例	1:1.5
校核				件数	
				18100	

图 4-10 平口钳装配图

2）减速器

图所示 4-11 所示为减速器的结构图。减速器是刀具磨床上自动送料机构上的一个部件。根据设计要求，它的动力由电动机通过 V 形皮带轮传入减速器，经蜗杆、蜗轮、一对直齿锥齿轮和装在锥齿轮轴上的圆柱齿轮传给螺旋输送器，电动机与螺旋输送器不属于减速器这个部件，因此图中未画出。

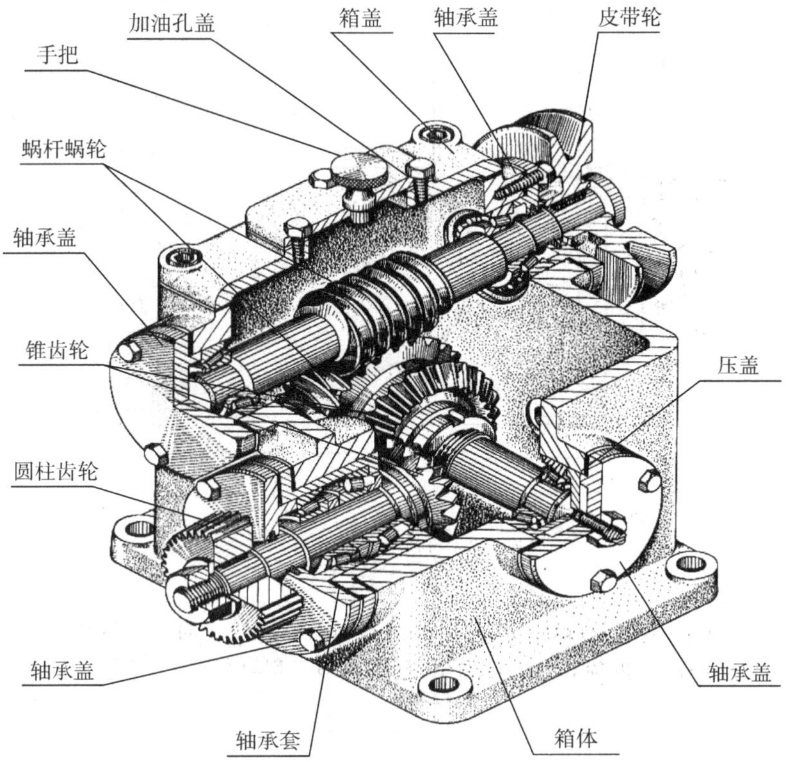

图 4-11　减速器结构图

减速器的箱体用来支承蜗杆、蜗轮及锥齿轮，箱内存放一定量的润滑油。为了防止污物侵入箱体和润滑油的飞溅，以及装拆零件方便，箱体上装有箱盖。为了加注润滑油，箱盖上还配置加油孔盖。加油孔盖上装有透气手把以排除摩擦生热后箱内膨胀的空气。在箱体下部装有油标以指示油量，油标下装有螺塞以排除污油。

蜗杆轴和装有蜗轮、锥齿轮的蜗轮轴，其两端支承处均装有滚动轴承。锥齿轮轴上亦相对地装有两个滚动轴承，为了便于装拆，该两滚动轴承装在轴承套内。轴端均有轴承盖，在轴穿过轴承盖的地方均有密封用的毡圈以防漏油。箱盖和轴承盖均用螺栓或螺钉连接。

图所示 4-12 所示为减速器的装配图。其表达方法分析如下：

（1）减速器用四个螺钉安装在机座上，为了便于了解它的工作情况，因此选择它的工作位置画图。

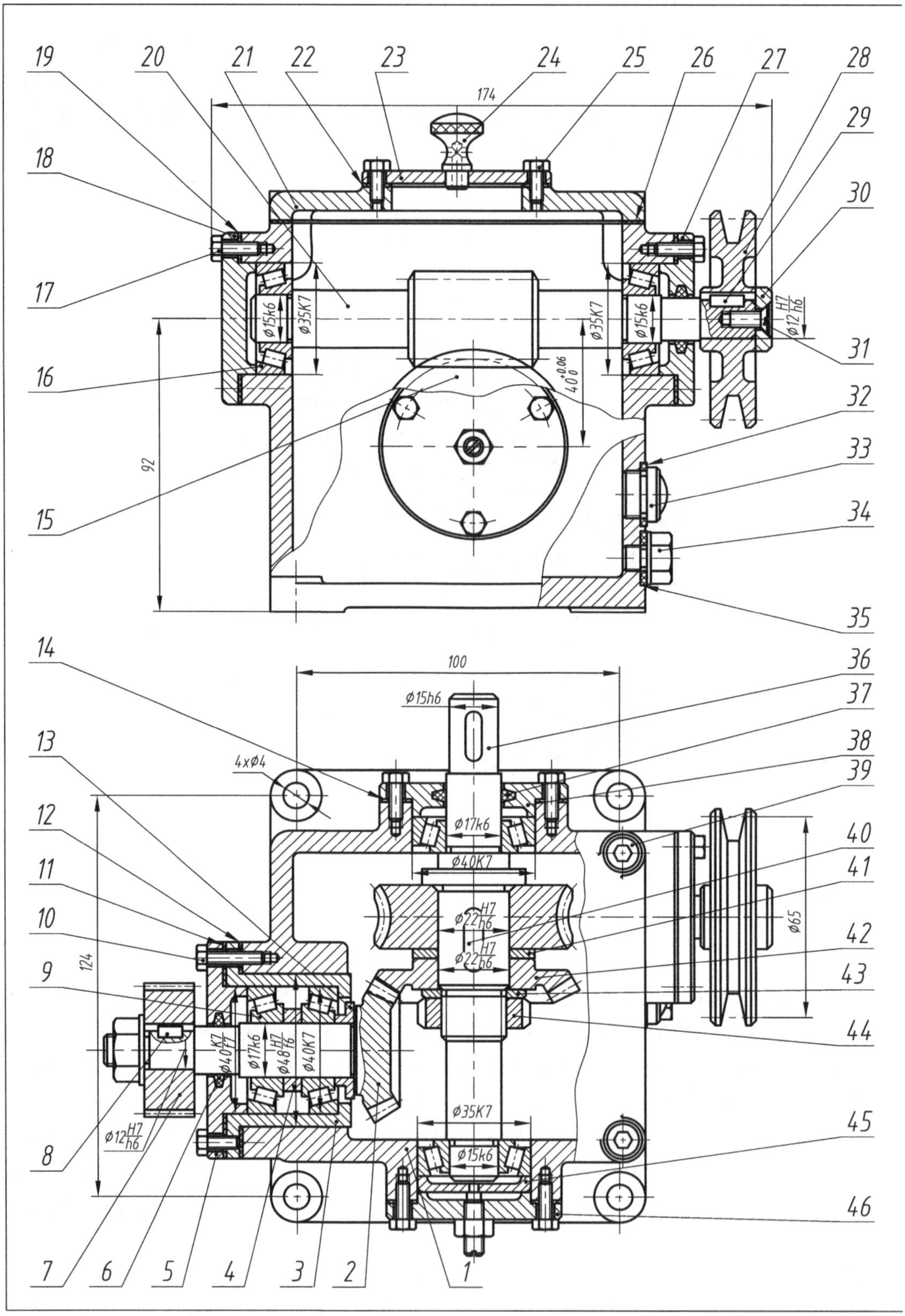

19
20
21
22
23
24
25
26
27
28
29
30
31
32
33
34
35
18
17
16
15
174
92
Ø15k6
Ø35K7
40+0.06 0
H7 h6
Ø12
14
13
12
11
10
9
8
7
6
5
4
3
2
1
36
37
38
39
40
41
42
43
44
45
46
100
124
4×Ø4
Ø15h6
Ø17k6
Ø40K7
Ø22 H7/h6
Ø35K7
Ø15k6
Ø65
Ø12 H7/h6
Ø40 K7/f7
Ø48 H7/f6

图 4-12　减速

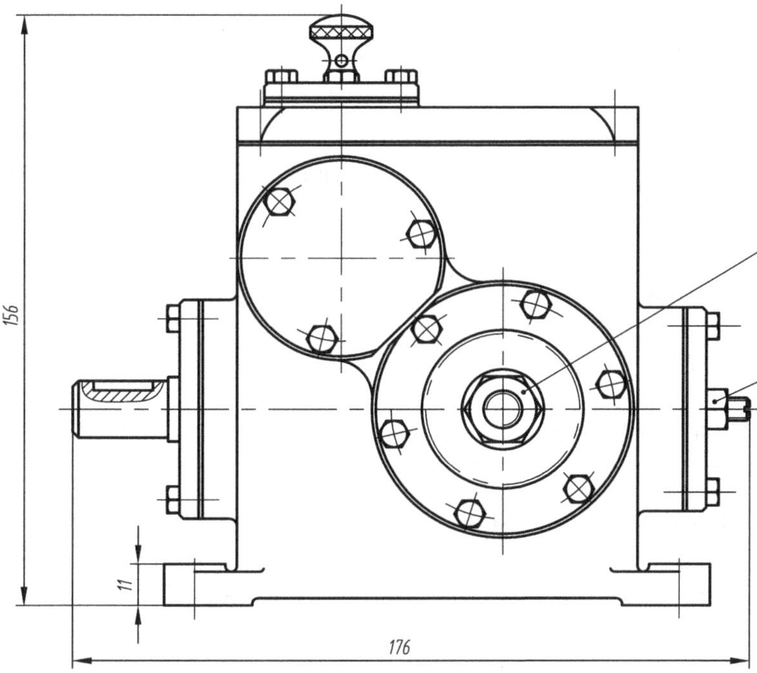

技术要求

1. 装配后转动要灵活，各密封处不得有漏油现象。
2. 空载试验时，油池温度不超过35°，轴承温度不超过45°。
3. 装配时选择磨削调整片，使其厚度适当，保证锥齿轮啮合状态良好。

序号	代号	名称	数量	材料	备注
50	GB/T 75	螺钉 M6×16	1	35	
49	GB/T 6170	螺母 M6	1	35	
48	GB/T 6170	螺母 M10	1	35	
47	GB/T 97.1	垫圈 10	1	Q235	
46	JSQ00-23	轴承盖	1	HT200	
45	JSQ00-22	压盖	1	Q235	
44	GB/T 812	螺母 M20×1.5	1	35	
43	GB/T 97.2	垫圈 20	1	Q235	
42	JSQ00-21	锥齿轮	1	45	m=2、Z=31
41	JSQ00-20	调整片	1	45	
40	GB/T 1096	键 6×6×26	1	45	
39	GB/T 70	螺钉 M6×10	1	35	
38	JSQ00-19	轴承盖	1	HT200	
37		毡圈	1	毛毡	无图
36	JSQ00-18	蜗轮轴	1	45	
35		垫片	1	纸柏	无图
34	JSQ00-17	螺塞	1	Q235	
33		油标	1		组件、无图
32		垫片	1	纸柏	无图
31	GB/T 68	螺钉 M5×12	2	35	
30	JSQ00-16	挡圈	1	Q235	
29	GB/T 1096	键 4×4×14	1	45	
28	JSQ00-15	皮带轮	1	HT200	
27	JSQ00-14	轴承盖	1	HT200	
26		垫片	1	纸柏	无图
25	GB/T 5782	螺栓 M4×10	7	Q235	
24	JSQ00-13	手把	1	Q235	
23	JSQ00-12	加油孔盖	1	Q235	
22		垫片	1	纸柏	无图
21	JSQ00-11	箱盖	1	HT200	
20	JSQ00-10	蜗杆轴	1	45	m=2、Z=1
19		垫片	1	纸柏	无图
18	JSQ00-09	轴承盖	1	HT200	
17	GB/T 5782	螺栓 M4×14	12	Q235	
16	GB/T 297	轴承 30202	3		
15	JSQ00-08	蜗轮	1	ZQAl 9-4	m=2、Z=27
14		垫片	1	纸柏	无图
13	JSQ00-07	挡圈	1	45	
12		垫片	1	纸柏	无图
11		垫片	1	纸柏	无图
10	GB/T 5782	螺栓 M4×18	3	Q235	
9	GB/T 297	轴承 30203	3		
8	GB/T 1096	键 4×4×10	1	45	
7	JSQ00-06	齿轮	1	45	m=1、Z=40
6		毡圈	2	毛毡	无图
5	JSQ00-05	轴承盖	1	HT200	
4	JSQ00-04	套圈	1	Q235	
3	JSQ00-03	轴承套	1	Q235	
2	JSQ00-02	锥齿轮轴	1	45	m=2、Z=21
1	JSQ00-01	箱体	1	HT200	

制图			减速器	比例	
校核				件数	
					JSQ00

器装配图

（2）为了表达减速器的工作原理、传动路线，并能较多地反映零件间的装配关系，主视图将蜗杆轴水平放置，通过其轴线作局部剖视图以表达蜗杆轴上各零件的装配关系和蜗杆、蜗轮的啮合情况。另外，为了表示油标、螺塞与箱体的连接情况，亦采用了局部剖视。

（3）为了表示蜗轮 15、锥齿轮轴 2、锥齿轮 42、轴承等装配关系和传动关系以及箱体 1、箱盖 23 的结构情况和连接情况，采用了经过锥齿轮轴和蜗轮轴的轴线剖切的局部剖视图作为俯视图。

（4）采用左视图表达轴承盖 5、轴承盖 18 的形状和箱体、箱盖以及整个减速器的外形结构。

三、画装配图的方法和步骤

1. 画装配图的方法

画装配图的方法通常有两种方法。

1）由内向外画法

画图时从最里面的主要装配干线出发，先画里面的零件，然后按装配关系逐步向外扩展。其优点是层次分明，与设计过程吻合，可避免绘制外部零件时被内部零件挡住轮廓线，容易使图形清晰。一般当外部零件较简单，内部零件较多较复杂时采用由内向外画法。

2）由外向内画法

画图时从最外面的壳体零件出发，先画外壳零件，逐次向里画出各个零件。其优点是便于从整体布局出发，合理布置图形，快速确定其他零件位置，与装配过程吻合。一般当外部零件较大较复杂，内部零件不多时采用由外向内画法。

3）画装配图的注意点

（1）各视图间要符合投影关系，各零件及各结构要素都要符合投影关系。

（2）先画部件的主要结构，后画次要结构。

（3）先画起定位作用的基准零件，再根据位置关系画出其他零件。

（4）随时检查各零件间的装配关系，分清哪些是接触面，哪些是不接触表面。

2. 画装配图的步骤

下面以图 4-1 所示球阀轴测剖视图为例，说明画装配图的步骤。球阀的工作原理在零件图第一节里已经介绍，这里不再重复。球阀的装配示意图如图 4-13 所示，球阀装配图的视图的表达方案如图 4-2 所示，球阀的主要零件图如图 4-14 所示。

（1）根据表达方案确定比例和图幅。

确定了部件的视图表达方案后，根据视图表达方案以及部件的大小与复杂程度，选取适当比例，安排各视图的位置，从而选定图幅，便可着手画图。

（2）合理布图，画出各视图基准线、定位线。

在安排各视图位置时，要注意留有供编写零（部）件序号、明细栏以及注写尺寸和技术要求的位置。主视图和俯视图长度方向的基准选择球阀阀杆的轴线，高度方向基

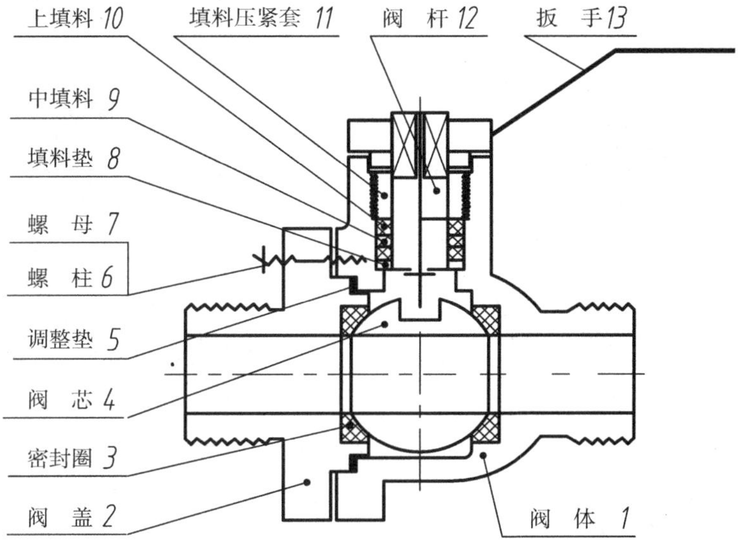

图 4-13 球阀装配示意图

准选择阀体水平通孔的轴线，宽度方向的基准选择前后对称面的对称中心线，如图 4-15（a）所示。

（3）画各视图的底稿。

选择画装配图方法，分析球阀有水平、垂直方向两条装配干线，阀体零件较复杂，内部零件不多，可以先从阀体画起，然后再画装配干线上的其他零件。

开始画图时先用细实线画出底稿，便于画图过程中修改，切忌画一笔描深一笔。先画主要零件，后画次要零件，如图 4-15（b）、（c）、（d）所示。

底稿完成后，画剖面符号。画剖面符号时要注意同一零件的剖面线在各个视图中方向、间隔必须一致。

（4）标注装配图必要的尺寸和技术要求。

（5）编写零部件序号，填写明细栏和标题栏。

（6）检查描深，完成装配图，如图 4-2 所示。

4.4 装配图中的尺寸标注及技术要求

一、装配图中的尺寸标注

装配图的作用与零件图不同，根据装配图的使用要求，应标注出必要的尺寸。在装配图上一般应标注如下五类尺寸。

1. 性能（规格）尺寸

表示机器或部件性能（规格）的尺寸，在设计时就已经确定，也是设计、了解和选用该机器或部件的依据，如图 4-16 中蝴蝶阀的规格尺寸 $\phi 55$。

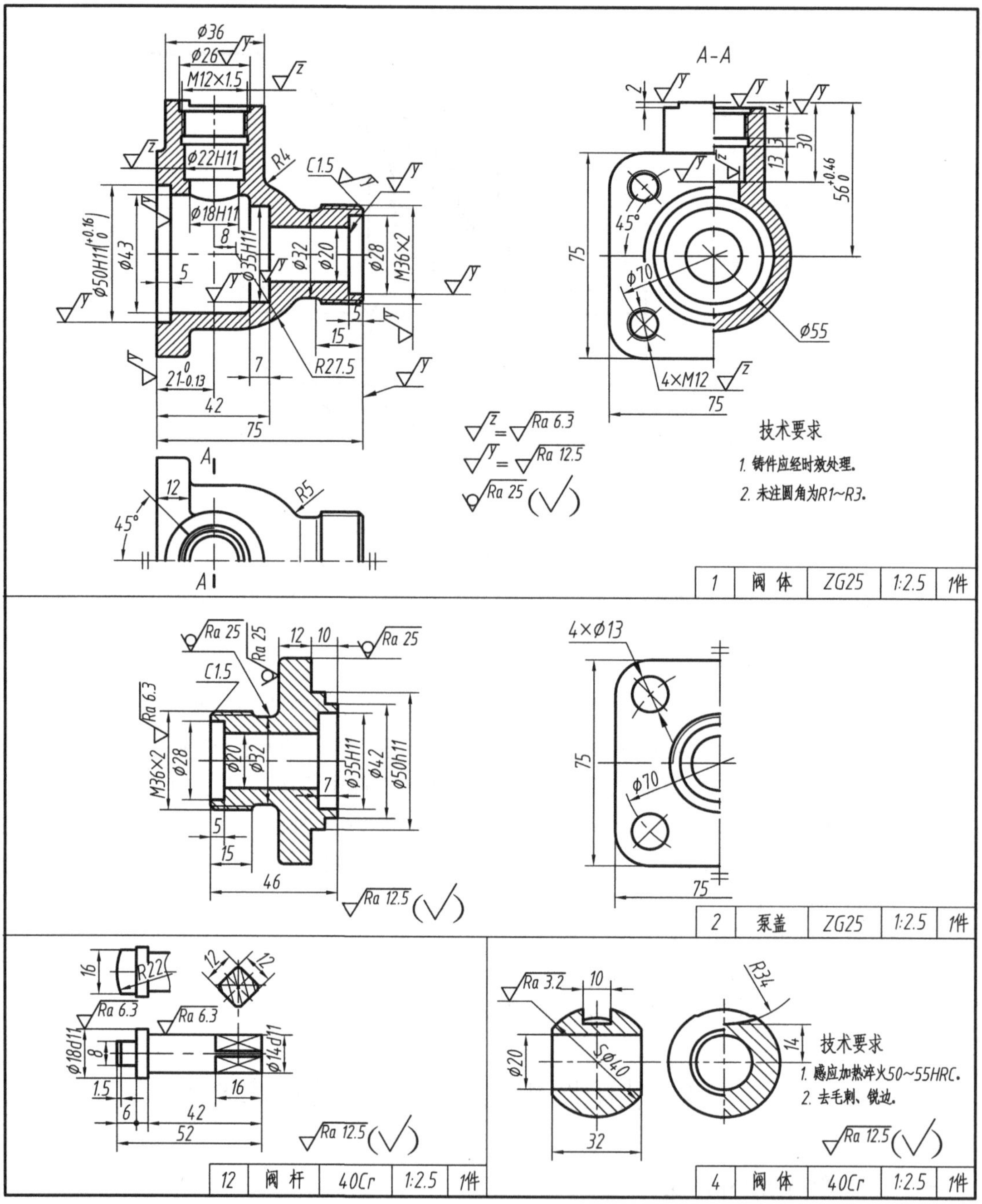

图 4-14 球阀的主要零件图

2. 装配尺寸

1）配合尺寸

为了保证装配体的性能，在装配图上需要注出零件间的配合尺寸，作为设计零件及装配零件的依据。如图 4-16 中阀盖与阀体的配合尺寸 ϕ30H7/h6、阀杆与阀盖和阀体

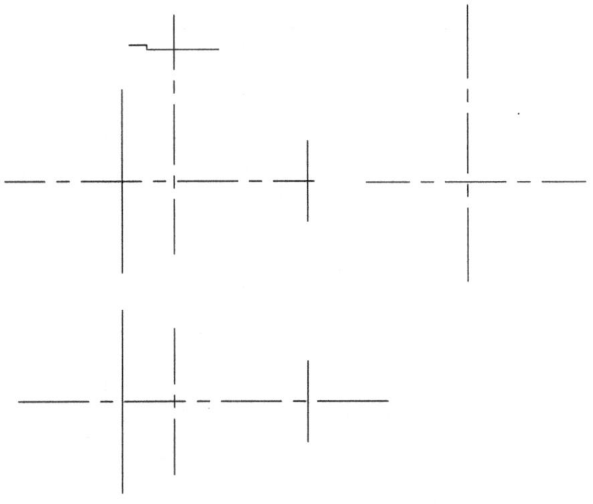

（a）画出各视图的主要轴线、中心线、基准线

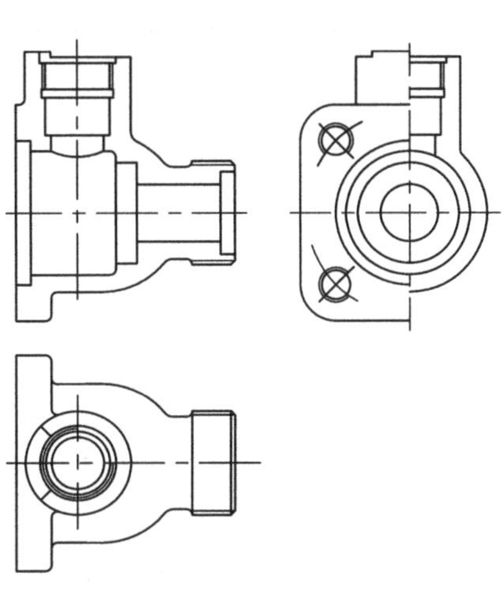

（b）先画主要零件阀体，三个视图结合起来画

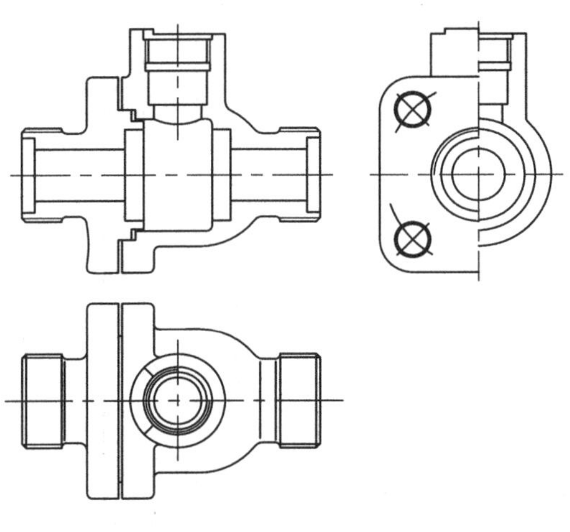

（c）根据阀盖与阀体相对位置，画出其三视图

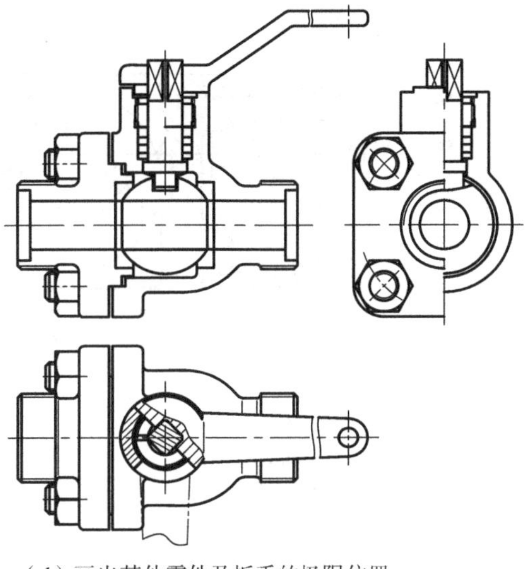

（d）画出其他零件及扳手的极限位置

图 4-15　绘制球阀装配图底稿的画图步骤

的配合尺寸 ϕ 16H8/f7、阀杆与齿轮的配合尺寸 ϕ 22H8/f7 以及齿杆与阀盖的配合尺寸 ϕ 12H8/h7。

2）相互位置尺寸

相互位置尺寸表示装配机器或拆画零件图时，需要保证的零件间相互位置尺寸，如图 4-8 中的尺寸 $41^{0}_{-0.039}$ 为主要的相对位置尺寸。

3. 安装尺寸

机器或部件安装时所需的尺寸，如图 4-16 中的安装尺寸 92、2 × ϕ 12、64。

4. 外形尺寸

表示机器或部件的总长、总宽、总高，为机器或部件的包装、运输和安装使用提

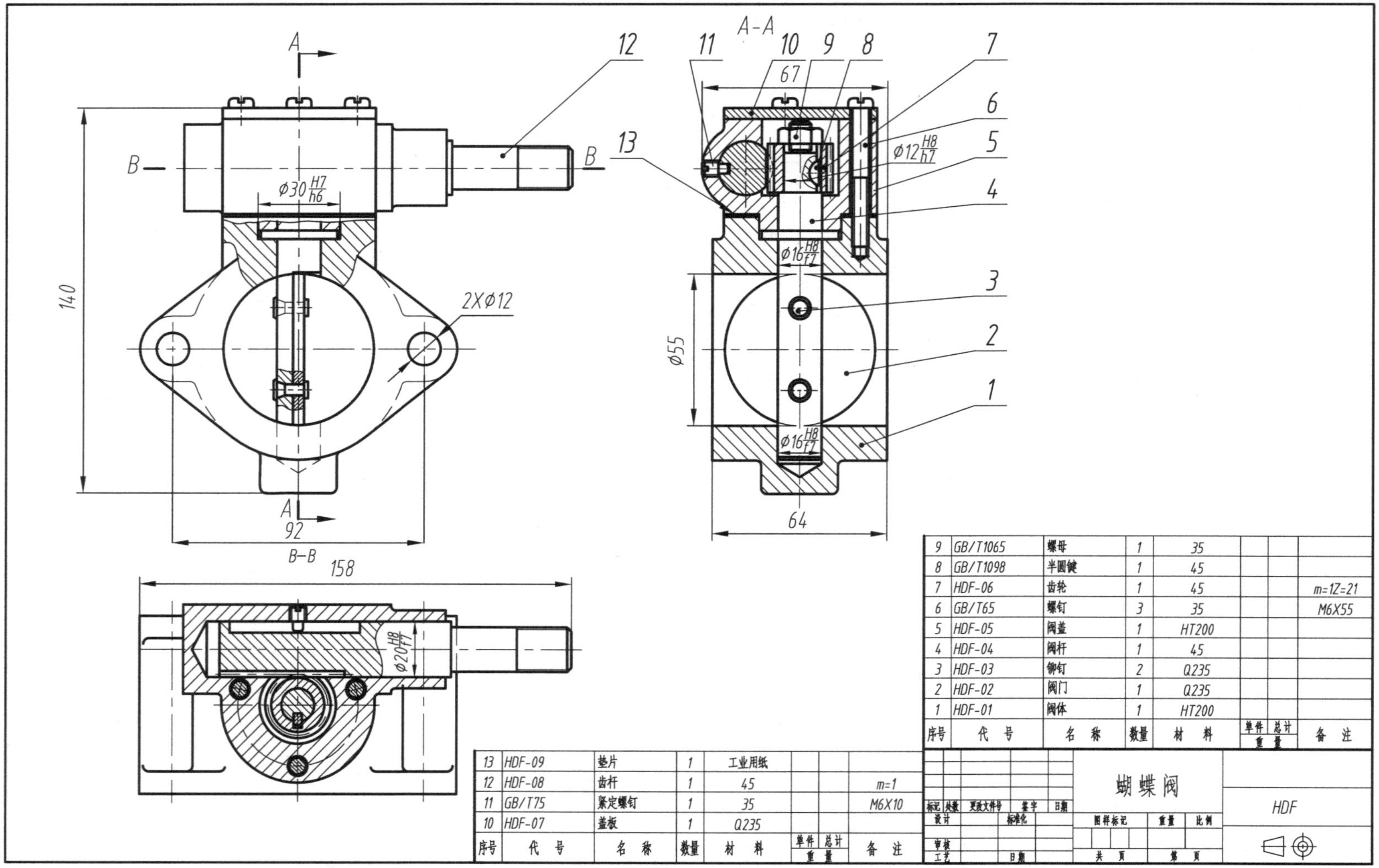

序号	代号	名称	数量	材料	单件重量	总计重量	备注
9	GB/T1065	螺母	1	35			
8	GB/T1098	半圆键	1	45			
7	HDF-06	齿轮	1	45			m=1Z=21
6	GB/T65	螺钉	3	35			M6X55
5	HDF-05	阀盖	1	HT200			
4	HDF-04	阀杆	1	45			
3	HDF-03	铆钉	2	Q235			
2	HDF-02	阀门	1	Q235			
1	HDF-01	阀体	1	HT200			

序号	代号	名称	数量	材料	单件重量	总计重量	备注
13	HDF-09	垫片	1	工业用纸			
12	HDF-08	齿杆	1	45			m=1
11	GB/T75	紧定螺钉	1	35			M6X10
10	HDF-07	盖板	1	Q235			

图 4-16　蝴蝶阀装配图

供了所占空间的尺寸，如图 4-16 中的外形尺寸 158、67、140 和图 4-12 中的外形尺寸 174、176、156。

5. 其他重要尺寸

还有一些是在设计中确定，又不属于上述几类尺寸的一些重要尺寸，如运动零件的极限尺寸，如图 4-6 中的尺寸 8°46 分，或主要零件的重要尺寸，如图 4-12 中的尺寸 ϕ15h6。

在一张装配图里，并不是都具有上述五类尺寸，有时某些尺寸兼有不同的作用。

二、装配图中的技术要求

装配图上的技术要求，一般包括下列三方面的内容。

（1）装配过程中的技术要求，如装配前清洗、装配时加工、制定的装配方法以及必须保证的精度等。

（2）检验、试验中的技术要求，如检验、试验的条件、方法和质量要求等。

（3）使用要求，如产品的基本性能、规格及使用时注意事项等。

上述技术要求的内容，应注写在标题栏上方或左侧，并在标题“技术要求”下逐条编号，如图 4-2、图 4-4、图 4-5 等所示。

4.5　装配图中的零部件序号的编排和明细栏

为了便于读图、进行图样管理和组织生产，装配图中的零件或部件应进行编号，这种编号称为零件的序号。装配图中零件或部件序号的编排方法应遵循国家标准 GB/T 4458.2—2003。零件的序号、名称、代号、数量、材料等自下而上填写在标题栏上方的明细栏中。

一、零、部件序号

1. 序号的编注形式

装配图中的序号一般由指引线、圆点、横线（或圆圈）和数字组成，如图 4-17 所示。具体要求如下。

（1）序号数字一般注写在水平线上或圆内，也可注写在指引线附近。序号数字的高度比装配图中所注尺寸数字的高度大一号或大两号。水平线或圆用细实线绘制，小圆点在指引线的末端，画在所指零件的实体内，如图 4-17（a）所示。

（2）当指引线末端不便画出小圆点时，可在指引线的末端画出箭头，并指向所指零件的轮廓线，如图 4-17（b）所示。

（3）指引线用细实线绘制，彼此不能相交，通过有剖面线的区域时，不应与剖面线平行，也不要将指引线画成垂直线和水平线，需要时，指引线可以画成折线，但只允许折一次，如图 4-17（c）所示。

（4）对一组紧固件及装配关系清楚的零件组，可采用公共指引线，如图 4-17（d）所示。

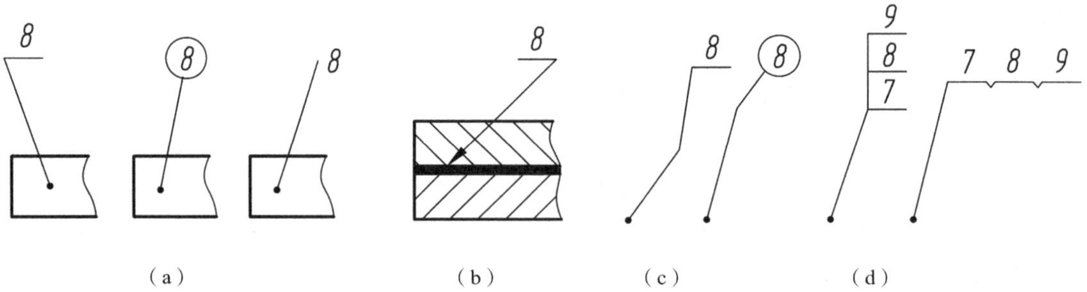

图 4-17　序号的编写形式

2. 序号编注的一般规定

（1）为了便于读图，便于图样管理，装配图中所有零、部件都必须编写序号。

（2）同一装配图中相同的零、部件只编写一个序号，并与明细栏中的序号一致。

（3）编注序号应按水平方向或垂直方向依照顺时针或逆时针顺序依次排列整齐，并做到布置均匀、清晰醒目。

（4）对于相同的几个零件，一般只要从一处引出，编一个序号，在明细栏中填写零件的数量。

（5）部件中的标准件与一般零件同样地编写序号，如图 4-10、图 4-12 所示；也可以不编写序号，而将标准件的数量与规格直接标注在图中的指引线上，如图 4-17 所示。

二、标题栏及明细栏

标题栏及明细栏是装配图中不可缺少的内容。标题栏及明细栏的基本要求、内容、尺寸和格式和应按国家标准 GB/T 10609.1—2008《技术制图 标题栏》及 GB/T 10609.2—1989《技术制图 明细栏》的规定。

明细栏是装配图中全部零件的详细目录，内容有序号、代号、名称、材料、数量及备注等。明细栏画成表格形式，应紧靠在标题栏的上方，如图 4-10 所示。如果标题栏上方地方不够时，可将其余部分排在标题栏的左方，如图 4-12 所示。

明细栏中的零件序号，按顺序由下而上填写，以便必要时可增加零件项目。在生产实际中，如果零件的种类较多时，常把明细栏与装配图分开，单独画在另一张图纸上，与其他图纸装订成册，作为装配图的附件，这时零件的序号应按顺序由上向下填写。

填写标准件的名称时，还应写出规格尺寸，如“螺栓 12 × 30”，并将标准代号填入代号栏里，如图 4-18 所示。

材料一栏填写材料牌号，标准件与部件和组合件一般不填材料。

明细栏中的“数量”，是指装配图所表示的部件或机器中相同零件的数量。

为了便于生产管理，对部件中所有一般零件都应编写代号（图号），如图 4-12 所示。

制图作业建议用标题栏及明细栏，如图 4-18 所示。

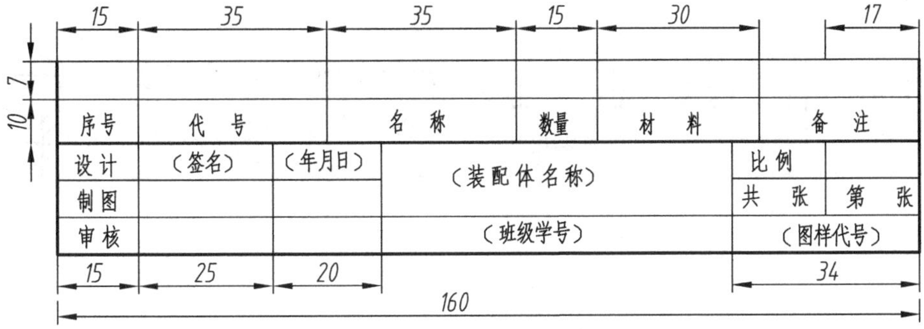

图 4-18　制图作业装配图用标题栏及明细表

4.6　常用装配体合理性构形设计

在进行装配图构形设计时，必须考虑装配结构的合理性，以保证机器和部件的性能，不合理的结构不仅影响装配性能和精度的要求，而且给零件加工、装配、维修带来困难。下面介绍常用的装配体合理性构形设计问题。

一、接触面与配合面的合理性

（1）当轴和孔配合，且轴肩与孔的端面相互接触时，应在孔的接触端面制成倒角或在轴肩根部切槽，以保证两零件接触良好，如图 4-19 所示。

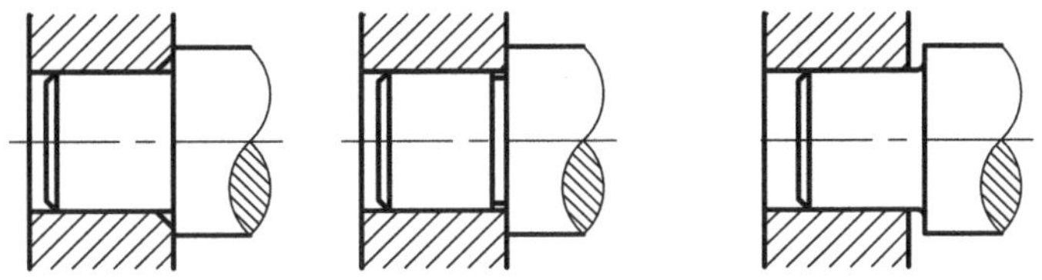

（a）合理　　　　（b）不合理

图 4-19　孔、轴配合端面结构的合理性

（2）当两个零件接触时，在同一方向或在径向方向的接触面一般只能是一个，这样既可满足装配要求，制造也较方便；在不同方向的接触面的交角处，不应做成尖角或相同的圆角，如图 4-20 所示。

（3）圆锥面的接触应有足够的长度，不能再有其他端面接触，以保证锥面配合的可靠性。如尾架顶针与套筒的锥面配合，当顶针左端面与套筒同时接触时，就不能保证锥面的良好接触，如图 4-21 所示。

（4）为保证紧固件与被连接件的良好接触，同时为减少加工面积，在被连接件上做出沉孔、凸台，如图 4-22 所示。

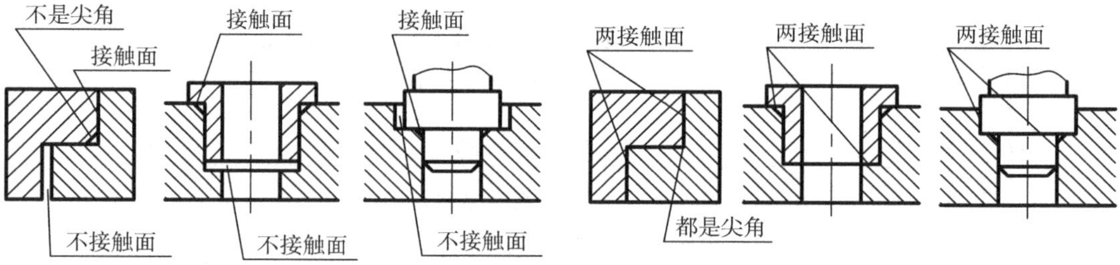

（a）合理　　　　（b）不合理

图 4-20　表面接触结构的合理性

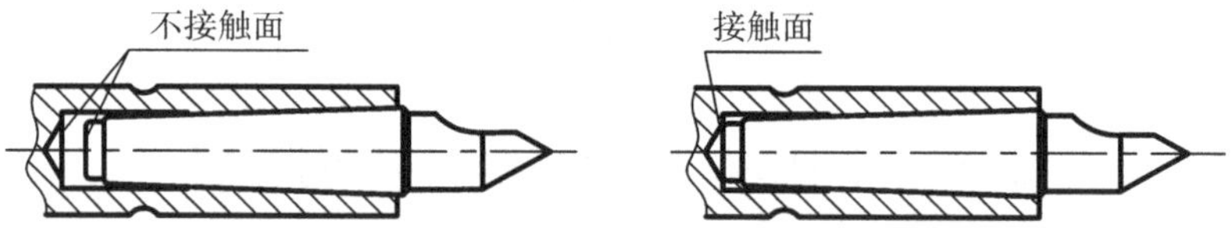

（a）合理　　　　（b）不合理

图 4-21　圆锥面配合处结构的合理性

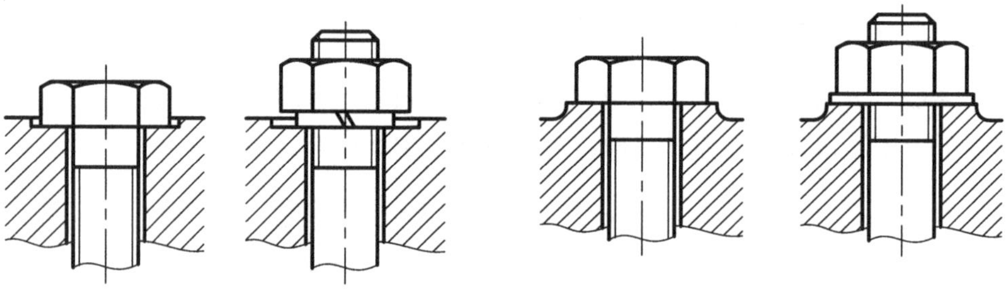

（a）沉孔　　　　（b）凸台

图 4-22　做成沉孔、凸台保证接触面的良好接触

二、螺纹连接的合理性

（1）为便于装配，通孔的直径应比螺杆的直径大，如图 4-23 所示。

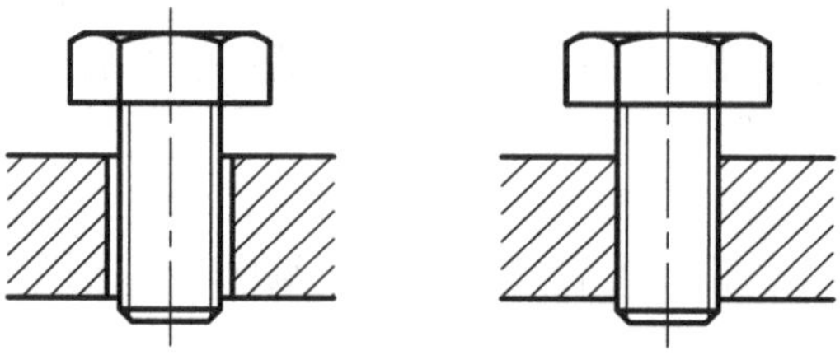

（a）合理　　　　（b）不合理

图 4-23　通孔直径应大于螺杆直径

（2）为保证螺纹连接的可靠性，螺杆尾部加长，螺杆上加工退刀槽，螺孔上加工凹坑或倒角，如图 4-24 所示。

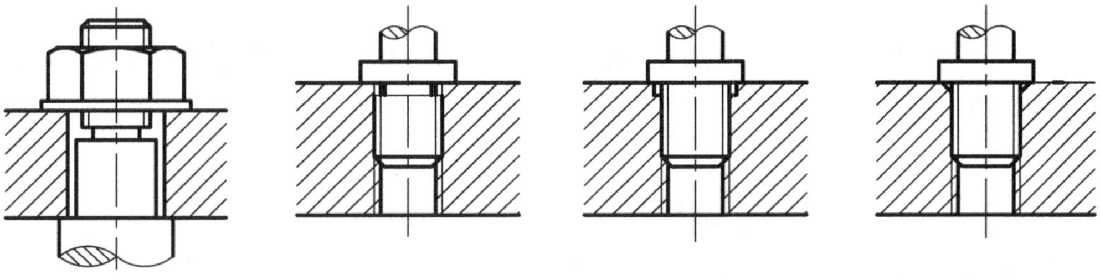

（a）尾部加长　　（b）螺纹退刀槽　　（c）凹坑　　（d）倒角

图 4-24　保证螺纹连接的可靠性

（3）为了便于装配，要留有装拆螺栓的空间和扳手活动的空间，如图 4-25 所示。

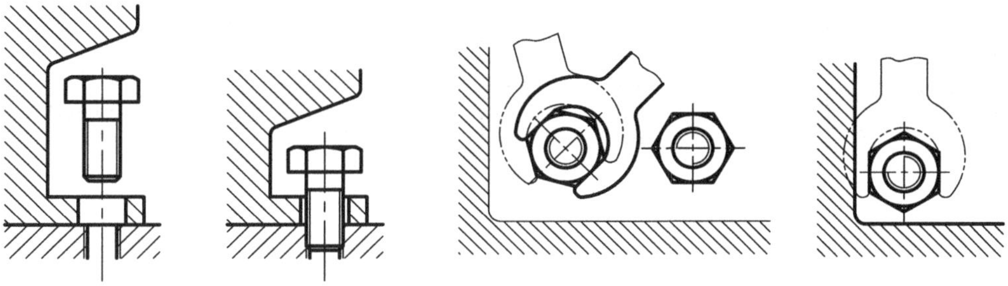

合理　　不合理　　合理　　不合理

（a）　　（b）

图 4-25　要留有装拆螺栓的空间和扳手活动的空间

（4）为了便于螺栓装配，要加手孔，如图 2-26（b）所示，或改用螺柱连接，如图 4-26（c）所示。

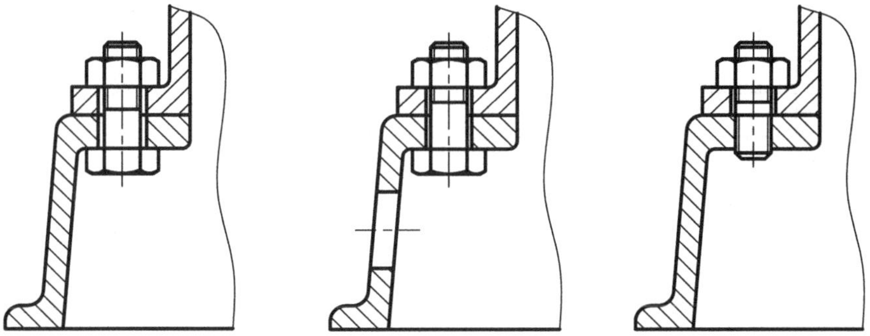

（a）不合理　　（b）合理　　（c）合理

图 4-26　加手孔或改用螺柱连接

三、轴上零件的定位结构

轴上的零件必须有可靠的定位结构，以保证零件不在轴上移动。下面以滚动轴承为例，说明常用的轴上零件固定装置。

（1）采用轴肩、台肩固定。为便于滚动轴承的拆卸，轴肩、台肩的高度应小于轴承内圈、外圈的高度，如图 4-27 所示。

（2）采用弹性挡圈、端盖固定，如图 4-28 所示。弹性挡圈为标准件，轴端的环形槽是标准结构，可查阅国家标准确定尺寸。

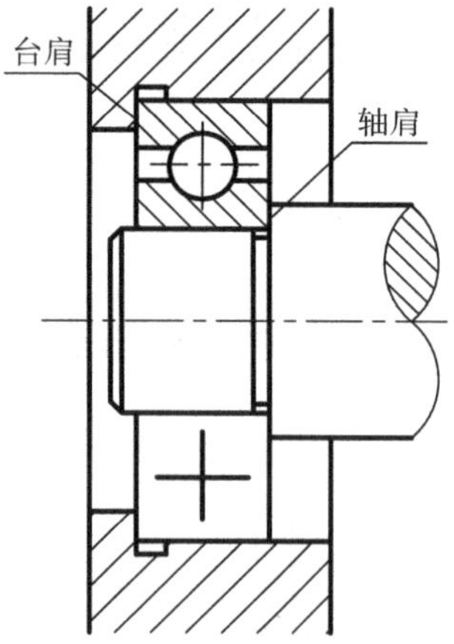

图 4-27　用轴肩、台肩固定

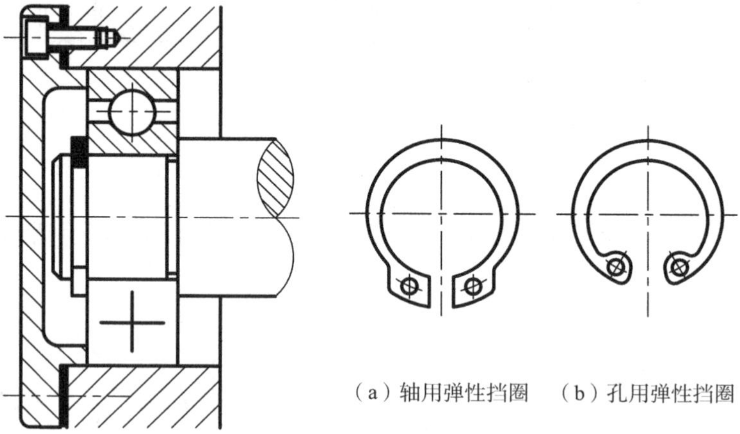

图 4-28　弹性挡圈、端盖固定

（3）用轴端挡圈、端盖固定，如图 4-29 所示。

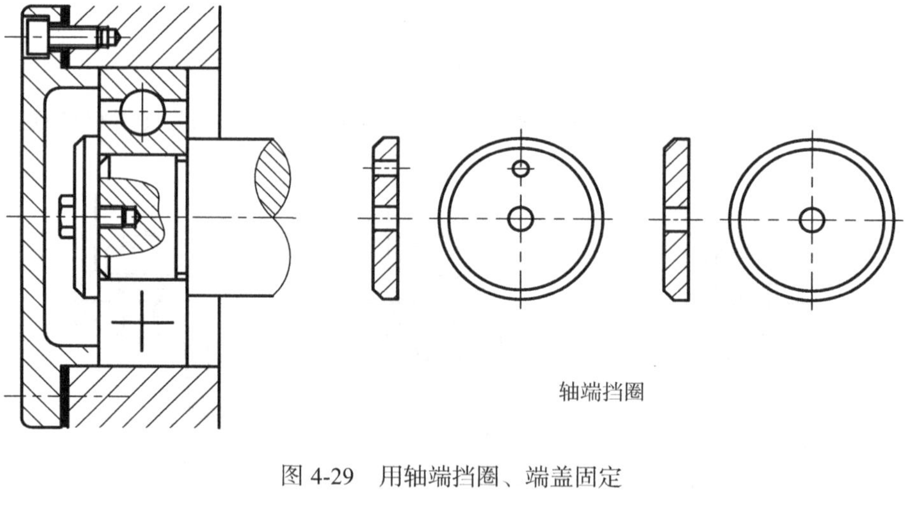

图 4-29　用轴端挡圈、端盖固定

（4）用圆螺母和止退垫圈固定轴承内圈，如图 4-30 所示。

（5）用套筒固定，如图 4-31 所示。

四、滚动轴承的密封结构

为了防止外部的灰尘和水分进入轴承或防止轴承内部的润滑油渗漏，滚动轴承需要密封。常见的密封方法如图 4-32 所示。

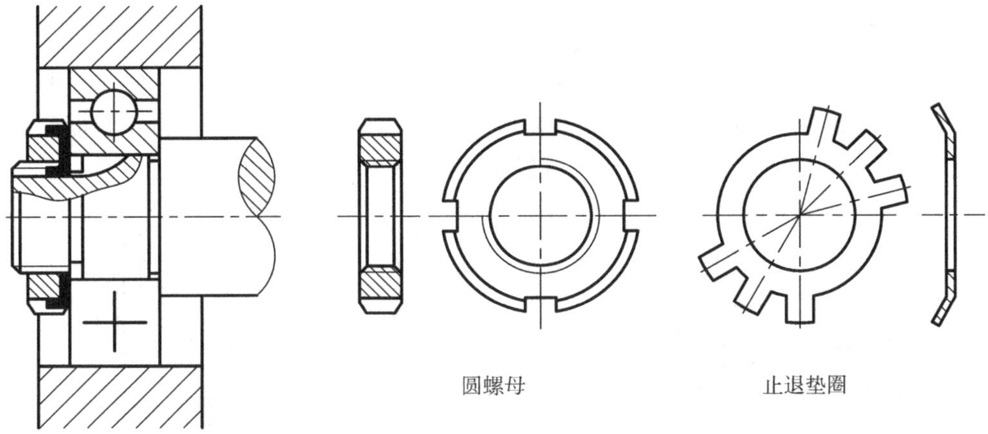

图 4-30　用圆螺母和止退垫圈固定轴承内圈

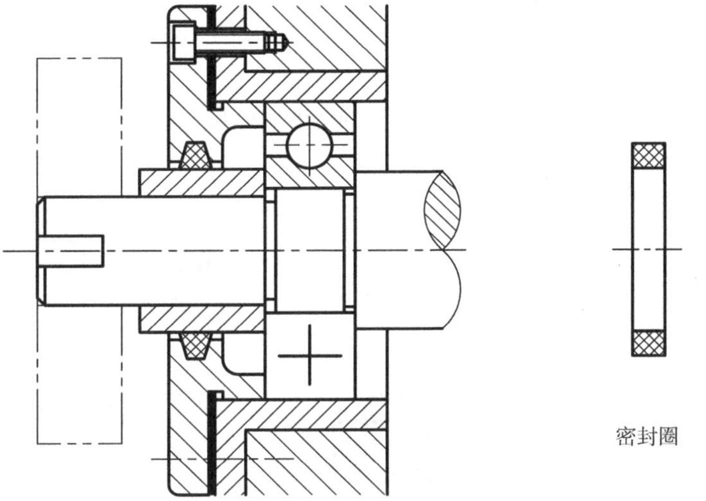

图 4-31　用套筒固定

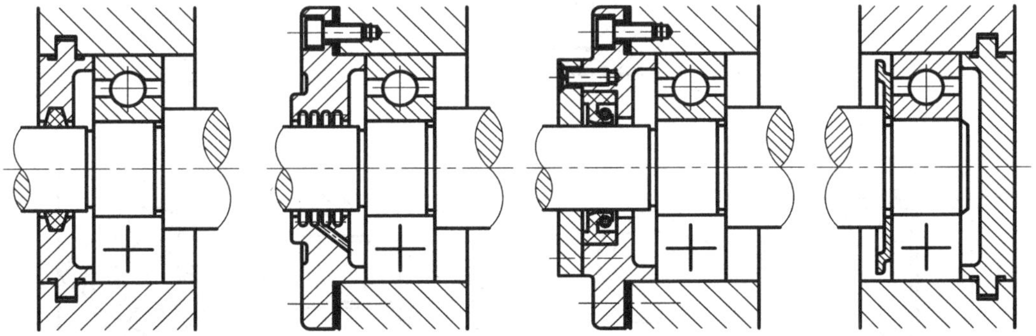

图 4-32　滚动轴承的密封结构

五、防漏结构的合理性

为了防止机器和部件中内部液体外漏，同时防止外部的灰尘、杂物侵入，要采取防漏措施。常见的两种防漏结构装置如图 4-33 所示。用压盖或螺母将填料压紧而起到防漏的作用。画图时，压盖要画在开始压填料的位置，表示填料已加满。

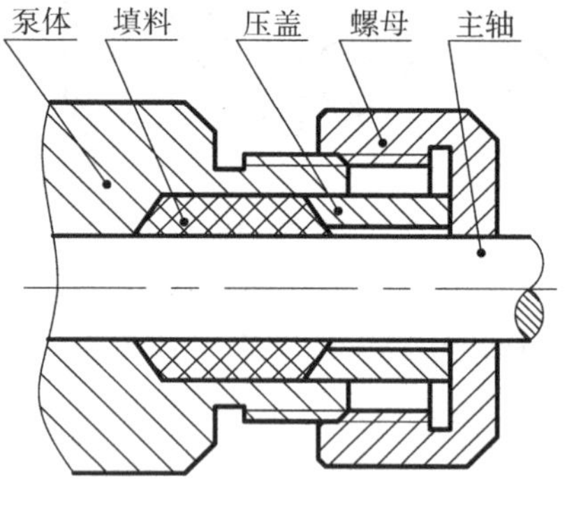

（a）

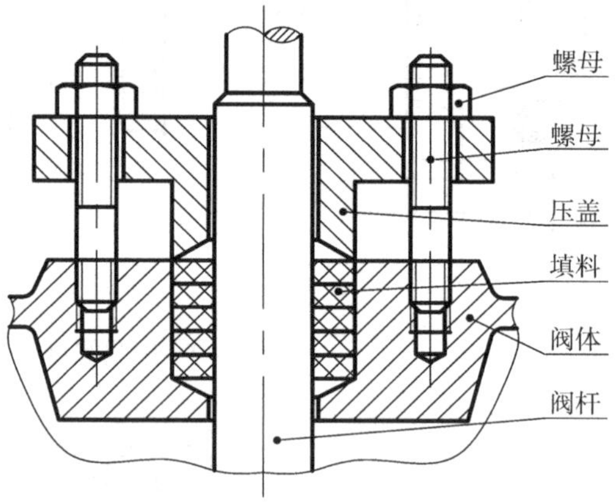

（b）

图 4-33　常见的防漏结构

六、防松结构的合理性

由于机器或部件工作时会受到振动或冲击，连接在机器或部件上的螺纹紧固件可能发生松动，以至于造成严重事故。因此，需采用防松结构，常见的放松结构如图 4-34 所示。

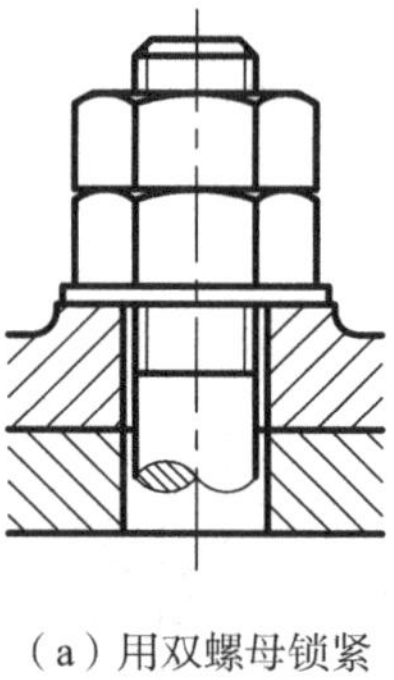

（a）用双螺母锁紧

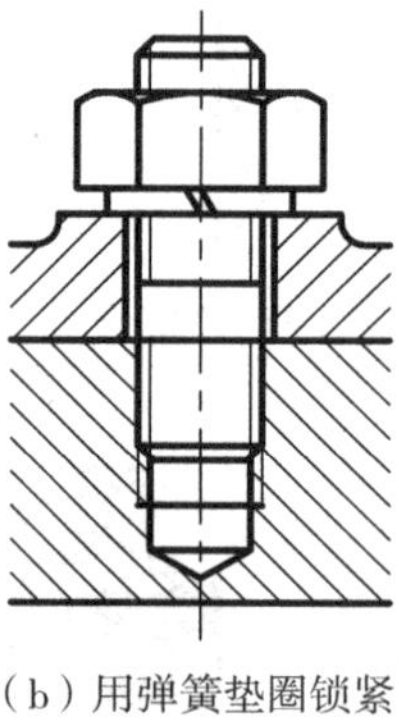

（b）用弹簧垫圈锁紧

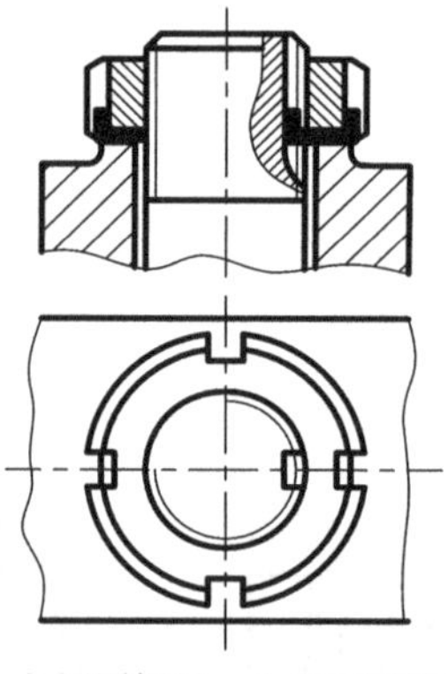

（c）用圆螺母、止退垫圈锁紧

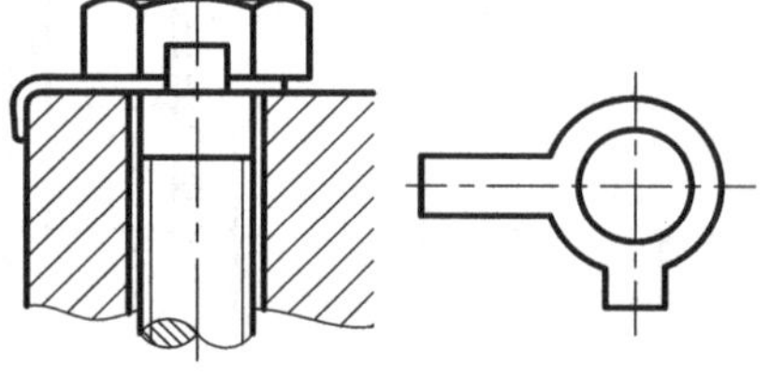

（d）用双耳止动垫片锁紧

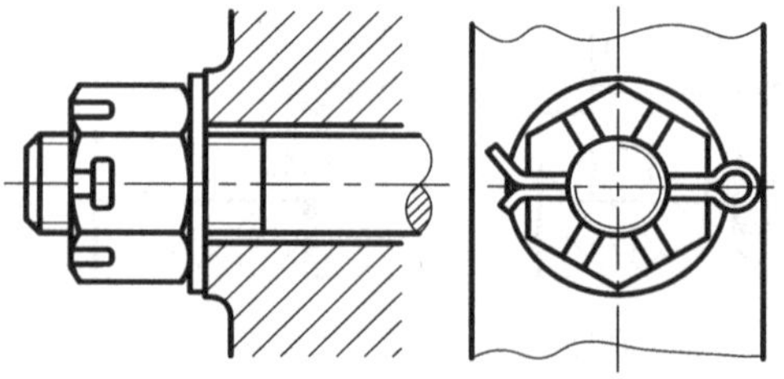

（e）用六角形槽形螺母、开口销锁紧

图 4-34　常见的防松结构

4.7 读装配图

在工业生产中，从机器的设计到制造，都要用到装配图。在设计过程中，要按照装配图来拆画零件图；在装配机器时，要按照装配图来装配零件和部件；在技术交流时，需要参看装配图来了解工作原理和机械结构。因此，从事工程技术的工作人员都必须读懂装配图。

一、读装配图的目的要求

（1）明确部件的性能、功用和工作原理。

（2）明确零件间的装配关系和装、拆顺序。

（3）明确各零件的主要结构形状及其功用。

二、读装配图的方法和步骤

1. 概括了解

通过看标题栏和查阅相关资料，了解部件的名称、主要用途及性能。并从其零件数目、比例大小，估计装配体的复杂程度和体积大小。并了解哪些是标准件和常用件，哪些是一般零件。

2. 分析视图表达方案

根据装配图上各视图、剖视图、断面图等的配置和标注，找出投影方向、剖切位置，弄清各图形之间的投影关系及它们的表达意图，在此基础上再分析下面的问题。

3. 分析工作原理和零件间的装配关系

根据装配图和明细栏反映的信息并参阅有关说明资料，通过对视图的表达分析，要弄清部件的传动、支承、调整、润滑、密封等结构形式；弄清部件装配干线上或零散装配点中零件间的配合面、接触面的连接方式和装配关系，并利用图中所注的配合代号等技术要求，进一步了解零件间的配合性质，最终弄清部件的工作原理和零件间的装配关系。

4. 分析零件的结构形状，弄清零件的装拆顺序

每个零件在部件中的功能决定了其结构形状，弄清零件的结构形状，才能更深入更全面地读懂装配图，从而弄清零件装拆顺序。

5. 归纳总结

对装配图进行上述各项分析后，一般对部件有了一定的了解，但可能不够完善、透彻，还需从安装、使用等方面综合考虑。要把上述读图内容有机地结合起来，并围绕读装配图的目的要求进行深入思考和归纳总结，真正读懂装配图。

以上读装配图方法和步骤不是绝对的，而是相互关联、相互交错的。只有通过不断

实践，才能掌握读装配图的规律，提高读图的能力。

以上读装配图的介绍和下述读装配图的举例，仅作为学习时的参考。能否读懂装配图，关键在于是否掌握投影原理和具有一定的机械工程知识及实践经验。

【例 4-1】 读齿轮油泵装配图，如图 4-35 所示。

解：（1）概括了解。

看标题栏名称为齿轮油泵，根据实践常识了解到它是机器中用来输送润滑油的一个部件。图 4-35 中所示的齿轮油泵由泵体，左、右端盖，运动零件（传动齿轮、齿轮轴等），密封零件以及标准件等所组成。对照零件序号及明细栏可以看出：齿轮油泵由 17 种零件装配而成，其中有七种标准件，有齿轮常用件；绘图比例为 1∶1.5。齿轮油泵的外形尺寸是 118、85 和 95，由此知道了这个齿轮油泵的体积大小。

（2）分析视图表达方案。

图 4-35 中采用了两个视图表达。主视图采用了全剖视图，反映了组成齿轮油泵各个零件之间的装配关系；左视图是采用沿左端盖 1 与泵体 6 结合面剖切后移去了垫片 5 的半剖视图 *B*–*B*，它清楚地反映了油泵的外部形状和齿轮的啮合情况，再结合局部剖视图反映了吸、压油的工作原理。

（3）分析工作原理和零件间的装配关系。

泵体 6 是齿轮油泵中的主要零件之一，它的内腔容纳一对吸油和压油的齿轮。将齿轮轴 2、传动齿轮轴 3 装入泵体后，两侧有左端盖 1、右端盖 7 支承这一对齿轮轴的旋转运动。由销 4 将左、右端盖与泵体定位后，再用螺钉 15 将左、右端盖与泵体连接成整体。为了防止泵体与端盖结合面处以及传动齿轮轴 3 伸出端漏油，分别用垫片 5 及密封圈 8、轴套 9、压紧螺母 10 密封。齿轮轴 2、传动齿轮轴 3、传动齿轮 11 是油泵中的运动零件。

当传动齿轮 11 按逆时针方向（从左视图观察）转动时，通过键 14，将扭矩传递给传动齿轮轴 3，经过齿轮啮合带动齿轮轴 2，从而使后者作顺时针方向转动。如图 4-36 所示，当一对齿轮在泵体内作啮合传动时，啮合区内右边空气的压力降低而产生局部真空，油池内的油在大气压力作用下进入油泵低压区内的吸油口，随着齿轮的转动，齿槽中的油不断沿着箭头方向被带至左边的压油口把油压出，送至机器中需要润滑的部分。

图 4-37 所示为齿轮油泵轴测装配图，清楚地表达了齿轮油泵的工作原理和零件之间的装配关系。

【例 4-2】 读摆线转子泵装配图，如图 4-38 所示。

解：（1）概括了解。

看标题栏知名称为摆线转子泵，根据实践常识了解到它是液压传动或润滑系统中的一种元件，是产生一定工作压力和流量的重要装置。由明细栏可以了解到：该部件由 19 种零件装配而成，其中有 9 种标准件，齿轮常用件一件，一般零件为 9 种；绘图比例为 1∶2.5；摆线转子泵的外形尺寸是 131、150、93.5，由此知道了这个该部件的体积大小。

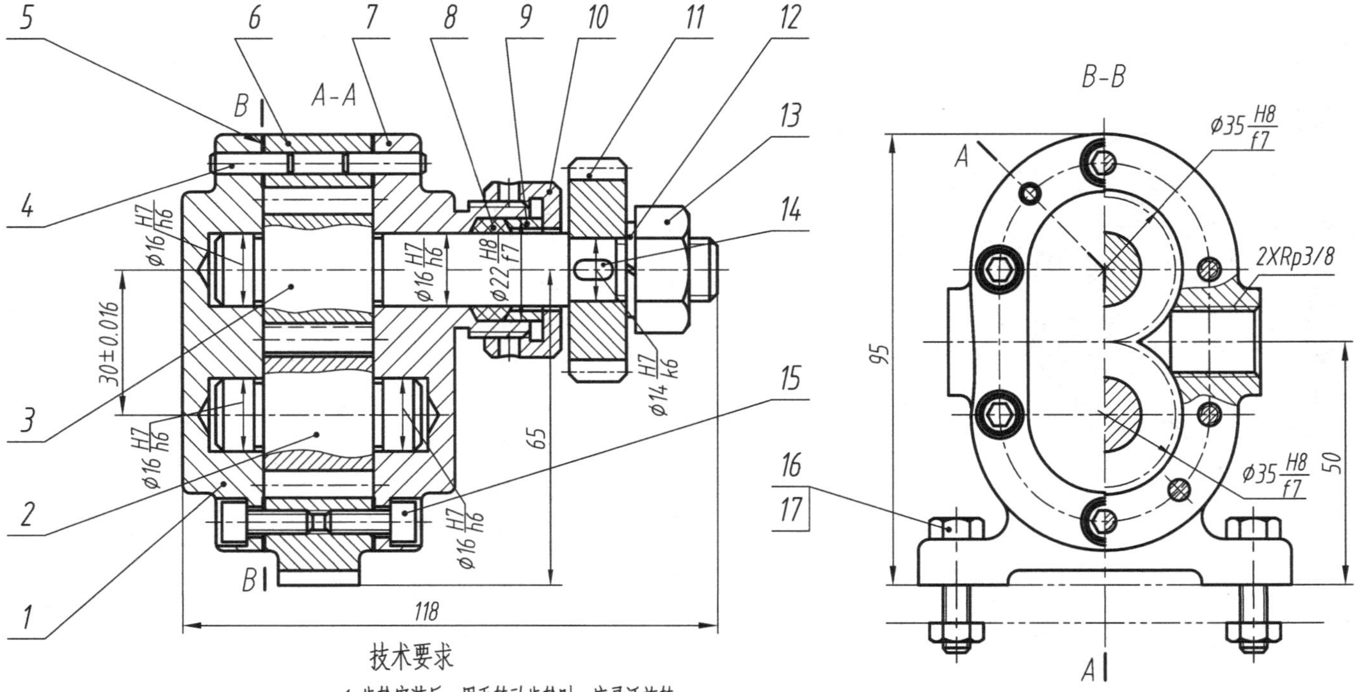

技术要求

1. 齿轮安装后，用手转动齿轮时，应灵活旋转。

2. 两齿轮轮齿的啮合面占齿长的3/4以上。

17	GB/T 6170	螺母 M6	2	Q235		10	0400-08	压紧螺母	1	35		3	0400-03	传动齿轮轴	1	45	m=2.5 z=12
16	GB/T 5782	螺栓 M6×30	2	Q235		9	0400-07	轴套	1	45		2	0400-02	齿轮轴	1	45	
15	GB/T 70.1	螺钉 M6×16	12	35		8		密封圈	1	橡胶		1	0400-01	左端盖	1	HT200	
14	GB/T 1096	键 5×5×10	1	45		7	0400-06	右端盖	1	HT200		序号	代号	名称	数量	材料	备注
13	GB/T 6170	螺母 M12×1.5	1	35		6	0400-05	泵体	4	HT200		制图		齿轮油泵		比例	1:1
12	GB/T 93	垫圈 12	1	65Mn		5	0400-04	垫片	2	纸 δ=1		校核				件数	
11	0400-09	传动齿轮	1	45	m=2.5 z=12	4	GB/T 119	销 5m6X18	4	45						0400	

图 4-35 齿轮油泵装配图

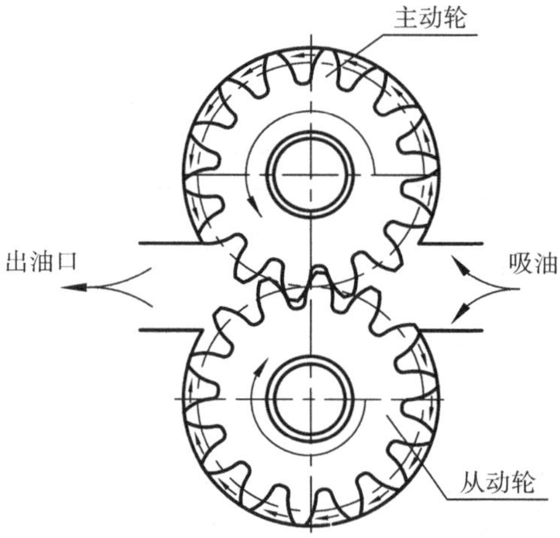

图 4-36　齿轮油泵工作原理图

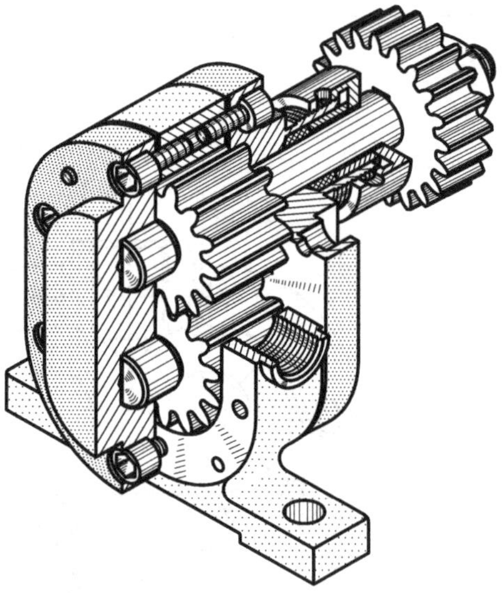

图 4-37　齿轮油泵装配轴测图

（2）分析视图表达方案。

图中采用了四个视图表达。

主视图：采用了几个平行的剖切平面剖切得到的全剖视图 *A*–*A*，表达了齿轮 14，泵轴 7，内、外转子 3、2，泵体 1 和泵盖 10 等零件的位置和装配关系。

左视图：是沿端盖 10 与泵体 1 的结合面剖切后移去了垫片 8 的全剖视图 *B*–*B*，它清楚地反映了内外转子的啮合情况和工作原理，也表达了泵体的主要结构。同时再作了局部剖视图表达泵体的安装孔和出油孔的位置和方向。

右视图：表达了泵体右端面上法兰盘及凸台的形状和泵体的外形。

向视图：*D* 向仰视图表达了泵体安装面的形状和安装孔的位置，并以局部剖视图表达了泵体与泵盖之间的定位销连接。

（3）分析工作原理和零件间的装配关系。

摆线转子泵的工作原理如图 4-39 所示，分析如下。

一对偏心距为 4.5 的内、外转子在其啮合过程中能自动形成几个独立的包液腔。当内转子绕中心 O_1 顺时针旋转时，带动啮合的外转子绕中心 O_2 同方向旋转。在内转子的每个齿（以图中带箭头的齿为例）旋转 180° 过程中，包液腔从 a_1、a_2、…、a_4 逐渐增大，直到 a_5 为最大，这时油液通过泵体上的进油孔及泵体上面一个月牙形的进油槽逐渐吸入包液腔，这就是吸油过程；当继续旋转时，在内转子的每个齿在另外 180° 过程中，包液腔从 b_1、b_2、…、b_5 逐渐缩小，油液通过下面一个月牙形的出油槽压入出油管，这就是压油过程。压油过程结束后又是吸油过程。转子每转一周，每个齿完成吸油、压油各一次。

摆线转子泵的装配关系分析如下：

摆线转子泵通过底板的安装板安装在机座上。外转子 2 放在泵体 1 内，由内转子 3 带动。内转子由普通平键 4 与泵轴 7 连接，轴上有两个轴套 6 和 9 分别紧装在泵体 1 和泵盖 10 上，泵轴由弹性挡圈 5 防止泵轴向左窜动。用两个圆柱销将泵体与泵盖定位以保证轴孔对准，再用四个螺栓 13 和弹簧垫圈 12 连接起来。垫圈 8 用来防止漏油，以及

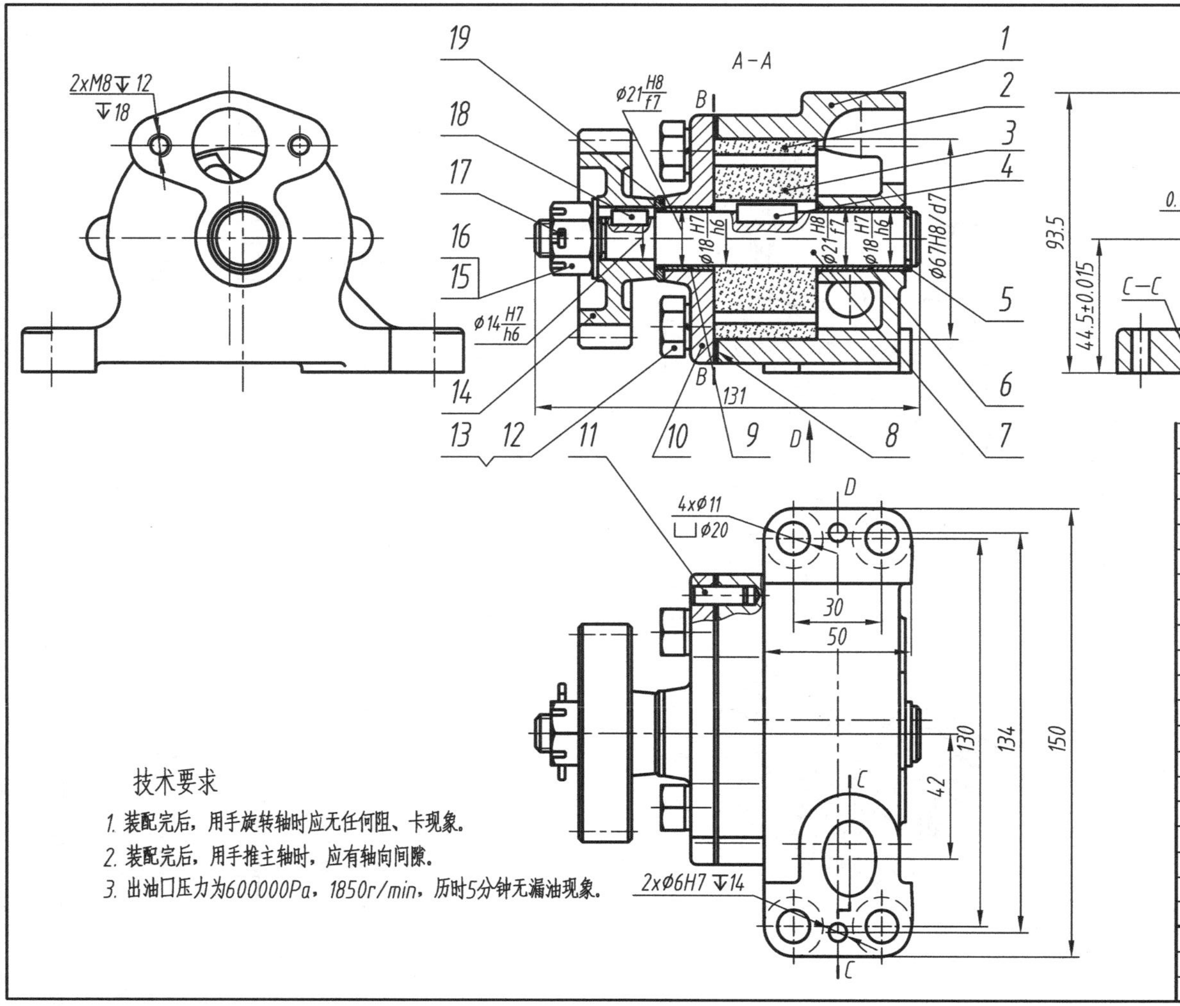

技术要求

1. 装配完后，用手旋转轴时应无任何阻、卡现象。
2. 装配完后，用手推主轴时，应有轴向间隙。
3. 出油口压力为600000Pa，1850r/min，历时5分钟无漏油现象。

序号	代号	名称	数量	材料	备注
19	BXZZB-10	止推轴衬	1	ZQSn5-5-5	
18	GB/T 1096	键 5×5×12	1	45	
17	GB/T 91	开口销 3.2×22	1	Q235	
16	GB/T 6178	六角开槽螺母 M12	1	Q235	
15	GB/T 97.2	垫圈 12	1	Q235	
14	BXZZB-09	齿轮	1	QT600-2	m=3 z=22
13	GB/T 5782	螺栓 M10×22	4	35	
12	GB/T 93	垫圈 10	4	65Mn	
11	GB/T 119	销 6m6×20	2	45	
10	BXZZB-08	泵盖	1	HT250	
9	BXZZB-07	轴套	1	ZQSn5-5-5	
8	BXZZB-06	垫片	1	纸 δ=1	
7	BXZZB-05	泵轴	1	45	
6	BXZZB-04	轴套	1	ZQSn5-5-5	
5	GB/T 895.2	弹性挡圈 18	1		
4	GB/T 1096	键 6×6×20	1	45	
3	BXZZB-03	内转子	1	铁基粉末冶金	
2	BXZZB-02	外转子	1	铁基粉末冶金	
1	BXZZB-01	泵体	1	HT250	

制图		摆线转子泵	比例	1:2.5
校核			件数	
				BXZZB

图 4-38　摆线转子泵装配图

调整转子的轴向间隙以防转子咬死。齿轮 14 用普通平键 18 与泵轴相连接，并用六角开槽螺母 16、垫圈 15、开口销 17 将齿轮固定在轴上，防止旋转时松动。斜齿轮在传动时有轴向推力，因此在齿轮轮毂与泵盖之间装有止推轴衬 19。

摆线转子泵的结构图如图 4-40 所示。

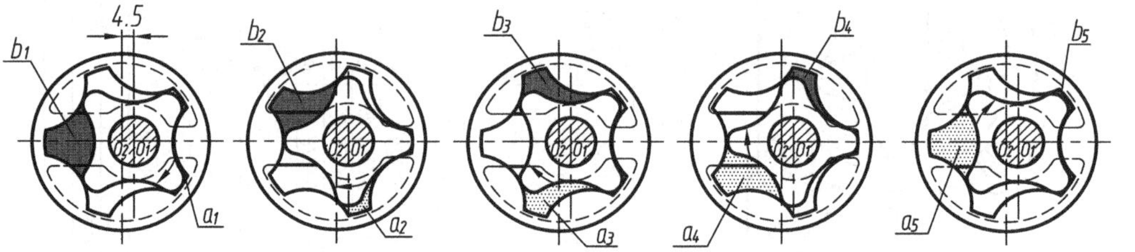

图 4-39　摆线转子泵工作原理

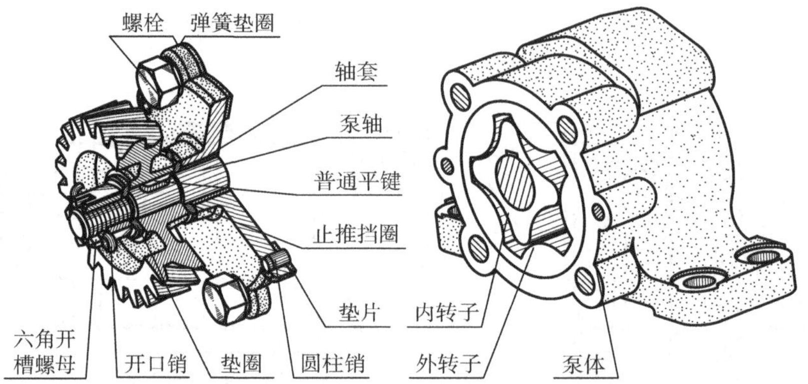

图 4-40　摆线转子泵结构图

4.8　由装配图拆画零件图

在设计过程中，需要由装配图拆画零件图，简称拆图。拆图时，要从设计、工艺、制造方面来考虑零件的结构、作用和要求，然后分离该零件（即把该零件从与其组装的其他零件中分离出来）。拆图的过程往往也是完成设计零件的过程。具体方法是在各视图的投影轮廓中画出该零件的范围，结合分析，补齐所缺的轮廓线。有时还需要根据零件图视图表达的要求，重新安排视图。选定和画出视图以后，应按零件图的要求，注写尺寸和技术要求。

关于零件图的内容和表达已在第三章中叙述，这里着重介绍由装配图拆画零件图时应注意的几个问题。

一、确定零件的结构形状

在装配图里主要表达的是零件间的装配关系，至于每个零件的各部分形状和详细结构并不一定表达完全，这些结构可以在拆零件图时根据零件的作用要求进行设计。

下面主要以拆画图 4-35 所示齿轮油泵装配图中右端盖 7 为例进行说明。

1. 对装配图中已表达清楚的零件结构部分

对装配图中已表达清楚的零件结构部分要完全确定下来，并想象清楚。

由图 4-35 中主视图可见：右端盖上部有传动齿轮轴 3 穿过，下部有齿轮轴 2 轴径的支撑孔，在右部的凸缘的外圆柱面上有外螺纹，用压紧螺母 10 通过轴套 9 将密封圈 8 压紧在轴的四周。主视图已将右端盖高度方向和长度方向的结构和尺寸表达清楚，故这部分结构可以确定下来。

2. 对装配图中未表达清楚的零件结构部分

对装配图中的零件未确定的部分要进行零件的构形设计，将未定结构确定下来。构形设计的原则是首先要保证零件实现功能，要考虑加工方便、节省材料，还要注意美观性。

由图 4-35 左视图可见：右端盖宽度方向上的外形被遮住为未定结构，但从视图上与泵体的连接关系可以确定沿周围分布有六个螺钉沉孔和两个圆柱销孔。

综合以上分析，右端盖的结构形状有两种方案，如图 4-41 所示。

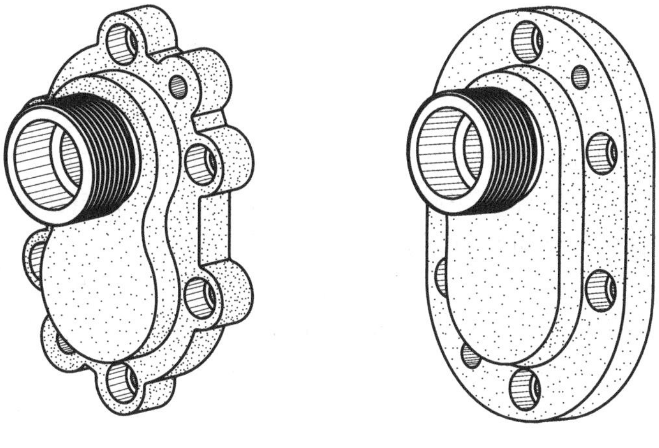

（a）　　　　　　（b）

图 4-41　右端盖的结构图

图 4-41 中两种方案结构都能保证零件实现功能。加以比较，图 4-41（a）所示结构外形美观，节省材料，但加工不简单；图 4-41（b）所示结构虽然所用材料较多，但加工简便，与泵盖、泵体外形相匹配，因此是较好的结构方案。

二、确定零件的表达方案

零件的表达方案应根据零件的结构特点加以考虑，不强求与装配图一致。一般轴套类、盘盖类零件按零件的加工位置选主视图，叉架类、箱体类零件按零件的工作位置选主视图，即可与装配图位置一致，装配机器时，便于对照。

将右端盖从装配图中分离出来，如图 4-42（a）所示，需补全被遮挡的图线，并按装配图中的位置作为主视图的位置，再用一个右视图，就能把这个零件的结构形状表达清楚，如图 4-42（b）所示。

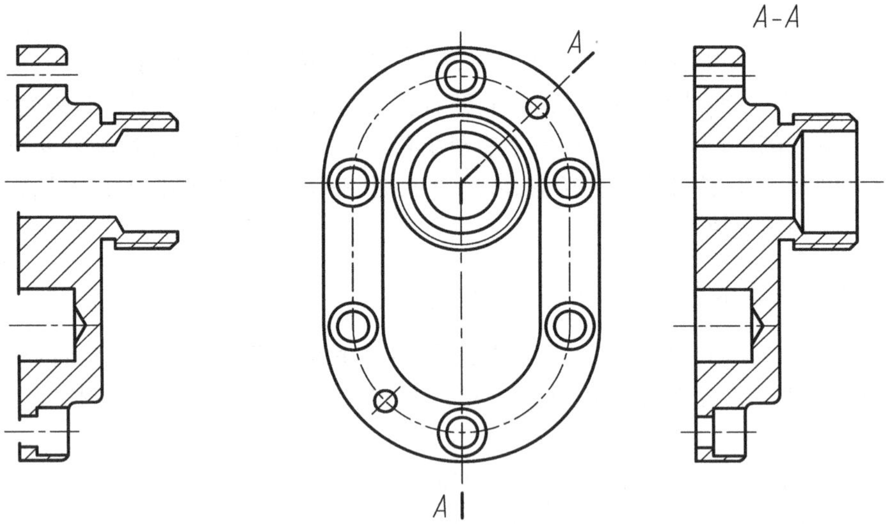

（a）　　　　　　　　　　（b）

图 4-42　右端盖表达方案选择

三、确定零件的尺寸

装配图中只标注了必要的五类尺寸，虽然没有标注零件的尺寸，但零件的结构形状和大小，在装配体设计的时候是确定了的，画装配图时也是要按零件的尺寸大小来画，因此，图中所表明的尺寸基本是正确的，有的尺寸可以按比例直接从图中量取。归纳起来，拆图时确定零件的尺寸可从以下五个方面进行。

（1）装配图中已标注的尺寸，在相关零件图中直接协调标出。

图 4-43 的主视图中所注尺寸 ϕ16H7、ϕ22H8、30 ± 0.016 是直接从装配图中照搬得到的，标注时要注意分清配合代号中孔、轴公差带代号。

（2）与标准件（如螺纹紧固件、键、销、滚动轴承等）相连接或相配合的尺寸，根据明细栏提供的标记，查阅相关标准确定相关尺寸。

如图 4-43 的右视图中所注尺寸 6 × ϕ7 ⌴ ϕ11 ↧ 7 是根据明细栏中螺钉 GB/T 70.1 M6 × 16 的标记查阅相关标准确定螺钉头部尺寸后，再根据装配要求而确定的。还有尺寸 2 × ϕ5H7 也是根据圆柱销的规格尺寸而确定的。

（3）根据装配图所提供的参数应用公式进行计算的尺寸。

例如，拆画齿轮时，应根据模数、齿数等基本参数计算分度圆、齿顶圆等尺寸，并按计算结果标注。

（4）对于常见的局部功能结构（如 T 形槽、燕尾槽、带轮槽等）和工艺结构（如倒角、退刀槽等）可查阅标准的规定值或推荐值进行标注。

（5）其余尺寸可从装配图中按比例直接量取。但要注意尺寸之间的协调性。重要尺寸要经过验算或取标准数值。

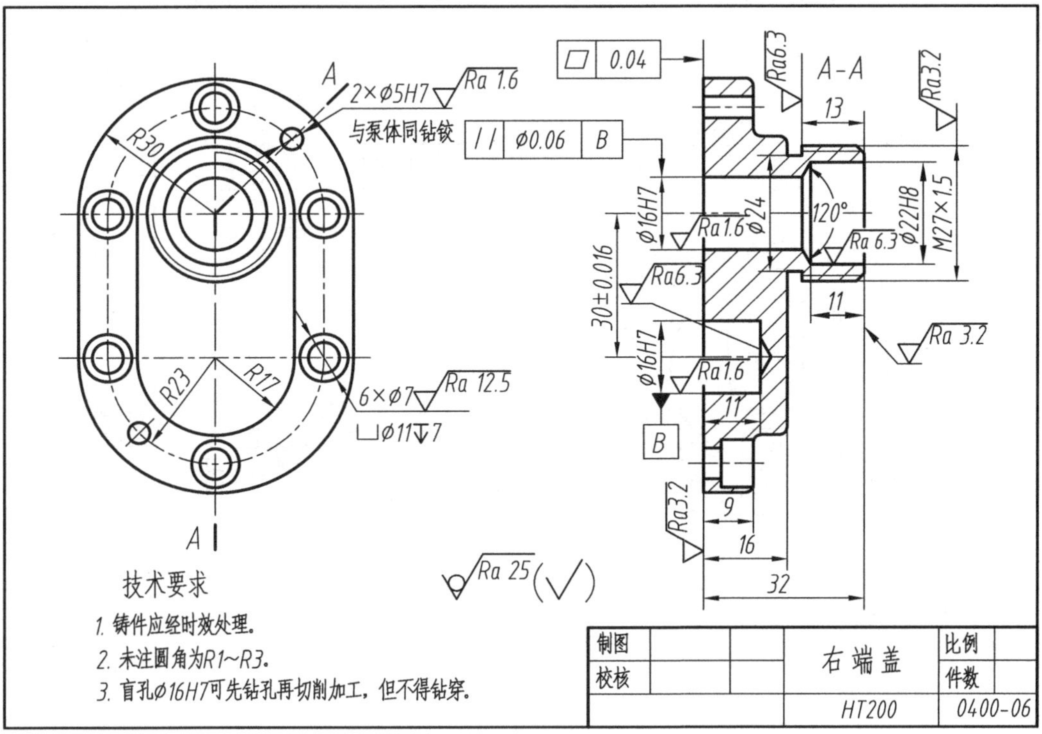

图 4-43　右端盖零件图

四、确定零件的技术要求

零件图的技术要求非常重要，它直接影响零件的加工质量和使用性能。要正确制定零件图的技术要求，必须具备许多专业知识。在此只作简单的叙述。

（1）根据表面的作用，确定各表面的粗糙度值。

首先分清哪些表面是加工面，哪些表面是不加工面。对于加工表面，有尺寸公差要求的表面，表面粗糙度值要小一些。

（2）标注尺寸公差带代号或查表标出极限偏差值。注意尺寸公差必须根据装配图中的配合尺寸进行标注，其余尺寸一般不标注公差。

（3）标注几何公差。当零件几何要素的形状和相互位置有较高要求的时候，应按零件的功能要求进行几何公差的标注。当零件几何精度要求不高，在一般的车间条件下都能保证时，一般不标注零件的几何公差。几何公差的检验比较麻烦，一般条件下不便于检验。

图 4-43 所示为拆画右端盖的零件图，图中标注的一些技术要求供参考。

【例 4-3】由图 4-38 所示的摆线转子泵装配图拆画泵体零件图。

解：读懂装配图是拆画零件图的前提，在前面已分析读懂了摆线转子泵的工作原理和零件之间的装配关系以及对各个零件的形状和结构有了大致的了解。泵体是摆线转子泵中最主要而较复杂的零件。

（1）分析确定泵体零件的结构形状。

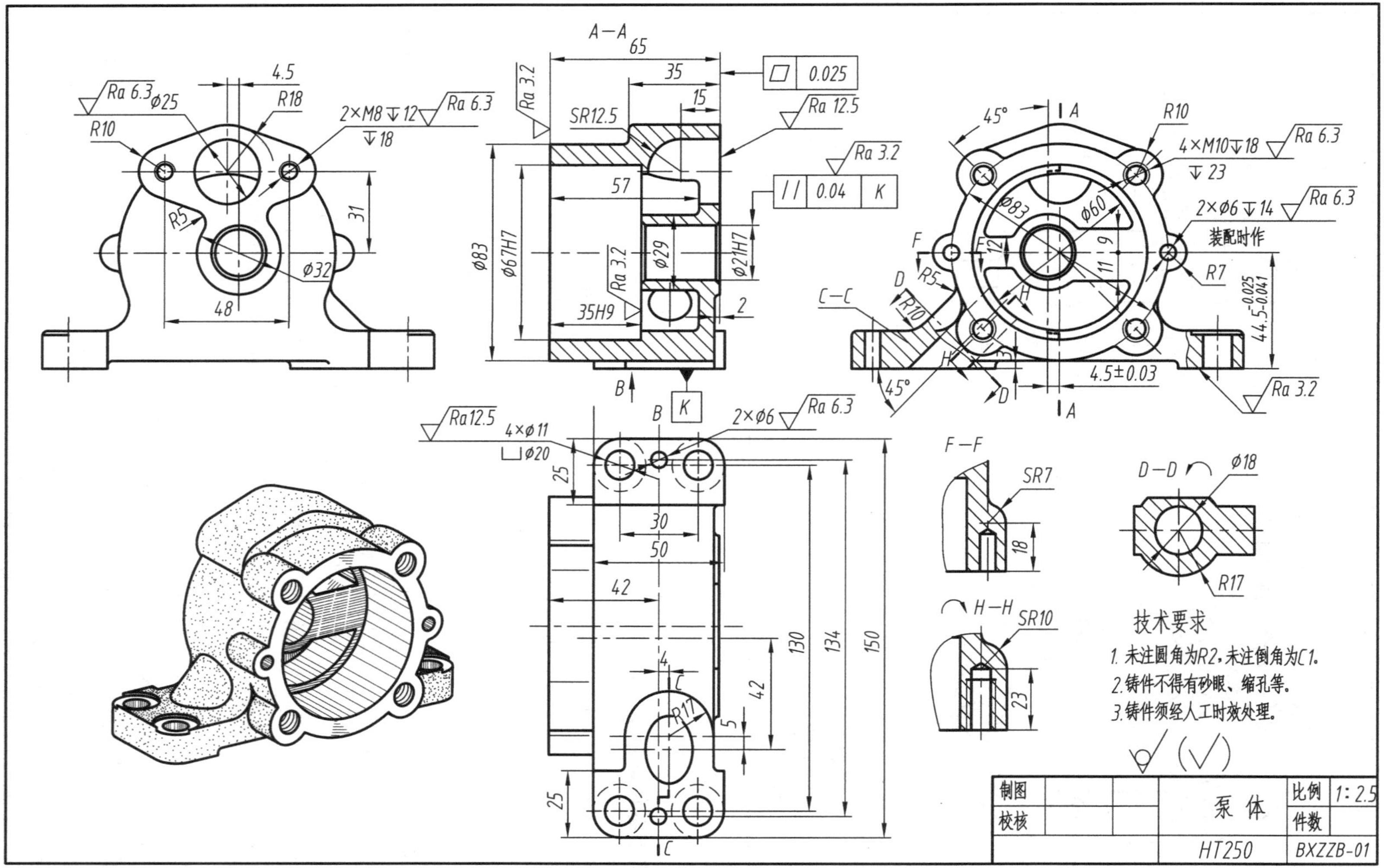
A—A
65
35
15
0.025
Ra 12.5
Ra 3.2
0.04
K
SR12.5
57
ϕ83
ϕ67H7
ϕ29
ϕ21H7
35H9
2
B
4.5
Ra 6.3
ϕ25
R18
R10
2×M8↧12
↧18
31
R5
ϕ32
48
45°
R10
4×M10↧18
↧23
2×ϕ6↧14
装配时作
ϕ83
ϕ60
12
9
11
R7
R5
C—C
44.5$^{-0.025}_{-0.041}$
4.5±0.03
Ra 3.2
Ra12.5
4×ϕ11
⌴ϕ20
2×ϕ6
25
30
50
42
4
R17
5
130
134
150
F—F
SR7
18
D—D
ϕ18
R17
H—H
SR10
23
技术要求
1. 未注圆角为R2，未注倒角为C1。
2. 铸件不得有砂眼、缩孔等。
3. 铸件须经人工时效处理。
制图
校核
泵 体
比例
1∶2.5
件数
HT250
BXZZB-01
图 4-44　泵体零件图

从装配图的主视图和右视图可以看出右端面上有一个泵轴孔和进油孔。进油孔要与进油管相接，为此进油孔端面设计有法兰凸台，凸台上开有两螺孔，以便将进油管的法兰凸缘固定在凸台上。又为了铸造、加工方便，将该凸台与泵轴孔凸台连成一起，其形状如图 4-44 右视图所示；从装配图沿结合面剖切的左视图中可以看出泵体左端面的主要的结构形状，从左视图中的局部剖中也可以看出泵体的安装孔和出油孔的位置和方向；从装配图的仰视图中可以看出泵体安装面的形状及安装孔的位置。综合以上分析，泵体的结构形状如图 4-44 中的直观图所示。

（2）确定泵体零件的表达方案。

泵体属于箱体类零件，可按工作位置选择主视图。由于装配图中的四个视图已将泵体的结构形状表达完全，所以泵体也用四个视图，从装配图中照搬过来。左视图上表示出油孔的局部剖，若范围扩大则会影响外形轮廓的表达，因此将未剖到的出油孔用虚线表示。出油孔的直径及该处结构用 *D-D* 断面表示。泵体左端面上的螺孔及销孔的深度及该处的结构分别用 *H-H* 及 *F-F* 局部剖视图表示，如图 4-44 所示。

（3）确定泵体的尺寸及技术要求。

泵体的尺寸仍然按照前面所述从五个方面来加以确定，在这里不再重复。泵体的技术要求的标注如图 4-44 所示。

4.9 部件测绘

根据现有机器或部件进行测量画出零件草图，然后绘制装配图和零件图的过程称为测绘。测绘是一项复杂而细致的工作，无论对推广先进技术，交流生产经验，还是对修旧利废，改进创新都具有重要的作用。因此测绘是每个工程技术人员必备的基本技能。

下面以卧式齿轮油泵为例，说明测绘工作的一般步骤和方法。

一、了解和分析部件

在测绘之前，首先要明确测绘部件的目的和任务。其次要对部件进行分析研究，通过阅读有关的说明书及资料，参考同类产品的图样，以及直接向有关人员了解使用情况和改进意见，了解部件的用途、性能、工作原理、结构特点和装配关系。为进一步的测绘工作打下基础。齿轮油泵的工作原理如图 4-36 所示。

二、拆卸零件

在拆卸过程中可以进一步了解部件的工作原理和装配关系，各零件的结构和作用。拆卸前应先测量一些重要的装配尺寸，如零件之间的相对位置尺寸、装配间隙等，以便校核图纸和装配部件。

拆卸时要研究拆卸顺序，借助相应的拆卸工具，保证零件顺利拆下。拆卸后的零件要妥善保管，避免碰坏、生锈或丢失。在拆卸过程中要分清标准件和非标准件。对零件数量较多的部件，所拆下来的零件要打上钢印或贴上标签，分区分组地放置在规定的地方，以便测绘后重新装配时能保证部件的性能和要求。

对不可拆的连接和过盈配合的零件尽量不要拆卸，以保证部件原有的装配精度。

图 4-45 所示为齿轮油泵的结构图。齿轮油泵的拆卸顺序如下：

（1）依次拆去六角盖形螺母 1、弹簧垫圈 2、皮带轮 15、键 3；

（2）依次拆去螺母 14、螺柱 13、压盖 5、填料 6；

（3）依次拆去螺栓 11、销 16、泵盖 10、垫片 9；

（4）拆去主动齿轮轴 4、从动齿轮轴 8、接头 12。

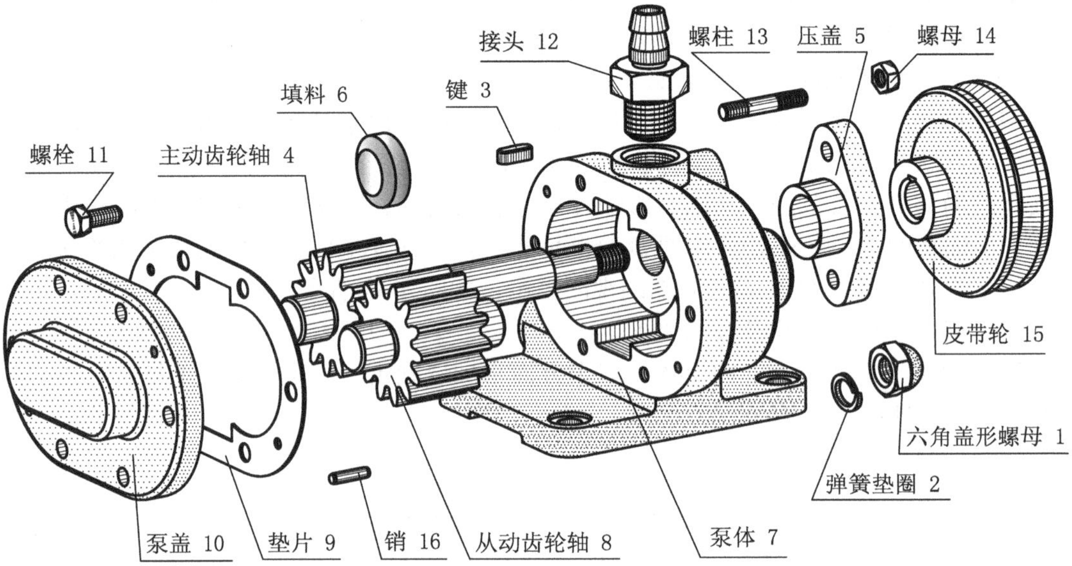

图 4-45　齿轮油泵结构图

三、画装配示意图

装配示意图是部件测绘过程中所画的记录图样，它的主要作用是避免零件拆卸后位置错乱无法再进行装配，在画装配图时亦可用来参考。装配示意图所表达的主要内容是每个零件的位置、装配关系、工作原理和传动路线等，而不是整个部件的详细结构和零件的形状。

装配示意图的画法没有严格的规定，一般用简单的线条画出零件的大致轮廓，如图 4-46 中的泵体，还可用单线来表示零件的基本特征，如图 4-46 中的齿轮轴、螺栓等。画装配示意图时，表达零件可不受前后层次的限制，尽可能把所有零件集中在一个视图上。必要时，也可补充其他视图，如图 4-46 中的右视图。在画机构传动部分示意图时，应采用机械制图国家标准 GB/T 4460—1984《机构运动简图符号》中规定的符号。

装配示意图画好后，要将各零件编上序号或写出零件的名称，同时对已拆卸的零件扎上标签，在标签上注明相同的序号或零件的名称。对标准件还应及时确定其尺寸规格，连同数量直接注写在装配示意图上，如图 4-46 所示。

四、画零件草图

测绘往往受时间及工作场地的影响，因此要徒手画出各零件的草图，然后根据零

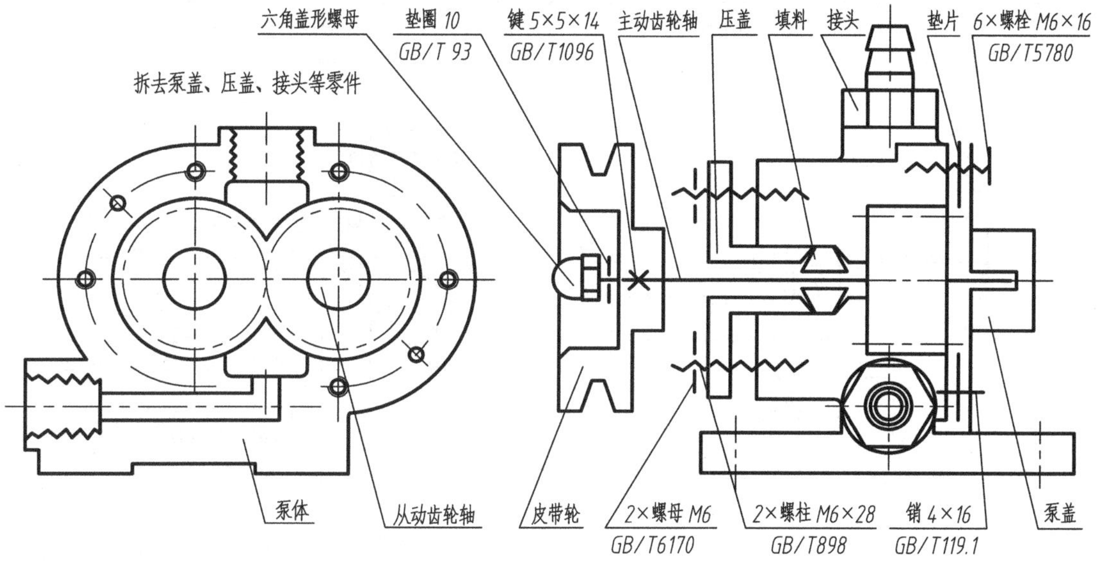

图 4-46　齿轮油泵装配示意图

件草图画出装配图，再由装配图拆画零件图。零件草图是画装配图和零件图的依据，不能认为草图是“潦草的图”。零件草图的内容和要求与零件图是一致的 ，只是画图方法不同而已。绘制草图应做到表达完整、线型分明、尺寸齐全、字体工整、图面整洁，并要注明零件的名称、件数、材料以及注写必要的技术要求。画零件草图时应注意以下几点：

（1）标准件只需确定其名称、规格注出规定标记，不必画草图。

（2）零件草图所采用的表达方法应与零件图一致。

（3）零件草图的尺寸标注应按零件图尺寸标注的基本要求进行标注。可先在草图上引出全部尺寸线，然后统一测量逐个填写尺寸数字。

（4）对于零件的技术要求，可根据零件的作用，参照类似的图样或资料，用类比法加以确定。尺寸公差可标出公差带代号，不必注出公差值。

（5）零件的材料应根据零件的作用，参照类似的图样或资料确定。必要时可用火花鉴别或取样分析的方法来确定材料的类别。有些零件还需用硬度计测定零件的表面硬度。

五、零件尺寸的测量及尺寸数字的处理

常用的测量工具有钢直尺、内外卡钳、游标卡尺、千分尺、螺纹规、角度规和圆角规等。测量尺寸时应根据尺寸精度选用相应的测量工具。精度低的尺寸可用钢直尺、内外卡钳测量，精度较高的尺寸可用游标卡尺、千分尺甚至用更精密的量具进行测量。

零件的尺寸有的可以直接量得，有的要经过一定的计算才能得到，如中心距等。测量时应尽量从基准面出发以减少测量误差。

常见的测量方法见表 4-1。

表 4-1　常见零件的测量方法

<table>
<tr><th>项目</th><th>测量方法图例及说明</th><th>项目</th><th>测量方法图例及说明</th></tr>
<tr>
<td>线性尺寸</td>
<td>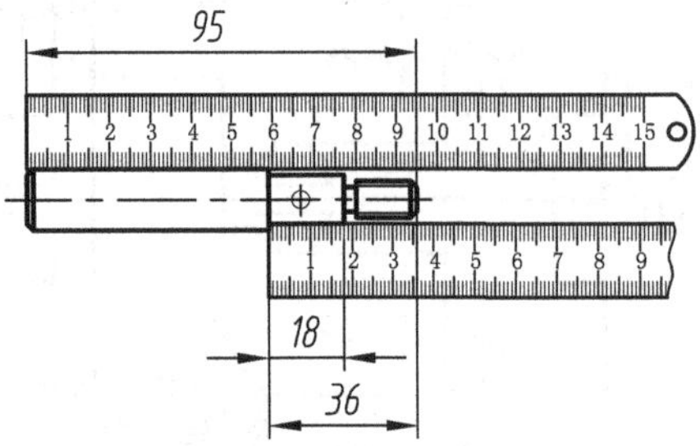

线性尺寸可直接用钢直尺量取读数，如图中的95、36、18。</td>
<td>直径尺寸</td>
<td>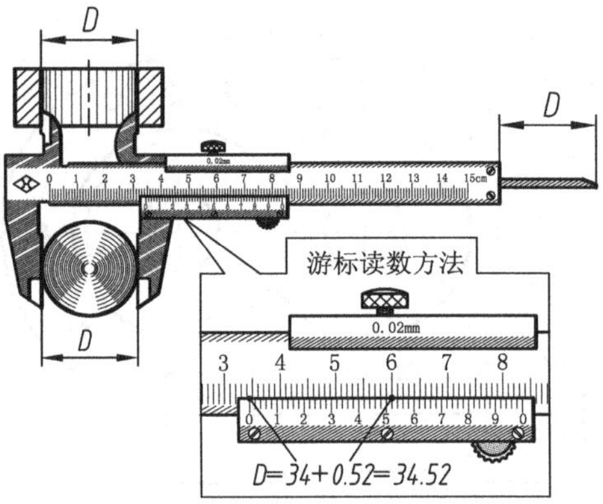

直径尺寸可用游标卡尺直接测量读数，如图中直径D为34.52。</td>
</tr>
<tr>
<td>中心高</td>
<td>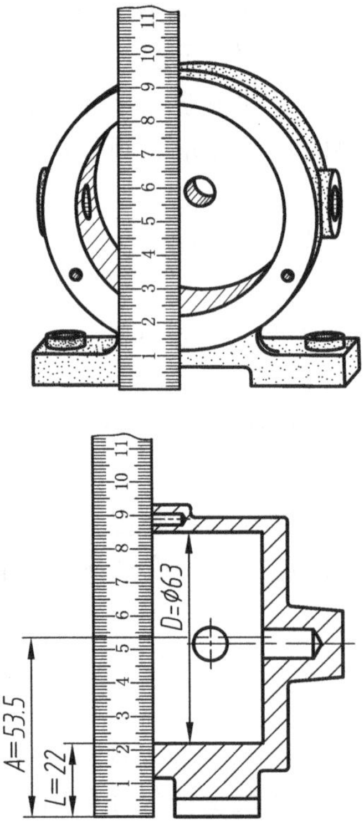

中心高可以用直尺或游标卡尺测出，如图中φ63孔的中心高$A=L+D/2$。</td>
<td>孔间距</td>
<td>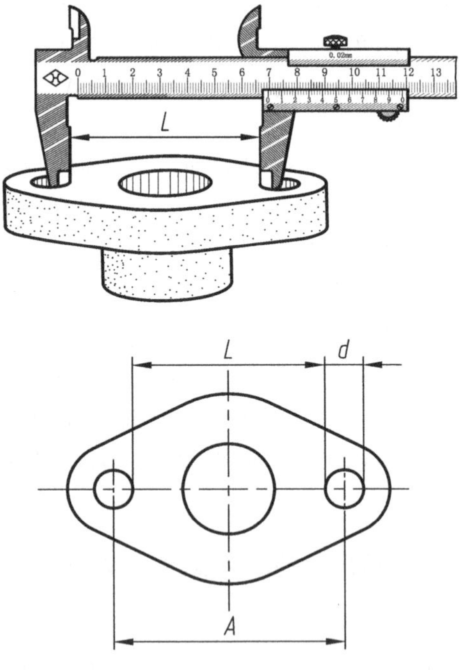

孔间距可以用游标卡尺或卡钳结合直尺测出，如图中两孔中心距$A=L+d$。</td>
</tr>
</table>

<table>
<tr><th>项目</th><th>测量方法图例及说明</th><th>项目</th><th>测量方法图例及说明</th></tr>
<tr>
<td>螺纹的螺距</td>
<td>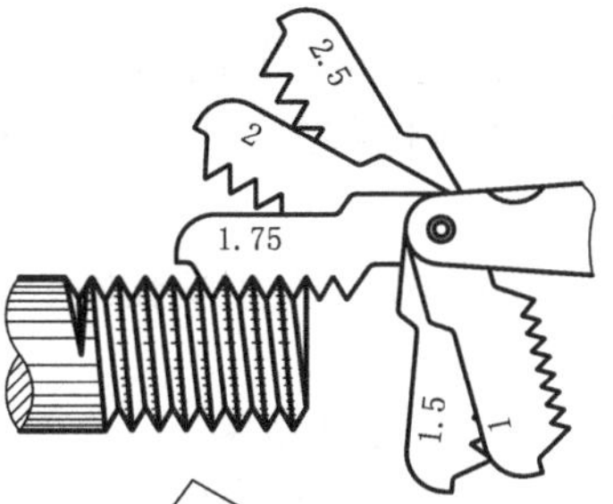

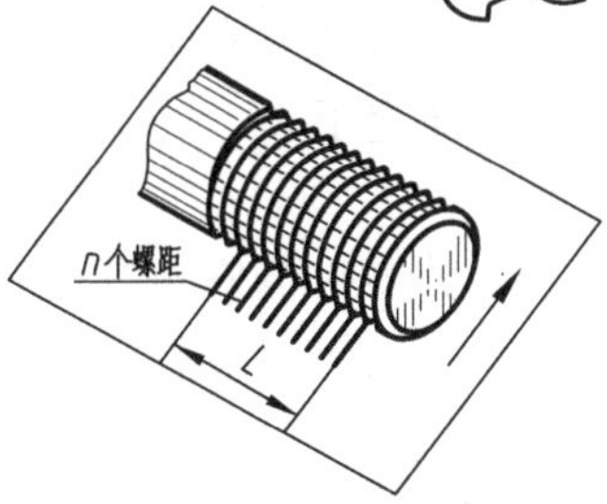

螺纹螺距可用螺纹规或直尺测得，如上图中螺距P=1.75。也可采用拓印的方法测得，如下图中初始螺距$P_0=L/n$，然后查手册取与P_0接近的标准值</td>
<td>齿轮的模数</td>
<td>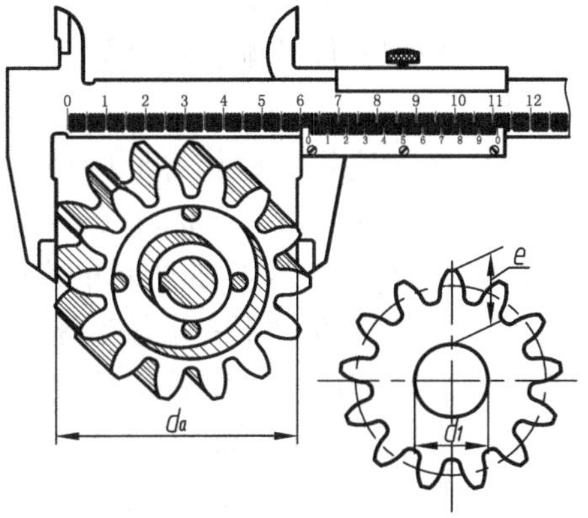

对标准齿轮，其轮齿的模数先用游标卡尺测得d_a，再计算得到初始模数$m_0=d_a/(z+2)$，然后查手册取与m_0接近的标准值。
奇数齿的齿顶圆直径$d_a=2e+d_1$，参见平面图</td>
</tr>
<tr>
<td>壁厚尺寸</td>
<td>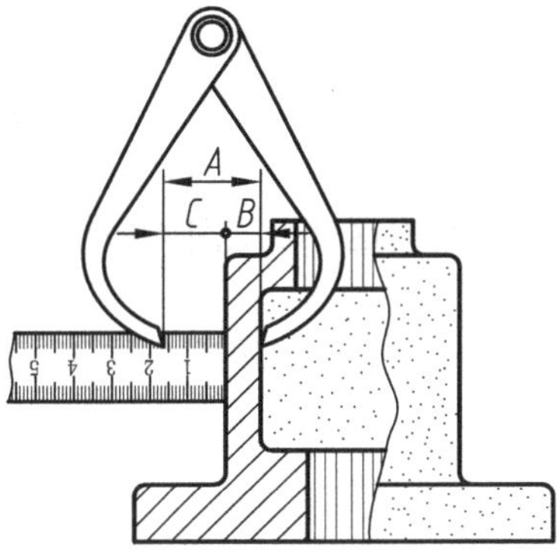

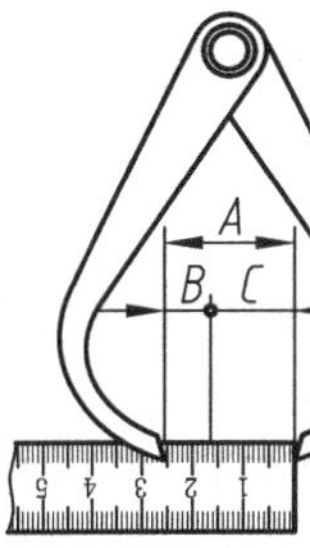

壁厚尺寸可以用直尺和游标卡尺测量，如图中壁厚$B=A-C$</td>
<td>曲线轮廓</td>
<td>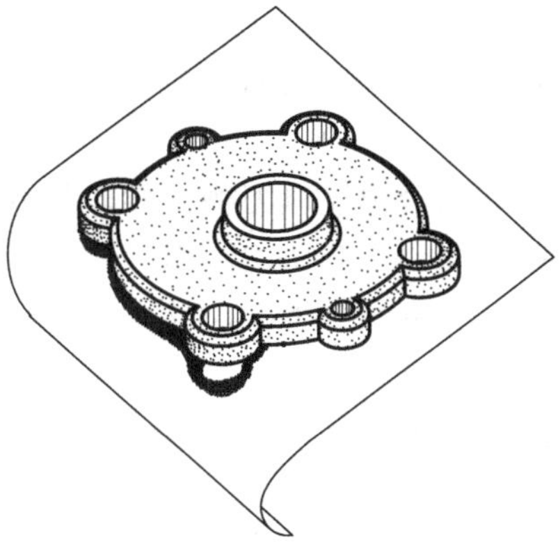
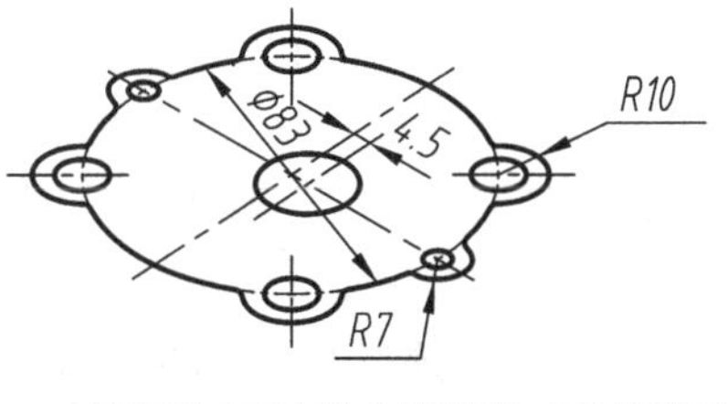

对精度要求不高的曲线轮廓，可以用拓印法在纸上拓印出它们的轮廓形状，然后用几何作图的方法求出各连接弧的尺寸和圆心，如图中的ϕ83、R7、R10、4.5</td>
</tr>
</table>

测量所得到的尺寸还须进行以下的处理：

（1）一般尺寸大多数情况下要圆整到整数，重要的直径要取标准值。

（2）标准结构（如螺纹、键槽等）的尺寸要取标准值。

（3）对有的尺寸要进行校核，如齿轮传动的轴孔中心距，要与齿轮的啮合中心距校对。

（4）相配零件的配合尺寸要相互协调，测量后尽可能将这些配合尺寸同时标注在有关零件上。

（5）由于磨损、碰伤等原因使零件尺寸发生变化或零件模样发生变化时，要进行认真分析，将零件复原，并标注复原后的尺寸。

【例 4-4】测绘图 4-45 所示的齿轮油泵主要零件，并绘制零件草图。

解：测绘零件时不一定按装配顺序进行测绘，可先测绘较主要、较复杂的零件，这些零件的形状和尺寸确定后，其余零件的形状和尺寸就容易确定了。

1）测绘主动齿轮轴

主动齿轮轴是装配体中的主要零件，用来传递运动，多数零件与它有装配关系。

（1）确定齿轮模数。数齿轮的齿数 $z = 14$，为偶数齿。可直接用游标卡尺测得 d_a，若测得齿顶圆直径 $d_a = 47.72$，则初始模数 $m_o = d_a / (z + 2) = 2.92$，根据表 2-9 的标准模数圆整，确定 $m = 3$。模数确定以后，轮齿各部分的尺寸可通过计算公式得到。

（2）测量键槽尺寸。测得键槽长度为 14.2，测得键槽宽度为 5.14，测得键槽深度为 3.1。查阅附表 23，得到键槽的标准尺寸为：键槽长度 $L = 14$，键槽宽度 $b = 5$，键槽深度 $t_1 = 3$。由此得到键的规格尺寸，并将键的标记（键 GB/T 1096 $5 \times 5 \times 14$）编入装配图明细栏里。

（3）测量螺纹。用游标卡尺测得螺纹大径为 9.76，应圆整为整数，因此螺纹大径 d 为 M10；用普通螺纹规测得螺纹的螺距 $P = 1.52$，查阅附表 1 为粗牙普通螺纹，确定螺距 $P = 1.5$。

（4）测量螺纹退刀槽、砂轮越程槽和倒角。零件上的这些工艺结构为标准结构，可查阅附表 4、5、10 加以确定。

（5）测量配合表面尺寸，确定尺寸公差带。根据部件工作原理，确定配合性质，选用相应的公差带代号。

图 4-47 所示为主动齿轮轴的零件草图。

2）测绘泵体

泵体是装配体中体积最大且最复杂的零件，用来支撑和容纳其他零件。

（1）确定泵体主体部分的位置与形状。主体部分容纳齿轮的空腔尺寸和轴孔的尺寸可根据主动齿轮轴的有关尺寸来确定。

（2）确定螺纹孔、销孔的位置和大小。若测得泵体端面螺纹孔的小径为 4.95，可查阅附表 1 知螺纹的大径（公称直径）D 为 M6。由此螺栓的公称直径也就确定了。

（3）测量泵体底板。测绘时要注意底板与主体连接部分的结构及进油孔的位置关系。

图 4-48 所示为泵体的零件草图，图中括号中未注的尺寸需根据主动齿轮轴的尺寸来确定，留给读者分析确定。

3）测绘皮带轮

皮带轮是通过键与主动齿轮轴连接在一起，将电动机的旋转运动通过皮带传动传递给主动齿轮轴。

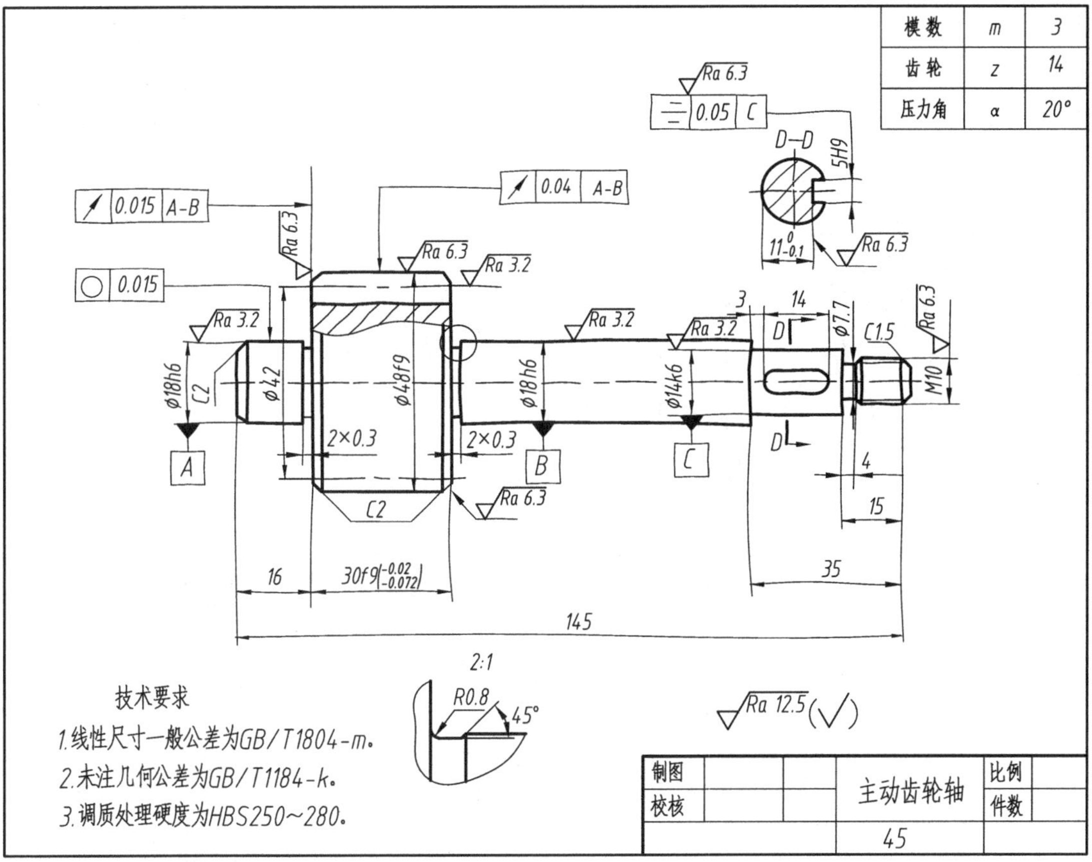

图 4-47　主动齿轮轴零件草图

（1）确定轴孔尺寸。轴孔直径根据与主动齿轮轴的配合关系来确定，轮毂槽的尺寸要根据已确定的键的规格查阅附录表 23 来确定。

（2）确定带轮皮带槽的尺寸。先测量槽的大致尺寸，由于皮带是标准件，皮带槽也是标准结构，需查阅机械设计手册，根据测得值圆整为标准值。

图 4-49 所示为皮带轮的零件草图。

六、画装配图和零件图

根据零件草图和装配示意图画出装配图。在画装配图时，要及时改正草图上的错误，每个零件必须按实际尺寸大小来画，零件之间的装配关系不能搞错。要编制出零件的明细表。画装配图的过程实际上是很重要的一次校对工作，必须认真仔细，不能马虎。

根据画好的装配图和零件草图再画出零件图，对零件草图中的尺寸注法和技术要求的选定，可根据具体情况作适当调整或重新配置。

图 4-50 所示为卧式齿轮油泵的装配图。

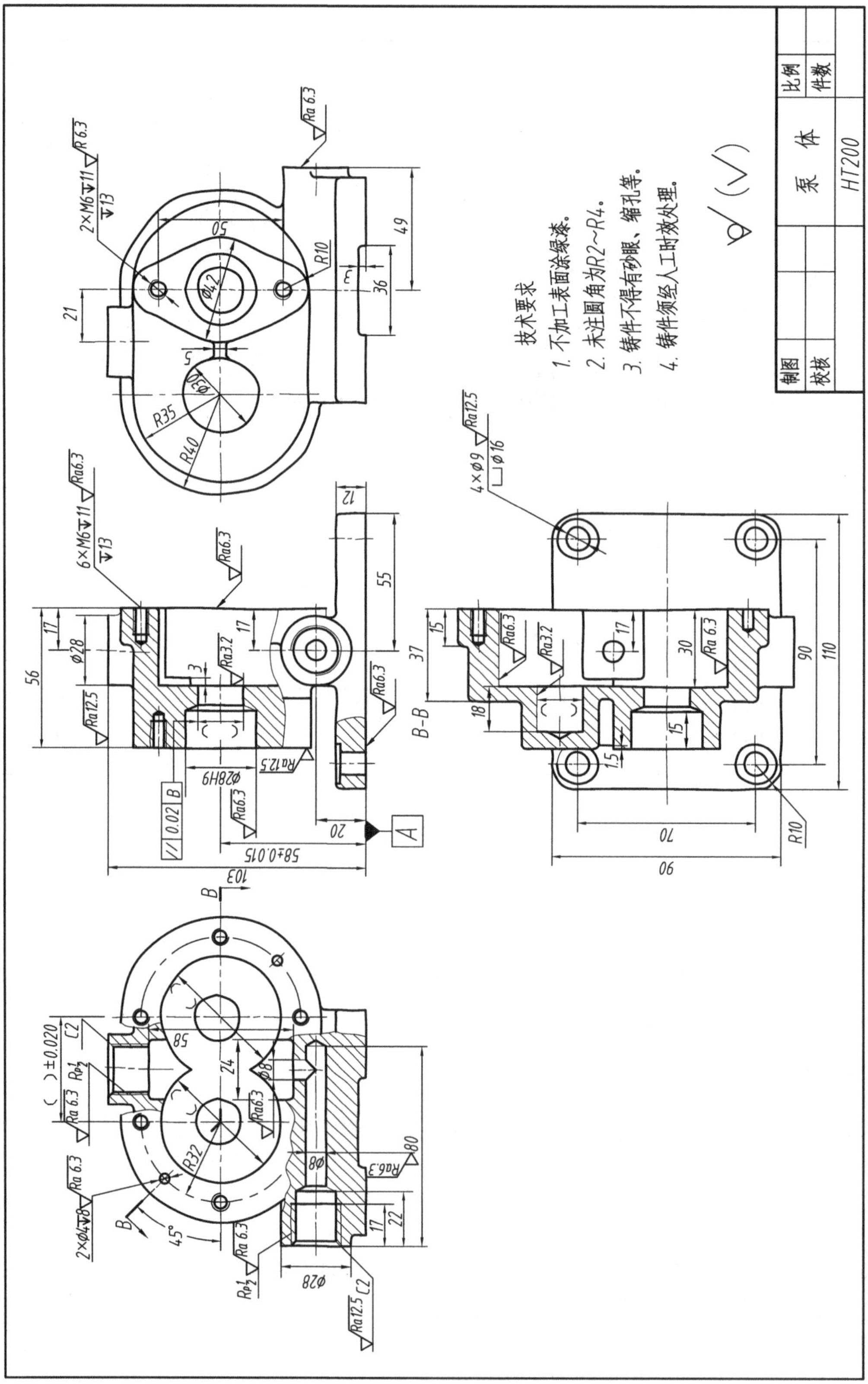

技术要求
1. 不加工表面涂绿漆。
2. 未注圆角为R2~R4。
3. 铸件不得有砂眼、缩孔等。
4. 铸件须经人工时效处理。
泵 体
HT200
制图
校核
比例
件数
B-B
2×M6↧11 ↧13
6×M6↧11 ↧13
4×ϕ9 ⌴ϕ16
2×ϕ4↧8
58±0.015
ϕ28H9
0.02 B
A

图 4-48 泵体零件草图

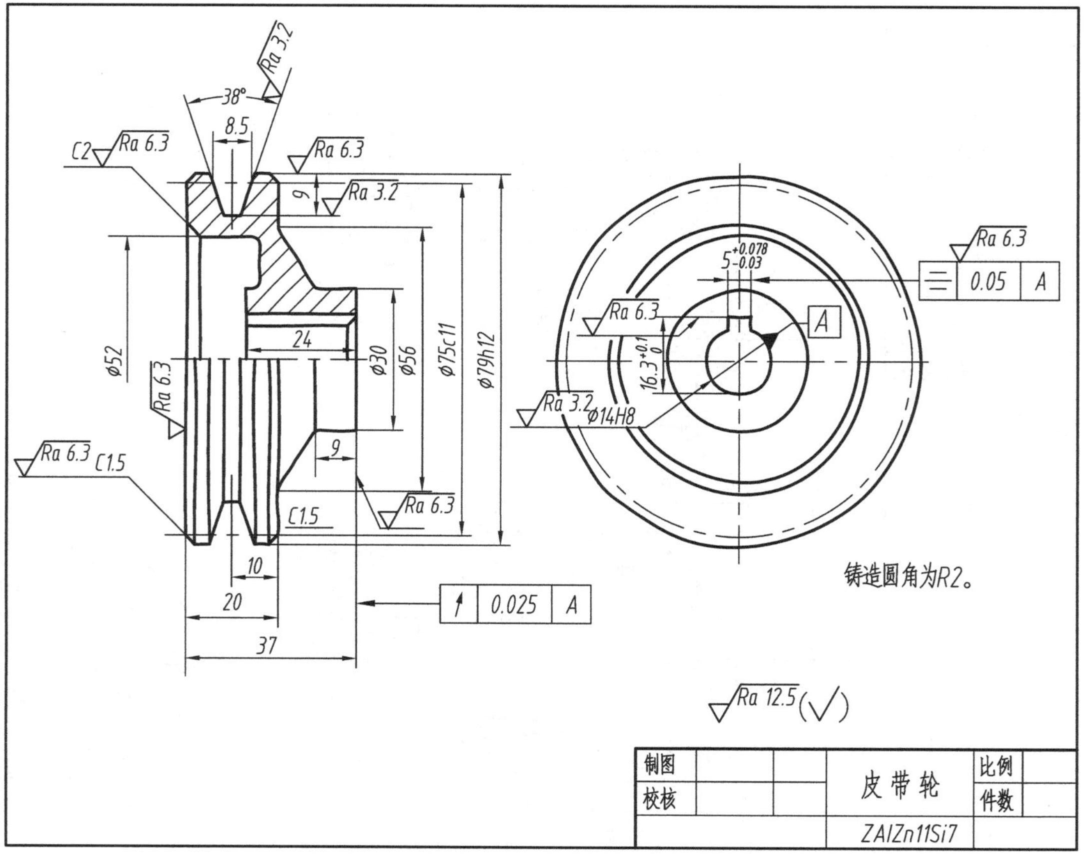

图 4-49　皮带轮零件草图

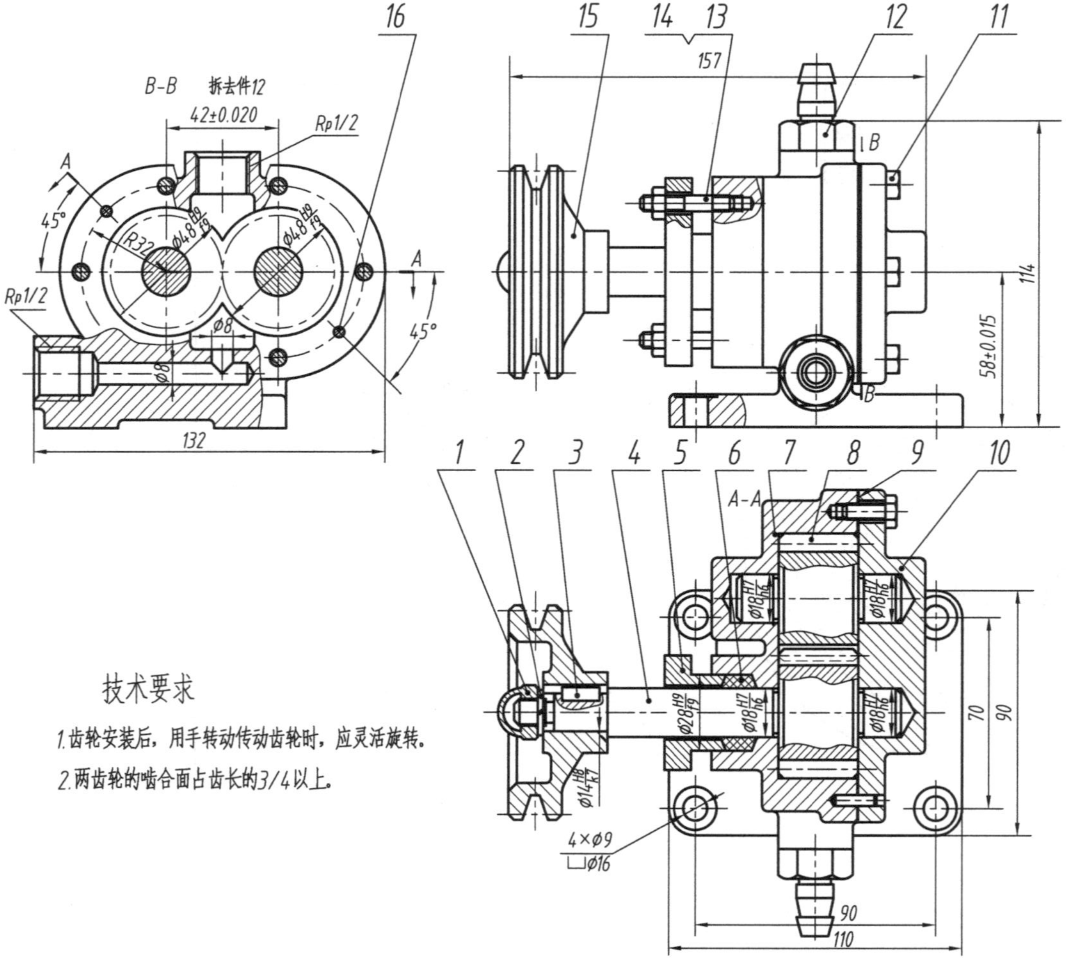

技术要求

1.齿轮安装后，用手转动传动齿轮时，应灵活旋转。

2.两齿轮的啮合面占齿长的3/4以上。

序号	代号	名称	数量	材料	备注
16	GB/T 119.1	销 4m6×16	2	45	
15	CLB00-08	皮带轮	1	ZAlZn11Si7	
14	GB/T 6170	螺母 M6	2	Q235	
13	GB/T898	螺柱 M6×30	2	35	
12	CLB00-07	接头	2	45	
11	GB/T 5780	螺栓 M6×18	6	35	
10	CLB00-06	泵盖	1	HT200	
9	CLB00-05	垫片	1	纸 δ=1	
8	CLB00-04	从动齿轮轴	1	45	m=3 z=14
7	CLB00-03	泵体	1	HT200	
6		填料	1	石棉绳	
5	CLB00-02	压盖	1	45	
4	CLB00-01	主动齿轮轴	1	45	m=3 z=14
3	GB/T 1096	键 5×5×14	1	45	
2	GB/T 93	弹簧垫圈 10	1	65Mn	
1	GB/T 923	六角盖形螺母	1	Q235	

制图		齿轮油泵	比例	
校核			件数	
			CLB00	

图 4-50　齿轮油泵装配图

第五章 展 开 图

在工业生产和生活中会经常遇到金属或非金属板材制作的产品，如图 5-1 所示。为了制造这些产品，必须先在板材上画出展开图，然后下料，经过弯、卷成形，有的还要经过焊接、铆接等方法来制作。板材制作在机械制造业、造船业、纺织业、冶金以及化工等行业应用尤其广泛。

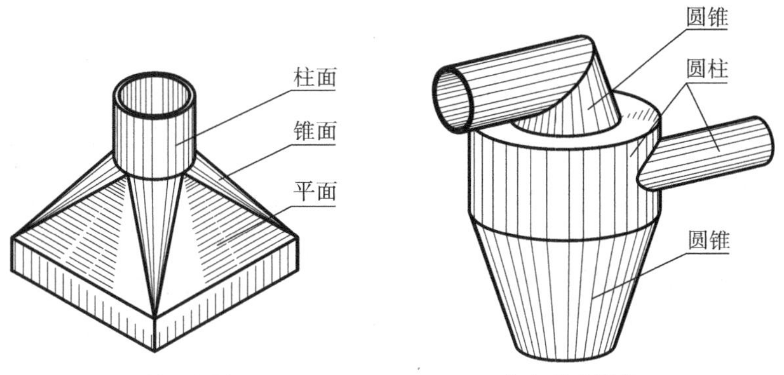

（a）抽油烟罩　　（b）分离器筒

图 5-1 板材制作件

因此，将物体表面的实际形状依次摊平在同一平面上，称为物体的表面展开，展开后按一定规则画出的图形称为物体的表面展开图，简称展开图。图 5-2 所示为圆柱和棱柱表面的展开示意图。

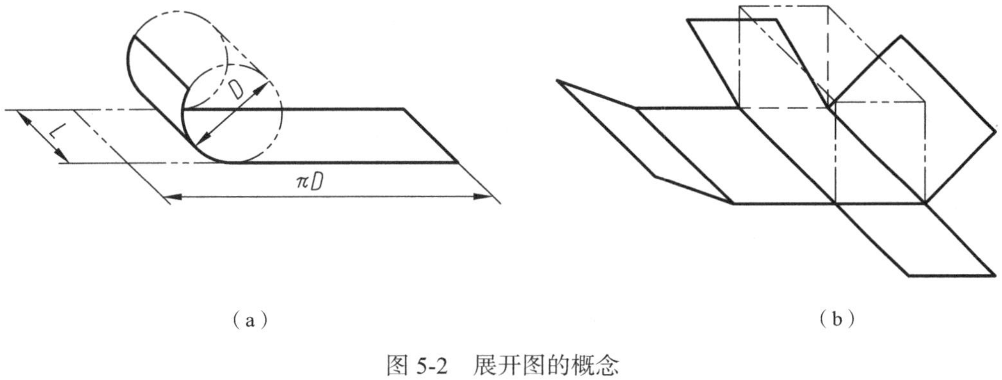

（a）　　（b）

图 5-2 展开图的概念

板材制作按其表面性质的不同分为可展和不可展两类。平面立体的表面都是平面，故属于可展平面；曲面立体的表面按曲面性质不同分为可展曲面和不可展曲面。

绘制展开图的方法通常有两种：图解法和计算法。图解法是根据投影原理，用几何作图的方法画出下料用的展开图，生产中称为“放样”。计算法则是根据有关方程式计算出一系列点的数据，再绘成展开图。计算法一般由计算机完成，可大大提高绘制展开图的效率和工作效率。绘制展开图，其方法的实质就是求直线或曲线的实长和求平面或曲面的实形。

5.1 平面立体的表面展开

平面立体的表面都是多边形，因此，画它们的展开图就是分别画出这些多边形的实形，并依次排列在一个平面上，即得平面立体的表面展开图。

平面立体的展开最常用的方法是三角形法。对于棱柱制件还可以用侧滚法和截面法。

下面分别介绍这几种方法。

一、棱柱的表面展开

1. 三角形法

三角形法是将表面分成几个三角形去展开作图的方法，三角形法适合于任何平面立体。

图 5-3（a）所示为一斜棱柱接管，其三个棱面均为平行四边形，三条棱线相互平行，上下两底面为相同的三角形。展开时可将各棱面用一条对角线分成两个三角形，求出各三角形的实形，就能依次画出各棱面的实形。作图步骤如下。

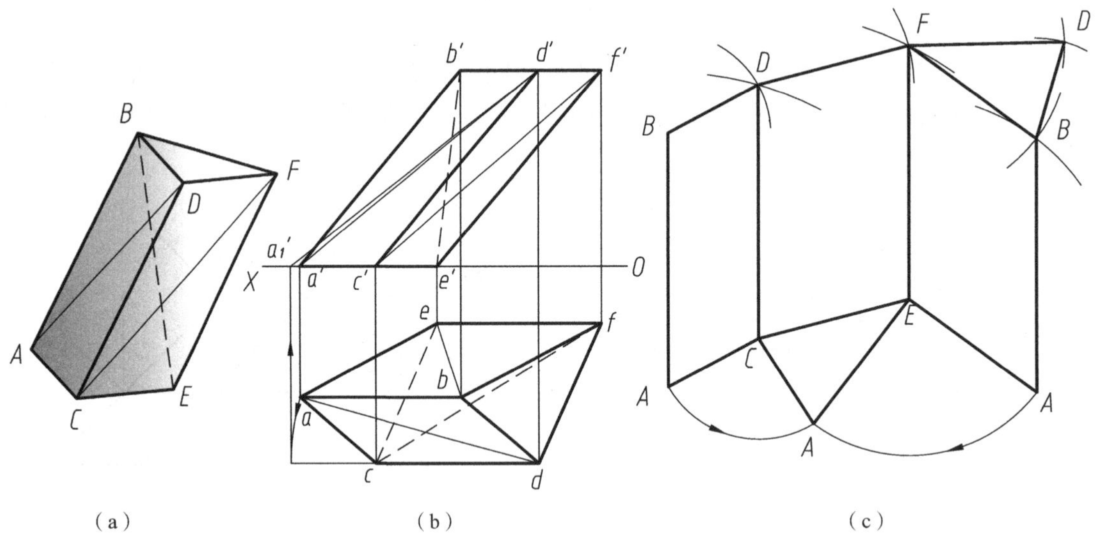

图 5-3 用三角形法求棱柱的表面展开

（1）连对角线 *AD*（*ad*、*a′d′*）、*CF*（*cf*、*c′f′*）、*BE*（*be*、*b′e′*）分别把 *ABDC*、*CDFE*、*ABFE* 分成两个三角形，如图 5-3（a）、（b）所示。

（2）求出三角形各边的实长。图中只需求三条对角线的实长，其余各边在投影图中均反映实长。图 5-3（b）所示为用旋转法求出 *AD* 实长，即为 $a_1'd' = AD$。同理，可分别求出 *CF*、*BE* 的实长（图中未画出）。

（3）依次画出各三角形的实形，即得棱柱的展开图。为作图方便，将 AB 实长线按垂直方向来画。若要展开上下两底面，也可按底面各边的实长画出其实形，如图 5-3（c）所示。

从图中可以看出，相互平行的直线，展开后仍然相互平行。利用该特性，可提高作图的准确性和速度。

2. 侧滚法

当棱柱的棱线为投影面平行线时，可以这些棱线为轴，连续旋转各棱面使它们依次平行于同一投影面，画出这些棱面的实形，即得其展开图。其基本作图方法是绕投影面平行轴旋转。其作图步骤如图 5-4 所示。

（1）先以 AB 棱线为轴进行侧滚，即以 AB 为旋转轴将 $ABDC$ 面旋转为投影面平行面，由此，过 c' 作 $c'd'$ 的垂线 $c'n'$，求出点 C 到旋转轴 AB 的距离实长 $n'c_0$，再以 n' 为圆心，$n'c_0$ 为半径画弧交 $c'n'$ 延长线于 c_1'，即为点 C 的新投影。

由于图中 $n'c_0 = ac = AC$ 实长，点 A 又在旋转轴上，可简化旋转法作图。直接以 a' 为圆心，$ac = AC$ 实长为半径画弧交 $c'n'$ 延长线于 C。

（2）过点 C 作 $CD \,/\!/\, a'b'$，取 $b'D = bd = BD$ 得点 D（或作 $b'D \,/\!/\, a'C$，与 CD 交于 D），由此求出 $ABDC$ 棱面的实形。

（3）再依次以 CD、EF 棱线为旋转轴进行侧滚得 $CDFE$、$EFBA$ 棱面的实形，即得棱柱的展开图。

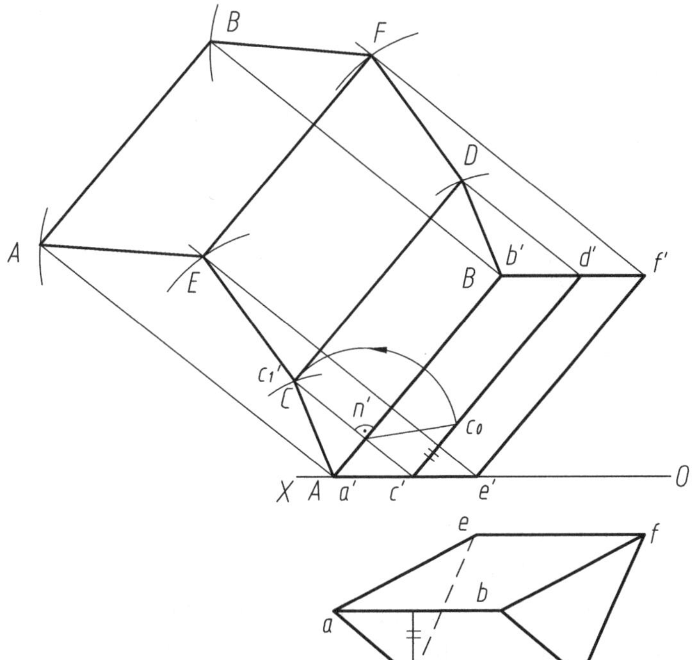

图 5-4　用侧滚法求棱柱的表面展开

3. 正截面法

正截面法是先展开辅助正截面，在此基础上再展开各表面的作图方法。

由于正截面垂直棱线，在展开图上截交线展成一直线段，棱线必定仍与截交线的展开直线相垂直。因此可利用该特性作图，其作图步骤如图 5-5 所示。

（1）在棱柱适当位置作辅助正垂面（正截面）*P*，其截交线为△ⅠⅡⅢ，求出其实形，图中采用了换面法，如图 5-5（a）所示。

（2）将截交线展成直线ⅠⅡⅢⅠ。

（3）分别过Ⅰ、Ⅱ、Ⅲ、Ⅰ作垂线，并在其上截取线段等于棱线上的线段实长，即 Ⅰ$A = 1'a'$，Ⅰ$B = 1'b'$，……依次得到 *C*、*D*、*E*、*F*、*A*、*B* 各点，连接所得各点即为棱柱的展开图，如图 5-5（b）所示。

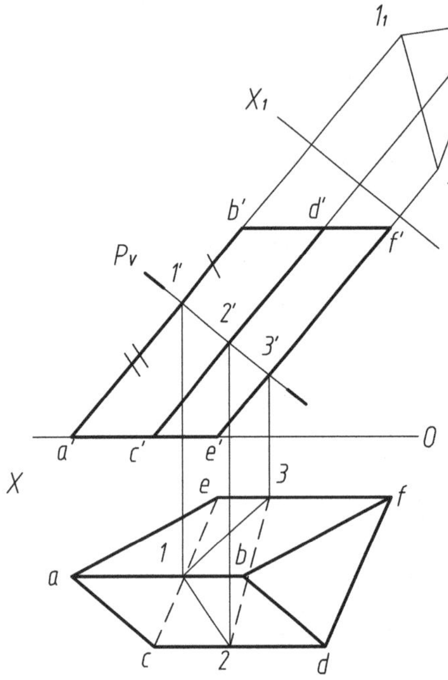

（a）

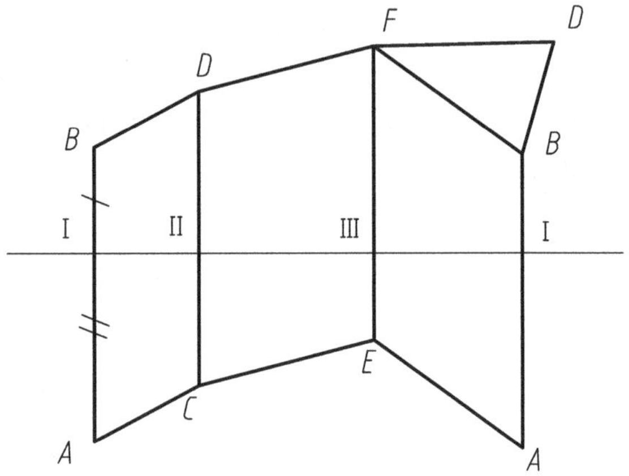

（b）

图 5-5　用正截面法求棱柱的表面展开

二、棱锥的表面展开

图 5-6（a）所示为截头斜四棱锥，其棱线延长后交于顶点 *S*，形成一个四棱锥。四条棱线中，Ⅰ*A*、Ⅲ*C* 正面投影反映实长，Ⅱ$B =$ ⅣD，可用直角三角形法求实长；其底边为正四边形水平面，水平投影反映实长。可按已知边长作三角形的方法，依次作出各三角形棱面的实形，拼成四棱锥的展开图，然后截去上段棱锥的各棱面，即得接头斜四棱锥的展开图。其作图步骤如下：

（1）延长各棱线交于锥顶 *S*（*s*′，*s*），用直角三角形法求出 $SB = SD$ 的实长 S_0B_0，再求出Ⅱ B = Ⅳ D 的实长 2_0B_0，如图 5-6（b）所示。

（2）画直线 $SA = s'a'$，以 A 为圆心，ab 为半径画弧，再以 S 为圆心，以 S_0B_0 实长为半径画弧，两弧交于 B，连 AB、SB，即得小三角形 SAB 的实形。在 SA 上取Ⅰ$A = 1'a'$，在 SB 上取Ⅱ $B = 2_0B_0$。即得四边形棱面Ⅰ AB Ⅱ的实形。

（3）用同样的方法依次作出其余三个棱面的实形，即得截头斜四棱锥的展开图，如图 5-6（c）所示。

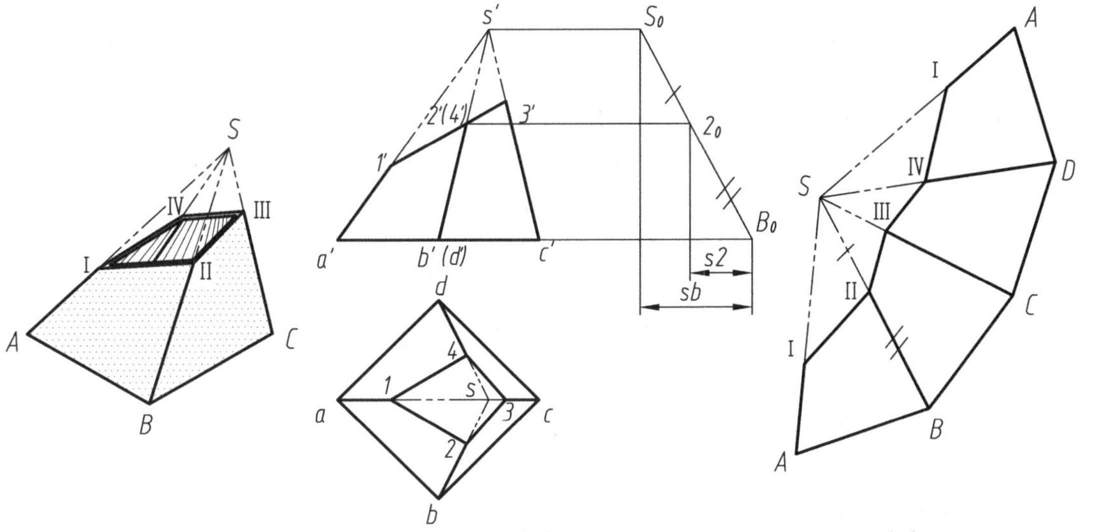

（a）　　（b）　　（c）

图 5-6　截头斜四棱锥的表面展开

【**例 5-1**】图 5-7（a）所示为一方口管接头，求其展开图。

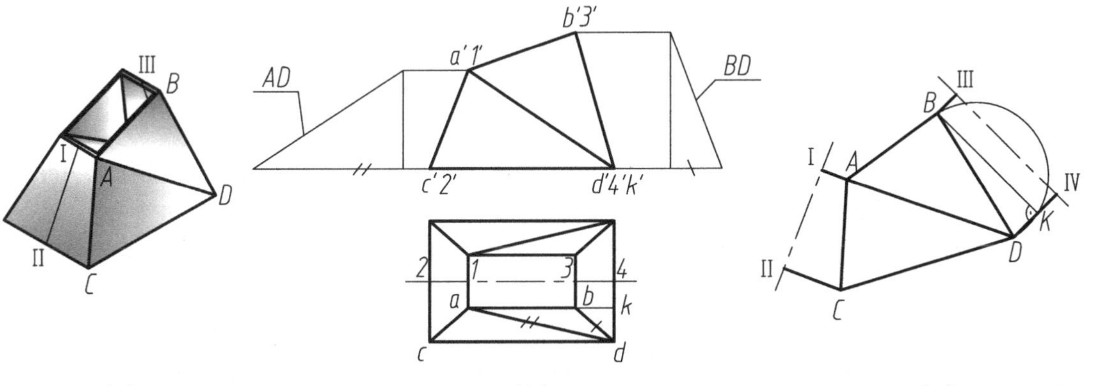

（a）　　（b）　　（c）

图 5-7　方口管接头的表面展开

解：方口管接头表面都是平面，*AB* 与 *CD* 是交叉两直线，△ *ABD* 是一般位置平面，其三个边 *AB*、*AD*、*BD* 都是一般位置直线。图形前后对称，在对称平面上定出Ⅰ、Ⅱ、Ⅲ、Ⅳ点。水平投影 1*a*、2*c*、*cd*、3*b*、4*d* 以及正面投影 *a*′*b*′、*c*′*d*′、1′2′、3′4′ 均反映相应边的实长。为作图方便，连 *BK* ⊥ *D*Ⅳ（*bk* ⊥ *d*4），然后再展开，其作图步骤如图 5-7（b）、（c）所示。

（1）用直角三角形法求出 *AD* 和 *BD* 的实长。

（2）画对称中心线，取ⅠⅡ＝1′2′，过Ⅰ、Ⅱ点分别作垂线，取Ⅰ*A*＝1*a*，Ⅱ*C*＝2*c*，求出 *AC*，得四边形ⅠⅡ*CA*。

（3）以 *AC* 为一边，以 *AD* 和 *CD* 实长为另两个边作出△ *ACD* 的实形。同理，以 *AD* 为一边，以 *BD* 和 *AB* 实长为另两个边作出△ *ABD* 的实形。

（4）由于△ *BKD* 是直角三角形，*BK* ⊥ *KD*，作图时可以 *BD* 为直径作半圆，以 *D* 点为圆心，以 *dk* 为半径作弧，与半圆交于 *K* 点，连 *DK* 并延长，取 *D*Ⅳ＝*d*4，过 *B* 点作 *D*Ⅳ的平行线，取 *B*Ⅲ＝*b*3，连Ⅲ、Ⅳ，得四边形 *BD*ⅣⅢ实形。

用同一样的方法可以作出另一半的展开图。

5.2　可展曲面的表面展开

曲面上相邻两素线平行或相交，能组成一个平面时，则这种曲面是可展曲面。最常见的是圆柱面和圆锥面。

一、圆柱的表面展开

圆柱与棱柱相似之处在于前者素线平行，后者棱线平行。因此棱柱展开所使用的侧滚法、正截面法都可用于圆柱表面的展开。由于圆柱表面的素线展开后仍然相互平行，利用这种特性展开圆柱表面的方法被称为平行线法。

1. 正圆柱的表面展开

如图 5-1（a）所示，一段高度为 *L* 的圆柱展开图是一个矩形，矩形的一边长度为圆柱正截面的周长 πD，其邻边长度等于圆柱高度 *L*。

2. 截头圆柱的表面展开

图 5-8（a）所示为一截头圆柱，可利用素线互相平行且垂直底圆的特性作出其展开图。其作图步骤如图 5-8（b）所示。

（1）在俯视图上将圆柱底圆等分成 *n* 等分，图中为 12 等分。过各个等分点在主视图上作出相应的素线，并标出各点的正面投影。

（2）将底圆展开为一直线，并分为 12 等分，使每等分的长度等于底圆上相邻两点间的弧长，得 1_0、2_0、…、6_0 等各点。然后，自各等分点作垂线，使其等于相应素线的长度，得Ⅰ、Ⅱ、…、Ⅵ等各点。

（3）用曲线光滑连接Ⅰ、Ⅱ、…、Ⅴ等各点即得截头圆柱的展开图。

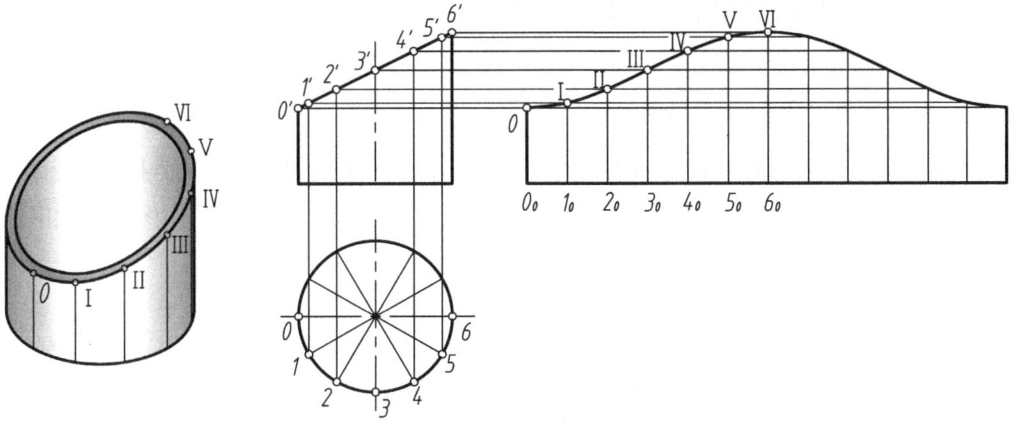

（a）　　　　　　　　　　　（b）

图 5-8　截头圆柱的表面展开

3. 异径三通圆柱的表面展开

图 5-9（a）所示为一异径三通圆柱，由两个直径不同，轴线垂直相交的圆柱组成。作展开图时，需先求出相贯线，然后分别应用平行线法求出大、小圆柱的展开图。其作图步骤如图 5-9（b）所示。

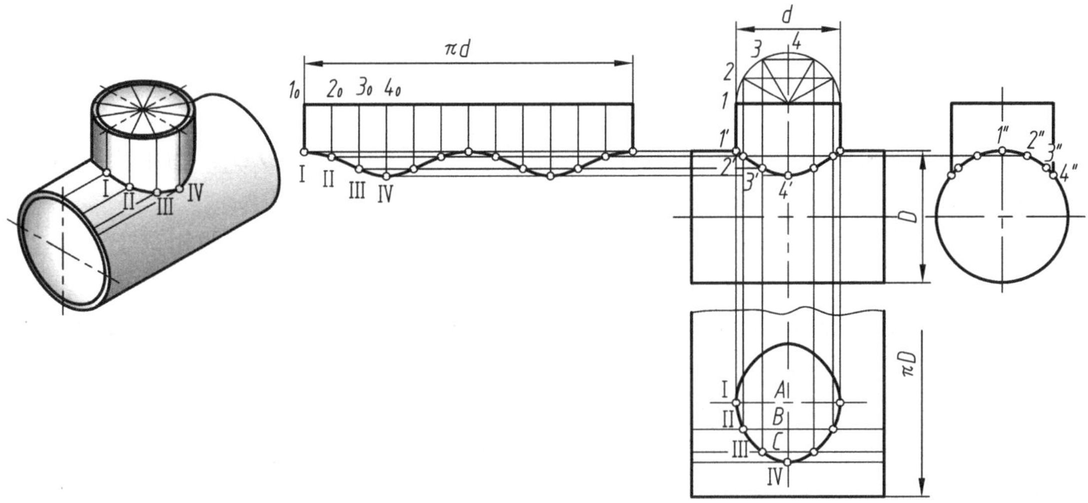

（a）　　　　　　　　　　　（b）

图 5-9　异径三通圆柱的表面展开

（1）作小圆柱展开图。在求出相贯线投影后，将圆柱面分成若干等分，按求截头圆柱展开图的方法，作出其展开图。

（2）作含相贯线的大圆柱展开图。先作出大圆柱展开图，然后由相贯线在展开图上的对称中心线的交点 A 分别向铅垂方向按弧长 1″2″、2″3″、3″4″ 量得 A、B、C、Ⅳ各点，由这些点作出水平素线，相应地从 1′、2′、3′、4′ 点引投影线，与这些素线交于Ⅰ、Ⅱ、

Ⅲ、Ⅳ等各点。用同样方法作出后边的对称点，用曲线光滑连接各点，就得出含相贯线的大圆柱展开图。

4. 等径直角弯管的表面展开

图 5-10（a）所示为一等径直角弯头，用来连接两垂直的圆管，因此，接口要求是圆形。为达到此要求，可用若干节斜口圆管来组成等径直角弯头。其作图步骤如图 5-10（b）所示。

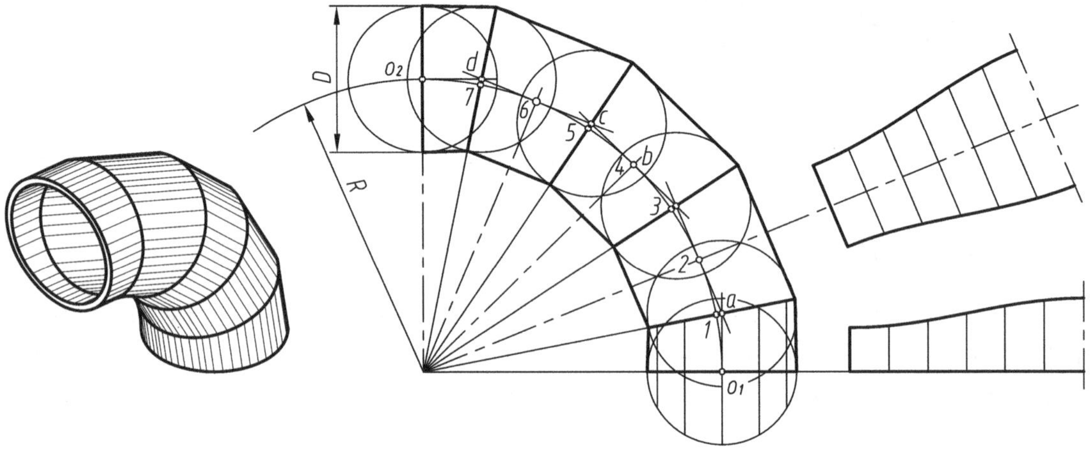

（a）　　（b）

图 5-10　等径直角弯管的表面展开

（1）过进出口的中心 O_1、O_2 作中心圆弧 R，然后等分圆弧 O_1O_2，图中为八等分，得圆弧上的等分点 1、2、…、7。

（2）分别过 O_1、2、4、6、O_2 点作中心圆弧 R 的切线，这些切线两两相交于 a、b、c、d 点。分别以 O_1、a、b、c、d、O_2 点为圆心，以进出口圆管直径 D 为直径作球。

（3）过球与等分线的交点作相邻两球的外圆柱面，两相邻圆柱面的交线必为椭圆，其投影为直线，分别通过 a、b、c、d 点。由此看出，等径直角弯管由中间三个两面倾斜的圆管制件和首尾两个一面倾斜的圆管制件组成。前者称为全节，后者称为半节。

（4）以上各节圆管可按前面所讲的截头圆柱展开的方法进行展开，即得弯管的展开图。

为了简化作图，节省材料，在生产实际中，常常先画出首节的展开图，然后以这一节为样板，画出其余四节的展开图，并将其中两个全节的接缝错开 180°，这样拼起来正好为一长方形，如图 5-11 所示。

二、圆锥的表面展开

圆锥表面素线交于锥顶，可在锥面上作一系列呈放射状的素线，将锥面分成若干三角形，然后分别求出其实形。由于素线通过锥顶，展开后也有相同特性，利用这种特性展开圆锥表面的方法被称为放射线法。

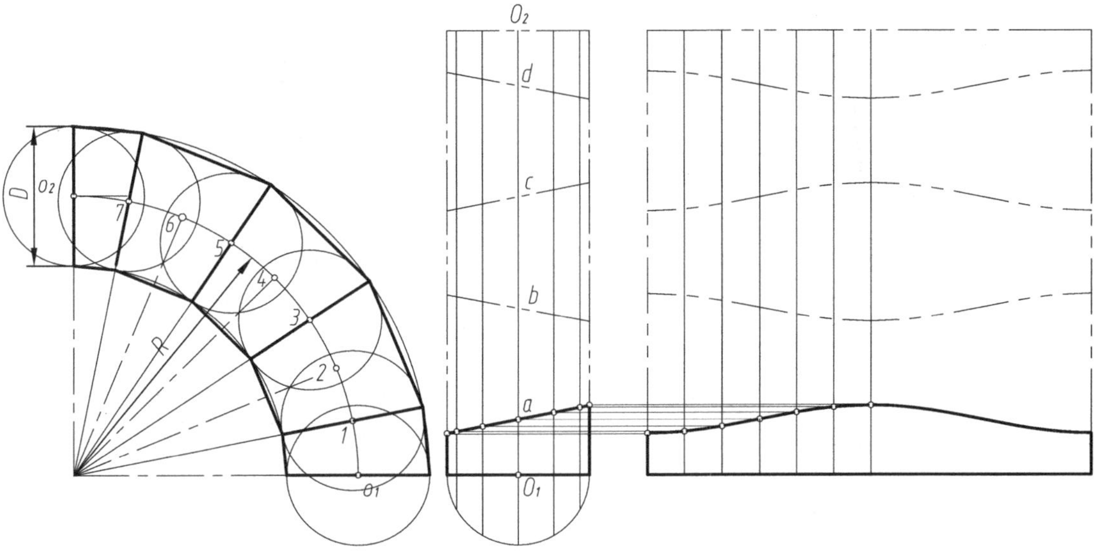

图 5-11 等径直角弯管展开图的简化画法

1. 正圆锥的展开

图 5-12 所示为正圆锥表面的展开图为一扇形，其半径 R 等于素线的长度 L，弧长等于 πD，扇形的圆心角 $\alpha=180°D/R$。

2. 截头圆锥的展开

图 5-13 所示为截头正圆锥，其截口的展开图首先要求出截口上各点到锥顶的素线长度。其作图步骤如下。

（1）将底圆等分成若干等分，图中 12 等分，得 0、1、…、6，求其正面投影 0′、1′、3′、…、6′，并与锥顶 s' 连接成放射状素线。

（2）将锥面展开成扇形，作出展开图上的放射状素线 SⅠ、SⅡ、…、SⅥ等。

（3）求出截口上 a'、b'、…、g' 各点与 s' 的素线实长。为此，过 b'、c'、…、f' 作水平直线与 $s'6'$ 相交，这些交点即为截口上各点与 s' 的素线实长。

（4）在扇形相应素线上分别量取 SA、SB、…、SG 实长，得 A、B、…、G 等各点，光滑连接各点即得接头圆锥的展开图。

【例 5-2】图 5-14（a）所示为上圆下方的变形接头，求其展开图。

解：变形接头是连接不同形状管道的接头管件。它是由四个等腰三角形和四个部分斜锥面组成。该四个等腰三角形的底边组成一个正方形，顶点是切于圆的切线上的切点，四个斜锥面的锥顶为方形的四个顶点。

等腰三角形的两腰为一般位置直线，需求出实长；对于斜圆锥面，可等分顶圆，并作出过等分点的素线，求出这些素线的实长，以顶圆的各段弦长代替弧长，画出这些三角形的实形，即可得展开图。其作图步骤如下。

（1）在投影图上将每个锥面分成若干小三角形，图中为三个。为作图方便将圆口相应分为 12 等分。用直角三角形法求出大小三角形长边的实长，再以顶圆的各段弦长代

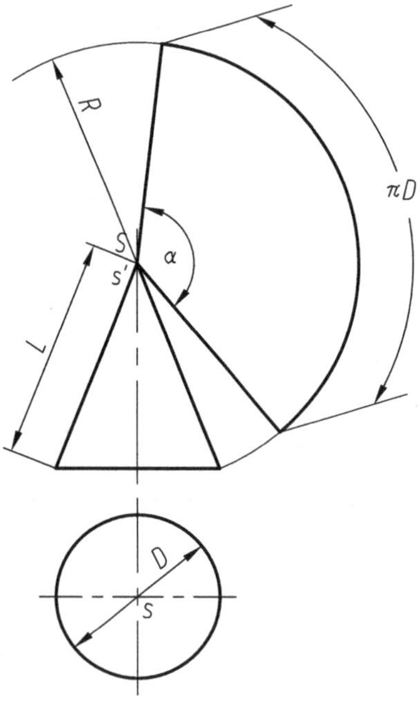

图 5-12　正圆锥的表面展开

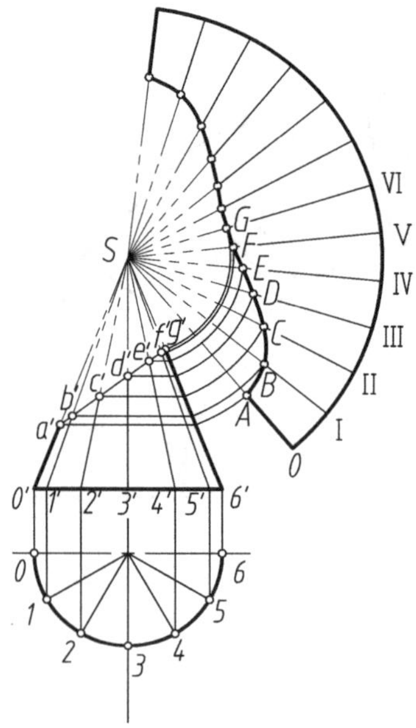

图 5-13　截头正圆锥的表面展开

替弧长，画出三角形的短边。而 0*C* 的正面投影反映实长，*CA* 的水平投影反映实长，如图 5-14（b）所示。

（2）取 $0C = 0'c'$ 画直线 0*C*，取 $CA = ca$ 画直线 $CA \perp C0$，连 0*A* 即为实长；以 0 为圆心，01 弦长为半径画弧，再以 *A* 为圆心，以 *A* Ⅰ 实长为半径画弧，两弧交于Ⅰ，连Ⅰ*A*，即得小三角形 0*A*Ⅰ的实形。

（3）用同样的方法依次作出各三角形的实形，并将顶圆口展开的各点用曲线光滑连接，便得到方接圆变形接头的展开图，如图 5-14（c）所示。

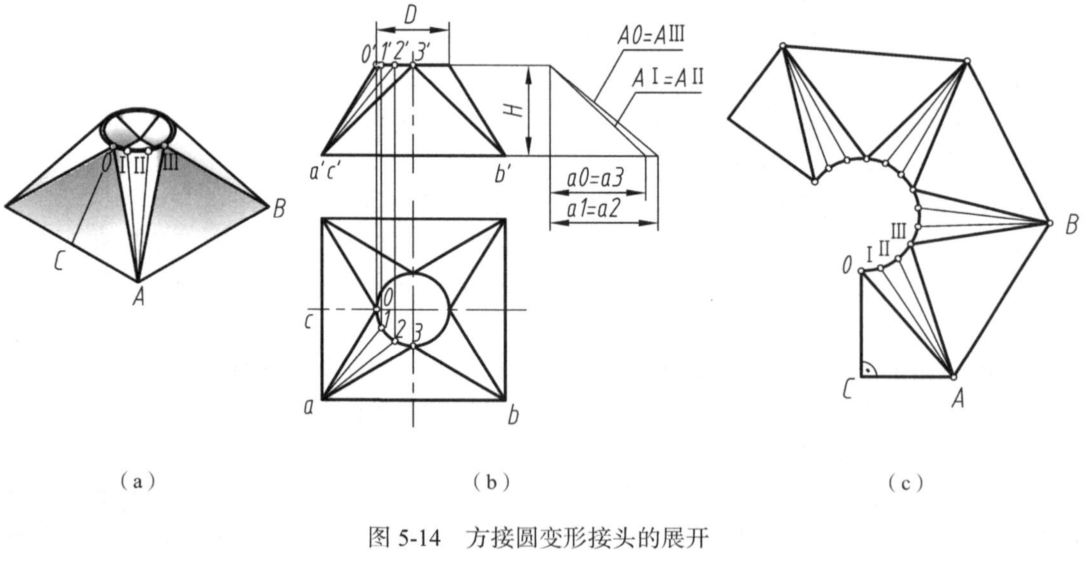

（a）　　　　（b）　　　　（c）

图 5-14　方接圆变形接头的展开

5.3 不可展曲面表面的近似展开

曲纹面和相邻两素线为异面直线的曲面均为不可展平面，如球面、螺旋面等。不可展曲面只能采用近似的展开方法，近似展开方法就是把不可展曲面分为若干较小的部分，该部分可看成是可展的平面、柱面和锥面。

一、回转面的近似展开

下面以圆球面为例，说明不可展曲面表面的近似展开。圆球属于曲纹面，是一个不可展曲面，可用分解的方法，以“直线”代替“曲线”、以“平面”代替“曲面”来进行近似展开。作图步骤如图 5-15 所示。

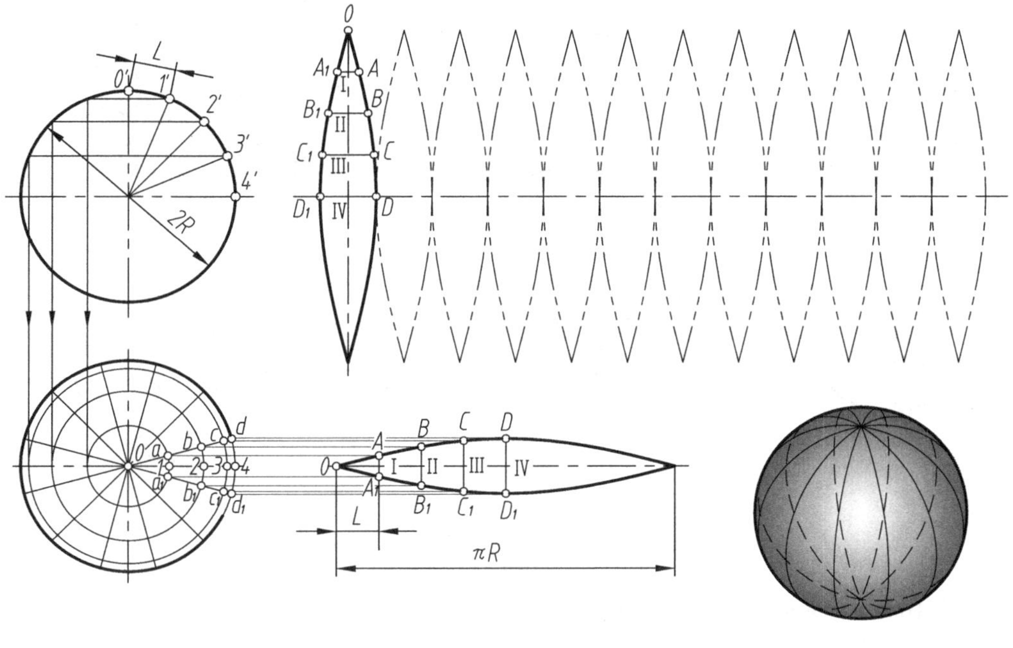

图 5-15　圆球表面的近似展开

（1）将球的水平投影分为 12 等分，如 d、d_1 等各点，并由圆心 O 向各等分点连放射线，得 12 块形状及大小相同的曲面。作图时只需画出一块的展开图，然后连续画出相同的 12 块即可。

（2）将球的正面投影分为 16 等分，如 0′、1′、2′、3′、4′ 等各点，并过等分点作辅助水平面的正面投影和水平投影。水平投影的一组同心圆与放射线交于 a、b、c 和 a_1、b_1、c_1 等各点。

（3）作一长度为 πR 的直线（即为半个圆周的展开长度），将该直线八等分，得 0、Ⅰ、Ⅱ、Ⅲ、Ⅳ等各点。从 0 点开始依次取 $AA_1=aa_1$、$BB_1=bb_1$、$CC_1=cc_1$、$DD_1=dd_1$，并作出对称的另一半，用曲线依次光滑连接各点，即得一块曲面的近似展开图。连续画出相同的 12 块，即得球面的近似展开图。

二、正圆柱螺旋面的近似展开

正圆柱螺旋面的形成可看成是一直线 *AB* 沿一圆柱螺旋线运动，并始终与螺旋线导圆柱的轴线相交成 90°，如图 5-16（a）、（b）所示。从图中可以看出，正螺旋面属于锥状面。它的母线始终平行于某一投影面（图中是与轴线垂直的水平面），两条导线一条为过 *B* 点的螺旋线，一条为导圆柱的轴线。

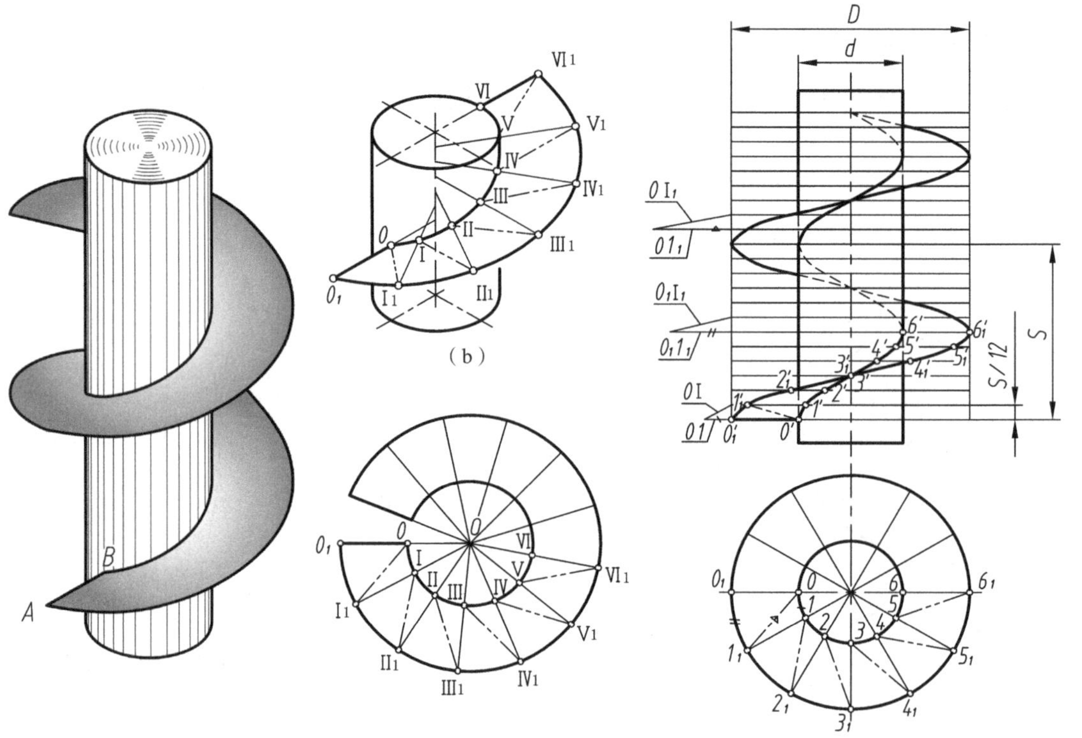

图 5-16　正圆柱螺旋面的近似展开

图 5-16（c）所示为正圆柱螺旋面的投影图。图中母线长度为 00_1，正螺旋面的内径为 *d*（导圆柱的直径），外径为 *D*，导程为 *S*。图中画出了导线和轮廓线的投影，轮廓线是母线端点所形成的螺旋线，为看图方便，画出了一些素线的投影。

螺旋面上连续两素线不在同一平面内，是一个不可展曲面，可用三角形法近似地展开。作图步骤如如图 5-16（c）、（d）所示。

（1）将一个导程为 *S* 的螺旋面分成若干等分（图中为 12 等分），画出各条素线 00_1、$\mathrm{I}\,\mathrm{I}_1$、…、$\mathrm{VI}\,\mathrm{VI}_1$ 等各点的投影正面投影和水平投影。将相邻两素线间的曲面连一对角线，把曲面近似看作为两个三角形平面。如 $00_1\mathrm{I}_1\mathrm{I}$ 部分可看成是由两个三角形组成。

（2）用直角三角形法求出各三角形的边长，然后作出各三角形的实形。如△ $00_1\mathrm{I}_1$ 和△ $\mathrm{I}_1\mathrm{I}0$ 拼起来即为一个导程的正螺旋圆柱面展开图形的 1/12。

（3）其余部分的作图是将 00_1 和 $\mathrm{I}\,\mathrm{I}_1$ 分别延长交于 *O*，并以 *O* 为圆心，$O\mathrm{I}_1$ 和 $O\mathrm{I}$ 为半径分别作大、小两个圆弧，在大圆弧上截取 11 份 $0_1\mathrm{I}_1$ 的长度，即得一个导程的正圆柱螺旋面的展开图。

第六章　其他工程图简介

6.1　房屋建筑图

房屋建筑是人们生产、生活的主要场所，房屋建筑的设计与施工是每个从事建筑专业的技术人员的主要任务。作为从事其他专业的工程技术人员也应了解房屋建筑图的有关知识，在学习房屋建筑图时要熟悉和遵循国家标准 GB/T 5001—2001《房屋建筑制图统一标准》的有关规定，掌握好房屋建筑图的表达方法和图示特点。

一、概述

房屋建筑图与机械图一样，也是采用正投影法绘制。但由于建筑物的形状、大小以及材料与机械设备存在很大区别，所以在表达方法上有所不同。为了研究建筑物的外形，还常用中心投影法来绘制直观性很强的透视图，作为辅助性样图，如图 6-1 所示。

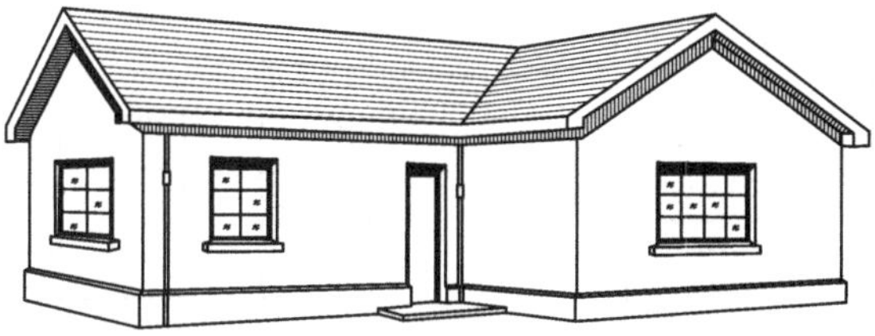

图 6-1　房屋的透视图

1. 房屋建筑图的分类

房屋建筑图主要用来指导房屋的建筑与施工，所以又称为施工图，它是按照国家标准的规定，完整、准确地表达建筑物的形状、大小以及各部分结构、构造、装修和附属设施等内容的图样。按专业施工的分工不同通常分为三大类：

（1）建筑施工图（简称建施）。反映建筑施工的内容，用以表达建筑物的总体布局、内外形状、大小、建筑节点的构造和所用材料的情况等，包括施工总说明、总平面图、建筑平面图、建筑立面图、剖视图和详图等。

（2）结构施工图（简称结施）。反映建筑结构设计的内容，用以表达建筑物的各承重构件（如基础、承重墙、柱、梁、板等）的位置，构件的形状、大小、材料以及构造等情况，包括结构计算说明书、基础图、结构布置平面图以及构件的详图。

（3）设备施工图（简称设施）。反映各种设备、管道和线路的布置、走向、安装要求等情况。包括给水排水、采暖通风与空调、电气等设备的系统平面图、系统轴测图以及各种详图等。

建筑施工图是建筑设计主要内容的体现，是其他各类施工图的基础，下面以建筑施工图为主加以介绍。

2. 房屋建筑图的图示特点

房屋建筑图虽然与机械图一样都采用正投影法绘制，但因其各自的特点，建筑图与机械图采用的国家标准也不同，所以在表达上有各自的特点。

1）图的名称与配置

房屋建筑图与机械图的视图名称有所不同，其对应关系见表 6-1，其视图配置也不同，如图 6-2 所示。

表 6-1　房屋建筑图与机械图的视图名称对照

房屋建筑图	正立面图	平面图	左侧立面图	右侧立面图	底面图	后立面图	剖面图	断面图
机械图	主视图	全剖的俯视图	左视图	右视图	仰视图	后视图	剖视图	断面图

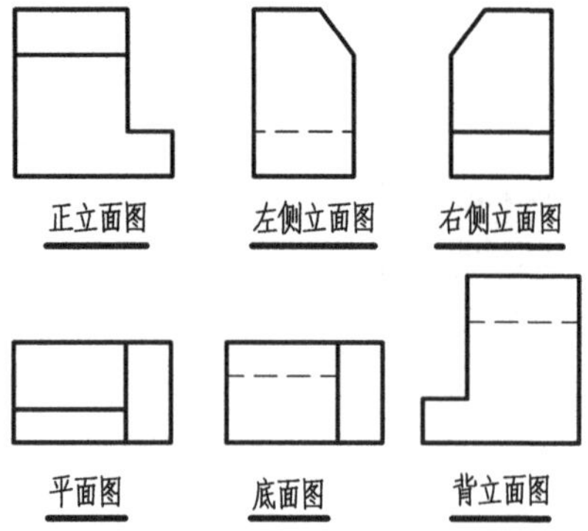

（a）房屋建筑图视图配置

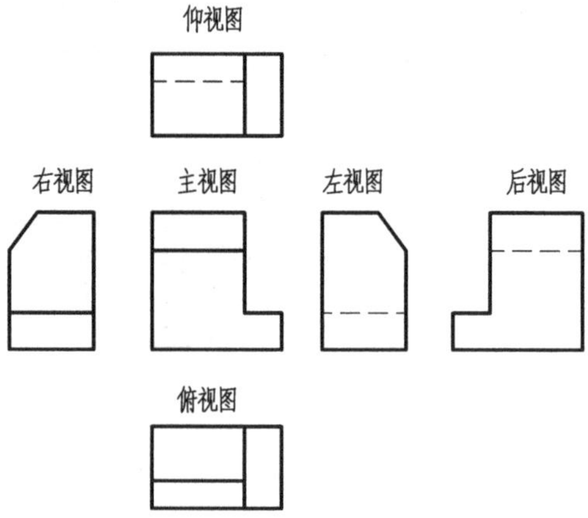

（b）机械图视图配置

图 6-2　房屋建筑图与机械图视图配置对比

若将房屋建筑图的若干视图绘制在同一张图上时，宜按图 6-2（a）所示的顺序进行配置。也可将平面图、立面图分别画在不同的图纸上。剖面图或详图，可根据需要采用不同的比例画在图纸的空白处或另画在别的图纸上。

房屋建筑图的每个视图都应在图的下方标注图名，并在图名下画一粗横线，如图 6-2（a）所示。

2）比例

房屋建筑的形体庞大，所以施工图都采用较小的比例绘制。房屋建筑图常用的比例见表 6-2。

表 6-2　房屋建筑图常用的比例

图形名称	比例
总平面图	1∶500，1∶1000，1∶2000
平面图、立面图、剖视图	1∶50，1∶100，1∶200
详图	1∶1，1∶2，1∶5，1∶10，1∶20

若整张图纸采用同一比例，比例值则可填写在标题栏内。否则应分别注写在视图名称的右侧。详图的比例应注写在详图索引标志的右下角。比例的字高应比图名的字高小一号或二号。

3）图线

房屋建筑图所采用的线型参照国家标准《技术制图》GB/T 17450—1998 所规定的基本线型，线宽 d 的尺寸应在 0.13、0.18、0.25、0.35、0.5、0.7、1、1.4、2mm 数系中选取。每个图样应根据形体的复杂程度和比例大小，确定基本线宽 d。图线分粗线、中粗线和细线，其宽度比例为 4∶2∶1。房屋建筑图所采用的线型、线宽及用途见表 6-3。

表 6-3　房屋建筑图常用线型及其应用

图线名称	线型	图线宽度	用途
粗实线		d	平、剖面图中被剖切的主要建筑结构（包括构配件）的轮廓线； 建筑立面图的外轮廓线； 建筑构件详图中被剖切的主要部分的轮廓线； 建筑构配件详图中构配件的外轮廓线
中实线		$d/2$	平、剖面图中被剖切的次要建筑结构（包括构配件）的轮廓线； 建筑平、立、剖视图中建筑构配件的轮廓线； 建筑构件详图中及建筑构配件详图中的一般轮廓线
细实线		$d/4$	细部可见轮廓线、分隔线、尺寸线、尺寸界线、图例线、索引符号、标高符号等
中虚线		$d/2$	建筑构造及建筑构配件不可见的轮廓线； 平面图中的起重机（吊车）轮廓线； 拟扩建的建筑物轮廓线
细虚线		$d/4$	图例线、细部的不可见轮廓线
粗点画线		d	起重机（吊车）轨道线
细点画线		$d/4$	中心线、对称线、定位轴线
双折线		$d/4$	不需画全的断开界线
波浪线		$d/4$	不需画全的断开界线，构造层次的断开界线

4）尺寸标注

如图 6-3 所示，在房屋建筑图中的尺寸标注应包括尺寸界线、尺寸线、尺寸终端符号和尺寸数字。尺寸界线用细实线绘制，为使图形清晰，其一端离开图样轮廓线不小于 2mm，另一端超出尺寸线 2～3mm；尺寸线用细实线绘制，应与被注轮廓线平行，且不宜超出尺寸界线；尺寸终端符号用中粗斜短线绘制，其倾斜方向与尺寸界线成顺时针 45°，长度为 2～3mm；尺寸数字应根据读数方向在靠近尺寸线的上方中部注写。长度尺寸单位除标高及总平面图中以 m（米）为单位外，其余一律以 mm（毫米）为单位。房屋建筑图的尺寸是闭合的，与机械图存在较大区别。

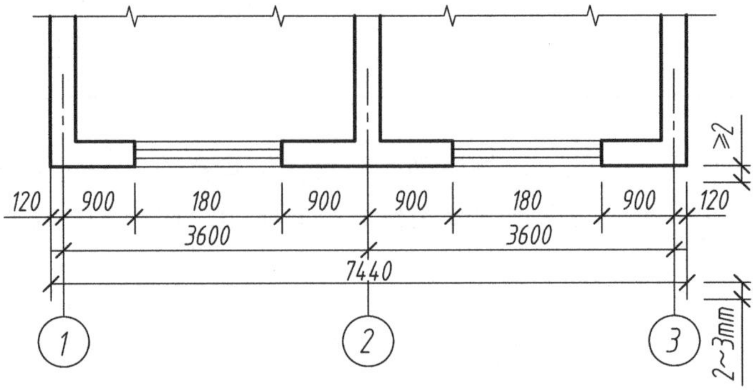

图 6-3　房屋建筑图的尺寸标注

5）材料符号

常用建筑材料的图例见表 6-4。

在房屋建筑图中，比例为 1∶100～1∶200 的平、剖视图，可画简化的材料图例，如砖墙、砖柱涂红，钢筋混凝土涂黑；比例小于 1∶200 的平、剖视图可不画材料图例。

表 6-4　常用建筑材料图例

砖	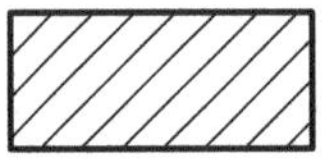	玻璃及其他透明材料		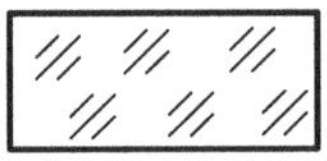	混凝土	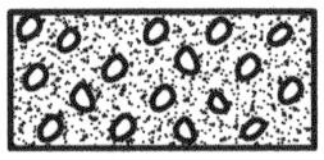
自然土砖		木质胶合板（不分层数）		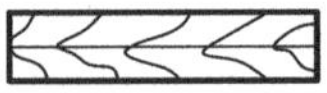	钢筋混凝土	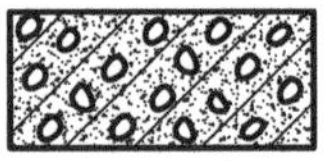
夯实土壤	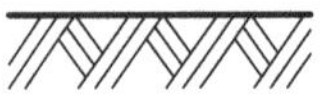	木	纵断面	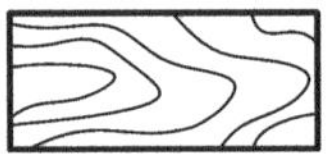	多孔材料	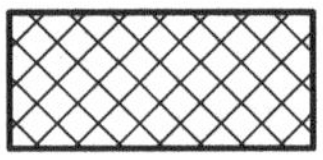
沙、灰土	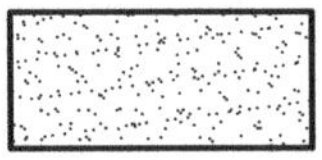	材	横断面		金属材料	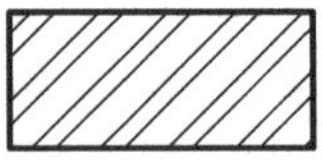

3. 房屋建筑图中常用的符号

1）标高符号

在房屋建筑图中，要标注室内外地坪、楼地面、阳台、台阶和门窗等处的标高。常以房屋底层室内地面作为相对零点标高，注写为 ±0.000。高于它的水平面的标高为正，数值前面不加注“+”号，低于它的水平面标高为负，在数字前加注“–”号。在正立面图和剖面图中的标高数字一律以 m（米）为单位，并注写到小数点后第三位。

标高符号为一与水平线成 45° 的等腰三角形，它的画法与标高数字的注写位置如图 6-4（a）所示。当标注位置不够时，可按图 6-4（b）所示的形式绘制。

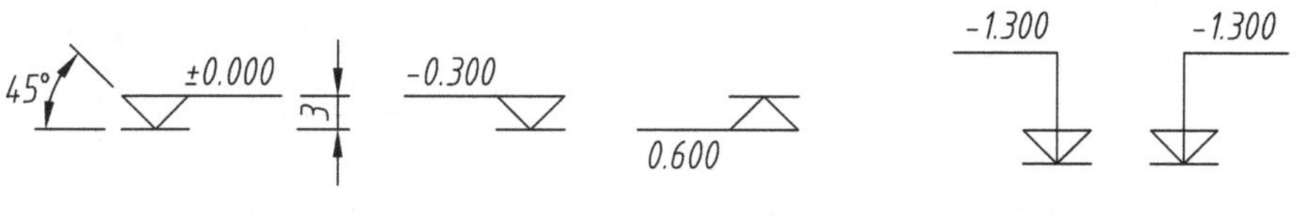

（a）　　（b）

图 6-4　标高符号

2）索引符号和详图符号

在房屋建筑图中，某一局部或构配件需要放大比例的详细表达时，应以索引符号索引。索引符号用直径为 10mm 的细实线绘制，并在索引符号内画出水平直径线，在直线的上方用阿拉伯数字注明该详图的编号，在直线的下方则用阿拉伯数字注明详图所在的图纸的图纸号，如图 6-5（a）所示；若详图与被索引的图样在同一张图纸内，在直线的下方则画一水平细实线，如图 6-5（b）所示；若索引的详图采用的是标准图，应在索引符号水平直线的延长线上加注该标准图册的编号，如图 6-5（c）所示。索引符号用细实线指向被索引的部位。

详图符号用直径为 14mm 的粗实线绘制。若详图与被索引的图样在同一张图纸内，详图的编号用阿拉伯数字直接注在圆内，如图 6-6（a）所示；若不在一张图纸内，则在详图符号内画出水平直径线，在直线的上方用阿拉伯数字注明该详图的编号，在直线的下方用阿拉伯数字注明被索引图纸的图纸号，如图 6-6（b）所示。详图符号注写在详图的右下角。

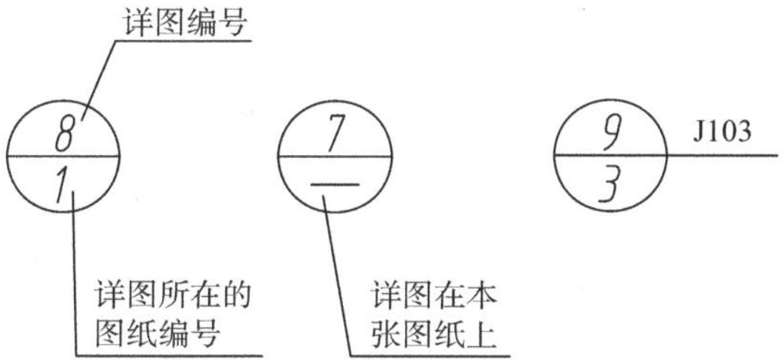

（a）　　（b）　　（c）

图 6-5　索引符号

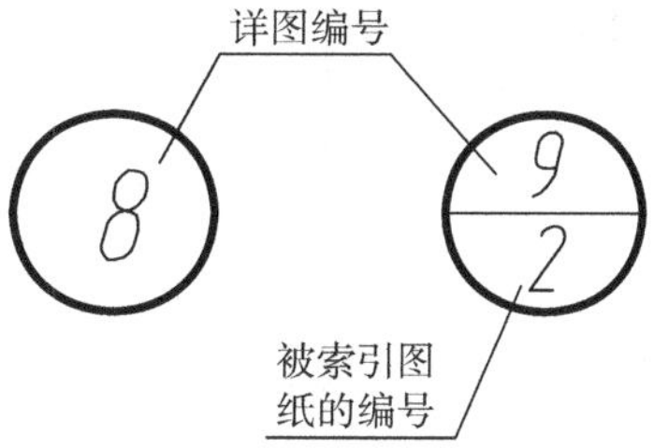

（a）　　（b）

图 6-6　详图符号

3）定位轴线

在房屋建筑图中，应画出房屋的基础、墙、柱、屋架等承重构件的轴线，并进行编号，以便施工时定位放线和查阅图纸，这些图线称为定位轴线。定位轴线用细点画线绘制，轴线的端部画一直径为 8mm 的细实线圆，轴线的编号注写在圆内。

在平面图上，横向编号采用阿拉伯数字从左向右依次编写；竖向编号采用拉丁字母自下而上编写，立面图或剖面图上一般只需画出两端的定位轴线。

4）指北针

指北针用细实线圆绘制，圆的直径为 24mm。指针尖指向北，指针尾部宽度为 3mm，如图 6-7 中平面图右下角所示。

房屋建筑图中常用符号的应用如图 6-7 所示。

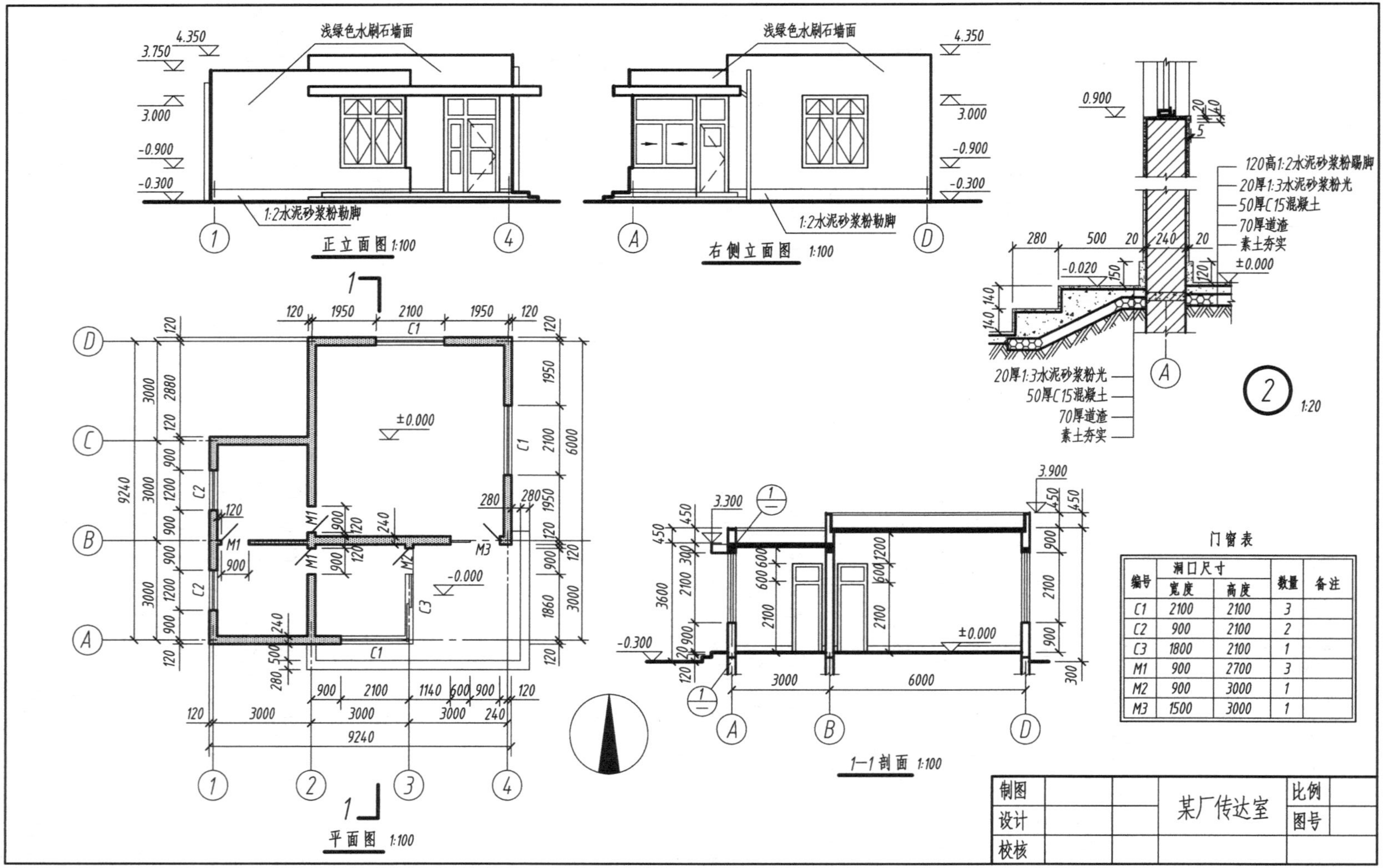

门窗表

编号	洞口尺寸 宽度	洞口尺寸 高度	数量	备注
C1	2100	2100	3	
C2	900	2100	2	
C3	1800	2100	1	
M1	900	2700	3	
M2	900	3000	1	
M3	1500	3000	1	

图 6-7　传达室的建筑施工图

二、房屋的基本组成及设备的表示法

无论是民用建筑房屋（住宅、学校等）、工业建筑房屋（厂房、仓库等）还是农业建筑房屋（谷仓、饲养场等），尽管他们的使用要求、空间组合、外形结构、构造方式、规模大小等方面各不相同，但是构成房屋建筑物的主要部分都是需要的。构成建筑物的主要部分一般有基础、墙与柱、楼与地面、楼梯、屋顶和门窗等部分组成。有的建筑还有台阶、雨篷、阳台、雨水管以及其他各种构配件和装饰等，图 6-8 所示为某传达室的轴测剖视图及剖面图，各组成部分的名称和位置如图中所示。

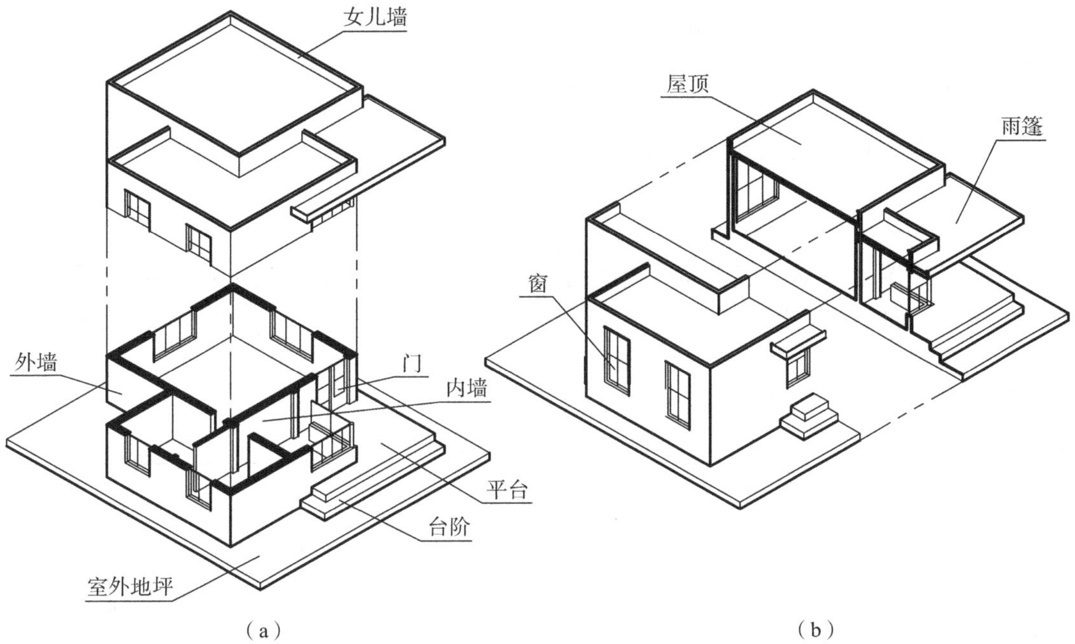

图 6-8　房屋的组成

1. 基础

基础是在地面以下，其作用是把屋面、楼盖、墙和柱等的重量传递给土壤，它是承受房屋全部载荷的构件。基础常用钢筋混凝土和砖石等材料筑成，常见的基础形式有条形基础和独立式基础。基础的形式及构造与建筑物上部的结构形式有关。如单层厂房的上部结构是以柱承重，基础就做成方形的独立式基础，如图 6-9（a）所示；若辅助建筑的上部结构是砖墙，基础相应就做成条形式基础，如图 6-9（b）所示。埋入地下的墙称为基础墙，基础墙的下部通常做成阶梯形的砌体，称为大放脚（大方脚）。防潮层是防止地下水对墙体侵蚀而设置的一层防水的材料或构件。

2. 墙

墙是房屋中用来挡风雨、太阳以及分割内部空间的结构。砖墙的剖面符号为与水平线成 45° 的平行细实线，如图 6-7 中的剖面详图②所示。当图形比例小于 1：50 时，可

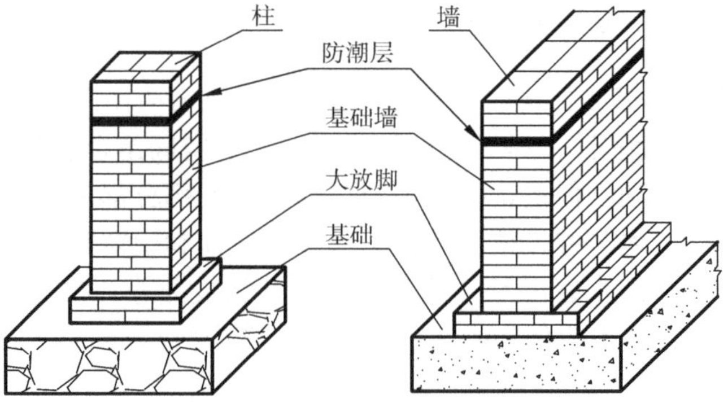

（a）独立式基准　　（b）条形基准

图 6-9　基础

不画剖面符号而涂红色，如图 6-7 中的平面图所示。

3. 门

门在平面图、立面图及剖面图中的表示方法如图 6-7 所示。门在平面图中要用斜线表示开启方向。门的代号为“M”，对不同种类的门在图上要分别加以编号，如 M1、M2 等。再在门窗表格图上注明各种编号门的标准图样代号和尺寸。

常用不同类型的门的表示图例见表 6-5。

表 6-5　常用门的图例

名称	图例	名称	图例
单扇门（包括平开或单面弹簧门）	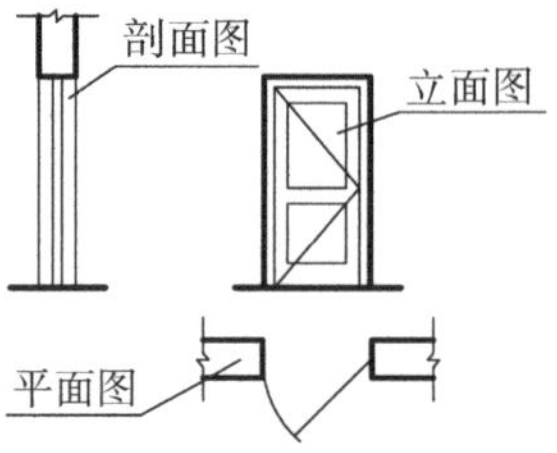	对开折叠门	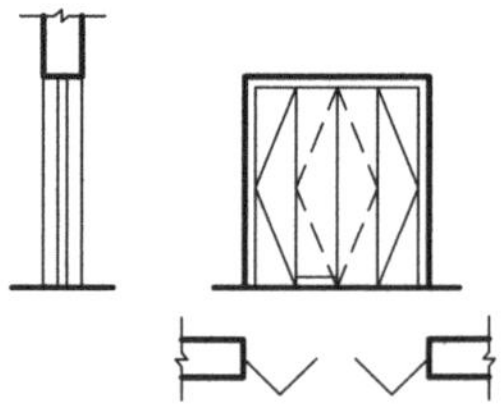
双扇门（包括平开或单面弹簧门）	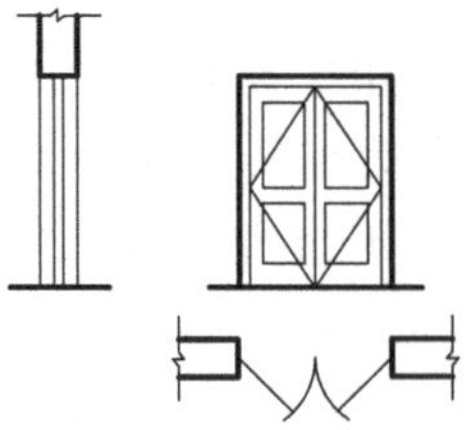	墙外单扇推拉门	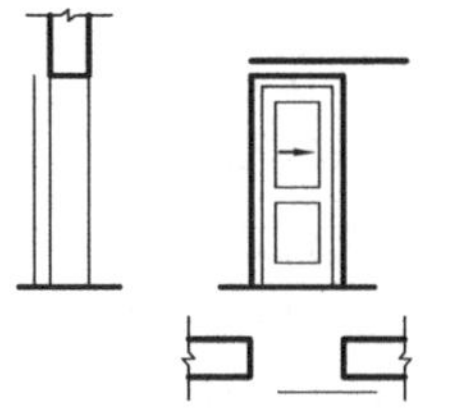

4. 窗

窗在平面图、立面图及剖面图中的表示方法如图 6-7 所示。在立面图上，窗框格子线用细实线绘制，两条相交细实线表示窗的开启方向，外开画成实线，内开画成虚线，尖角指向装铰链的部位。在平面图上，窗口之间要用细实线连起来，表示窗台口和墙身线。窗口中间还有两条平行的细实线表示窗框。窗的代号为“C”，对不同种类的窗在图上要分别加以编号，如 C1、C2 等。再在门窗表格图上注明各种编号窗的标准图样代号和尺寸。

常用不同类型的窗的表示图例见表 6-6。

表 6-6　常用窗的图例

名称	图例	名称	图例
单层固定窗	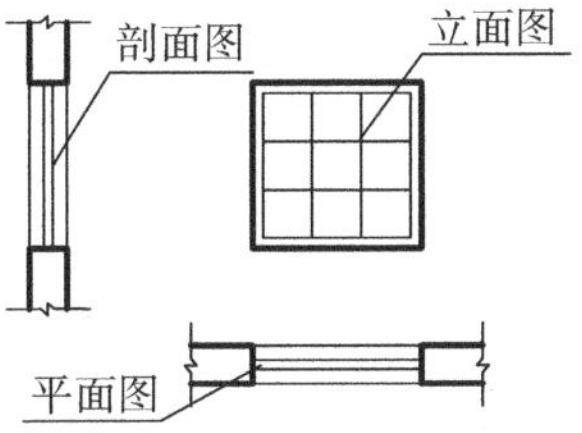	单层外开平开窗	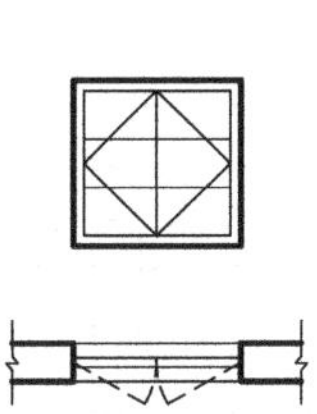
单层中悬窗	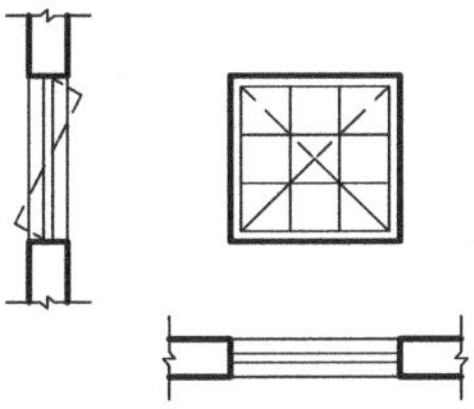	左右推拉窗	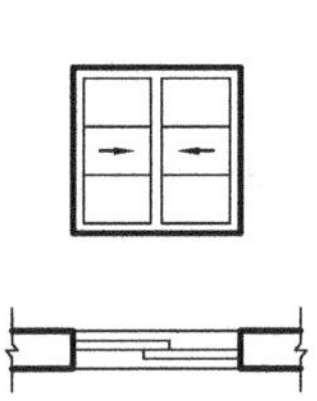

5. 楼梯

楼梯是由楼梯踏步段、平台和扶手组成。单跑楼梯只有一个楼梯踏步段。双跑、三跑楼梯分别有两个、三个楼梯踏步段。楼梯在剖面图和平面图中的表示方法如图 6-10 所示。

在平面图中，应剖切平面通过底层窗户剖切，故底层楼梯踏步不能完整画出，可画出大部分踏步级数后，断裂处用双折线表示。并用箭头及文字注明上楼的方向。中间层楼梯两个楼梯踏步段级数应完整画出，在一个楼梯踏步段内画上双折线，表示两个层次，用箭头及文字注明上楼和下楼的方向。顶层平面图因为没有切到楼梯踏步段，故可以完整画出楼梯各段踏步级数，用箭头及文字注明下楼的方向，如图 6-10（a）所示。

在剖面图中，被剖切平面切到部分的楼梯踏步段，应画出材料的剖面符号。若截面面积较小，则可用涂色的方式表示；若为钢筋混凝土，断面涂黑色，以示区别。楼梯踏步级数应按实际数目绘出，如图 6-10（b）所示。单跑楼梯的平面图和剖面图如图 6-10（c）所示。

三、读房屋建筑图

图 6-11 为某厂机修车间的房屋建筑图，通过阅读这张图样，初步掌握房屋建筑图的读图方法。

1. 建筑立面图

在与房屋立面平行的投影面上所作出的房屋正投影，称为立面图。从不同方向投射可得到正立面图、左侧立面图、右侧立面图和背立面图。立面图也可按房屋的朝向分别

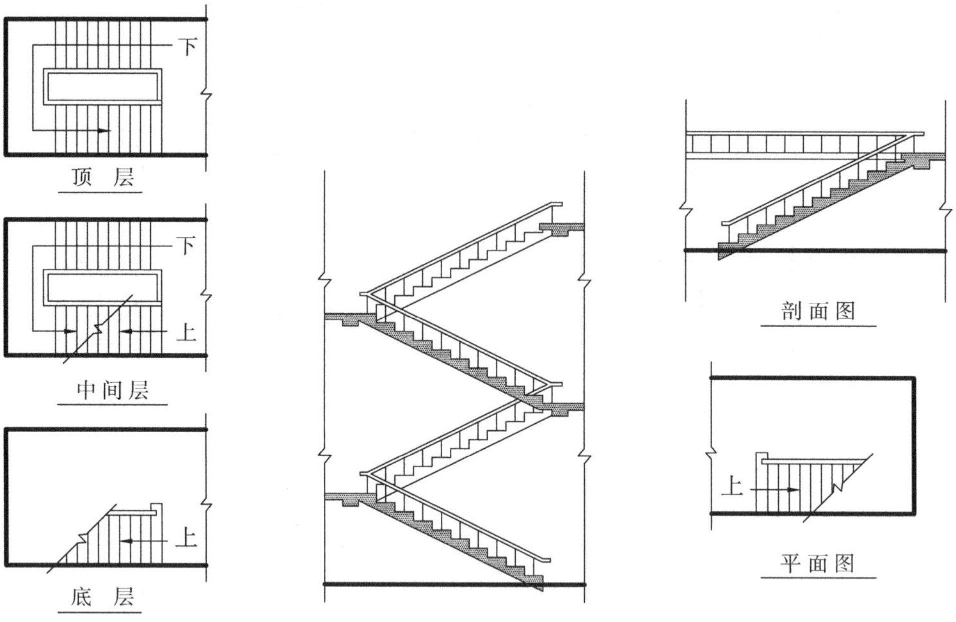

（a）双跑楼梯平面图　（b）双跑楼梯剖面图　（c）单跑楼梯

图 6-10 楼梯

称为东立面图、南立面图、西立面图和北立面图。立面图主要表示房屋的外貌，反映房屋的门窗形状、大小和位置，反映屋面的形式和墙面的做法等内容。

从图 6-11 可以看出，图中用了东、南、西、北四个方向的立面图，完整地反映了机修车间各个立面的外形。从南立面图中可以看出，上下两排窗户有些是外开式的，有些是中悬式的，有些是固定式的。靠近⑨轴线一端有检视屋面情况的爬梯一架。南立面只有窗没有门。两端的山墙略高出于中间屋面；从北立面图上可以看出大门的形状，凡与南立面图上相同的窗口，均编上相同的序号，因此可以画成更简化的形式。并用文字说明了墙面和勒脚的做法；从东、西立面图中可以看出，窗户的类型是不相同的，在东立面图上，还标出了安装爬梯的尺寸。

为了施工、读图方便，通常在立面图的一侧，顺着房屋的高度方向，注出一些房屋主要结构的标高尺寸。如图 6-7 和图 6-11 所示。

2. 建筑平面图

如图 6-7（a）所示，假想用水平面经过窗洞将房屋剖开，移去上面部分，从上往下投射所得到的水平剖视图，称为平面图。若是楼房，沿底层剖开所得到的剖视图，称为底层平面图，沿二层、三层…剖开所得到的剖视图，相应称为二层平面图、三层平面图…。

平面图主要表示房屋的平面布局，反映各个房间的分隔、大小、用途及反映其他主要构配件和设施的位置等内容。如是楼房，还应表示楼梯的位置、形式和走向。

从图 6-11 的平面图上可以看出，车间的东、西、北都有门，门的开向朝外。东西两扇门编号都为 M2，故它们是同类规格。门外有出入口坡道。车间东部为生活间，共分两层，底层有工具室和男女厕所，二层楼南、北为办公室。中间楼梯为三跑楼梯，共有三个楼梯踏步段和两个平台。车间中部有车工组和钳工组。中、西部之间有 2m 高的矮墙隔开，中间有宽 1.5m 的门口可以通行。在平面图上，沿房屋的长度方向自左至右用数字按顺序标出了九个定位轴线，沿房屋的宽度方向用字母按顺序标出了四个定位轴线。从这些定位轴线的编号中即可迅速了解视图的剖切位置和投影方向。

3. 建筑剖面图

假想用侧平面（或正平面）将房屋剖开。移去处于观察者和剖切面之间的部分，将剩余部分向投影面投射所得到的图形，称为建筑剖面图。建筑剖面图主要表示房屋内部的结构形式、主要构配件之间的相互关系，以及地面、门窗、房屋高度等内容。剖切平面的位置一般应选择在房屋内部构造较复杂和典型的部位，并通过门窗洞。剖面图的图名应与剖切符号的编号一致。

从图 6-11 的 1-1 剖面图上可以看出屋架结构，屋面的坡度及其施工说明。在薄腹梁下面有悬挂式吊车，吊车的起吊重量及跨度分别为 2t 和 8m。地面的施工有文字注解说明。基础的结构为条形基础，其埋深为 -1.55m。在剖面图的两旁还标注了各主要结构的标高尺寸。包括屋檐、门、窗的上下边、吊车轨道顶部、室内地面、室外地坪以及基础深度等。

4. 建筑详图

建筑详图是建筑细部的施工图。由于建筑平面图、立面图、剖面图一般采用较小的比例，某些建筑构配件(如门、窗、阳台、楼梯等)和某些建筑剖面节点(如檐口、窗顶、窗台、明沟等）的详细构造，必须用大于原图的比例详样，才能表达清楚。因此建筑详图是建筑平面图、立面图、剖面图的补充。对于套用标准图或通用详图的建筑构配件和节点，只需注明所套用图集的名称、型号或页次，不必再画详图。

在图 6-11 中作出了一部分基础详图，用的是 1：20 的比例。在图中详细地标出了这部分结构的构造尺寸。当某一剖面详图可以适用于多种轴线，而这些轴线的顺序编号无法都注在圈内时，可按 2-2 和 3-3 的详图形式，将序号标注在圆圈外。

6.2 焊 接 图

焊接是将需要连接的金属构件在连接处通过局部加热到熔化或半熔化状态后再加压使它们融合在一起的一种连接方法。焊接是一种不可拆连接。焊接具有施工简单、连接可靠、节省材料等优点，在各个工业部门应用非常广泛。

焊接图是焊接加工时所用的图样，在焊接图上除了要把焊接件的结构及相对位置表达清楚外，还应要把焊接的有关内容表达清楚，如焊接型式、焊接尺寸、焊接方法等。

一、焊缝的种类及图示法

常用焊接的接头型式有对接、T 形接、角接和搭接等，如图 6-12 所示。

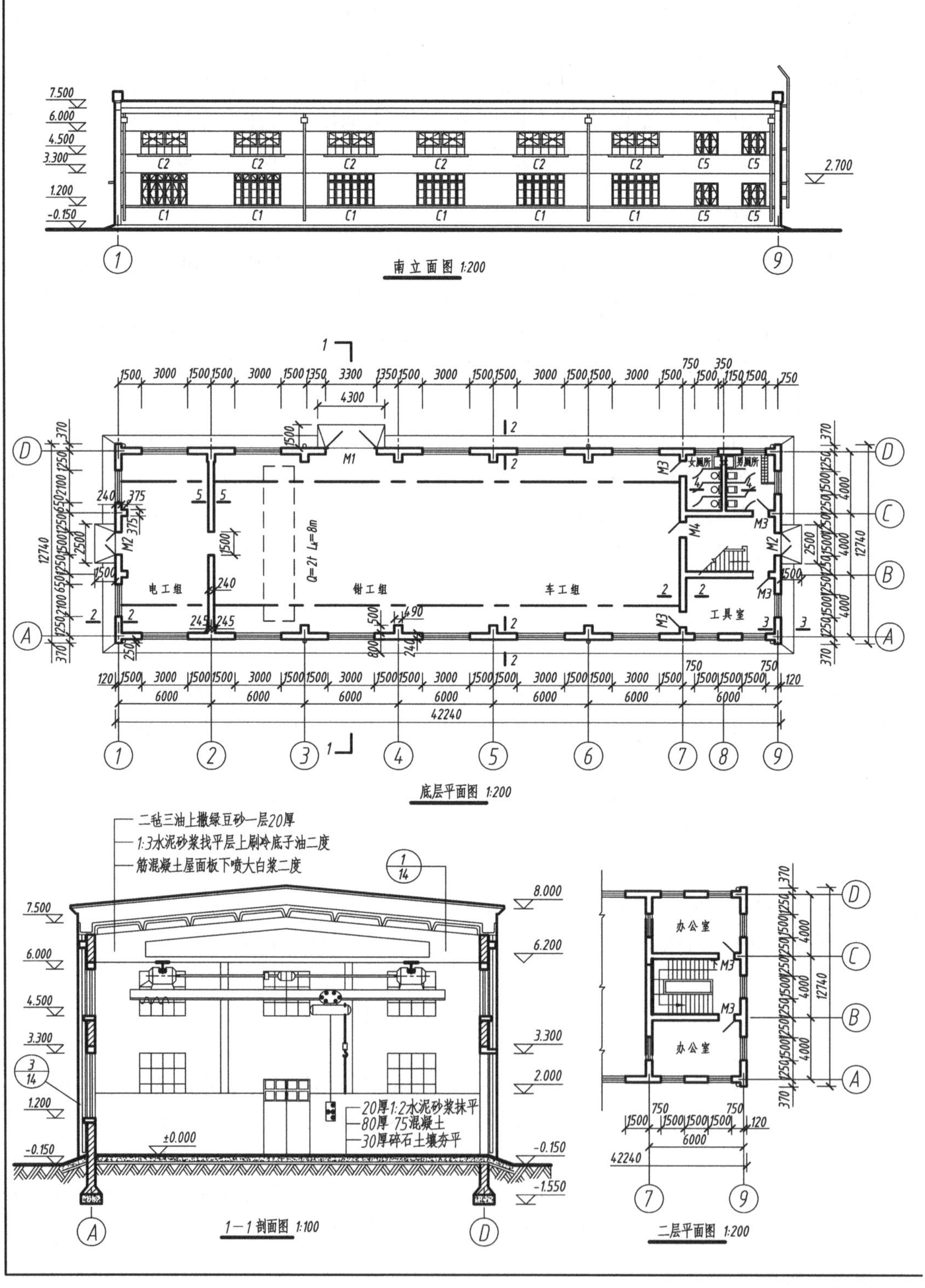
南立面图 1:200
底层平面图 1:200
电工组
钳工组
车工组
工具室
女厕所
男厕所
Q=2t Lk=8m
M1
M2
M3
M4
C1
C2
C5
42240
12740
二毡三油上撒绿豆砂一层20厚
1:3水泥砂浆找平层上刷冷底子油二度
筋混凝土屋面板下喷大白浆二度
20厚1:2水泥砂浆抹平
80厚 75混凝土
30厚碎石土壤夯平
1—1 剖面图 1:100
办公室
二层平面图 1:200

图 6-11　某机修车间

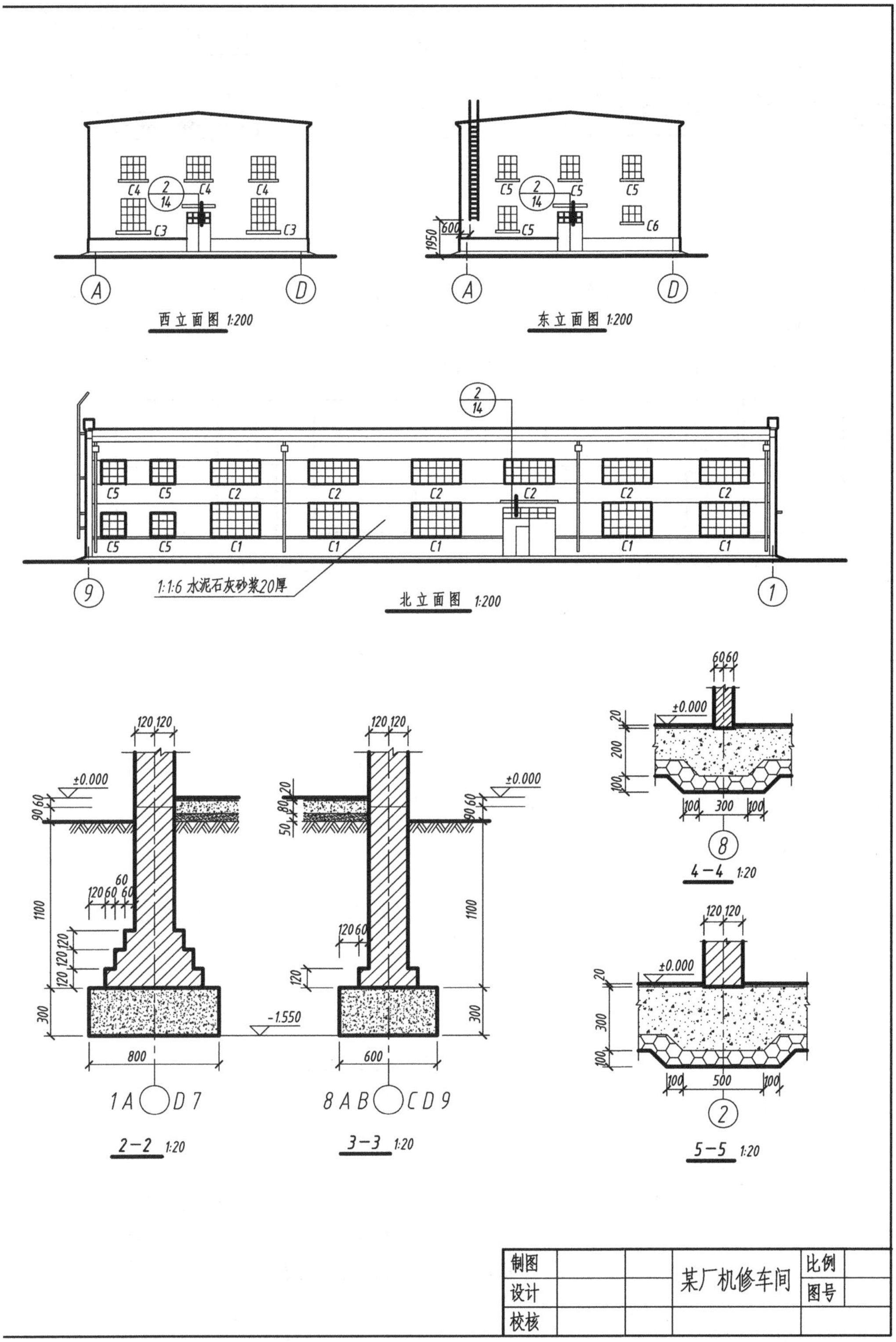
西立面图 1:200
东立面图 1:200
北立面图 1:200
1:1:6 水泥石灰砂浆20厚
2—2 1:20
3—3 1:20
4—4 1:20
5—5 1:20
±0.000
-1.550
制图
设计
校核
某厂机修车间
比例
图号

的房屋建筑图

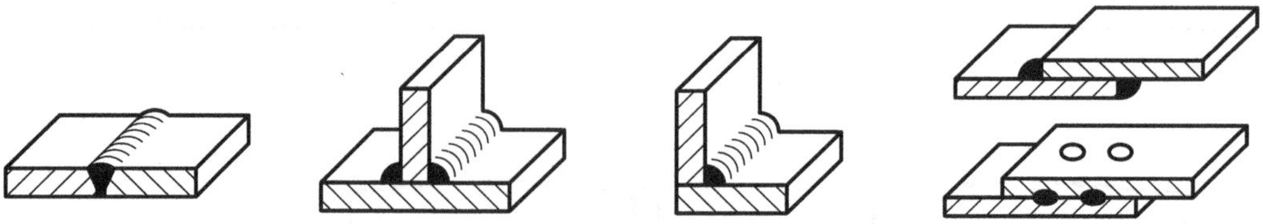

（a）对接　　（b）T形接　　（c）角接　　（d）搭接

图 6-12　常用焊接的接头型式

工件经焊接后所形成的接缝称为焊缝。在视图中，可见焊缝通常用与轮廓线相垂直的细实线表示，不可见焊缝通常用与轮廓线相垂直的细虚线表示，在剖视图或断面图中，焊缝的断面形状可涂黑表示，如图 6-13 所示。

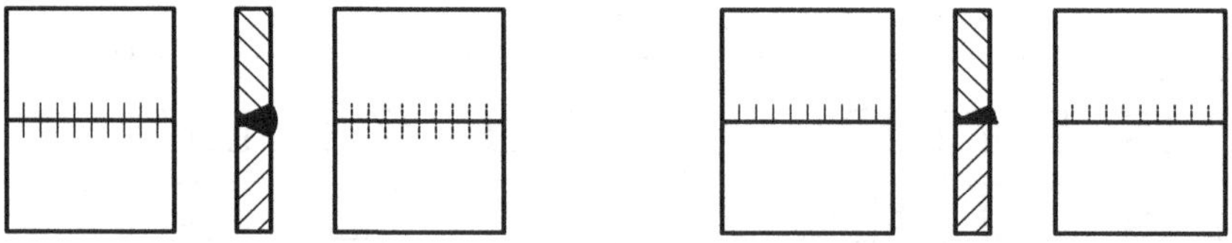

（a）对称焊缝　　（b）单边焊缝

图 6-13　焊缝的图示法

二、焊缝的符号及标注方法

完整的焊缝符号包括基本符号、指引线、补充符号、尺寸符号及数据等，为了简化，在图样上标注焊缝是通常只采用基本符号和指引线，其他内容一般在有关的文件中（如焊接工艺规程）明确。必要时可以加上辅助符号、补充符号和焊缝尺寸符号。

1. 基本符号及标注方法

基本符号表示焊缝横截面的基本形式或特征，用粗实线绘制，常用焊缝的基本符号、图示法及标注方法见表 6-7。

表 6-7　常用焊缝的基本符号及标注方法

名称	符号	图示法	标注方法
I 形焊缝	‖	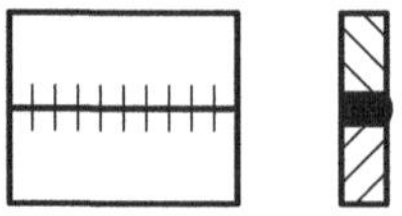	
V 形焊缝	V	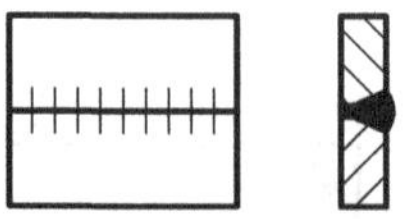	
单边 V 形焊缝	⁄	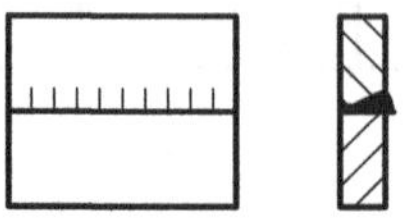	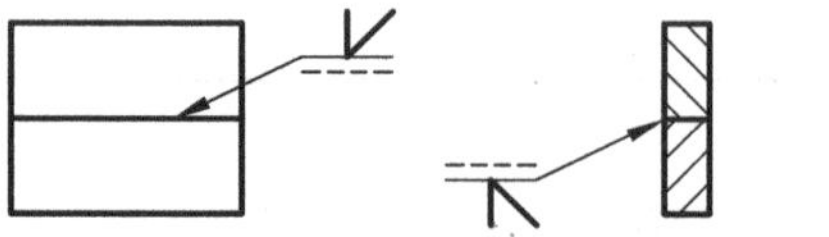

名称	符号	图示法	标注方法
角焊缝		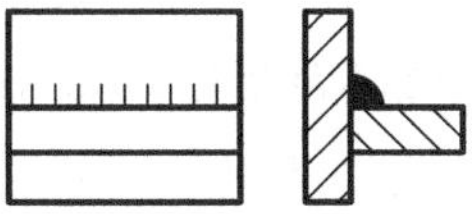	
点焊缝		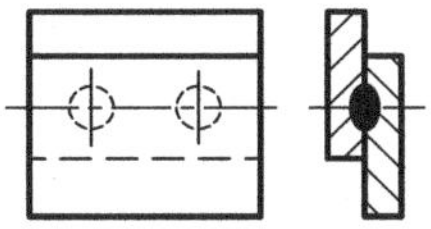	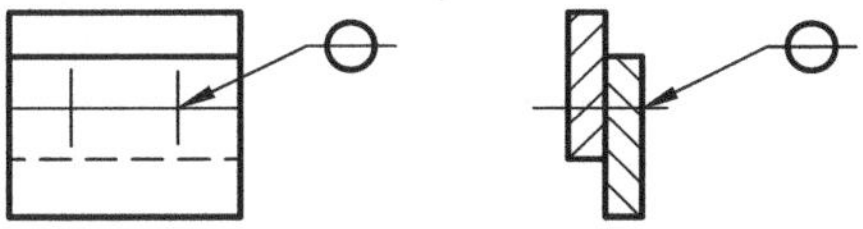

2. 补充符号及标注方法

补充符号用来补充说明有关焊缝或接头的某些特征（如表面形状、衬垫、焊缝分布、施焊地点等）。常用焊缝的补充符号及标注方法见表 6-8。

表 6-8　常用焊缝的补充符号及标注方法

名称	符号	焊缝形式	标注方法	说明
平面符号			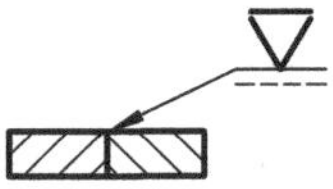	表示 V 形焊缝表面要求平整（通常经过加工后平整）
凹面符号		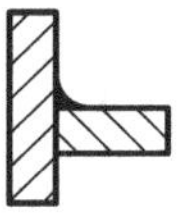	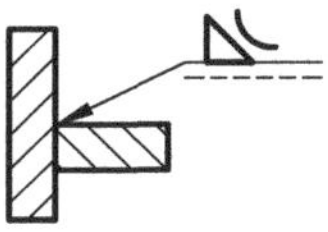	表示角焊缝表面凹陷
凸面符号			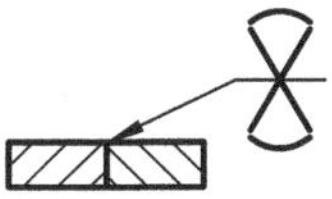	表示双面 V 形焊缝表面凸起
带垫板符号			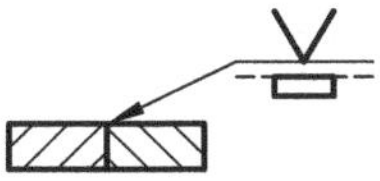	表示 V 形焊缝的背面底部有垫板
三面焊缝符号	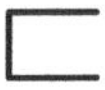	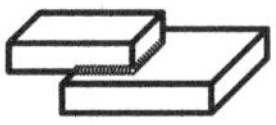	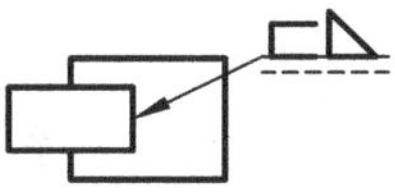	工件三面带有角焊缝
周围焊缝符号		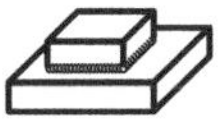	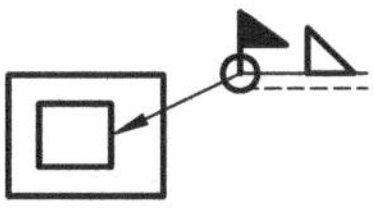	工件周围带有角焊缝，并在现场施焊
现场施工符号			见上图	表示在现场焊接的焊缝
尾部符号			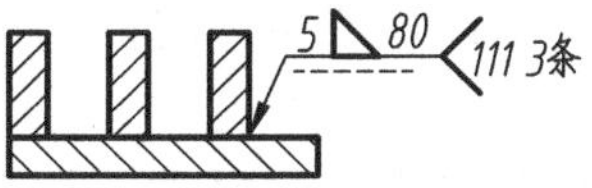	“111” 表示用手工电弧焊，“3 条” 表示有 3 条相同的角焊缝，焊缝的高为 5，长为 80

3. 焊接方法代号

焊接方法很多，常用的有电弧焊、电渣焊、点焊和钎焊等。焊接方法可用文字在技术要求中说明，也可用数字代号直接注写在尾部符号中。常用焊接方法代号见表 6-9。

表 6-9　焊接方法代号

焊接方法	数字代号	焊接方法	数字代号	焊接方法	数字代号
电弧焊	1	氧—乙炔焊	311	锻焊	43
手工电弧焊	111	电渣焊	72	点焊	21
埋弧焊	12	等离子弧焊	15	硬钎焊	91
气焊	3	压焊	4	激光焊	751

4. 指引线及基本符号的注写位置

指引线由箭头和基准线（实线与虚线）组成，如图 6-14（a）所示；箭头直接指向的接头侧为“接头的箭头侧”与之相对的侧为“接头的非箭头侧”。基准线一般应与图样的底边平行，必要时也可以与底边垂直，实线和虚线的位置可根据需要互换，如图 6-14（b）所示。

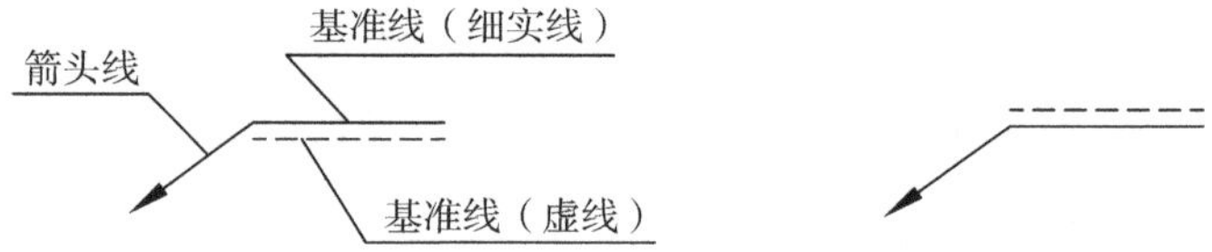

（a）　（b）

图 6-14　指引线的组成

基本符号在实线侧时，表示焊缝在箭头侧；基本符号在虚线侧时，表示焊缝在非箭头侧，如图 6-15（a）所示。当焊缝为对称或为双面焊缝时，基准线中的细实线可以省略不画，如图 6-15（b）所示。

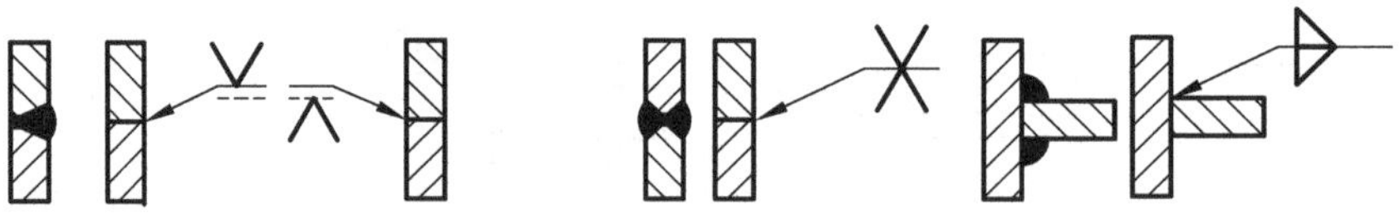

（a）　（b）

图 6-15　基本符号的注写位置

5. 焊缝尺寸及标注规则

焊缝尺寸一般不标注，设计或生产时需要注明焊缝尺寸时才进行标注。

1）焊缝尺寸符号

必要时，可以在焊缝符号中标注尺寸，焊缝尺寸符号见表 6-10。

表 6-10　焊缝尺寸符号

符号	名称	示意图	符号	名称	示意图	符号	名称	示意图
δ	工件厚度	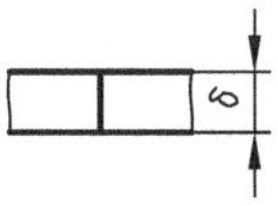	R	根部半径	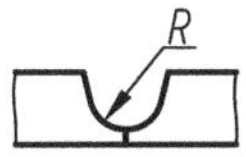	d	点焊：融核直径 塞焊：孔径	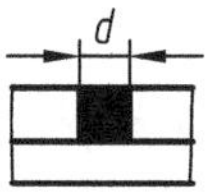
α	坡口角度	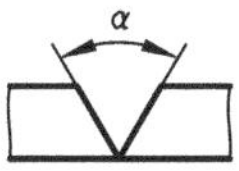	H	坡口深度	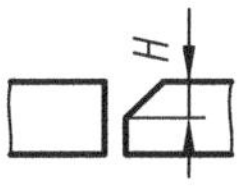	n	焊缝段数	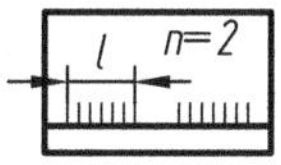
						l	焊缝长度	
β	坡口面角度	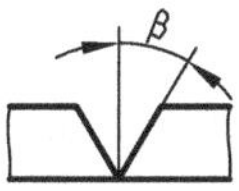	S	焊缝有效厚度	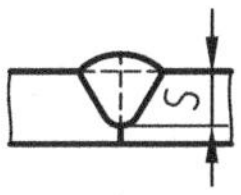	e	焊缝间距	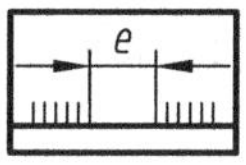
b	根部间隙	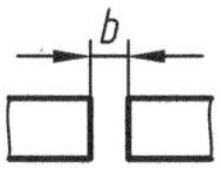	C	焊缝宽度	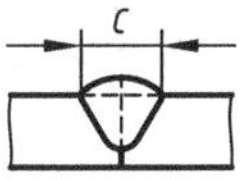	N	相同焊缝数量	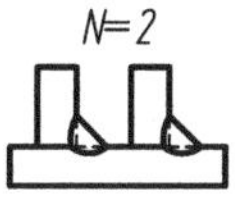
p	钝边	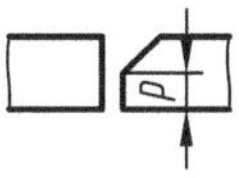	K	焊脚尺寸	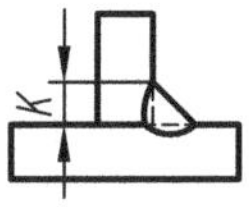	h	余高	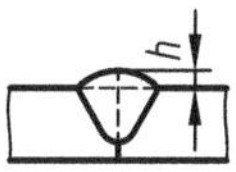

2）焊缝尺寸的标注规则

焊缝尺寸的标注规则如图 6-16 所示。几点说明如下：

（1）焊缝横截面上的尺寸，标注在基本符号的左边。

（2）焊缝长度方向的尺寸，标注在基本符号的右边。

（3）坡口角度 α、坡口面角度 β、根部间隙 b 标注在基本符号的上侧或下侧。

（4）焊接方法代号及相同焊缝数量标注在尾部。

（5）当尺寸较多不易分辨时，可在尺寸数字前标注相应的尺寸符号。

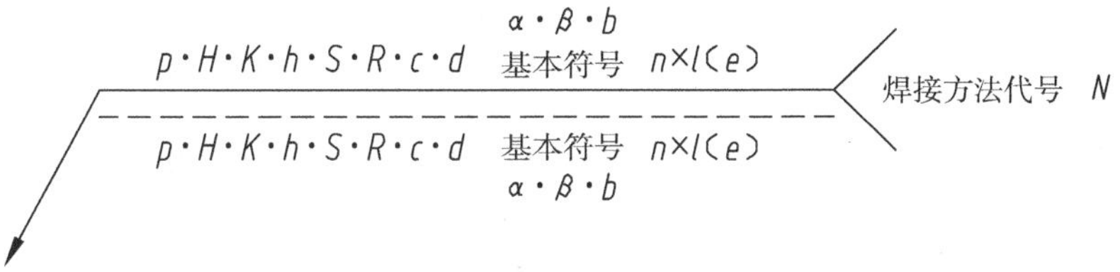

图 6-16　焊缝尺寸的标注规则

三、常见焊缝的标注示例及焊接图

常用焊缝的标注示例见表 6-11。

关于焊缝尺寸标注的几点说明：

（1）确定焊缝位置的尺寸不在焊缝符号中标注，应直接标注在图样上。

（2）在基本符号的右侧无任何尺寸标注又无其他说明时，意味着焊缝在工件的整个长度方向上是连续的。

表 6-11　焊缝的标注示例

接头形式	焊缝形式	标注示例	说明
对接接头	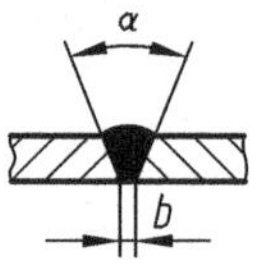	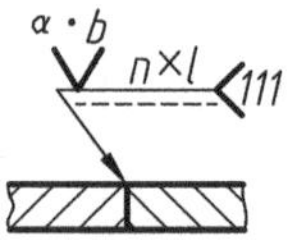	111 表示用手工电弧焊，V 形坡口，坡口角度为 α，根部间隙为 b，焊缝长度为 l
T 形接头	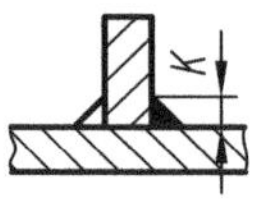	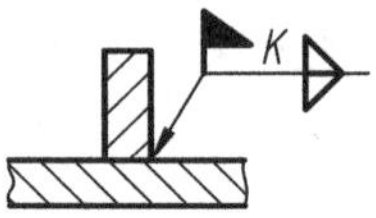	⚑ 表示在现场装配时进行焊接 ⊳ 表示双面角焊接，焊脚尺寸为 K
	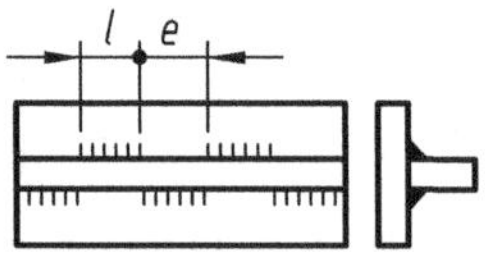	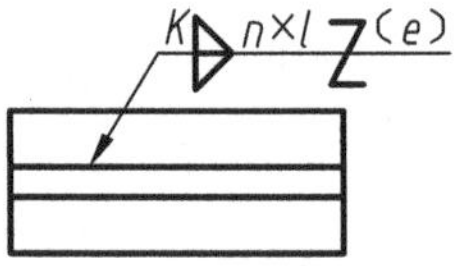	n×l Z (e) 表示有 n 段交错断续双面角焊缝，L 表示焊缝长度，e 表示断续焊缝的间距
角接接头	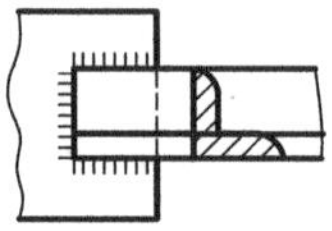	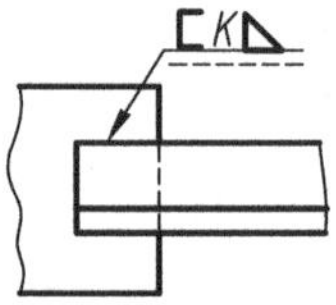	[表示三面焊接 ◺ 表示单面角焊接
	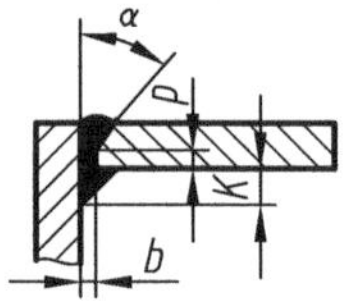	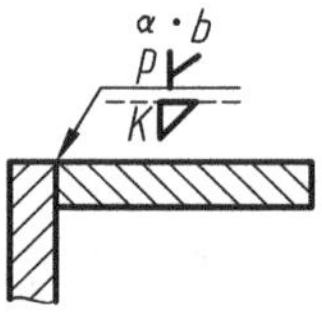	表示双面焊缝，上面为带钝边单边 V 形焊缝，下面为角焊缝
搭接接头	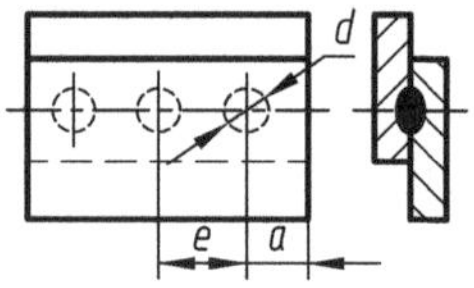	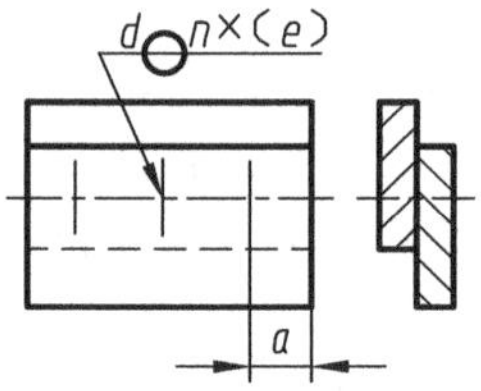	○ 表示点焊缝，d 表示焊点直径，e 表示焊点的间距，a 表示焊点至板边的距离

（3）在基本符号的左侧无任何尺寸标注又无其他说明时，意味着对接焊缝应完全焊透。

（4）塞焊缝、槽焊缝带有斜边时，应标注其底部的尺寸。

图 6-17 所示为一支架的焊接图，从图中看出，该焊接件有背板、横板、肋板和圆筒四部分组成，背板与横板采用双面角焊缝，焊缝高为 5mm，肋板与横板及圆筒采用焊脚高为 5mm 的角焊缝，肋板与背板采用焊脚高为 4mm 的双面角焊缝。圆筒与背板采用单边 V 形周围焊缝，焊脚高为 4mm。

从图中看出，焊接图的表达方法与零件图相同，不仅要表达焊接件的完整的结构形状，还须标注完整的尺寸。而与零件图不同的地方是各构件的剖面线要有区别，要对各构件进行编号，并填写明细栏，这一点与装配图相同。但焊接图不是装配图，它表达的只是一个零件（焊接件）。因此，可以说焊接图是有装配图的形式和零件图的内容。

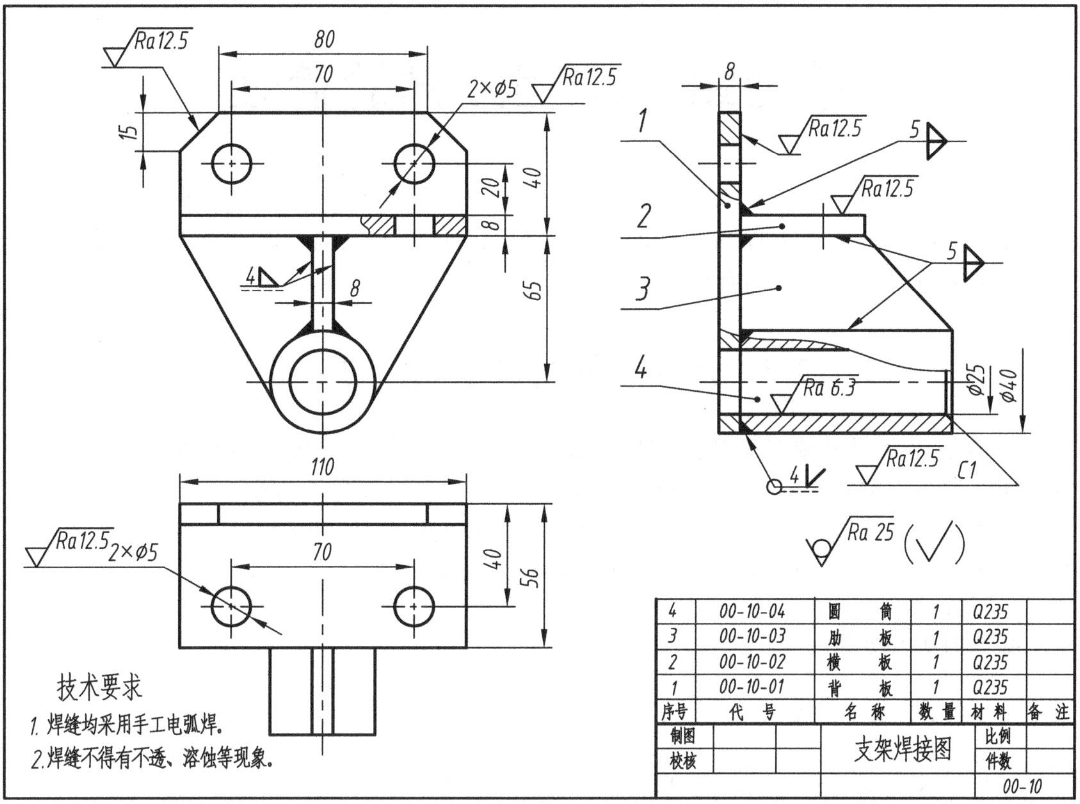

80
70
2×Φ5
Ra12.5
15
20
40
8
65
4
110
56
1
2
3
5
Ra 6.3
Φ25
Φ40
C1
Ra 25
技术要求
1. 焊缝均采用手工电弧焊。
2. 焊缝不得有不透、溶蚀等现象。
4 00-10-04 圆筒 1 Q235
3 00-10-03 肋板 1 Q235
2 00-10-02 横板 1 Q235
1 00-10-01 背板 1 Q235
序号 代号 名称 数量 材料 备注
制图
校核
支架焊接图
比例
件数
00-10

图 6-17　支架焊接图

第七章　工程图样的管理

作为工程技术人员除了要掌握图学的基本理论和基本方法，掌握专业绘图知识和技能外，还应掌握关于工程图样管理方面的知识。这无论是对提高图纸的质量和管理水平，还是进行技术交流，都有重要意义。

7.1　产品图样及设计文件的编号

本节主要介绍机械工业产品图样及设计文件，包括CAD图和设计文件（以下简称图样和文件或CAD文件）编号的基本原则和要求，以及编号的方法。

在本节内容中遵循和采用了国家标准GB/T 17825.3—1999《CAD文件管理　编号原则》和JB/T 5054.4—2000《产品图样及设计文件编号原则》。

一、基本原则和要求

1. 编号的基本原则

图样及文件编号应考虑以下原则：

（1）科学性。选择事物或概念的最稳定的本质属性或特征作为信息分类的基础和依据。

（2）系统性。将选定的事物、概念的属性或特征按一定排列顺序予以系统化，并形成一个合理的科学分类体系。

（3）唯一性。一个代码只能唯一地标识一个分类对象。

（4）可延性。要设置收容类目，以便保证增加新的事物和概念时，不致打乱已建立的分类体系，同时，还应为下级信息管理系统在原有基础上的延拓、细化创造条件。

（5）规范性。同一层级代码的编写格式必须同一。

2. 编号可采用的字符

（1）0～9阿拉伯数字。

（2）A～Z拉丁字母（O、I除外）。

（3）短横线（—）、圆点（.）、斜线（/）。

3. 编号的基本要求

（1）每个产品、部件、零件的图样和文件应有独立的代号。

采用表格图时，表中每种规格的产品、部件、零件都应标出独立的代号；使用两种以上的存储介质时，每种存储介质中的CAD文件都应标注同一代号；通用件的编号应参照有关标准的规定；借用件的编号应采用被借用件的编号。

（2）图样和文件的编号一般有分类编号和隶属编号两大类。也可按各行业有关标准规定编号。

二、分类编号

分类编号是按对象（产品、部件、零件）功能、形状等的相似性进行编号的方法。

1. 分类编号代号的基本部分

分类编号代号的基本部分由分类号（大类）、特征号（中类）、识别号（小类）三部分组成，中间以圆点（在下方）或短横线（在中间）分开。必要时，可在首部加识别号，在尾部加尾注号。

2. 分类编号采用十进位分类法

大、中、小类的编号按十进位分类编号法。每类的码位一般由1～4位数（如级、类、型、种）组成。每位数一般分为十档，如十级（0～9），每级分为十类（0～9），每类分为十型（0～9），每型分为十种（0～9）等。

分类码的序列及含义见表7-1。

表7-1　分类码位表及含义

分类号（大类）	特征号（中类）	识别号（小类）	尾注号	校验号
产品、部件的区分码位	产品按类型，部件按特征、结构，零件按品种、规格编码	产品按品种，部件按用途，零件按形状、尺寸、特征等编码	设计文件、产品改进尾注号	检验产品代号的码位

3. 尾注号的表示

尾注号表示产品改进和设计文件种类，一般用两个拉丁字母表示，即用名称简称的拼音字头表示。部分常用文件尾注号见表7-2。

表7-2　部分常用尾注号

序号	名称	尾注号	字母含义	序号	名称	尾注号	字母含义
1	市场预测报告	SC	市场	11	技术设计说明书	SS	设说
2	技术调研报告	JC	技查	12	技术经济分析报告	JF	经分
3	先行试验大纲	XD	先大	13	标准化审查报告	BS	标审
4	可行性分析报告	KX	可行	14	试验总结	SZ	试总
5	技术报价书	JB	技报	15	图样目录	TM	图目
6	技术（设计）任务书	JR	技任	16	明细表	MX	明细
7	技术建议书	JJ	技建	17	通用件汇总表	TY	通用
8	研究试验大纲	SG	试纲	18	外购件汇总表	WG	外购
9	研究试验报告	SB	试报	19	标准件汇总表	BZ	标准
10	计算书	JS	技书	20	技术条件	JT	技条

三、隶属编号

隶属编号是按产品、部件、零件的隶属关系编号。

隶属编号其代号由产品代号和隶属号组成。中间可用圆点或短横线分开。必要时可加注尾注号。

1. 产品代号

产品代号由字母和数字组成。

2. 隶属号

隶属号由数字组成，其级数和位数应按产品结构的复杂程度而定。隶属号中零件的序号应在其所属（产品或部件）的范围内编号；部件的序号应在其所属（产品或上一级部件）的范围内编号。

3. 尾注号的表示

尾注号的表示与分类编号的表示法相同。当产品改进和设计种类两种尾注号同时出现时，两者所用字母应予区别，改进尾注号在前，设计文件尾注号在后，并在两者之间空一字间隔或加一短横线。

隶属编号的示例如图 7-1 所示。

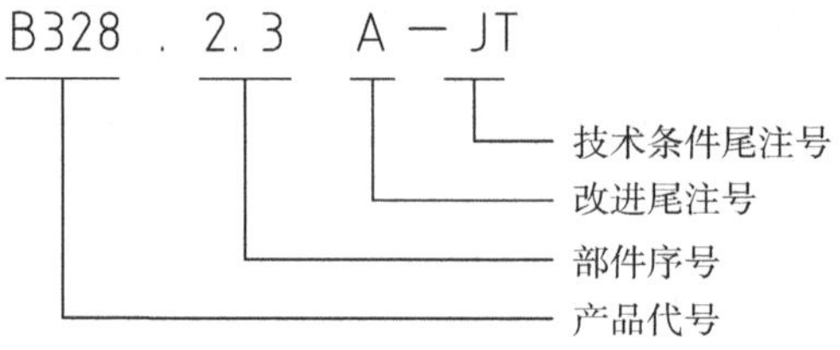

图 7-1　隶属编号示例

四、部分隶属编号

部分隶属号其代号由产品代号、隶属号和识别号组成。其隶属号为部件序号。识别号是对一级或二级以下的部件（称分部件）与零件混合编的序号（流水号），如图 7-2 所示。

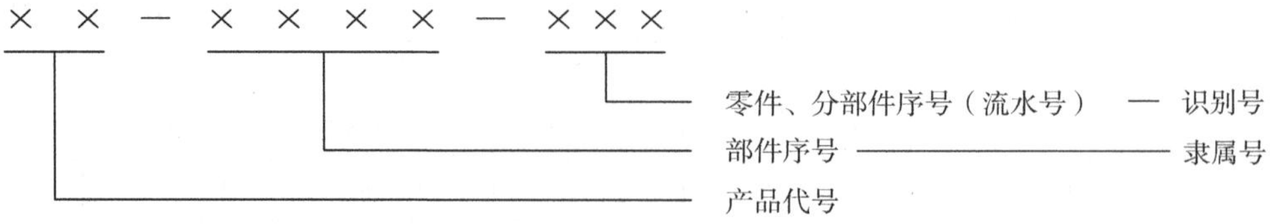

图 7-2　部分隶属编号示例

分部件、零件序号可以有三种编号方法：

（1）规定其中 ×××—×××（如 001～099）为分部件序号，×××—×××（如 101～999）为零件序号。

（2）规定其中逢十的整数（如 0、20、30、…）为分部件序号，余者为零件序号。

（3）序号的数字后再加一字母 P、Z（如 1P、2P、3P、…）为分部件序号，无字母者为零件序号。

五、隶属编号示例

适用于各级组件和零件数均不超过九个的产品的编号方法，如图 7-3 所示。

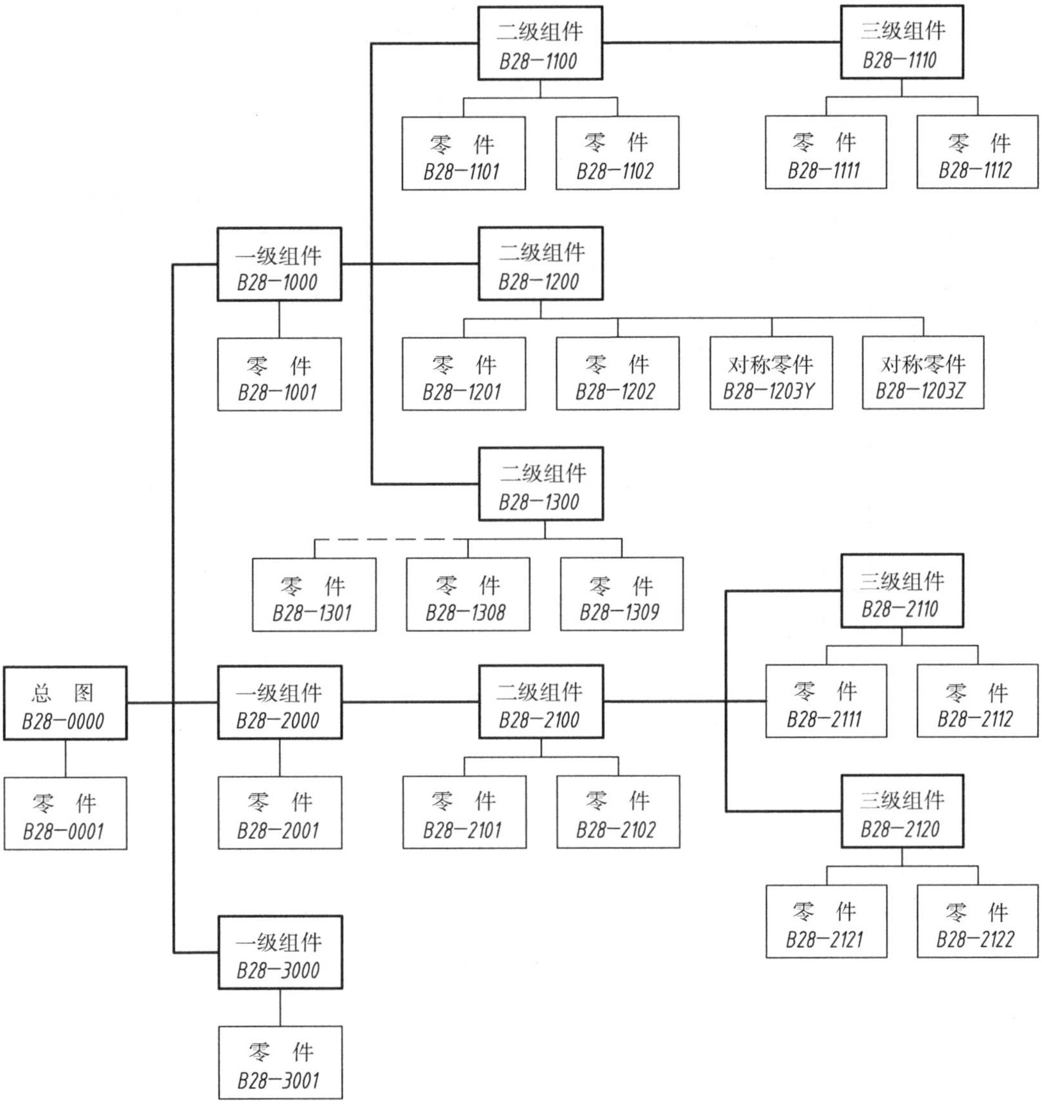

图 7-3　隶属编号示例一

适用于各级组件不超过九个及零件数任意的产品的编号方法，如图 7-4 所示。

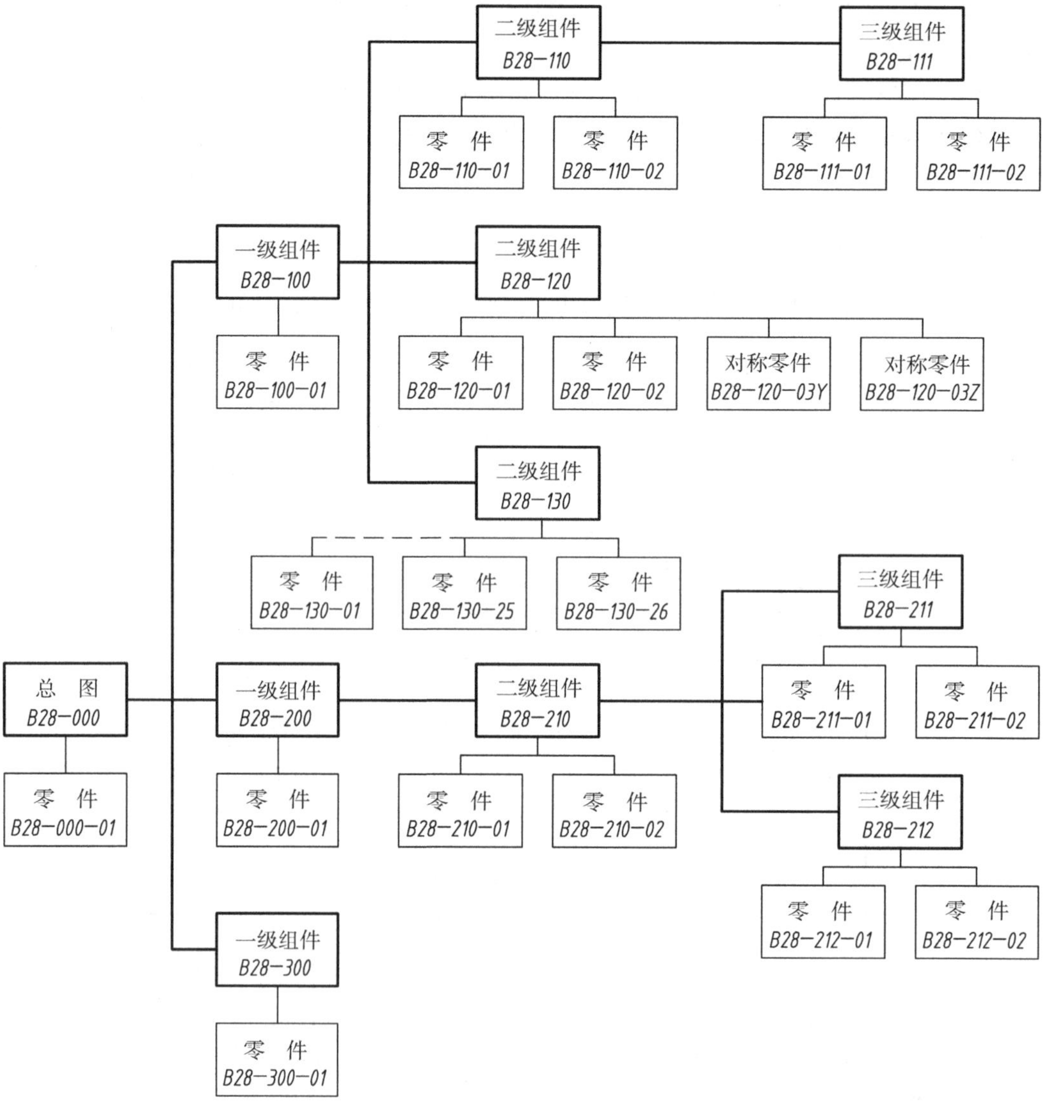

图 7-4 隶属编号示例二

适用于各级组件数量及层次较多的产品的编号方法，如图 7-5 所示。此种方法不能反映组件的隶属关系。

7.2 工程图样的折叠方法

一、基本要求

折叠后的图纸幅面一般应有 A4（210mm × 297mm）或 A3（297mm × 420mm）的规格。对于需装订成册又无装订边的复制图，折叠后的尺寸可以是 190mm × 297mm 或 297mm × 400mm。当装订上装订胶带后，仍具有 A4 或 A3 的规格。

装订时采用 A4 图纸竖装和 A3 图纸横装。

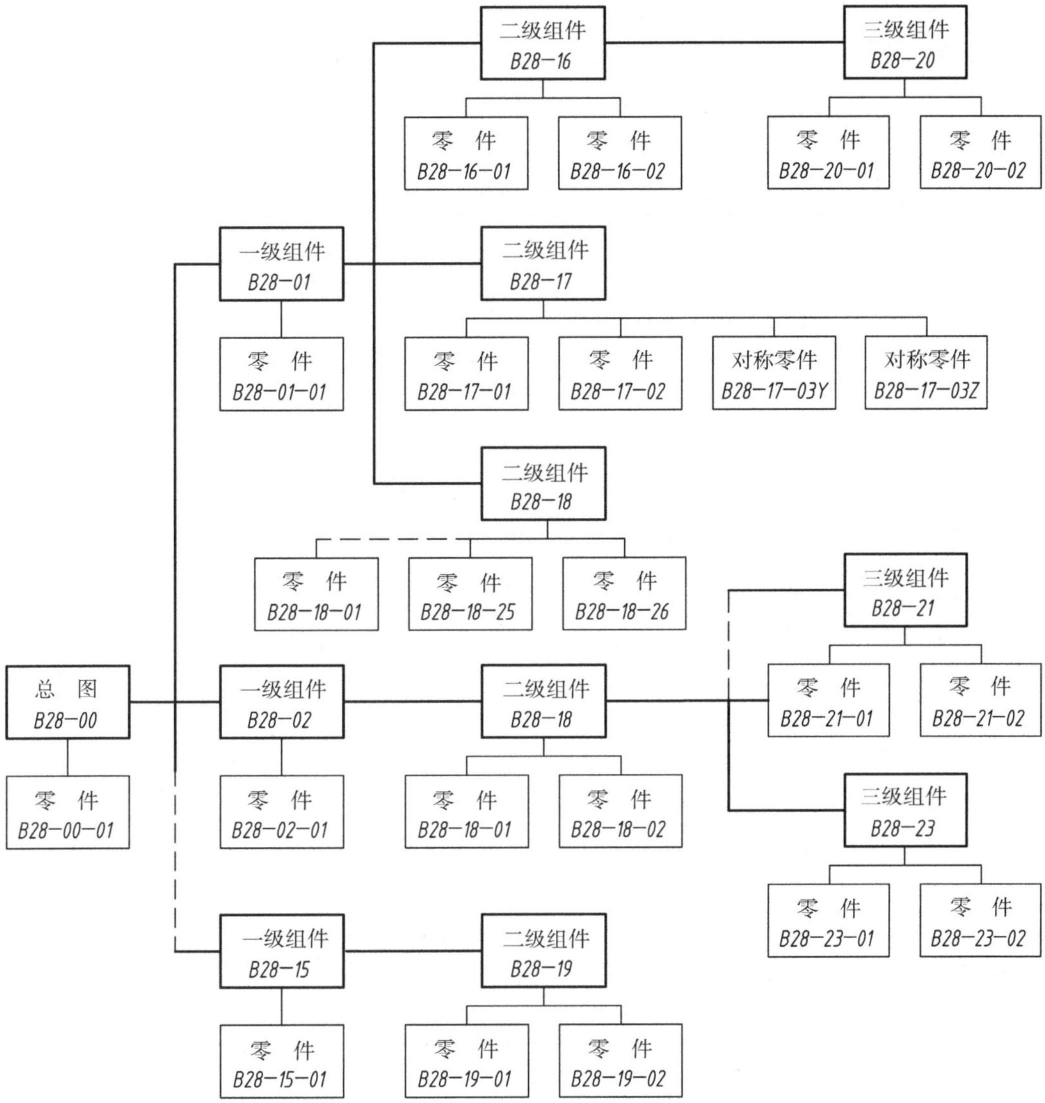

图 7-5　隶属编号示例三

二、手工折叠方法

下面主要介绍需要装订成册的图纸。

1. 有装订边的图纸

折叠时首先沿标题栏的短边方向折叠，然后再沿标题栏的长边方向折叠，并在图纸的左上角折出三角形的藏边，最后折叠成 A4 或 A3 的规格，并使标题栏露在外面，见表 7-3 和表 7-4。

2. 无装订边的图纸

折叠时首先沿标题栏的短边方向折叠，然后再沿标题栏的长边方向折叠成

190mm × 297mm 或 297mm × 400mm 的规格，并使标题栏露在外面，见表 7-5 和表 7-6。

装订胶带的尺寸如图 7-6 所示。胶带的厚度可在不易折损的原则下自行规定。

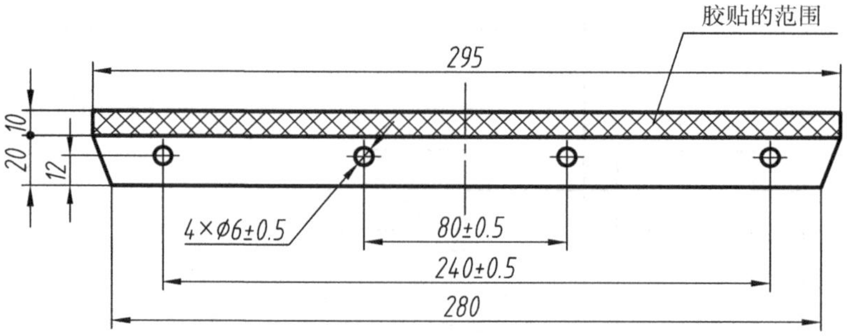

图 7-6　装订胶带的尺寸

3. 加长幅面图纸的折叠方法

根据标题栏在图纸幅面上的位置，可参照前述方法折叠。

折叠有装订边的加长幅面图纸，当标题栏位于图纸长边时，参照表 7-3 和表 7-4，可将加长图纸的长边部分先折出 210mm（对 A4）或 420mm（对 A3），再将其余部分折出等于或小于 185mm（对 A4）或 395mm（对 A3）的尺寸，并使标题栏露在外面；当标题栏位于图纸短边时，参照表 7-3 和表 7-4，可将加长图纸的长边部分折叠成等于或小于 297mm 的尺寸，并使标题栏露在外面。

折叠无装订边的加长幅面图纸，当标题栏位于图纸长边时，参照表 7-5 和表 7-6，可将加长图纸的长边部分折叠成 190mm（对 A4）或 400mm（对 A3）的尺寸，并使标题栏露在外面；当标题栏位于图纸短边时，参照表 7-5 和表 7-6，可将加长图纸的长边部分折叠成等于或小于 297mm 的尺寸，并使标题栏露在外面。

表 7-3　折叠成 A4 图纸的方法（有装订边）

幅面	标题栏的方位	
	在图纸的长边上	在图纸的短边上
A0	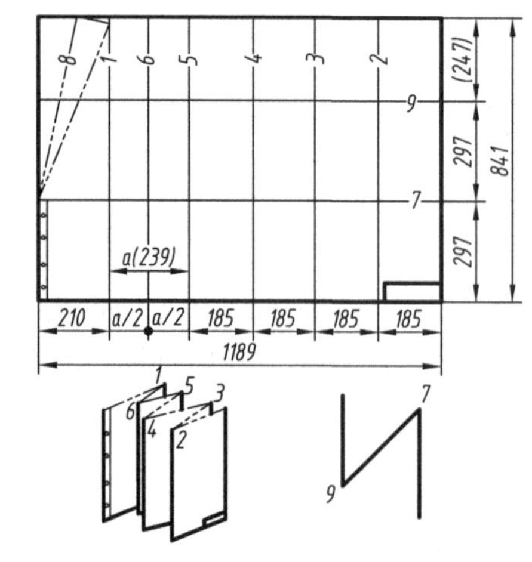	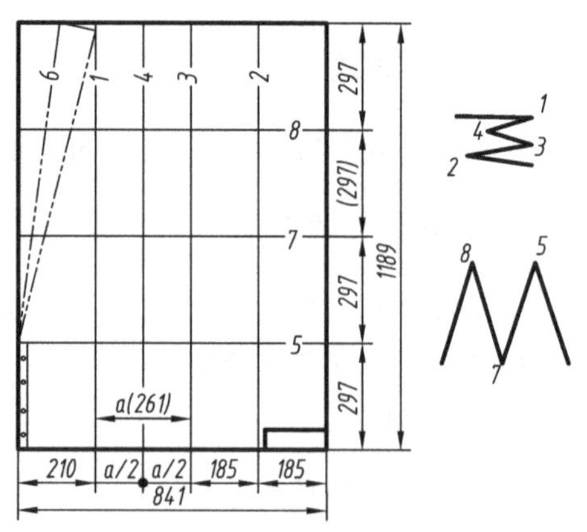

幅面	标题栏的方位	
	在图纸的长边上	在图纸的短边上
A1	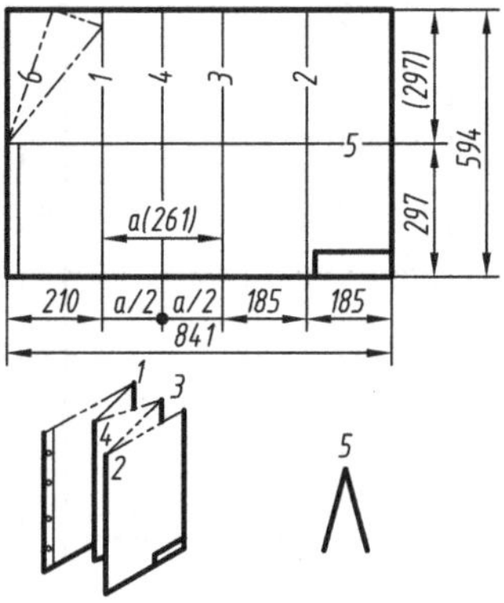	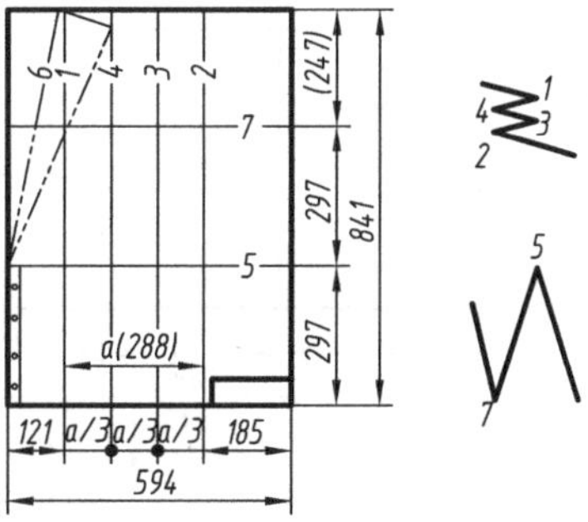
A2	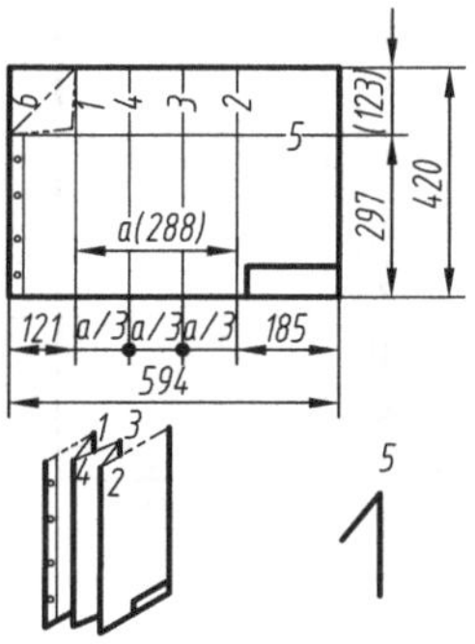	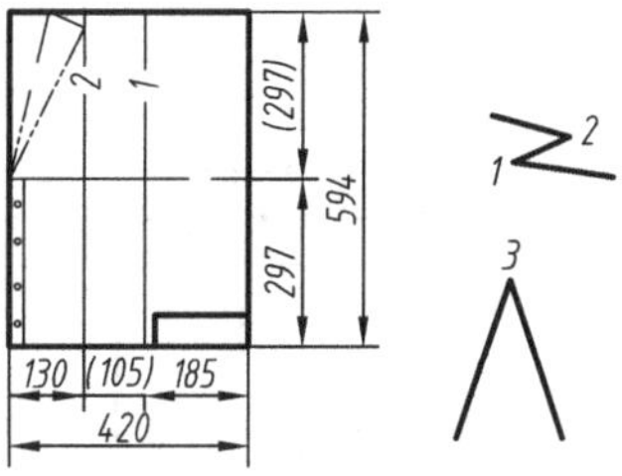
A3	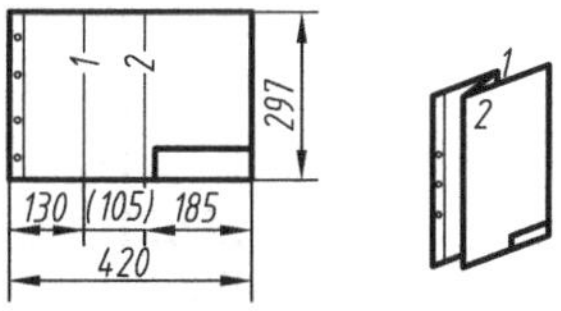	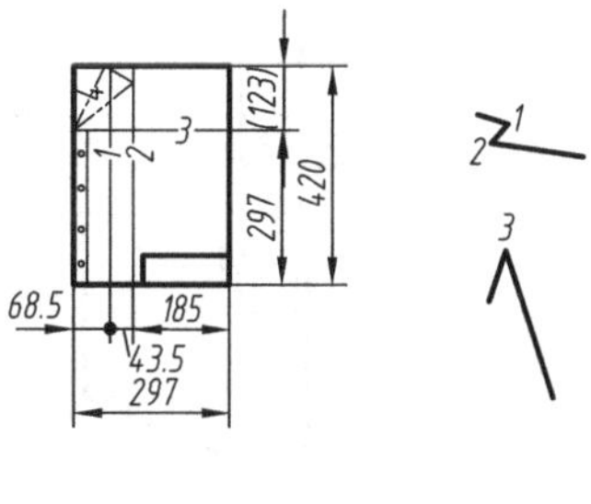

表 7-4　折叠成 A3 图纸的方法（有装订边）

幅面	标题栏的方位	
	在图纸的长边上	在图纸的短边上
A0	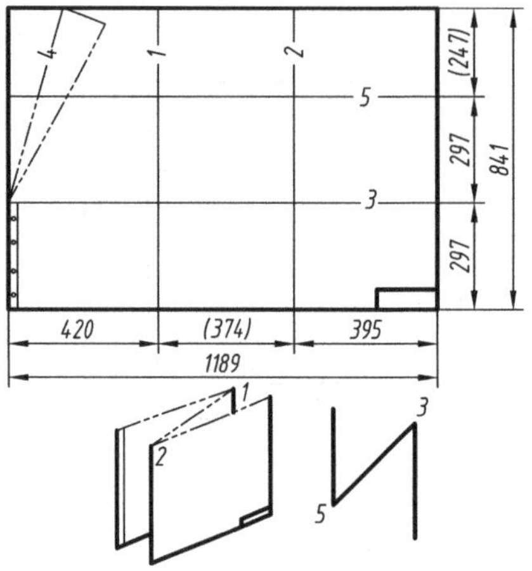	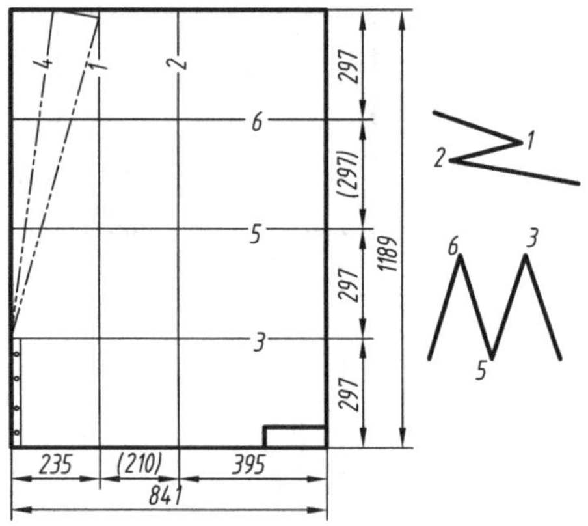
A1	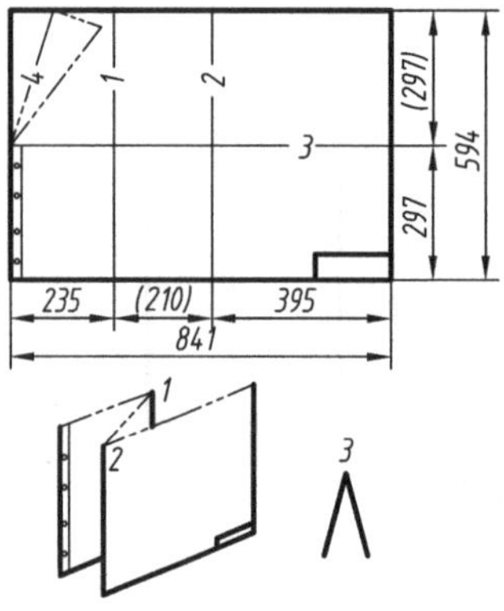	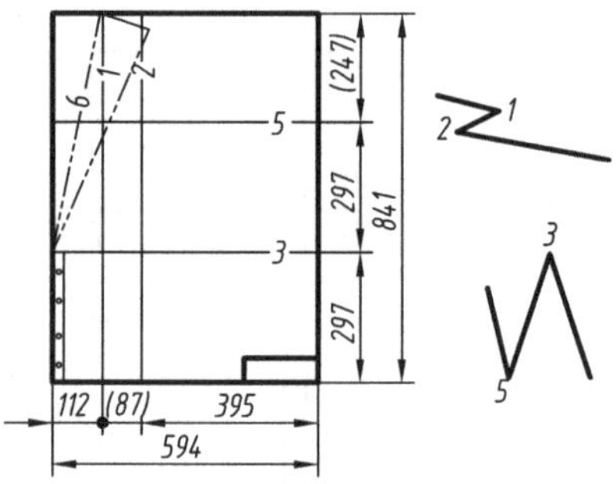
A2	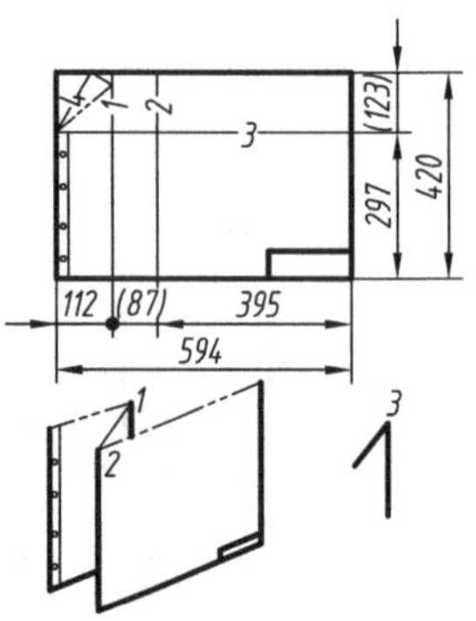	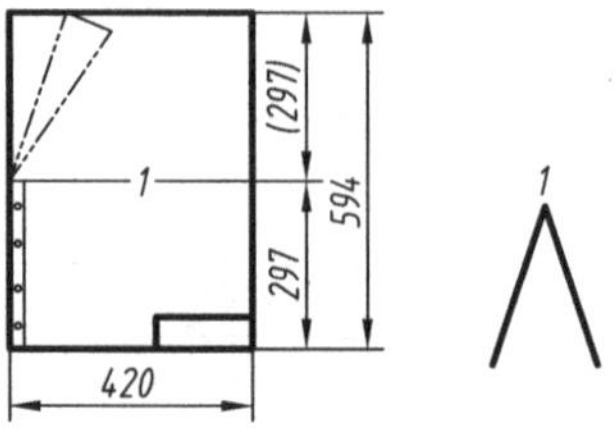

表 7-5　折叠成 A4 图纸的方法（无装订边）

幅面	标题栏的方位	
	在图纸的长边上	在图纸的短边上
A0	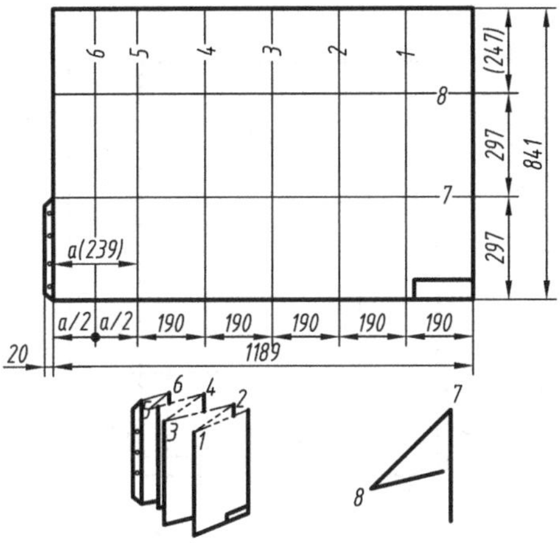	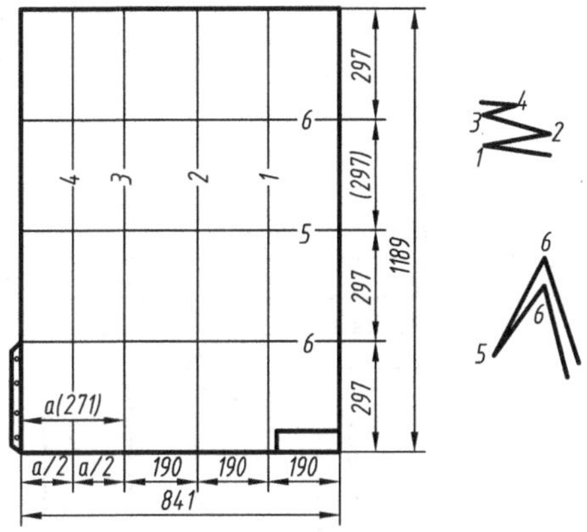
A1	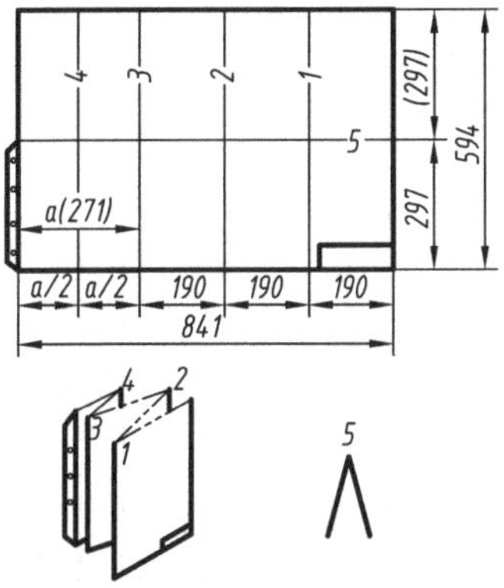	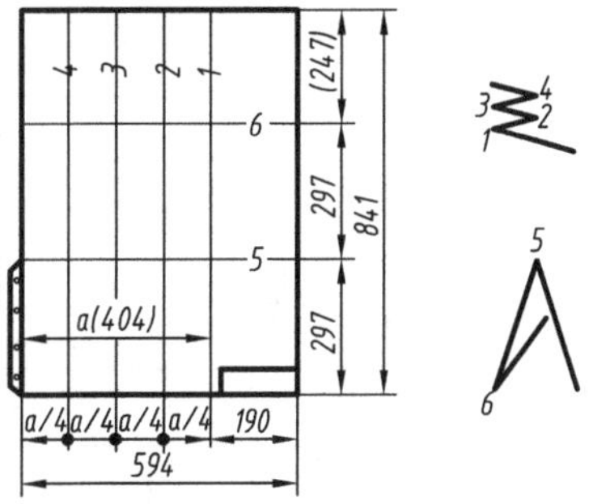
A2	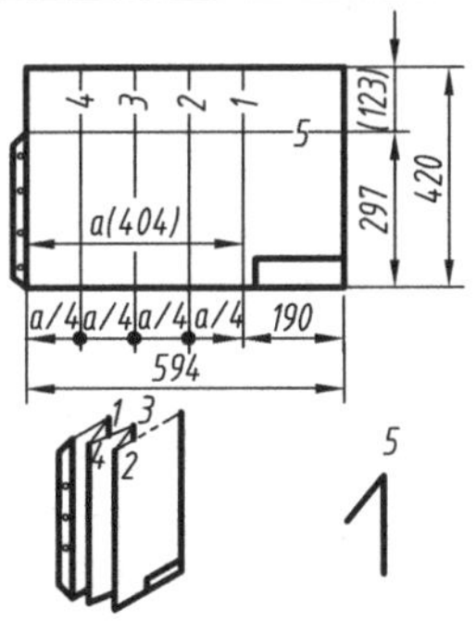	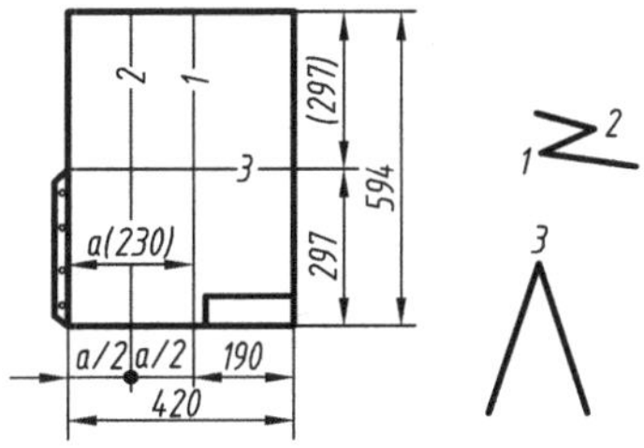
A3	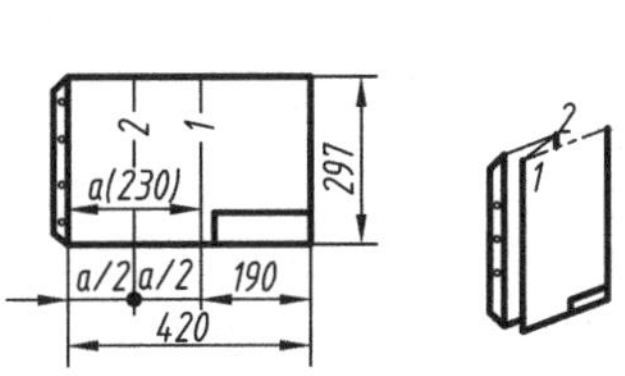	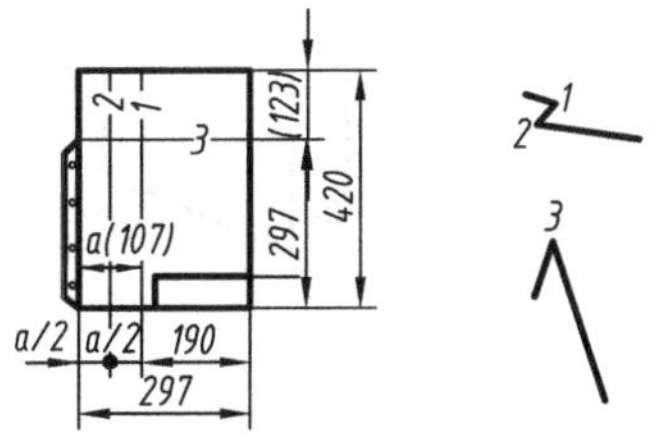

表 7-6　折叠成 A3 图纸的方法（无装订边）

幅面	标题栏的方位	
	在图纸的长边上	在图纸的短边上
A0	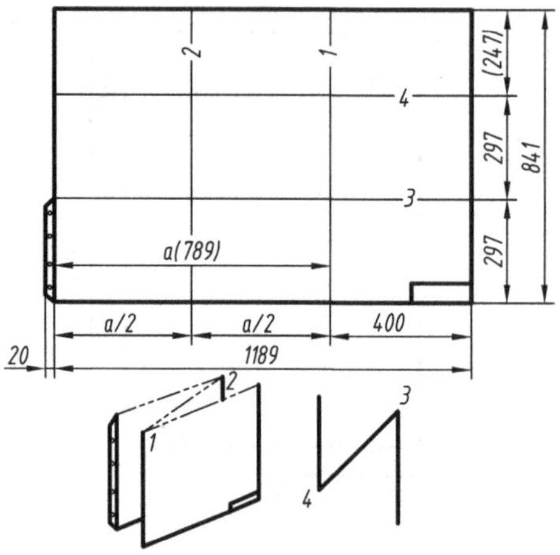	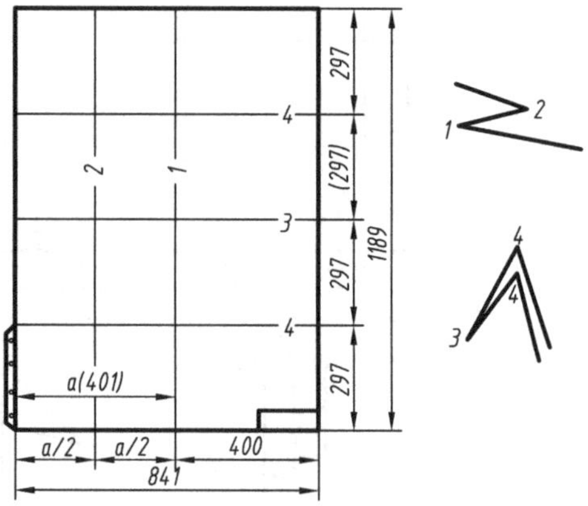
A1	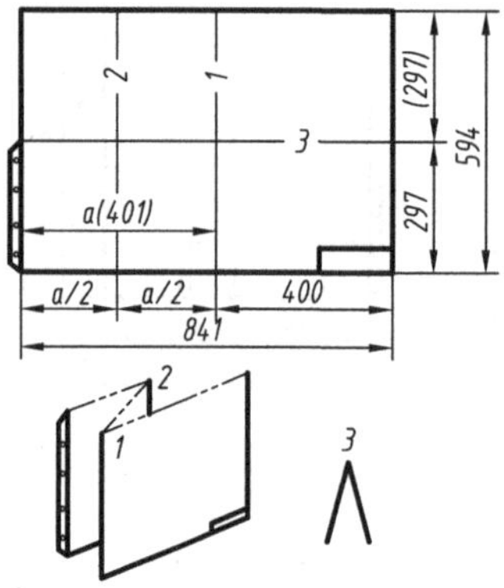	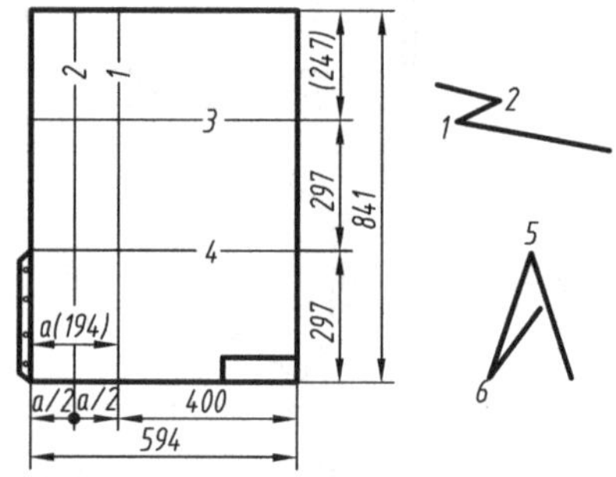
A3	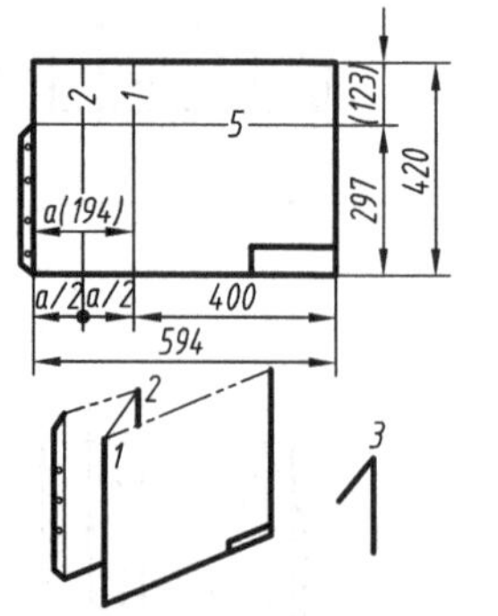	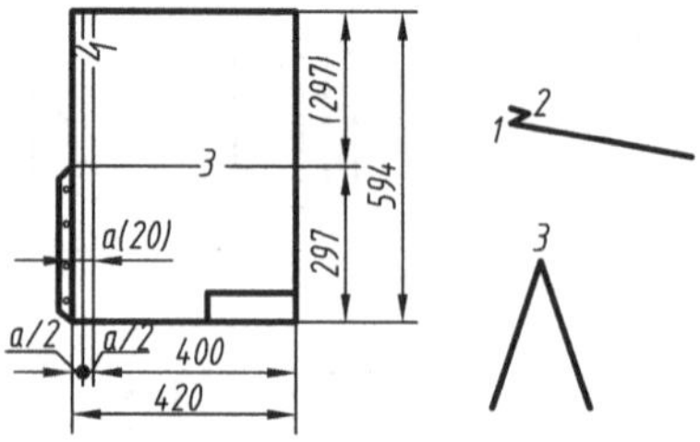

第八章　计算机三维实体造型

本章将对 CATIA V5 中机械设计模块下的常用单元进行详细的介绍。从熟悉基本使用环境开始，依次介绍二维草图绘制、三维实体造型、三维零件装配，以及工程图的创建等功能。

8.1　CATIA 软件简介

一、CATIA 软件功能

CATIA V5 是 IBM 和达索公司共同推出的全新一代的 CAD/CAM/CAE 软件，该软件能够在 Windows NT、Windows XP、Windows 7 以及 UNIX 等平台上运行，是目前应用范围最广、影响最大的 CAD 软件。CATIA 被广泛应用于航空航天、汽车制造、造船、机械制造、电子、电器等行业，是在 CAD/CAM/CAE 行业处于领先地位，功能极其强大的软件，其机械设计的强大功能可以让用户尽情发挥，无限创造。

机械设计模块（Mechanical Solutions）包含草图设计（Sketcher）、零件设计（Part Design）、装配设计（Assembly Design）、3D 功能公差标注（Product Functional Tolerancing & Annotation）、焊接设计（Mold Tooling Design）、结构设计（Structure Design）、工程制图（Drafting）、线架与曲面设计（Wire Frame and Surface Design）等 19 个单元，如图 8-1 所示。

图 8-1　机械设计模块

二、图形用户界面

CATIA V5 图形用户界面如图 8-2 所示，标题栏左上角显示 CATIA V5 应用程序名及打开文件名，右上角显示应用程序三个窗口控制图标。

1. 菜单栏

菜单栏包括【开始】、【ENOVIA V5】、【文件】、【编辑】、【视图】、【插入】、【工具】、【窗口】、【帮助】，共九项。单击菜单栏中某一项，系统会弹出相应的下拉菜单。

2. 罗盘（指南针）

工作窗口右上角有一个罗盘，指示当前的视图方向和空间坐标系。可利用它指定模

型做 x、y、z 三轴的旋转和平移，以及 xy、yz、zx 三平面的移动。右击罗盘系统可弹出快捷菜单，通过选择菜单中的命令可以进行设定工作平面等操作。

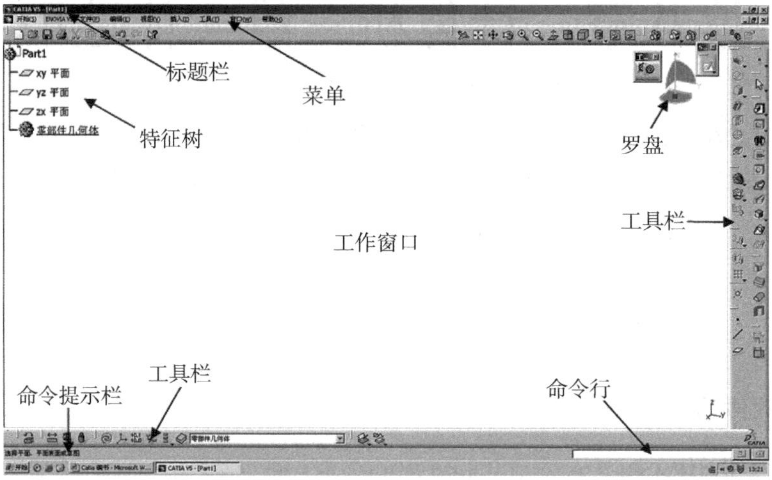

图 8-2　CATIA V5 图形用户界面

3. 工具栏

工具栏位于工作平台的四周，也可以拖拽出来悬浮于工作平台上。每个工具栏由一组快捷按钮组成，工具栏包含大部分常用控制功能的工具按钮。根据当前工作的模块（如零件模块、草绘模块和装配模块等）及工作状态的不同，相应的工具栏也不同，对应的按钮状态及意义也有所不同。

直接单击工具栏上的工具按钮来执行相应的功能。把光标指向某个快捷按钮时，一个弹出式标签会显示按钮的名字及其功能。

4. 工作窗口

工作窗口是用户的工作区域，用户创建的所有几何特征都将在该窗口显示或隐藏。窗口有三个基准坐标平面，分别为 xy 平面、yz 平面和 zx 平面，它们是进行各项操作的基准，也会随着模型进行平移和旋转。

5. 特征树

特征树又称为历史树，在特征树上列出了所有创建过程的特征，特征树能自动以子树关系表示特征之间的父子关系，使用户可以有一个清晰直观的认识，如图 8-3 所示。

在特征树上选出某个特征，则在图形平台上的对应的特征就被选中。在特征树上双击某个特征，即可对该特征进行重新定义。

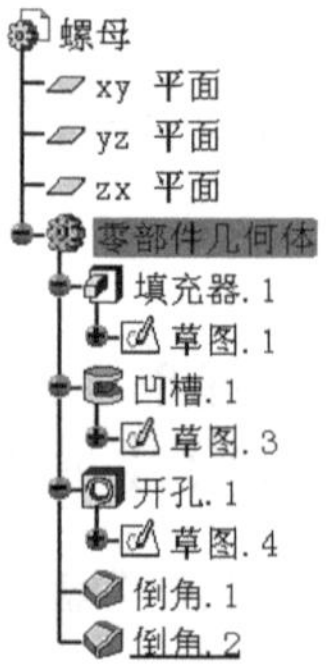

图 8-3　特征树

6. 命令提示栏和命令行

命令提示栏位于用户界面的左下方，当光标指向某个命令或按钮时，该区域中即会显示一行描述文字，说明该命令或按钮所代表的意义。

命令行位于屏幕的右下方，可以在此输入命令来执行相应的操作，所有的命令前方都加上“c:”才可以执行。当鼠标指针指向工具栏中的快捷功能按钮时，在命令行上显示该按钮对应的命令。用户也可以选择菜单【视图】中“命令列表”对话框，在对话框中选择相应的命令进行操作。在工具栏中找不到所需的功能按钮时，利用“命令列表”对话框进行操作是一种行之有效的方法。

8.2　CATIA 草图设计工作台及草图的创建

草图设计工作台（Sketcher）是 CATIA 设计的主要工作台之一，是零件设计和曲面设计的基础。用户在草图绘制器中进行轮廓设计，再利用绘制的轮廓图构造实体对象或曲面特征。

一、CATIA 草图设计工作台简介

草图设计工作台提供许多功能，以方便用户绘出矩形、圆形、多边形和样条曲线等。它能够提供用户选择平面上的对象、进入与退出草图模块的功能；拥有绘出各种二维曲线图形的功能；用于移动、旋转、偏置、缩放各种二维图线的功能；拥有对已绘出的二维图形进行约束的功能。

1. 进入和退出工作台

打开 CATIA 后，选择【开始】→“机械设计”→“草图绘制器”菜单，立即进入零件设计中（并没有马上进入草图工作台），此时，草图绘制器按钮被选中，只要选择系统定义的 *xy*、*yz*、*zy* 三个坐标平面之一作为草图所在的基准平面，也可以选择已建立的平面和实体上存在的平面，进入草图设计工作台，如图 8-4 所示。

单击工具栏上的“退出工作台”按钮，即可退出草图工作台，返回到原设计平台。

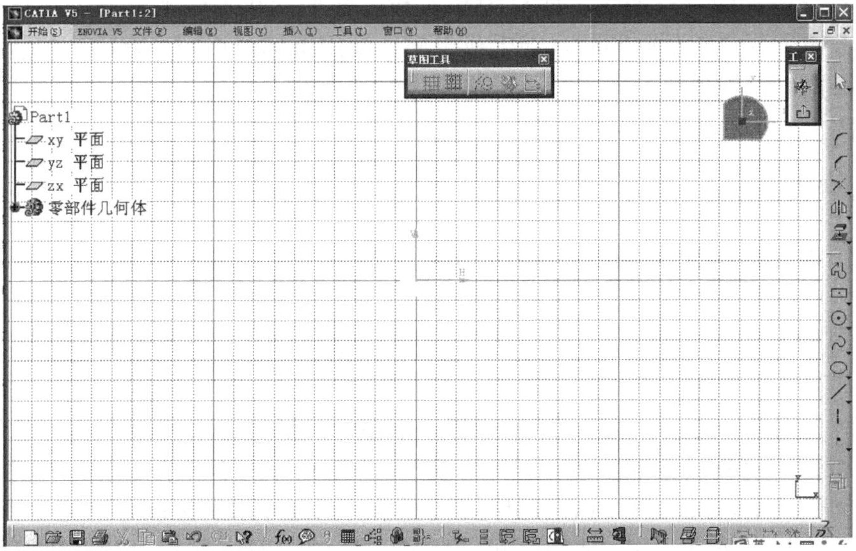

图 8-4　草图设计工作台图

2. 草图工作台环境设置

选择【工具】→“选项”菜单项，在弹出的“选项”对话框中选择“机械设计”→“草图绘制器”，进行工作环境设置，如图 8-5 所示。

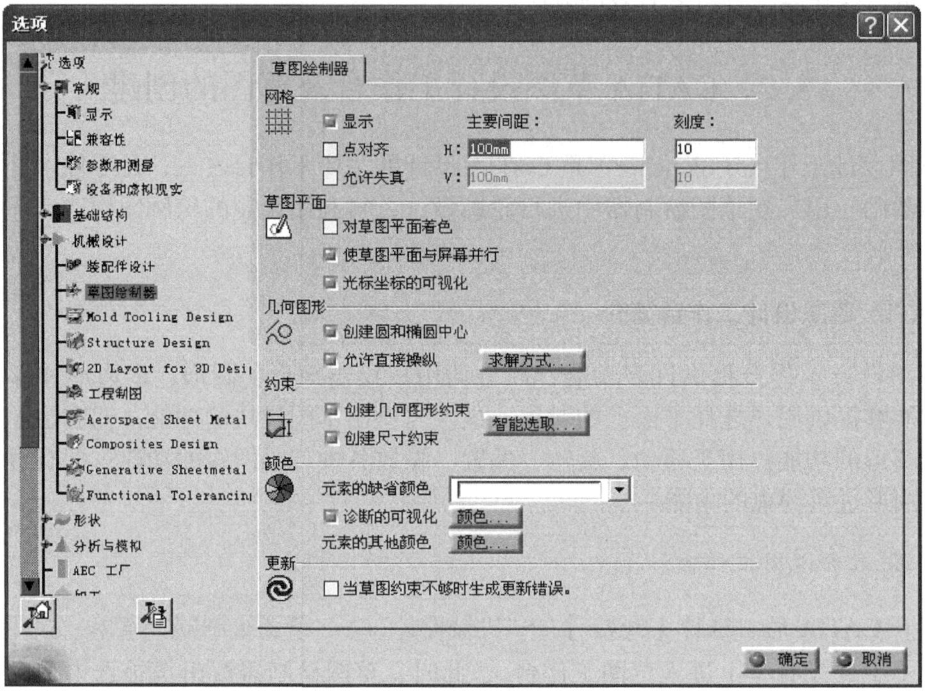

图 8-5　草图绘制器选项

“网格”选项卡用于设置草图绘制器中的网格属性；“草图平面”选项卡用于设置草图平面，对草图平面进行着色、使草图平面与屏幕平行和光标坐标的可视化；“几何图形”选项卡用于创建圆和椭圆时自动生成中心，使用鼠标对草图元素进行拖放操作；“约束”选项卡用于在创建草图元素时，创建相应的几何约束和尺寸约束；“颜色”选项卡用于设置草图绘制器的环境颜色。

3. 草图设计工具栏简介

在草图设计过程中用到的工具栏有轮廓工具栏、草图工具栏、约束工具栏和操作工具栏四个，单击工具栏中相应按钮下的黑色小三角，将展开 11 个工具栏，如图 8-6 所示。

（1）轮廓工具栏。轮廓工具栏  提供了多种绘制草图的工具，使用这些工具可以绘制各种形状的图形，是草图设计工作台最基础的一个工具栏。共有连续折线、云形线、矩形、正六边形、圆弧、圆形、椭圆形等绘图功能可以使用。

（2）草图工具栏。草图工具栏  提供了几种绘制草图时经常用到的工具，包括网格显示切换工具、捕捉网格切换工具、构造元素和标准元素切换工具以及几何图形、尺寸约束切换工具。使用这些工具可以使绘制草图的过程更简捷更智能。当输入不同命令时，会扩展相应的绘图功能（见图 8-7）。

（3）约束工具栏。约束工具栏  提供了多种约束工具，对绘制的几何元素精确定位并设置尺寸，使用这些工具可以准确地确定几何图形的位置与大小。

（4）操作工具栏。操作工具栏  提供了对绘制的几何元素进行编辑的多种工具，使用这些工具可以方便地对绘制的几何元素进行编辑，达到理想的效果。

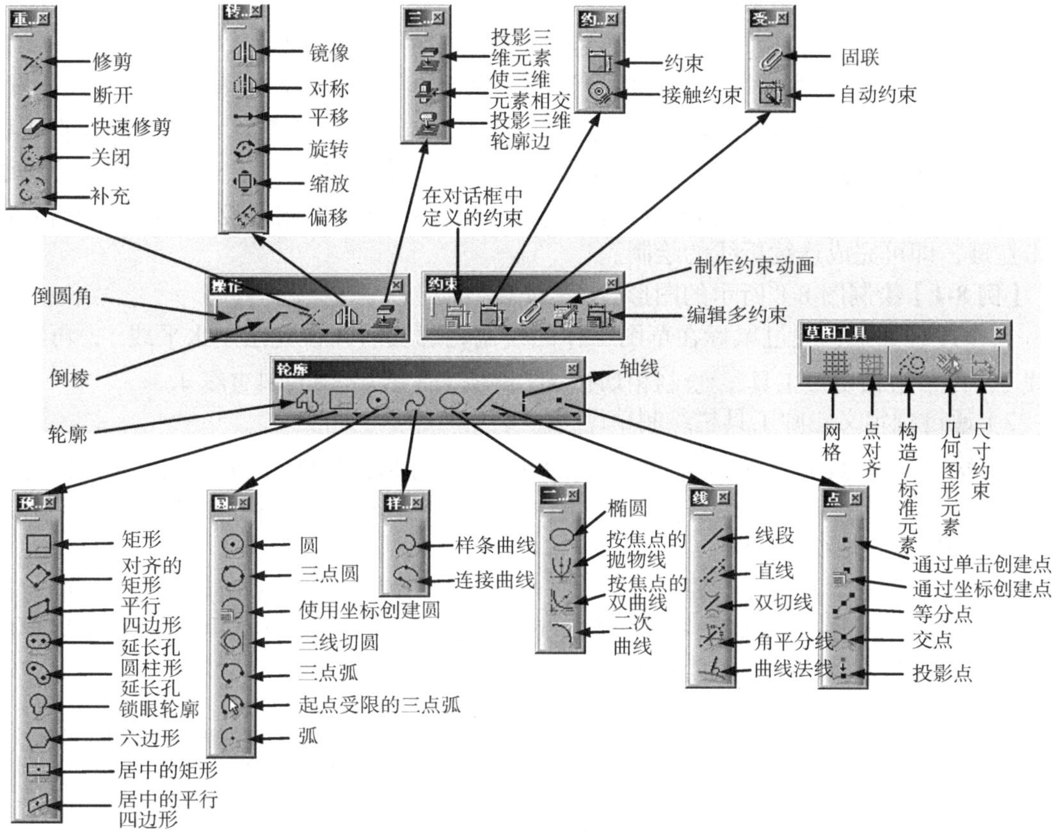

图 8-6　草图设计工作台的常用工具栏

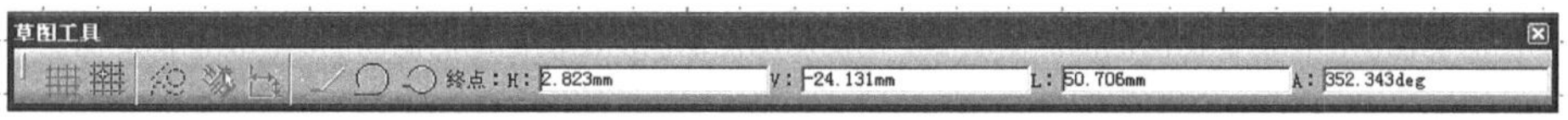

图 8-7　草图工具工具栏

二、CATIA 草图的创建

草图是用来定义和创建特征的截面轮廓和路径。

草图由草图平面、坐标系、草图几何图元和施加到图元上的几何约束及草图尺寸组成。

草图平面是一个带有坐标轴的无限大、临时性的平面，可根据特征需要选择草图平面。

1. 草图的绘制

1）绘制连续折线

连续折线可在草图工作平面上绘制连续不断的线条。形成封闭图形后，即完成连续折线的绘制，也可绘制不封闭的图形。

单击连续折线工具，或在如图 8-7 所示的草图工具栏内填入不同点的坐标，其中 *H* 是与坐标原点的水平距离，*V* 是与坐标原点的垂直距离，*L* 代表两点间直线长度，*A* 代表直线与水平轴的角度。若要绘制圆弧可单击三点成弧工具，若要绘制与直线相切的圆，可单击切线弧工具。一旦连续折线形成封闭图形，即会自动终止。若想绘制不封闭的连续折线图，在绘制完后可单击选择工具结束绘制，或者直接在最后一点双击左键，即可完成连续折线的绘制。

【**例 8-1**】绘制图 8-8 所示的图形。

操作过程如下：通过鼠标在草图工作区绘制轮廓线时，首先绘制水平线 1，再绘制直线 2，再单击相切弧工具绘制相切弧 3，再单击工具绘制斜直线 4。

2）通过预定义轮廓工具栏绘制草图

单击轮廓工具栏上的按钮下的黑色三角形，可展开预定义轮廓工具栏，可以绘制各种封闭轮廓，该工具栏包括九种封闭轮廓工具，利用这些工具可以快速地绘制草图。

（1）绘制矩形。单击工具绘制矩形，在草图工作区任意单击两点作为矩形的对顶点，或在草图工具栏中填入第一点及第二点的坐标值，或在宽度与高度字段填入矩形的宽与高，即可绘制平行坐标轴的矩形，如图 8-9 所示。

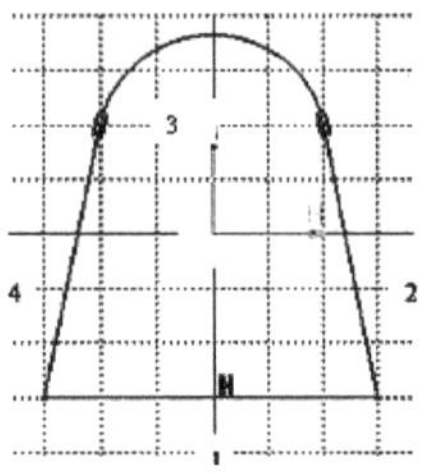

图 8-8　绘制连续轮廓

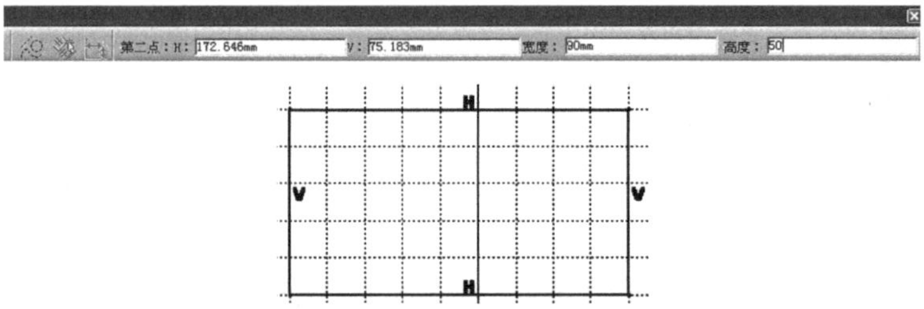

图 8-9　绘制矩形

（2）绘制延长孔。单击延长孔工具绘制延长孔，在草图的任意区域单击第一点确定延长孔连心线的第一个圆心，单击第二点确定延长孔连心线的第二个圆心，再移动鼠标确定圆弧的半径，单击即可绘制出延长孔，如图 8-10 所示。

（3）绘制锁眼孔。单击锁眼孔工具绘制锁眼孔。在草图工作区任意单击一点确定锁眼孔大圆的圆心，单击另一点确定小圆的圆心，移动鼠标确定小圆的半径后单击，再移动鼠标确定大圆的半径后单击即可绘制出锁眼孔，如图 8-11 所示。

（4）绘制正六边形。单击六边形工具绘制六边形。在草图的任意区域单击一点确定六边形的中心，再移动鼠标确定六边形的旋转角度，单击一点当做正六边形上任一边的点，即可绘制正六边形，如图 8-12 所示。

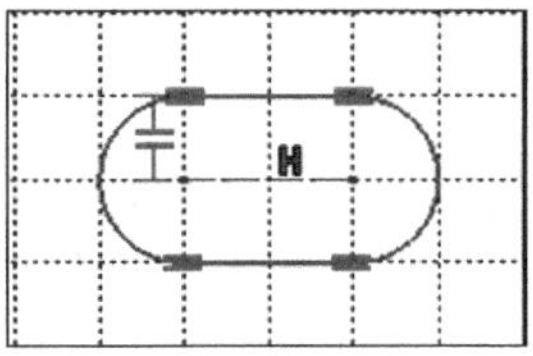

图 8-10　绘制延长孔

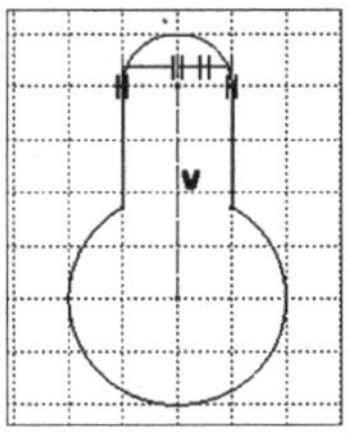

图 8-11　绘制锁眼孔

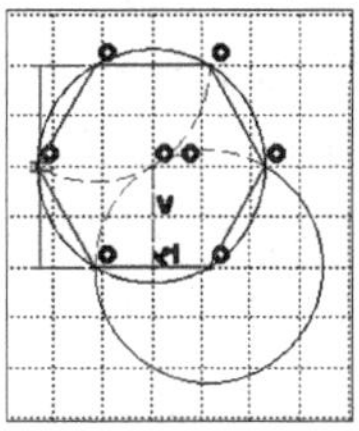

图 8-12　绘制正六边形

3）通过圆形工具栏绘制草图

单击“轮廓”工具栏上的按钮下的黑色三角形，可展开圆工具栏，工具栏提供了各种绘制圆和圆弧的图示，可根据不同的需求使用。

（1）绘制正圆形。单击“圆工具”绘制圆。在草图工作区单击一点确定圆心，或在草图工具栏圆心内填入圆心坐标确定圆心，再单击一点作为圆弧上的点（用以确定半径）或在草图工具栏圆弧上的点内填入圆形上的点坐标，即可完成圆形，如图 8-13（a）所示。

（2）绘制三点圆。单击三点圆工具按钮绘制三点圆。在草图工作区单击任意三点作为圆上的点绘制圆形，如图 8-13（b）所示。

（3）三切线成圆。单击三切线圆工具绘制圆，通过选择三条非平行的线来创建与它们都相切的圆。只要分别单击存在的三条直线，即可完成三切线成圆，如图 8-13（c）所示。

（4）三点成弧。单击三点弧工具绘制圆弧，通过鼠标在草图工作区任意单击三点即可完成三点成弧，如图 8-13（d）所示。

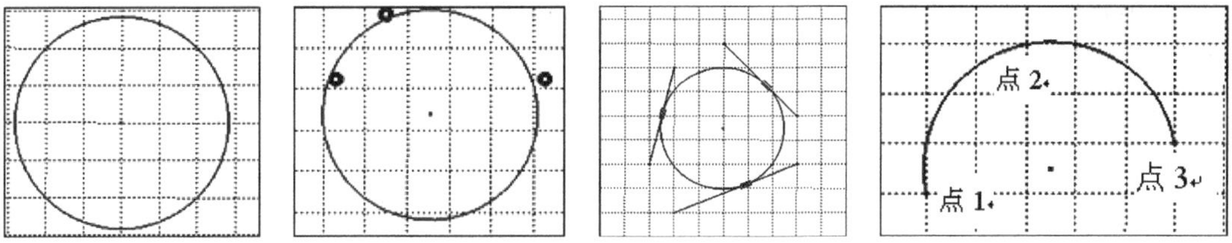

（a）绘制正圆形　（b）绘制三点圆　（c）绘制三切线圆　（d）绘制三点弧

图 8-13　绘制圆及圆弧

4）通过样条工具栏绘制样条曲线

单击轮廓工具栏上的下的黑色三角形，可展开样条工具栏。

（1）绘制样条线。单击样条工具绘制样条曲线。在草图工作区任意单击若干点，即可绘制样条曲线，在绘制样条曲线的最后一点时。需双击左键结束曲线绘制，如图 8-14 所示。

（2）样条线连接。单击连接工具生成样条曲线的连接线。连接已生成两样条曲线的端点，即生成连接线，连接线同样是样条曲线，并且与原来的样条曲线相切。此功能不但能连接样条曲线，其他圆弧和直线都可以连接，如图 8-15 所示。

5）绘制二次曲线

单击轮廓工具栏上的下的黑三角形，可展开二次曲线工具栏，该工具栏包含四种二次曲线，以下只介绍椭圆工具的用法，其余省略。

单击椭圆工具绘制椭圆形。在草图工作区任意单击一点确定椭圆的圆心，再单击一点作为椭圆的两轴（长轴或短轴）其中一轴的一个端点，再单击一点作为椭圆的另一轴（长轴或短轴）的一个端点，即可绘制出椭圆，如图 8-16 所示。

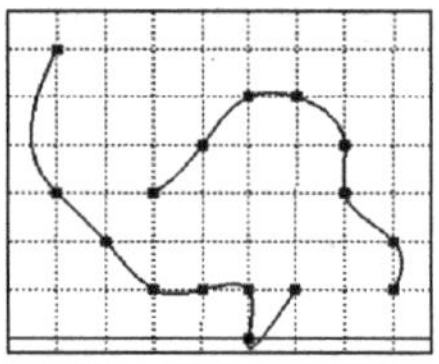

图 8-14　绘制样条线

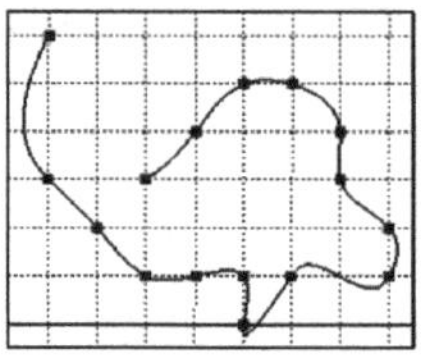

图 8-15　连接样条曲线

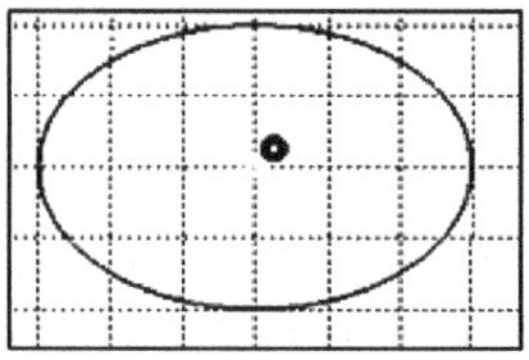

图 8-16　绘制椭圆

6）通过直线工具栏绘制各种直线

单击轮廓工具栏上的按钮下的黑色小三角，可展开直线工具栏。

（1）绘制线段。单击线段工具绘制线段。在草图工作区任意点单击两点即可绘制直线段，如图 8-17（a）所示。

（2）绘制双切线。单击双切线工具绘制与两个圆、圆弧等曲线相切的公切线。选择草图工作区的两条曲线，即可绘制出公切线，如图 8-17（b）所示。

（3）绘制角平分线。单击交线工具绘制角平分线。选择草图工作区的两条非平行线，即可绘制两条直线的角平分线，如图 8-17（c）所示。

7）绘制轴线

利用轮廓工具栏上的可以通过任意两点绘制出轴线，方法与工具绘制直线相同，如图 8-18 所示。

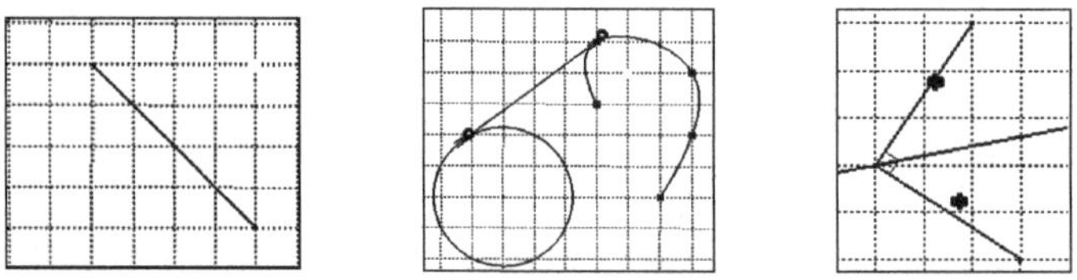

（a）绘制线段　（b）绘制双切线　（c）绘制角平分线

图 8-17　绘制直线

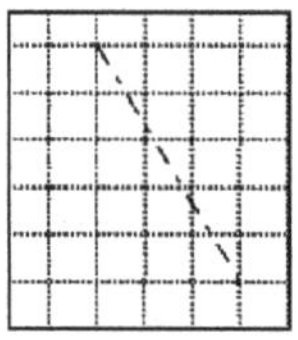

图 8-18　绘制轴线

8）绘制点

单击通过轮廓工具栏的按钮下的黑色小三角，可展开点工具栏。

（1）通过单击创建点。单击创建点工具通过鼠标单击绘制点元素。在草图工作区要生成点的位置单击即可。

（2）使用坐标创建点。单击创建点工具创建点元素。单击按钮，弹出如图 8-19（a）所示的“点定义”对话框，在对话框中输入点的坐标，即可绘制点元素，如图 8-19（b）所示。

（3）绘制等分点。单击等分点工具在基准线上绘制等分点。在草图工作区任意选择曲线或直线元素，单击等分点工具，弹出图 8-20（a）所示的“等分点定义”对话框，在对话框中设置等分点个数，单击确定按钮，即在所选曲线上绘制等分点，如图 8-20（b）所示。

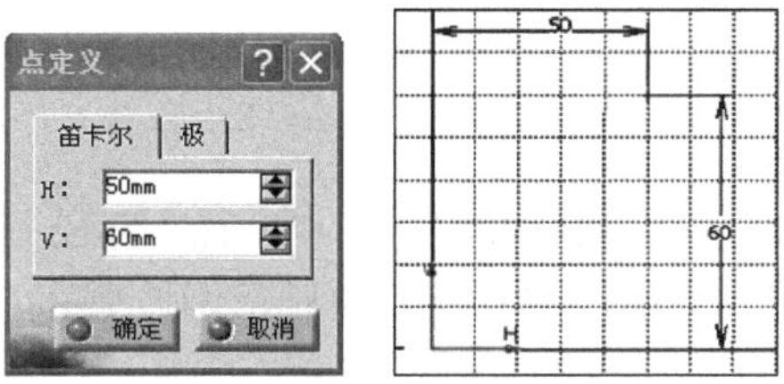

（a）　　（b）

图 8-19　绘制坐标点

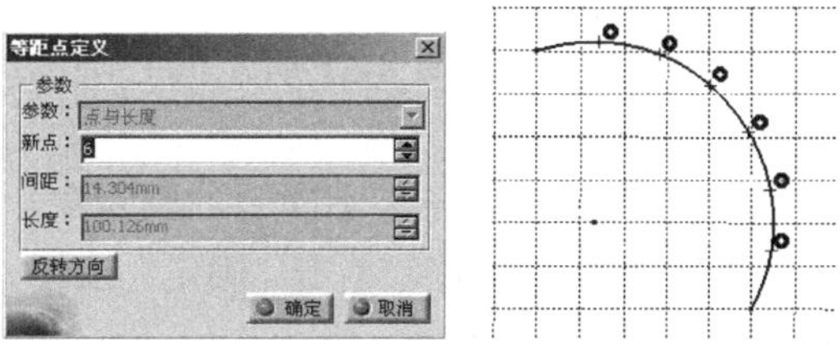

（a）　　（b）

图 8-20　绘制等分点

2. 草图的约束

草图约束是指限制草图图形元素之间的自由度，使图形位置固定、形状唯一。草图约束分几何约束和尺寸约束。

几何约束是用来约束图形元素本身的位置或图形元素之间的相互位置。当某图形元素被约束时，在该图形元素附近将显示约束的专用符号。单个图形元素的几何约束有固定、水平和垂直；多个图形元素的几何约束有相合、平行、正交、相切和同心。

尺寸约束是指用数值约束草图元素的大小，被尺寸约束的截面图形只能通过改变尺寸数值来改变它的大小。尺寸修改后，截面图形将被重建。单个图形元素的尺寸约束有长度、半径 / 直径、半长轴和半短轴等，多个图形元素的尺寸约束有距离、角度、对称、中点、等距点等。

一般情况下，图形元素的约束情况是通过不同颜色加以标志的。CATIA V5 的默认约束颜色含义为：

白色——表示图形未完全约束，存在多余自由度，称为欠约束；

橘色——表示被选中；

黄色——表示被保护；

棕色——表示图形元素无法随着约束而改变；

绿色——表示被固定和唯一确定的图形，即自由度为 0，称为全约束。

紫色——表示存在过度约束的元素，称为过约束；

红色——表示元素间尺寸不一致，为无效几何图形。

约束工具栏提供了多种约束工具，可对绘制的几何元素精确定位并设置尺寸。

通过约束工具栏，可以绘制出图形的长度、角度、平行垂直、固定位置和相切等，为图形加上限制条件，并且以图标方式表示在草图平面上，方便用户直观地浏览信息。还可以利用约束与约束之间相连的关系作出动画。使用时若发现约束呈紫色，则代表过度约束，即有两个以上的约束相互冲突，此时要删除多余的约束条件，使图形为全约束。约束工具栏提供了五种施加约束的方式。

1）在对话框中创建约束

通过单击约束工具栏上的约束工具，可以对话框形式创建约束。创建该约束时，必须先选择约束对象，再单击按钮，否则约束工具不可用。约束对象可以是一个，也可以是多个。

【例 8-2】完成图 8-21 所示同心圆的约束。

操作过程如下：

选中两不同直径，不同心的圆对象，在“约束定义”对话框中选中“半径 / 直径”和“同心”两种约束类型后，单击“确定”按钮，即完成了如图 8-21 所示的显示两圆弧的直径、两个圆变成同心圆。

2）创建一般约束

单击约束工具栏的按钮下的黑色小三角，可展开约束创建工具栏。

（1）尺寸约束。单击约束工具创建尺寸约束，如长度、角度、距离和半径等约束，选择一个图形元素后单击按钮，此时只定义图形自身的约束，如长度和直径。按住 Ctrl 键选择可选择两个图形元素，定义二者之间的相对关系，如角度和距离等，如图 8-22 所示。

（2）接触约束。单击接触约束工具创建接触约束，如同心、共线、相切等约束。

在草图工作区任意选择两个图形元素，如直线和圆，单击按钮，就创建了二者之间的接触约束关系。如图 8-23 所示创建了直线和圆相切的接触约束。

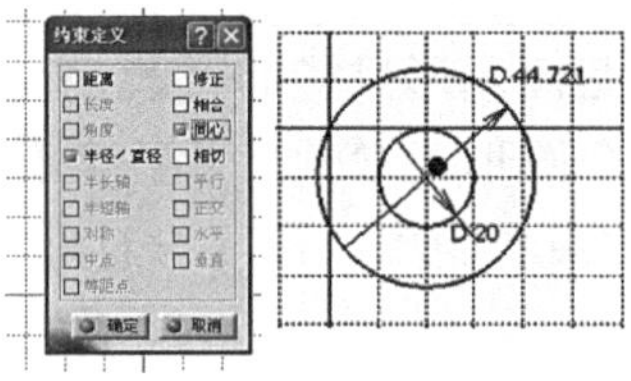

图 8-21　创建同心约束

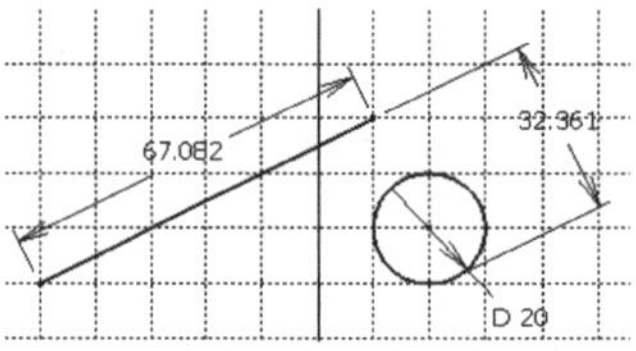

图 8-22　创建尺寸约束

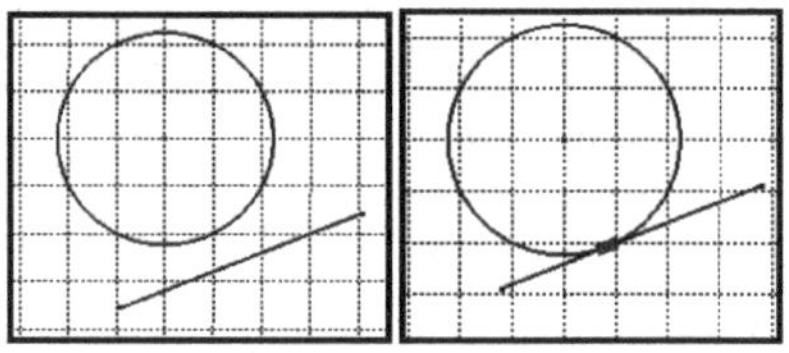
图 8-23　创建接触约束

3. 草图的编辑

操作工具栏提供了对绘制的几何元素进行编辑的多种工具，使用这些工具可以方便地对绘制的几何元素进行编辑，并达到理想的效果。

1）创建倒圆角

操作工具栏上的圆角工具可以对任何相交线段以及样条曲线等草图轮廓进行倒圆角操作。单击按钮，草图工具工具栏显示有六种倒圆角形式：。

（1）修剪所有元素。倒圆角轮廓如图 8-24（a）所示。单击修剪所有元素辅助按钮，表示在创建倒圆角的同时将修剪所有相关元素，如图 8-24（b）所示。

（2）修剪第一个元素。修剪第一个元素辅助工具，表示在创建倒圆角的同时只修剪第一个被选择元素，如图 8-24（c）所示。

（3）不修剪。不修剪辅助工具表示在创建倒圆角的同时将不修剪任何相关的元素，如图 8-24（d）所示。

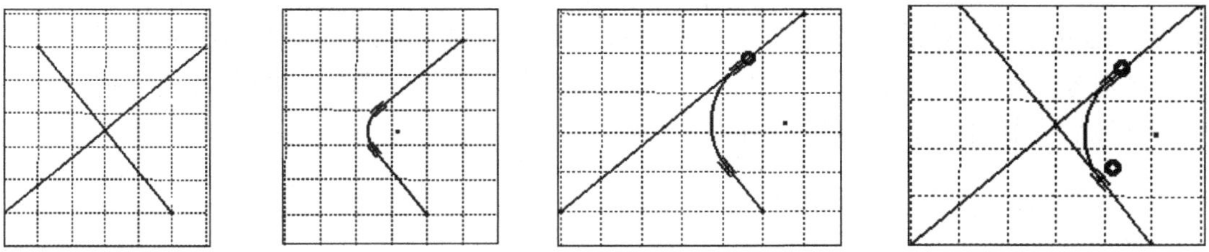

（a）倒圆角轮廓　（b）修剪所有元素　（c）修剪第一个元素　（d）不修剪

图 8-24　创建倒圆角

2）创建倒角

操作工具栏上的倒角工具可以对任何相交线段以及样条曲线等草图轮廓进行倒角操作。倒角操作与倒圆角操作类似，倒角的结果是线段而不是圆角。单击按钮，草图工具工具栏显示有六种倒角形式。

3）轮廓重新限定

单击单击操作工具栏按钮下的黑色小三角形，可展开重新限定工具栏。

（1）修剪轮廓。单击修剪工具按钮修剪草图轮廓。单击按钮后，草图工具工具栏增加了两个辅助按钮，它们是修剪所有元素按钮和修剪第一个元素按钮，操作方式与倒圆角和倒角类似，区别是它们根据鼠标的位置决定修剪的部分。

（2）打断轮廓。单击打断工具按钮打断轮廓。首先选择需要被打断的轮廓直线 1，再选择参考元素直线 2，则直线 1 被直线 2 打断。

（3）快速修剪轮廓。单击快速修剪按钮对轮廓进行快速修剪。单击快速修剪按钮，草图工具工具栏增加了三个按钮，它们是断开及内擦除辅助按钮、断开及外擦除辅助按钮和断开并保留辅助按钮。

（4）关闭工具。关闭工具可以对草图轮廓进行封闭操作。单击按钮后，选择要封闭的对象即可。

（5）补充工具。补充工具按钮对草图轮廓进行取余操作。单击按钮后，选择对象轮廓（如圆弧），即可完成所选对象的取余操作。

4）轮廓转换

单击操作工具栏上按钮下的黑色小三角形，可展开转换工具栏。

（1）轮廓镜像。镜像工具可创建与原轮廓相对于某一条线或轴对称的草图轮廓。单击按钮，选择被镜像的轮廓，再选择某直线或轴，即得到镜像的轮廓，如图 8-25 所示。

（2）平移轮廓。平移工具可以移动轮廓对象的方式创建新的相同的草图轮廓，单击按钮后，弹出如图 8-26 所示的“平移定义”对话框。在对话框中选中复制模式表示以复制的方式平移轮廓对象，在平移对象的同时保留原草图轮廓。选中复制模式复选框后，可以设置复制方式，其中“实例”微调框用于设置对象的复制个数。“保持内部约束”复选框和“外部约束”复选框分别表示复制轮廓对象的同时复制内、外部约束。平移操作如图 8-26 所示。

（3）旋转轮廓。旋转工具用来旋转草图轮廓。单击按钮后，弹出如图 8-27 所示的“旋转定义”对话框，在该对话框中的设置与平移工具对话框类似，先选择要旋转的轮廓对象，再选择旋转的中心点，再单击任意点确定旋转角定义的参考线，拖动鼠标创建旋转后的轮廓，如图 8-27 所示。

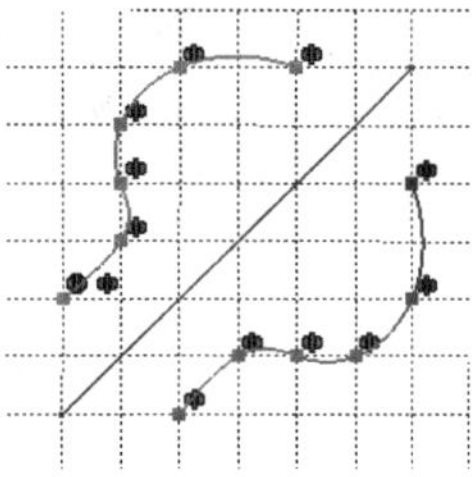

图 8-25　镜像操作

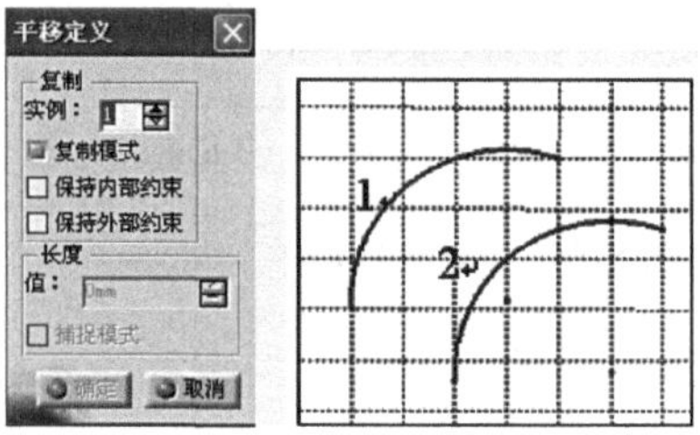

图 8-26　平移复制

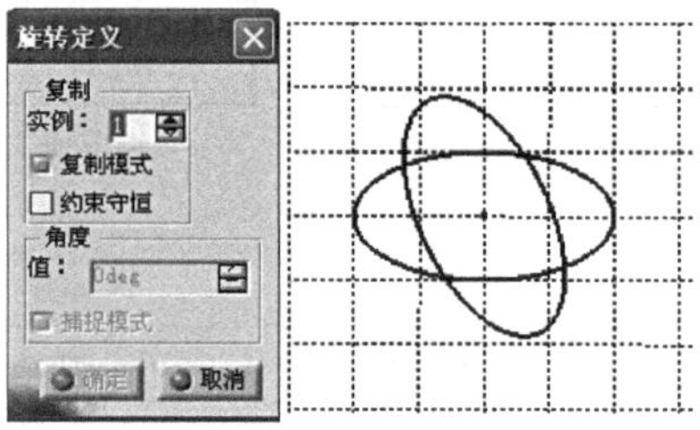

图 8-27　旋转复制

【例 8-3】绘制图 8-28 所示的弯折片轮廓草图。

操作过程如下：

（1）绘制图形及对图形进行约束。

① 绘制基本轮廓。在草图设计工作台，选择 *xy* 平面，单击按钮后，再单击草图工具工具栏中的按钮绘制连续折线，如图 8-28（a）所示。

② 在图中线段之间加入正交约束条件。按住 Ctrl 键选中如图中的两条线，然后单击约束工具栏中的按钮，在弹出的“约束定义”对话框中，选中“正交”按钮，单击“确定”按钮，两条直线成为垂直关系，重复同样的操作，将图 8-28（a）中的八条线设置成互相正交，如图 8-28（b）所示。

③ 添加尺寸约束。单击约束工具栏中的按钮，选择图中的一直线，系统会自动显示该线的长度标注，移动鼠标至合适位置单击放置标注尺寸。双击标注的尺寸数字，在弹出的“约束定义”对话框中输入重新定义的尺寸值。单击“确定”按钮。依次选择各条直线，连续标注各条线的尺寸，并实时修改各个尺寸，得到图 8-28（c）所示的图形。

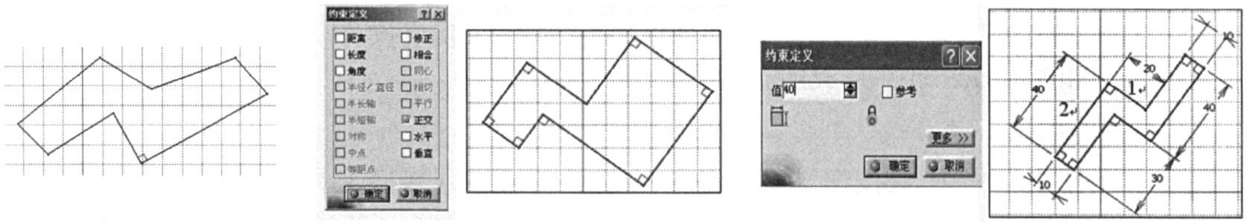

（a）绘制基本轮廓　　（b）施加正交约束　　（c）进行尺寸约束

图 8-28　绘制弯折片轮廓草图

（2）定位草图。

按住 Ctrl 键选中 *H* 轴和图形的一个顶点，单击约束工具栏中的按钮，在弹出的“约束定义”对话框中选中“相合”按钮。单击“确定”按钮，将选中的顶点定位到 *H* 轴上，并在图中相应的位置生成一个标记；按住 Ctrl 键选中如图所示的 *H* 轴和线段 2，单击约束工具栏中的按钮，在弹出的“约束定义”对话框中选中“角”按钮。单击“确定”按钮，完成约束定义，双击角度数字，在弹出的“约束定义”对话框中修改角度值以及角度所在扇区，如图 8-29 所示。

（3）在图形中创建圆角。

单击操作工具栏中的工具，系统缺省选中该工具栏中的按钮选择修剪所有元素，选择相邻两线段 1 和 2 后，移动鼠标调整圆角半径的大小后单击左键或者在“草图工具”工具栏中的“半径”框中输入圆角半径值后，单击左键，创建此处圆角，系统自动在圆弧和线的相交处添加相切约束；重复进行圆角操作，最后创建的弯折片带约束标记的草图如图 8-30 所示。

（4）隐藏约束。

在草图绘制过程中，为了使草图更加清楚，可以隐藏一些约束标记，其操作方法是在图形中选择约束标记，右击，在弹出菜单中选择“隐藏 / 显示”命令，隐藏了约束标记后的草图如图 8-31 所示。

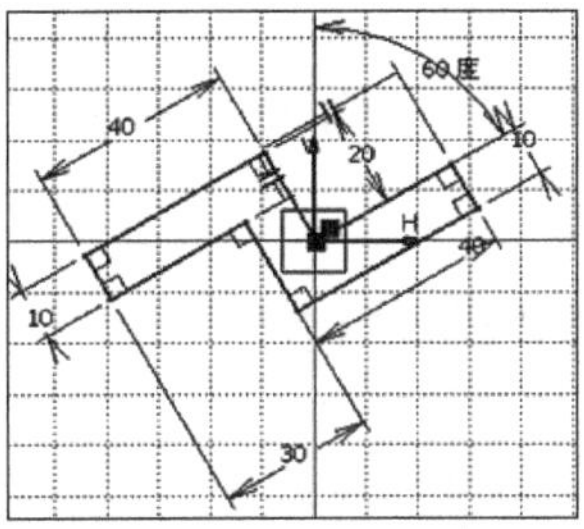

图 8-29　定位草图

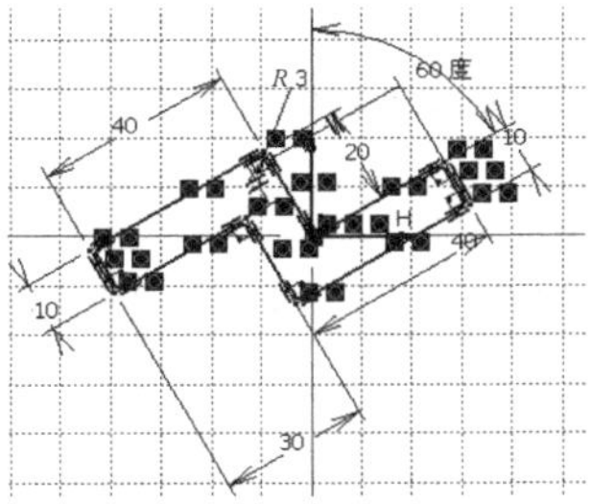

图 8-30　创建圆角

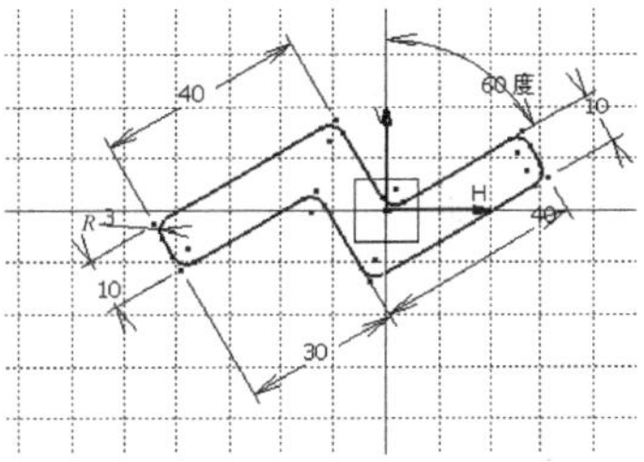

图 8-31　弯折片轮廓草图

【例 8-4】绘制如图 8-32 所示的端盖轮廓草图。

操作过程如下：

（1）绘制图形。通过草图工具工具栏的几何图形约束按钮和尺寸约束按钮，打开几何约束和尺寸约束，在绘草图过程中，系统会自动施加相应的约束。

单击工具，绘制轴线；单击工具绘制四个圆；单击工具绘制直线，直线的起点不必准确，终点利用智能拾取功能确定在大圆的切点，同样的方法绘制另一条直线，如图 8-33 所示。

（2）添加几何约束。单击工具，选取左边的大圆，选取上边的直线，使所选的直线与圆相切，同样的方法使下边的直线与圆相切，如图 8-34 所示。

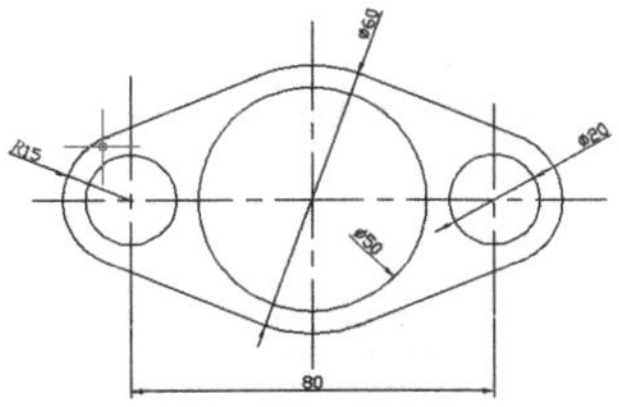

图 8-32　端盖图形

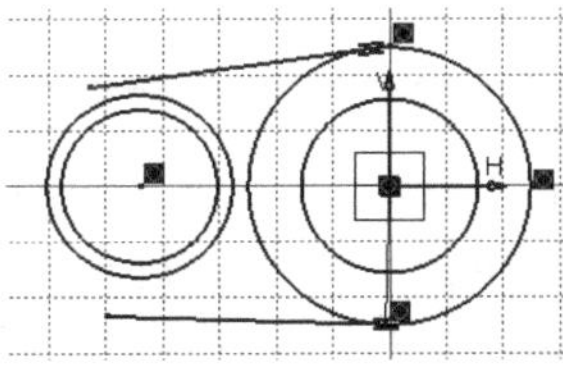

图 8-33　多半个端盖草图

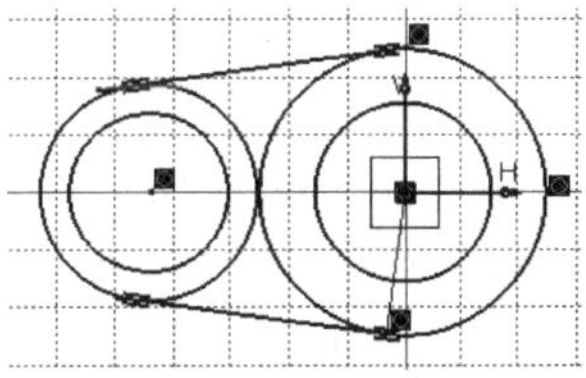

图 8-34　修剪图形

（3）镜像对称部分图形。选取左边的两个圆和直线，单击工具，选取垂直对称轴线，即生成了对称图形，也得到了相应图形之间的对称约束，如图 8-35 所示。

（4）修剪图形。单击工具，由鼠标确定剪去的线段，修剪后的轮廓草图如图 8-36 所示。

（5）添加尺寸约束。单击工具，依次选取左、右两圆的圆心，确定尺寸线的位置，标注两圆的中心距；标注圆和圆弧的尺寸，利用“约束定义”对话框修改尺寸的大小，结果如图 8-37 所示。

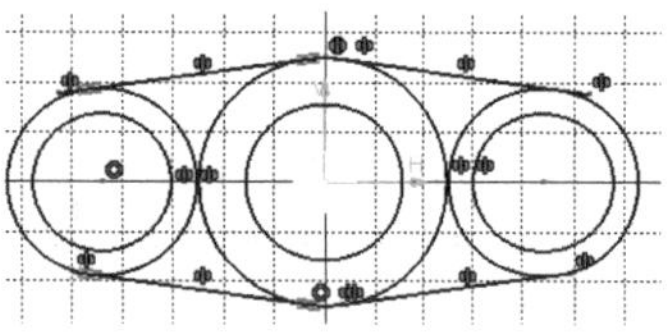

图 8-35　添加尺寸约束

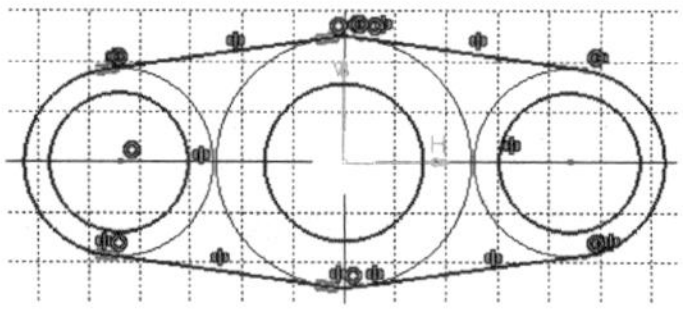

图 8-36　修剪图形

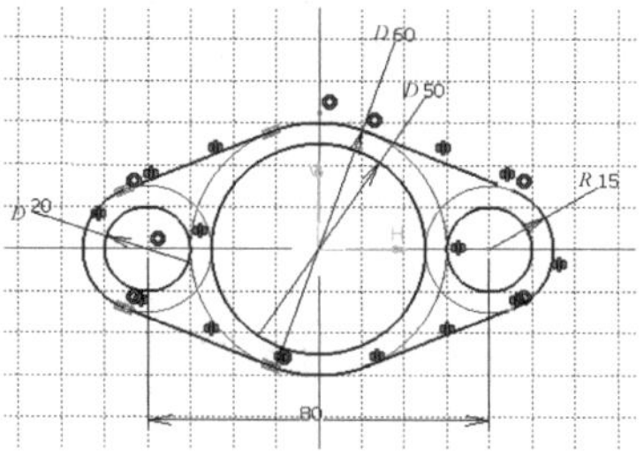

图 8-37　添加尺寸约束

8.3　CATIA 零部件设计工作台及零件建模设计

零件是构成产品的单元组织，是产品信息的一个载体。在产品设计过程中，零件模型的可靠性、稳定性、灵活性直接影响产品设计的可行性。因此，零件造型设计的方法和过程在产品设计中显得尤为重要。

一、CATIA 零部件设计工作台简介

零部件设计工作台是使用 CATIA 进行三维设计的主要工作台。零部件设计延伸了草图设计的设计概念，通过草图中建立的二维轮廓，利用零部件设计工作台所提供的工具，可以建立三维实体，并且加以编辑修改，完成零件的三维建模设计。

1. 进入和退出工作台

选择【开始】→“机械设计”→“零部件设计”菜单项，系统弹出如图 8-38 所示的“新建零部件”对话框，在对话框中输入将要创建的零件名称，单击“确定”按钮进入零件设计工作台，如图 8-39 所示。

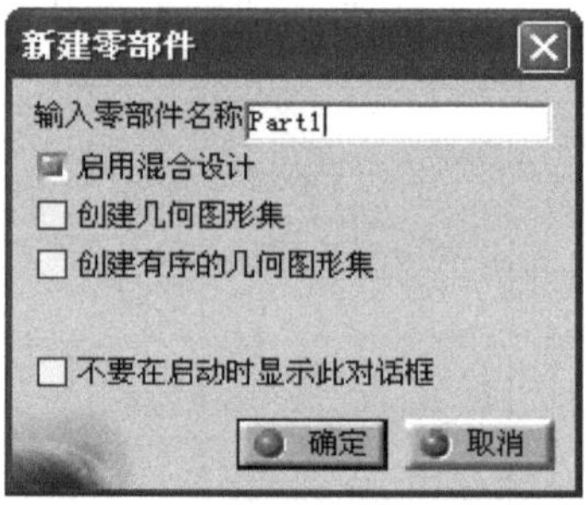

图 8-38　“新建零部件”对话框

在零件设计过程中，要经常在草图设计平台和零件设计平台之间切换，在草图设计工作台绘制好需要的二维轮廓草图后，切换到零件设计工作台，使用零件设计的功能来建构实体。其切换过程是在零件设计平台选择基准面，单击按钮进入草图工作台，绘制好二维轮廓草图后，单击工具栏上的按钮即可退出草图工作台回到零件设计工作台。

图 8-39 零部件设计工作台

2. 零部件设计工作台工作环境设置

选择【工具】→“选项”菜单，在弹出的“选项”对话框中选择“基础结构”→“零部件基础结构”，然后在右边的选项卡中进行工作环境参数设置，如图 8-40 所示。

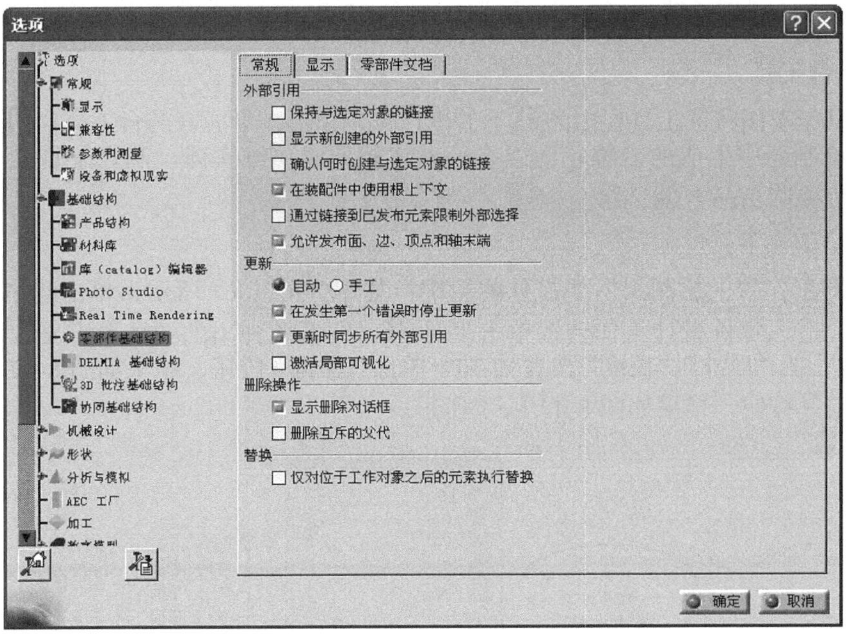

图 8-40 零部件基础结构选项

3. 零件设计工作台工具栏

零件设计工作台提供的主要工具栏有六个，如图 8-41 所示。

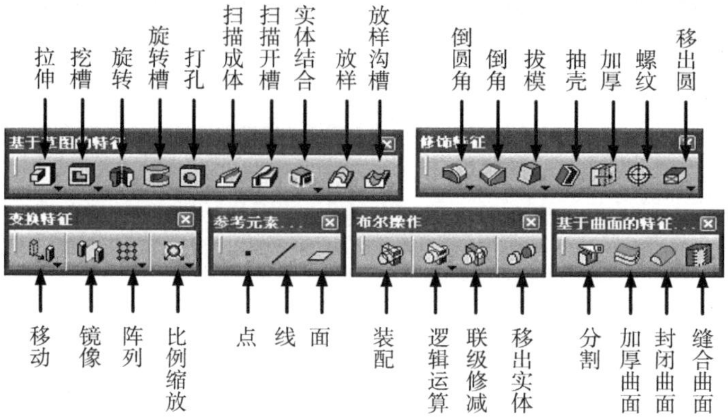

图 8-41 零件设计主要工具栏

二、零件建模设计

零件设计工作台提供了二维草图延伸到三维实体的各种功能，零件建模设计就是利用三维实体造型功能进行产品零件的建模和设计。

1. 利用基于草图特征工具栏构造零件的基本模型

基于草图特征工具栏 是构造三维实体模型的基本工具，提供了把二维草图延伸为三维基本实体的功能工具。

1）凸台工具

单击基于草图特征工具栏中的 下的黑色小三角形，可展开凸台工具栏 。可以将草图绘制器中生成的二维轮廓以多种方式拉伸成三维实体。凸台工具栏包括三个：凸台 、拔模圆角凸台 、多凸台 。

操作步骤如下：

在草图工作台上绘制出所要拉伸的轮廓，如图 8-42（a）所示，单击 按钮退出草图工作台，进入零件设计工作台。单击工具 ，在系统弹出的“凸台定义”对话框中，选择“类型”为“尺寸”,“长度”设置为 30，单击“预览”按钮，结果如图 8-42（b）所示。单击“确定”按钮，结果如图 8-42（c）所示。

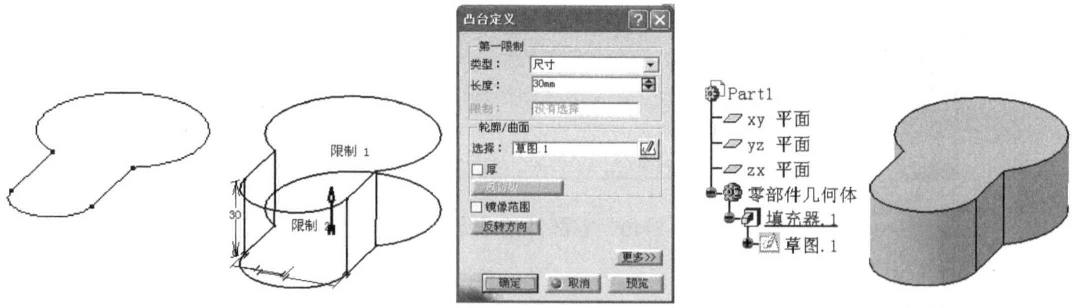

（a）（b）（c）

图 8-42 凸台特征操作

双向拉伸：单击对话框中的更多按钮，在扩展的“凸台定义”对话框里，第一限制“长度”设置为 20mm，第二限制“长度”设置为 10mm，则分别代表向上拉伸为 20mm，向下拉伸为 10mm，结果如图 8-43 所示。

薄壳拉伸：选择“厚”复选框，只要输入厚度尺寸就可以拉伸生成薄壳特征，如图 8-44 所示。

图 8-43　向两个方向拉伸的凸台特征

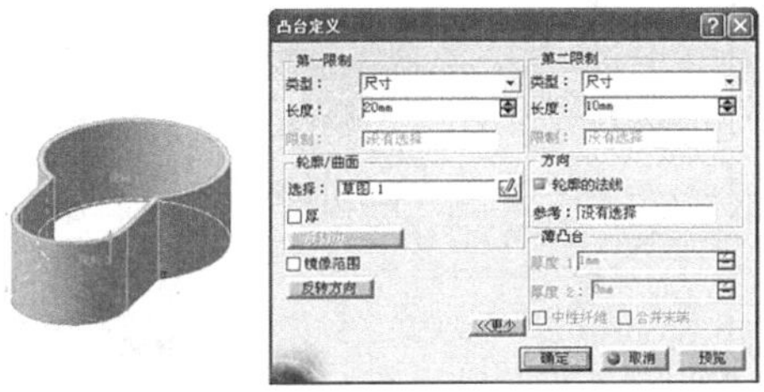

图 8-44　薄壳拉伸

凸台工具的“类型”选项中的拉伸方式除了“尺寸”外“直到下一个”和“直到平面”、“直到曲面”、“直到最后”的选用结果如图 8-45（a）、（b）、（c）所示。

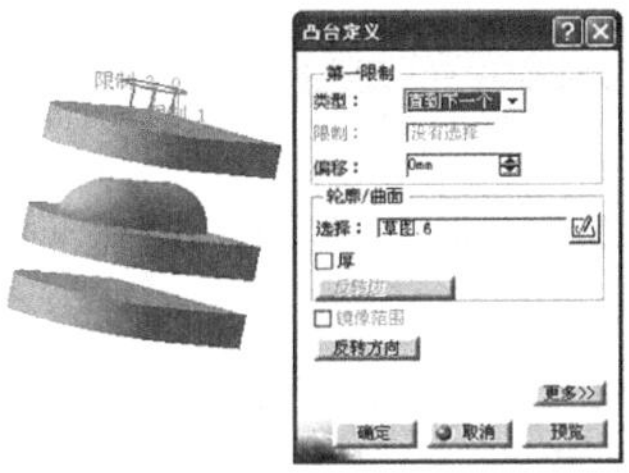

（a）“直到下一个”或“直到平面”

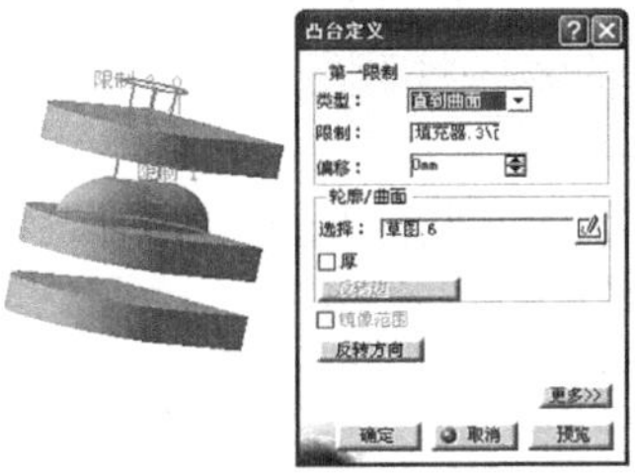

（b）“直到平面”

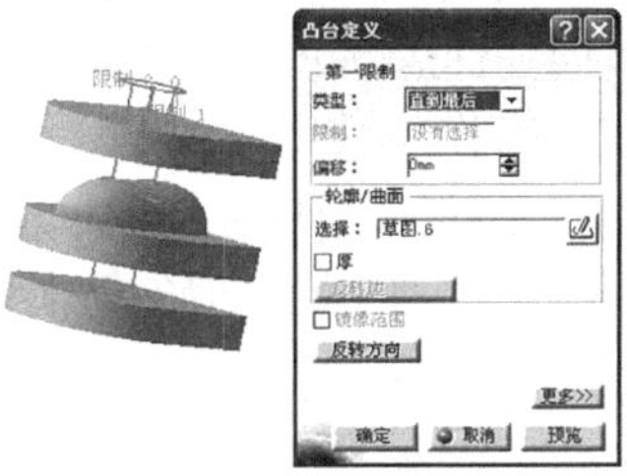

（c）“直到最后”

图 8-45　凸台工具类型选项

2）凹槽工具

单击基于草图特征工具栏中的按钮下的黑色小三角形，可展开凹槽工具栏。

凹槽工具栏可以用于对三维实体进行材料的去除。凹槽工具栏包括三种工具：凹槽工具、拔模圆角凹槽工具和多凹槽工具。这三种工具与凸台的三个工具相对应，操作方法基本相同，在此省略。

3）旋转体

旋转体工具功能是让二维草图平面上的封闭轮廓相对轴线旋转，形成三维实体。该工具多用于生成轴、杆类实体。

操作步骤如下：

步骤 1　在草图工作台上绘制出所要旋转的草图轮廓，如图 8-46（a）所示，单击按钮退出草图工作台，进入零件设计工作台。

步骤 2　单击按钮在系统弹出的“旋转体定义”对话框中，选择“限制”选项组中“第一角度”输入 360°；“轮廓 / 曲面”选择“草图”；“轴线”选择“草图轴线”，单击“确定”按钮，草图模型按顺时针方向旋转成体，如图 8-46（b）所示。

步骤 3　若在“第一角度”输入 120°，“第二角度”输入 90°，则草图模型按顺时针方向旋转 120°，按逆顺时针方向旋转 90° 旋转成不完整的回转体，如图 8-46（c）所示。

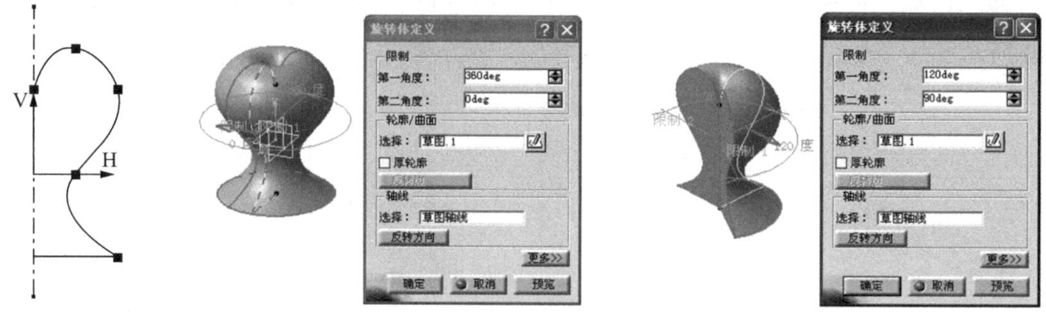

（a）　（b）　（c）

图 8-46　创建旋转体

4）旋转槽

旋转槽工具功能是用旋转方式，挖除实心零件上的不必要的部分，该工具用于在轴、杆类实体上进行凹槽操作。

操作步骤如下：

步骤 1　选择“*xy* 平面”，单击按钮进入草图设计工作台绘制草图后，创建如图 8-47（a）所示的初始模型。

步骤 2　选择“*yz* 平面”，单击按钮进入草图设计工作台绘制如图 8-47（b）所示的矩形草图。单击按钮退出草图工作台，进入零件设计工作台。

步骤 3　单击按钮在系统弹出的“旋转槽定义”对话框中，“限制”选项组下“第一角度”输入 360°；“轮廓 / 曲面”选项组下“选择”文本框选择矩形草图；右击“轴线”选择组下的“选择”文本框，在弹出的快捷菜单中选择 *Z* 轴作为旋转轴，单击“预览”按钮，草图模型按顺时针方向旋转如图 8-47（c）所示。

步骤 4　单击“确定”按钮，即得旋转槽实体，如图 8-47（d）所示。

在创建旋转槽时，单击对话框中的“反转方向”按钮，可调整材料的挖除方向，也可通过限制 1 和限制 2 来调整挖除方向和旋转角度。

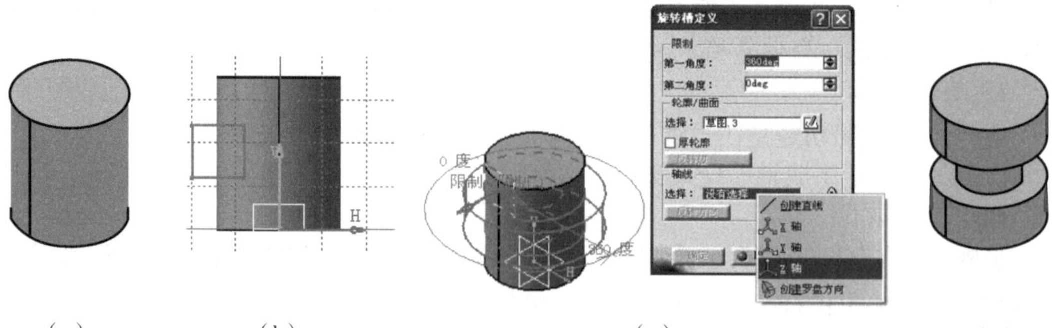

（a）　（b）　（c）　（d）

图 8-47　创建旋转槽

5）钻孔

钻孔工具可以在实体模型上钻孔，钻孔的类型有盲孔、通孔、鱼眼孔和沉孔等。

操作步骤如下：

创建零件的初始模型后，单击工具，选择要钻孔的表面，系统弹出如图 8-48（a）所示的“孔定义”对话框。在对话框中，选择“类型”选项卡，填入孔的深度和直径，单击“确定”按钮即可完成钻孔。如果要对孔的位置进行编辑，可以单击对话框中的“定位草图”按钮，即可进入草图模式，编辑孔的中心点位置，如图 8-48（b）所示。确定好孔中心位置后退出草图模式，单击“孔定义”对话框的“确定”按钮，即可完成钻孔，如图 8-48（c）所示。若要钻出与圆柱同轴的孔，在输入钻孔命令后，先单击圆柱的圆弧线，再单击圆柱端平面即可。

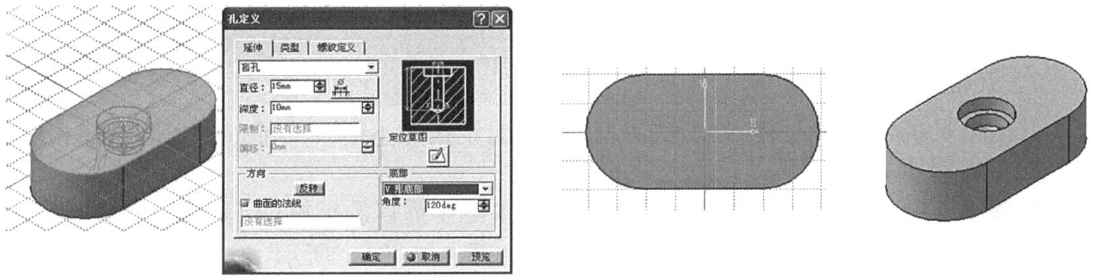

（a）　　（b）　　（c）

图 8-48　创建孔

钻孔的深度控制方式有多种，可以选择对话框中的“延伸”选项卡，在列表框中选择深度的控制方式，有“盲孔”、“直到下一个”、“直到最后”、“直到平面”和“直到曲面”五种钻孔方式。

“孔定义”对话框中的“底部”下拉列表中，“平底”和“V 形底”选项分别代表钻出平底孔或圆锥孔，“角度”微调框可以控制圆锥孔的角度。

选择“类型”选项卡，可以控制钻孔的形状，有“简单”、“锥形”、“沉头”、“埋头”和“倒钻”等五种钻孔形式。

选择“螺纹定义”选项卡可以设置螺纹选项。

6）肋

肋工具可以将二维轮廓沿着一条中心曲线，扫描成三维实体。

操作步骤如下：

步骤 1　选择“*yz* 平面”，单击工具进入草图设计工作台，绘制一圆轮廓线，单击按钮退出草图设计工作台。

步骤 2　单击工具，弹出如图 8-49（a）所示的“肋定义”对话框。单击“中心曲线”文本框旁的按钮，系统弹出如图 8-49（b）所示的“运行命令”对话框，选择“*xy* 面”，又进入草图设计工作台，绘制中心轮廓曲线，如图 8-49（c）所示，单击按钮退出草图设计工作台。回到“肋定义”对话框，选择“厚轮廓”复选框，在薄肋选项组中设置厚度分别为 1 mm 和 0mm，单击“确定”按钮完成扫描创建，如图 8-49（d）所示。

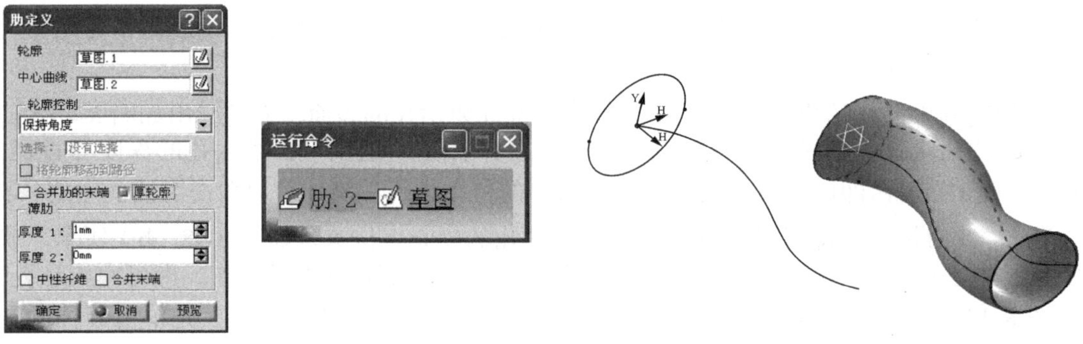

（a）　　（b）　　（c）　　（d）

图 8-49　创建肋实体

7）开槽

开槽工具的功能是使一图形轮廓沿中心曲线扫除不需要的部分，与肋功能相反。操作步骤如下：

步骤 1　建立零件的初始模型，分别在实体相互垂直的坐标面上绘制一轮廓以及一线段，线段可以是平面的或是空间中的曲线，如图 8-50（a）所示。

步骤 2　单击按钮，系统弹出“开槽定义”对话框，“轮廓”选项选择草图截面轮廓，“中心曲线”选项选择中心曲线，“轮廓控制”选项选择保持角度，单击“预览”按钮，结果如图 8-50（b）所示。单击“确定”按钮即得开槽实体，如图 8-50（c）所示。

8）多截面实体

多截面实体工具可以利用两个不同的轮廓，以渐进变形的方式产生实体，并可以加入样条曲线作为引导曲线来辅助建立曲面从而生成三维实体。

操作步骤如下：

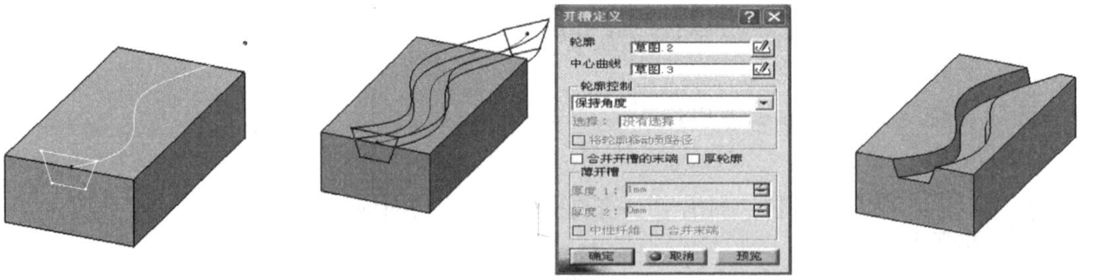

（a）　　（b）　　（c）

图 8-50　创建开槽特征

步骤 1　建立基准面。在零件设计工作台中或在绘图区中选取“*xy* 面”，单击基准面工具按钮，弹出如图 8-51（a）所示的“平面定义”的对话框。在对话框中设置参数：将“平面类型”指定为“偏移平面”，“偏移”参数设置为 20mm，单击“确定”按钮完成一个平行于 *xy* 基准面且距离为 20mm 的参考基准面一。如果要复制多个等距离的参考基准面时，要在“平面定义”对话框中选择“完成后重复”，单击“确定”按钮弹出如图 8-51（b）所示的“对象复制”对话框，指定数量单击“确定”按钮即可完成多个等距离参考基准面，如图 8-51（c）所示。

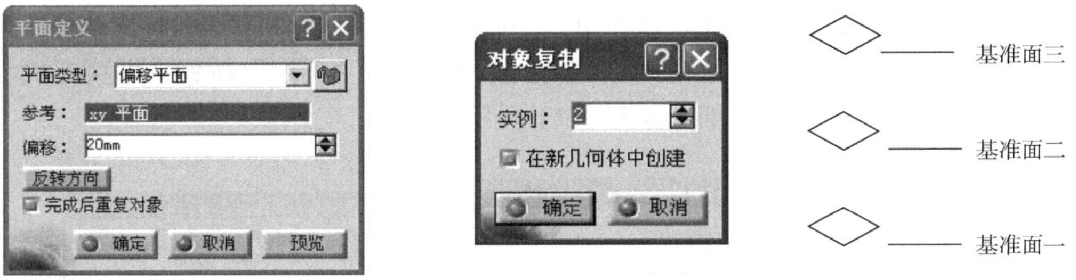

（a）（b）（c）

图 8-51　建立基准面

步骤 2　在各基准面上绘制放样成形的断面轮廓圆（$\phi 40$、$\phi 20$、$\phi 30$），如图 8-52（a）所示。

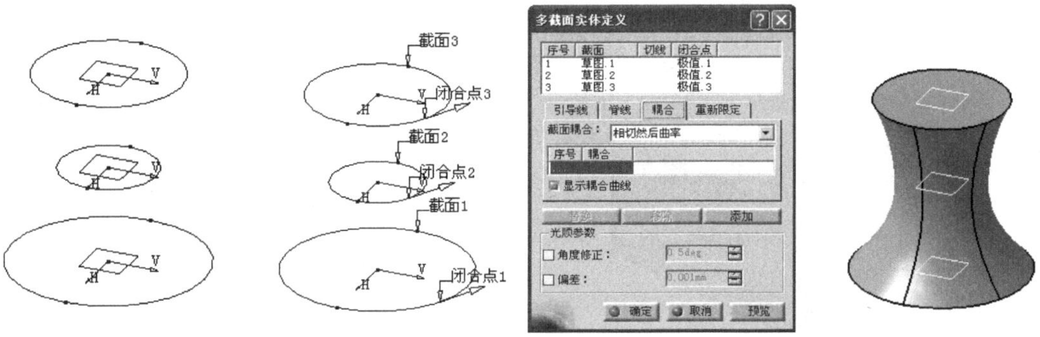

（a）（b）（c）

图 8-52　创建多截面实体

步骤 3　单击按钮弹出如 8-52（b）所示的“多截面实体定义”对话框，用鼠标依次选择成形断面轮廓圆。要在显示的截面轮廓上修改闭合点和箭头方向，使闭合点在同一侧，箭头方向一致。其方法是在闭合点上单击右键，在弹出的快捷菜单中选择“替换”，进行替换操作。选择“耦合”方式后，单击“确定”按钮即可创建放样成形多截面实体，如图 8-52（c）所示。

9）移除多截面实体

移除多截面实体工具的功能是在实体零件上移除两个以上轮廓所连接的空间，与多截面实体功能相反。操作过程如下：

步骤 1　创建初始模型长方体，单击基准面按钮，按长方体长度方向新建两个基准平面，分别选择三个基准面画出三个放样截面的轮廓圆，并在各轮廓圆的同一侧创建点。如图 8-53（a）左图所示。

步骤 2　单击按钮，在弹出的“移除多截面实体定义”对话框里，依次选择所绘制的 3 个轮廓图作为放样截面，如图 8-53（a）所示。

步骤 3　选择“耦合”选项卡，单击“预览”按钮，预览结果如图 8-105（b）所示。并弹出“更新错误”的提示对话框，关闭此对话框。

步骤 4　分析原因是多截面特征在第三个截面处的生成方向需要调整，单击该处的箭头将截面的生成方向反向，如图 8-53（c）所示。单击“确定”按钮，即可完成移出多截面实体特征的创建，结果如图 8-53（d）所示。

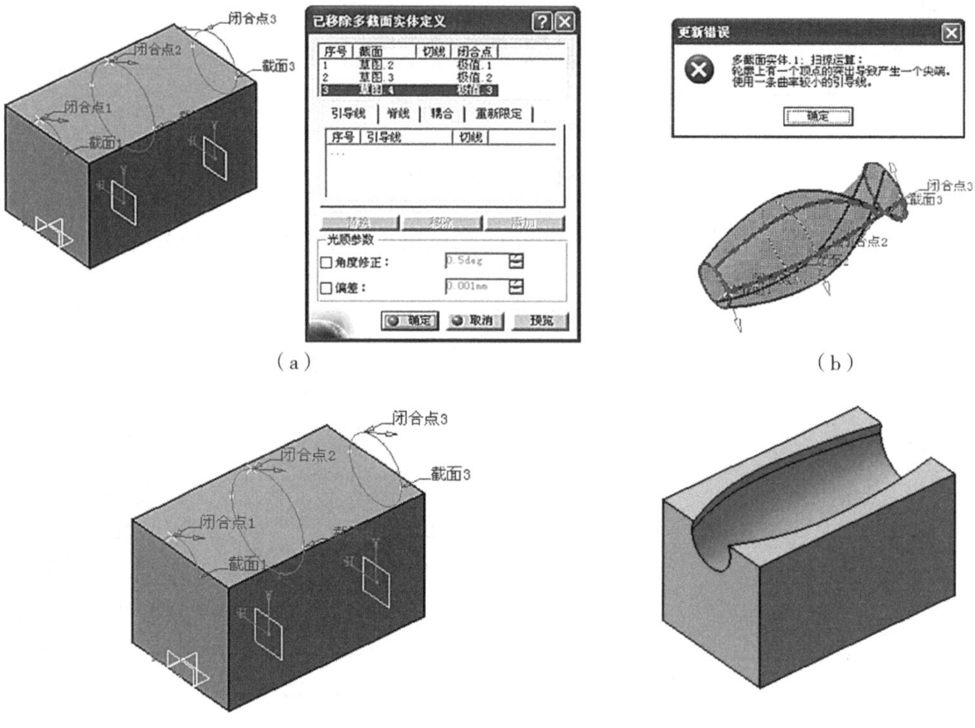

（a）　（b）

（c）　（d）

图 8-53　创建移出多截面实体

10）高级拉伸

高级拉伸工具栏用于增加加强筋或通过面与面的联结达到加强效果，通过选择轮廓按制定方向来生成实体。

（1）加强肋。加强肋工具的功能是在实体上做出可以增加强度的肋，与“肋”工具不同之处在于，加强肋只需中心曲线即可，不需要轮廓，但须先有实体才能使用加强肋。

操作步骤如下：

创建零件的初始模型后，在实体的适当位置建立基准平面，绘制加强肋的中心曲线，如图 8-54（a）所示。单击按钮，弹出“加强肋定义”对话框，在对话框“轮廓”选择加强肋的中心曲线，“厚度”微调框中填入加强肋的厚度，如图 8-54（b）所示。单击“确定”按钮，完成加强肋的创建，如图 8-54（c）所示。

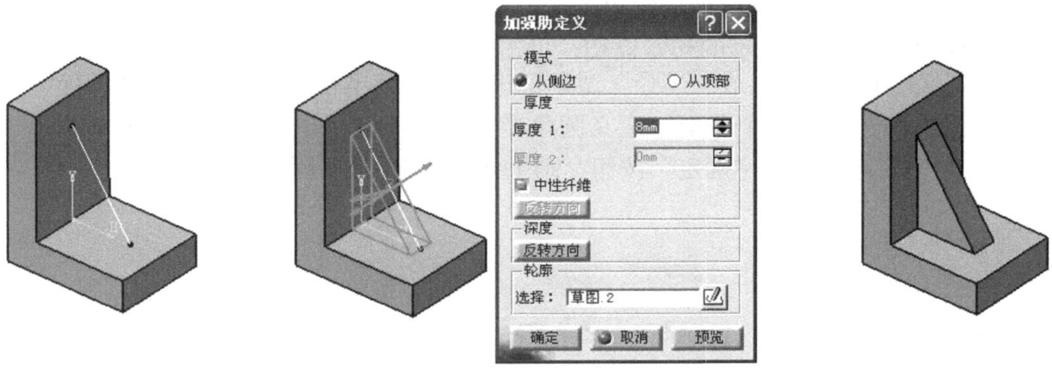

（a）　　　　（b）　　　　（c）

图 8-54　创建加强肋

（2）实体混合。实体混合工具用于两个或两个以上的轮廓互相联结从而生成实体（操作略）。

2. 利用修饰特征工具栏构造零件的修饰特征

修饰特征工具栏提供了修饰零件的功能，对零件进行细化和再加工。在不改变零件的基本轮廓下进行修饰工作，可以对特征进行倒圆角、倒棱、拔模、抽壳、加厚、添加螺纹和移除 / 替换面操作。

1）倒圆角

单击按钮下的黑色小三角，可展开圆角工具栏，可以对已有的实体进行各种倒圆角操作

（1）倒圆角。倒圆角工具的功能是在实体锐角边上进行倒圆角的操作。操作步骤如下：

创建零件的初始模型后，单击按钮，在系统弹出的“倒圆角定义”对话框中，在“半径”微调框中输入倒圆角的半径，在“拓展”下拉列表中选择“相切”项，表示沿着所有相切的边线倒圆角；在实体上选择要圆角化的对象（用鼠标单击要倒角边的棱线），如图 8-55（a）所示。单击“确定”按钮，完成倒圆角，如图 8-55（b）所示。

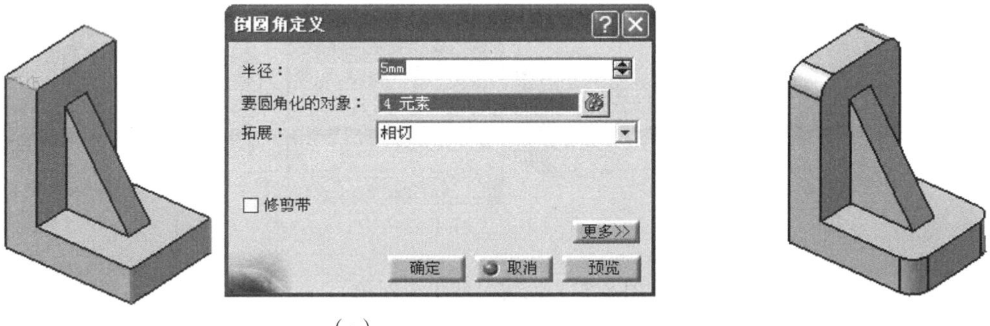

（a）　　　　（b）

图 8-55　创建圆角

（2）面与面的圆角。面与面的圆角工具用于在实体的两个面之间进行圆角。

创建如图 8-56（a）所示的初始模型，单击面与面的圆角按钮，在弹出的“面与面的圆角定义”对话框里，在“半径”微调框里输入圆角半径，在“要圆角化的面”文本框选择想要倒圆角的两个曲面。定义圆角半径大小不能超出曲面高度，也不能小于 1/2 曲面的最短距离。单击“确定”按钮，结果如图 8-56（b）所示。

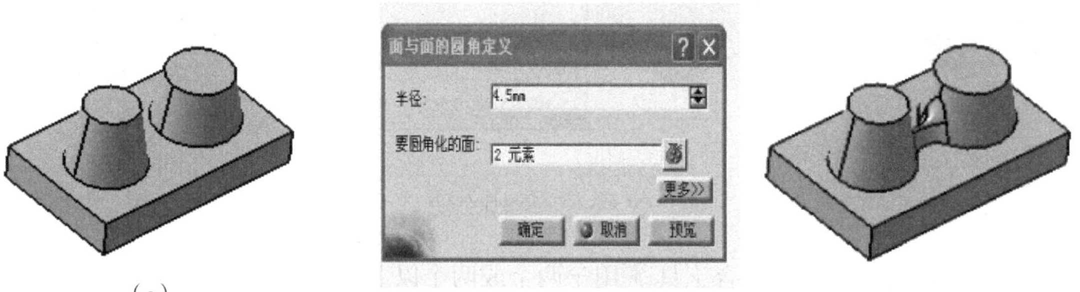

（a）　　（b）

图 8-56　创建面与面圆角

（3）可变半径圆角。可变半径圆角工具用于以变化的倒角半径在实体上进行倒圆角操作。操作步骤如下：

步骤 1　创建零件的初始模型，单击可变半径圆角按钮，在弹出的“可变半径圆角定义”对话框里，先将“半径”设为 5mm，单击要圆角化的边线为四条棱线，在“点”文本框上单击右键，在菜单项中单击“创建中点”，如图 8-57（a）所示。

步骤 2　单击“创建中点”后，当系统弹出“运行命令”提示对话框时，选择一条棱线，捕捉到中点后单击，然后将对话框“半径”改为 9mm，重复以上操作，将四条棱线的中点都设为 9mm 后，如图 8-57（b）所示。单击“确定”按钮，即可完成可变半径圆角的创建，如图 8-57（c）所示。

步骤 3　将底边四边创建为可变半径圆角，操作方法同上，结果如图 8-57（d）所示。

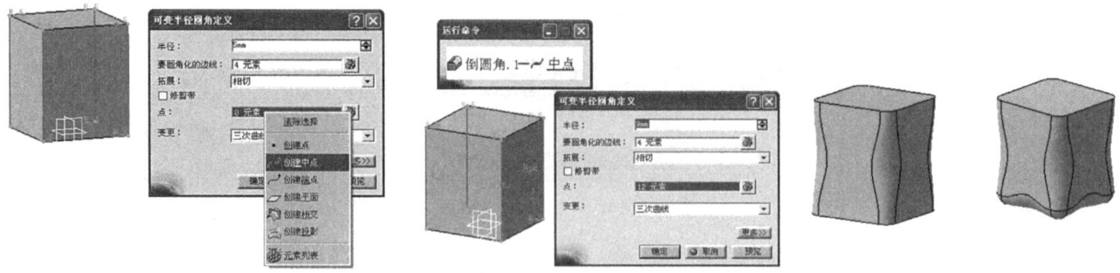

（a）　（b）　（c）　（d）

图 8-57　创建可变半径圆角

2）倒角

倒角工具的功能是将尖锐的直角边线磨成平滑的斜角边线。操作如下：

创建零件的初始模型后，单击按钮，在弹出的“倒角定义”对话框中“模式”下拉列表中选择“Length1/ 角度”选项，将倒角的长度和角度分别填入对话框中。单击想要倒角的边线或平面，单击平面时，平面周围的边线会被倒角，如图 8-58（a）所示。也可以选择“Length1/ Length2”选项，分别填入选择边线两侧倒角的距离。单击“确定”按钮，即完成倒角，如图 8-58（b）所示。

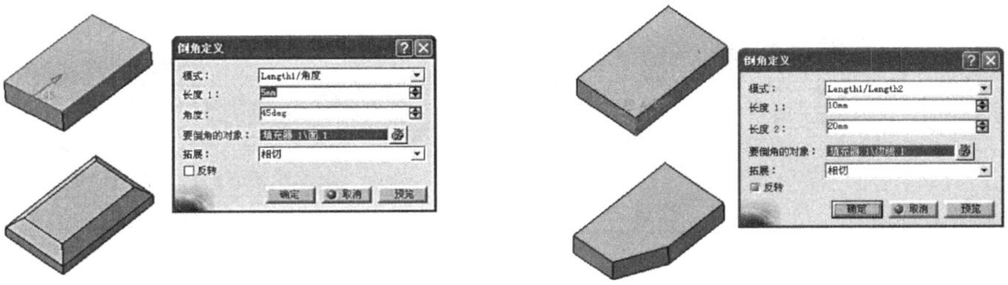

（a）　　　　　　　　（b）

图 8-58　创建倒角

3）拔模

单击按钮下的黑色小三角，可展开拔模工具栏。可以对已有的实体进行各种拔模操作。拔模斜度工具功能可以利用角度设置进行拔模；拔模反射线功能可以将零件中的曲面，以某一条反射线作为基准线来进行拔模；可变角度拔模可以在实体上变化角度拔模。拔模斜度的操作如下。

创建零件的初始模型后，单击拔模斜度按钮，在弹出的“拔模定义”对话框中，要“拔模的面”文本框选择模型的侧面，“中性元素”选择模型的上表面作为中性元素。在“角度”微调框中输入拔模角度为 10°，如图 8-59（a）所示。单击“确定”按钮，完成拔模斜度创建，结果如图 8-59（b）所示。

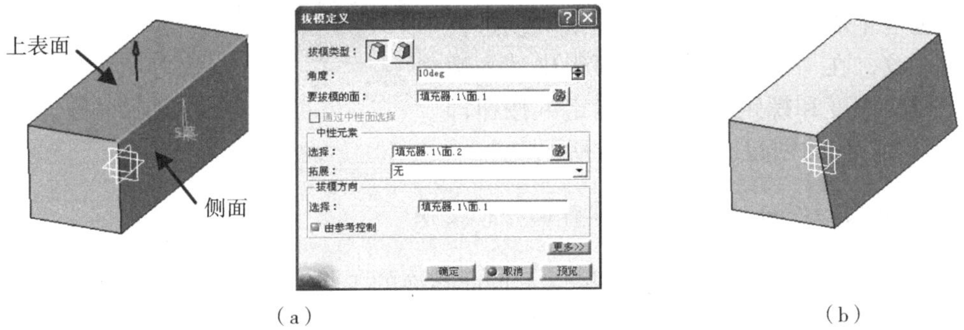

（a）　　　　　　　　（b）

图 8-59　创建拔模斜度

4）抽壳

抽壳工具用于在实体上生成壳体。

创建零件的初始模型后，单击抽壳按钮，在系统弹出的“抽壳定义”对话框中，“要移除的面”选择零件的上表面作为镂空的对象，在“默认内侧厚度”微调框中输入厚度 1mm，单击“确定”按钮，即可完成壳体零件的创建，如图 8-60（a）所示。抽壳的内部厚度是从表面向实体内部生长壁厚，而外部厚度是向实体外部生长壁厚。

抽壳时可选择多个镂空的表面，还可以设置不同的壁厚。在选择镂空的平面输入了厚度后，在“其它厚度面”复选框选择实体的另一侧面，再次在“默认内部厚度”微调框中输入厚度为8mm，或者双击该平面，在弹出的“参数定义”框里输入8mm，单击“确定”按钮，完成壳体零件的创建，如图8-60（b）所示。

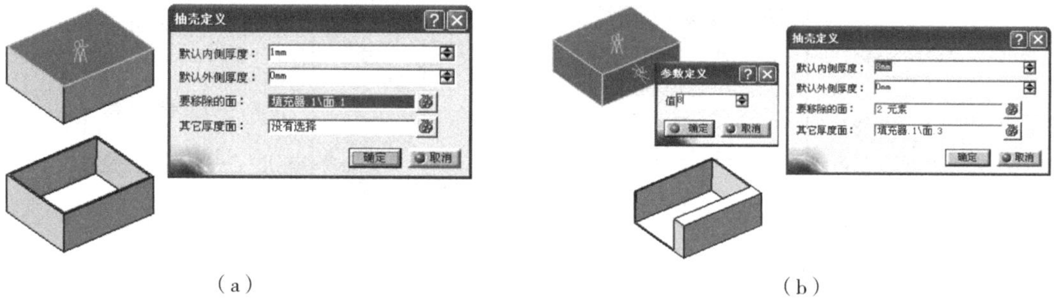

图8-60　创建壳体特征

5）螺纹

螺纹工具用于在圆孔内或圆柱体上添加螺纹，与孔特征中创建的螺纹特征相同，以这种方式创建的螺纹在实体零件上也是不可见的。只有在绘制工程图时才可见。

在创建的零件上钻好孔。单击按钮，在系统弹出的“螺纹/丝锥定义”对话框中，“侧面”文本框选择螺纹孔的侧面即孔表面，“限制面”文本框选择螺纹的起始面即上端面，选择“螺纹”复选框生成外螺纹，选择“丝锥”复选框生成内螺纹，在“数值定义”选项组中填入螺纹的直径、深度和螺距，单击“确定”按钮即可完成螺纹特征的创建，如图8-61所示。

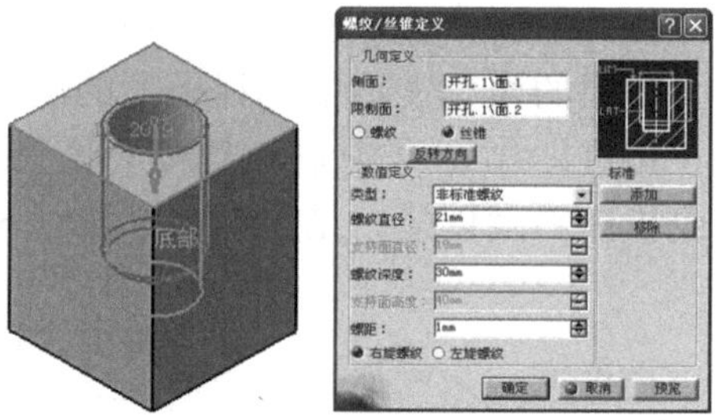

图8-61　创建螺纹特征

3. 利用变换特征工具栏进行零件的特征变换

变换特征工具栏提供了特征转换的工具，利用它们可以生成零件特征或修改零件特征，是零件设计平台中非常重要的辅助工具之一。

1）变换

单击按钮下的黑色小三角，可展开变换工具栏，用于在空间移动实体对象

（1）平移工具。平移工具用于在空间平移实体。

创建零件的初始模型后，单击按钮，在系统弹出的“平移定义”对话框中，“向量定义”下拉列表选择“方向、距离”选项，“方向”文本框中选择零件的上表面，“距离”微调中输入10mm。单击“确定”按钮即可完成特征的平移，如图8-62（a）所示。

（2）旋转。旋转工具的功能是使特征绕某一轴转动。

创建零件的初始模型后，单击按钮，在系统弹出的“旋转定义”对话框中，“定义模式”下拉表框中选择“轴线—角度”选项，“轴线”文本框选择模型的一条棱线作为轴线，“角度”微调框中输入 100°。单击“确定”按钮即可完成特征的旋转，如图 8-62（b）所示。

（3）对称。对称工具的功能是使零件相对于参考平面作对称的移动。

创建零件的初始模型后，单击按钮，在系统弹出的“对称定义”对话框中，“参考”文本框选择零件的右表面作为对称面，单击“确定”按钮即可完成对称特征的创建。如图 8-62（c）所示。

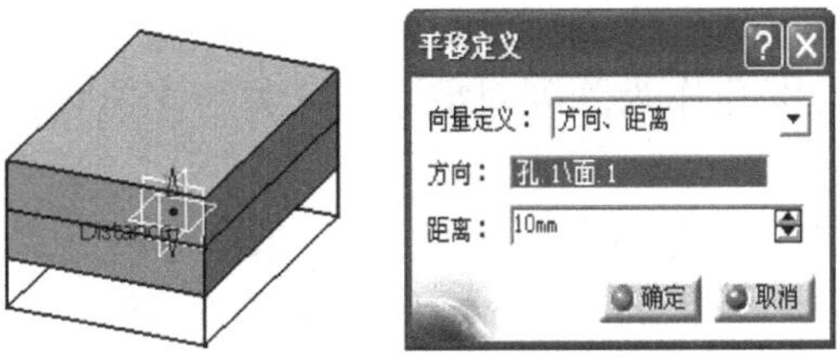

（a）平移

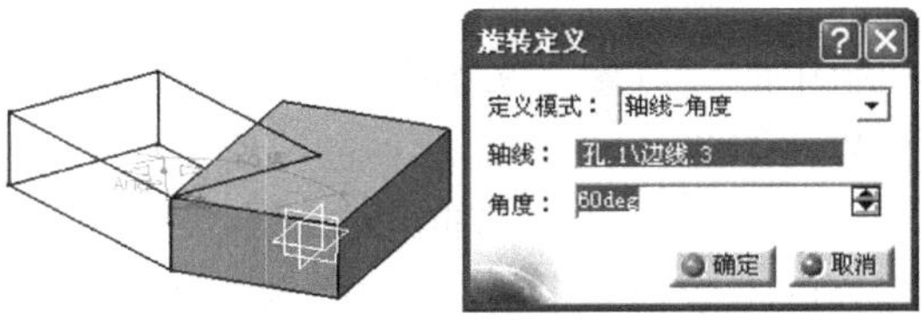

（b）旋转

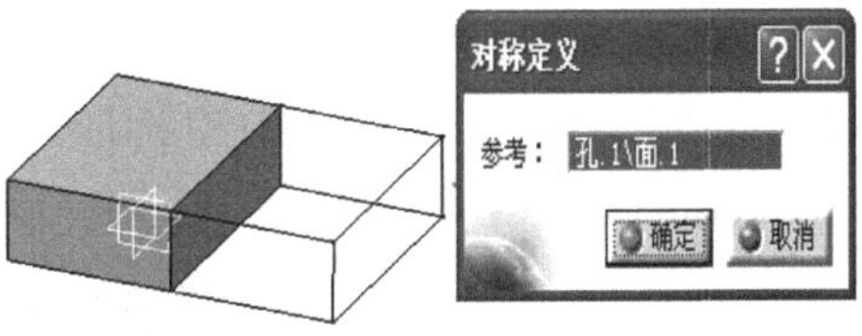

（c）对称

图 8-62　变换设置操作

2）镜像

镜像工具的功能是将实体对某一基准面镜像，产生对称的两个零件，原来的实体会保留。

创建零件的初始模型后，单击按钮，先选择模型的一个侧面为镜像的基准面，在系统弹出的“镜像定义”对话框中,“镜像元素”已经选择为模型的左前表面，单击“确定”按钮完成镜像特征的创建，如图 8-63 所示。

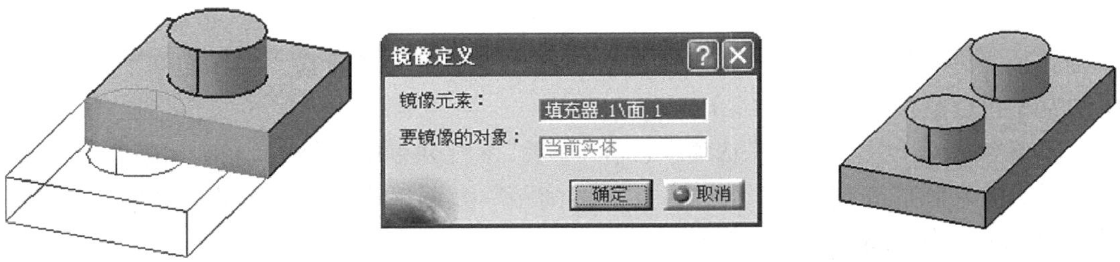

图 8-63　镜像设置

3）阵列

单击按钮下的黑色小三角，可展开阵列工具栏，可使用多种方式对实体进行复制

（1）矩形阵列。矩形阵列用于对实体进行矩形阵列操作，即将实体对象沿两个方向进行复制。操作步骤如下：

步骤 1　建立初始模型，单击矩形阵列按钮，系统弹出“矩形图样定义”对话框，如图 8-64（a）所示。

步骤 2　“第一方向”选项卡设置。“参数”下拉列表中选择“实例和距离”选项，“实例”微调框输入阵列孔的个数为 5，“间距”微调框中输入阵列的间距为 18mm，“参考方向”选项组后设置阵列的方向，在这里选择实体的上表面。蓝显“要阵列的对象”选项组中的“对象”文本框后，选择实体上挖好的圆孔作为阵列对象，定义好一个方向的参数，如图 8-64（a）所示。

步骤 3　“第二方向”选项卡设置。打开第二方向选项卡，在“实例”微调框中输入阵列的个数为 3，在“间距”微调框中输入阵列的间距为 18mm。如果在设置参数时发现阵列的对象位于实体之外，可以单击“反转”按钮调整阵列的方向。此时生成了一个 5×3 的矩阵，如图 8-64（b）所示。单击“确定”按钮，完成对象的矩形阵列复制，如图 8-64（c）所示。

如果想要删除其中的个别阵列点，可以双击对象特征，当出现如图 8-64（b）所示的图形后，单击阵列对象的中心点，再单击“确定”按钮，该对象即被删除。

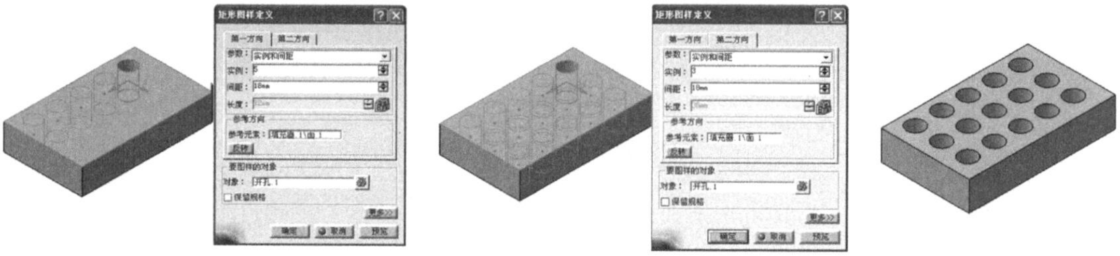

（a）　　（b）　　（c）

图 8-64　创建矩形阵列

（2）环形阵列。环形阵列用于对实体进行圆形阵列复制操作。操作步骤如下：

步骤 1　建立初始模型，单击环形阵列按钮，系统弹出“圆周图样定义”对话框，在“参数”下拉列表中选择“实例和角度间距”选项，在“实例”微调框中输入每圈阵列个数为 8 个，在“角度间距”微调框中输入阵列的角间距为 45°，蓝显“参考方向”选项组下“参考元素”后，选择实体的上表面作为方向参考元素，选择实体上挖好的圆孔作为阵列对象，如图 8-65（a）所示。

步骤 2　打开“径向定义”选项卡，在“参数”下拉列表中选择“圆和圆间距”，在“圆”微调框中输入圆形阵列的圈数为 2，在“圆间距”微调框中输入圆形阵列各圈之间的距离为 –12mm，如图 8-65（b）所示。

步骤 3　单击“确定”按钮，即可完成对象的圆形阵列复制，如图 8-65（c）所示。

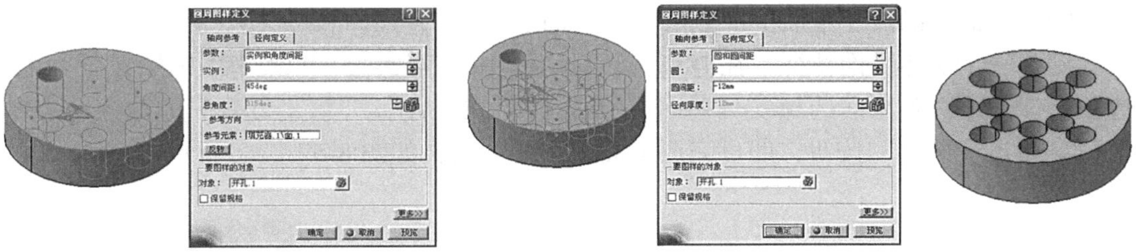

（a）　　　　（b）　　　　（c）

图 8-65　创建环形阵列

（3）用户阵列。用户阵列工具通过用户自定义的方式对实体进行阵列操作。

建立零件如图 8-66（a）所示的初始模型，并在模型表面上创建了由多个点组成的草图。单击用户阵列按钮，在弹出 的“用户图样定义”对话框中，“位置”选择草图点，“对象”选择阵列的孔，单击“确定”按钮，即可完成对象的用户阵列复制，如图 8-66（b）、（c）所示。

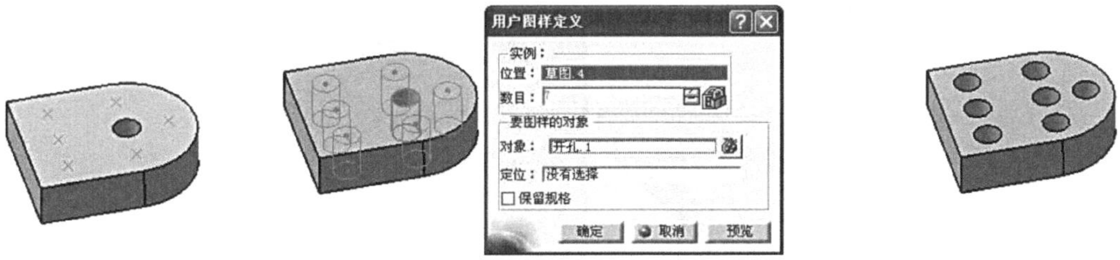

（a）　　　　（b）　　　　（c）

图 8-66　创建用户自定义阵列

4. 创建参考元素

参考元素工具栏用来生成点、线和面作为构造零件时的参考。

1）创建参考点

点工具功能用于创建参考点。单击按钮，弹出“点定义”对话框，在对话框中的“点类型”下拉列表中提供了多种生成点的方法。下面列举几种创建点的操作。

（1）坐标点。在“点定义”对话框的“点类型”下拉列表中选择“坐标”选项，在“*X*”、“*Y*”、“*Z*”文本框中输入点的坐标位置，单击“确定”按钮，即可完成坐标点的创建，如图 8-67（a）所示。

（2）曲线上的点。此功能可以在曲线上创建点。

绘制一条曲线。在“点定义”对话框中的“点类型”下拉列表中选择“曲线上”选项，弹出如图 8-67（b）所示的对话框。蓝显“曲线”文本框，选择绘制的曲线为参考线，在“与参考点的距离”选项组中选“曲线上的距离”单选按钮，在“长度”微调框中输入要建立的点与曲线端点的距离为 25mm，单击“确定”按钮，即可完成曲线上点的创建，如

图 8-67（b）所示。

（3）平面上的点。平面上的点可以在平面上创建。

建立一个实体平面特征，在“点定义”对话框中的“点类型”下拉列表中选择“平面上”选项，“平面”文本框选择实体特征的上表面。在“*H*”、“*V*”文本框里输入此点的坐标。单击“确定”按钮，即可完成平面上点的创建，如图 8-67（c）所示。

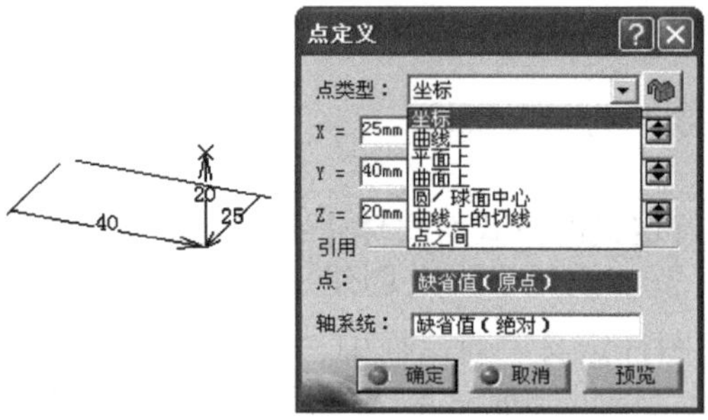

（a）坐标点

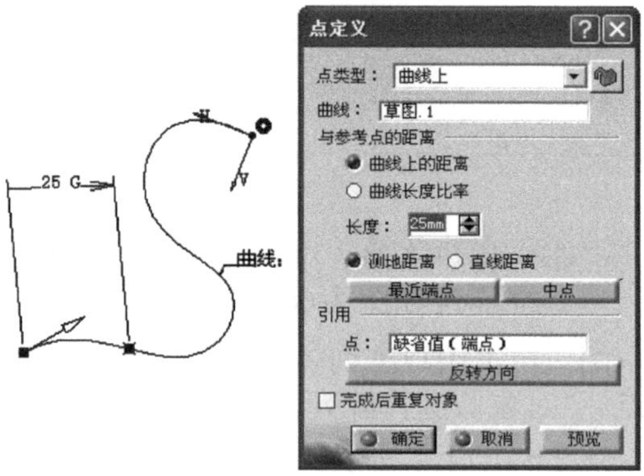

（b）曲线上的点

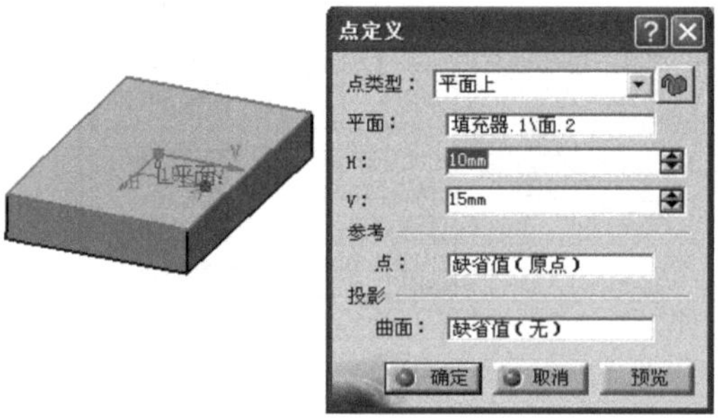

（c）平面上的点

图 8-67　创建参考点

2）创建参考线

直线工具 用于创建参考线。单击 按钮，弹出“直线定义”对话框。在对话框的“线型”下拉列表中提供了多种生成线的方法。下面列举几种创建线的操作。

（1）点 – 点。点 – 点方式通过空间的两点创建直线。

单击 按钮，在“直线定义”对话框中的“线型”下拉列表中选择“点 – 点”选项，“点 1”、“点 2”分别选择图中创建的参考点。在“开始”文本框里输入 10mm，“结束”文本框输入 20mm。单击“确定”按钮，即可完成点 - 点创建直线的操作，如图 8-68（a）所示。

（2）点 – 方向。点 – 方向方式可以建立通过一点与指定方向的直线。

在草图工作台绘制一点和一直线，该直线的方向即为参考方向，在“直线定义”对话框中的“线型”下拉列表中选择“点 – 方向”选项，“点”文本框选择图 8-68（b）所示的参考点、“方向”文本框选择图 8-68（b）所示的方向直线。在“开始”文本框里输入 20mm，“结束”文本框输入 –30mm。单击“确定”按钮，即可完成点 - 方向创建直线的操作，如图 8-68（b）所示。

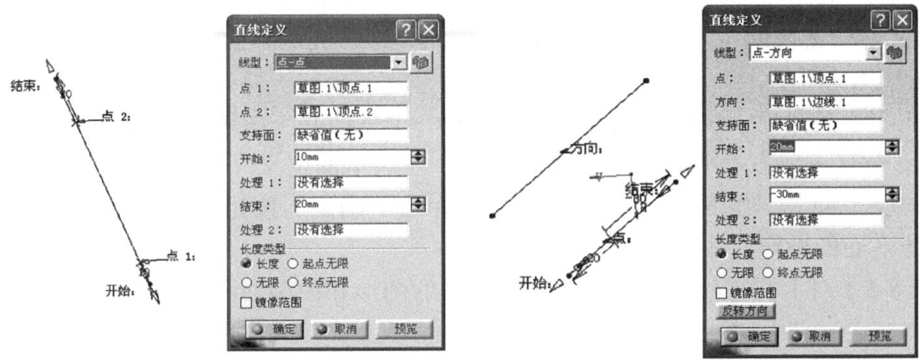

（a）点–点方式　　　　（b）点–方向方式

图 8-68　创建参考线

3）创建参考面

平面工具▱用于创建参考面，单击▱按钮，弹出如图“平面定义”对话框。在对话框的“平面类型”下拉列表框中提供了多种生成平面的方法。下面列举几种创建面的操作。

（1）偏移平面。偏移平面方式可以建立平行于参考面的平面。

建立一个参考平面，此平面可以是 *xy*、*yz*、*xz* 基准面，也可以是实体上的任一平面。在“平面定义”对话框“平面类型”下拉列表中选择“偏移平面”选项,“参考”平面选择“*xy* 平面”作为参考平面，在“偏移”微调框中输入偏移的距离为 20mm，单击“确定”按钮，即可完成偏移平面的创建，如图 8-69（a）所示。

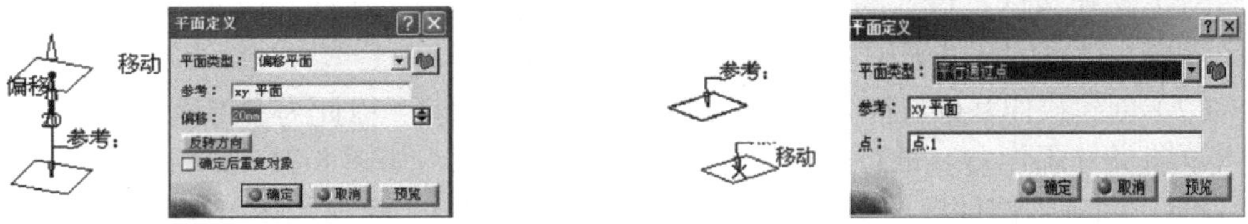

（a）偏移平面　　　　（b）平面通过点

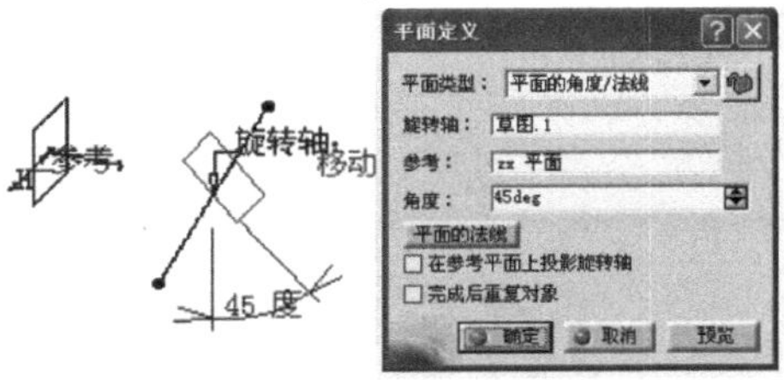

（c）平面的角度 / 法线

图 8-69　创建参考平面

（2）平面通过点。平面通过点可以建立通过某一点且平行于某平面的参考面。

需要先有一个参考平面及一个不在参考平面上的点。在“平面定义”对话框“平面类型”下拉列表中选择“平行通过点”选项,“参考”平面选择“*xy* 平面”作为参考平面，在“点”文本框选择创建的点。单击“确定”按钮，即可完成平面通过点创建平面的操作，如图 8-69（b）所示。

（3）平面的角度 / 法线。该方式可以创建一个平面并与参考平面垂直或夹一角度。

需要先有一个参考平面及一个旋转轴线。在“平面定义”对话框，“参考”文本框中选择“*xy* 平面”，“角度”微调框输入 45°。单击“确定”按钮，即可完成平面的角度 / 法线创建平面的操作，如图 8-69（c）所示。

【例 8-5】对卡瓦零件进行特征造型。卡瓦的图形和模型如图 8-70 所示。

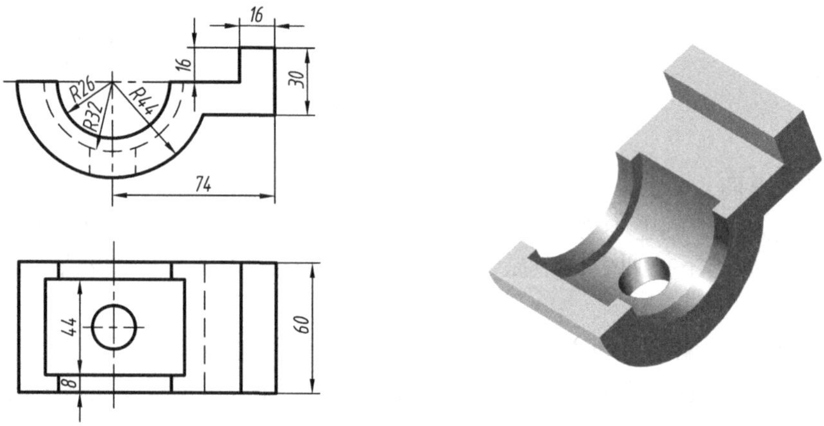

图 8-70　卡瓦图形和模型

操作步骤如下：

（1）新建文件。进入零部件设计工作台上，新建一个零件，命名为“卡瓦”，并将该文件存入指定的文件夹中。

（2）创建拉伸基础特征。在特征树上点选“*xy* 平面”，以此为参考面，单击工具，进入草图设计工作台，进行截面轮廓的绘制并做约束，如图 8-71（a）所示，然后点击工具，回到零部件设计工作台上，单击凸台工具，弹出如图 8-71（b）所示的对话框，选择“类型”为“尺寸”,“长度”为“60mm”,“轮廓”为所绘制的“草图 .2”（“草图 .1”为无效去掉的草图，特征树无显示；可在特征树上便捷的点选“草图 2”），单击“确定”按钮，生成了如图 8-71（c）所示的拉伸特征。

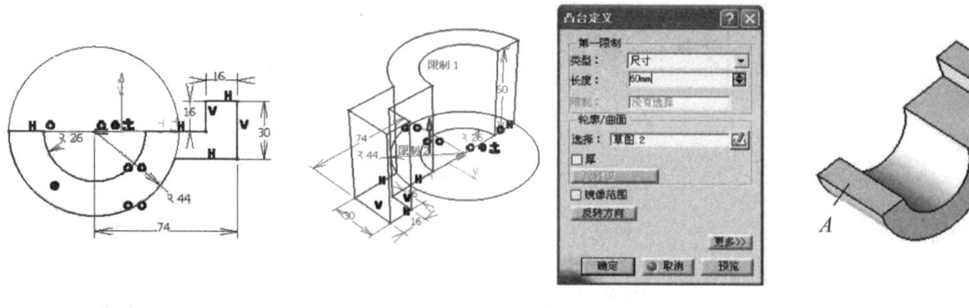

（a）　　　　（b）　　　　（c）

图 8-71　创建卡瓦拉伸基础特征

（3）创建环型槽二次特征。选择如图 8-71（c）所示 *A* 面为参考面，进入草图设计工作台，草绘环型槽轮廓，约束后回到零部件设计工作台上，单击旋转草工具，在弹出的“旋转槽定义”对话框中，选择“第一角度”为“360°”，“轮廓”为“草图 .3”。单击“确定”按钮，生成了环型槽特征，如图 8-72 所示。

（4）创建孔二次特征。在特征树上点选“*zx* 平面”，以此为参考面，单击工具，进入草图设计工作台，草绘环型槽上孔轮廓并约束，回到零部件设计工作台上，单击凹槽工具，在弹出的“凹槽定义”对话框中，选择“类型”为“直到最后”，“轮廓”为“草图 .4”。单击“确定”按钮，生成了孔特征，如图 8-73 所示。

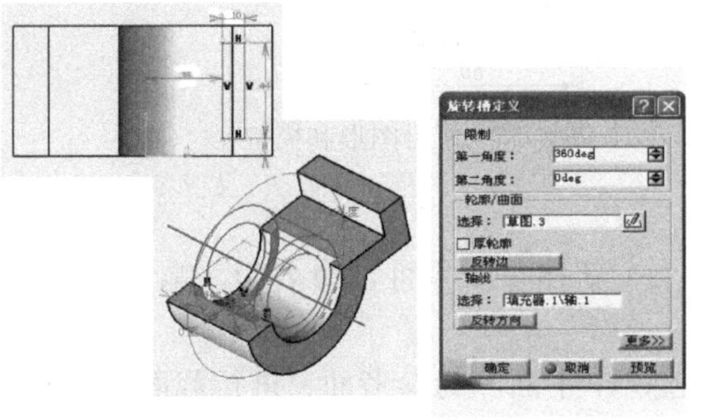

图 8-72　创建卡瓦环形槽二次特征

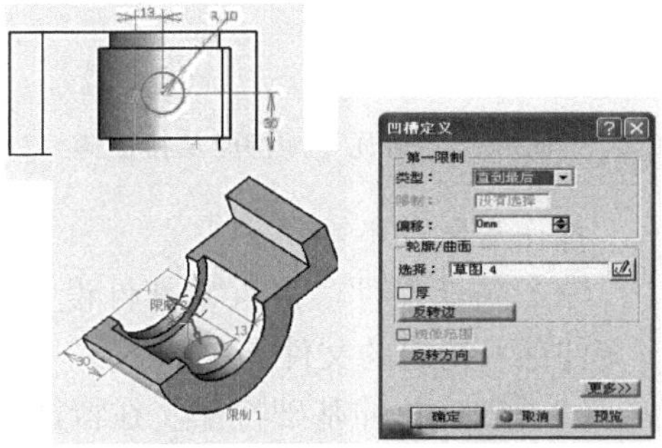

图 8-73　创建孔二次特征

（5）创建卡瓦零件的材料特征。单击应用材料应用工具，弹出“打开”对话框，单击“确定”后出现“库（只读）”对话框，选材料“metal”→“steel”，然后单击特征树上“零部件几何体”，激活“库”对话框中的“确定”。单击“应用材料”后，单击“确定”，此时，零件上并未显示添加的材料，还需打开“带材料着色”命令。操作方法是：选择菜单【视图】→“渲染样式”→ 带材料着色 。即可创建完卡瓦零件的材料特征，如图 8-74 所示。

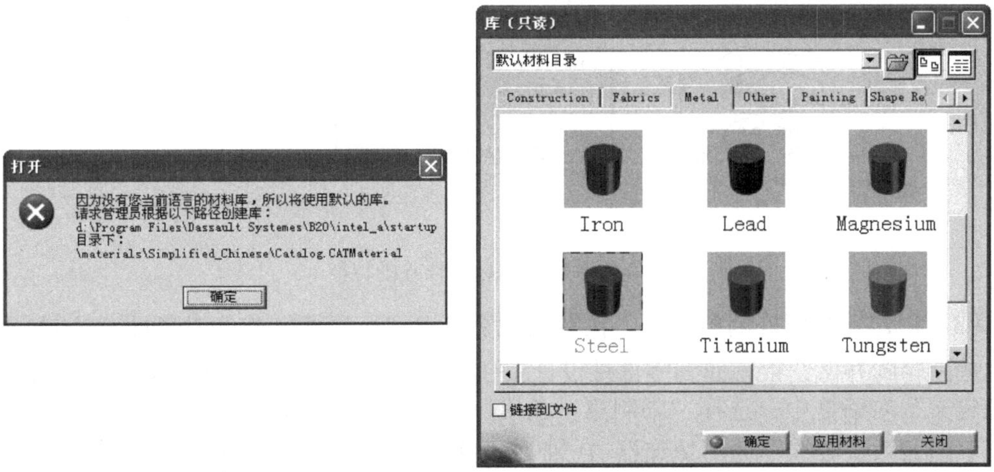

图 8-74　添加材料

至此，完成了卡瓦零件的特征创建，如图 8-75 所示。

【**例 8-6**】对螺母进行特征造型。螺母的图形和模型图如图 8-76 所示。

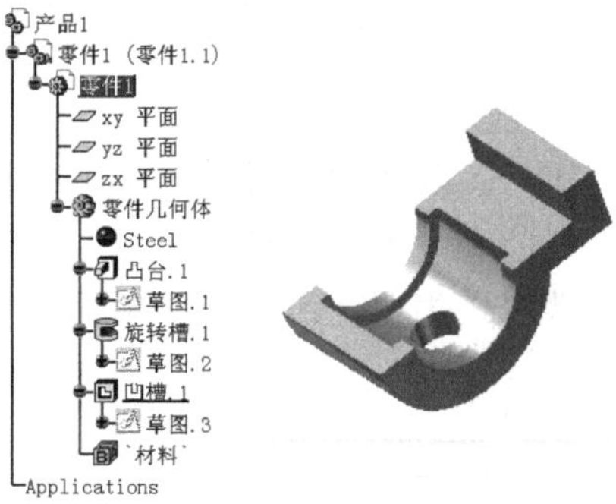

图 8-75　卡瓦零件特征及特征树

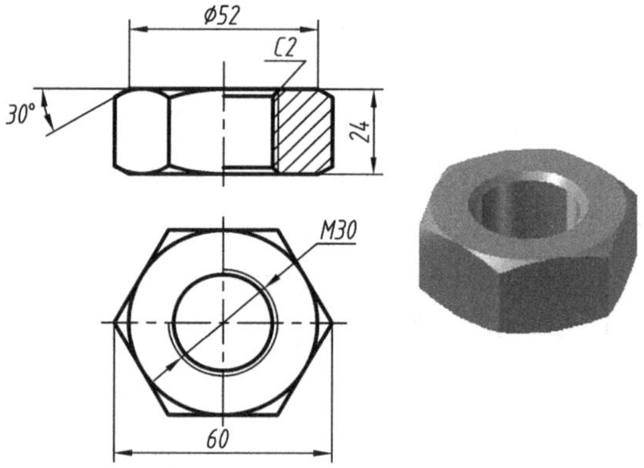

图 8-76　螺母图形和模型

操作步骤如下：

（1）新建文件。进入零部件设计工作台上，新建一个零件，命名为“螺母”，并将该文件存入指定的文件夹中。

（2）创建拉伸基础特征。在特征树上点选“*xy* 平面”为参考面，进行截面轮廓的绘制并做约束，在零部件设计工作台上，单击凸台工具，在弹出的“凸台定义”对话框中，选择“类型”为“尺寸”，“长度”为“24mm”，“轮廓”为“草图 .1”。单击“确定”按钮，生成了拉伸特征，如图 8-77 所示。

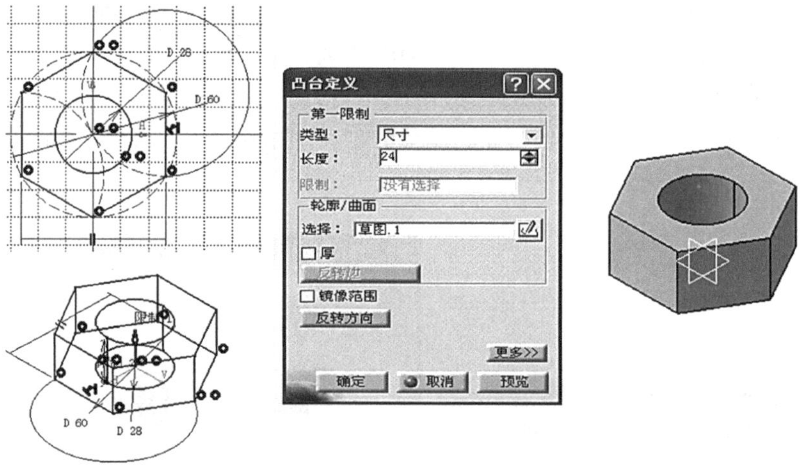

图 8-77　创建螺母拉伸基础特征

（3）创建上端面外倒角特征。在特征树上点选“*yz* 平面”作为参考面，绘制一个三角形截面轮廓并做约束，回到零部件设计工作台上，单击旋转槽工具，在弹出的“旋转槽定义”对话框中，选择“限制第一角度”为“360°”，“第二角度”为“0”，“轮廓”为“草图 .2”，“轴线”为“填充器 .1\ 轴 1.”，然后单击“确定”按钮，生成上端面外倒角特征，如图 8-78 所示。

（4）创建下端面外倒角特征。新建一个上下对称平面 1 作为镜像参考平面。为此，选择“*xy* 平面”，单击平面工具，在对话框里“偏移”微调框输入“12mm”。在特征树上点选“凹槽 1”之后，在修饰特征工具栏上单击镜像工具，在弹出的“镜像定义”对话框中，选择“镜像元素”为“平面 1”，然后单击“确定”按钮，生成了下端面外倒角特征，如图 8-79 所示。

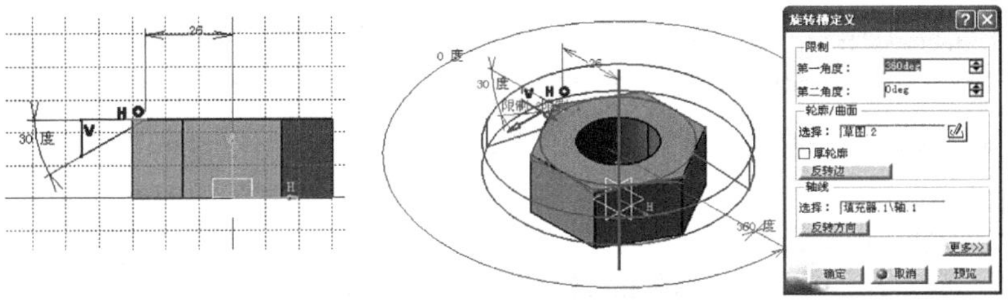

图 8-78 创建上端面外倒角特征

图 8-79 创建下端面外倒角特征

（5）创建内孔螺纹特征。在修饰特征工具栏上，单击螺纹工具，在弹出的“螺纹定义”对话框中，选择“侧面”为“镜像 .1\ 面 .4”（孔内表面），“限制面”为“镜像 .1\ 面 .5”（孔任一端面），“类型”为“粗牙普通螺纹”，其余项选择默认。单击“确定”按钮，生成了内孔螺纹特征，如图 8-80 所示。

（6）创建内孔端面倒角特征。在修饰特征工具栏上单击倒角工具，在弹出的“倒角定义”对话框中，选择“长度”为“2mm”，“角度”为“45°”，“要倒角的对象”选择要倒角的两个棱边圆。单击“确定”按钮，生成了内孔端面倒角特征，如图 8-81 所示。

（7）创建螺母零件的材料特征。

至此，完成了螺母零件的特征创建，如图 8-82 所示。

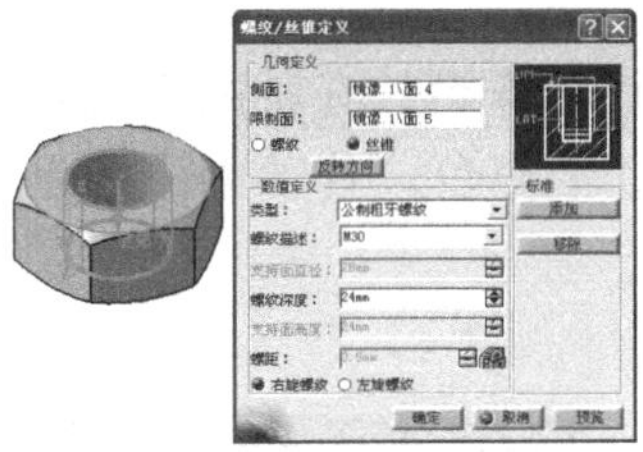

图 8-80 创建内孔螺纹特征

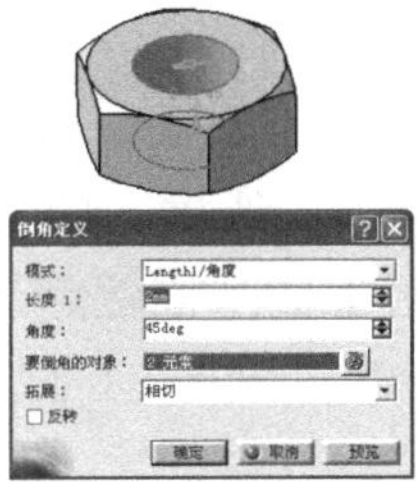

图 8-81 创建内孔端面倒角特征

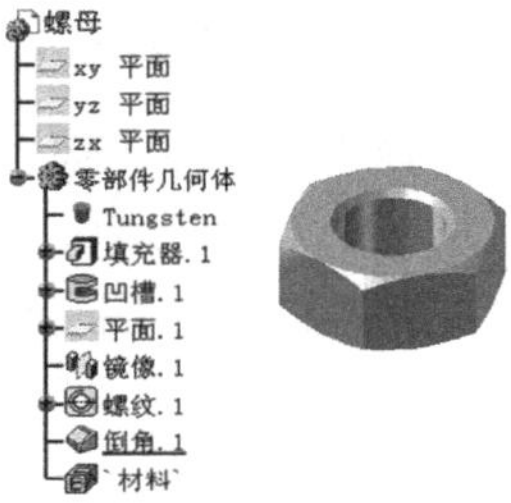

图 8-82 螺母特征及特征树

【例 8-7】对螺纹轴进行特征造型。螺纹轴图形和模型如图 8-83 所示。

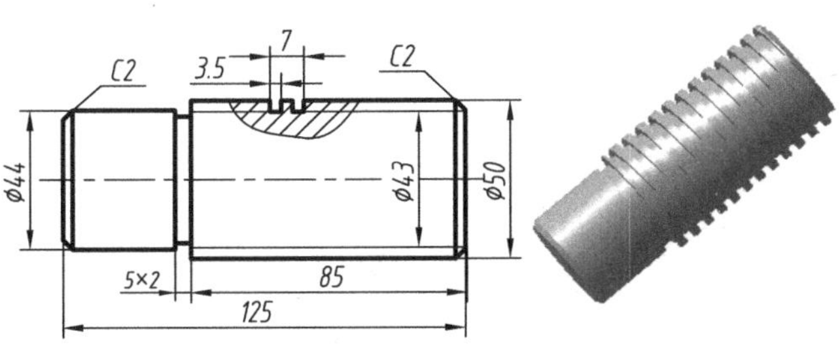

图 8-83 螺纹轴图形及模型

操作步骤如下：

（1）新建文件。进入零部件设计工作台上，新建一个零件，命名为“螺纹轴”，并将该文件存入指定的文件夹中。

（2）创建旋转基础特征。在特征树上选择“*xy* 平面”为参考面，进行旋转轮廓的绘制并做约束，回到零部件设计工作台上，单击旋转工具，在弹出的“旋转体定义”对话框中，选择“限制第一角度”为“360°”，“第二角度”为“0”，“轮廓”为“草图.1”，“轴线”为“草图轴线”，单击“确定”按钮，生成轴的旋转基础特征，如图 8-84 所示。

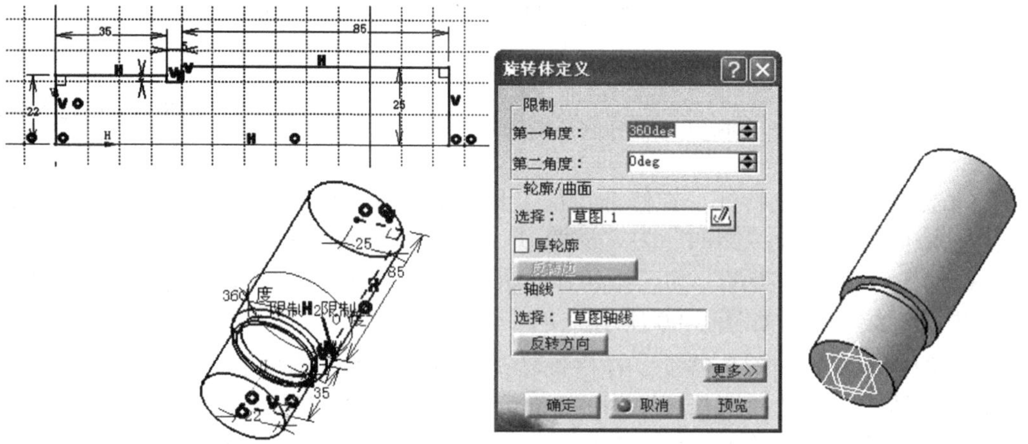

图 8-84　创建螺纹轴旋转基础特征

（3）创建轴两端面倒角特征。叙述略。

（4）创建螺纹特征。操作步骤如下：

步骤 1　选择“*xy* 平面”作为参考平面，进入草图设计工作台，在轴的大端直径端点创建一个点并约束，如图 8-85（a）所示。回到零件设计工作台。若轴创建的是拉伸特征，应选轴的大端端面作为参考平面来创建点。

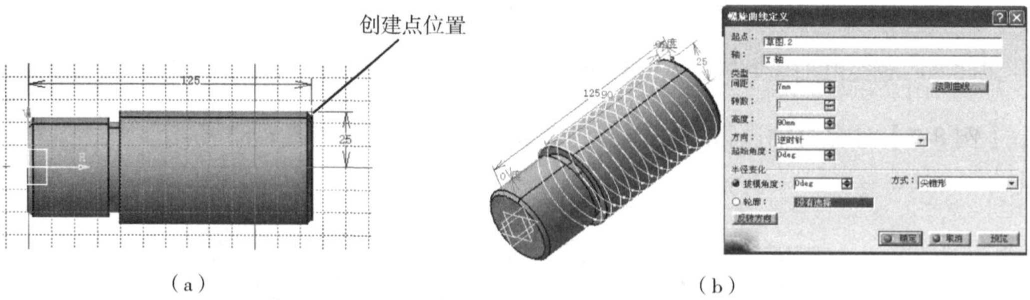

图 8-85　创建螺旋线特征

步骤 2　创建螺旋线特征：选择菜单【开始】→“机械设计”→“线框和曲面设计”菜单项，进入线框和曲面设计工作台，单击线框和曲面工具的黑小三角形，可展开曲线工具。单击螺旋线工具，在弹出的“螺旋曲线定义”对话框中，选择“起点”为“草图.2”，“轴”为“*x*轴”，“类型”选项组中“间距”为“7mm”，“高度”为“90mm”，其余选择默认选项。单击“确定”按钮，完成螺旋线的创建，如图 8-85（b）所示。

步骤 3　创建矩形螺纹特征：选择“*xy* 平面”作为参考平面，在轴的大端绘制矩形草图并约束，如图 8-86（a）所示。回到在零件设计工作台，单击开槽工具，在弹出的“开槽定义”对话框中，选择“轮廓”为“草图.3”、“中心曲线”为“螺旋线.1”。“控制轮廓”为“拔模方向”，“选择”为“转体.1/ 轴 1”。单击“确定”按钮，完成矩形螺纹的创建，如图 8-86（b）所示。

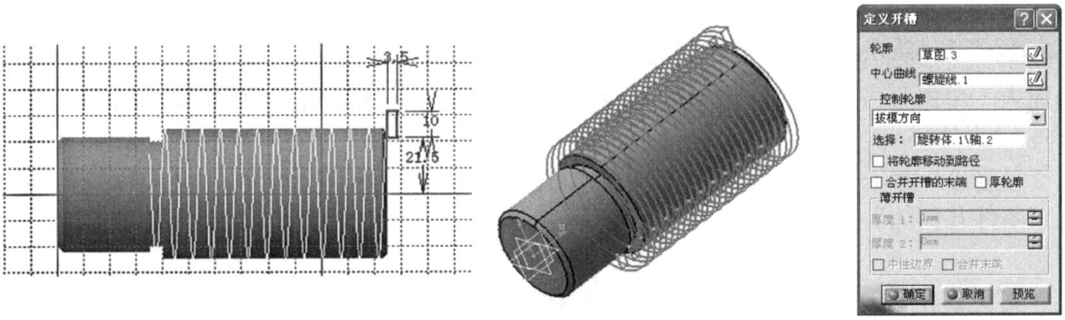

（a）　　　　　　　　（b）

图 8-86　创建矩形螺纹特征

步骤 4　创建螺纹轴零件的材料特征，完成了螺纹轴零件的特征创建，如图 8-87 所示。

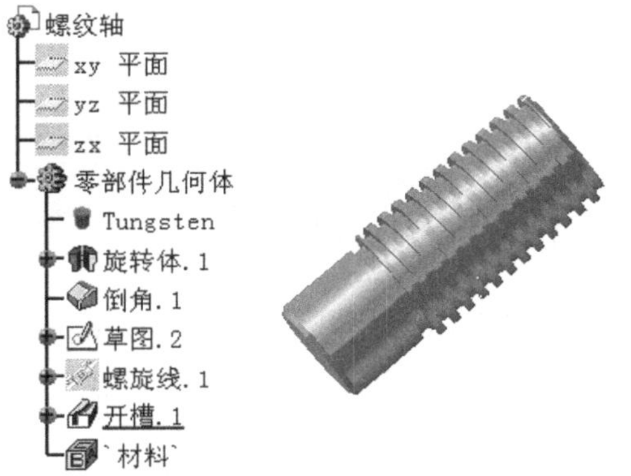

图 8-87　螺纹轴特征及特征树

5. 利用布尔操作工具栏进行零件的特征组合

当用户因为技术上的困难，或者是工具的不足无法一次在单个组件内绘制好完整实体零件时，可以利用布尔操作工具栏进行零件的特征组合。

布尔操作工具栏的主要功能是进行多个几何体之间的布尔运算，通过装配、相交、相加、相减、裁剪、移除操作，组合多个几何体为一个组合体，实现了模型中的特征并联组合，减少了“父子关系”，而且可以方便地完成较为复杂和特殊模型的构造。

1）几何体装配

装配工具的功能是可以将不同的几何体组合成一个单一的零件，新生成的零件是不同几何体特征的叠加体，彼此之间有层级关系。

（1）两个具有正空间特征的几何体布尔装配，操作步骤如下：

步骤 1　在零部件设计工作台中，单击凸台工具创建长方体正空间特征，如图 8-88（a）所示。

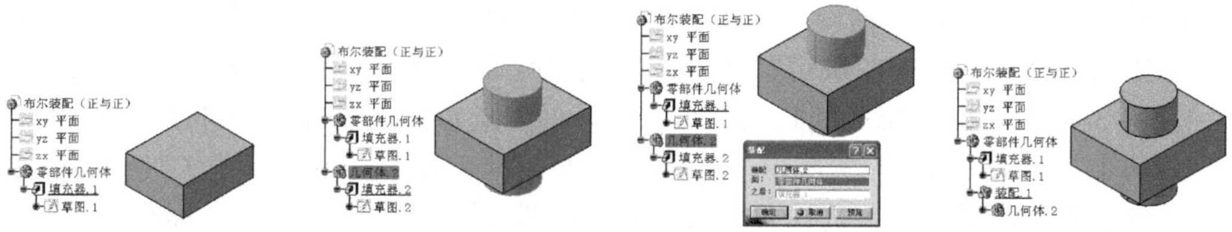

（a）几何体1正空间特征　（b）几何体2正空间特征　（c）布尔装配定义　（d）布尔装配结果

图 8-88　两个具有正空间特征的几何体布尔装配

步骤 2　插入几何体 2：选择【插入】→“几何体”菜单项，完成特征树上几何体 2 的插入。单击长方体上表面作为参考面，选择凸台工具创建圆柱体正空间特征，如图 8-88（b）所示。

步骤 3　单击布尔装配工具，在弹出的“装配”对话框中，将“几何体 .2”装配到“零件几何体”上，如图 8-88（c）所示。单击“确定”按钮，装配结果如图 8-88（d）所示。

可见，由两个具有正空间特征的几何体进行布尔装配的结果是两个几何体进行加运算，并在特征树上看到合为一个几何体。

（2）一个具有正空间特征的几何体和一个负空间特征的几何体进行布尔装配。

步骤 1　在零部件设计工作台中，单击凸台工具创建圆柱体正空间特征，如图 8-89（a）所示。

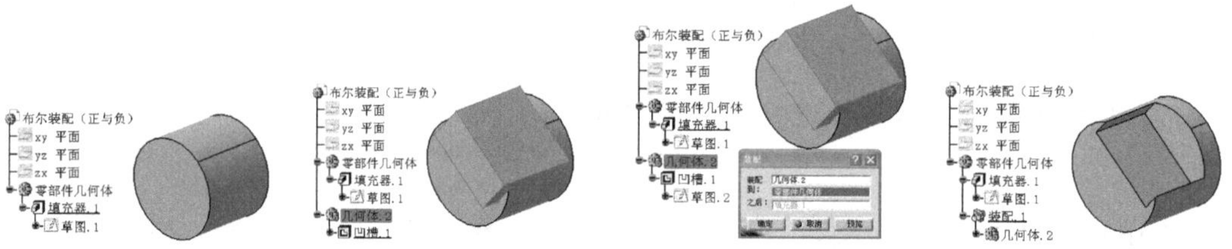

（a）几何体1正空间特征　（b）几何体2负空间特征　（c）布尔装配定义　（d）布尔装配结果

图 8-89　一正空间特征与一负正空间特征的几何体布尔装配

步骤 2　插入几何体 2，在几何体上构造负空间特征：单击圆柱体端面作为参考面，选择凹槽工具创建长方体负空间特征，如图 8-89（b）所示。

步骤 3　单击布尔装配工具，将“几何体 .2”装配到“零件几何体”上，如图 8-88（c）所示。装配后的结果如图 8-89（d）所示。

可见，由正空间特征和负空间特征的几何体进行布尔装配的结果是两个几何体进行减运算，并在特征树上看到合为一个几何体。

为了证明两个几何体布尔装配前后的差异，可用一个开槽来验证。如图 8-90（a）所示的是装配前进行开槽，可以发现只有那个插入的几何体 2 被开槽。而图 8-90（b）所示的是装配后进行开槽，可以发现两个几何体同时被开槽，说明这两个几何体已经合二为一了。

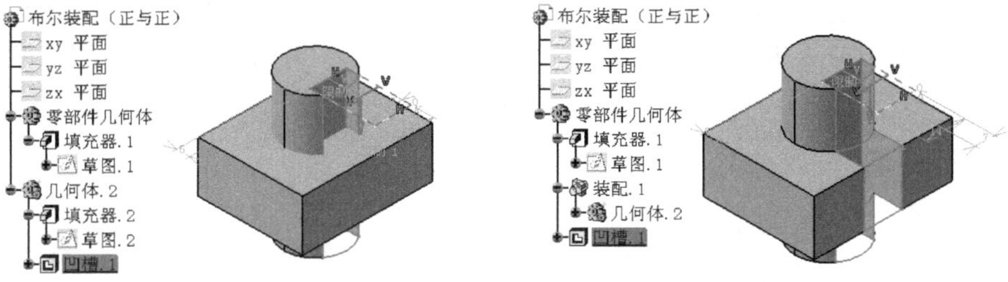

（a）布尔装配前开槽结果　　　　（b）布尔装配后开槽结果

图 8-90　两个几何体布尔装配前后的差异

2）几何体相加

添加工具的功能是将一个几何体加入另一几何体中，相加后，将它们重合的部分消除。

步骤 1　创建一个含有两个几何体的零件，如图 8-91（a）所示。

步骤 2　单击添加工具，将“几何体 .2”添加到“零件几何体”上，添加后的结果如图 8-91（b）所示。从图中可以看出，布尔加的结果与两具有正空间特征的几何体布尔装配结果相似。

3）几何体相减

除去工具的功能是将当前几何体中减去另外一个几何体与其相交的部分。

将图 8-91 的例子运用布尔减操作，如图 8-92（a）所示。操作结果如图 8-92（b）所示。

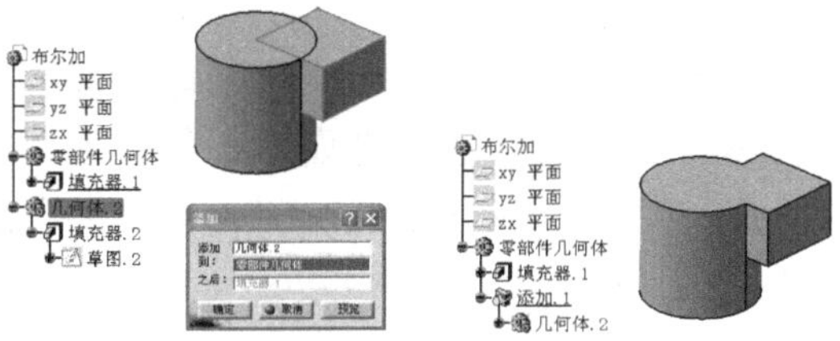

（a）布尔加定义　　（b）布尔加结果

图 8-91　几何体相加

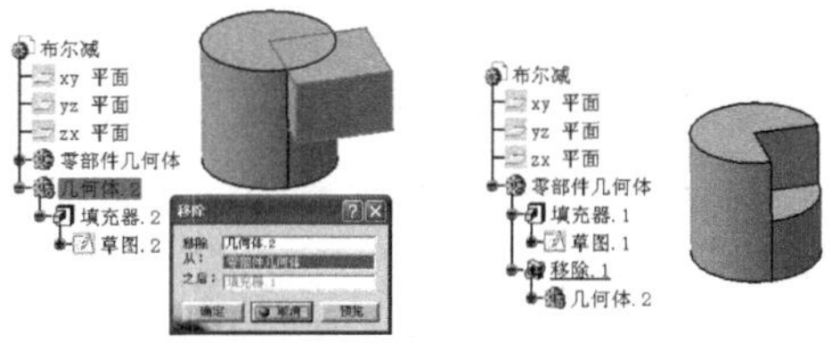

（a）布尔减定义　　（b）布尔减结果

图 8-92　几何体相减

4）几何体相交

相交工具的功能是可以取两个几何体的公共部分，形成新的实体。

将图 8-91 的例子运用布尔相交操作，如图 8-93（a）所示。操作结果如图 8-93（b）所示。

5）几何体联合修剪

联合修剪工具功能可以在两个以上几何体之间，同时镜像交集、并集、差集等操作，完成单纯使用布尔运算所无法达到的操作。

步骤 1　在“零件几何体”上构建一个中空长方体，在“几何体 .2”构建一个中空三角形，如图 8-94（a）所示。

步骤 2　单击联合修剪工具，选择“修剪”为“几何体 .2”，“要移除的面”选中移除的面（图中用箭头指向的侧面）。单击“确定”按钮，结果如图 8-94（b）所示。

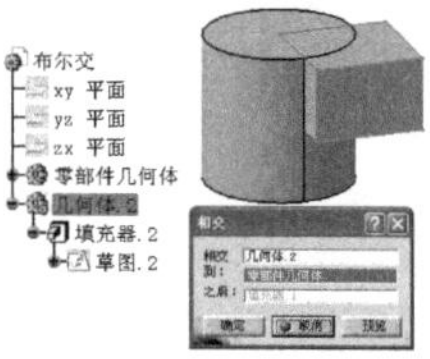

（a）布尔交定义

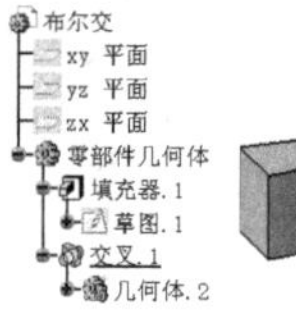

（b）布尔交结果

图 8-93　几何体相交

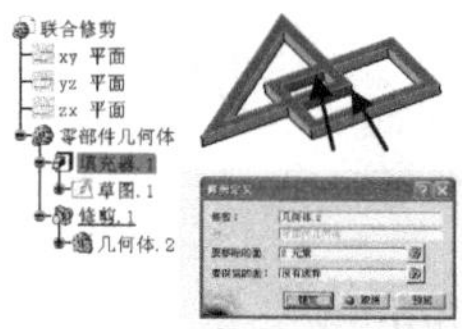

（a）布尔剪裁定义

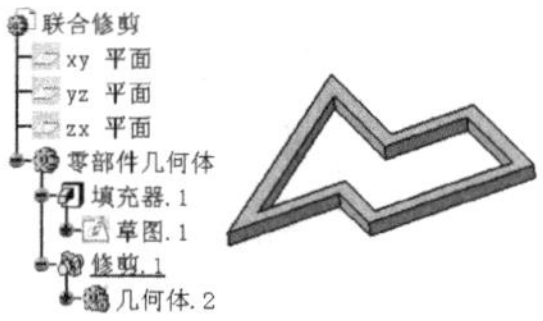

（b）布尔剪裁结果

图 8-94　几何体联合修剪

【例 8-8】对如图 8-95 所示的轴承保持架进行特征造型和特征组合。

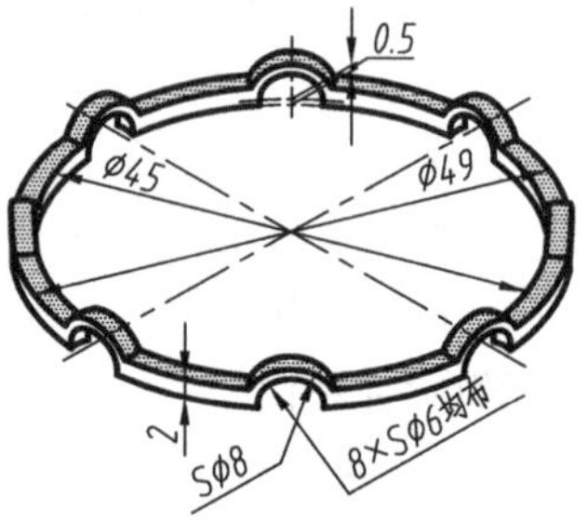

图 8-95　轴承保持架

操作步骤如下：

（1）新建文件。进入零部件设计工作台上，新建一个零件，命名为“轴承保持架”，并将该文件存入指定的文件夹中。

（2）创建圆柱基础特征。在特征树上点选“*xy* 平面”作为参考平面，绘制两同心圆并约束，直径分别为 $\phi 45$ 和 $\phi 49$。回到零部件设计工作台上，单击凸台工具，将草图拉伸为 2mm 高的圆柱筒。以“*yz* 平面”为参考面，新建“平面 .1”，距“*yz* 平面”为 23.5mm，如图 8-96（a）所示。

（3）创建球体基础特征。选择“平面 .1”，进入草图设计工作台，绘制球的部分截面轮廓，并约束球心的位置，如图 8-96（b）所示。然后回到零部件设计工作台上，单击旋转体工具，将草图旋转为球体。单击阵列工具，将球体阵列，在弹出的“阵列定义”对话框中选择“实例”为 8，“角度间距”为 45°，结果如图 8-96（c）所示。

（4）创建空心球体基础特征。选择“平面 .1”，进入草图设计工作台，绘制空心球的截面轮廓，并约束球心的位置，如图 8-96（d）所示。然后回到零部件设计工作台上，单击旋转槽工具，将草图旋转为空心球面，单击阵列工具，将球体阵列，选择“实例”为 8，“角度间距”为 45°，结果如图 8-96（e）所示。

（5）创建几何体 .2。插入“几何体 .2”，在特征树上点选“*xy* 平面”，进入草图设计工作台，绘制两同心圆，直径分别为 $\phi 45$ 和 $\phi 49$，并约束，如图 8-96（f）所示。单击凸台工具，将草图拉伸为高不小于 4.5mm 的圆柱筒。结果如图 8-96（g）所示。

（6）创建几何体相交特征。将“几何体 .2”相交到“零部件几何体”上，相交后的结果如图 8-96（h）所示。

创建材料特征，完成轴承保持架的特征创建，如图 8-96（h）所示。

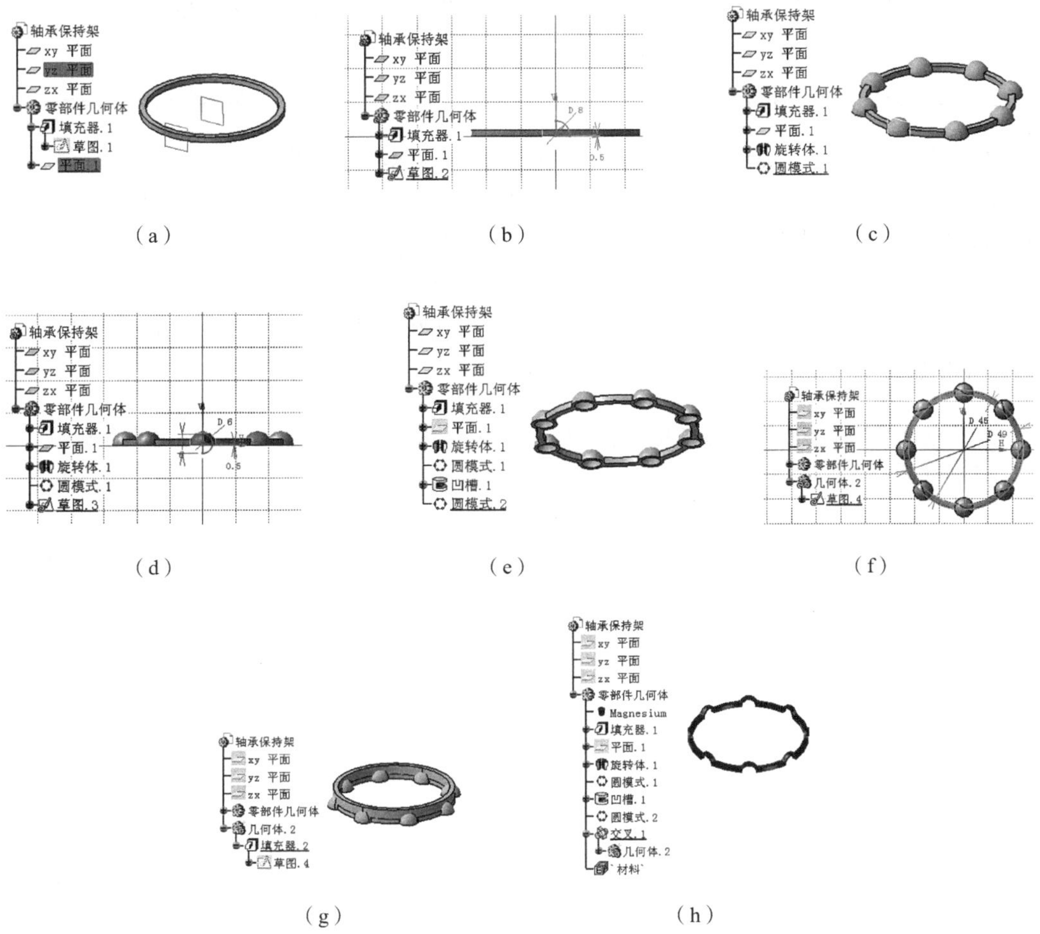

图 8-96　创建轴承保持架特征及特征树

8.4　CATIA 装配设计工作台及零部件装配设计

装配是指将零、部件按一定的连接方式和配合形式组合在一起，并完成其特定的功能，以满足人们的各种需要。

一、CATIA 装配设计工作台简介

装配设计工作台是 CATIA 机械设计的一个重要平台，用于对设计完成的零件实体进行组装以得到部件和产品，通过装配过程可以检查零件的缺陷以及零件之间装配冲突，以便做进一步的修改。

1. 进入和退出装配设计工作台

选择【开始】→“机械设计”→“装配体设计”菜单项，进入装配设计工作台，或者选择【文件】| 新建菜单项，在弹出的如图 8-97 所示的“新建”对话框中选择“product”，

单击“确定”按钮，即可进入装配设计工作台，如图 8-98 所示。

图 8-97 “新建”对话框

2. 装配设计工作台环境设置

选择【工具】→“选项”菜单项，在弹出的如图 8-99 所示的“选项”对话框中，选择“机械设计”下的“装配件设计”，在对话框中对装配件设计环境参数进行设置，包括三个选项卡，“常规”选项卡用于装配件模块的一般设置；“约束”选项卡用于设置装配设计时使用的约束参数；“DMU Sectioning”选项卡用于设置 DMU 剖面的相关参数。

图 8-98 装配体设计工作台

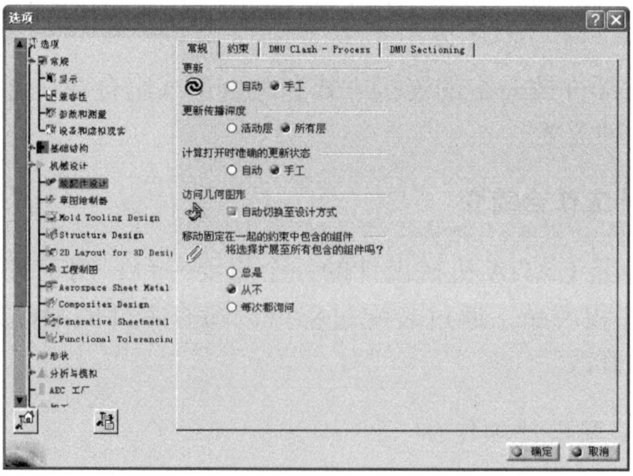

图 8-99 装配体设计工作台环境设置

3. 装配设计工作台工具栏及功能

装配设计工作台包括六个常用的工具栏，如图 8-100 所示。

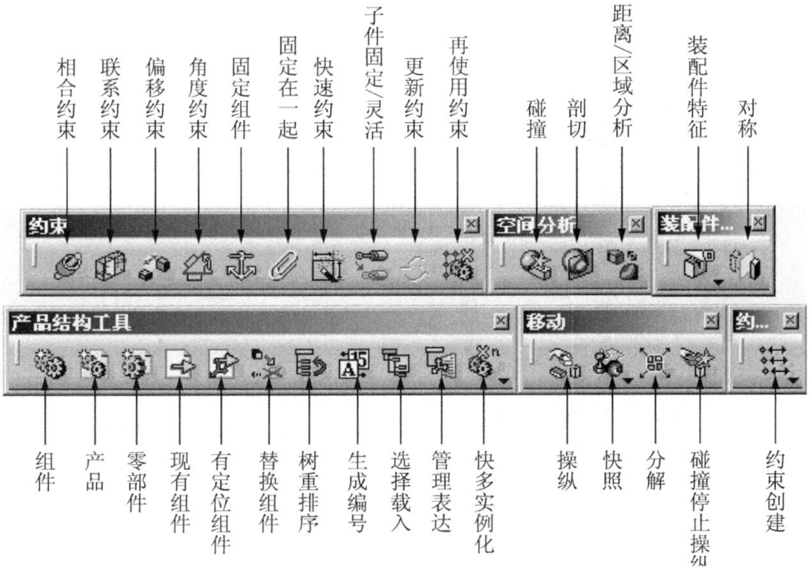

图 8-100　装配体设计工作台常用工具栏

二、零部件装配

1. 利用产品结构工具对零部件进行装配管理

零部件管理功能是由产品结构工具来完成的，产品结构工具工具栏的主要功能是如何插入部件与如何管理零部件。零、部件管理主要有下面的七项操作。

1）插入新装配件

组件工具、产品工具和零部件工具分别是在已有的产品和组件中插入新组件、新产品以及新零部件。首先在目录树中选中已有的产品“product 1”，如图 8-101（a）所示；单击组件工具，就会在“product 1”下插入一个新组件“product2”，单击产品工具，就会在“product 1”下插入一个新产品“product 3”，如图 8-101（b）所示；单击零部件工具，就会在“product 1”下插入一个新的零部件“Part1”，如图 8-101（c）所示。

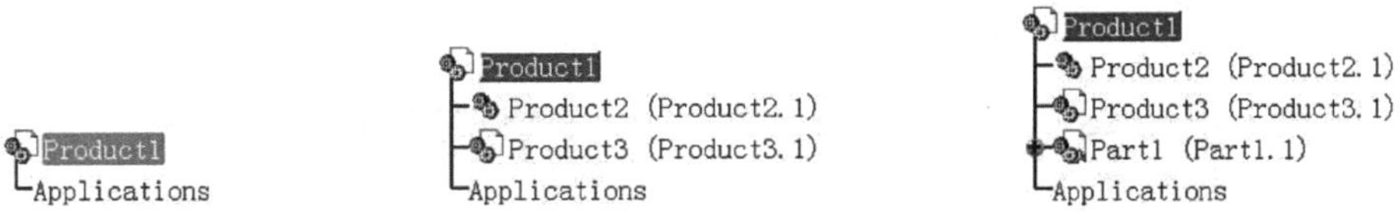

（a）　　（b）　　（c）

图 8-101　插入新装配件

2）插入已存在的装配件

现有组件工具和具有定位的现有组件工具用于插入已存在的各种装配件。单击工具，并在特征树中选择加载目标组件后，系统弹出如图 8-102 所示的“文件选择”对话框，可选取已存在的组件。

图 8-102 “文件选择”对话框

具有定位的现有组件工具增加了对插入装配件位置的设置功能。单击工具，选择已插入的装配件后，在弹出的“文件选择”对话框中选择该装配体文件中某个零件并打开，系统弹出如图 8-103 所示的“智能移动”对话框，用户可以在对话框中通过鼠标拖动的方式对当前插入的零部件进行移动，适用于装配件较多的时候使用。

3）替换组件

替换组件工具的功能是用新插入的部件替换当前工作台产品下的产品和零部件。

单击按钮，选择需要被替换组件，弹出“文件选择”对话框，选择一个替换组件打开后，弹出如图 8-104 所示的“对替换的影响”对话框，单击“确定”按钮，可完成替换操作。

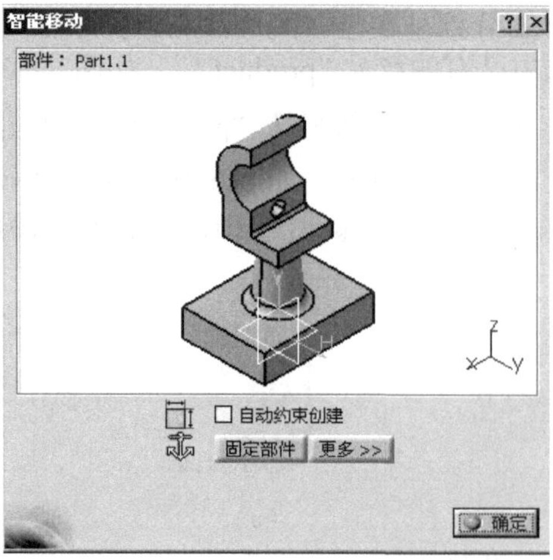

图 8-103 “智能移动”对话框

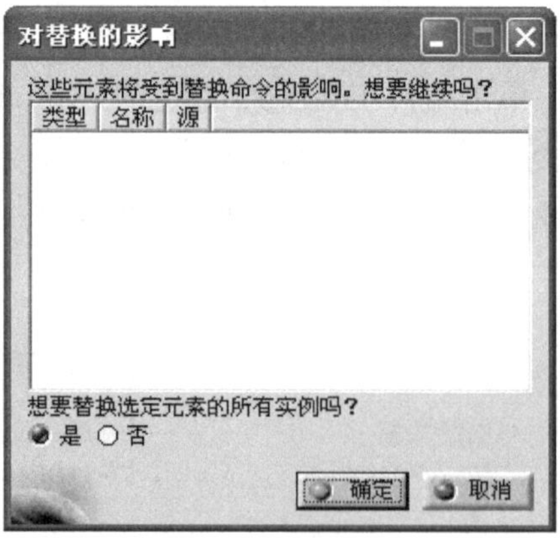

图 8-104 “对替换的影响”对话框

4）零部件编号

生成编码方式工具用于对各个零部件进行编号，该编号可用于工程图中的零件清单。单击按钮，在特征树上单击需要编号的零部件，系统弹出如图 8-105 所示的“生成编号方式”对话框。用户可以选择使用整数编号或是字母编号。若所选编号的零部件已经有编号，现有编号组可用，用户可以选择保持或替换。单击确定按钮，完成编码。

5）选择性载入

选择性载入工具用于插入产品时，用户可以选择哪些部件要载入，哪些不载入。单击工具，系统弹出如图 8-106 所示的“产品加载管理”对话框。打开“深度”下拉列表框中选择载入子产品的范围。

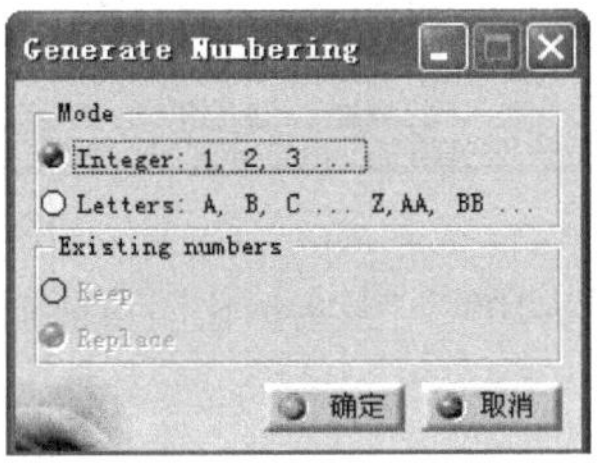

图 8-105 “生成编号方式”对话框

图 8-106 “产品加载管理”对话框

6）零部件管理表达

管理表达工具用于管理并修改部件上在工作台上的表示法。单击按钮后，选择任意零部件，弹出如图 8-107 所示的“管理表达”对话框。对话框中显示了所选零部件的名称、路径和类型等。通过该对话框可以对所选的零件进行关联、除去、替换、重命名和激活等操作。

图 8-107 “管理表达”对话框

7）装配件复制

单击按钮下的黑色小三角，可展开多实例化工具栏。多实例化工具栏可以实现下列操作。

（1）快速复制。快速多实例化工具用于对载入的零部件进行快速的多次复制，单击按钮后，选择所要复制的零部件，效果如图 8-108 所示。

（2）定义复制。定义多实例化工具用于将载入的零部件按照定义的排列方式进行复制。单击按钮，系统弹出如图 8-109 所示的“多实例化”对话框。单击复制对象后在“要实例化组件”文本框中显示选择的复制对象。

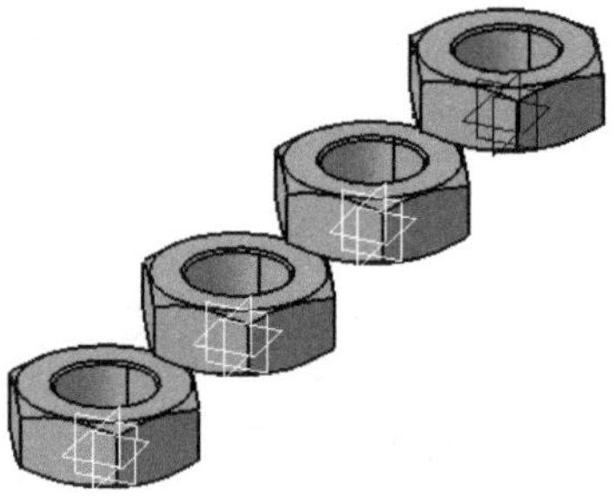
图 8-108 快速多实例化结果

图 8-109 “多实例化”对话框

参数栏有三种复制模式：

实例与间距——设置复制次数和复制间距；

实例与长度——设置复制次数和复制零部件分布线总长；

间距与长度——设置复制间距和复制零部件分布线总长。

2. 利用移动工具对零部件进行装配位置调整

零部件装配体现零部件之间的相对位置，因此零部件的位置是装配的关键。移动工具栏用于调整零部件之间的相对位置。

1）操纵组件位置

操纵工具用于通过鼠标或旋转等方式移动组件对象。单击按钮，弹出如图 8-110 所示的“操作参数”对话框。对话框的第一排图标的功能是沿 *x*、*y*、*z* 轴或任意轴向移动，第二排图标的功能是沿 *xy*、*yz*、*xz* 平面或任意平面方向平移，第三排图标的功能是绕 *x*、*y*、*z* 轴或任意轴旋转。“遵循约束”复选框表示平移和旋转组件的同时要遵循已施加的约束。

2）组件敏捷移动

捕捉工具采用映射的方式对组件进行快速移动。单击按钮下的黑色小三角，可展开捕捉工具栏。

（1）敏捷移动。敏捷移动工具通过元素间的映射方式对零部件进行快速的移动，首先选择需要移动的零部件上的几何元素，如点、线、面等，再选择目标零部件上的对应元素，首先选择的零部件就会以一定的规则发生快速移动。图 8-111 所示为一条直线与一条直线间移动的示意图，两条直线在移动后重合。

（2）智能移动。智能捕捉工具结合了操纵工具和捕捉工具的功能，即可以用鼠标拖动零部件进行移动，也可以通过两个零部件几何元素间的映射方式对零部件进行快速的移动。单击按钮，弹出图如 8-112 所示的“智能移动”对话框，可以通过对“自动约束创建”复选框的选择来决定是否自动创建约束。在快速约束列表框中可以设置各种约束创建的优先顺序。

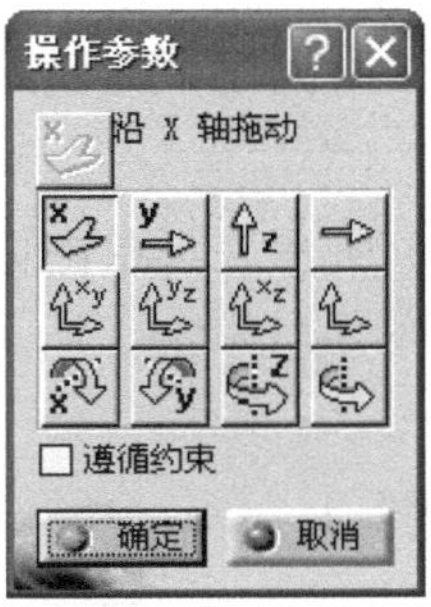

图 8-110 “操作参数”对话框

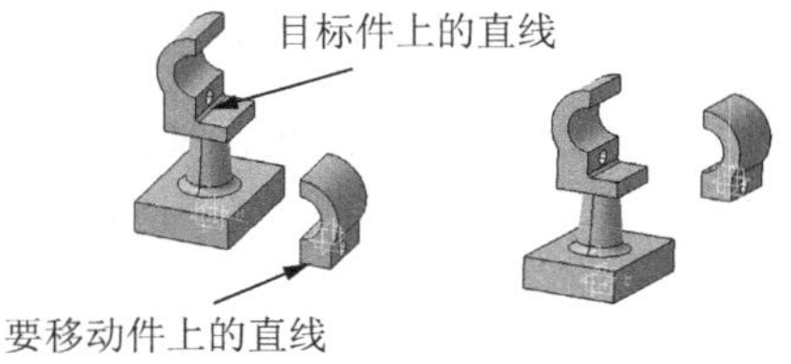

图 8-111 敏捷移动示意

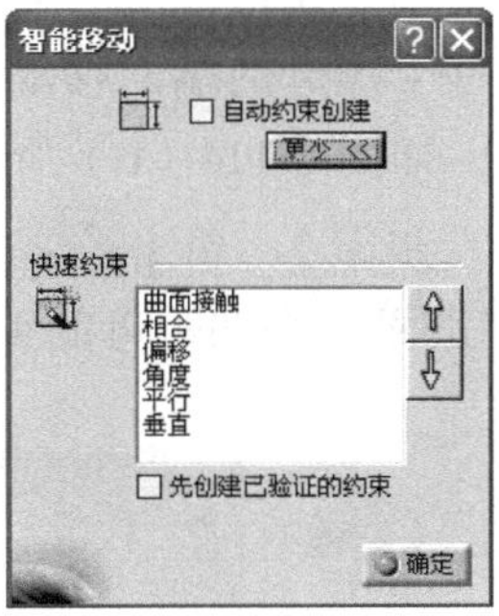

图 8-112 “智能移动”对话框

3）分解

分解工具用于将装配在一起的零部件分解，产生装配体的爆炸图。单击按钮，弹出如图 8-113 所示的“分解”对话框。在特征树上选择需要分解的产品标签，在“分解”对话框中选择分解方式，单击“应用”按钮，即可完成分解。可以单击按钮，调整零件之间的相对位置，表达零件之间的装配位置。如图 8-113 所示。

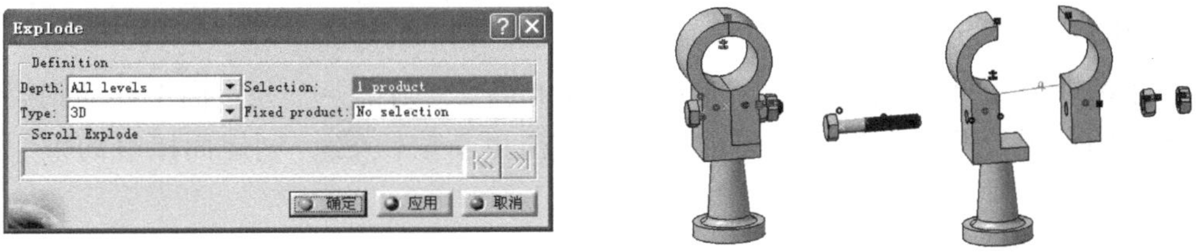

图 8-113 分解夹紧装置

4）停止操纵

单击碰撞时停止操纵工具，该工具被激活后，调整装配件的零部件时，如果遇到碰撞，在碰撞方向上将停止操纵。

3. 利用约束工具对零部件进行装配约束

为确定装配体中各个零件之间的静态相对位置关系，而限制零、部件几何元素之间相对几何关系的条件称为装配约束。只有通过设置合理的装配约束，才能建立具有正确装配关系的部件与产品。

装配约束是通过装配约束工具栏来操作的。常见的约束有相合约束、接触约束、偏移约束、角度约束等。

一般情况下，用相合约束和接触约束来创建机构的装配副，限制零件的自由度。而用偏移约束和角度约束来精确控制零部件的静态位置。

1）相合约束

相合约束工具用于在两个或多个零件间创建一致性约束，如设置共点、共线、共轴、共平面等约束。操作步骤如下：

步骤 1　单击按钮，依次选择两螺母的端面，弹出“约束属性”对话框，选择“方向”为“相反”，如图 8-114（a）所示。单击“确定”按钮后，再单击更新按钮，则第一个螺母的端面移动到第二个螺母端面的位置，并重合在一起，从而创建了共面的约束，如图 8-114（b）所示。

步骤 2　单击按钮，依次选择两螺母的轴线，如图 8-114（c）所示。再单击更新按钮，则两螺母的轴线重合在一起，从而创建了共轴的约束，如图 8-114（d）所示。

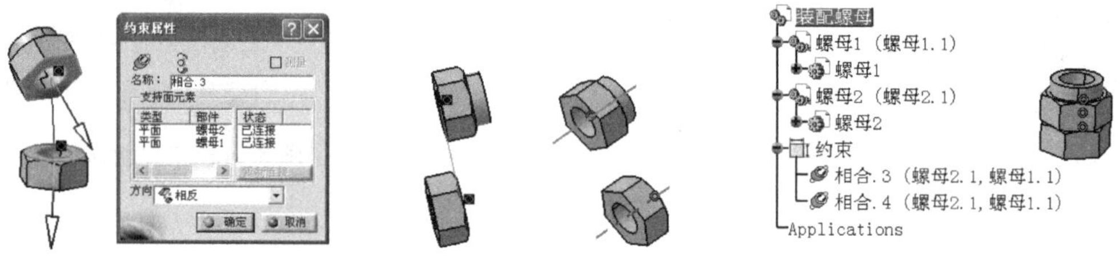

（a）　（b）　（c）　（d）

图 8-114　创建相合约束

2）接触约束

接触约束工具用于在零部件的平面或表面间创建接触约束。约束的结果是两个平面或表面的外法线方向相反，可设置点接触、线接触和面接触。

单击按钮，依次选择两个几何元素面 1 和面 2，则第一个元素面 1 移动到第二个元素面 2 的位置，两表面外法线方向相反。单击更新按钮，创建面接触约束，如图 8-115 所示。

3）偏移约束

偏移约束用于设置几何元素间的距离，点、线、面都可以作为被选择的几何元素。

单击按钮，选择零件 1 的面 1，把面 1 定义为第一个几何元素。再选择零件 2 的面 2，把面 2 定义为第二个几何元素，弹出如图 8-116 所示的“约束属性”对话框，在“偏移”微调框中设置偏移距离为 8mm，单击“确定”按钮，单击更新按钮，创建偏移约束，如图 8-116 所示。

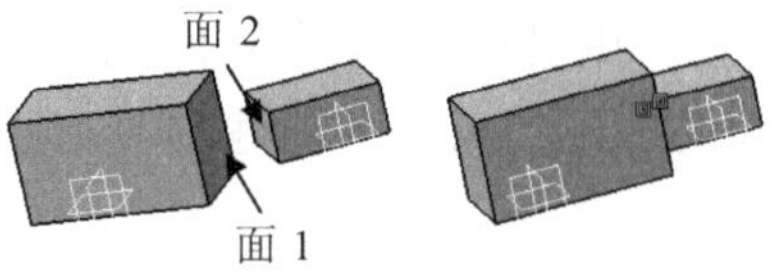

图 8-115　创建接触约束

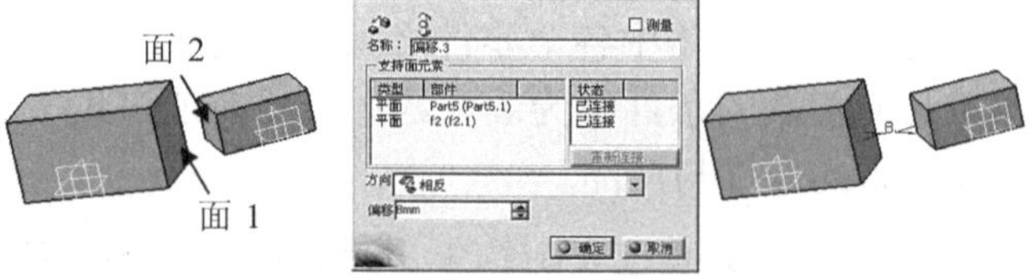

图 8-116　创建偏移约束

4）角度约束

角度约束工具用于设置零部件几何元素之间的夹角，线和面都可以作为被选择的几何元素。

单击按钮，选择零件 1 的面 1，把面 1 定义为第一个几何元素。再选择零件 2 的面 2，把面 2 定义为第二个几何元素，弹出“约束属性”对话框，在对话框左上角有 4 个选项垂直度、平行度、角度、平面角度，此处选择“角度”单选按钮，在“扇形”中选择“扇区 3”，在“角度”微调框中输入夹角值为“45°”。单击“确定”按钮，单击更新按钮，创建了角度约束，如图 8-117 所示。

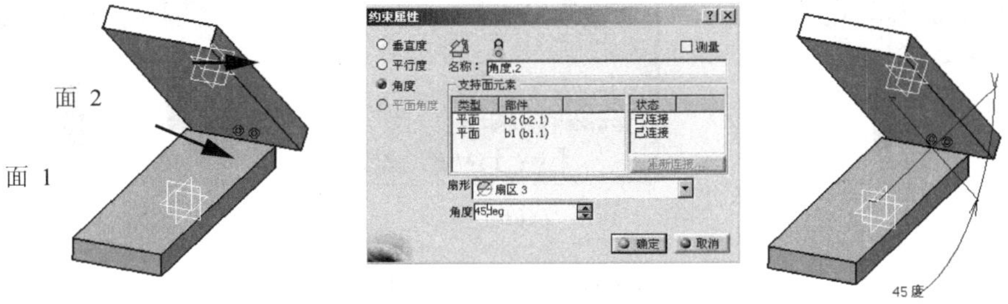

图 8-117　创建角度约束

5）固定组件

固定组件工具用于固定部件的位置，以作为其他零部件移动和装配的参考。固定组件可以分为固定空间坐标和固定部件的相对位置两种方式。

单击固定组件按钮，选择要固定的部件，就完成了固定组件约束，这样的固定方式为空间固定，无论用户如何移动部件，只要单击更新按钮，部件就回到原来的位置。

6）再使用模式

重复使用阵列工具的功能是在于利用部件在设计阶段时所使用的模式，达成快速插入部件并设置约束条件。操作步骤如下：

步骤 1　在设计孔矩形阵列模式的部件上，安装一个零件，并设置约束条件，如图 8-118（a）所示。

步骤 2　单击按钮，弹出如图 8-118（b）所示的“在图样上实例化”对话框。在“图样”文本框中，选取孔，孔的阵列模式会自动添加到图样选项组中；单击“要实例化的部件”文本框后，选取螺栓；在“图样上的第一个实例”下拉列表框中选择“重复使用原始部件”。

步骤 3　单击“确定”按钮，完成再使用模式创建，结果如图 8-118（c）所示。

4. 利用空间分析工具对零部件进行装配空间分析

零部件装配完成后，需要检测产品中各零部件之间的关系。可以通过【分析】菜单上的工具或空间分析工具栏工具来分析部件之间的约束关系、自由度、检测干涉、测量距离等。

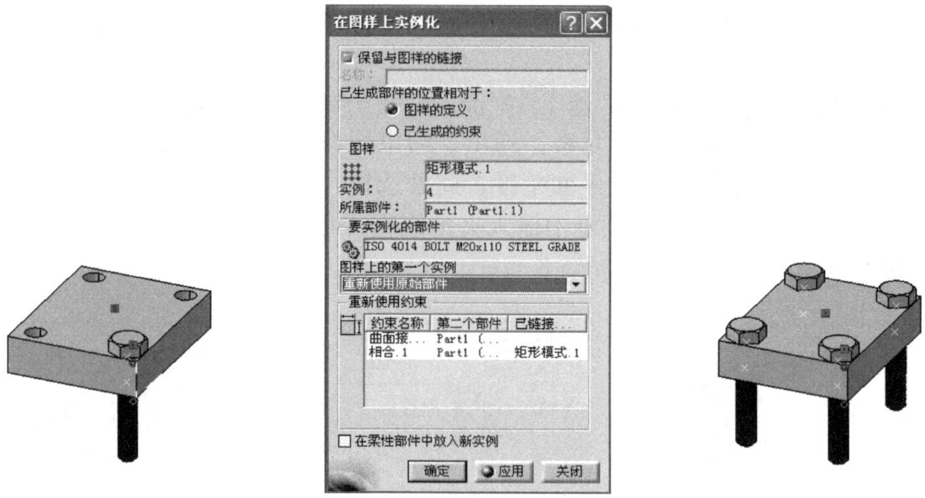

（a）　　　　　　　　（b）　　　　　　　　（c）

图 8-118　创建再使用模式

1）材料清单

材料清单列出所选取的产品部件内所用零件的清单。

选择【分析】→“材料清单”菜单项，弹出如图 8-119 所示的“材料清单“对话框。该对话框有两个选项卡，在“物料清单”选项卡的上部列出了产品中所有零件的数据表，同时也列出了所有子产品中部件的信息。在“物料清单”选项卡下部的下拉列表框中选择清单格式，单击旁边的“定义格式”按钮，设置物料清单的格式。

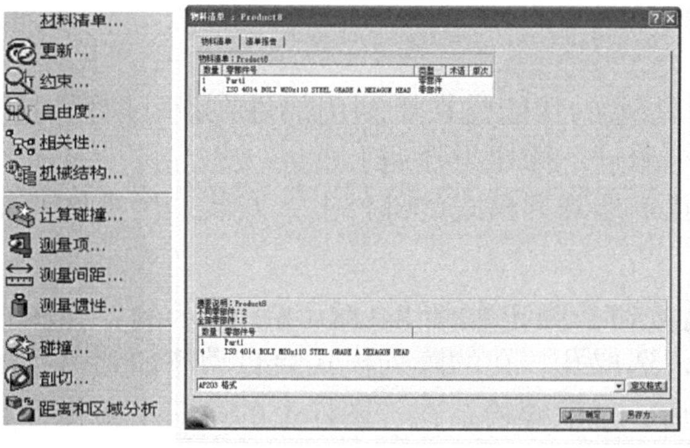

图 8-119　“分析”菜单及“材料清单”对话框

在“清单报告”选项卡内也逐项列出了产品中各部件和零件的信息。单击“另存为”按钮将产品的物料清单保存为文本格式。

2）更新分析

更新分析用于分析部件中所有需要更新之处。

选择【分析】→“更新”菜单项，弹出如图 8-120 所示的“更新分析”对话框。

在“分析”选项卡内会显示出所有需要更新的元素以及相关数据，包括产品中需要更新的部件和约束，子产品中需要更新的部件和约束以及需要更新的零件外观显示形态等。

在“更新”选项卡内，可以直接选择要更新的元素，单击按钮实现更新操作。

如果部件中没有需要更新之处，则系统会弹出对话框，对话框中会出现提示：“组件是最新的。”表示无需更新。

3）约束分析

约束分析命令用于分析装配中的产品或是任意产品部件中的约束情形。

选择【分析】→“约束”菜单项，弹出如图 8-121 所示的“约束分析”对话框，对话框最上方的字段列出了产品中所有子产品，用户可以选择要进行分析的产品部件。在对话框的“约束”选项卡中列出了当前约束产品的所有约束信息。

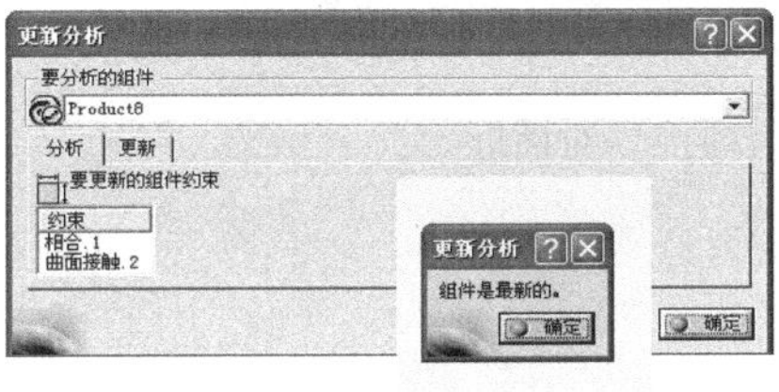

图 8-120 “更新分析”对话框

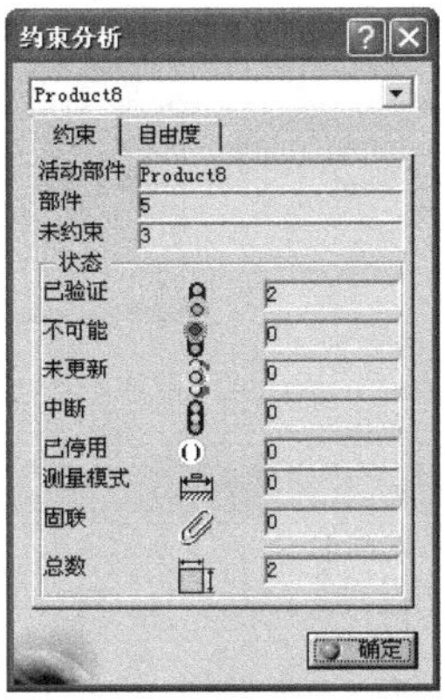

图 8-121 “约束分析”对话框

4）自由度分析

自由度分析是帮助用户分析产品中部件剩余自由度。自由度的限制是通过装配约束来实现的。一个没有设置任何约束的零件上有三个平移自由度和三个转动自由度，在装配过程中对零件添加了约束，零件的自由度就会减少，但在未约束方向上仍然可以运动，自由度分析功能就是通过分析剩余自由度，指导用户进行装配。

双击要分析的部件，使其成为当前工作的部件，选择【分析】→“自由度”菜单项，弹出如图 8-122 所示的“自由度分析”对话框。

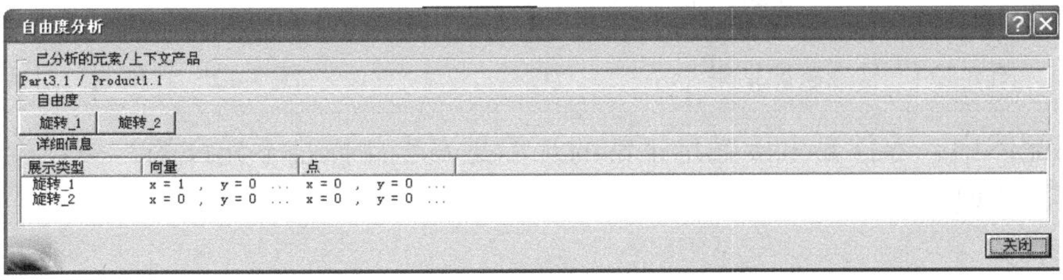

图 8-122 “自由度分析”对话框

在对话框中的详细信息选项中显示转动自由度的方向矢量和参考点以及平动自由度的方向矢量，分别单击“自由度”选项组的“旋转 _1”按钮和“旋转 _2”按钮，以红色高亮显示相应的旋转自由度。

5）干涉分析

干涉分析是装配分析中重要的功能，它可以对装配好的产品进行干涉分析，从而对产品中不完善之处进行修改。

双击要分析的部件，使其成为当前工作的部件，单击按钮，弹出如图 8-123“检查碰撞”对话框：单击对话框中的“应用”按钮，弹出如图 8-124 所示的“结果”窗口，从窗口中看出整个产品的零件之间存在的接触和干涉；单击“过滤器列表”下拉表内的“碰撞”，弹出如图 8-125 所示的“预览”对话框，在对话框中表示出发生碰撞的部位和偏差值。通过分析我们可以了解零部件之间干涉的位置和原因。两者干涉的原因是两者不同轴，需要设置同轴相合约束就可以避免干涉的发生。

图 8-123 “检查碰撞”对话框

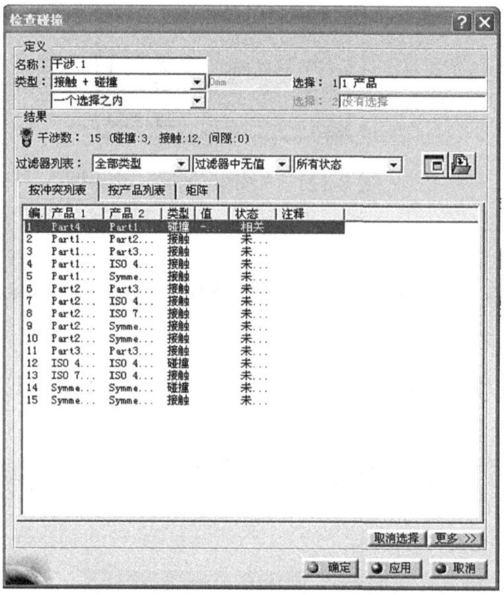

图 8-124 检查碰撞结果

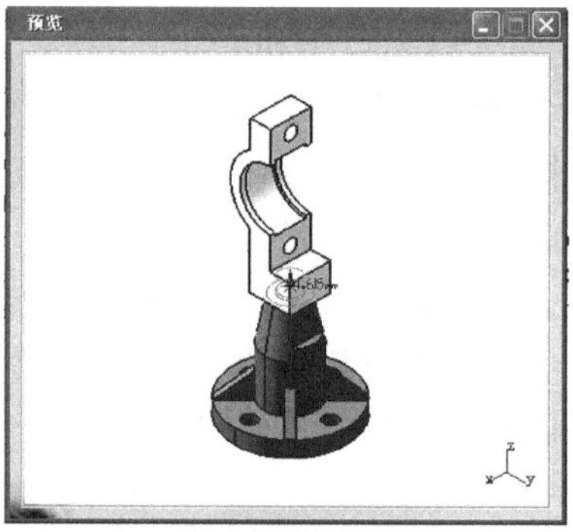

图 8-125 “预览”对话框

在装配体中，零件发生接触是正常的，但是发生碰撞是不允许的，一旦检测出干涉就必须进行处理。

6）剖切

剖切装配体的截面可以分析装配体各个零件之间的结合关系，进行装配体空间分析。

单击按钮，弹出如图 8-126 所示的剖切状态图及“剖切定义”对话框。系统默认的截面剖切位置是平行于系统坐标系的 *YZ* 平面，剖切平面的中心位于所选物体外切圆的圆心。利用剖切平面上的剖切操作杆可以对形体的任意位置进行剖切，也可以通过

“剖切定义”对话框中的“定位”选项卡中的五个按钮和 x、y、z 三个复选框来调整剖切平面的大小、方向和位置。截面的创建也有平面剖切、夹片剖切和盒状剖切三种类型。

图 8-126　剖切状态图及“剖切定义”对话框

【例 8-9】完成如图 8-127 所示夹紧装置的装配。

操作步骤如下：

（1）进入装配设计工作台。选择菜单【开始】→“机械设计”→“装配件设计”菜单项，系统进入装配设计工作台。

（2）导入零件。单击产品结构工具栏中工具，再单击特征树中的“Product1”使之高亮，系统弹出“文件选择”对话框，蓝显将打开的文件，单击“打开”按钮导入装配体的第一个零件。重复操作导入各零件，也可以在文件选择对话框中多选文件一起把零件导入，导入后各零件如图 8-128 所示。

（3）调整零件的位置。单击按钮，利用弹出的“操纵参数”对话框中的按钮对零件进行适当的移动和旋转，使之移到合适的位置，以利于添加约束，如图 8-129 所示。

图 8-127　夹紧装置

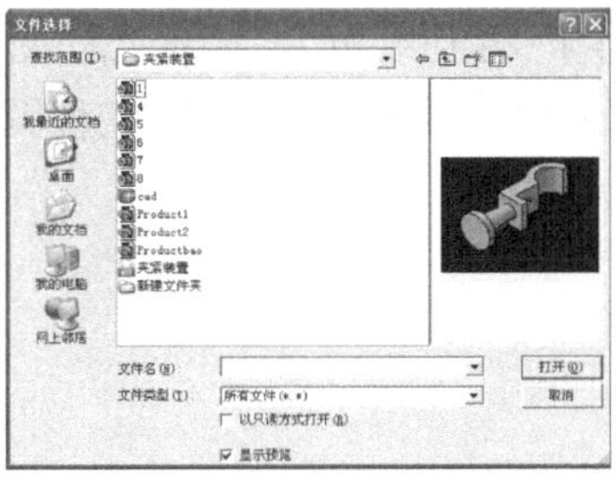

图 8-128　零件的导入图

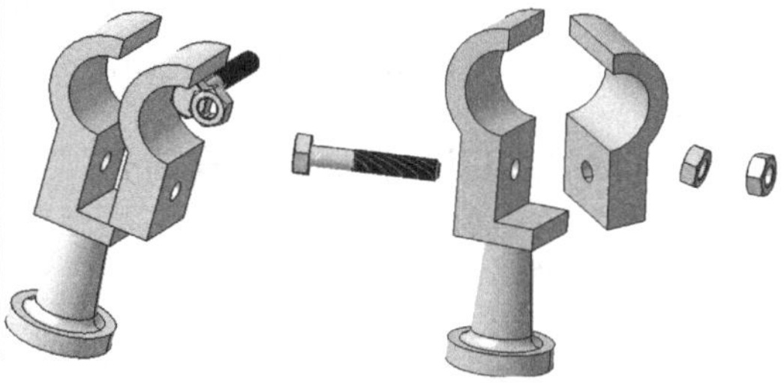

图 8-129　调整后的零件位置

（4）固结零件。单击按钮，选中座体施加固定约束。

（5）装配底座和压块。

单击按钮，将光标移动到压块通孔的表面，若显示通孔的轴线时，单击选中压块通孔的轴线，再选中座体通孔的轴线，此时两零件上会出现约束符号，表明两通孔被“同轴”约束；

单击按钮，选择座体和压块上端的孔端面，使之被“接触”约束；

单击按钮，选择座体和压块的同侧端面，弹出“约束属性”对话框，选择“方向”为“相同”、在“偏移”微调框输入数值 0，然后单击“确定”按钮，完成两端的“偏移”约束。

单击按钮，建立座体和压块之间的装配约束，如图 8-130 所示。

（6）装配螺栓。单击按钮，选择螺杆轴线和座体孔的轴线，使之实现“同轴”约束；单击按钮，选择螺栓头的底面和座体的侧面，使之实现“接触”约束，单击按钮，结果如图 8-131 所示。

（7）装配螺母。单击按钮，选择螺母轴线和螺杆的轴线，实现两者的“同轴”约束；单击按钮，选择压块通孔处侧面和螺母的底面，使之实现“接触”约束。同理实现两螺母的同轴和接触约束，单击按钮，结果如图 8-132 所示。

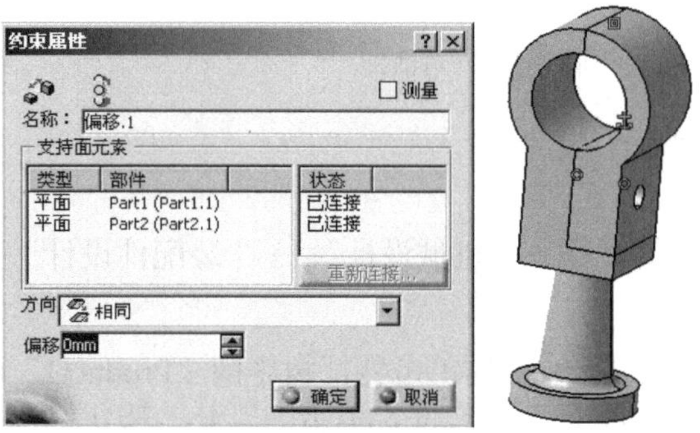

图 8-130　装配座体和压块

图 8-131　装配螺栓

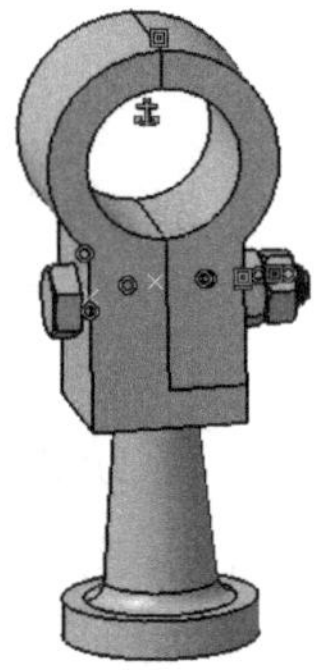

图 8-132　装配螺母

8.5　CATIA 工程图样设计工作台及工程图的创建

无论是零部件还是机器产品从设计到生产再到装配，二维工程图样是不可缺少的。本节主要介绍在 CATIA V5 平台上如何有效地设计出产品的二维工程图样。

一、CATIA 工程图样设计工作台简介

1. 新建图纸

启动 CATIA 之后，进入工程图环境，此时会产生一张空白的图纸，可以根据需要，自行绘制二维图形，或者由三维实体或装配件创建二维工程图，步骤如下。

（1）选择【开始】→“机械设计”→“工程制图”菜单项，在弹出如图 8-133（a）所示的“新绘图创建”对话框中，单击“修改”按钮，又弹出如图 8-133（b）所示的“新建绘图”对话框，可以在此选择需要使用的工业标准和图纸尺寸。在本节所使用的标准都是 ISO 标准。在“页样式”下拉表下列出了所选标准的图纸尺寸，其下面有两个选项按钮：纵向、横向，用于设置图纸的摆放方向。单击“确定”按钮，回到“新绘图创建”对话框。

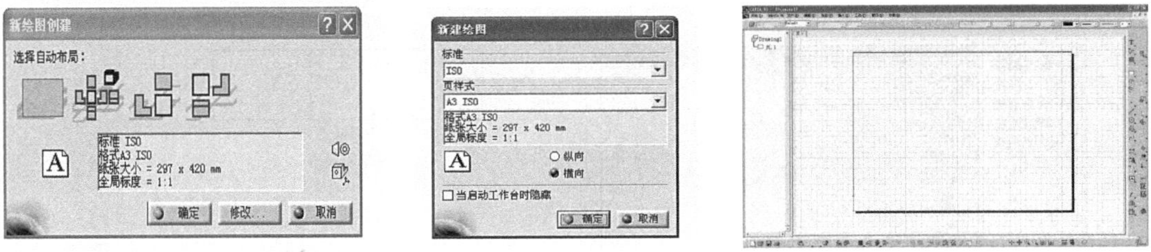

（a）　　　　（b）　　　　（c）

图 8-133　新建工程图图纸

（2）在“新绘图创建”对话框中，选择“空页”选项，单击“确定”按钮，生成新的图纸，从零件设计工作台进入工程制图设计工作台，如图 8-133（c）所示。

或者选择【文件】→“新建”菜单项，在弹出如图 8-134 所示的“新建”对话框中，选择“类型列表”中的“Drawing”，单击“确定”按钮，弹出“新绘图创建”对话框，后面设置与前面相同。

2. 更改图纸设置

在设定图纸的标准和规格之后，仍然可以对其进行更改。

1）更改图纸的标准、格式与图框

选择菜单【文件】→“页面设置”菜单项，弹出如图 8-135 所示的“页面设置”对话框。在该对话框里，更改图纸的标准、格式；在“背景”选项组，可以设置图面的图框。

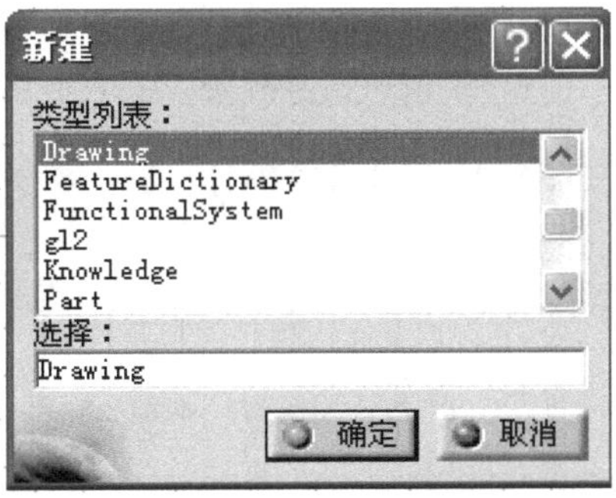

图 8-134　“新建”对话框

图 8-135　“页面设置”对话框

2）个别更改图纸规格

若要个别更改视图的比例、角度、名称则可以从特征树的属性中更改。

在特征树中视图的名称上右击，在弹出的快捷菜单中选择“属性”菜单项，弹出“属性”对话框，可以修改视图的名称、绘图比例、角度，如图 8-136 所示

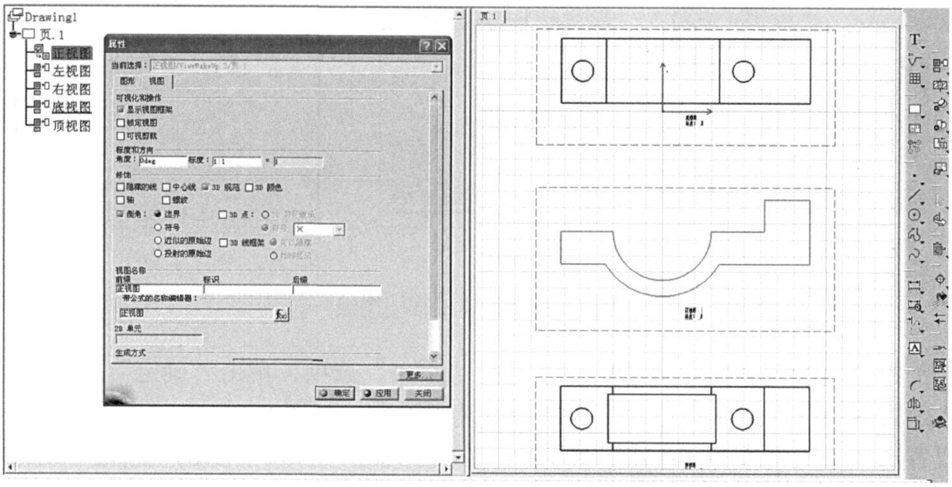

图 8-136　个别视图的修改特性

3. 工程制图设计工作台环境设置

选择菜单【工具】→“选项”菜单项，弹出如图 8-137 所示的“选项”对话框，在左边的列表框中选择“工程制图”，单击“常规”选项卡，可进行环境的主要设置。

4. 工程制图设计工作台主要工具栏

工程制图设计工作台主要有五个工具栏，如图 8-138 所示。

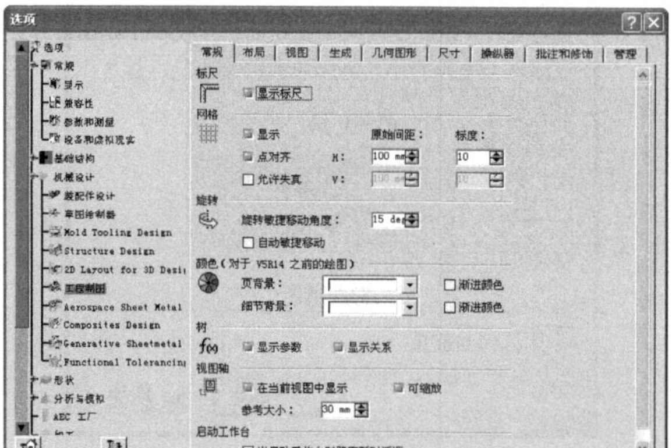

图 8-137　工程制图“常规”选项卡

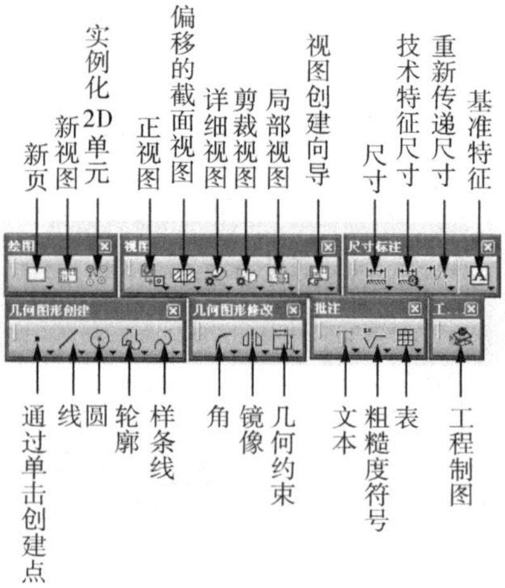

图 8-138　工程制图设计工作台工具栏

二、创成式工程绘图

CATIA V5 的工程制图设计工作台提供了两种类型的绘图功能：创成式绘图功能和

交互式绘图功能。创成式工程绘图是指将已有的实体零件、装配件等转化为二维的工程图纸的绘图方法。

由三维模型 CATIA V5 产生工程图的方法有两种：一种是由三维模型自动生成工程图（即先模型后图纸）；另一种是人为指定生成工程图（即先图纸后模型）。

1. 创建标题栏

每一张正式的工程图纸都要有图框和标题栏，用来存放图纸的基本信息。

1）建立系统提供的标题栏

（1）在工程制图设计工作台中，选择菜单【编辑】→“页背景”菜单项，绘图窗口切换到背景设计环境。

（2）单击绘图工具栏中框架创建按钮，弹出如图 8-139（a）所示的“插入框架和标题节点”对话框。在标题栏样式中列出了已有的三种标题栏样式，“预览”显示了标题栏样式。“工作指令”栏目中列出了可以进行的六种操作。选择“Creation（创建）”，单击“确定”按钮，结果如图 8-139（b）所示。

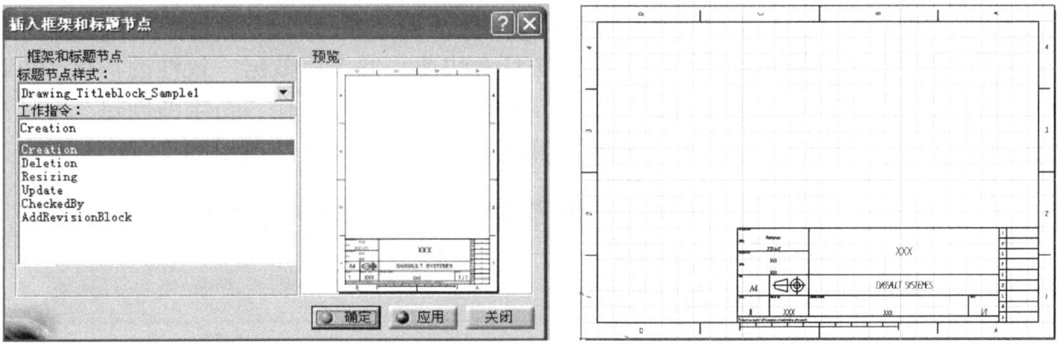

（a）　　　　（b）

图 8-139　插入所选的标题栏样式

（3）完成标题栏绘制后，需要选择【编辑】→“工作视图”菜单项，使窗口切换到绘图区。

2）建立用户自定义标题栏

利用“框架创建”工具创建的标题栏，是不符合国家标准规定的标题栏，可以利用直线、尺寸标注、约束、图形属性等工具建立符合要求的标题栏。

（1）选择【编辑】→“页背景”菜单项，将绘图窗口切换到背景设计环境。

（2）利用几何图形创建工具栏中的直线工具功能绘制如图 8-140（a）所示的标题栏。

（3）用尺寸标注工具栏中的长度标注，标注直线的长度。双击已标注的长度尺寸，弹出“尺寸值”对话框，输入修改尺寸。该功能相当于草图设计中的尺寸约束，如图 8-140（b）所示。

（4）用隐藏命令将所有的尺寸线隐藏。用批注工具栏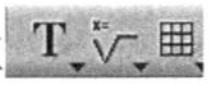中的文本和定位工具栏中的对齐功能，建立标题栏中的文字，如图 8-140（c）所示。

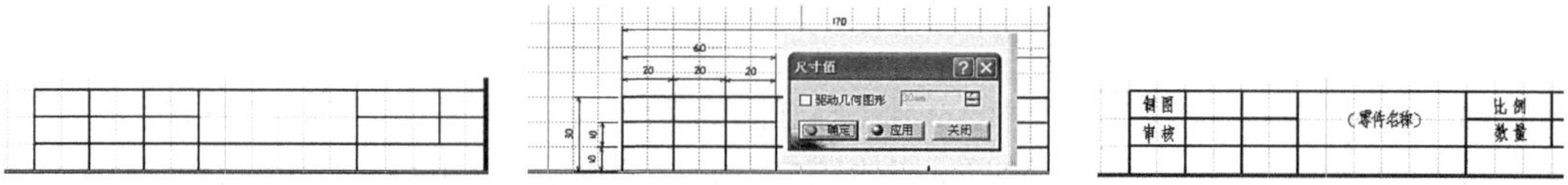

（a）　　　　（b）　　　　（c）

图 8-140　自定义标题栏

（5）完成标题栏绘制后，需要选择菜单【编辑】→“工作视图”菜单项，使窗口切换到绘图区。

2. 创建视图

视图工具栏包括正投影视图、剖面、详细视图和裁剪视图等，可以自动产生一组完整的视图。

1）创建基本视图

根据零件设计工作台中创建了零件或形体的三维模型，创成式工程制图产生工程图的方法有三种。下面以图 8-141 所示的轴承座为例说明。

（1）自动生成形体的各种视图。该方法具有快速、便捷、数据一致性的特点，可以随着形体三维模型的修改而自动更新。其方法是新建图纸时，在“新绘图创建”对话框里选择“选择自动布局”为“所有视图”，则自动生成如图 8-142 所示的工程图。

图 8-141　轴承座模型

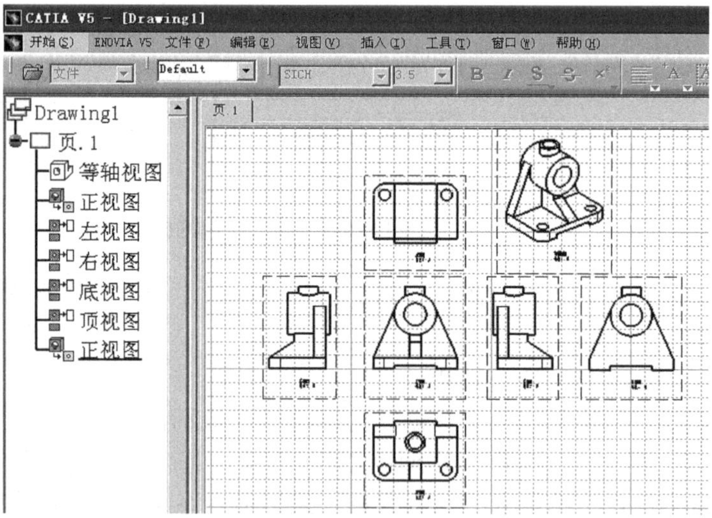

图 8-142　自动生成的工程图

（2）指定生成形体的视图。对于较复杂的实体，为了将图面表示得更清楚，常采用此方法生成形体的视图。操作步骤如下：

步骤 1　生成主视图。在零件设计环境下打开轴承座模型，选择【开始】→“机械设计”→“工程制图”菜单项，新建一张空白图纸。选择【窗口】→“垂直平铺”菜单项，将已经打开的工程图窗口与零件设计窗口并列摆放，如图 8-143（a）所示；单击视图工具栏下的黑三角，可展开投影工具栏，单击按钮，在 View. CATPart 的显示窗口中选择一个投影平面，作为主视图的参考面，本例选择组合体的“前面”，工程图窗口出现了组合体的正面投影图和一个方向控制器（用来改变投影平面的方向和角度），如图 8-143（b）所示；在图纸的空白处单击，即产生创建的主视图，如图 8-143（c）所示。

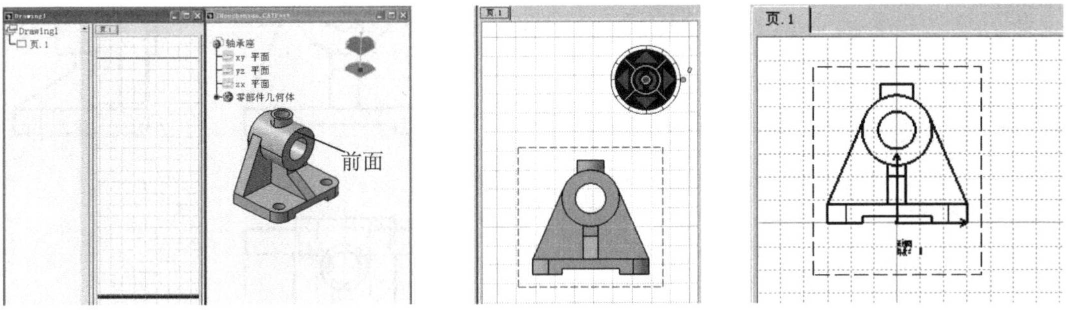

（a）　　（b）　　（c）

图 8-143　生成主视图

步骤 2　生成其他视图。单击投影视图工具按钮，用鼠标在窗口中的主视图周围移动，当鼠标停留在视图的相应位置时，系统便生成如图 8-144（a）所示的视图预览图，在预览图的绿色框中单击，即完成视图的生成，如图 8-144（b）所示。用同样的方法可以生成俯视图，即得组合体的三视图，如图 8-144（c）所示。

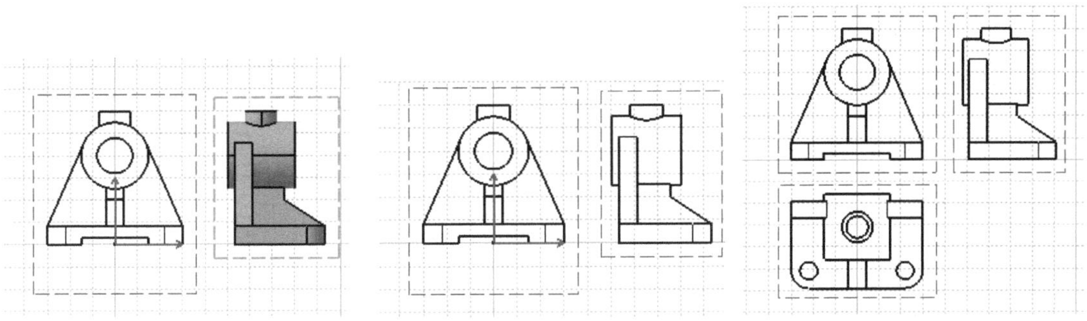

（a）　　（b）　　（c）

图 8-144　生成其他视图

步骤 3　完成三视图。在特征树上选择某个视图右击，在弹出的快捷菜单中选择“属性”菜单项，弹出如图 8-145 所示的“属性”对话框，不选默认的“显示视图框架”复选框，选中“隐藏的线”、“中心线”、“轴”复选框，单击“确定”按钮，系统自动在视图中加上虚线、圆的中心线、回转体的轴线。如图 8-146 所示。

（3）利用视图向导产生视图。该方法可以快速产生完整物体的视图，节省时间。

单击视图工具栏下的黑三角形，可展开向导工具栏。单击后三个图标可以直接确定视图的布局，单击按钮生成主视图、俯视图和左视图，如图 8-147（a）所示；单击按钮生成主视图、仰视图和右视图，如图 8-147（b）所示；单击按钮生成六个基本视图和轴测图，如图 8-147（c）所示。

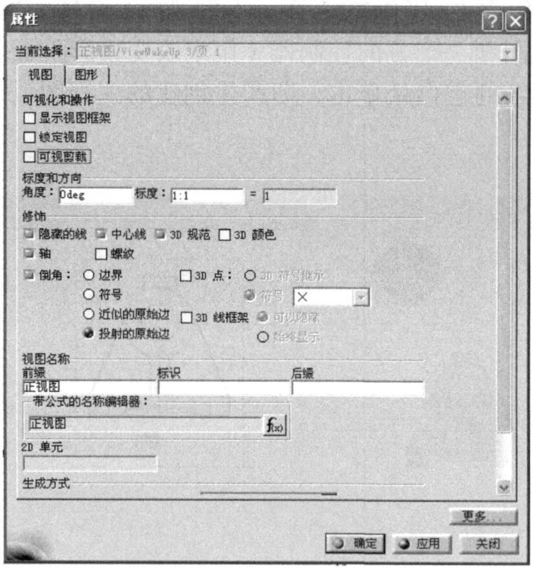

图 8-145 “属性”对话框

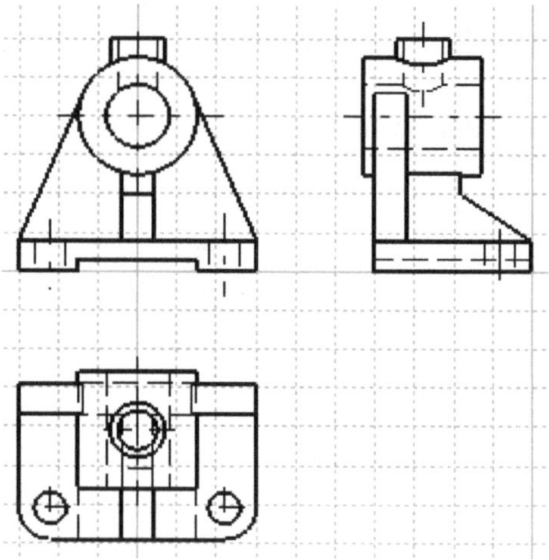

图 8-146 组合体的三视图

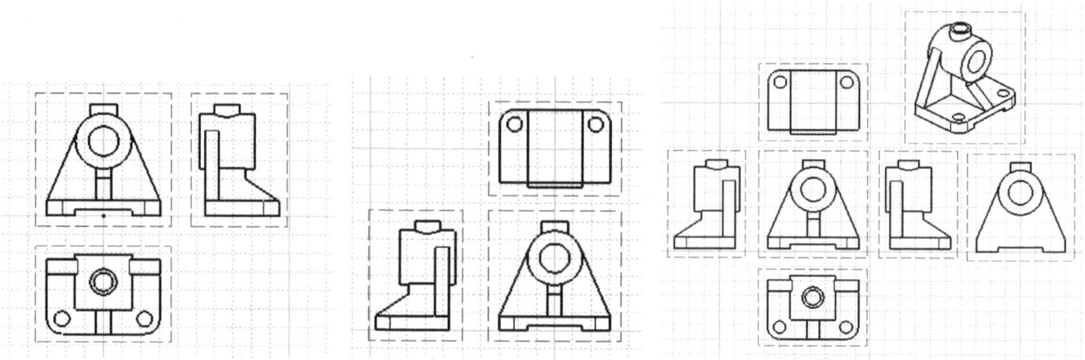

（a）（b）（c）

图 8-147 直接生成视图的布局

2）创建辅助视图

（1）斜视图。将机件向不平行于基本投影面的平面投影所得到的视图。

【例 8-10】绘制如图 8-148（a）所示壳体的斜视图。

操作步骤如下：

步骤 1 从三维建模环境进入到绘制工程图环境，创建壳体的主视图，如图 8-148（b）所示。

步骤 2 单击投影工具栏中辅助视图按钮，然后在主视图上绘制辅助线或选取视图上的某条线作为斜视图的投影方向，绘制后系统显示虚拟图标，确定视图的摆放位置单击生成斜视图，如图 8-148（c）所示。

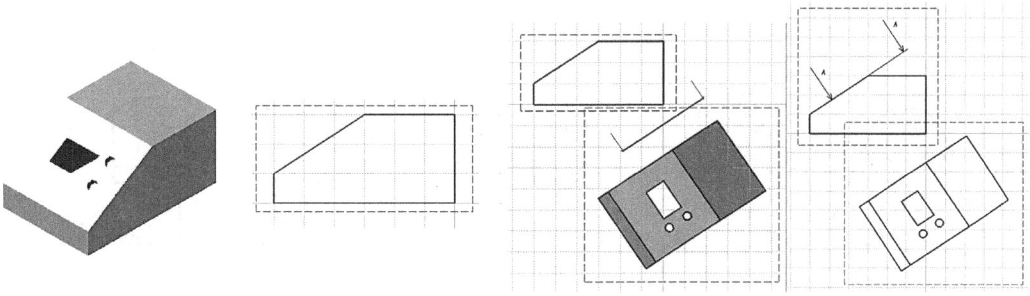

（a）　　　　　　　　　　（b）　　　　　　　　　　（c）

图 8-148　生成斜视图

（2）局部视图。将机件的某一部分向基本投影面投影所得到的视图。

【例 8-11】绘制如图 8-149（a）所示阶梯轴的局部视图。操作步骤如下：

步骤 1　在工程图工作模式下生成图 8-149（b）所示的轴的主视图。

步骤 2　单击视图工具下的黑三角形，可展开剪裁工具栏，单击快速裁剪视图按钮，然后在主视图上用鼠标确定局部视图的圆心和半径，如图 8-149（c）所示，然后单击，结果视图只剩下选择的部分，如图 8-149（d）所示。

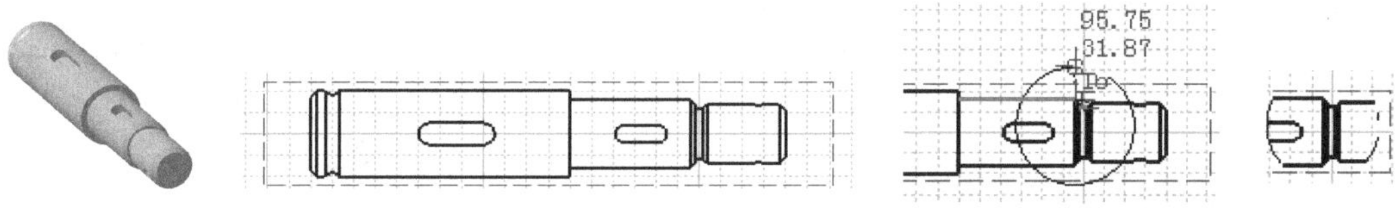

（a）　　　　　　　　（b）　　　　　　　　（c）　　　　　（d）

图 8-149　生成局部视图

3. 创建剖视图

剖视图是假想用一个剖切平面将机件剖开，移去观察者和剖切平面之间的部分，将其余部分向投影面投影所得到的图形。

绘制剖视图的截面工具栏包括偏移的截面轮廓、对齐的截面轮廓、偏移剖切和对齐剖切，可以建立各种剖视图、旋转的剖视图、无轮廓剖面图和无轮廓旋转剖面图。

1）创建全剖视图

全剖视图是用剖切平面完全剖开机件所得到的视图。

【例 8-12】绘制如图 8-141 所示组合体的剖视图。

操作步骤如下：

步骤 1　在工程图工作模式下生成主视图。单击视图工具栏中剖视图按钮，在主视图中绘制剖切线，在结束线的端点处双击，确定剖切面位置，随之将鼠标移到剖切线的左侧或者右侧，出现剖视预览图，如图 8-150（a）所示。当鼠标处于剖切线不同侧面时，投影方向也将随之改变。

步骤 2　剖视图位置确定后，在绿色框中单击，生成剖视图，如图 8-150（b）所示。

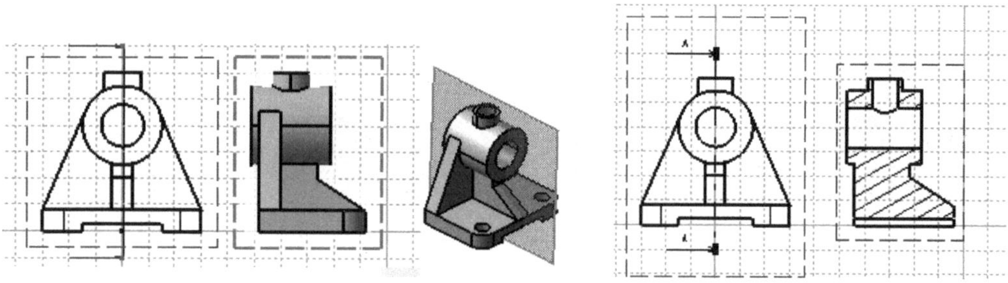

（a）　　　　　　　　　　　　　　　　　　　　（b）

图 8-150　生成剖视图

如果要创建由相交剖切平面、平行剖切平面剖切的剖视图或剖面图，单击截面工具栏上一个按钮，其操作方法同上。若单击按钮，命令执行的结果如图 8-151 所示。

2）创建局部剖视图

局部剖视图是用剖切平面局部剖开机件所得到的视图。

【例 8-13】在阶梯轴上创建局部剖视图。

操作步骤如下：

步骤 1　在工程图工作模式下生成图 8-152（a）所示的轴的主视图。

步骤 2　单击视图工具栏中下的黑三角，可展开断开视图工具栏。单击按钮，在主视图中绘制需要剖切范围的边线，如图 8-152（a）所示，双击可以封闭轮廓，弹出如图 8-152（b）所示的“3D 查看器”对话框，显示了剖切平面的位置。单击“确定”按钮，返回到绘图窗口中，结果如图 8-152（c）所示。

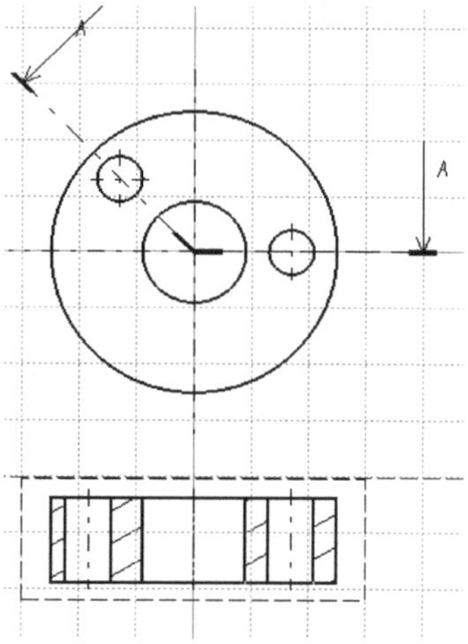

图 8-151　旋转的剖视图

3）创建断面图

断面图是假想用剖切平面将机件的某处切断，仅画出剖切平面与机件接触部分的图形。

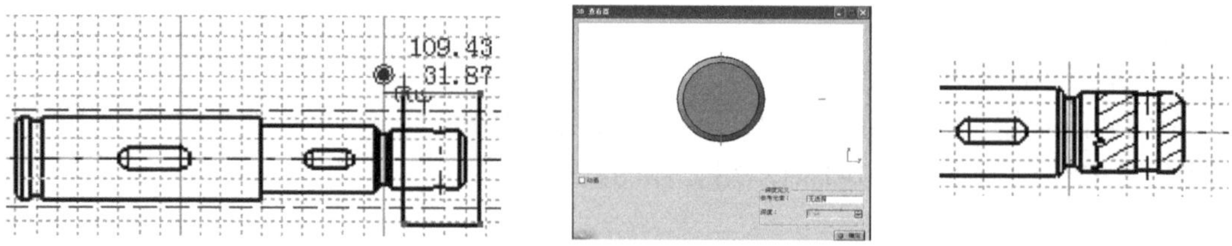

（a）　　　　　　　　　　（b）　　　　　　　　　　（c）

图 8-152　阶梯轴的局部剖视图

【例 8-14】在阶梯轴上创建断面图。

单击按钮，操作方法与【例 8-12】相同，命令执行的结果如图 8-153 所示。

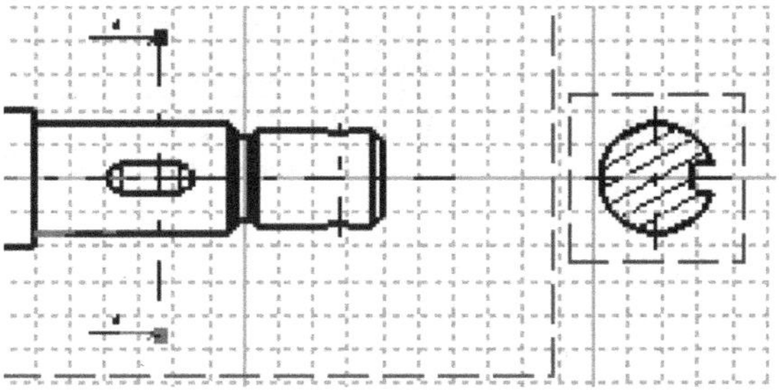

图 8-153　阶梯轴的断面图

4. 创建局部放大图

局部放大图是用大于原图比例画出的机件上局部结构的图形。

详细信息工具栏可以帮助用户建立各种局部放大图，包括局部放大视图、区域放大视图、快速局部放大图、快速区域放大视图。

【例 8-15】在阶梯轴上创建局部放大图。

操作步骤如下：

步骤 1　在工程图工作模式下生成轴的主视图。

步骤 2　单击详细信息工具栏中详细视图按钮，在主视图中选择圆心的位置，在弹出的“工具选用板”对话框中输入半径或者用鼠标直接拾取，如图 8-154（a）所示。

步骤 3　用鼠标确定局部放大图的位置后，单击结果如图 8-154（b）所示。

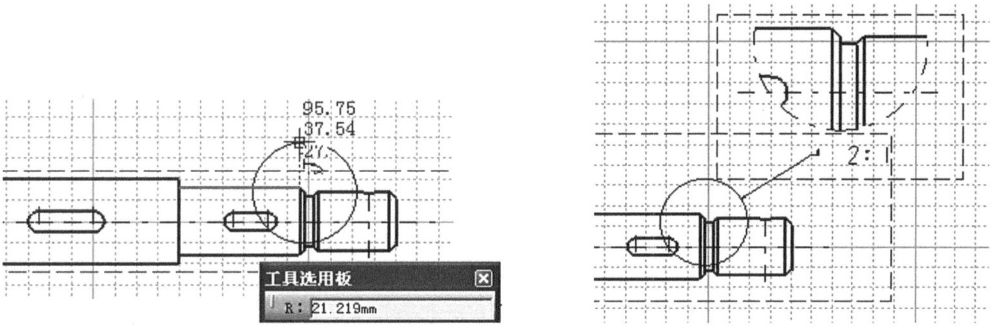

（a）　　（b）

图 8-154　轴的局部放大图

5. 创建断开视图

断开视图是当一个机件较长且形状及尺寸没有变化时，可以将没有变化的部分断开。

【例 8-16】在如图 8-155（a）所示的阶梯轴上创建断开视图。

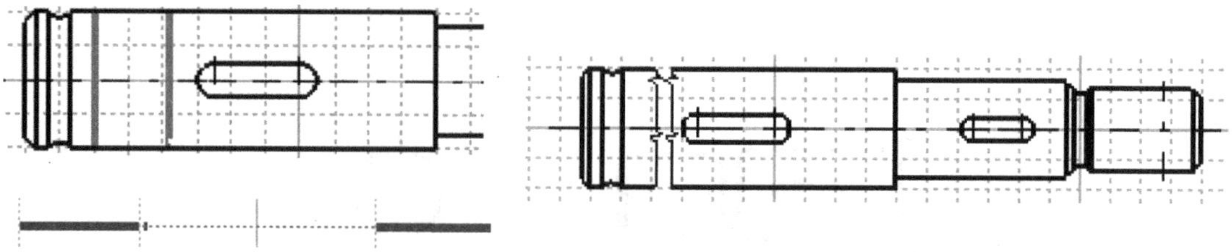

（a）　　　　　　　　　　　　（b）

图 8-155　生成断开视图

操作步骤如下：

步骤 1　单击视图工具栏中断开视图按钮，在视图内用单击打断线经过的第一点，然后沿着与打断方向垂直的方向移动鼠标，出现一条绿色的线时单击，这时出现一条与打断方向相同的红线，然后在视图内沿红线方向移动绿线到打断位置的第二点单击左键，确定打断范围，如图 8-155（a）所示。

步骤 2　完成上述操作后单击，经过这两点的两条绿色线之间的部分即被移去，结果如图 8-155（b）所示。

三、交互式工程绘图

交互式工程绘图是利用工程图设计工作台提供的几何图形创建工具等来完成工程图绘制的方法。

1. 新建图纸

（1）进入绘制工程图环境。操作方法与创成式工程绘图相同。

（2）选择【插入】→“绘图”→“新视图”菜单项，或者单击绘图工具栏的新视图按钮，在绘图区单击左键确定视图的摆放位置，如图 8-156（a）所示。图中包含视图坐标系、视图名称及绘图比例。

（3）继续单击按钮，以主视图为中心，当鼠标移到主视图周围时，出现了继承视图，如图 8-156（b）所示。

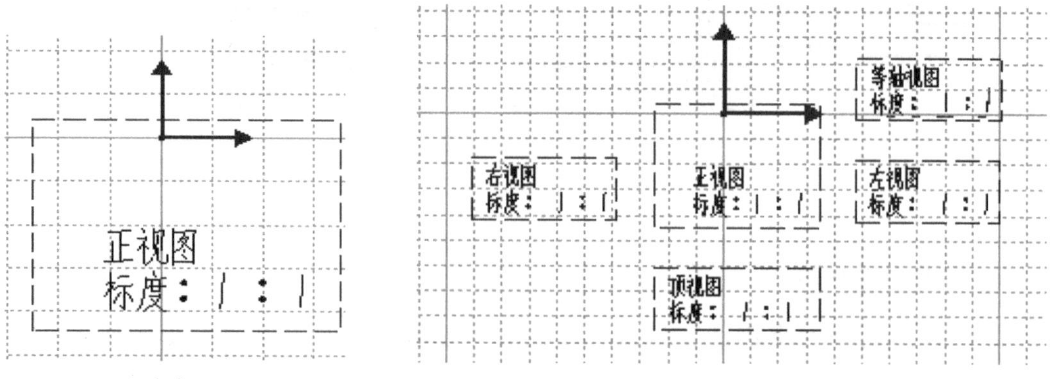

（a）　　　　　　　　　　　　（b）

图 8-156　生成视图绘图区

2. 绘制图形

几何元素的绘制及修改功能与草图设计工作台的功能一致。

下面以如图 8-157 所示的机件为例，说明绘图机件三视图的过程。

1）建立主视图

单击按钮，确定主视图位置，方框为红色时，表示该视图为激活的视图。利用创建几何图形工具栏中的或，绘制可见的轮廓线，视图方框自动调整为能容纳几何图形的大小，如图 8-158（a）所示。

图 8-157　机件模型

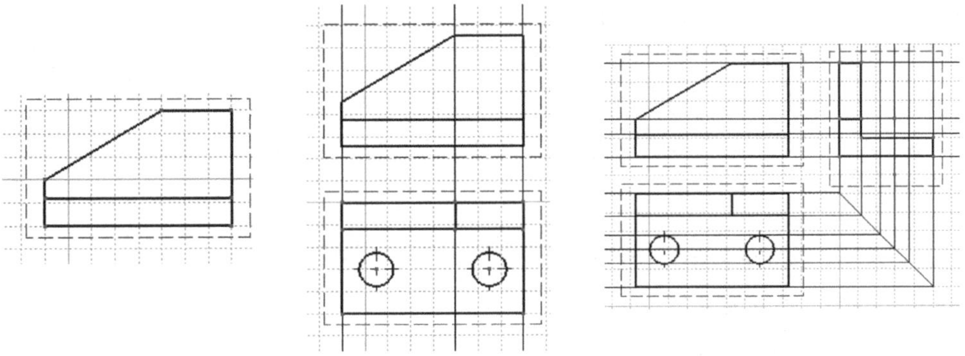

（a）　（b）　（c）

图 8-158　交互式绘制三视图

2）添加俯视图

（1）单击按钮，在主视图下方单击即可建立俯视图绘图区。此时方框为蓝色，双击俯视图的方框，使其变为红色的激活的视图。

（2）将鼠标移至主视图的方框处，右击，弹出快捷菜单，选择“正视图对象”→“显示折线”菜单项，图中显示一组长对正的投射线。

（3）利用或及投射线，绘制轮廓线。单击按钮，绘制两个圆。选择菜单【插入】→“修饰”→“轴和螺纹”→“中心线”菜单项或单击图标，选择圆，添加圆的中心线。此时完成俯视图的绘制，如图 8-158（b）所示。

（4）将鼠标移至主视图的方框后右击，弹出快捷菜单，选择“主视图 对象”→“隐藏折线”菜单项，折线消失。

3）添加左视图

（1）双击主视图的方框激活主视图，单击按钮，在主视图右方单击即可生成左视图绘图区。方框为蓝色，双击左视图的方框，使其变为激活的视图。

（2）将鼠标移至主视图的方框处右击，弹出快捷菜单，选择“正视图对象”→“显示折线”菜单项，显示一组高平齐的投射线。同样，将鼠标移至俯视图的方框处右击，弹出快捷菜单，选择“俯视图对象”→“显示折线”菜单项，显示从俯视图到左视图宽相等的投射线。

（3）利用主、俯、左视图的投射线及或，便捷准确地绘制左视图的轮廓线，如图 8-158（c）所示。

4）修改主视图

（1）显示从俯视图到主视图的投射线。利用工具，绘制孔的轮廓线；单击绘制内螺纹小径的圆，并添加圆的中心线。

（2）单击轴和螺纹工具中的轴线工具，选取孔的两条轮廓线，添加孔的轴线。

（3）单击图形属性工具栏的线宽图标，设置线宽为 0.2mm；单击线型图标，设置为实线，单击工具，绘制波浪线。

（4）绘制螺纹。选择【插入】→“修饰”→“轴和螺纹”→“螺纹”菜单项，或单击图标，选择需要增加螺纹记号的圆，即生成螺纹。

（5）绘制剖面线。操作步骤如下：

步骤 1　选择【插入】→“修饰”→“区域填充”菜单项，或单击区域填充创建工具，弹出“工具选用板”对话框，选择自动检测选项，单击选择填充区域，结果如图 8-159（a）所示。如果选择轮廓选择选项，则需要选择封闭区域的轮廓线，并在区域内部单击，完成填充。

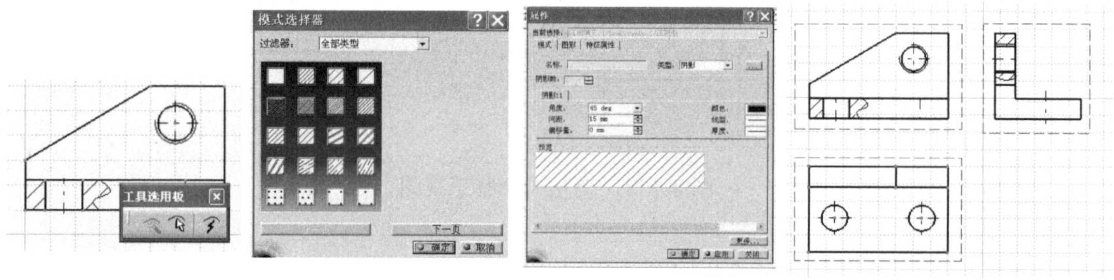

（a）　　（b）　　（c）　　（d）

图 8-159　交互式绘制方法修改三视图

步骤 2　单击图形属性工具栏工具，弹出如图 8-159（b）所示的“模式选择器”对话框，通过该对话框可以选用填充图案。双击已填充的剖面线，弹出如图 8-159（c）所示的“属性”对话框，可以对填充的剖面线的图案、倾斜角度、间距、颜色、线型、线宽进行修改。

完成主视图的修改之后，用同样的方法修改左视图，结果如图 8-159（d）所示。

四、工程图的标注与注释

尺寸标注是工程图的一个重要组成部分。CATIA V5 提供了强大的工程图标注功能，可以根据需要完成各种标注。

下面以图 8-160 所示的支架视图为例，说明一般尺寸的标注方法。

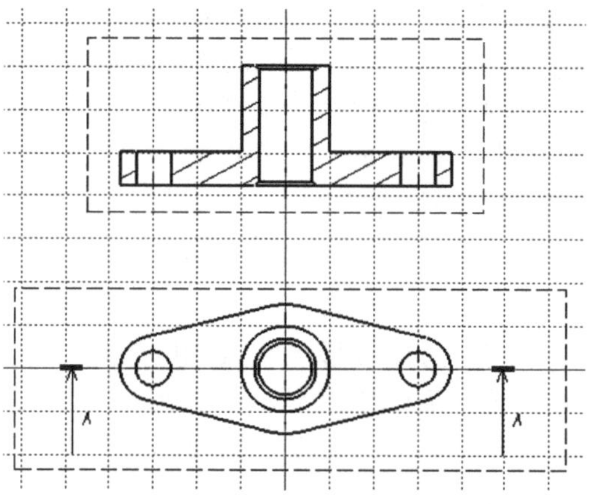

图 8-160　支架视图

选择菜单【插入】→“标注”菜单项，或者单击尺寸标注工具栏中按钮左下角的黑三角，可展开尺寸标注工具栏和工具选用板工具栏，基本的尺寸标注都可以用这些工具栏来完成。

1. 尺寸的标注

1）线性尺寸的标注

（1）单个尺寸的标注。单击按钮，弹出工具选用板，可以结合要标注的对象在工具板中作进一步的选择，然后单击所要标注的元素即可，如果要标注两条轮廓线之间的尺寸关系，依次选择两个元素即可，如图 8-161（a）所示。

（2）累计尺寸标注。单击工具按钮，弹出工具选用板，依次选择要标注的元素，所标注的尺寸会自动累加起来，选择完成后，在空白处单击，结束标注，如图 8-161（b）所示。

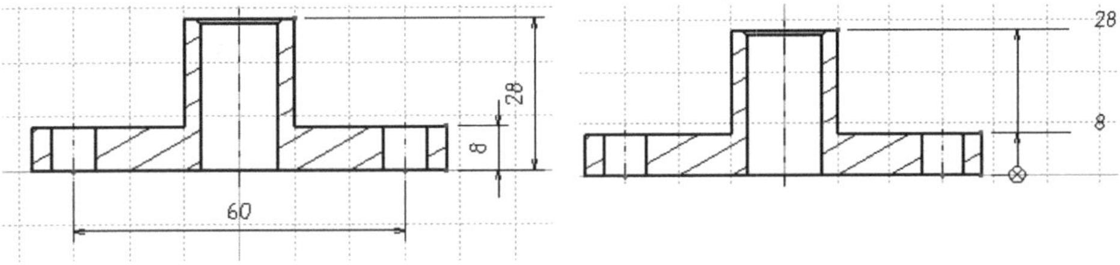

（a）　　　　（b）

图 8-161　线性尺寸标注

2）圆和圆弧尺寸的标注

（1）直径标注。单击工具按钮，在弹出的工具选用板中选择一种合适的标注方式，用鼠标选择圆的转向线或者圆，选择完成后，在空白处单击，结束标注，如图 8-162 所示。

（2）半径标注。单击工具按钮，用鼠标选择要标注的圆弧，选择完成后，在空白处单击，结束标注，如图 8-162 所示。

3）角度尺寸标注

单击工具按钮，选择需要标注的角度的两条边，右击可以修改角度的标注方式，如图 8-163 所示。

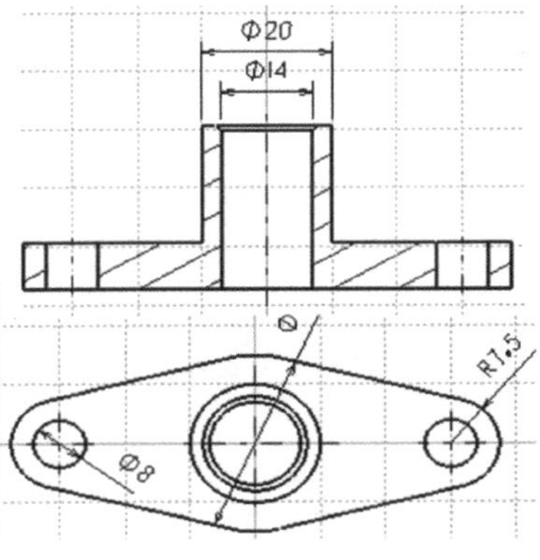

图 8-162　圆和圆弧标注

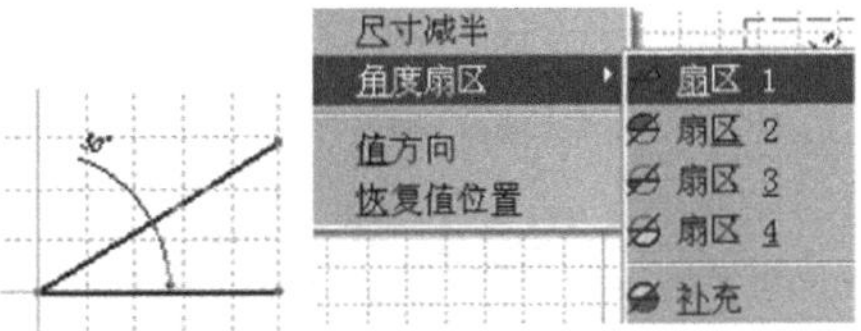

图 8-163　角度标注

4）倒角尺寸标注

单击工具按钮后，在弹出的工具选用板中选择一种合适的标注方式，单击倒角边，拖动鼠标在合适的位置单击即可，如图 8-164 所示。

5）螺纹标注

单击工具按钮后，选择要标注的螺纹，系统自动完成标注，如图 8-165 所示。

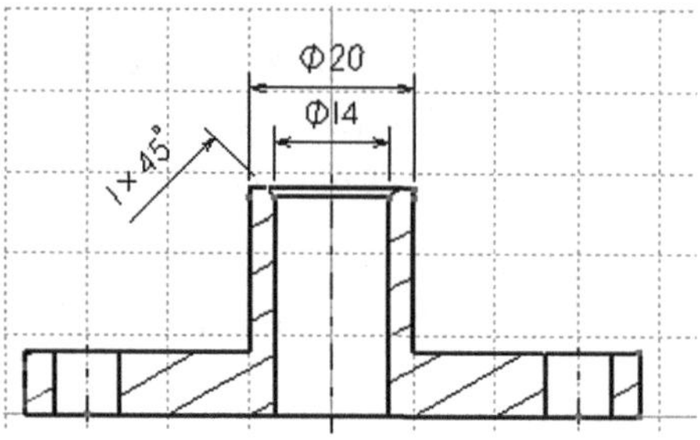

图 8-164　倒角标注

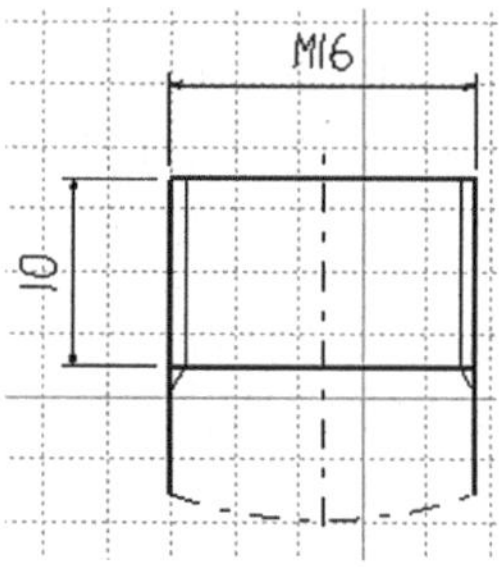

图 8-165　螺纹标注

2. 设置或修改尺寸

1）通过对话框设置或修改尺寸

可以对标注的尺寸进行属性设置，包括尺寸线的形状、文字位置、文字类型等。

在需要修改的尺寸上右击，在弹出的快捷菜单中选择“属性”，弹出如图 8-166 所示的“属性”对话框。该对话框有九个选项卡:“值”、“公差”、“尺寸线”、“扩展线”、“尺寸文本”、“字体”、“文本”、“图形”和“特征属性”。

2）利用尺寸操纵器编辑尺寸

（1）选择菜单【工具】→“选项”菜单项，弹出如图 8-167 所示的“选项”对话框，在左边的列表中选择“工程制图”，单击“操纵器”选项卡。

（2）“操纵器”选项卡中,“参考大小”微调框用于设定操纵器标记的大小，选中“可缩放”复选框时，操纵器标记的大小将随显示比例的大小改变。

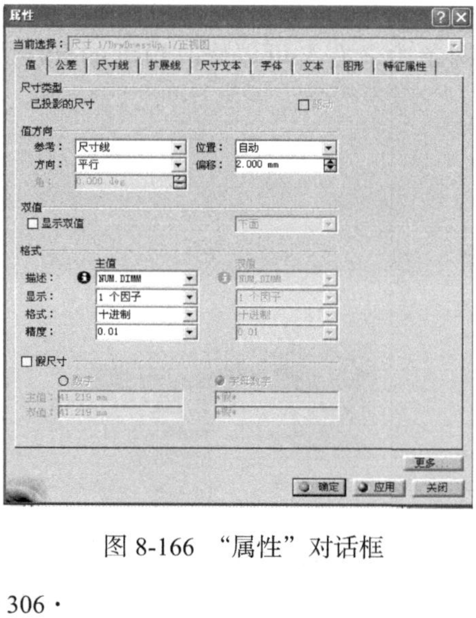

图 8-166　“属性”对话框

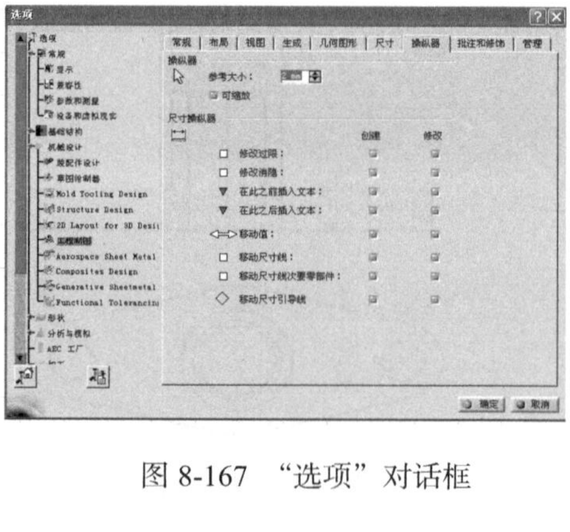

图 8-167　“选项”对话框

（3）“尺寸操纵器”选项组的组成和功能：尺寸操纵器由⇔、□、▼三种标记组成，可以附着到尺寸上，如图 8-168（a）所示。标记的功能如下。

① 拖动标记⇔，尺寸沿尺寸线方向移动；

② 拖动尺寸线上的标记□，尺寸线沿尺寸界线方向移动；拖动尺寸界线起点的标记□，可调整尺寸界线起点与被标注对象的距离；拖动尺寸界线终点的标记□，可调整尺寸界线终点超出尺寸线的距离，如图 8-168（b）所示；

③ 单击尺寸文本前的标记▼，弹出如图 8-168（c）所示的“前面插入文本”对话框，可以插入或修改尺寸文本的前缀；单击尺寸文本后的标记▼，可以插入或修改尺寸文本的后缀。

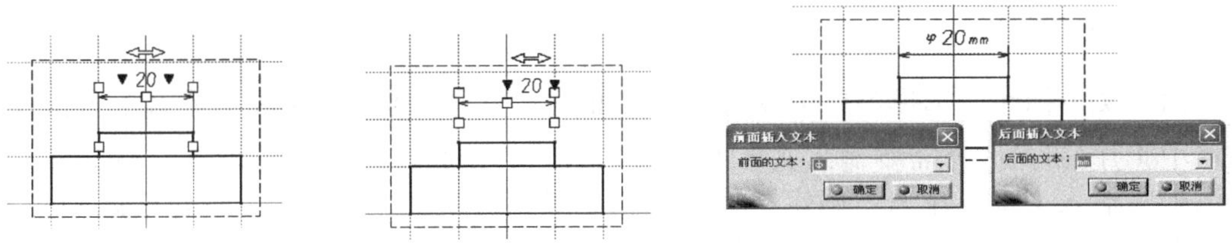

（a）　　（b）　　（c）

图 8-168　利用尺寸操纵器编辑尺寸

“尺寸操纵器”选项组的每一项都有“创建”和“修改”两个复选框。

3. 几何公差的标注

几何公差包括形状公差、方向公差、位置公差和跳动公差。

（1）建立基准代号。选择菜单【插入】→“尺寸标注”→“公差标注”→“基准特征”菜单项，或单击标注尺寸工具栏中按钮。用鼠标选择作为基准的几何元素，弹出基准符号，移动鼠标确定基准符号的位置单击左键，弹出“基准特征创建”对话框，设定基准代号的字母后，单击“确定”按钮，完成基准代号的建立，如图 8-169 所示。

（2）建立几何公差。单击尺寸标注工具栏中按钮。选择需要标注的几何元素，弹出不完整的带箭头的框格，移动鼠标确定标注的位置后，弹出如图 8-170（a）所示的“几何图形公差”对话框。

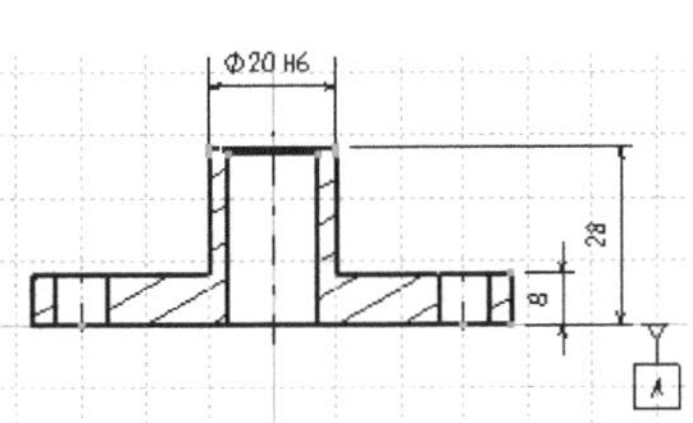

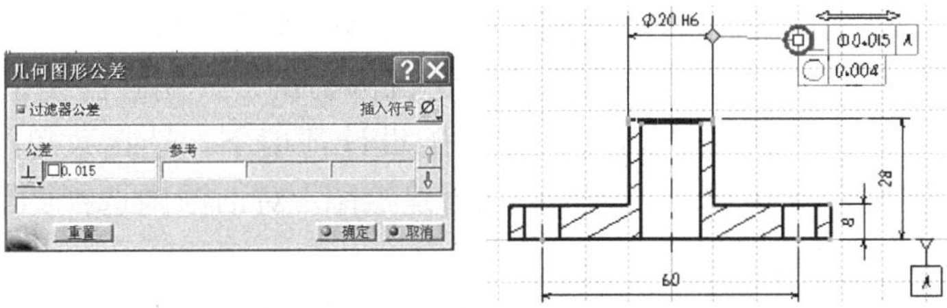

（a）　　（b）

图 8-169　建立基准代号　　图 8-170　几何公差的参数设定

（3）输入框格参数。“插入符号”表示可插入按钮Ø中的符号到公差标注中；“公差”用于设置公差类型，单击公差符号⊥按钮选择需要的符号，并在其右侧输入公差值；

“参考”用于设置基准符号，用键盘输入或用鼠标在视图已标注的框格中选择填入；按钮用于增加一项公差框格。单击“确定”按钮，完成参数设置。公差框格上方的左右箭头及左侧的圆圈用于移动公差的标注位置，位置确定后单击，完成几何公差的建立，如图 8-170（b）所示。

4. 表面粗超度的标注

单击批注工具栏中的表面粗超度工具，用鼠标选择需要标注的几何元素，弹出“粗糙度符号”对话框。设置完对话框后，单击“确定”按钮，结果如图 8-171 所示。

5. 文本标注

（1）文本标注。选择菜单【插入】→“批注”→“文本”菜单项，或者单击批注工具栏中按钮。选择需要输入文本的位置单击左键，弹出“文本编辑器”对话框，在对话框中输入文本，单击“确定”按钮，得到如图 8-172 所示的处于编辑状态的文本，单击方框外任意一点，完成文本标注。

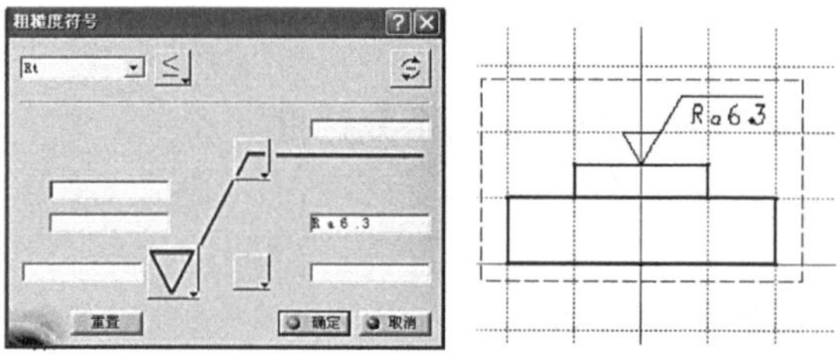

图 8-171　表面粗糙度的标注

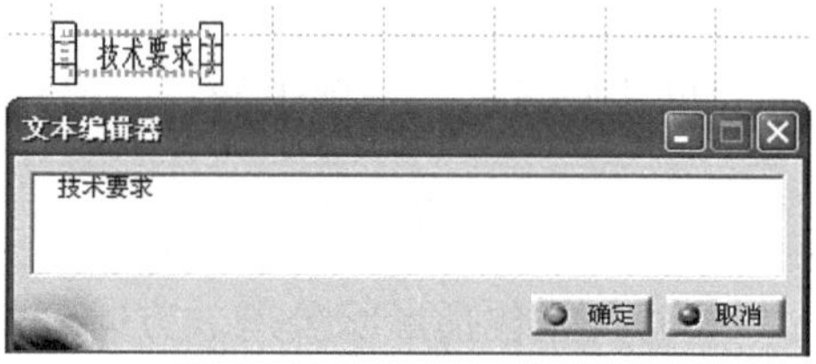

图 8-172　“文本编辑器”对话框

（2）修改文本。双击要修改的文本，在弹出的“文本编辑器”对话框中即可修改文本的内容。单击要修改的文本，通过“文本属性”工具栏可进行文本的字体、字高等特性的修改。

五、生成装配图

CATIA V5 的工程绘图模块提供的两种类型的绘图功能同样可以用于装配图的生成。生成装配图就是将装配图的三维模型转换成二维工程装配图样。

下面以图 8-173 所示的滚轮机构为例，说明装配图的生成过程。

（1）确定图纸大小。在装配设计环境下，选择菜单【开始】→“机械设计”→“工程制图”菜单项，在弹出的“新建绘图”对话框内选择图纸大小（A3）、标准、空白图纸，单击“确定”按钮。

（2）绘制图框、标题栏或插入已有的工程图框。

（3）生成投影图。在视图工具栏中选择主视图工具。在 View.CATProduct 的显示窗口中选择一个投影平面，生成主视图，右击，在弹出的快捷菜单中选择“属性”菜单项，设置绘图比例为 1∶2，单击“应用”按钮，再单击“确定”按钮。在视图工具栏中单击投影视图按钮，生成俯视图，结果如图 8-174 所示。

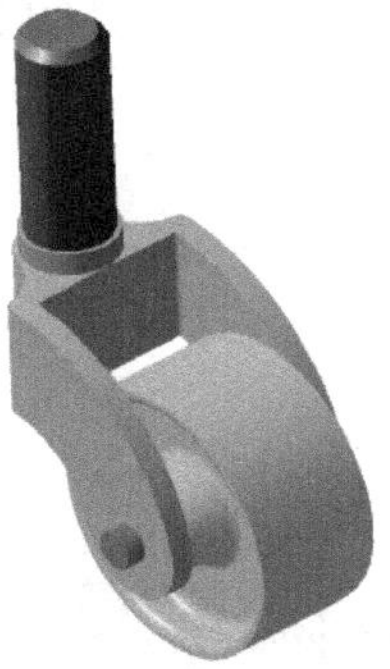

图 8-173　滚轮机构

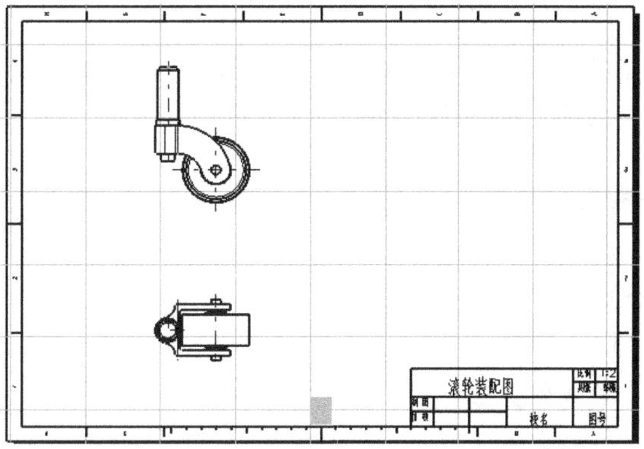

图 8-174　滚轮机构装配图

若需要生成若干个子零件的投影视图，单击主视图按钮，在装配设计工作台中的特征树中按住 Ctrl 键选择需要生成视图的子零件，然后在几何显示区确定投影平面，如图 8-175（a）所示，完成后的投影图如图 8-175（b）所示。

（4）标注装配图的尺寸，如图 8-176 所示。

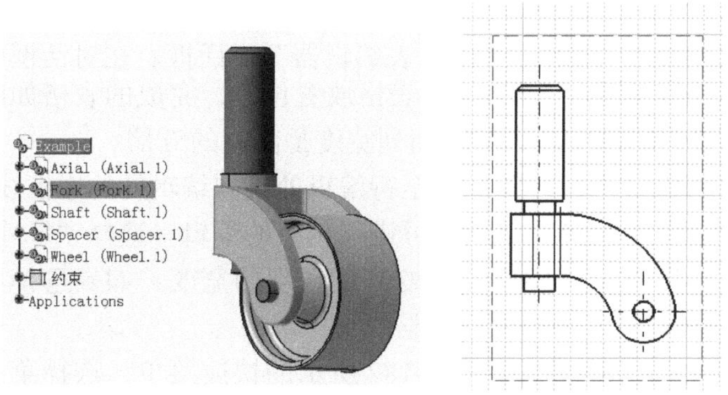

（a）　　（b）

图 8-175　生成子零件的投影图

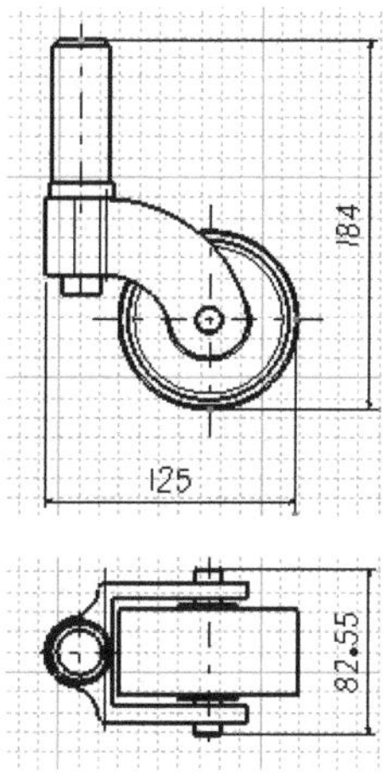

图 8-176　标注尺寸

（5）编注零（部）件的序号。

单击批注工具栏中下的黑三角形，可展开文本工具栏，单击序号按钮，选择需要标注的零件，在弹出的“标识符创建”对话框中输入需要标注的序号，确定摆放位置，单击完成标注。单击序号的圆圈拖动鼠标可对位置进行编辑，在圆圈上右击，在弹出的快捷菜单中选择“属性”可对其字体大小等进行编辑；双击序号的圆圈可以对其内容进行编辑，结果如图 8-177 所示。

可以自动生成零件序号。在生成工具栏中单击生成标识符按钮，系统自动完成零件序号的编排，如图 8-178 所示。

但是，如果装配体中的零件没有进行过编号，则无法自动生成工程图的零件序号。

在装配设工作台中，对零件进行编号的方法为：单击产品结构工具栏中的生成零件编号按钮，在特征树选中装配体，弹出如图 8-179 所示的对话框，选择编号的类型后，单击“确定”按钮，系统便自动完成零件的编号。

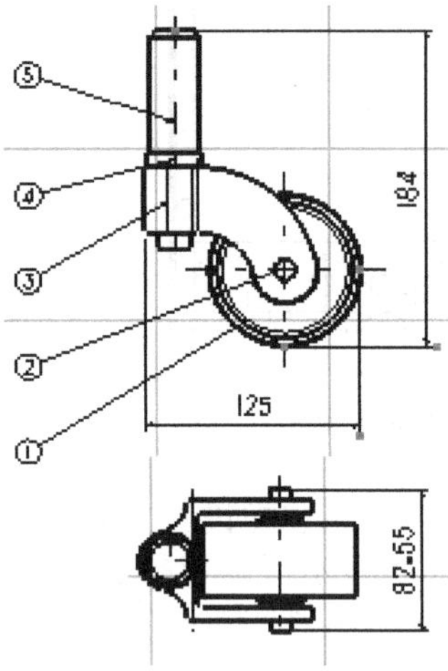

图 8-177　编制零件序号

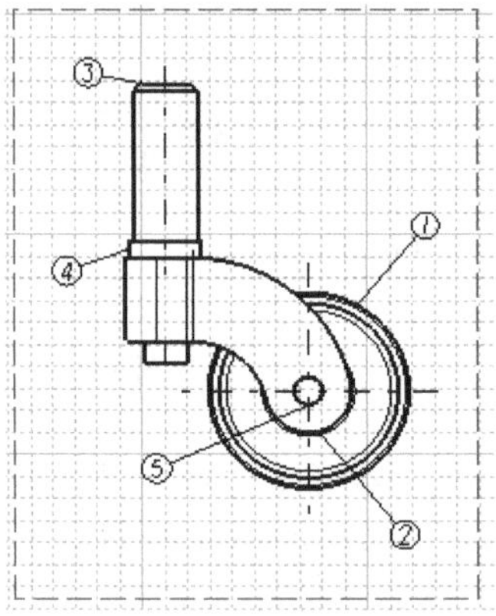

图 8-178　自动生成零件序号

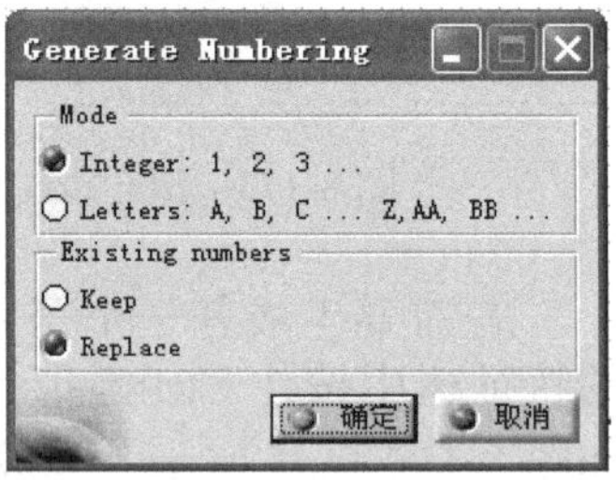

图 8-179　“生成序号”对话框

（6）绘制明细栏。操作步骤如下：

步骤 1　在批注工具栏中单击表格工具，弹出“表编辑器”对话框。在对话框中设置表格的列数和行数，单击“确定”按钮，单击选择表格放置位置，完成的表格如图 8-180 所示。表格的行高度是按照字体的高度设定的，而列宽度是高度的五倍。

步骤 2　双击表格使其处于可编辑状态，将鼠标移至行编辑处或列编辑处的边框线，右击，弹出如图 8-181 所示的快捷菜单，选择菜单项，可进行相应的编辑。选择“尺寸”下的“设置大小”，在弹出的“大小”对话框中输入行的高度或列的宽度。如果选择自动适合，行高度或者列的宽度将按输入的文字来进行调整。

步骤 3　若将鼠标移到黑框处右击，则弹出如图 8-182 所示的快捷菜单，选择菜单项，可进行相应的编辑。

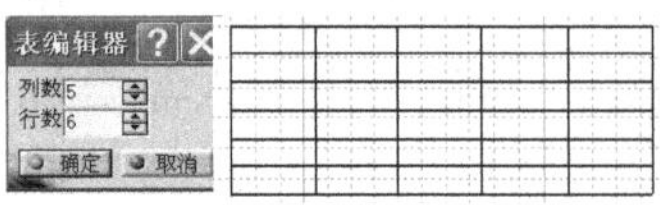

图 8-180　绘制表格

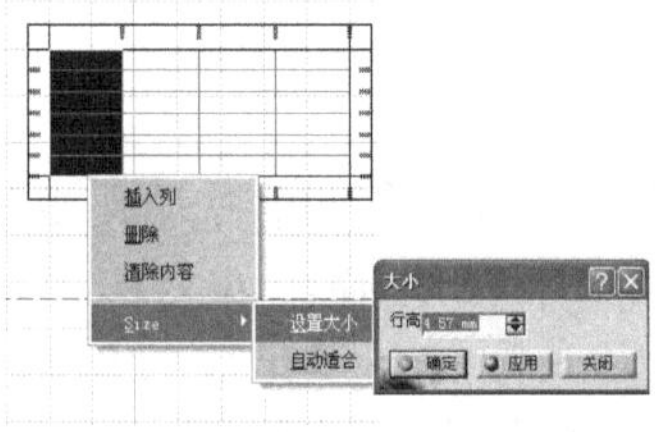

图 8-181　编辑表格高度和宽度

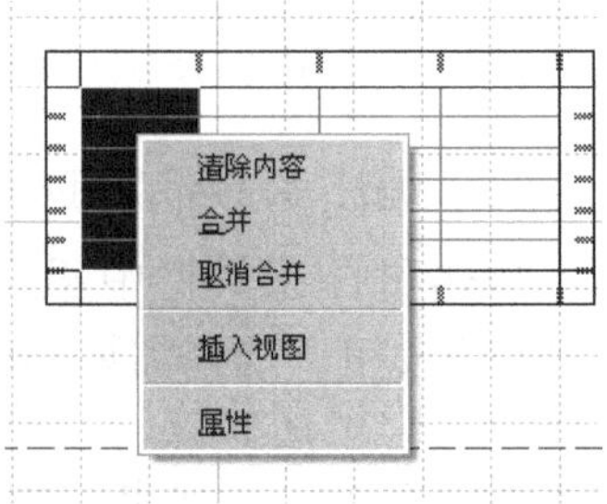

图 8-182　编辑表格

步骤 4　填写明细栏。双击表格，使其处于编辑状态，在表格的单元格中双击，弹出“文字编辑”对话框，输入需要显示的文字，如图 8-183（a）所示。单元格中的文字修改可右击，在弹出的快捷菜单中选择“属性”菜单项，在弹出的“属性”对话框中进行修改。完成的明细栏如图 8-183（b）所示。

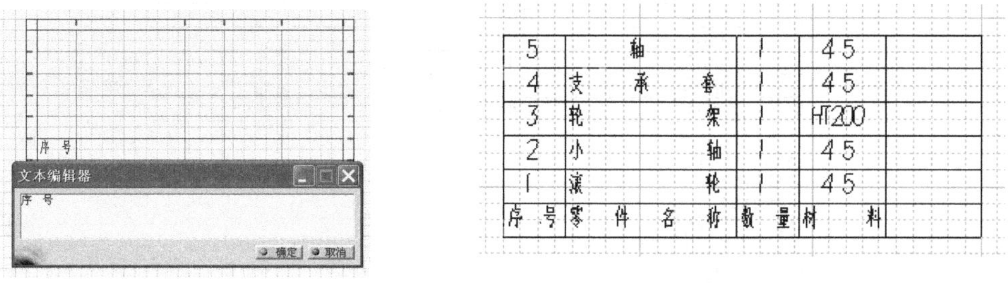

（a）　　　　　　　　　　　　（b）

图 8-183　填写明细栏

步骤 5　将鼠标移至表格位置，按住鼠标的左键可拖动表格到指定的位置。绘制完成的装配图如图 8-184 所示。可单击批注工具栏中插入表格工具，将已有的表格插入到工程图中。

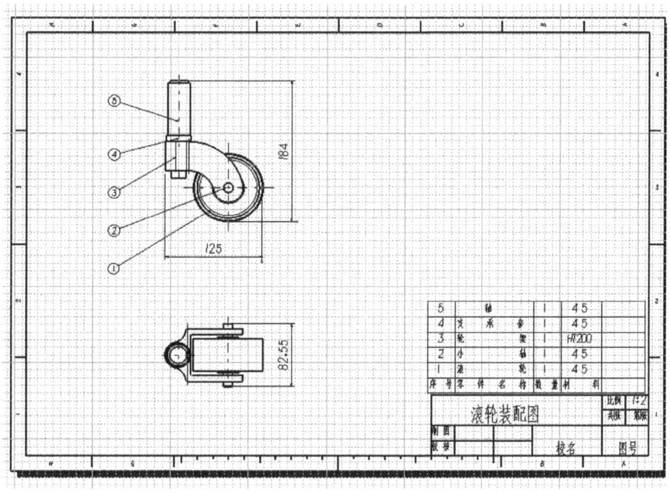

图 8-184　完成的滚轮装配图

（7）材料清单。装配体中的零（部）件，可以在工程图中列表显示。操作过程如下：

步骤 1　在工程绘图窗口中，选择菜单【编辑】→“页背景”菜单项，绘图窗口切换到背景设计环境。

步骤 2　在绘图工具栏中单击材料清单工具后，切换到装配体设计工作台，在特征树中选择整个产品。

步骤 3　返回到工程绘图窗口中，选择材料清单位置后，单击，系统自动完成材料清单的建立，如图 8-185 所示。

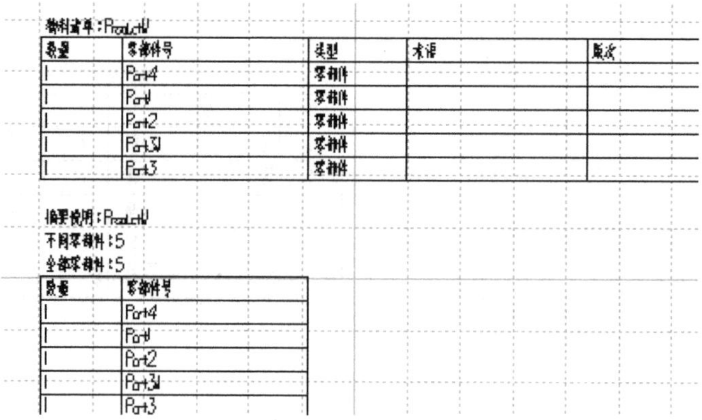

物料清单：ProductW

数量	零部件号	类型	术语	版次
1	Part4	零部件		
1	PartW	零部件		
1	Part2	零部件		
1	Part3W	零部件		
1	Part3	零部件		

摘要说明：ProductW
不同零部件：5
全部零部件：5

数量	零部件号
1	Part4
1	PartW
1	Part2
1	Part3W
1	Part3

图 8-185　材料清单

参 考 文 献

大连理工大学工程画教研室 . 2003 . 机械制图 . 北京：高等教育出版社

何铭新，钱可强 . 2003 . 机械制图 . 北京：高等教育出版社

李学志，李岩松 . 2004 . CATIA 实用教程 . 北京：清华大学出版社

李玉菊，张东梅 . 2008 . 工程制图 . 北京：科学出版社

刘朝儒，彭福阴，高振一 . 2001 . 机械制图 . 北京：高等教育出版社

全国技术产品文件标准化技术委员会，中国标准出版社第三编辑室 . 2009a . 全国产品文件标准汇编机械制图卷 . 2 版 . 北京：中国标准出版社

全国技术产品文件标准化技术委员会，中国标准出版社第三编辑室 . 2009b . 全国产品文件标准汇编技术制图卷 . 2 版 . 北京：中国标准出版社

单岩 , 谢龙汉 . 2005 . CATIA V5 零件设计 . 北京：清华大学出版社

王成刚，张佑林，赵奇平 . 2003 . 工程图学简明教程 . 武汉：武汉理工大学出版社

杨裕根 . 2003 . 现代工程工程图学 . 北京：北京邮电大学出版社

曾洪江，黄聪 . 2004 . CATIA V5 机械设计从入门到精通基础篇 . 北京：清华大学出版社

赵大兴，李天宝 . 2001 . 工程图学 . 北京：机械工业出版社

周克绳，程军，李玉菊 . 1996 . 工程制图 . 北京：兵器工业出版社

附　　录

一、螺纹

1. 普通螺纹（摘自 GB/T 139—2003、GB/T 196—2003）

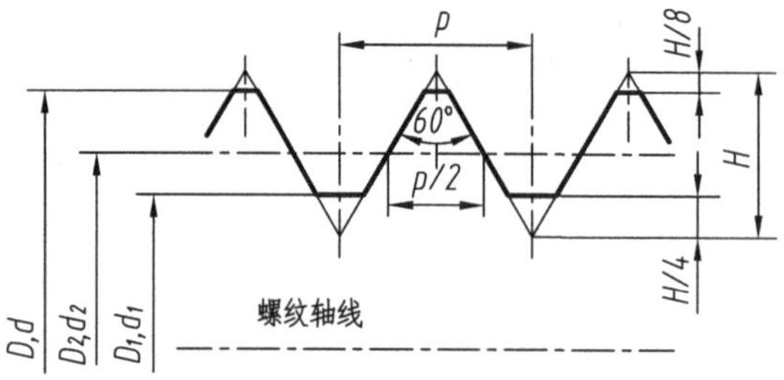

$$D_1 = D - 2\times\frac{5}{8}H,\ D_2 = D - 2\times\frac{3}{8}H$$

$$d_1 = d - 2\times\frac{5}{8}H,\ d_2 = d - 2\times\frac{3}{8}H$$

$$H = \frac{\sqrt{3}}{2}P = 0.866P$$

式中，D 为内螺纹大径；d 为外螺纹大经；D_1 为内螺纹小径；d_2 为外螺纹小径；D_2 为内螺纹中径；d_2 为外螺纹中径；P 为螺距；H 为原始三角形高度。

标记示例：

粗牙普通螺纹，大径为 16mm，螺距为 2mm，右旋，内螺纹中径和顶径的公差带代号均为 6H，该螺纹标记为：M16—6H；

细牙普通螺纹，大径为 16mm，螺距为 1.5mm，左旋，外螺纹中径公差带代号为 5g、大径为 6g，该螺纹标记为：M16×1.5LH—5g6g。

附表 1　普通螺纹直径与螺距系列、基本尺寸　　（单位：mm）

公称直径 D、d		螺距 P		粗牙小径 D_1、d_1	公称直径 D、d		螺距 P		粗牙小径 D_1、d_1
第一系列	第二系列	粗牙	细牙		第一系列	第二系列	粗牙	细牙	
3		0.5	0.35	2.459	20		2.5	2>1.5>1>(0.75)>(0.5)	17.294
	3.5	(0.6)		2.850		22	2.5	2>1.5>1>(0.75)>(0.5)	19.294
4		0.7	0.5	3.0242	24		3	2>1.5>(0.75)	20.752
5		0.8		4.134		27	3	2>1.5>1>(0.75)	23.752
6		1	0.75>(0.5)	4.917	30		3.5	(3)>2>1.5>1>(0.75)	26.211
8		1.25	1>0.75>(0.5)	6.647		33	3.5	(3)>2>1.5>(1)>(0.75)	29.211
10		1.5	1.25>1>0.75>(0.5)	8.376	36		4	3>2>1.5>(1)	31.670
12		1.75	1.5>(1.25)>1>(0.75)>(0.5)	10.106		39	4		34.670
	14	2	1.5>(1.25)>1>(0.75)>(0.5)	11.835	42		4.5	(4)>3>2>1.5>1	37.129
16		2	1.5>1>(0.75)>(0.5)	13.835		45	4.5		40.129
	18	2.5	2>1.5>1>(0.75)>(0.5)	15.294	48		5		42.587

注：1. 优先选用第一系列，括号内的数尽量不用。

2. 第三系列未列入，中径 D_2、d_2 未列入。

3. M14×1.25 仅用于火花塞。

2. 梯形螺纹（摘自 GB/T 5796.2—2005、GB/T 5796.3—2005）

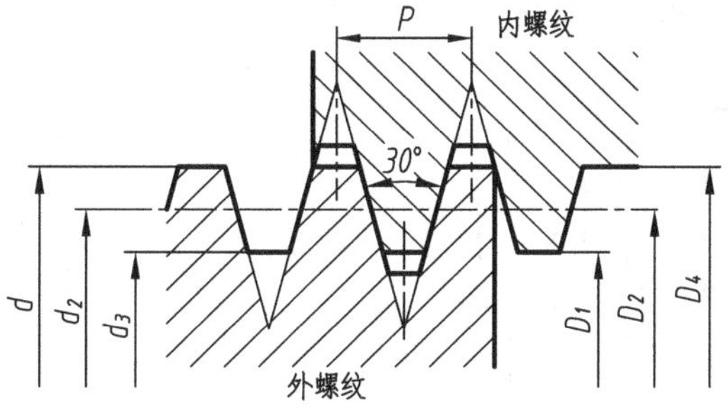

标记示例：

公称直径为 22mm，螺距为 5mm，中径公差带代号为 7H 的单线右旋梯形内螺纹，其标记为：Tr22 × 5—7H；

公称直径为 22mm，导程为 10mm，螺距为 5mm，中径公差带代号为 8e 的双线左旋梯形外螺纹，其标记为：Tr22 × 10（P5）LH—8e。

附表 2　梯形螺纹直径与螺距系列、基本尺寸　（单位：mm）

公称直径 d		螺距 P	中径 $d_2=D_2$	大径 D_4	小径		公称直径 d		螺距 P	中径 $d_2=D_2$	大径 D_4	小径	
第一系列	第二系列				d_3	D_1	第一系列	第二系列				d_3	D_1
8		1.5	7.25	8.3	6.20	6.5		26	3	24.50	26.5	22.50	23.00
	9	1.5	8.25	9.3	7.20	7.50			5	23.50	26.5	20.50	21.00
		2	8.00	9.5	6.50	7.00			8	22.00	27.0	17.00	18.00
10		1.5	9.25	10.3	8.20	8.50	28		3	26.50	28.5	24.50	25.00
		2	9.00	10.5	7.50	8.00			5	25.50	28.5	22.50	23.00
	11	2	10.00	11.5	8.50	9.00			8	24.00	29.0	19.00	20.00
		3	9.50	11.5	7.50	8.00		30	3	28.50	30.5	26.50	29.00
12		2	11.00	15.0	9.50	10.00			6	27.00	31.0	23.00	24.00
		3	10.50	12.5	8.50	9.00			10	25.00	31.0	19.00	20.00
	14	2	13.00	14.5	11.50	12.00	32		3	30.50	32.5	28.50	29.00
		3	12.50	14.5	10.50	11.00			6	29.00	33.0	25.00	26.00
16		2	15.00	16.5	13.50	14.00			10	27.00	33.0	21.00	22.00
		4	14.00	16.5	11.50	12.00		34	3	32.50	34.5	30.50	31.00
	18	2	17.00	18.5	15.50	16.00			6	31.00	35.0	27.00	28.00
		4	16.00	18.5	13.50	14.0			10	29.00	35.0	23.00	24.00
20		2	19.00	20.5	17.50	18.0	36		3	34.50	36.5	32.50	33.00
		4	18.00	20.5	15.50	16.0			6	33.00	37.0	29.00	30.00
	22	3	20.50	22.5	18.50	19.00			10	31.00	37.0	25.00	26.00
		5	19.50	22.5	16.50	17.00		38	3	36.50	38.5	34.50	35.00
		8	18.00	23.0	13.00	14.00			7	34.50	39.0	30.00	31.00
24		3	22.50	24.5	20.50	21.00			10	33.00	39.0	27.00	28.00
		5	21.50	24.5	18.50	19.00	40		7	36.50	41.0	32.00	33.00
		8	20.00	25.00	15.00	16.00			10	35.00	41.0	29.00	30.00

3. 管螺纹

（1）55° 用螺纹密封的管螺纹（摘自 GB/T 7306.2—2000）。

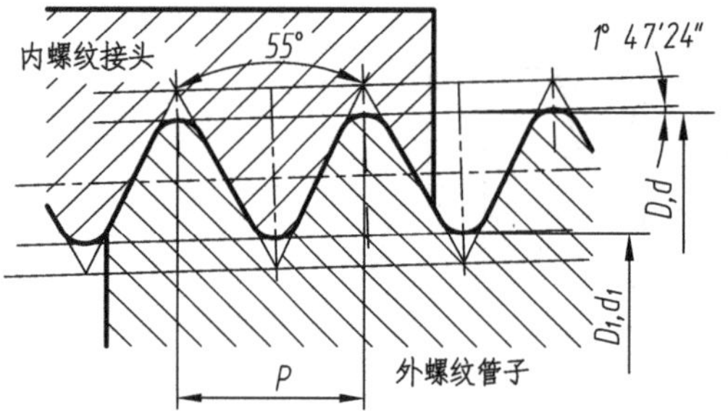

标记示例：

尺寸代号为 1/2 的右旋圆锥外管螺纹的标记为：$R_2$1/2；

尺寸代号为 1/2 的右旋圆锥内管螺纹的标记为：R_C1/2；

上述内、外螺纹所组成的螺纹副的标记为：R_C /$R_2$1/2；

当螺纹为左旋时标记为：R_C /R_2 1/2 LH。

（2）55° 非螺纹密封的管螺纹（摘自 GB/T 7307—2001）。

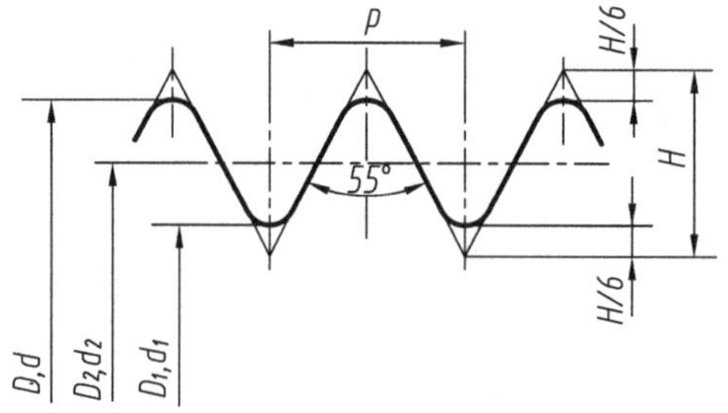

标记示例：

尺寸代号为 1/4 的 A 级非螺纹密封的右旋外管螺纹的标记为：G1/4A；

尺寸代号为 1/4 的非螺纹密封的右旋内管螺纹的标记为：G1/4；

上述内、外螺纹所组成的螺纹副的标记为：G1/4/G1/4A；

当螺纹为左旋时标记为：G1/4A—LH。

附表 3　管螺纹尺寸代号及基本尺寸

尺寸代号	每 25.4mm 内的牙数 n	螺距 P	基本尺寸			尺寸代号	每 25.4mm 内的牙数 n	螺距 P	基本尺寸		
			大径 D、d	中径 D_2、d_2	小径 D_1、d_1				大径 D、d	中径 D_2、d_2	小径 D_1、d_1
1/8	28	0.907	9.728	9.147	8.566	1 1/4	11	2.309	41.910	40.431	38.952
1/4	19	1.337	13.157	12.301	11.445	1 1/2		2.309	47.303	46.324	44.845
3/8		1.337	16.662	16.806	14.950	1 3/4		2.309	53.746	52.267	50.788
1/2	14	1.814	20.955	19.793	18.631	2		2.309	59.614	58.135	56.656
5/8		1.814	22.911	21.749	20.587	2 1/4		2.309	65.710	64.231	62.752
3/4		1.814	26.441	25.279	24.119	2 1/2		2.309	75.148	73.705	72.226
7/8		1.814	30.201	29.039	27.877	2 3/4		2.309	81.534	80.055	78.576
1	11	2.309	33.249	31.770	30.291	3		2.309	87.884	86.405	84.926
1 1/8		2.309	37.897	36.418	34.939	3 1/2		2.309	100.330	98.851	97.372

注：1. 55° 用螺纹密封的圆柱内管螺纹 R_p 的牙形与 55° 非螺纹密封的管螺纹牙形相同，它与用螺纹密封的圆锥外管螺纹 R_1 组成的螺纹副的标记为：R_p /R_1 1/2。

2. 55° 用螺纹密封的圆锥管螺纹的大径、小径是指基准平面上的尺寸，对圆锥内螺纹的端面向里 0.5P 处即为基准平面，而圆锥外螺纹的基准平面与小端相距一个基准距离。

二、常用标准数据和标准结构

1. 普通螺纹的倒角和退刀槽（摘自 GB/T 3—1997）

螺纹紧固件的螺纹倒角（摘自 GB/T 2—2001）。

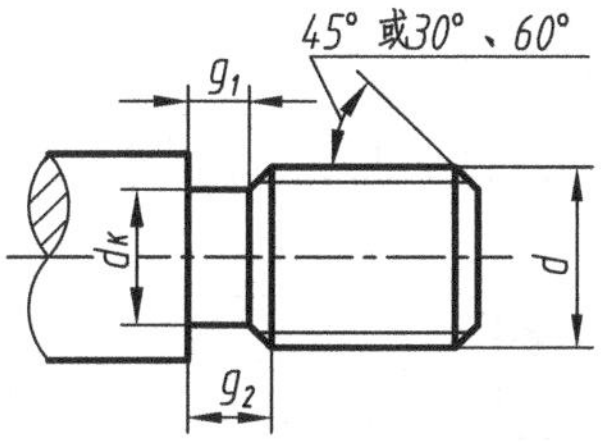

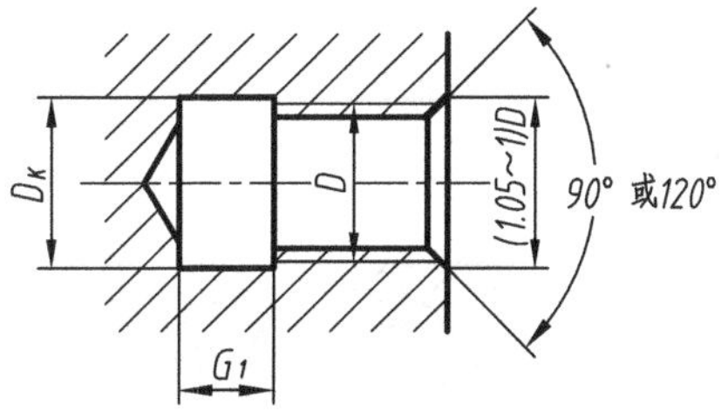

附表 4　普通螺纹退刀槽尺寸　（单位：mm）

螺距	外螺纹			内螺纹		螺距	外螺纹			内螺纹	
	g_{2max}	g_{1min}	d_k	G_1	D_k		g_{2max}	g_{1min}	d_k	G_1	D_k
0.5	1.5	0.8	$d-0.8$	2		1.75	5.25	3	$d-2.6$	7	
0.7	2.1	1.1	$d-1.1$	2.8	$D+0.3$	2	6	3.4	$d-3$	8	$D+0.5$
0.8	2.4	1.32	$d-1.3$	3.2		2.5	7.5	4.4	$d-3.6$	10	
1	3	1.6	$d-1.6$	4		3	9	5.2	$d-4.4$	12	
1.25	3.75	2	$d-2$	5	$D+0.5$	3.5	10.5	6.2	$d-5$	140	$D+0.5$
1.5	4.5	2.5	$d-2.3$	6		4	12	7	$d-5.7$	16	

2. 砂轮越程槽（摘自 GB/T 6403.5—2008）

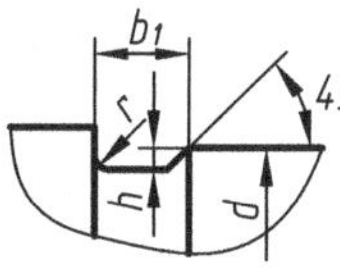

磨外圆

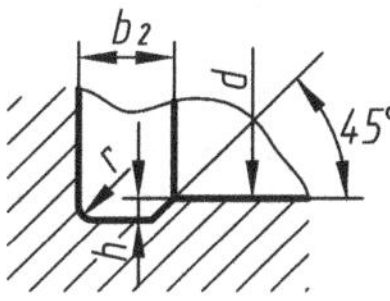

磨内圆

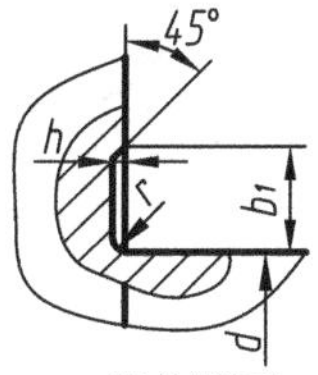

磨外端面

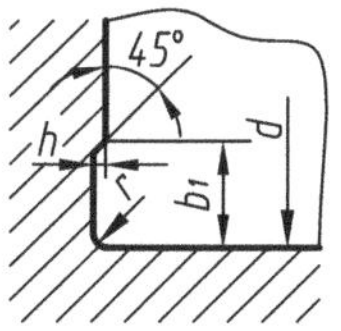

磨内端面

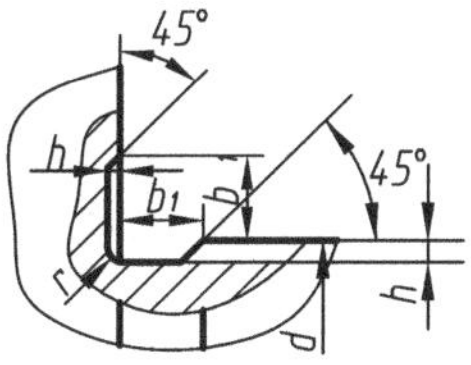

磨外圆及端面

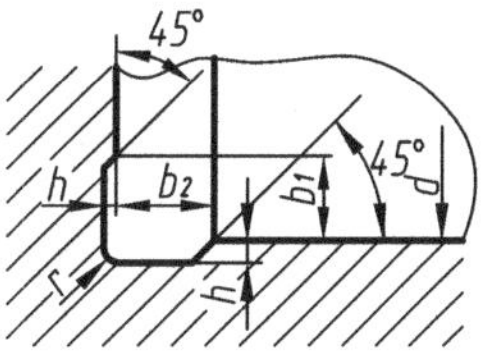

磨内圆及端面

附表 5　回转面和端面砂轮越程槽尺寸　（单位：mm）

d	~10			>10~50		>50~100		>100	
b_1	0.6	1.0	1.6	2.0	3.0	4.0	5.0	8.0	10
b_2	2.0	3.0		4.0		5.0		8.0	10
h	0.1	0.2		0.3	0.4		0.6	0.8	1.2
r	0.2	0.5		0.8	1.0		1.6	2.0	3.0

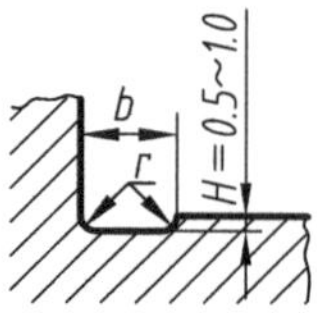

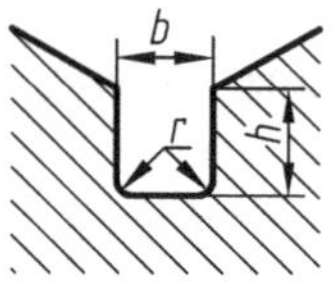

附表 6　平面砂轮越程槽尺寸（单位：mm）

b	2	3	4	5
r	0.5	1.0	1.2	1.6

附表 7　V 形砂轮越程槽尺寸（单位：mm）

b	2	3	4	5
h	1.6	2.0	2.5	3.0
r	0.5	1.0	1.2	1.6

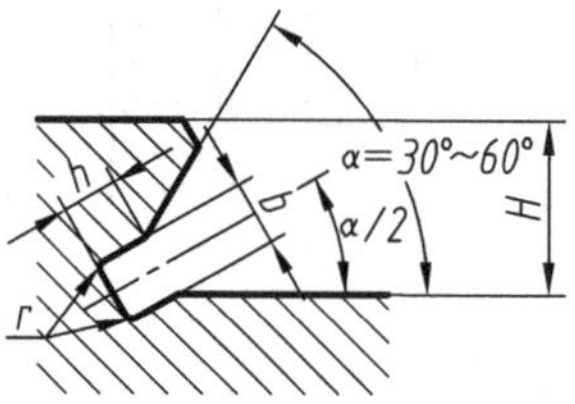

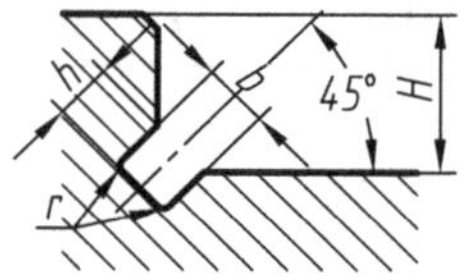

附表 8　燕尾导轨砂轮越程槽尺寸（单位：mm）

<table>
<tr><td>H</td><td>≤5</td><td>6，8</td><td>10，12，16</td><td>20，25，32</td><td>40，50，63</td><td>80</td></tr>
<tr><td>b</td><td rowspan="2">1</td><td rowspan="2">2</td><td rowspan="2">3</td><td rowspan="2">4</td><td rowspan="2">5</td><td rowspan="2">6</td></tr>
<tr><td>h</td></tr>
<tr><td>r</td><td>0.5</td><td>0.5</td><td>1.0</td><td>1.6</td><td>1.6</td><td>2.0</td></tr>
</table>

附表 9　矩形导轨砂轮越程槽尺寸（单位：mm）

H	8，10，12，16	20，25，32，40	50，63	80，100
b	2	3	5	8
h	1.6	2.0	3.0	5.0
r	0.5	1.0	1.6	2.0

3. 零件倒角与倒圆（摘自 GB/T 6403.4—2008）

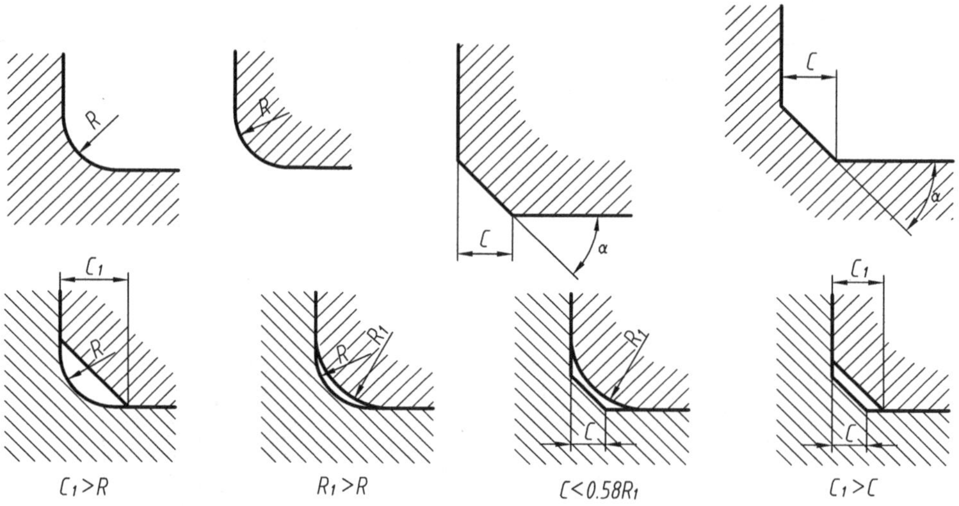

附表 10　倒圆、倒角尺寸系列值　（单位：mm）

<table>
<tr><td rowspan="2">R、C</td><td>0.1</td><td>0.2</td><td>0.3</td><td>0.4</td><td>0.5</td><td>0.6</td><td>0.8</td><td>1.0</td><td>1.2</td><td>1.6</td><td>2.0</td><td>2.5</td><td>3.0</td></tr>
<tr><td>4.0</td><td>5.0</td><td>6.0</td><td>8.0</td><td>10</td><td>12</td><td>16</td><td>20</td><td>25</td><td>32</td><td>40</td><td>50</td><td>—</td></tr>
</table>

附表 11　内角倒角：外角倒圆时 C 的最大值 C_{max} 与 R_1 的关系　（单位：mm）

R_1	0.1	0.2	0.3	0.4	0.5	0.6	0.8	1.0	1.2	1.6	2.0
C_{max}	—	0.1	0.1	0.2	0.2	0.3	0.4	0.5	0.6	0.8	1.0
R_1	2.5	3.0	4.0	5.0	6.0	8.0	10	12	16	20	25
C_{max}	1.2	1.6	2.0	2.5	3.0	4.0	5.0	6.0	8.0	10	12

三、常用螺纹紧固件

1. 螺栓

六角头螺栓—C 级（GB/T 5780—2000） 六角头螺栓—A 和 B 级（GB/T 5782—2000）
六角头螺栓—A 和 B 级—全螺纹 GB/T 5783—2000）

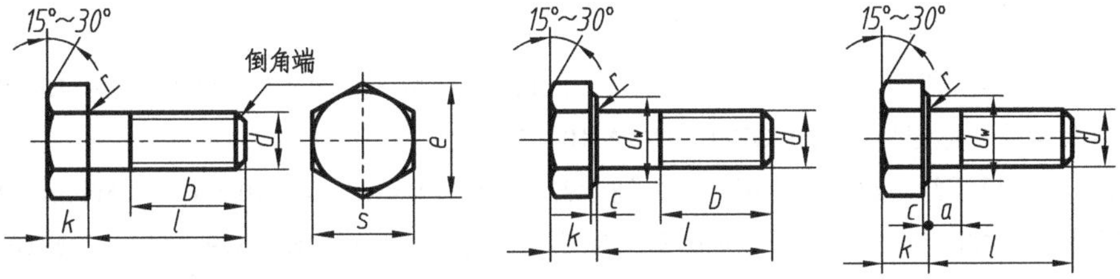

标记示例：

螺纹规格 d = M12、公称长度 l = 80mm，性能等级为 8.8 级、表面氧化的 A 级六角头螺栓，标记为：螺栓 GB/T 5782　M12 × 80

附表 12　六角头螺栓各部分尺寸　（单位：mm）

螺纹规格 d			M3	M4	M5	M6	M8	M10	M12	M16	M20	M24
b 参考	l ≤125		12	14	16	18	22	26	30	38	46	54
c（max）	125 ＜ l ≤200		18	20	22	24	28	32	36	44	52	60
d_w（min）	l ＞200		31	33	35	37	41	45	49	57	65	73
e（min）	GB/T 5782 GB/T 5783		0.4	0.4	0.5	0.5	0.6	0.6	0.6	0.8	0.8	0.8
	GB/T 5782 GB/T 5783	A	4.57	5.88	6.88	8.88	11.63	14.63	16.63	22.49	28.19	33.61
		B	4.45	5.74	6.74	8.74	11.47	14.47	16.47	22	27.7	33.25
	GB/T 5782 GB/T 5783	A	6.01	7.66	8.79	11.05	14.38	17.77	20.03	26.75	33.53	39.98
		B	5.88	7.50	8.63	10.89	14.20	17.59	19.85	26.17	32.95	39.55
k 公称	GB/T 5782 GB/T 5783		2	2.8	3.5	4	5.3	6.4	7.5	10	12.5	15
r（min）	GB/T 5782 GB/T 5783		0.1	0.2	0.2	0.25	0.4	0.4	0.6	0.6	0.8	0.8
s 公称	GB/T 5782 GB/T 5783		5.5	7	8	10	13	16	18	24	30	36
a（max）	GB/T 5783		1.5	2.1	2.4	3	4	4.5	5.3	6	7.5	9
l 公称 商品规格范围	GB/T 5782		20～30	24～40	25～50	30～60	40～80	46～100	50～120	65～160	80～200	90～240
	GB/T 5783		6～30	8～40	10～50	12～60	16～80	20～100	25～120	30～200	40～200	50～200
系列值	6，8，10，12，16，20，25．30，35，40，45，50，（55），60，（65），70，80，90，100，110，120，130，140，150，160，180，200，220，240，260，280，300，320，340，360											

2. 双头螺柱

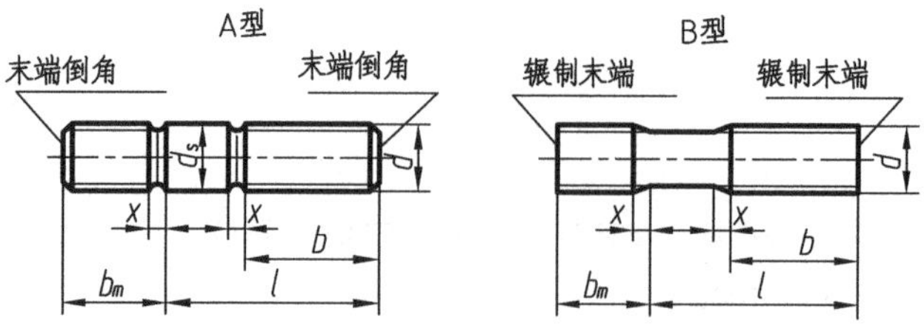

$b_m = 1d$（GB/T 897—1988）

$b_m = 1.25d$（GB/T 898—1988）

$b_m = 1.5d$（GB/T 899—1988）

$b_m = 2d$（GB/T 900—1988）

标记示例：

①两端均为粗牙普通螺纹，d = 10mm、l = 50mm、B 型、b_m = 1d，性能等级为 4.8 级、不经表面处理的双头螺柱，标记为：螺柱 GB/T 897　M10 × 50

②旋入端为粗牙普通螺纹，旋螺母端为细牙普通螺纹（P = 1），d = 10mm、l = 50mm、A 型、b_m = 1.5d，性能等级为 4.8 级、不经表面处理的双头螺柱，标记为：螺柱 GB/T 899　AM10—M10 × 1 × 50

附表 13　双头螺柱各部分尺寸　（单位：mm）

螺纹规格 d		M5	M6	M8	M10	M12	M16	M20	M24	M30	M36	M32	M48
b_m	GB/T 897—1988	5	6	8	10	12	16	20	24	30	36	42	48
	GB/T 898—1988	6	8	10	12	15	20	25	30	38	45	52	60
	GB/T 899—1988	8	10	12	15	18	24	30	36	45	54	65	75
	GB/T 900—1988	10	12	16	20	24	32	40	48	60	72	84	96
x（max）		1.5P											
l		b											
16													
（18）		10											
20			10	12									
（22）													
（25）					14								
（28）			14	16		16							
30													
（32）					16		20						
35		16				20							
（38）								25					
40													
45							30		30				
50			18										
（55）				22				35					
60										40			
（65）									45		45		
（70）												50	
（75）					26	30							
80										50			
（85）							38						60
90								46			60		
（95）									54			70	
100													80
110										60			
120											78	90	102
130					32	36	41	52	60	72	84	96	108
180													

3. 螺钉

开槽圆柱头螺钉（GB/T 65—2000）　　开槽沉头螺钉（GB/T 68—2000）

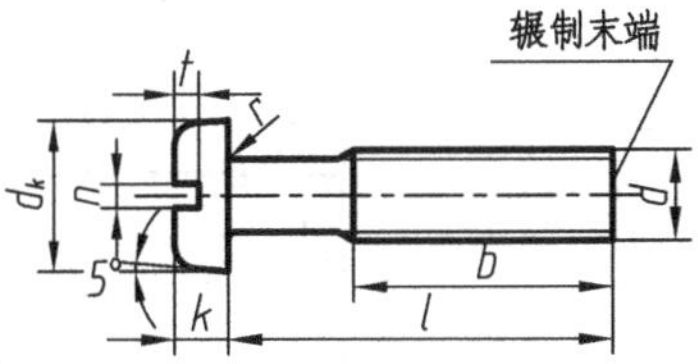

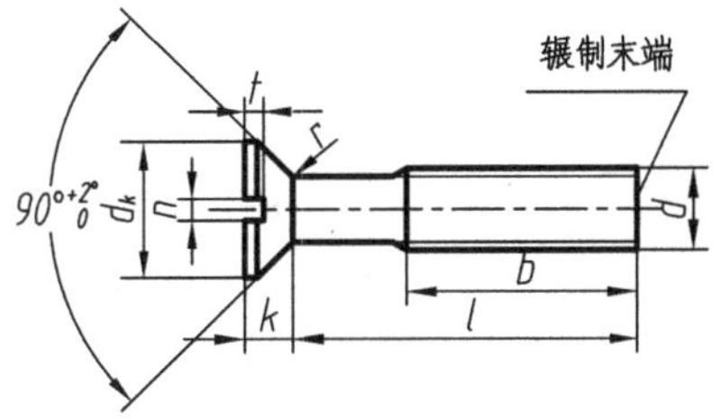

标记示例：

螺纹规格 d = M5、公称长度 l = 20mm，级性能等级为 4.8 级、不经表面处理的开槽沉头螺钉，标记为：螺钉 GB/T 68　M5 × 20

附表 14　螺钉各部分尺寸　　（单位：mm）

螺纹规格 d			M1.6	M2	M2.5	M3	M4	M5	M6	M8	M10
P		GB/T 65—2000	0.35	0.4	0.45	0.5	0.7	0.8	1	1.25	1.5
		GB/T 68—2000									
b（min）		GB/T 65—2000	25				38				
		GB/T 68—2000									
d_k（max）		GB/T 65—2000	3	3.8	4.5	5.5	7	8.5	10	13	16
		GB/T 68—2000	3.6	4.4	5.5	6.3	9.4	10.4	12.6	17.3	20
k（max）		GB/T 65—2000	1.1	1.4	1.8	2	2.6	3.3	3.9	5	6
		GB/T 68—2000	1	1.2	1.5	1.65	2.7	2.7	3.3	4.65	5
n 公称		GB/T 65—2000	0.4	0.5	0.6	0.8	1.2	1.2	1.6	2	2.5
		GB/T 68—2000									
r	min	GB/T 65—2000	0.1	0.1	0.1	0.1	0.2	0.2	0.25	0.4	0.4
	max	GB/T 68—2000	0.4	0.5	0.6	0.8	1	1.3	1.5	2	2.5
t（min）		GB/T 65—2000	0.45	0.6	0.7	0.85	1.1	1.3	1.6	2	2.4
		GB/T 68—2000	0.32	0.4	0.5	0.6	1	1.1	1.2	1.8	2
l 公称	商品规格范围	GB/T 65—2000	2～16	3～20	3～25	4～30	5～40	6～50	8～60	10～80	12～80
		GB/T 68—2000	2.5～16	3～20	4～25	5～30	6～40	8～50			
	全螺纹范围	GB/T 65—2000	l≤30				l≤40				
		GB/T 68—2000	l≤30				l≤45				
	系列值	2，2.5，3，4，5，6，8，10，12，(14)，16，20，25，30，35，40，45，50，(55)，60，(65)，70，(75)，80									

4. 紧定螺钉

开槽锥端紧定螺钉
（GB/T 71—2000）

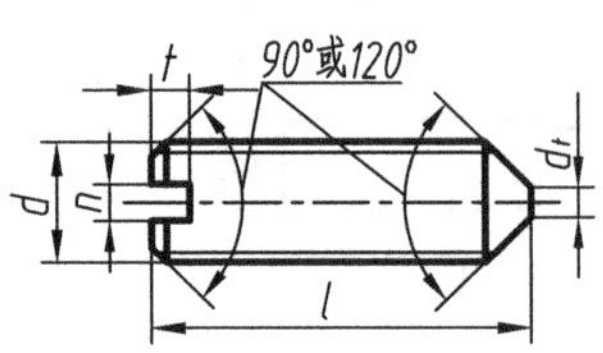

开槽平端紧定螺钉
（GB/T 73—2000）

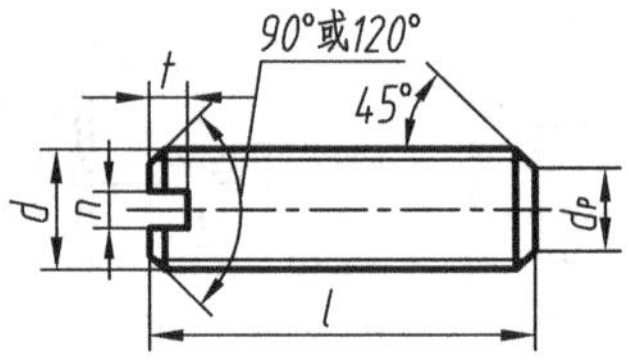

开槽长圆柱端紧定螺钉
（GB/T 75—2000）

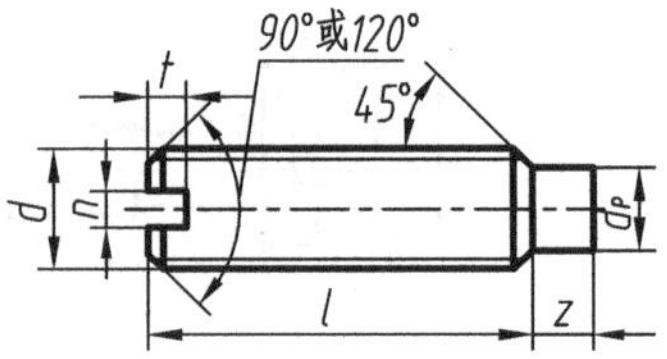

标记示例：

螺纹规格 d = M5、公称长度 l = 12mm，性能等级为 14 级，表面氧化的开槽锥端紧定螺钉，标记为：螺钉 GB/T　71　M5 × 12

附表 15　紧定螺钉各部分尺寸　（单位：mm）

螺纹规格 d			M1.2	M1.6	M2	M2.5	M3	M4	M5	M6	M8	M10	M12
P	GB/T 71，GB/T 73		0.25	0.35	0.4	0.5	0.5	0.7	0.8	1	1.25	1.5	1.75
	GB/T 75		—										
d_1d_t	GB/T 71		0.12	0.16	0.2	0.25	0.3	0.4	0.5	1.5	2	2.2	2.5
d_p（max）	GB/T 71，GB/T 73		0.6	0.8	1	1.5	2	2.5	3.5	4	5.5	7	8.5
	GB/T 75		—										
n 公称	GB/T 71，GB/T 73		0.2	0.25	0.25	0.4	0.4	0.6	0.8	1	1.2	1.6	2
	GB/T 75		—										
t（min）	GB/T 71，GB/T 73		0.4	0.56	0.64	0.72	0.8	1.12	1.28	1.6	2	2.4	2.8
	GB/T 75		—										
z（min）	GB/T 75		—	0.8	1	1.2	1.5	2	25	3	4	5	6
倒角和锥顶角	GB/T 71	120°	l=20	l≤2.5		l≤3		l≤4	l≤5	l≤6	l≤8	l≤10	l≤12
		90°	l≥2.5	l≥3		l≥4		l≥5	l≥6	l≥8	l≥10	l≥12	l≥14
	GB/T 73	120°	—	l≤2	l≤2.5	l≤3		l≤4	l≤5	l≤6		l≤8	l≤10
		90°	l≥2	l≥2.5	l≥3	l≥4		l≥5	l≥6	l≥8		l≥10	l≥12
	GB/T 75	120°	—	l≤2.5	l≤3	l≤4	l≤5	l≤6	l≤8	l≤10	l≤14	l≤16	l≤20
		90°	—	l≥3	l≥4	l≥5	l≥6	l≥8	l≥10	l≥12	l≥16	l≥20	l≥25
l 公称	商品规格范围	GB/T 71	2～6	2～8	310	312	416	620	825	830	1040	1250	1460
		GB/T 73			210	2.512	1316	420	525	630	840	1050	1260
		GB/T 75	—	2.58	310	412	516	620	825	830	1040	1250	1460
	系列值	2，2.5，3，4，5，6，8，10，12，（14），16，20，25，30，35，40，45，50，（55），60											

5. 螺母

Ⅰ型六角螺母—C 级（GB/T 41—2000）

Ⅰ型六角螺母—A 级和 B 级（GB/T 6170—2000）

六角薄螺母—A 级和 B 级（GB/T 6172.1—2000）

Ⅱ型六角螺母—A 级和 B 级（GB/T 6175—2000）

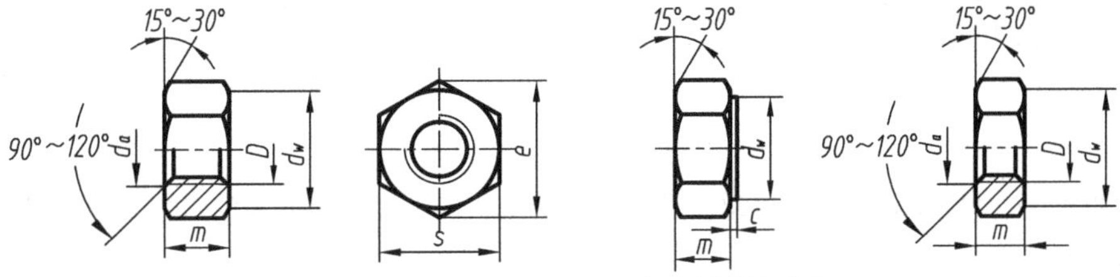

允许制造的形式

标记示例：

螺纹规格 D = 12mm 的Ⅰ型、A，级性能等级为 10 级、不经表面处理的六角螺母，标记为：螺母 GB/T6170　M12

附表 16　六角螺母各部分尺寸　（单位：mm）

<table>
<tr><th colspan="2">螺纹规格 d</th><th>M1.6</th><th>M2</th><th>M2.5</th><th>M3</th><th>M4</th><th>M5</th><th>M6</th><th>M8</th><th>M10</th><th>M12</th><th>M16</th><th>M20</th><th>M24</th><th>M30</th><th>M36</th></tr>
<tr><td>c（max）</td><td rowspan="2">GB/T 6170</td><td>0.2</td><td>0.2</td><td>0.3</td><td>0.4</td><td>0.4</td><td>0.5</td><td>0.5</td><td>0.6</td><td>0.6</td><td>0.6</td><td>0.8</td><td>0.8</td><td>0.8</td><td>0.8</td><td>0.8</td></tr>
<tr><td>d_a（max）</td><td>1.84</td><td>2.3</td><td>2.9</td><td>3.45</td><td>4.6</td><td>5.75</td><td>6.75</td><td>8.75</td><td>10.8</td><td>13</td><td>17.3</td><td>21.6</td><td>25.9</td><td>32.4</td><td>38.9</td></tr>
<tr><td rowspan="4">d_w（min）</td><td>GB/T 41</td><td>—</td><td>—</td><td>—</td><td>—</td><td>—</td><td>6.7</td><td>8.7</td><td>11.5</td><td>14.5</td><td>16.5</td><td>22</td><td>27.7</td><td>33.2</td><td>42.7</td><td>51.1</td></tr>
<tr><td>GB/T 6170</td><td rowspan="2">2.4</td><td rowspan="2">3.1</td><td rowspan="2">4.1</td><td rowspan="2">4.6</td><td rowspan="2">5.9</td><td rowspan="3">6.9</td><td rowspan="3">8.9</td><td rowspan="3">11.6</td><td rowspan="3">14.6</td><td rowspan="3">16.6</td><td rowspan="3">22.5</td><td rowspan="3">27.7</td><td rowspan="3">33.2</td><td rowspan="3">42.7</td><td rowspan="3">51.1</td></tr>
<tr><td>GB/T 6172.1</td></tr>
<tr><td>GB/T 6175</td><td>—</td><td>—</td><td>—</td><td>—</td><td>—</td></tr>
<tr><td rowspan="4">e（min）</td><td>GB/T 41</td><td>—</td><td>—</td><td>—</td><td>—</td><td>—</td><td>8.63</td><td>10.98</td><td>14.20</td><td>17.59</td><td>19.85</td><td>26.17</td><td rowspan="4">32.95</td><td rowspan="4">39.55</td><td rowspan="4">50.85</td><td rowspan="4">60.79</td></tr>
<tr><td>GB/T 6170</td><td rowspan="2">3.41</td><td rowspan="2">4.32</td><td rowspan="2">5.45</td><td rowspan="2">6.01</td><td rowspan="2">7.66</td><td rowspan="3">8.79</td><td rowspan="3">11.05</td><td rowspan="3">14.38</td><td rowspan="3">17.77</td><td rowspan="3">20.03</td><td rowspan="3">26.75</td></tr>
<tr><td>GB/T 6172.1</td></tr>
<tr><td>GB/T 6175</td><td>—</td><td>—</td><td>—</td><td>—</td><td>—</td></tr>
<tr><td rowspan="4">m（max）</td><td>GB/T 41</td><td>—</td><td>—</td><td>—</td><td>—</td><td>—</td><td>5.6</td><td>6.4</td><td>7.9</td><td>9.5</td><td>12.2</td><td>15.9</td><td>19</td><td>22.3</td><td>26.4</td><td>31.9</td></tr>
<tr><td>GB/T 6170</td><td>1.3</td><td>1.6</td><td>2</td><td>2.4</td><td>3.2</td><td>4.7</td><td>5.2</td><td>6.8</td><td>8.4</td><td>10.8</td><td>14.8</td><td>18</td><td>21.5</td><td>25.6</td><td>31</td></tr>
<tr><td>GB/T 6172.1</td><td>1</td><td>1.2</td><td>1.6</td><td>1.8</td><td>2.2</td><td>2.7</td><td>3.1</td><td>4</td><td>5</td><td>6</td><td>8</td><td>10</td><td>12</td><td>15</td><td>18</td></tr>
<tr><td>GB/T 6175</td><td>—</td><td>—</td><td>—</td><td>—</td><td>—</td><td>5.1</td><td>5.7</td><td>7.5</td><td>9.3</td><td>12</td><td>16.4</td><td>20.3</td><td>23.9</td><td>28.6</td><td>34.7</td></tr>
<tr><td rowspan="4">s（max）</td><td>GB/T 41</td><td>—</td><td>—</td><td>—</td><td>—</td><td>—</td><td rowspan="4">8</td><td rowspan="4">10</td><td rowspan="4">13</td><td rowspan="4">16</td><td rowspan="4">18</td><td rowspan="4">24</td><td rowspan="4">30</td><td rowspan="4">36</td><td rowspan="4">46</td><td rowspan="4">55</td></tr>
<tr><td>GB/T 6170</td><td rowspan="2">3.2</td><td rowspan="2">4</td><td rowspan="2">5</td><td rowspan="2">5.5</td><td rowspan="2">7</td></tr>
<tr><td>GB/T 6172.1</td></tr>
<tr><td>GB/T 6175</td><td>—</td><td>—</td><td>—</td><td>—</td><td>—</td></tr>
</table>

Ⅰ型六角开槽螺母—A 和 B 级（GB/T6178—1986）

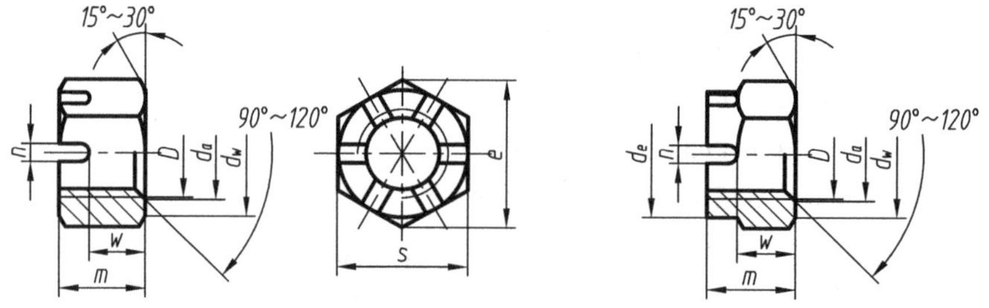

允许制造的形式

标记示例：

螺纹规格 $D = 12$mm 的Ⅰ型、A 级，性能等级为 8 级、不经表面处理的六角开槽螺母，标记为：螺母 GB/T6178　M12

附表 17　六角开槽螺母各部分尺寸　（单位：mm）

螺纹规格 D		M4	M5	M6	M8	M10	M12	M16	M20	M24	M30	M36
d_a	max	4.6	5.75	6.75	8.75	10.8	13	17.3	21.6	25.9	32.4	38.9
	min	4	5	6	8	10	12	16	20	24	30	36
d_e	max	—	—	—	—	—	—	—	28	34	42	50
	min	—	—	—	—	—	—	—	27.16	33	41	49
d_w	min	5.9	6.9	8.9	11.6	14.6	16.6	22.5	27.7	33.2	42.7	51.1
e	min	7.66	8.79	11.05	14.38	17.77	20.03	26.75	32.95	39.55	50.85	60.79
m	max	5	6.7	7.7	9.8	12.4	15.8	20.8	24	29.5	34.6	40
	min	4.7	6.4	7.34	9.44	11.97	15.37	20.28	23.16	28.66	33.6	39
n	min	1.2	1.4	2	2.5	2.8	3.5	4.5	4.5	5.5	7	7
	max	1.8	2	2.6	3.1	3.4	4.25	5.7	5.7	6.7	8.5	8.5
s	max	7	8	10	13	16	18	24	30	36	46	55
	min	6.78	7.78	9.78	12.73	15.73	17.73	23.67	29.16	35	45	53.8
w	max	3.2	4.7	5.2	6.8	8.4	10.8	14.8	18	21.5	25.5	31
	min	2.9	4.4	4.9	6.44	8.04	10.37	14.37	17.37	20.88	24.98	30.38
开口销		1×10	1.2×12	1.6×14	2×16	2.5×20	3.2×22	4×28	4×36	5×40	6.3×50	6.3×63

注：A 级用于 $D \leqslant 16$ 的螺母；B 级用于 $D > 16$ 的螺母。

六角盖形螺母（GB/T923—2009）

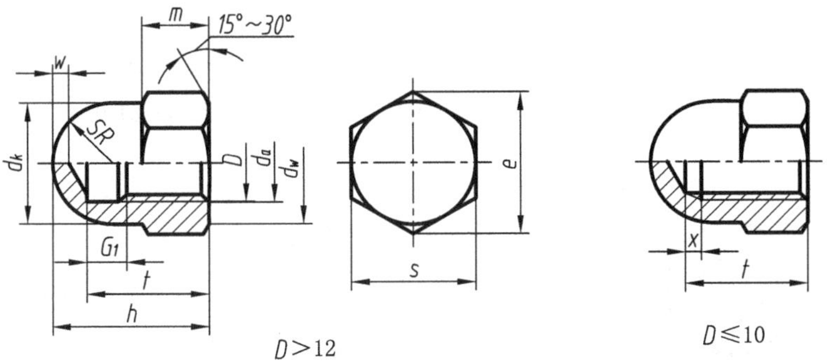

标记示例：

螺纹规格 $D=12$mm 的 1 型、性能等级为 6 级、表面氧化处理的六角盖形螺母，标记为：螺母 GB/T 923　M12

附表 18　六角盖形螺母各部分尺寸　（单位：mm）

螺纹规格 D		M4	M5	M6	M8	M10	M12	M16	M20	M24
	第 1 系列	M4	M5	M6	M8	M10	M12	M16	M20	M24
	第 2 系列	—	—	—	M8×1	M10×1	M12×1.5	M16×1.5	M20×2	M24×2
	第 3 系列	—	—	—	—	M10×1.25	M12×1.25	—	M20×1.5	—
P		0.7	0.8	1	1.25	1.5	1.75	2	2.5	3
d_a	max	4.6	5.75	6.75	8.75	10.75	13	17.3	21.6	25.9
	min	4	5	6	8	10	12	16	20	24
d_k	max	6.5	7.5	9.5	12.5	15	17	23	28	34
d_w	min	5.9	6.9	8.9	11.6	14.6	16.6	22.5	27.7	33.3
e	min	7.66	8.79	11.05	14.38	17.77	20.03	26.75	32.95	39.55
X_{max}	第 1 系列	1.4	1.6	2	2.5	3	—	—	—	—
	第 2 系列	—	—	—	2	2	—	—	—	—
	第 3 系列	—	—	—	—	—	—	—	—	—
$G_{1\ max}$	第 1 系列	—	—	—	—	—	6.4	7.3	9.3	10.7
	第 2 系列	—	—	—	—	—	5.6	5.6	7.3	7.3
	第 3 系列	—	—	—	—	—	4.9	—	5.6	—
h	max	8	10	12	15	18	22	28	34	42
	min	7.64	9.64	11.57	14.57	17.57	21.48	27.48	33	41
m	max	3.2	4	5	6.5	8	10	13	16	19
	min	2.9	3.7	4.7	6.14	7.64	9.64	12.3	14.9	17.7
SR	≈	3.25	3.75	4.75	6.25	7.5	8.5	11.5	14	17
s	公称	7	8	10	13	16	18	24	30	36
	min	6.78	7.78	9.78	12.73	15.73	17.73	23.67	29.16	35
t	max	5.74	7.79	8.29	11.35	13.35	16.35	21.42	26.42	31.5
	min	5.26	7.21	7.71	10.65	12.65	15.65	20.58	25.58	30.5
w	min	2	2	2	2	2	3	4	5	6

6. 垫圈

（1）小垫圈—A 级（GB/T 848—2002），平垫圈—A 级（GB/T 97.1—2002）。

（2）平垫圈—倒角型—A 级（GB/T 97.2—2002）、平垫圈—C 级（GB/T 95—2002）。

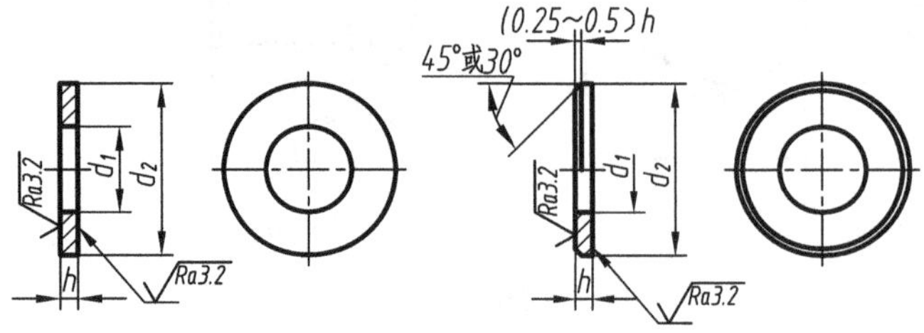

标记示例：

标准系列，公称尺寸 d = 8mm、性能等级为 140HV 的 A 级平垫圈，标记为：

垫圈 GB/T 97.1 8—140HV

附表 19　垫圈各部分尺寸　（单位：mm）

<table>
<tr><td colspan="2">公称尺寸（螺纹规格 d）</td><td>4</td><td>5</td><td>6</td><td>8</td><td>10</td><td>12</td><td>14</td><td>16</td><td>20</td><td>24</td><td>30</td><td>36</td></tr>
<tr><td rowspan="4">d_1 公称（max）</td><td>GB/T 848</td><td rowspan="2">4.3</td><td rowspan="4">5.3</td><td rowspan="4">6.4</td><td rowspan="4">8.4</td><td rowspan="4">10.5</td><td rowspan="4">13</td><td rowspan="4">15</td><td rowspan="4">17</td><td rowspan="4">21</td><td rowspan="4">25</td><td rowspan="4">31</td><td rowspan="4">37</td></tr>
<tr><td>GB/T 97.1</td></tr>
<tr><td>GB/T 97.2</td><td rowspan="2">—</td></tr>
<tr><td>GB/T 95</td></tr>
<tr><td rowspan="4">d_2 公称</td><td>GB/T 848</td><td>8</td><td>9</td><td>11</td><td>15</td><td>18</td><td>20</td><td>24</td><td>28</td><td>34</td><td>39</td><td>50</td><td>60</td></tr>
<tr><td>GB/T 97.1</td><td>9</td><td rowspan="3">10</td><td rowspan="3">12</td><td rowspan="3">16</td><td rowspan="3">20</td><td rowspan="3">24</td><td rowspan="3">28</td><td rowspan="3">30</td><td rowspan="3">37</td><td rowspan="3">44</td><td rowspan="3">56</td><td rowspan="3">66</td></tr>
<tr><td>GB/T 97.2</td><td rowspan="2">—</td></tr>
<tr><td>GB/T 95</td></tr>
<tr><td rowspan="4">h 公称（max）</td><td>GB/T 848</td><td>0.5</td><td rowspan="4">1</td><td rowspan="4" colspan="3">1.6</td><td rowspan="4">2</td><td rowspan="4" colspan="2">2.5</td><td rowspan="4">3</td><td rowspan="4" colspan="2">4</td><td rowspan="4">5</td></tr>
<tr><td>GB/T 97.1</td><td>0.8</td></tr>
<tr><td>GB/T 97.2</td><td rowspan="2">—</td></tr>
<tr><td>GB/T 95</td></tr>
</table>

（3）弹簧垫圈（GB/T 93—1987）。

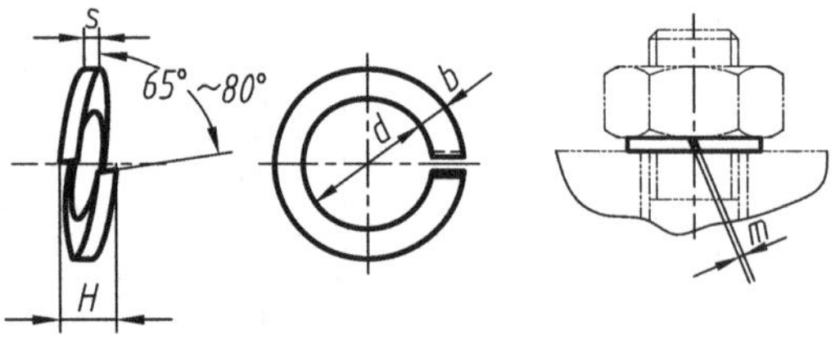

标记示例：

标准系列公称尺寸 d = 16mm 的弹簧垫圈，标记为：

垫圈 GB/T 93 16

附表 20　弹簧垫圈各部分尺寸　（单位：mm）

公称尺寸（螺纹规格 d）	2	2.5	3	4	5	6	8	10	12	16	20	24	30	36	42	48
d_1（min）	2.1	2.6	3.1	4.1	5.1	6.1	8.1	10.2	12.2	16.2	20.2	24.5	30.5	36.5	42.5	48.5
s（b）公称	0.5	0.65	0.8	1.1	1.3	1.6	2.1	2.6	3.1	4.1	5	6	7.5	9	10.5	12
H（max）	1	1.3	1.6	2.2	2.6	3.2	4.2	5.2	6.2	8.2	10	12	15	18	21	24
$m\leqslant$	0.25	0.33	0.4	0.55	0.65	0.8	1.05	1.3	1.55	2.05	2.5	3	3.75	4.5	5.25	6

7. 挡圈

1）轴用弹性挡圈—A 型（GB/T 894.1—1986）

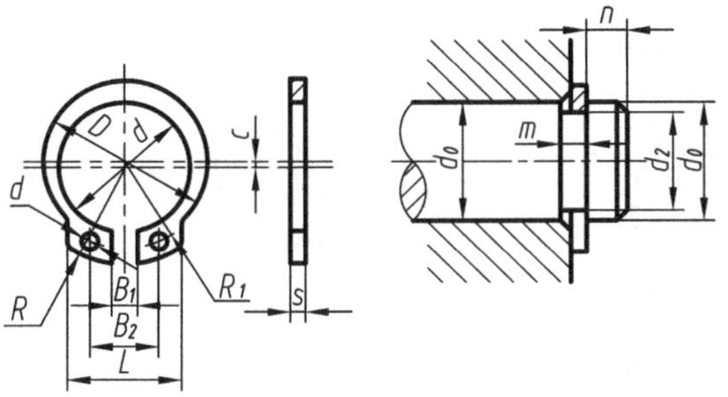

标记示例：

轴径 $d_0 = 18$mm，材料为 65Mn，热处理（44～51）HRC、表面氧化处理的 A 型轴用弹性挡圈，标记为：

挡圈 GB/T 894.1 18

附表 21　轴用弹性挡圈各部分尺寸　（单位：mm）

轴径 d_0	d	c	D	d_1	R	R_1	B_1	B_2	L	s	D_2	m	$n\geqslant$
12	11.0	0.43	13.6	1.5	8.8	7.2	2	6	10	1	11.5	1.1	0.8
13	11.9	0.47	14.7	1.7	9.35	7.7					12.4		0.9
14	12.9		15.7		9.95	8.2					13.4		
15	13.8	0.5	16.8		10.5	8.7					14.3		1.1
16	14.7	0.58	18.2		11.05	9.2					15.2		1.2
17	15.7	0.62	19.4		11.65	9.7					16.2		
18	16.5		20.2		12.2	10.2	205	8.5	14.5		17		1.5
19	17.5		21.2		12.7	10.7					18		
20	18.5	0.67	22.5	2.0	13.3	10.2					19		

2）螺栓紧固轴挡圈（GB/T 892—1986）

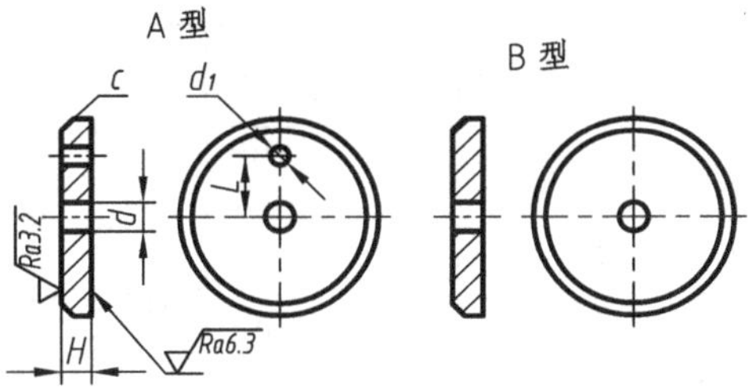

标记示例：

公称直径 $D = 35$mm、材料为 Q235-A，不经表面处理的 A 型螺栓紧固轴挡圈，标记为：

挡圈　GB/T 892 35

附表 22　螺栓紧固轴挡圈各部分尺寸　（单位：mm）

轴径≤	公称直径 D	H	L	d	d_1	C	螺栓 GB/T5783	圆柱销 GB/T119.1	垫圈 GB/T93
14	20	4	—	5.5	2.1	0.5	M5 × 16	2 × 10	5
16	22								
18	25								
20	28		7.5						
22	30								
25	32	5	10	6.6	3.2	1	M6 × 20	3 × 12	6
28	35								
30	38								

四、键

1. 平键和键槽的剖面尺寸（摘自 GB/T 1095—2003）

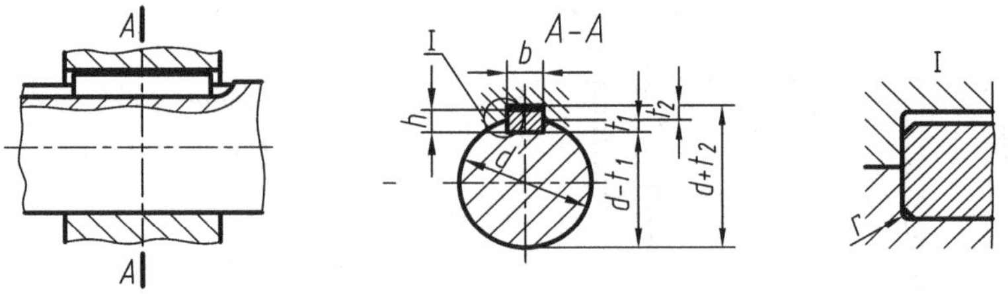

2. 普通平键型式尺寸（摘自 GB/T 1096—2003）

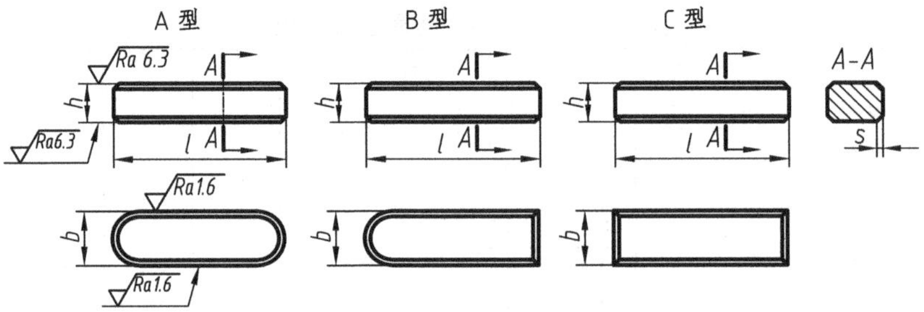

标记示例：

圆头普通平键（A 型）$b=18$mm、$h=11$mm、$L=100$mm，标记为：键 GB/T 1096 18 × 100

方头普通平键（B 型）$b=18$mm、$h=11$mm、$L=100$mm，标记为：键 GB/T 1096 B18 × 100

附表 23　普通平键的尺寸与公差　　（单位：mm）

键尺寸 $b\times h$	键槽											
	宽度 b						深度				半径 r	
	基本尺寸	极限偏差					轴 t_1		毂 t_2			
		正常连接		紧密连接	松连接		基本尺寸	极限偏差	基本尺寸	极限偏差		
		轴 N9	毂 JS9	轴和毂 P9	轴 H9	毂 D10					min	max
2 × 2	2	0.004	± 0.0125	−0.006	+0.025	+0.060	1.2	+0.1 0	1.0	+0.1 0	0.08	0.16
3 × 3	3	0.029		0.031	0	+0.020	1.8		1.4			
4 × 4	4	0 −0.030	± 0.0125	−0.012 −0.042	+0.030 0	+0.078 +0.030	2.5		1.8			
5 × 5	5						3.0		2.3		0.16	0.25
6 × 6	6						3.5		2.8			
8 × 7	8	0	± 0.018	−0.015	+0.036	+0.098	4.0	+0.2 0	3.3	0.2 0		
10 × 8	10	−0.036		−0.051	0	+0.040	5.0		3.3		0.25	0.40
12 × 8	12	0 +0.043	± 0.0215	−0.018 −0.061	+0.043 0	+0.120 +0.050	5.0		3.3			
14 × 9	14						5.5		3.8			
16 × 10	16						6.0		4.3			
18 × 11	18						7.0		4.4			
20 × 12	20	0 −0.052	± 0.026	−0.022 −0.074	+0.052 0	+0.149 +0.065	7.5	+0.2 0	4.9	+0.2 0	0.40	0.60
22 × 14	22						9.0		5.4			
25 × 14	25						9.0		5.4			
28 × 16	28						10.0		6.4			
L 系列	6，8，10，12，14，16，18，20，22，25，28，32，36，40，45，50，56，63，70，80，90，100，110，125，140，160，180，200，220，250，280											

五、销

1. 圆锥销 （摘自 GB/T 117—2000）

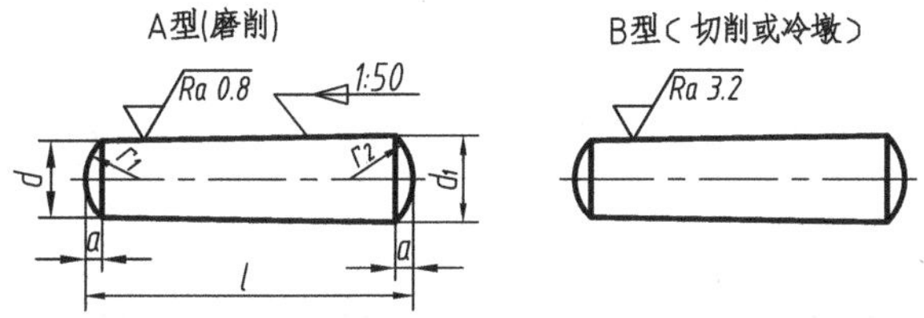

标记示例：

公称直径 $d=10$mm、公称长度 $l=60$mm、材料为 35 钢、热处理硬度（28～38）HRC、表面氧化的 A 型锥销，标记为：销 GB/T 117 10 × 60；如为 B 型，则标记为：

销 GB/T 117　B10 × 60

附表 24　圆锥销各部分尺寸　（单位：mm）

d（公差）	0.6	0.8	1	1.2	1.5	2	2.5	3	4	5
a ≈	0.08	0.1	0.12	0.16	0.2	0.25	0.3	0.4	0.5	0.63
l（商品规格范围公称长度）	4～8	5～12	6～16	6～20	8～24	10～35	10～35	12～45	14～55	18～60
d（公称）	6	8	10	12	16	20	25	30	40	50
a ≈	0.8	1	1.2	1.6	2	2.5	3	4	5	6.3
l（商品规格范围公称长度）	22～90	22～120	26～160	32～180	40～200	45～200	50～200	55～200	60～200	65～200
l 系列	2，3，4，5，6，8，10，12，14，16，18，20，22，24，26，28，30，32，35，40，45，50，55，60，65，70，80，85，90，95，100，120，140，160，180，200									

2. 圆柱销

不淬硬钢和奥氏体不锈钢圆柱销（GB/T 119.1—2000）

淬硬钢和马氏体不锈钢圆柱销（GB/T 119.2—2000）

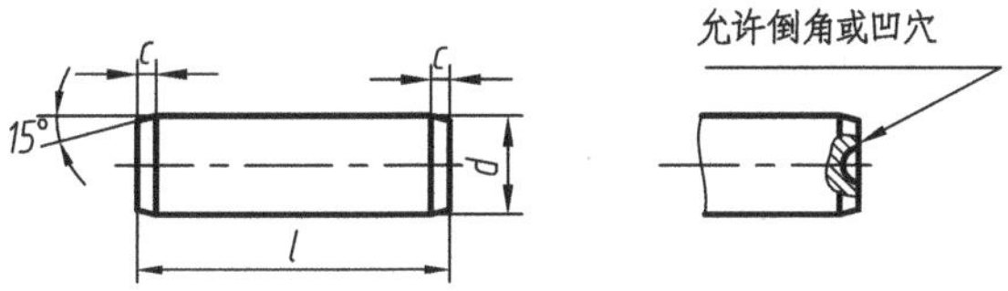

标记示例：

公称直径 $d=10$mm、公差为 m6、公称长度 $l=60$mm、材料为钢、不经淬硬、不经表面处理的圆柱销，标记为：

销 GB/T 119.1　$10m^6 \times 60$

附表 25　圆柱销各部分尺寸　（单位：mm）

d（公差）	0.6	0.8	1	1.2	1.5	2	2.5	3	4	5
c ≈	0.12	0.16	0.20	0.25	0.30	0.35	0.40	0.50	0.63	0.80
l（商品规格范围公称长度）	2～6	2～8	4～10	4～12	4～16	6～20	6～24	8～30	8～40	10～50
d（公称）	6	8	10	12	16	20	25	30	40	50
c ≈	1.2	1.6	2	2.5	3	3.5	4	5	6.3	8
l（商品规格范围公称长度）	12～60	14～80	18～95	22～140	26～180	35～200	50～200	60～200	80～200	95～200
l 系列	2，3，4，5，6，8，10，12，14，16，18，20，22，24，26，28，30，32，35，40，45，50，55，60，65，70，80，85，90，95，100，120，140，160，180，200									

3. 开口销（GB/T 91—2000）

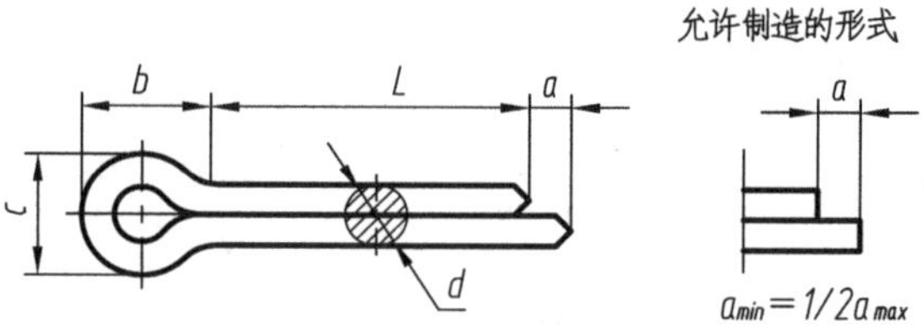

标记示例：

公称规格为 5mm、长度 $l=50$mm、材料为 Q215 或 Q235 不经表面处理的开口销，标记为：销 GB/T 91　5×50

附表 26　开口销各部分尺寸　　（单位：mm）

公称规格		1	1.2	1.6	2	2.5	3.2	4	5	6.3	8	10	13
D（max）		0.9	1	1.4	1.8	2.3	2.9	3.7	4.6	5.9	7.5	9.5	12.4
c	max	1.8	2	2.8	3.6	4.6	5.8	7.4	9.2	11.8	15	19	24.8
	min	1.6	1.7	2.4	3.2	4	5.1	6.5	8	10.3	13.1	16.6	21.7
b≈		3	3	3.2	4	5	6.4	8	10	12.6	16	20	26
a（max）		1.6	2.5				3.2	4				6.3	
l 范围		6～20	8～25	8～32	10～40	12～50	14～63	18～60	22～100	30～125	40～100	45～200	671～250
l 公称长度（系列）		4，5，6，8，10，12，14，16，18，20，22，25，28，32，36，40，45，50，56，63，71，80，90，100，112，125，140，160，180，200，224，250，280											

六、轴承

1. 深沟球轴承（摘自 GB/T 276—1994）

附表 27　深沟球轴承各部分尺寸

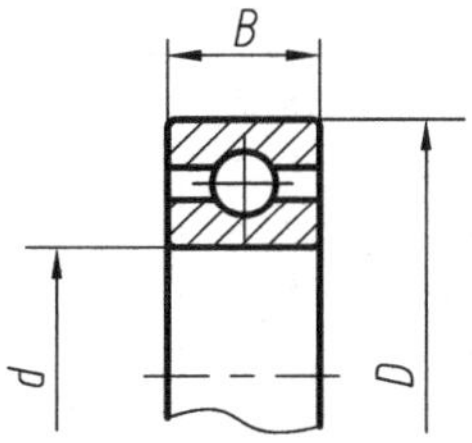

60000 型

轴承代号	外形尺寸 /mm		
	d	*D*	*B*
10 系列			
608	8	22	7
609	9	24	7
6000	10	26	8
6001	12	28	8
6002	15	32	9
6003	17	35	10
6004	20	42	12
60/22	22	44	12
6005	25	47	12
60/28	28	52	12
6006	30	55	13
60/32	32	58	13
6007	35	62	14
6008	40	68	15
6009	45	75	16
6010	50	80	16
6011	55	90	18
6012	60	95	18
02 系列			
625	5	16	5
626	6	19	6
627	7	22	7
628	8	24	8
629	9	26	8
6200	10	30	9
6201	12	32	10
6302	15	35	11
6203	17	40	12
6204	20	47	14
62/22	22	50	14
6205	25	52	15
62/28	28	58	16
6206	30	62	16
62/32	32	65	17
6207	35	72	17
6208	40	80	18
6209	45	85	19
6210	50	90	20
6211	55	100	21
6212	60	110	22

轴承代号	外形尺寸 /mm		
	d	*D*	*B*
03 系列			
633	3	13	5
634	4	16	5
635	5	19	5
6300	10	35	11
6301	12	37	12
6302	15	42	13
6303	17	47	14
6304	20	52	15
63/22	22	56	16
6305	25	62	17
63/28	28	68	18
6306	30	72	19
63/32	32	75	20
6307	35	80	21
6308	40	90	20
6309	45	100	25
6310	50	110	27
6311	55	120	29
6312	60	130	31
6313	65	140	33
6314	70	150	35
6315	75	160	37
6316	80	170	39
6317	85	180	41
6318	90	190	43
04 系列			
6404	20	72	19
6405	25	80	21
6406	30	90	23
6407	35	100	25
6408	40	110	24
6409	45	120	29
6410	50	130	31
6411	55	140	33
6412	60	150	35
6413	65	160	37
6414	70	180	42
6415	75	190	45
6416	80	200	48
6417	85	210	52
6418	90	225	54
6419	95	240	55
6420	100	250	58

2. 圆锥滚子轴承（摘自 GB/T 297—1994）

附表 28　圆锥滚子轴承各部分尺寸

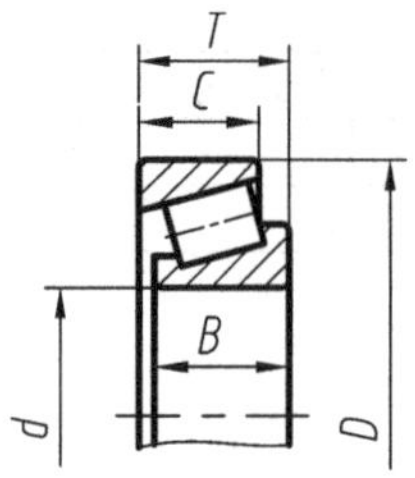

30000 型

轴承代号	尺寸 /mm				
	d	*D*	*T*	*B*	*C*
02 系列					
30202	15	35	11.75	11	10
30203	17	40	13.25	12	11
30204	20	47	15.25	14	12
30205	25	52	16.25	15	13
30206	30	62	17.25	16	14
302/32	32	65	18.25	17	15
30207	35	72	18.25	17	15
30208	40	80	19.75	18	16
30209	45	85	20.75	19	16
30210	50	90	21.75	20	17
30211	55	100	22.75	21	18
30212	60	110	23.75	22	19
30213	65	120	24.75	23	20
30214	70	125	26.25	24	21
30215	75	130	27.25	25	22
03 系列					
30302	15	42	14.25	13	11
30303	17	47	15.25	14	12
30304	20	52	16.25	15	13
30305	25	62	18.25	17	15
30306	30	72	20.75	19	16
30307	35	80	22.75	21	18
30308	40	90	25.75	23	20
30309	45	100	27.25	25	22
30310	50	110	29.25	27	23
30311	55	120	31.5	29	25
30312	60	130	33.5	31	26
30313	65	140	36	33	28
30314	70	150	38	35	30
30315	75	160	40	37	31

轴承代号	尺寸 /mm				
	d	*D*	*T*	*B*	*C*
13 系列					
31305	25	62	18.25	17	13
31306	30	72	20.75	19	14
31307	35	80	22.75	21	15
31308	40	90	25.25	21	17
31309	45	100	27.25	25	18
31310	50	110	29.25	27	19
31311	55	120	31.5	29	21
31312	60	130	33.5	31	22
31313	65	140	36	33	23
31314	70	150	38	35	25
31315	75	160	40	37	26
20 系列					
32004	20	42	15	15	12
320/22	22	44	15	15	11.5
32005	25	47	15	15	11.5
320/28	28	52	16	16	12
32006	30	55	17	17	13
320/32	32	58	17	17	13
32007	35	62	18	18	14
32008	40	68	19	19	14.5
32009	45	75	20	20	15.5
32010	50	80	20	20	15.5
32011	55	90	23	23	17.5
32012	60	95	23	23	17.5
32013	65	100	23	23	17.5
32014	70	110	25	25	19
32015	75	115	25	25	19
22 系列					
32203	17	40	17.25	16	14
32204	20	47	19.25	16	15
32205	25	52	19.25	18	16
32206	30	62	21.25	20	17
32207	35	72	24.25	23	19
32208	40	80	24.75	23	19
32209	45	85	24.75	23	19
32210	50	90	24.75	23	19
32211	55	100	26.75	25	21
32212	60	110	26.75	28	24
32213	65	120	29.75	31	27
32214	70	125	33.25	31	27
32215	75	130	33.25	31	27

3. 推力球轴承（摘自 GB/T 301—1995）

附表 29　推力球轴承各部分尺寸

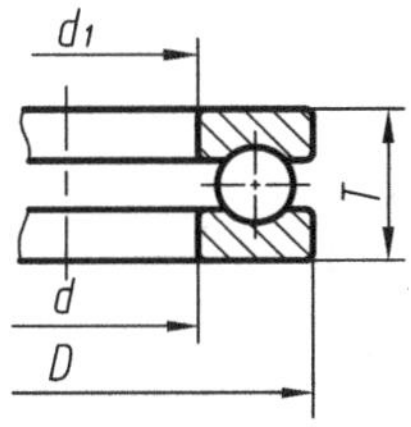

51000 型

轴承代号	尺寸 /mm			
	d	d_1	D	T
11 系列				
51100	10	11	24	9
51101	12	13	26	9
51102	15	16	28	9
51103	17	18	30	9
51104	20	21	35	10
51105	25	26	42	11
51106	30	32	47	11
51107	35	37	52	12
51108	40	42	60	13
51109	45	47	65	14
51110	50	52	70	14
51111	55	57	78	16
51112	60	62	85	17
51113	65	67	90	18
51114	70	72	95	18
51115	75	77	100	19
51116	80	82	105	19
51117	85	87	110	19
51118	90	92	120	22
51120	100	102	135	25
12 系列				
51200	10	12	26	11
51201	12	14	28	11
51202	15	17	32	12
51203	17	19	35	12
51204	20	22	40	14
51205	25	27	47	15
51206	30	32	52	16
51207	35	37	62	18
51208	40	42	68	19
51209	45	47	73	20
51210	50	52	78	22
51211	55	57	90	25
51212	60	62	95	26

轴承代号	尺寸 /mm			
	d	d_1	D	T
12 系列				
51213	65	67	100	27
51214	70	72	105	27
51215	75	77	110	27
51215	80	82	115	28
51217	85	88	125	31
51218	90	93	135	35
51220	100	103	150	38
13 系列				
51304	20	22	47	18
51305	25	27	52	18
51306	30	32	60	21
51307	35	37	68	24
51308	40	42	78	26
51309	45	47	85	28
51310	50	52	95	31
51311	55	57	105	35
51312	60	62	110	35
51313	65	67	115	36
51314	70	72	125	40
51315	75	77	135	44
51316	80	82	140	44
51317	85	88	150	49
51318	90	93	155	50
51320	100	103	170	55
14 系列				
51405	25	27	60	24
51406	30	32	70	28
51407	35	37	80	32
51408	40	42	90	36
51409	45	47	100	39
51410	50	52	110	43
51411	55	57	120	48
51412	60	62	130	51
51413	65	67	140	56
51414	70	72	150	60
51415	75	77	160	65
51416	80	82	170	68
51417	85	88	180	72
51418	90	93	190	77
51420	100	103	210	85

七、弹簧

圆柱螺旋压缩弹簧（GB/T2089—1994）

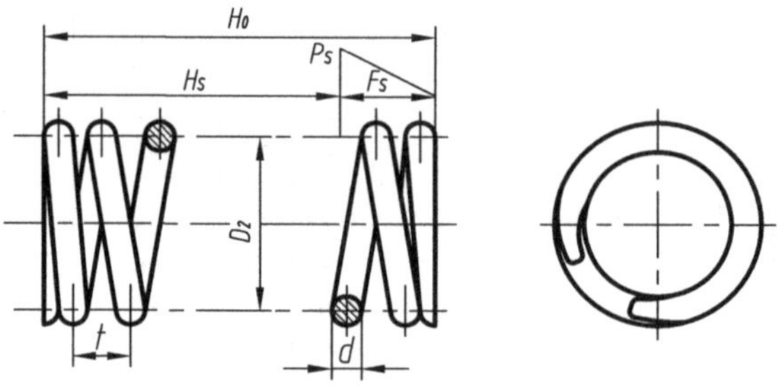

标记示例：

A 型、线径 6mm、弹簧中径 38mm、自由高度 60mm、材料为 60Si2MnA、表面涂漆处理的右旋圆柱螺旋压缩弹簧的标记为：YA　6 × 38 × 60　GB/T2089

附表 30　圆柱螺旋压缩弹簧（YA、YB）尺寸及参数

线径 d/mm	弹簧中径 d_2/mm	节距≈ t/mm	自由高度 H_0/mm	有效圈数 n/ 圈	试验负荷 P_S/N	实试验负荷变形量 F_S/mm	展开长度 L/mm
0.6	4	1.54	20	12.5	18.7	11.7	182
1	4.5	1.67	20	10.5	72.7	7.04	177
1.2	8	2.92	40	12.5	68.6	21.4	364
1.6	12	4.41	60	12.5	105	35.1	547
2	16	5.72	42	6.5	144	24.3	427
	20	7.85	55	6.5	115	38	534
2.5	20	7.02	38	4.5	218	20.4	408
			80	10.5		47.5	785
	25	9.57	58	5.5	174	38.9	589
			70	6.5		45.9	668
4.5	32	10.5	65	5.5	740	32.9	754
			90	7.5		44.9	955
	50	19.1	80	3.5	474	51.2	864
			220	10.5		153	1964
6	38	11.9	60	4	368	23.5	714
			100	7.5		44.0	1134
	45	14.2	90	5.5	1155	45.2	1060
			120	7.5		61.7	1343
10	45	14.6	115	6.5	4819	29.5	1131
			130	7.5		34.1	1272
	50	15.6	80	4	4427	22.4	864
			150	8.5		47.6	1571
12	80	27.9	180	5.5	6274	87.4	1759
30	150	52.4	300	4.5	5281	101	2827

八、极限与配合

1. 标准公差数值（摘自 GB/T 1800.3—1998）

附表 31　标准公差数值表

公称尺寸/mm		标准公差等级																			
		IT01	IT0	IT1	IT2	IT3	IT4	IT5	IT6	IT7	IT8	IT9	IT10	IT11	IT12	IT13	IT14	IT15	IT16	IT17	IT18
大于	至	μm													mm						
—	3	0.3	0.5	0.8	1.2	2	3	4	6	10	14	25	40	60	0.1	0.14	0.25	0.4	0.6	1	1.4
3	6	0.4	0.6	1	1.5	2.5	4	5	8	12	18	30	48	75	0.12	0.18	0.3	0.48	0.75	0.2	1.8
6	10	0.4	0.6	1	1.5	2.5	4	6	9	15	22	36	58	90	0.15	0.22	0.36	0.58	0.9	1.5	2.2
10	18	0.5	0.8	1.2	2	3	5	8	11	18	27	43	70	110	0.18	0.27	0.43	0.7	1.1	1.8	2.7
18	30	0.6	1	1.5	2.5	4	6	9	13	21	33	52	84	130	0.21	0.33	0.52	0.84	1.3	0.21	3.3
30	50	0.6	1	1.5	2.5	4	7	11	16	25	39	62	100	160	0.25	0.39	0.62	1	1.6	2.5	3.9
50	80	0.8	1.2	2	3	5	8	13	19	30	46	74	120	190	0.3	0.46	0.74	1.2	1.9	3	4.6
80	120	1	1.5	2.4	4	6	10	15	22	35	54	87	140	220	0.35	0.54	0.84	1.4	2.2	3.5	5.4
120	180	1.2	2	3.5	5	8	12	18	25	40	63	100	160	250	0.4	0.63	1	1.6	2.5	4	6.3
180	250	2	3	4.5	7	10	14	20	29	46	72	115	185	290	0.46	0.72	1.15	1.85	2.9	4.6	7.2
250	315	2.5	4	6	8	12	16	23	32	52	81	130	210	320	0.52	0.81	1.3	2.1	3.2	5.2	8.1
315	400	3	5	7	9	13	18	25	36	57	89	140	230	360	0.57	0.89	1.4	2.3	3.6	5.7	8.9
400	500	4	6	8	10	15	20	27	40	63	97	155	250	400	0.63	0.97	1.55	2.5	4	6.3	9.7
500	630	4.5	6	9	11	16	22	32	44	70	110	175	280	440	0.7	1.1	1.75	2.8	4.4	7	11
630	800	5	7	10	13	18	25	36	50	80	125	200	320	500	0.8	1.25	2	3.2	5	8	12.5
800	1000	5.5	8	11	15	21	28	40	56	90	140	230	360	560	0.9	1.4	2.3	3.6	5.6	9	14
1000	1250	6.5	9	13	18	24	33	47	66	105	165	260	420	660	1.05	1.65	2.6	4.2	6.6	10.5	16.5
1250	1600	8	11	15	21	29	39	55	78	125	195	310	500	80	1.25	1.95	3.1	5	7.8	12.5	19.5
1600	2000	9	13	18	25	35	46	65	92	150	230	370	600	920	1.5	2.3	3.7	6	9.2	15	23

注：公称尺寸小于 1mm 时，无 IT14 ～ IT18。

2. 优先配合中轴的极限偏差（摘自 GB/T 1800.4—1999）

附表 32 优先配合中轴的极限偏差数值表（单位：μm）

公称尺寸/mm		公差带																
		c	d	f		g		h					k		n	p	s	u
大于	至	11	9	7	8	6	7	6	7	8	9	11	6	7	6	6	6	6
—	3	−60 −120	−20 −45	−6 −16	−6 −20	−2 −8	−2 −12	0 −6	0 −10	0 −14	0 −25	0 −60	+6 0	+10 0	+10 +4	+12 +6	+20 +14	+24 +28
3	6	−70 −145	−30 −60	−10 −22	−10 −28	−4 −12	−4 −16	0 −8	0 −12	0 −18	0 −30	0 −75	+9 +1	+13 +1	+16 +8	+20 +12	+27 +19	+31 +23
6	10	−80 −170	−40 −76	−13 −28	−13 −35	−5 −14	−5 −20	0 −9	0 −15	0 −22	0 −36	0 −90	+10 +1	+16 +1	+19 +10	+24 +15	+32 +23	+37 +28
10	14	95 −205	−50 −93	−16 −34	−16 −43	−6 −17	−6 −24	0 −11	0 −18	0 −27	0 −43	0 −110	+12 +1	+19 +1	+23 +12	+29 +18	+39 +28	+44 +33
14	18																	
18	24	110 −240	−65 −117	−20 −41	−20 −53	−7 −20	−7 −28	0 —13	0 −21	0 −33	0 −52	0 −130	+15 +2	+23 +2	+28 +15	+35 +22	+48 +35	+54 +41
24	30																	61 +48
30	40	−120 −280	80 −142	−25 −50	−25 −64	−9 −25	−9 −34	0 −16	0 −25	0 −39	0 −62	0 −160	+18 +2	+27 +2	+33 +17	+42 +26	+59 +43	+76 +60
40	50	−130 −290																+86 +70
50	65	−140 −330	100 −174	−30 −60	−30 −76	−10 −29	−10 −40	0 −19	0 −30	0 −46	0 −74	0 −190	+21 +2	+32 +2	+39 +20	+51 +32	+72 +53	+106 +87
65	80	−150 −340															+78 +59	+121 +102
80	100	−170 −390	120 −207	−36 −71	−36 −90	−12 −34	−12 −47	0 −22	0 −35	0 −54	0 −87	0 −220	+25 +3	+38 +3	+45 +23	+59 +37	+93 +71	+146 +124
100	120	−180 −400															+101 +79	+166 +144
120	140	−200 −450	145 −245	−43 −83	−43 −106	−14 −39	−14 −54	0 −25	0 −40	0 −63	0 −100	0 −250	+28 +3	+43 +3	+52 +27	+68 +43	+117 +92	+195 +170
140	160	−210 −460															+125 +100	+215 +190
160	180	−230 −480															+133 +108	+235 +210
180	200	−240 −530	170 −285	−50 −96	−50 −122	−15 −44	−15 −61	0 −29	0 −46	0 −72	0 −115	0 −190	+33 +4	+50 +4	+60 +31	+79 +50	+151 +122	+265 +236
200	225	−260 −550															+159 +130	+287 +258
225	250	−280 −570															+169 +140	+313 +284
250	280	−300 −620	190 −320	−56 −108	−56 −137	−17 −49	−17 −69	0 −32	0 −52	0 −81	0 −130	0 −320	+36 +4	+56 +4	+66 +34	+88 +56	+190 +158	+347 +315
280	315	−330 −650															+202 +170	+382 +350
315	355	−360 −720	210 −350	−62 −119	−62 −151	−18 −54	−18 −75	0 −36	0 −57	0 −89	0 −140	0 −360	+40 +4	+61 +4	+73 +37	+98 +62	+226 +190	+426 +390
355	400	−400 −760															+244 +208	+471 +435
400	450	−440 −840	230 −385	−68 −131	−68 −165	−20 −60	−20 −83	0 −40	0 −63	0 −97	0 −155	0 −400	+45 +5	+68 +5	+80 +40	+108 +68	+272 +232	+530 +490
450	500	−480 −880															+292 +252	+580 +540

3．优先配合中孔的极限偏差（摘自 GB/T 1800.4—1999）

附表 33　优先配合中孔的极限偏差数值表　（单位：μm）

公称尺寸/mm		公差带												
		C	D	F	G	H				K	N	P	S	U
大于	至	11	9	8	7	7	8	9	11	7	7	7	7	7
—	3	+120 +60	+45 +20	+20 +6	+12 +2	+10 0	+14 0	+25 0	+60 0	0 −10	−4 −14	−6 −16	−14 −24	−18 −28
3	6	+145 +70	+60 +30	+28 +10	+16 +4	+12 0	+18 0	+30 0	+75 0	+3 −9	−4 −16	−8 −20	−15 −27	−19 −31
6	10	+170 +80	+76 +40	+35 +13	+20 +5	+15 0	+22 0	+36 0	+90 0	+5 −10	−4 −19	−9 −24	−17 −32	−22 −37
10	14	+205 +95	+93 +50	+43 +16	+26 +4	+18 0	+27 0	+43 0	+110 0	+6 −12	−5 −23	−11 −29	−21 −39	−26 −44
14	18													
18	24	+240 +110	+117 +65	+53 +20	+28 +7	+21 0	+33 0	+52 0	+130 0	+6 −15	−7 −28	−14 −35	−27 −48	−33 −54
24	30													−40 −61
30	40	+280 +120	+142 +80	+64 +25	+34 +9	+25 0	+39 0	+62 0	+160 0	+7 −18	−8 −33	−17 −42	−34 −59	−51 −76
40	50	+280 +120												−61 −86
50	65	+330 +140	+174 +100	+76 +30	+40 +10	+30 0	+46 0	+74 0	+190 0	+ −21	−9 −39	−21 −51	−42 −72	−76 −106
65	80	+340 +150											−48 −78	−91 −121
80	100	+390 +170	+207 +120	+90 +36	+47 +12	+35 0	+54 0	+87 0	+220 0	+10 −25	−10 −45	−24 −59	−58 −98	−111 −146
100	120	+400 +180											−66 −101	−131 −166
120	140	+450 +200	+245 +145	+106 +43	+54 +14	+40 0	+63 0	+100 0	+250 0	+12 −28	−12 −52	−28 −68	−77 −117	−155 −195
140	160	460 +210											−85 −125	−175 −215
160	180	+480 +230											−93 −133	−195 −235
180	200	+530 +240	+285 +170	+122 +50	+61 +15	+46 0	+72 0	+115 0	+290 0	+13 −33	−14 −60	−33 −79	−105 −151	−219 −265
200	225	+550 +260											−113 −159	−241 −287
225	250	+570 +280											−123 −169	−267 −313
250	280	+620 +300	+320 +190	+137 +56	+69 +17	+52 0	+81 0	+130 0	+320 0	+16 −36	−14 −66	−36 −88	−138 −190	−295 −347
280	315	+650 +330											50 −202	−330 −382
315	355	+720 +360	+350 +210	+151 +62	+75 +18	+57 0	+89 0	+140 0	+360 0	+17 −40	−16 −73	−41 −98	−169 −226	−369 −426
355	400	+760 +400											−187 −244	−414 −471
400	450	+840 +440	+385 +230	+165 +68	+83 +20	+63 0	+97 0	+155 0	+400 0	+18 −45	−17 −80	−45 −108	−209 −272	−467 −530
450	500	+880 +480											−229 −292	−517 −580

九、常用材料的牌号及应用

1. 金属材料

附表 34　金属材料的牌号及应用

标准	名称	牌号	应用举例		说明
GB/T 700—1988	普通碳素结构钢	Q215	A 级	金属结构件、拉杆、套圈、铆钉、螺栓。短轴、心轴、凸轮（载荷不大的）、垫圈、渗碳零件及焊接件	“Q”为碳素结构钢屈服点”屈”字的汉语拼音首位字母，后面的数字表示屈服点的数值。如 Q235 表示碳素结构钢的屈服点为 235MPa。新旧牌照对照：Q215—A2 Q235—A3 Q275—A5
			B 级		
		Q235	A 级	金属结构件，心部强度要求不高的渗碳或氰化零件，吊钩、拉杆、套圈、汽缸、齿轮、螺栓、螺母、连杆、轮轴、楔、盖及焊接件	
			B 级		
			C 级		
			D 级		
		Q275		轴、轴销、刹车杆、螺母、螺栓、垫圈、连杆、齿轮以及其他强度较高的零件	
GB/T 699—1999	优质碳素结构钢	10		用作拉杆、卡头、垫圈、铆钉及用作焊接零件	牌号的两位数字表示平均碳的质量分数，45 号钢即表示碳的质量分数为 0.45%；碳的质量分数≥0.25% 的碳钢属低碳钢（渗碳钢）；碳的质量分数为（0.25～0.6）% 的碳钢属中碳钢（调质钢）；碳的质量分数＞0.6% 的碳钢属高碳钢。锰的质量分数较高的钢，需加注化学元素符号“Mn”
		15		用于受力不大和韧性较高的零件、渗碳零件及紧固件（如螺栓、螺钉）、法兰盘和化工贮器	
		35		用于制造曲轴、转轴、轴销、杠杆、连杆、螺栓、螺母、垫圈、飞轮（多在正火、调质下使用）	
		45		用作要求综合机械性能高的各种零件，通常经正火或调质处理后使用。用于制造轴、齿轮、齿条、链轮、螺栓、螺母、销钉、键、拉杆等	
		60		用于制造弹簧、弹簧垫圈、凸轮、轧辊等	
		15Mn		制作心部机械性能要求较高且须渗碳的零件	
		65Mn		用于要求耐磨性高的圆盘、衬板、齿轮、花健轴、弹簧等	
GB/T 3077—1999	合金结构钢	20Mn2		用于渗碳小齿轮，小轴、活塞销、柴油机套筒、气门推杆、缸大套等	钢中加入一定量的合金元素，提高了钢的力学性能和耐磨性，并提高了钢的淬透性，保证金属在较大截面上获得高的力学性能
		15Cr		用于要求心部韧性较高的渗碳零件，如船舶主机用螺栓、活塞销、凸轮、凸轮轴、汽轮机套环、机车小零件等	
		40Cr		用于受变载，中速、中载、强烈磨损而无很大冲击的重要条件，如重要的齿轮、轴、曲轴、连杆、螺栓、螺母等	
		35SiMn		耐磨、耐疲劳性均佳，适用于小型轴类、齿轮及 430℃以下的重要坚固件等	
		20CrMnTi		工艺性特优，强度、韧性能均高，可用于承受高速、中等或重负荷以及冲击、磨损等的重要零件，如渗碳齿轮、凸轮等	
GB/T 11352—1989	铸钢	ZG230-450		轧机机架、铁道车辆摇枕、侧梁、铁铮台、机座、箱体、锤轮、450℃以下的管路附件等	“ZG”为铸钢汉语拼音的首位字母，后面的数字表示屈服点和抗拉强度。如 ZG230—450 表示屈服点为 230，抗拉强度为 450MPa
		ZG310-570		适用于各种形状的零件，如联轴器、齿轮、汽缸、轴、机架、齿圈等	

续表

标准	名称	牌号	应用举例	说明
GB/T 9439—1988	灰铸铁	HT150	用于小负荷和对耐磨性无特殊要求的零件，如端盖、外罩、手轮、一般机床的底座、床身及其复杂零件、滑台、工作台和低压管件等	“HT”为“灰铁”的汉语拼音的首位字母，后面的数字表示抗拉强度。如 HT200 表示抗拉强度为 200MPa 的灰铸铁
		HT200	用于中等负荷和对耐磨性有一定要求的零件，如机床床身、立柱、飞轮、汽缸、泵体、轴承座、活塞、齿轮箱、阀体等	
		HT250	用于中等负荷和对耐磨性有一定要求的零件，如阀体、油缸、汽缸联轴器、机体、齿轮、齿轮箱外壳、飞轮、液压泵和滑阀的壳体等	
GB/T 5232—1985	普通黄铜	H62	用于各种伸引和弯折制造的受力零件，如散热器、垫圈、弹簧、销钉、导管、螺帽等	“H”表示普通黄铜，62 表示含铜量为 60.5%～63.5%
GB/T 1176—1987	5-5-5 锡青铜	ZCuSu5 Pb5Zn5	耐磨性和耐蚀性均好，易加工，铸造性和气密性较好。用于较高负荷、中等滑动速度下工作的耐磨、耐腐蚀零件，如轴瓦、衬套、缸塞、活塞、离合器、蜗轮等	“Z”为铸造汉语拼音的首位字母，各化学元素后面的数字表示该元素含量的百分数，如 ZCuAl10Fe3 表示含：Al（8.1～11）%、Fe（2～4）%，其余为 Cu 的铸造铝青铜
	10-3 铝青铜	ZCuAl10Fe3	机械性能高，耐磨性、耐蚀性、抗氧化性好，可以焊接，不易钎焊，大型铸件自 700℃空冷可防止变脆。可用于制造强度高、耐磨、耐蚀的零件，如蜗轮、轴承、衬套、管嘴、耐热管配件等	
	25-6-3-3 铝黄铜	ZCuZn25 Al6Fe3Mn3	有很高的力学性能，铸造性良好、耐蚀性较好，有应力腐蚀开裂倾向，可以焊接。适用于高强耐磨零件，如桥梁支承板、螺母、螺杆、耐磨板、滑块、蜗轮等	
	58-2-2 锰黄铜	ZCuZn38 Mn2Pb2	有较高的力学性能和耐蚀性，耐磨性较好，切削性良好。可用于一般用途的构件，船舶仪表等使用的外形简单的铸件，如套筒、衬套、轴瓦、滑块等	
GB/T 1173—1995	铸造铝合金	ZAlSi12 代号 ZL102	用于制造形状复杂，负荷小，耐腐蚀的薄壁零件和工作温度≤200℃的高气密性零件	含硅（10～13）% 的铝硅合金
GB/T 3190—1996	硬铝	2A12（原 LY12）	焊接性能好，适用制作高载荷的零件及构件（不包括冲压件和锻件）	2Al2 表示含铜（3.8～4.9）%、镁（1.2～1.8）%、锰（0.3～0.9）% 的硬铝
	工业纯铝	1060（代 L2）	塑性、耐腐蚀性高，焊接性好，强度低，适于制作贮槽、热交换器、防污染及深冷设备等	1060 表示含杂质≤0.4% 的工业纯铝

2. 非金属材料

附表 35　非金属材料的牌号及应用

标准	名称	牌号	说明	应用举例
GB/T 359—1995	耐油石棉橡胶板	NY250 HNY300	有（0.4～3.0）mm 的十种厚度规格	供航空发动机用的煤油、润滑油及冷气系统结合处的密封衬垫材料
GB/T	耐酸碱橡胶板	2707 2807 2709	较高硬度 中等硬度	具有耐酸性能，在温度（–30～+60）℃的 20% 浓度的酸碱液体中工作，用于冲制密封性能较好的垫圈
	耐油橡胶板	3707 3807 3709 3809	较高硬度	可在一定温度的机油、变压器油、汽油等介质中工作，适用于冲制各种形状的垫圈
	耐热橡胶板	4708 4808 4710	较高硬度 中等硬度	可在（–30～+100）℃、且压力不大的条件下，在热空气、蒸汽介质中工作，用于冲制各种垫圈及隔热垫板

十、常用热处理和表面处理

附表 36　常用热处理和表面处理（摘自 GB/T 7232—1999 和 JB/T 8555—1997）

名称	有效硬化层深度和硬度标注举例	说明	目的
退火	退火（163～197）HBS 或退火	加热→保温→缓慢冷却	用来消除铸、锻、焊零件的内应力，降低硬度，以利切削加工，细化晶粒，改善组织，增加韧性
正火	正火（170～217）HBS 或正火	加热→保温→空气冷却	用于处理低碳钢、中碳结构钢及渗碳零件细化晶粒，增加强度与韧性，减少内应力，改善切削性能
淬火	淬火（42～47）HRC	加热→保温→急冷 工件加热奥氏体化后以适当方式冷却获得马氏体或（和）贝氏体的热处理工艺	提高机件强度及耐磨性。但淬火后引起内应力，使刚变脆，所以淬火后必须回火
回火	回火	回火是将淬硬的钢件加热到临界点，以下的某一温度，保持一段时间，然后冷却到室温	用来消除淬火后的脆性和内应力，提高钢的塑性和冲击韧性
调质	调质（200～230）HBS	淬火→高温回火	提高韧性及强度，重要的齿轮、轴及丝杠等零件需调质
感应淬火	感应淬火 DS＝0.8～1.6，（48～52）HRC	用感应电流零件表面加热→急速冷却	提高机件表面的硬度及耐磨性，而心部保持一定的韧性，使零件既耐磨又能承受冲击，常用来处理齿轮
渗碳淬火	渗碳淬火 DC＝0.8～1.2，（58～63）HRC	将零件在渗碳介质中加热、保温，使碳原子渗入钢的表面后，再淬火回火渗碳深度（0.8～1.2）mm	提高机件表面的硬度、耐磨性、抗拉强度等适用于低碳、中碳（C<0.40%）结构钢的中小型零件

续表

名称	有效硬化层深度和硬度标注举例	说明	目的
渗氮	渗氮 DN = 0.25～0.4, ≥850HV	将零件放入氮气内加热，使氮原子渗入钢表面。氮化层（0.25～0.4）mm, 氮化时间（40～50）h	提高机件的表面硬度、耐磨性、疲劳强度和抗蚀能力。适用于合金钢、碳钢、铸铁件，如机床主轴、丝杠、重要液压元件中的零件
碳氮共渗淬火	碳氮共渗淬火 DC = 0.5～0.8,（58～63）HRC	钢件在含碳氮的介质中加热，使碳、氮原子同时渗入钢表面。可得到（0.5～0.8）mm 硬化层	提高表面硬度、耐磨性、疲劳强度和耐蚀性，用于要求硬度高、耐磨的中小型、薄片零件及刀具等
时效	自然时效 人工时效	机件深加工前，加热到（100～150）℃后，保温（5～20）h，空气冷却，铸件也可自然时效（露天放一年以上）	消除内应力，稳定机件形状和尺寸，常用于处理精密零件，如精密轴承，精密丝杠等
发蓝、发黑	—	将零件置于氧化剂内加热氧化、使表面形成一层氧化铁保护膜	防腐蚀、美化，如用于螺纹紧固件
镀镍		用电解方法，在钢件表面镀一层镍	防腐蚀、美化
镀铬		用电解方法，在钢件表面镀一层铬	提高表面硬度、耐磨性和腐蚀能力，也用于修复零件上磨损的表面
硬度	HBS（布氏硬度见 GB/T 231.1—2002） HRC/T（洛氏硬度见 GB/T 230—1991） HV/T（维氏硬度见 GB/T 4340.1—1999）	材料抵抗硬物压入其表面的能力； 依测定方法不同而有布氏、洛氏、维氏等几种	检验材料经热处理后的力学性能。 硬度 HBS 用于退火、正火、调质的零件及铸件； HRC 用于经淬火、回火及表面渗碳、渗氮等处理的零件； HV 用于薄层硬化零件

注：“JB/T” 为机械工业行业标准的代号。

专业绘图基础教程习题集

主　编　李玉菊　张东梅
副主编　王伟冰　杨丽婕

科学出版社
北　京

内 容 简 介

本习题集以教育部高等学校工程图学教学指导委员会2004年提出的“普通高等院校工程图学课程教学基本要求”为依据，结合21世纪对高校人才培养的需求，在对工程图学的教学本质和功能再认识的基础上，以培养学生综合素质及创新能力为出发点，结合编者多年教学经验、实践经验和教改成果编写而成。

本习题集与《专业绘图基础教程》配套使用。内容包括机械图样的表示法、标准件及常用件的表示法、零件图、装配图、展开图、其他工程图简介、工程图样的管理、计算机三维实体造型，共8章。

全书主要针对普通高等院校的“专业绘图基础”教学编写，主要适合于掌握了图学基础知识后，学时在38～68的高校机械类、近机械类各专业的本科生作为专业绘图基础教材使用，也可供广大技术人员学习参考。

图书在版编目（CIP）数据

专业绘图基础教程（含习题集）/ 李玉菊，张冬梅主编．—北京：科学出版社，2013. 2

ISBN 978-7-03-036663-4

Ⅰ. ①专…　Ⅱ. ①李…　②张…　Ⅲ. ①工程制图－高等学校－教材　Ⅳ. ① TB23

中国版本图书馆CIP数据核字（2013）第024096号

责任编辑：朱晓颖 / 责任校对：李　影

责任印制：张　伟 / 封面设计：迷底书装

科学出版社 出版

北京东黄城根北街16号

邮政编码：100717

http://www.sciencep.com

北京建宏印刷有限公司印刷

科学出版社发行　各地新华书店经销

*

2013年2月第　一　版　开本：787×1092 1/16

2025年12月第九次印刷　印张：28 1/4

字数：705 000

定价：79.80元（含习题集）

前　　言

本习题集以教育部高等学校工程图学教学指导委员会 2004 年提出的“普通高等院校工程图学课程教学基本要求”为依据，结合 21 世纪对高校人才培养的需求，在对工程图学的教学本质和功能再认识的基础上，以培养学生综合素质及创新能力为出发点，结合编者多年教学经验、实践经验和教改成果编写而成。与同步出版的《专业绘图基础教程》（李玉菊、张东梅主编）配套使用。各章节配有数量和难易程度适中的习题。

本书全部采用最新颁布的《技术制图》与《机械制图》国家标准，坚决维护标准的权威性，贯彻标准化思想。

在编题过程中，编者充分考虑了当前高校师生实际情况及课程的特点，突出了基本理论、基本方法、基本内容方面的训练，注重了综合能力的训练和培养。题目由浅入深、循序渐进、画读结合，能使学生作业上手快，牢牢巩固所学知识。

本习题集可用作普通高等院校专业绘图基础课程配套用书，也可供广大工程技术人员学习使用。

本习题集由长春理工大学李玉菊、张东梅担任主编，王伟冰、杨丽婕担任副主编，参加编写的还有张学忱、薛珊、赵峻彦、张宝庆、李俊烨、朱立峰、弯艳玲、高伟。

由于编者水平有限，书中难免存在缺点和疏漏之处，恳请广大读者和有关专家学者批评指正。

编　者

2012 年 11 月

目　　录

第一章 机械图样的表示法

1-1 根据机件的三视图，补全其余三个基本视图。	班级学号		姓名		成绩	

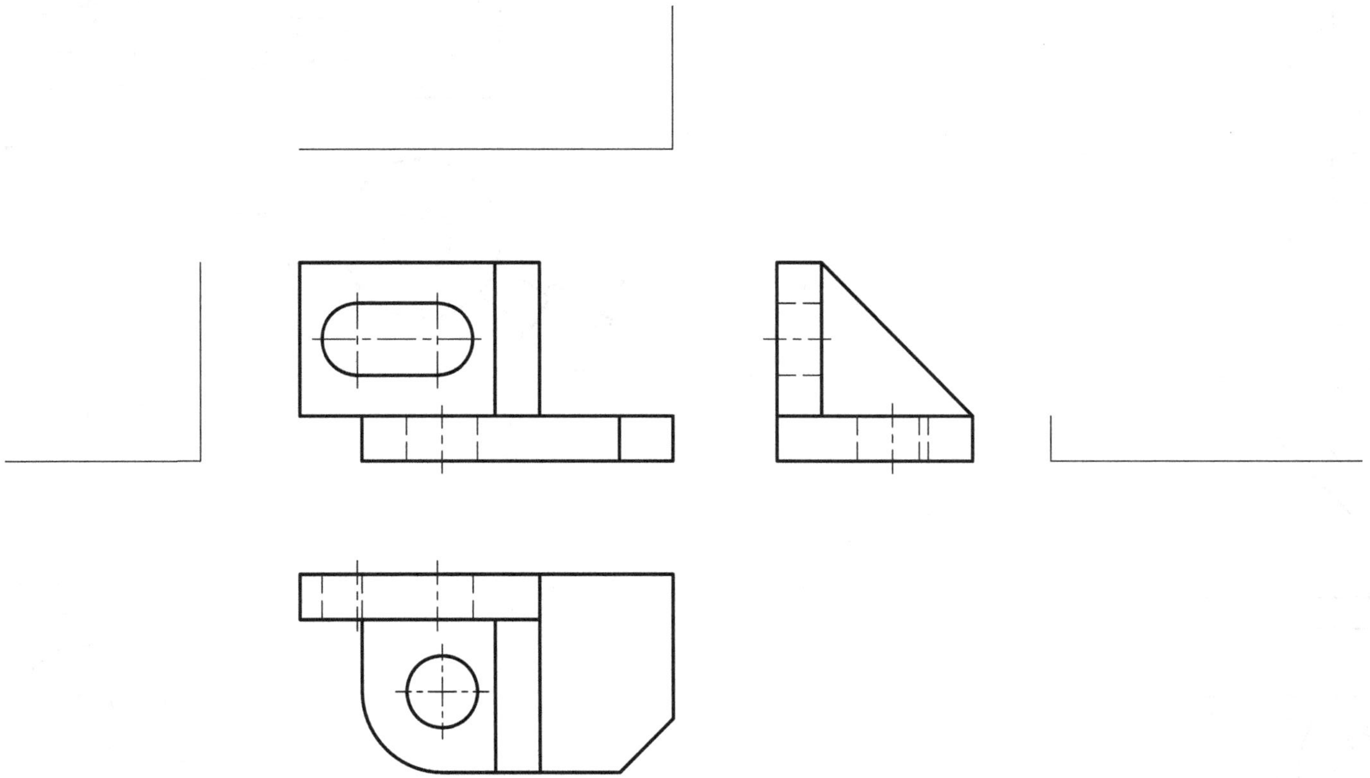

1-2 画出机件的向视图、局部视图和斜视图。	班级学号		姓名		成绩	

1. 按箭头所指方向，在指定位置画出相应的向视图。

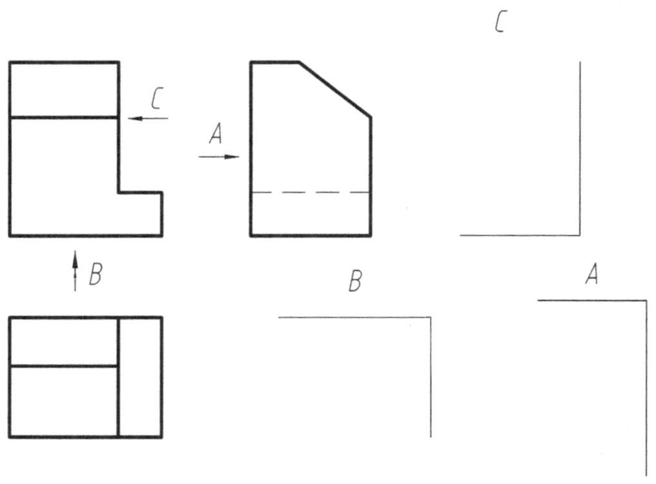

2. 在指定位置画出A向局部视图和B向斜视图。

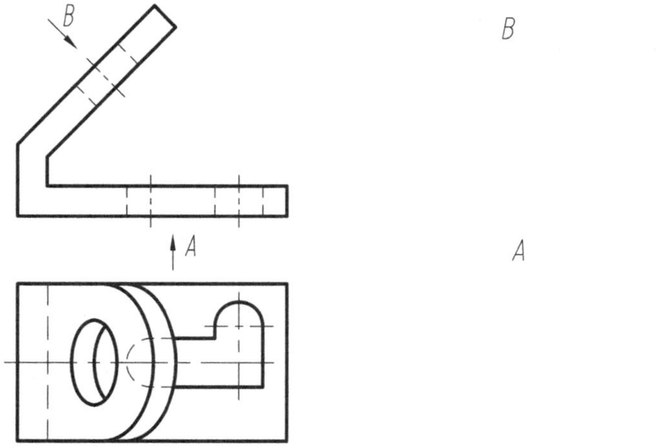

3. 把主视图画成局部视图，并在指定位置画出A向斜视图。

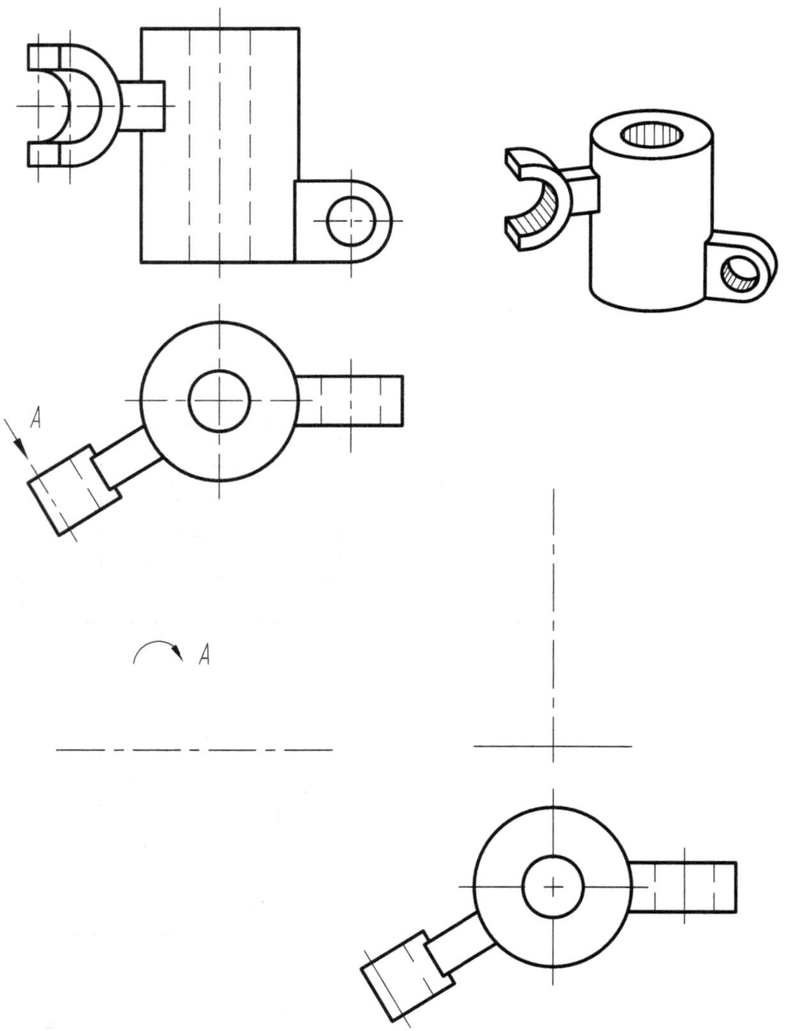

1-3 绘制机件的全剖视图。	班级学号		姓名		成绩	

1. 将主视图画成全剖视图。

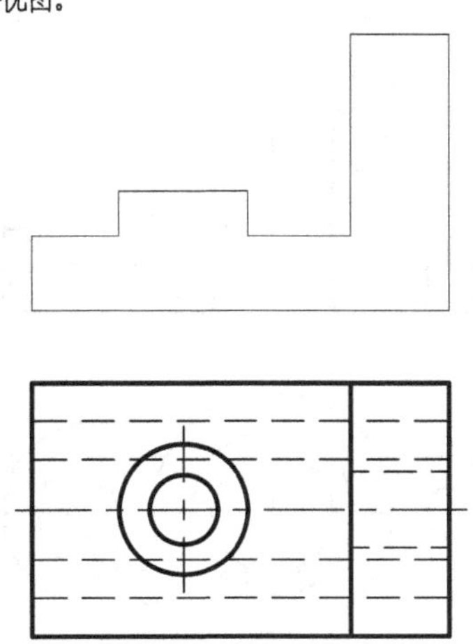

2. 在指定位置将主视图画成全剖视图。

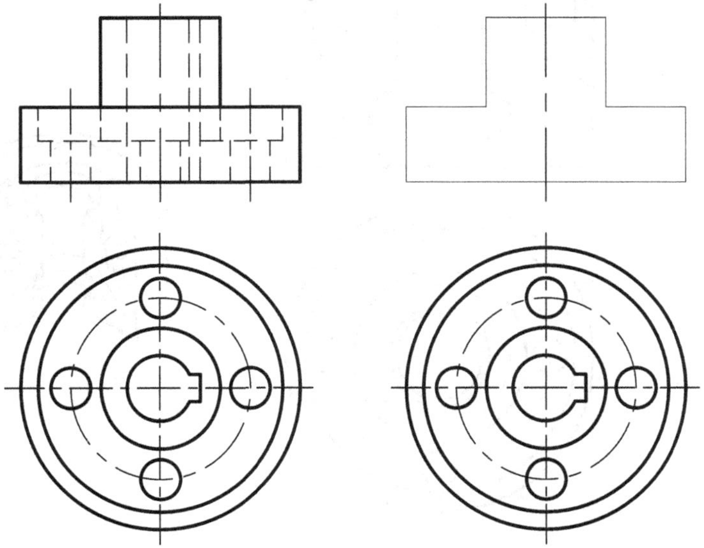

3. 在指定位置将主视图画成全剖视图。

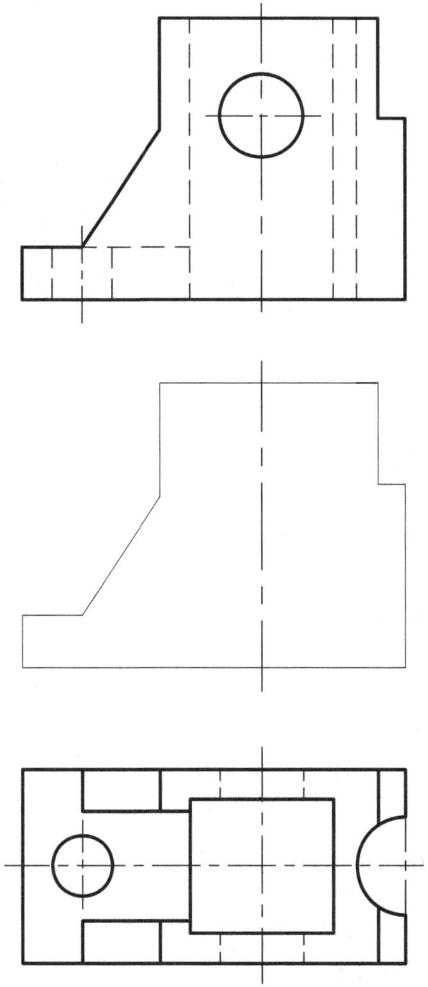

1-4 补画全视图中的漏线。	班级学号		姓名		成绩	

1.

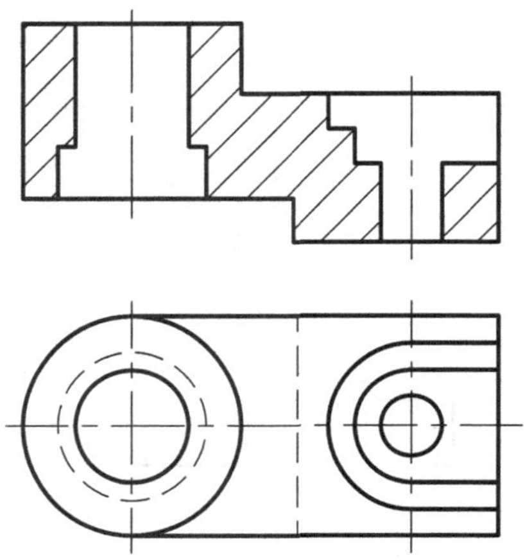

3.

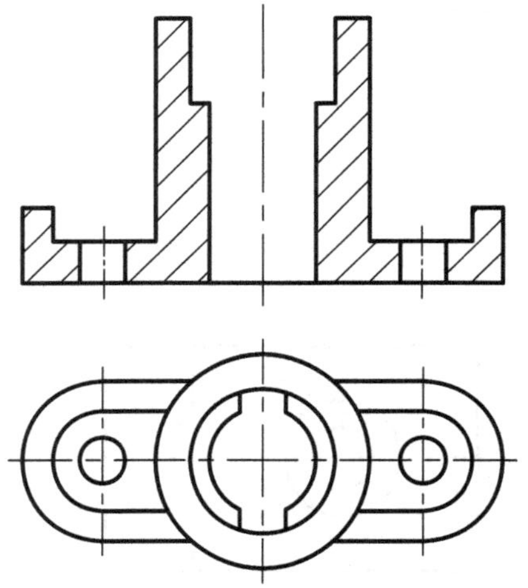

2.

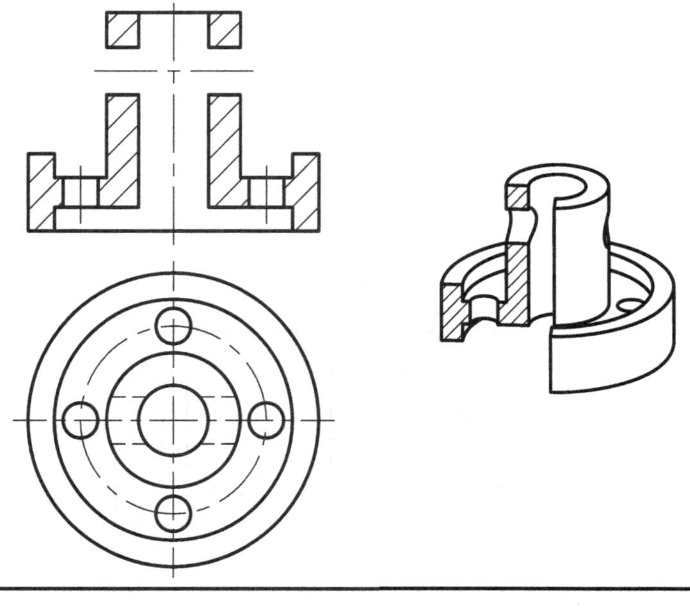

4.

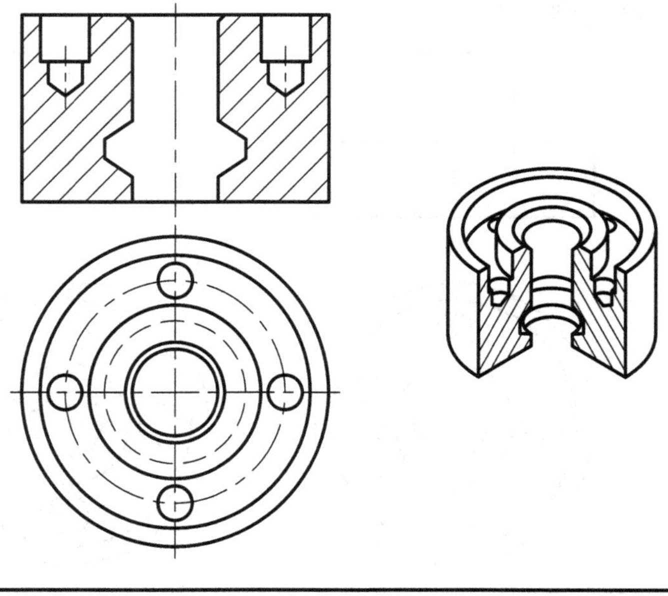

1-5 绘制机件的半剖视图。	班级学号		姓名		成绩	

1. 在指定位置将主视图画成半剖视图。

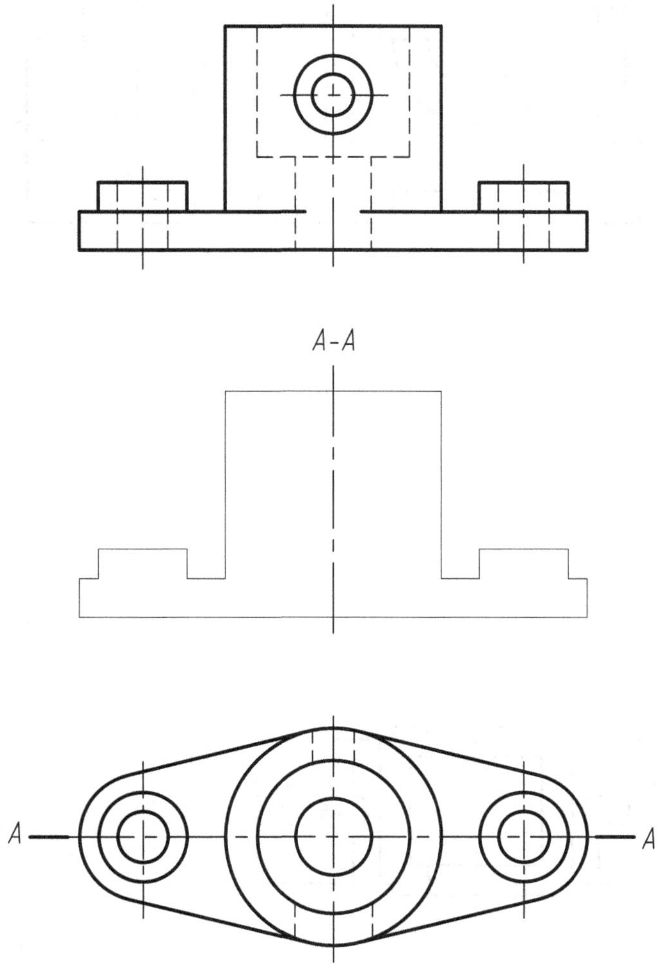

2. 在指定位置将主视图和俯视图画成半剖视图，并进行剖视图的标注。

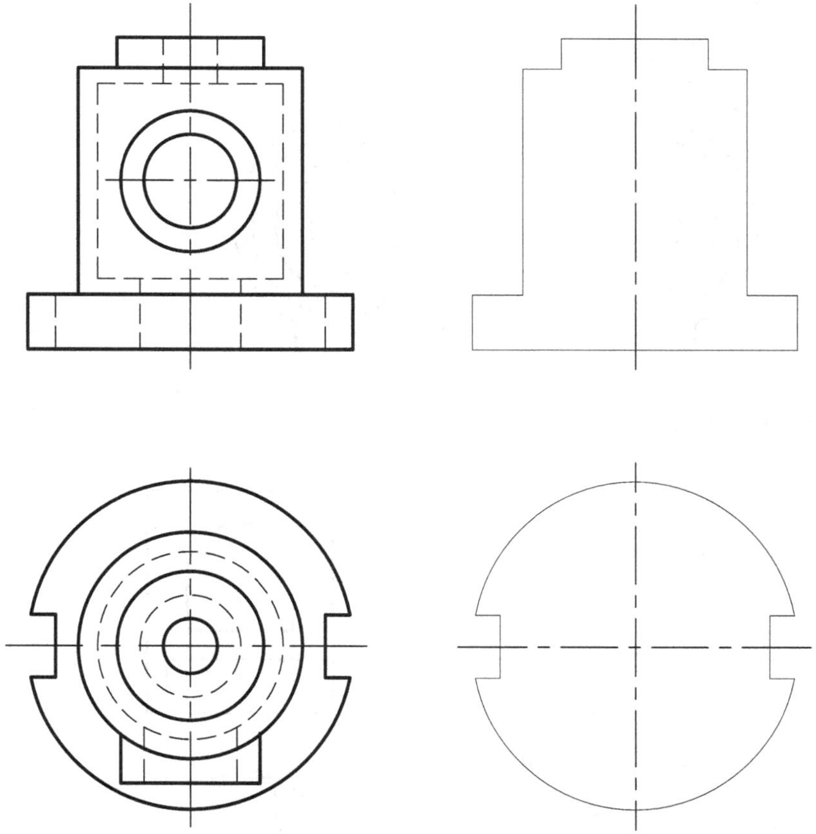

1-5 续	班级学号		姓名		成绩	

3. 在指定位置将主视图画成半剖视图。

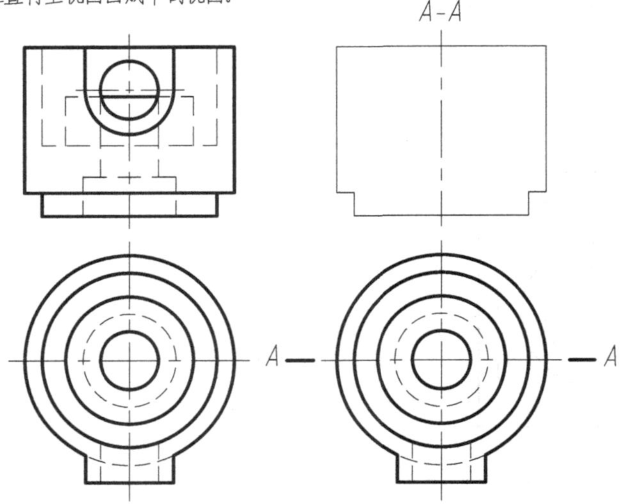

4. 将主视图画成半剖视图。

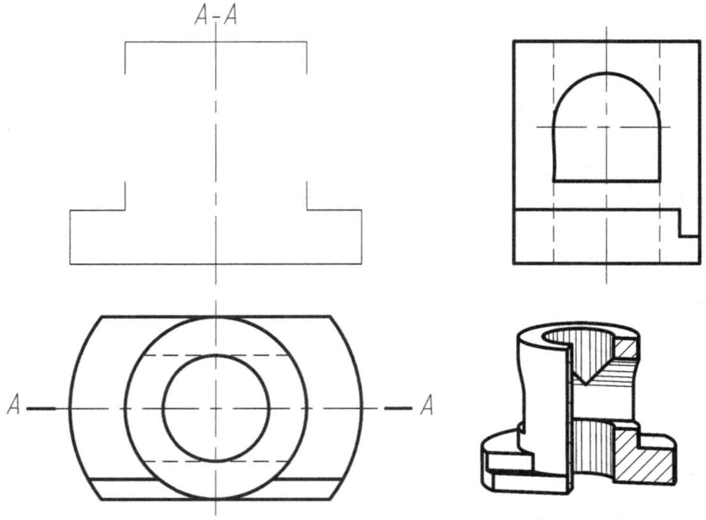

5. 在指定位置将主视图和左视图画成半剖视图。

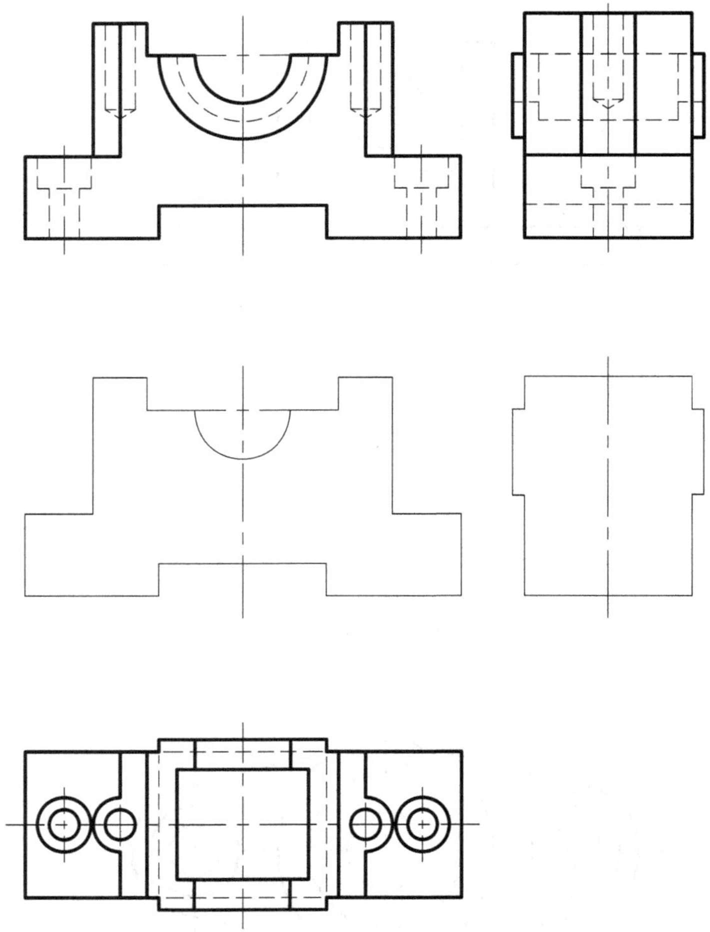

1-6 绘制机件的局部剖视图	班级学号		姓名		成绩	

1. 将主、俯视图改画成局部剖视图。

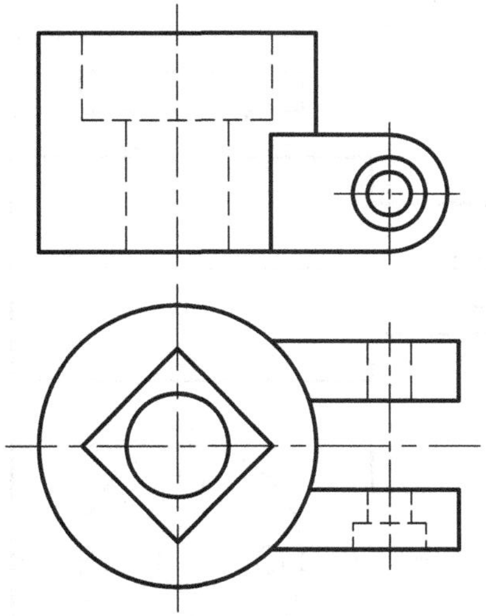

2. 将主视图改画成局部剖视图。

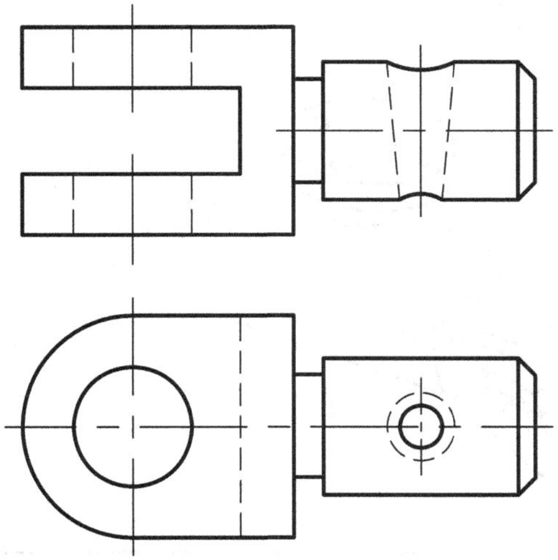

3. 参考右图，用1:1比例将主、俯视图画成局部剖视图。

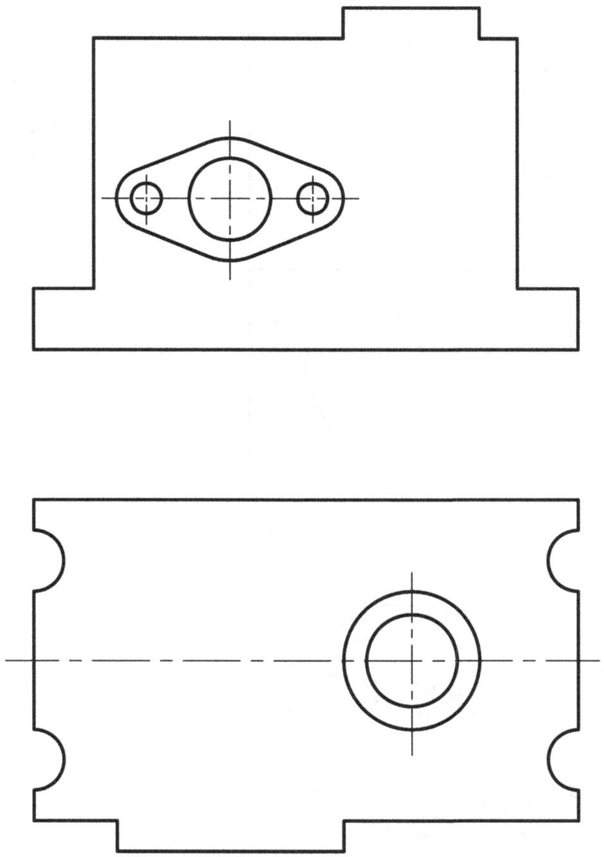

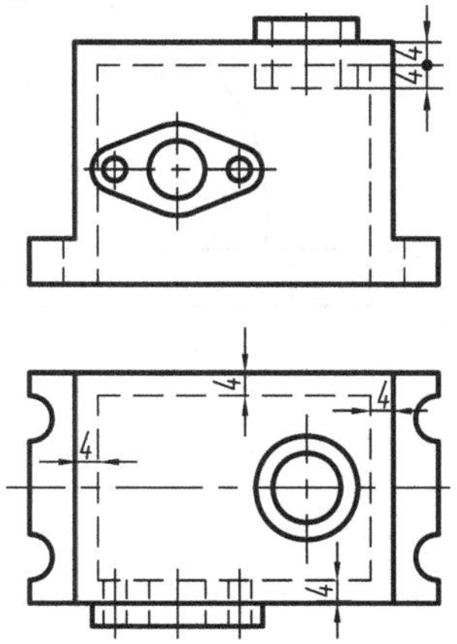

1-6 续	班级学号		姓名		成绩	

4. 参考立体图，将主、俯视图画成局部剖视图。

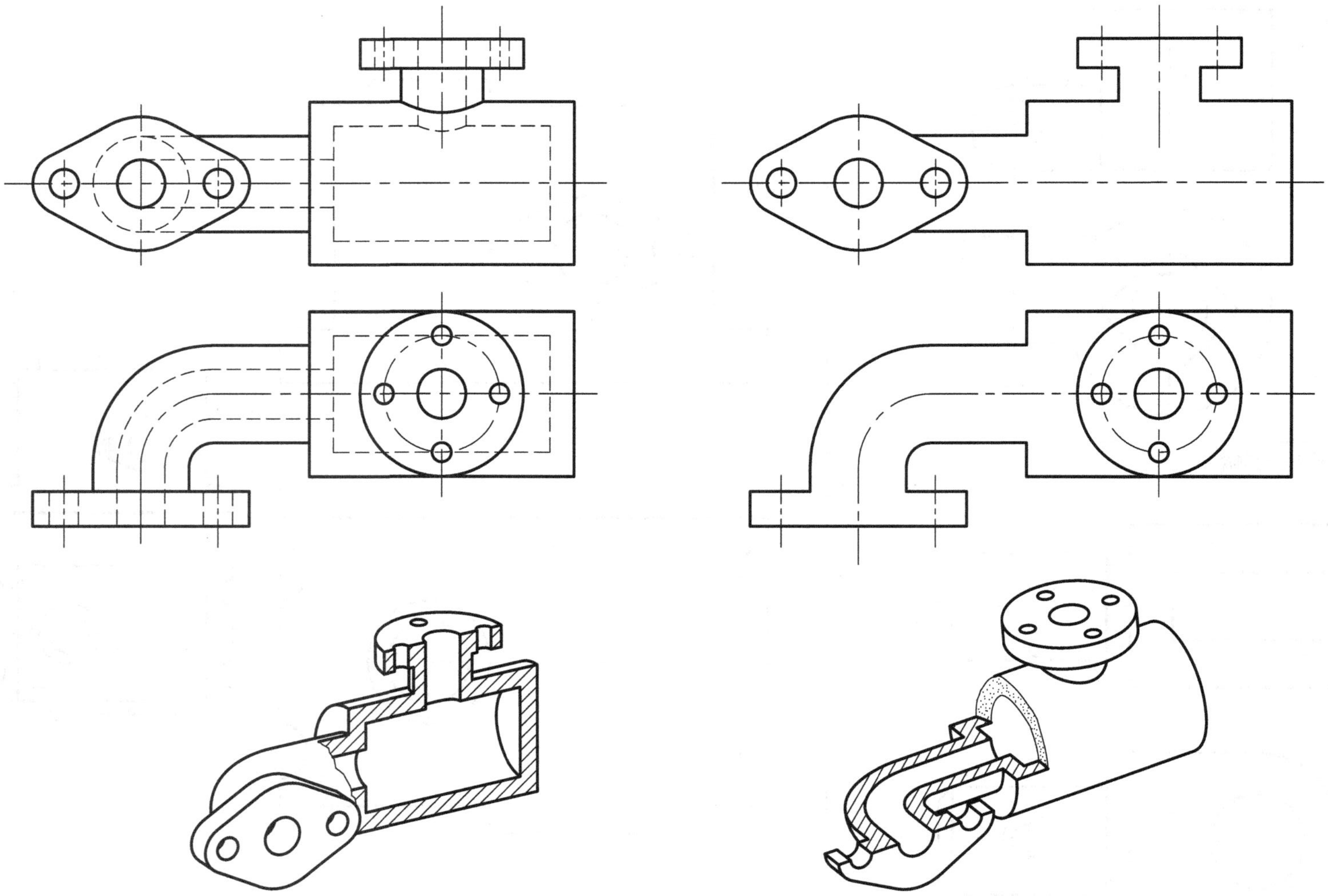

1-7 补画半剖视图和局部剖视图中的漏线	班级学号		姓名		成绩	

1.

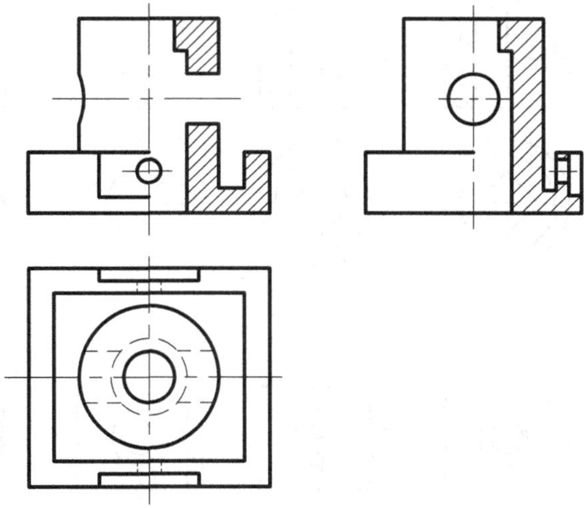

3.

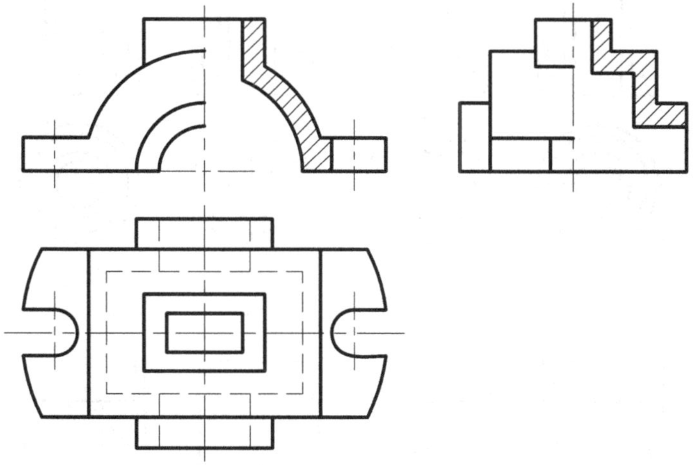

2.

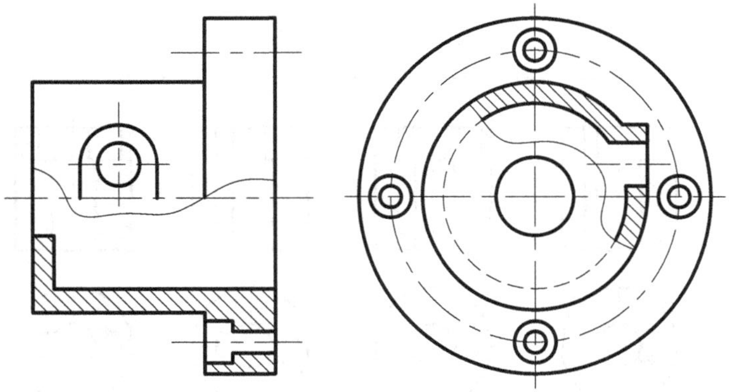

4.

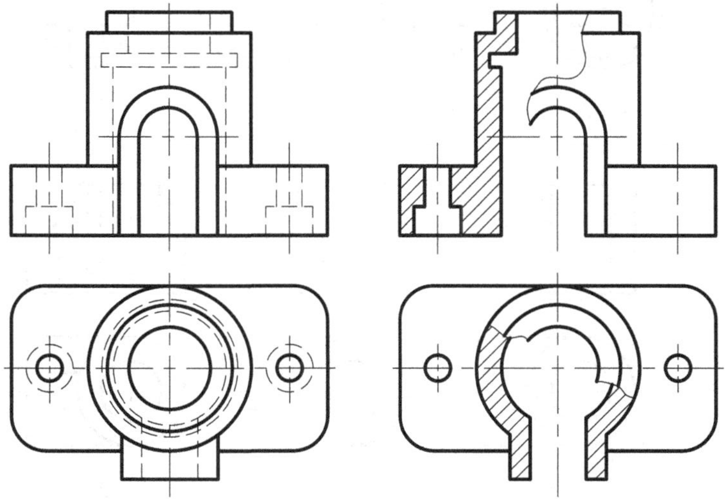

1-8 已知机件的主、俯视图，请选择正确的一组图形（在括号内画“√”）。	班级学号		姓名		成绩	

1.

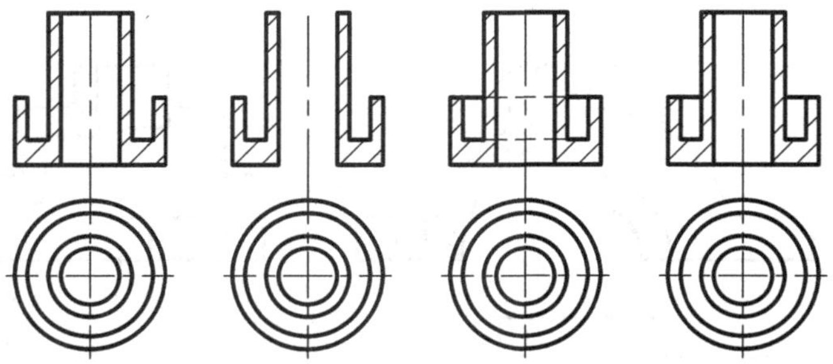

（ ）（ ）（ ）（ ）

4.

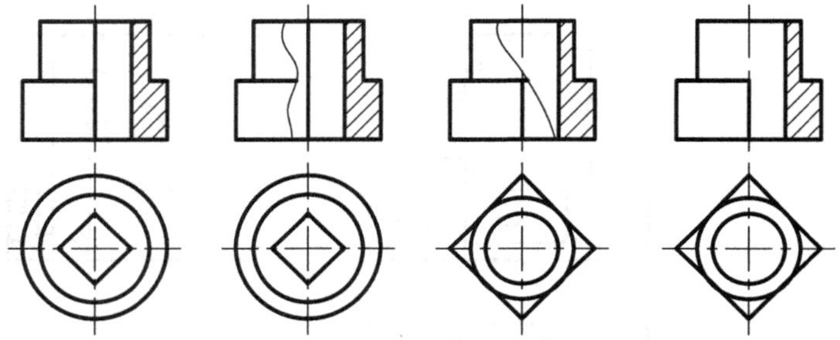

（ ）（ ）（ ）（ ）

2.

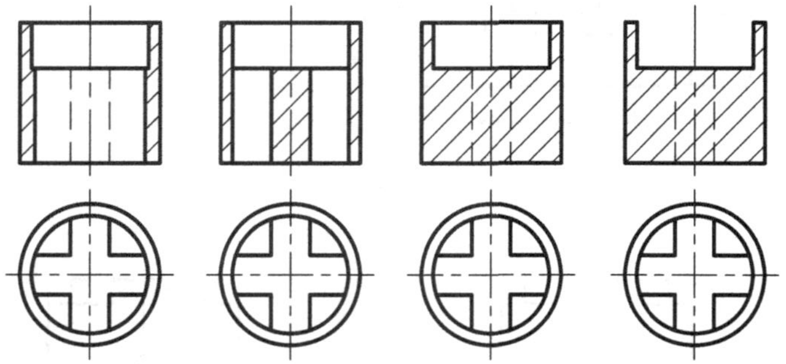

（ ）（ ）（ ）（ ）

5.

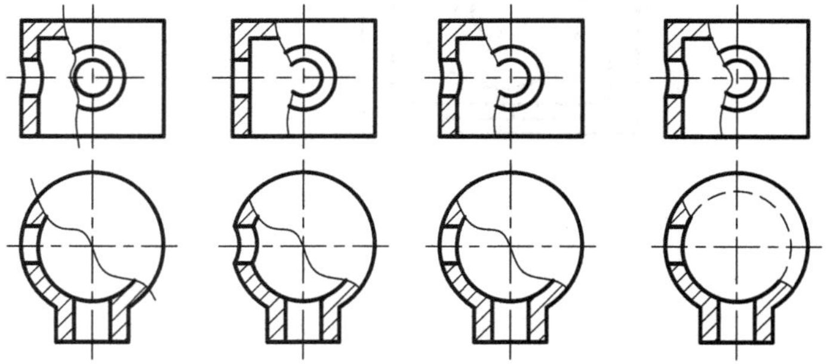

（ ）（ ）（ ）（ ）

3.

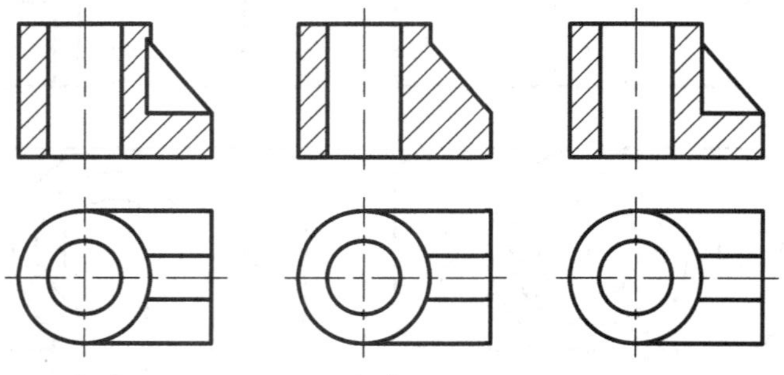

（ ）（ ）（ ）

6.

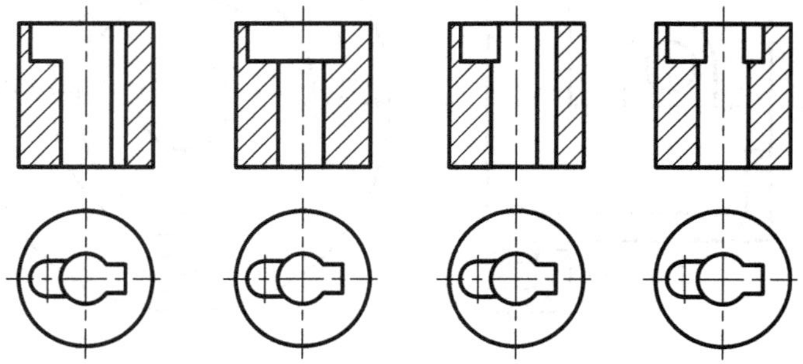

（ ）（ ）（ ）（ ）

1-9 用单一剖切面剖切机件画剖视图。	班级学号		姓名		成绩	

1. 用单一斜剖切平面剖切机件，在指定位置画出A-A全剖视图。

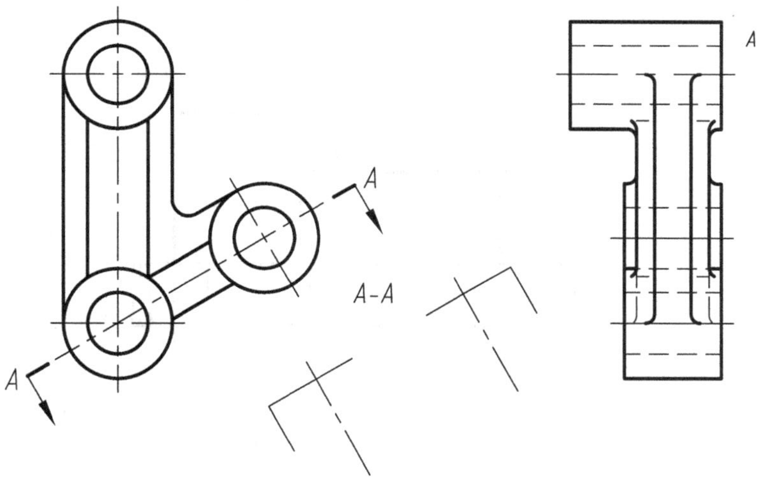

2. 用单一柱面剖切机件，在指定位置画出A-A展开全剖视图。

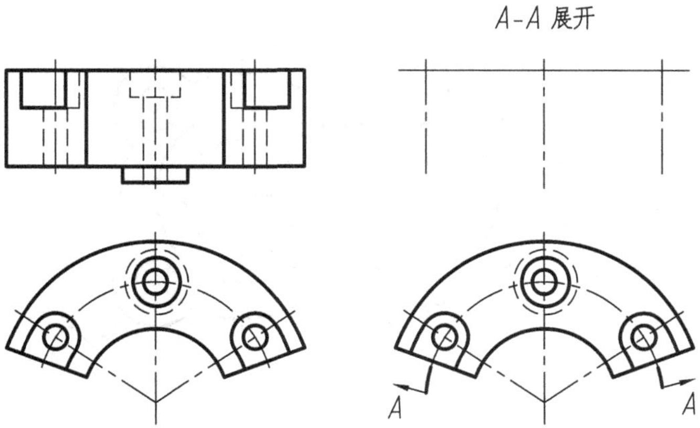

3. 用单一斜剖切平面剖切机件，在指定位置画出A-A旋转后的全剖视图。

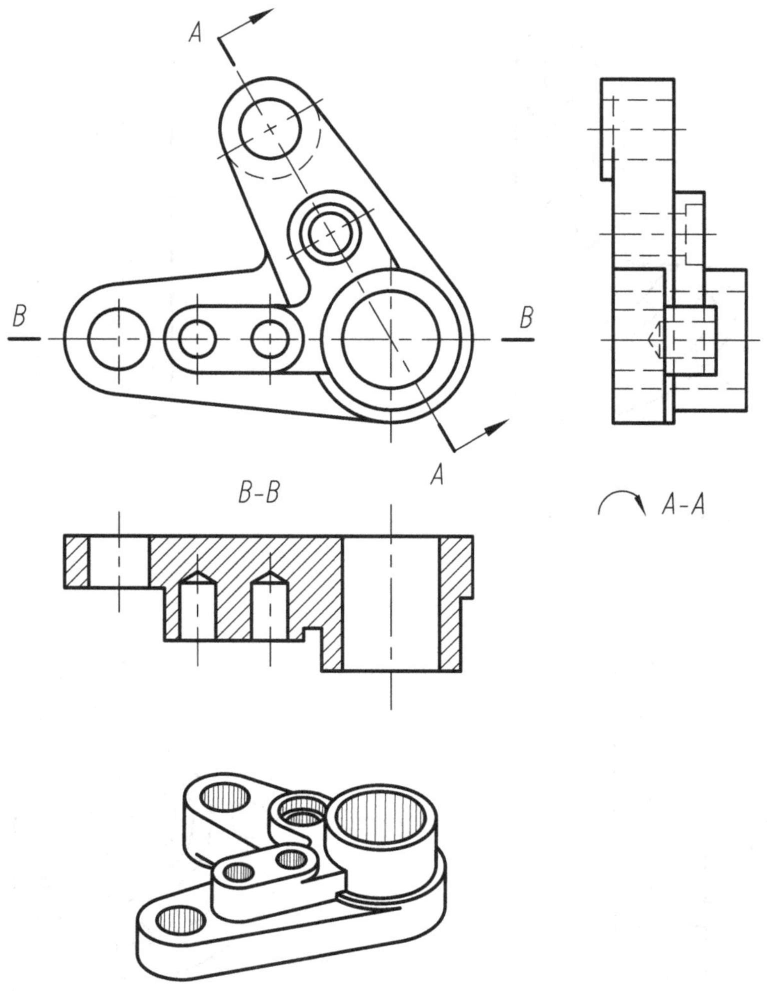

1-10 用几个相交的剖切平面剖切机件画剖视图。	班级学号		姓名		成绩	

1. 在指定位置将左视图画成全剖视图。

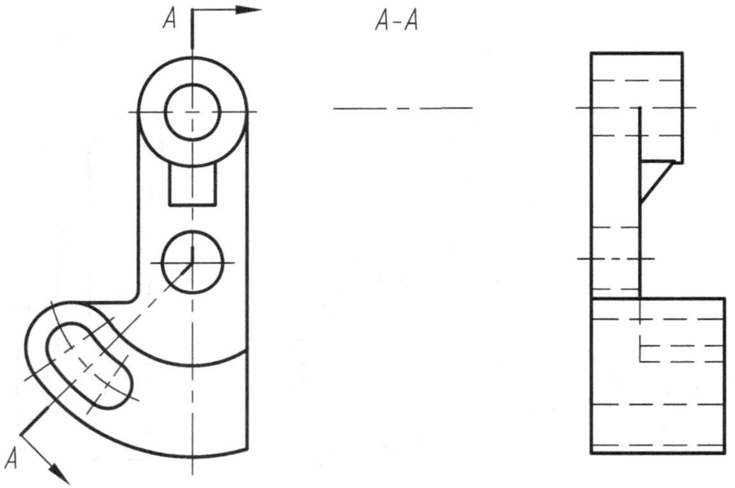

2. 在指定位置将主视图画成全剖视图。

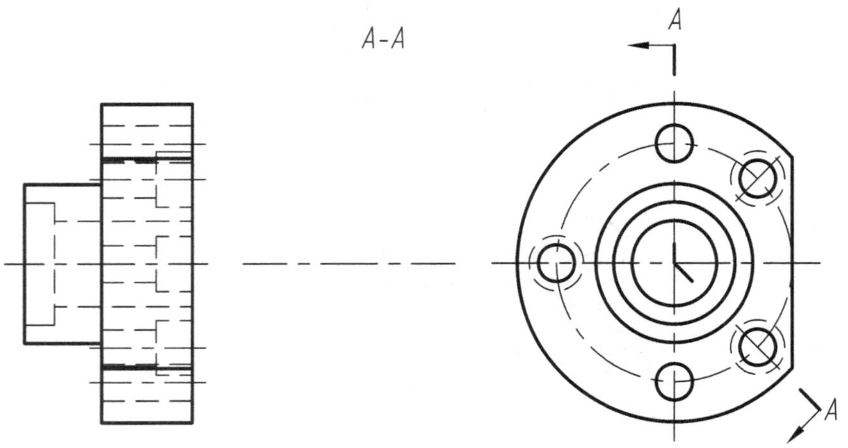

3. 在指定位置将主视图画成全剖视图。

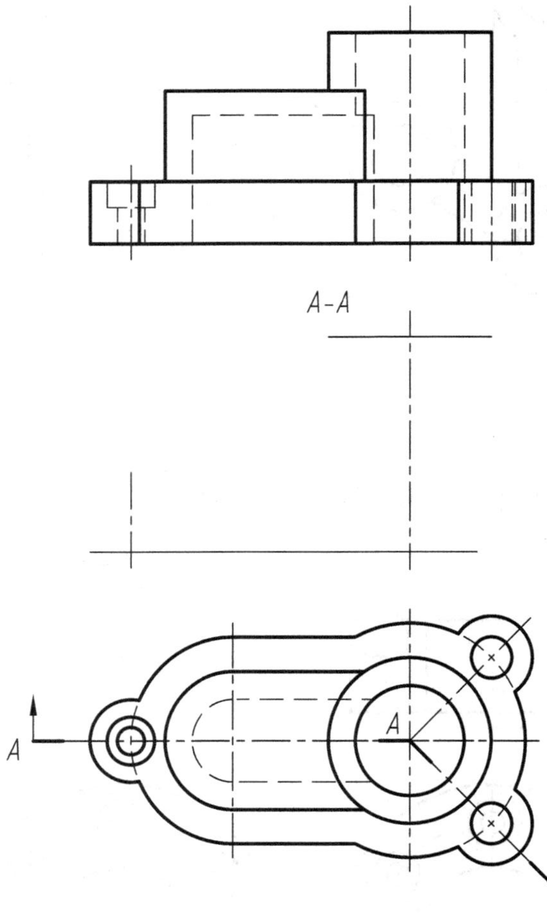

1-11 用几个平行的剖切平面剖切机件画剖视图。	班级学号		姓名		成绩	

1. 将主视图画成全剖视图。

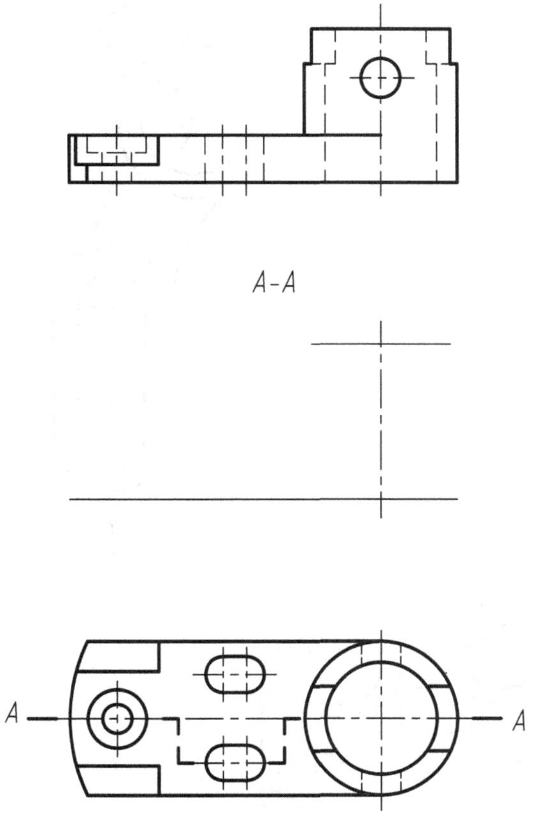

2. 将主视图画成全剖视图，并进行剖视图的标注。

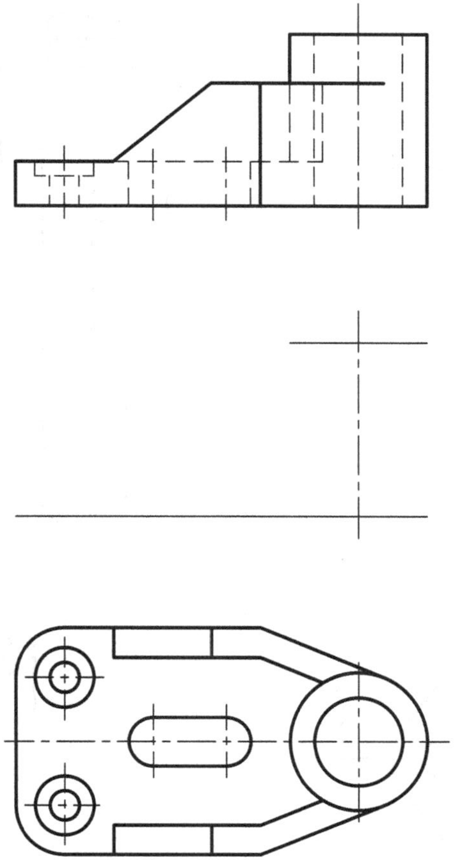

3. 将左视图画成全剖视图，并进行剖视图的标注。

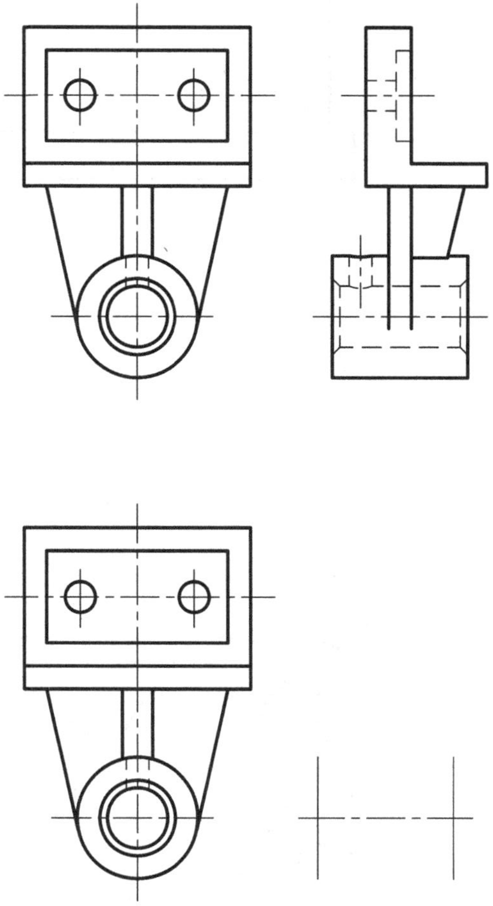

1-12 用几种剖切平面组合剖切机件画剖视图	班级学号		姓名		成绩	

1. 将主视图画成全剖视图。

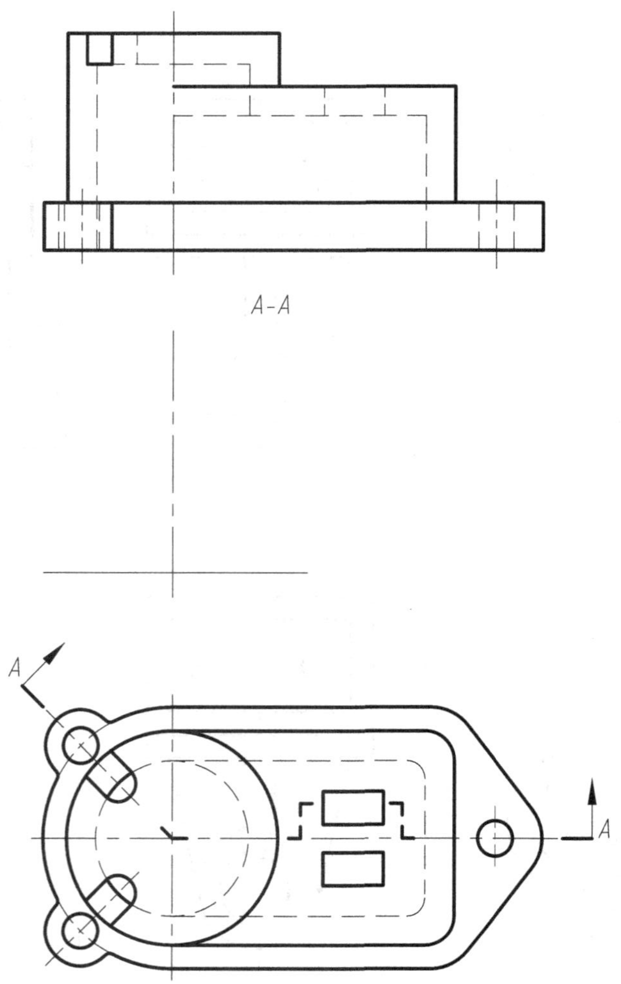

2. 将主视图画成全剖视图。

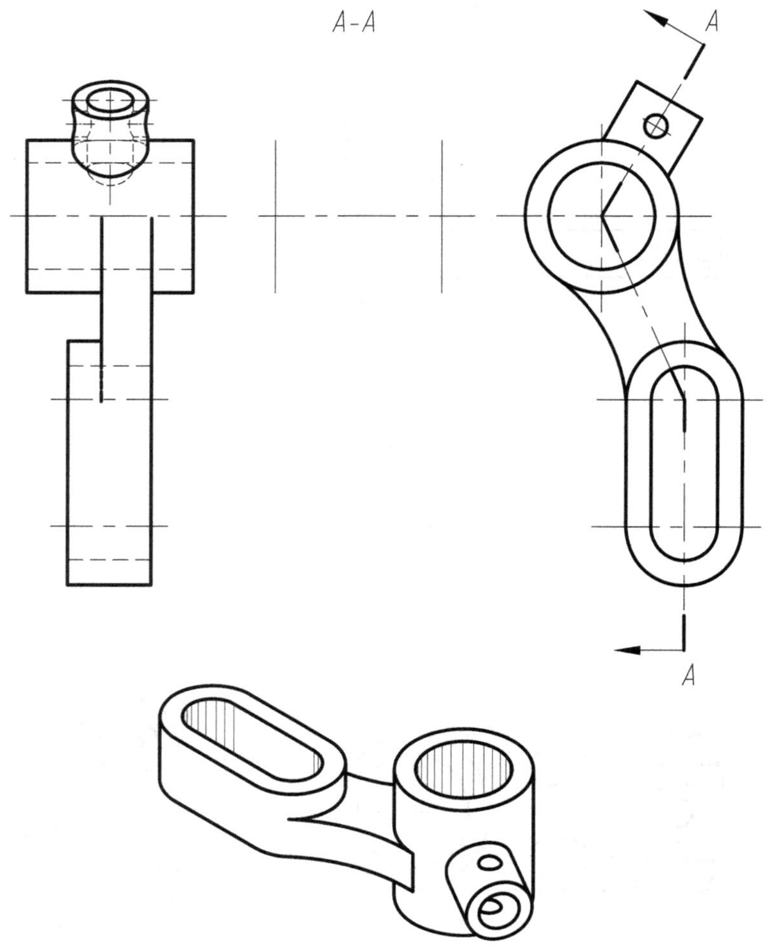

1-13 剖视图的综合练习 一

班级学号		姓名		成绩	

1. 在指定位置将主视图画成半剖视图，左视图画成全剖视图。

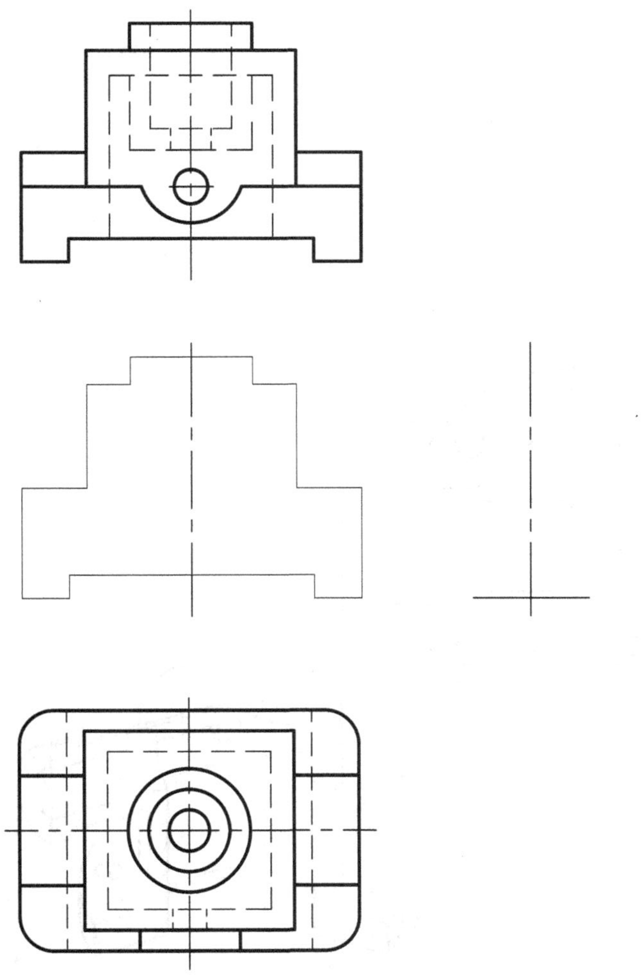

2. 参照右下角的图在指定位置将主视图画成半剖，左视图画成全剖，俯视图采用局剖。

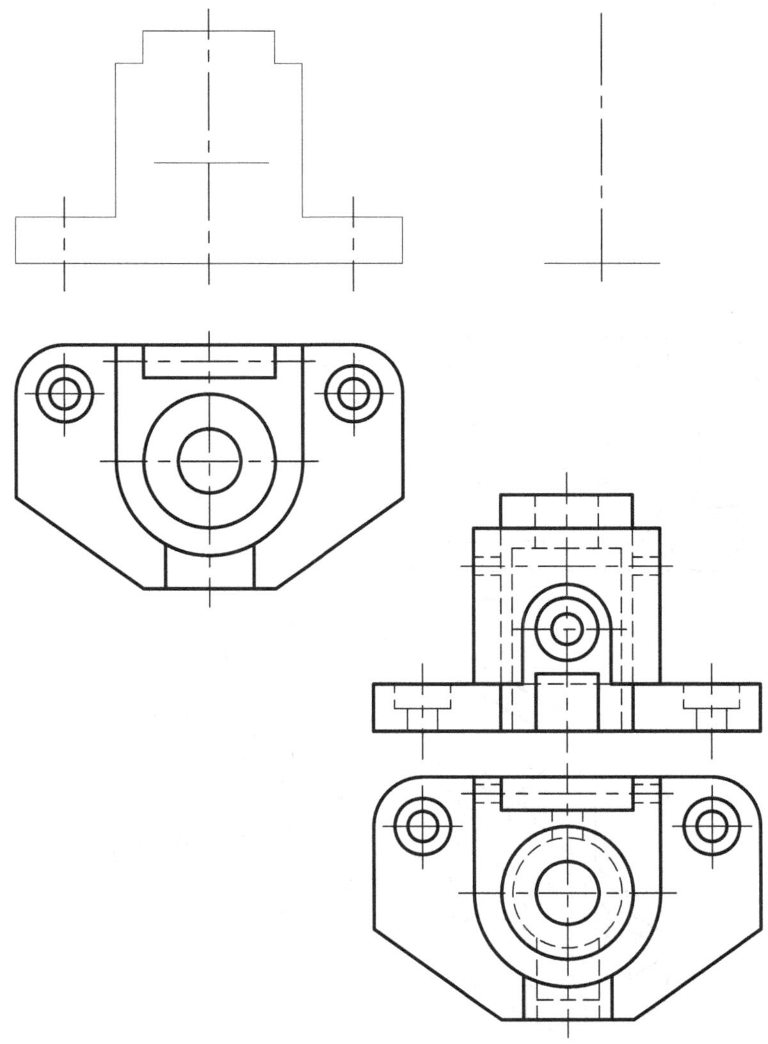

1-14 剖视图的综合练习二	班级学号		姓名		成绩	

1. 根据所给轴测图和俯视图，画出主、左视图，并在视图上取合适的剖视（高度尺寸按1:1比例在轴测图中量取）。

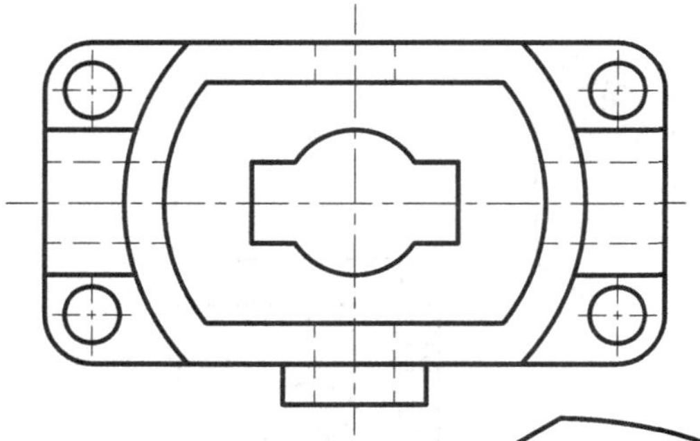

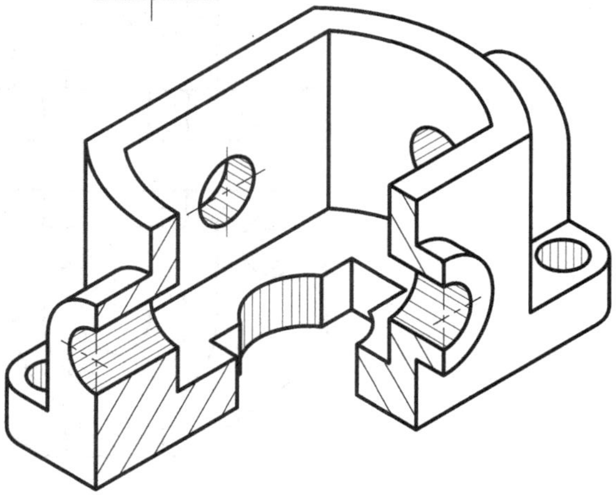

2. 根据所给轴测图和俯视图，选择适当的表示方法完整、清晰地表达机件。

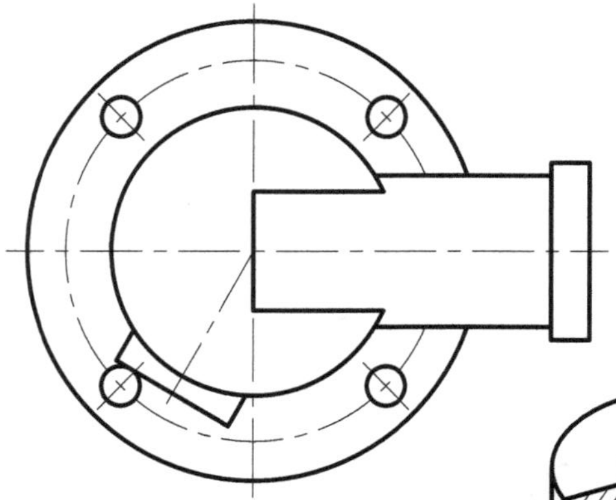

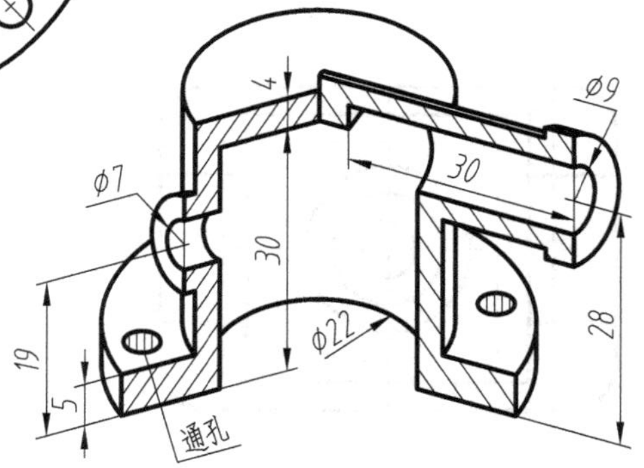

1-15 大作业：根据视图选择适当表达方案，完整、清晰地表达机件，并标注尺寸	班级学号		姓名		成绩	

1.

剖视图作业指导

一、目的要求

1. 目的 进一步熟练掌握机械图样的表达方法，练习剖视图的尺寸标注。

2. 要求 对指定的机件选择恰当的表达方案，将机件内外形表达清楚，并标注尺寸。

二、图名 图幅 比例

1. 图名 机件的剖视图

2. 图幅 A3

3. 比例 1∶1

三、绘图步骤及注意事项

1. 对视图进行形体分析，在此基础上选择表达方案。

2. 根据规定的图幅和比例合理布置各个图形的位置。

3. 逐个画视图，画图时将视图改成适当的剖视，注意对视图中虚线的处理。并配置和调整各部分尺寸的标注位置，完成底稿。

4. 仔细检查校核后描深。

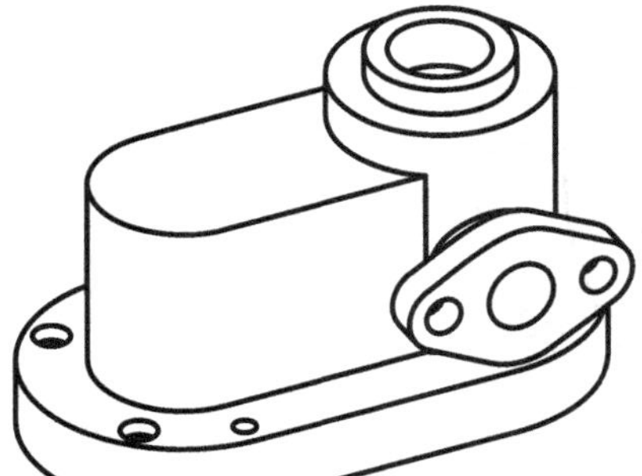

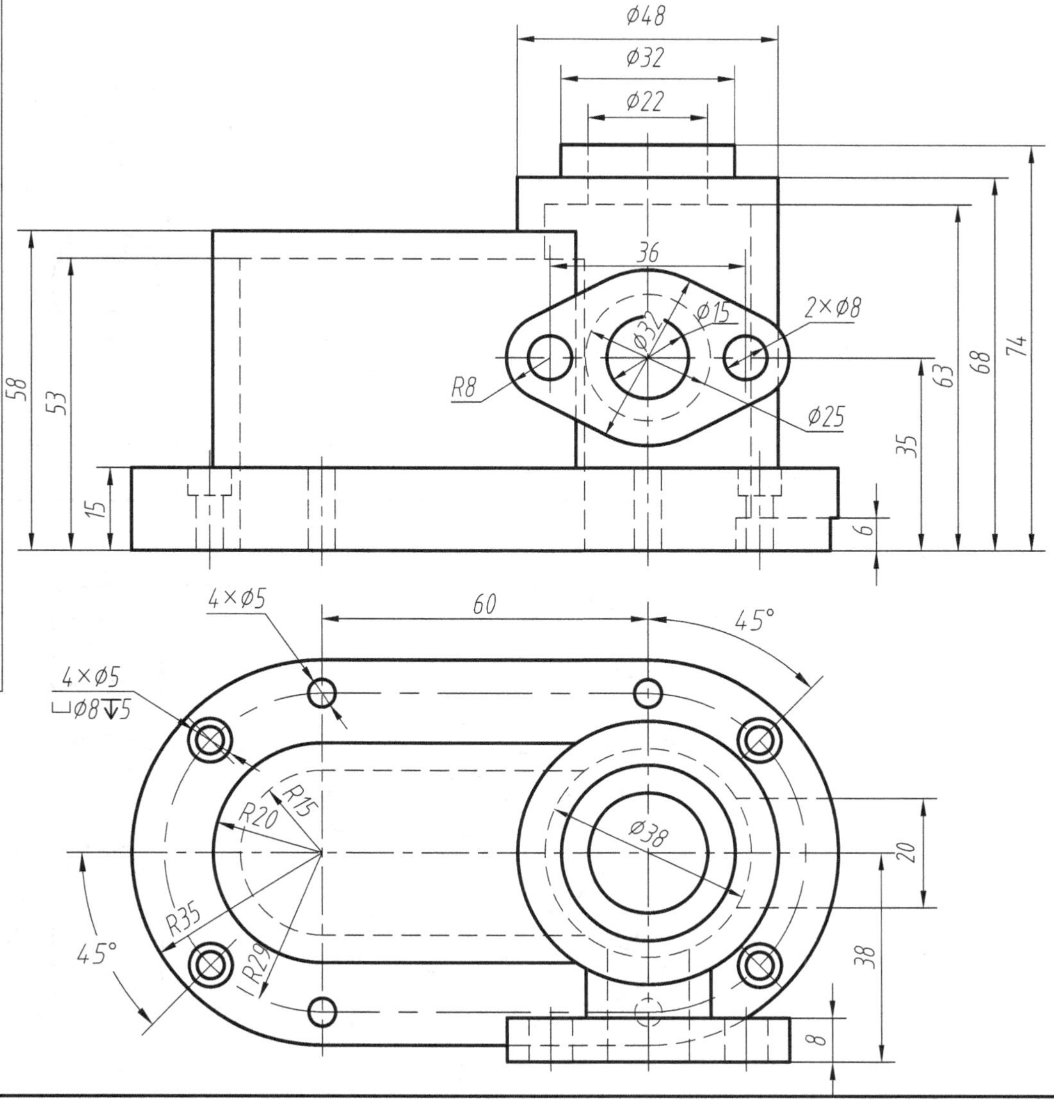

1-15 续	班级学号		姓名		成绩	

2.

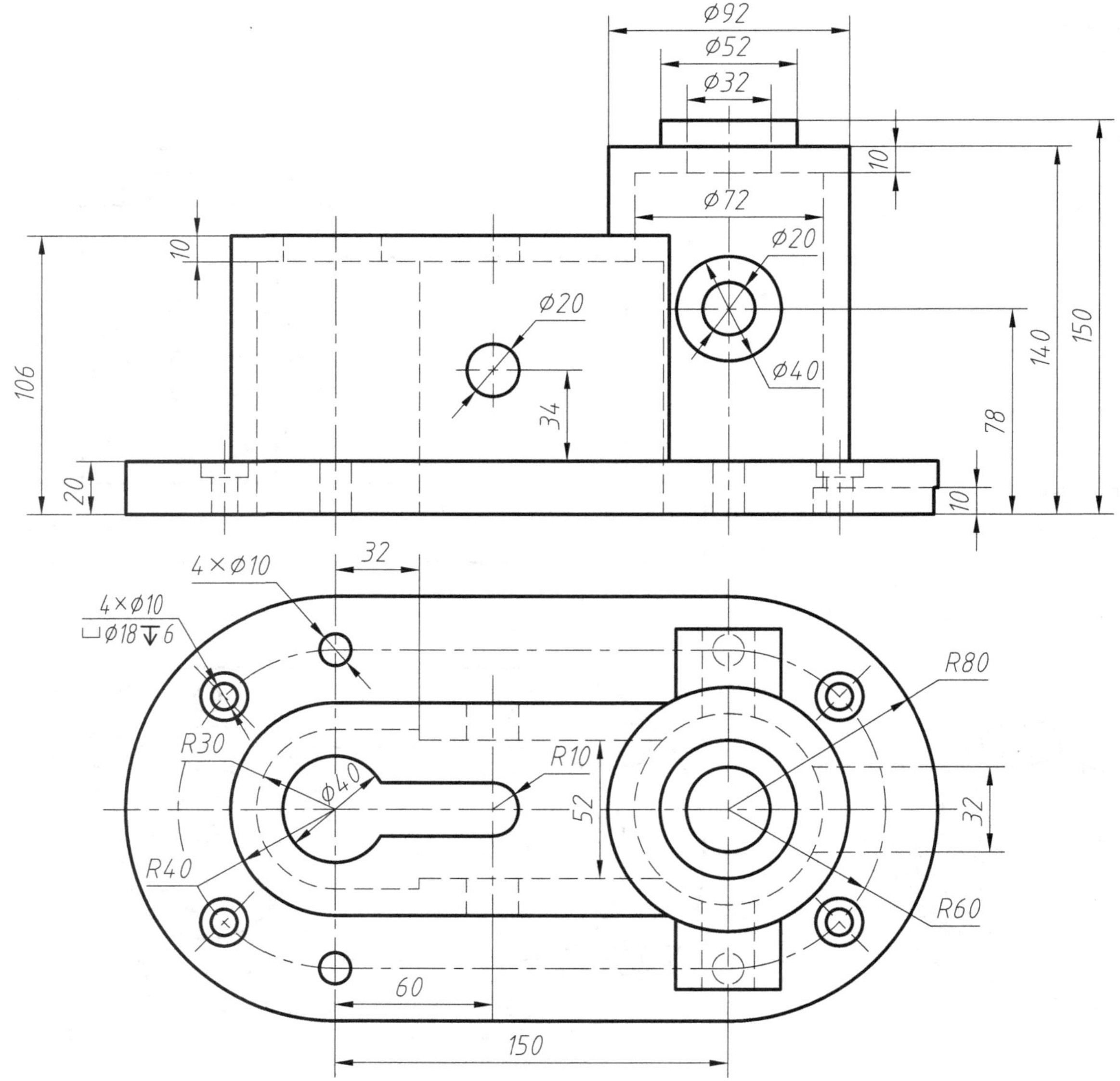

1-16 绘制机件的断面图。	班级学号		姓名		成绩	

1. 在指定位置画出轴的移出断面图，

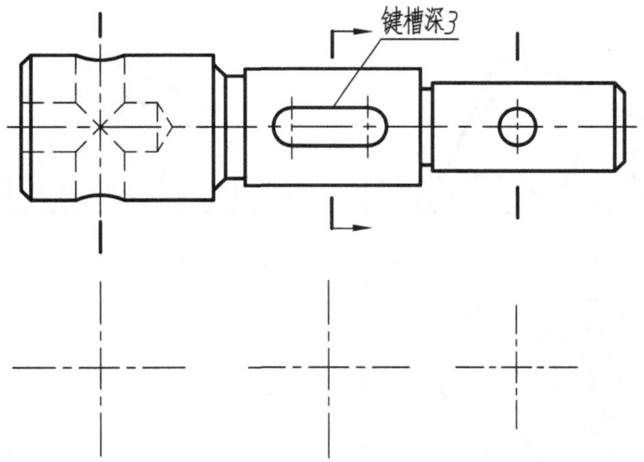

3. 按图中给定的剖切位置，画出重合断面图。

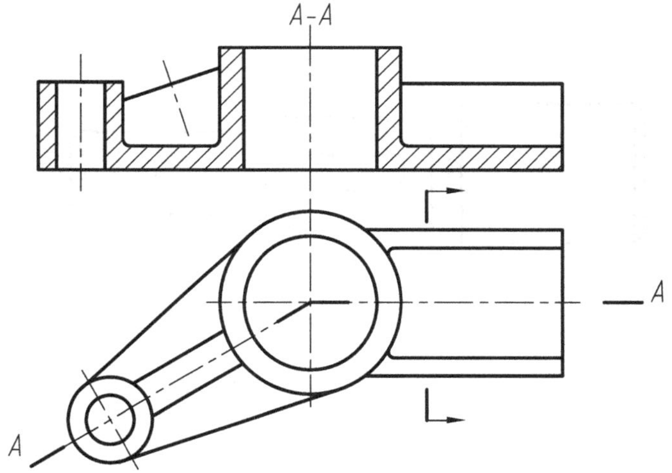

2. 按图中给定的剖切位置，画出移出断面图。

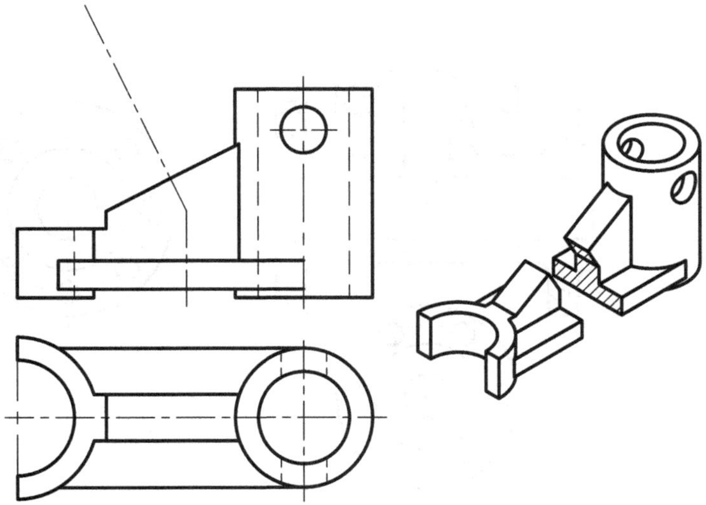

4. 选择正确的A-A断面图（在正确的图形上画"√"）。

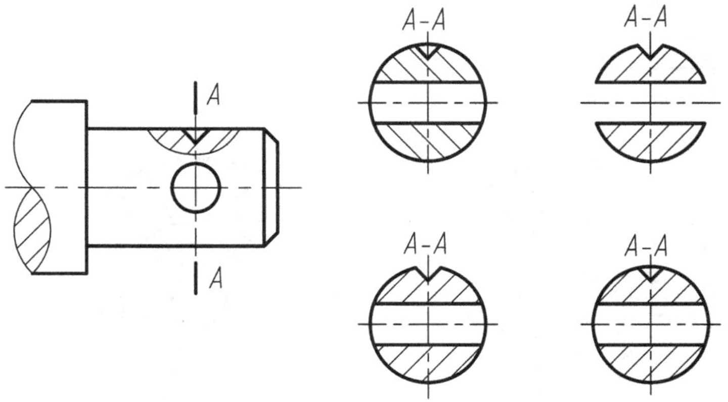

1-17 局部放大图、规定画法和简化画法练习。	班级学号		姓名		成绩	

1. 按2:1比例（图形比例为1:1）在适当位置画出指定部位的局部放大图。

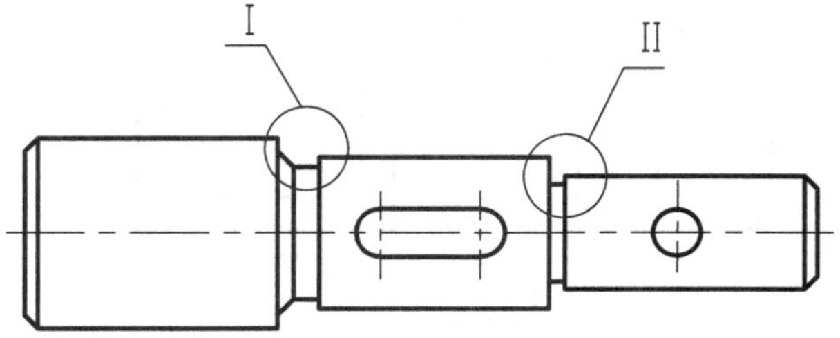

2. 在指定位置画出均布结构自动旋转后的全剖主视图。

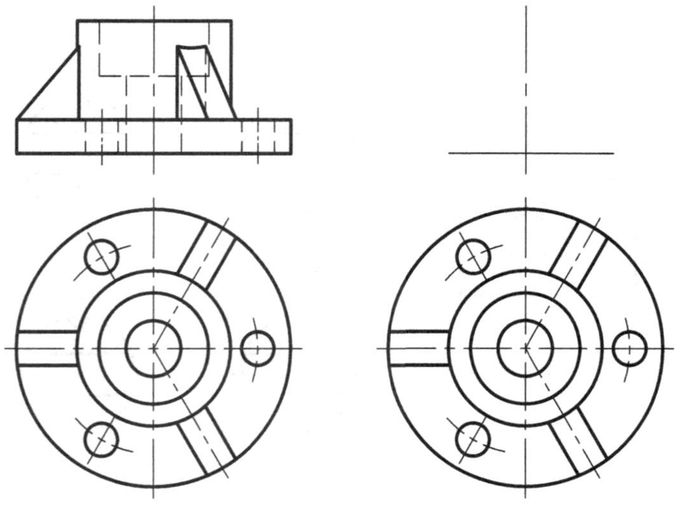

3. 按左边所给图形，在右边相应位置用简化画法画出倾斜角度小于30° 圆或圆弧的投影。

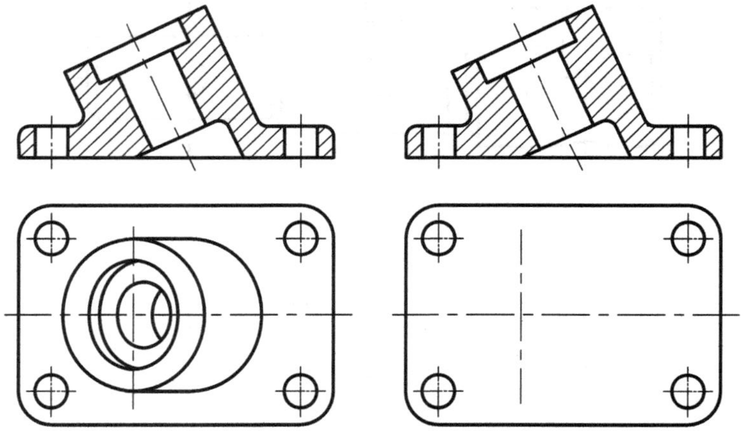

4. 参考局部视图，按简化画法在主视图上画出法兰盘上圆柱孔的投影。

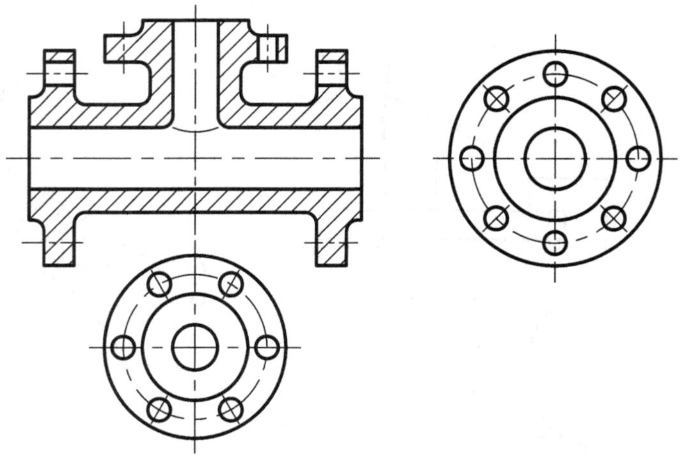

第二章 标准件与常用件的表示法

2-1 螺纹的规定画法。	班级学号		姓名		成绩	

1. 已知螺杆长40mm，在杆的左端制有大径为M20、螺纹长度为28mm、倒角为C2的粗牙普通螺纹，画出该螺杆的主、左视图。

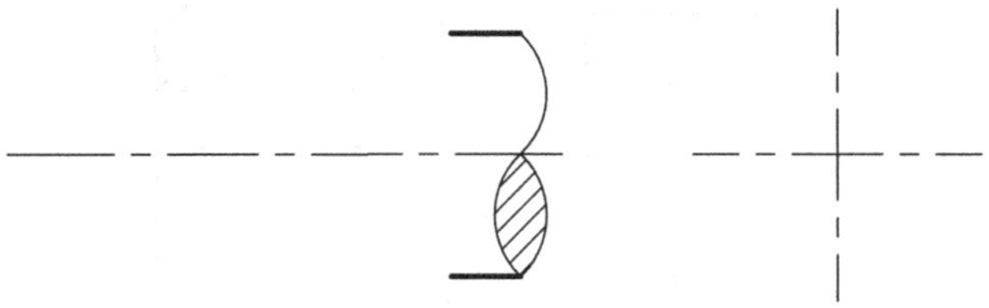

2. 在板的左端制有大径为M20、螺孔深度为28mm、钻孔深度为38mm、倒角为C2的粗牙普通螺纹，画出该螺孔的主、左视图。

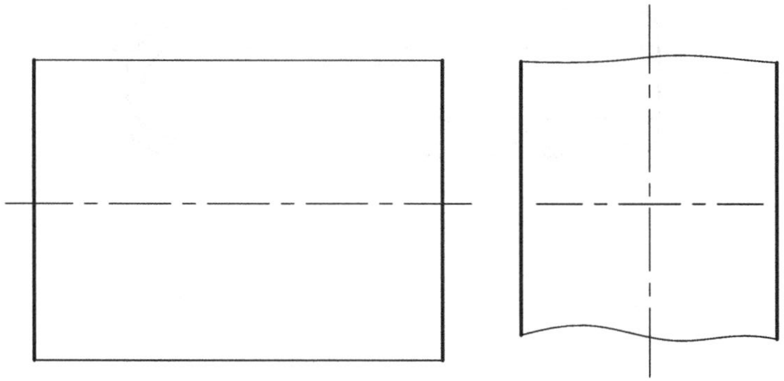

3. 将题1的螺杆调头旋入到题2的螺孔，其旋入长度为18mm，画出该螺纹连接的主视图和剖切的左视图。

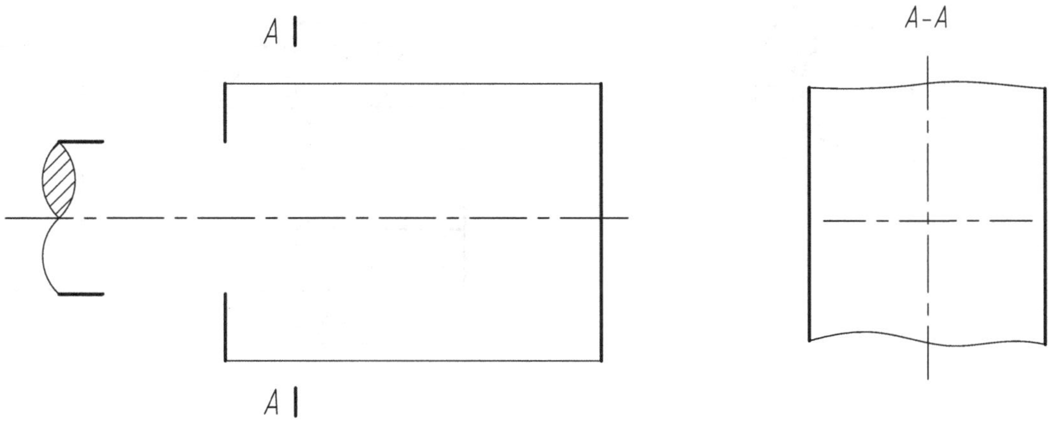

2-2 改正螺纹画法中的错误。	班级学号		姓名		成绩	

1. 分析外螺纹画法中的错误，将正确图形画在下面指定位置。

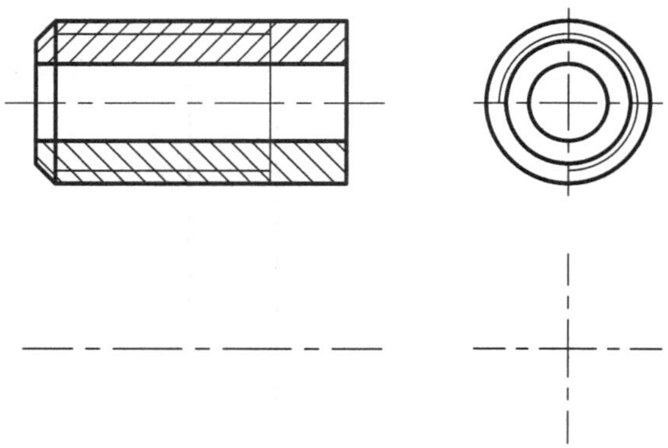

3. 分析内、外螺纹连接画法中的错误，将正确图形画在下面指定位置。

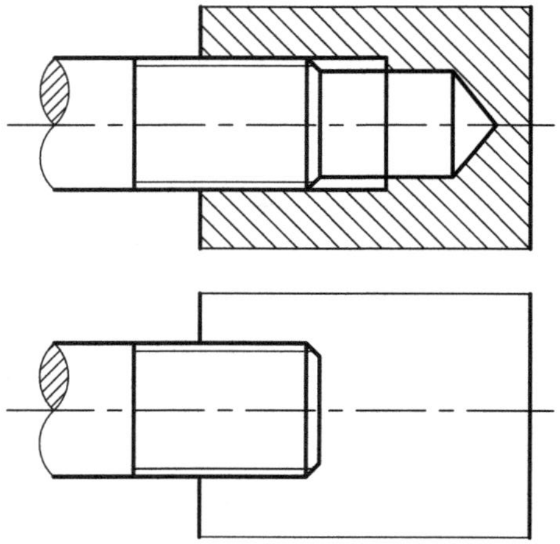

2. 分析内螺纹画法中的错误，将正确图形画在下面指定位置。

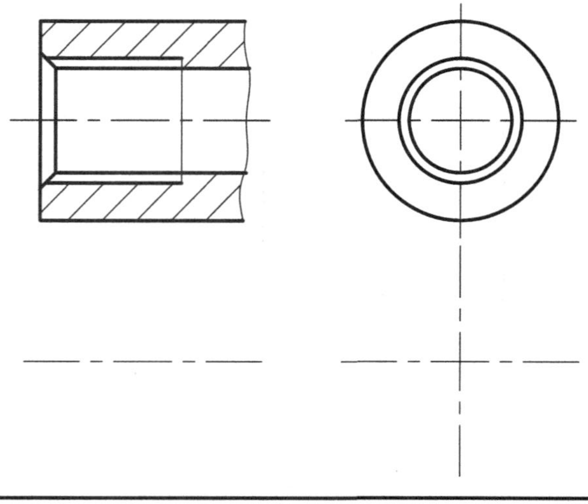

4. 分析螺纹孔与螺纹孔、孔与螺纹孔相交画法中的错误，将正确图形画在右面指定位置。

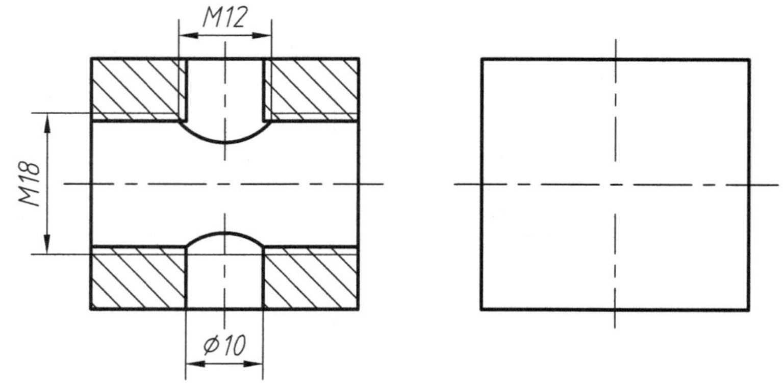

2-3 螺纹标注及其标注的含义。	班级学号		姓名		成绩	

1. 根据给定的螺纹要素，进行螺纹的标注。

（1）细牙普通螺纹：大径20、螺距1.5、右旋、中径及顶径公差带代号为5g6g、短旋合长度。

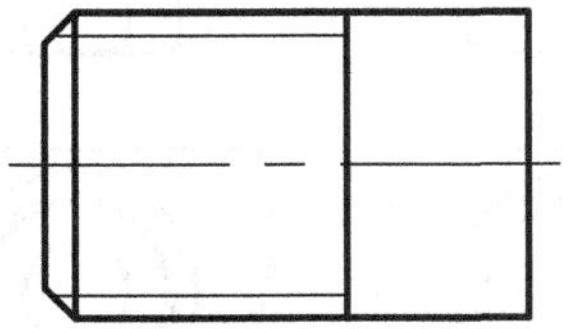

（2）非螺纹密封的管螺纹：尺寸代号为1/2、右旋。

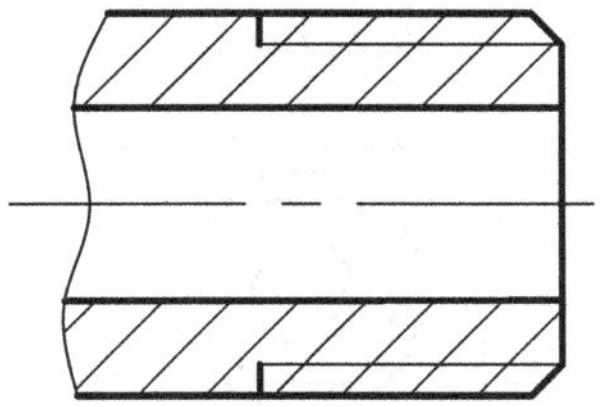

（3）梯形螺纹：大径为20、导程为8、双线、左旋、中径公差带代号为6H。

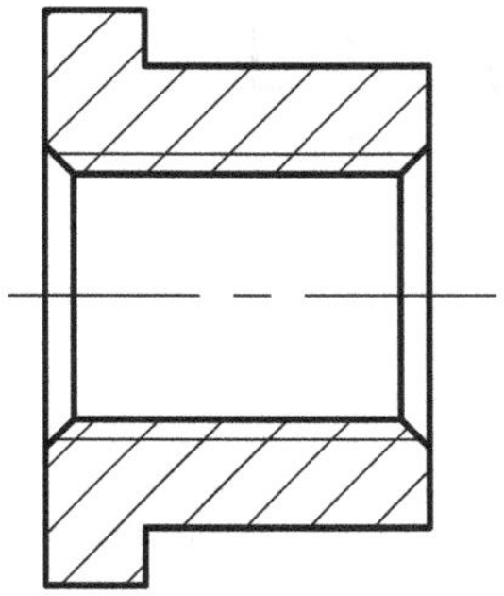

（4）用螺纹密封的圆锥内管螺纹，尺寸代号为 3/4，右旋。

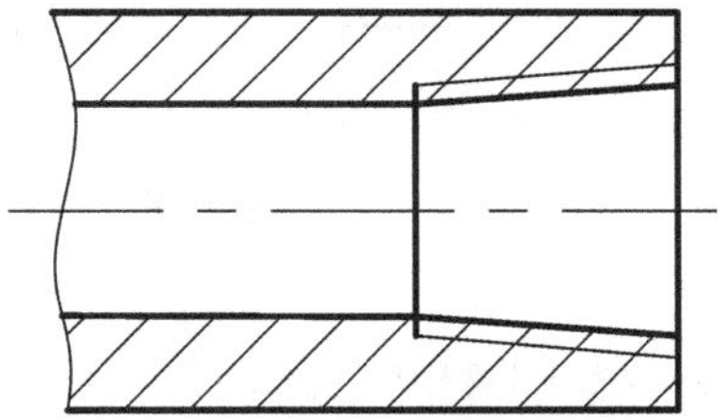

2. 根据螺纹标记填空。

螺纹标记	螺纹种类	大径	螺距	导程	线数	旋向	公差带代号	旋合长度代号
M20×1LH-6H								
M20-5g6g-S								
Tr40×14(P7)LH-7H								
$G1\frac{1}{2}$								

2-4 螺纹紧固件及其标记。	班级学号		姓名		成绩	

1. 根据已知条件查表填写螺纹紧固件的有关尺寸并标注。

（1）六角头螺栓：公称直径为12mm，公称长度为50mm。

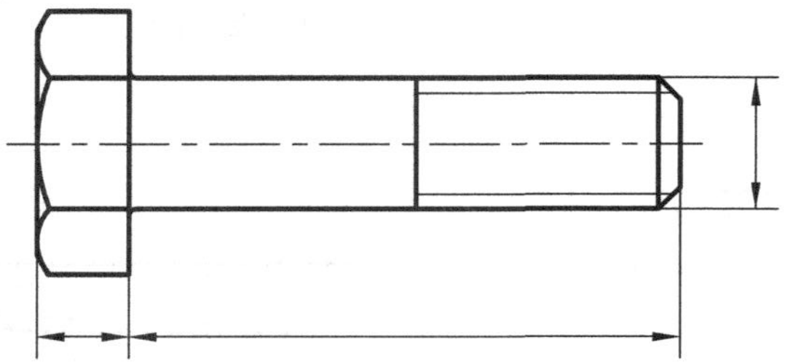

规定标记：________

（2）A型双头螺柱：公称直径为10mm，公称长度为30mm。

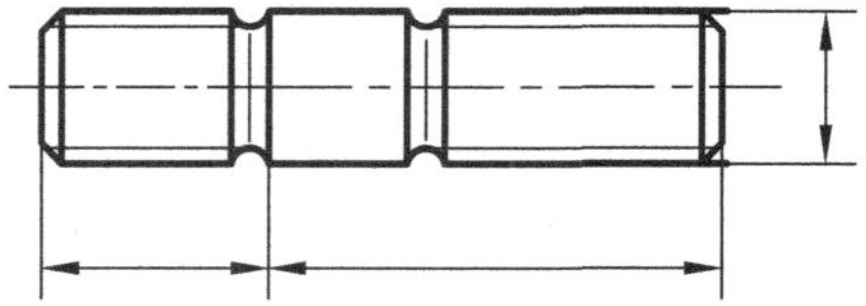

规定标记：________

（3）开槽沉头螺钉：公称直径为8mm，公称长度为30mm。

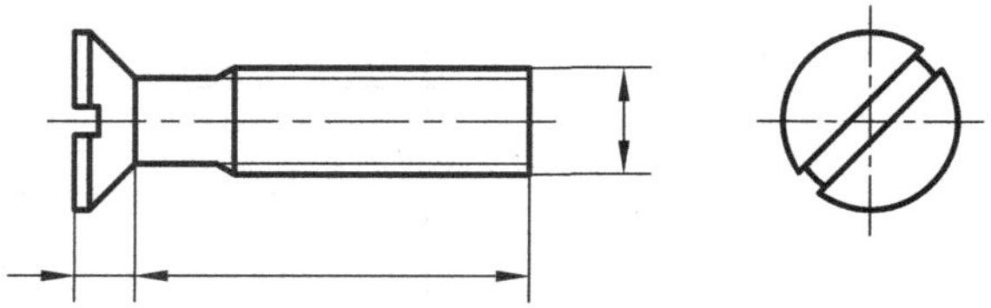

规定标记：________

2. 选择正确的螺栓连接画法，在括号里画“√”。

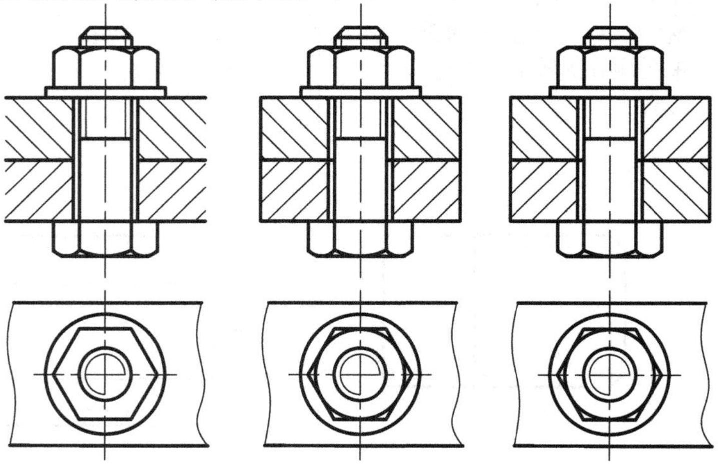

（ ）　（ ）　（ ）

3. 选择正确的螺钉连接画法，在括号里画“√”。

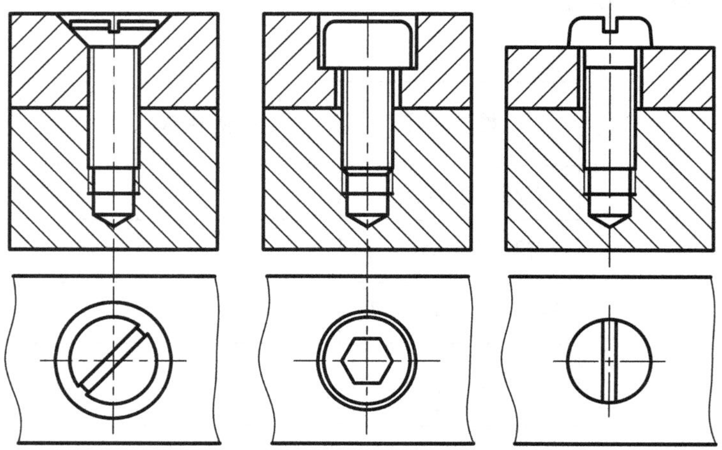

（ ）　（ ）　（ ）

2-5 大作业：螺纹紧固件连接画法。	班级学号		姓名		成绩	

螺纹紧固件连接画法作业指导

一、目的要求

1. 目的 掌握螺栓、双头螺柱、螺母、垫圈的查表方法和规定标记以及它们的连接画法。

2. 要求 由下表中选一组尺寸，计算螺栓、双头螺柱、螺钉的公称长度，按右图画出螺栓、双头螺柱、螺钉连接的装配图，并写出所选螺纹紧固件的规定标记。

二、图名 图幅 比例

1. 图名 螺纹紧固件连接 2. 图幅 A3 3. 比例 1:1

三、绘图步骤及注意事项

1. 用选用的螺栓、螺母、垫圈连接两块金属板，画出螺栓连接的主、俯视图。

2. 用选用的双头螺柱、弹簧垫圈、螺母连接盖和机体，画出双头螺柱连接的主、俯视图。

3. 用选用的螺钉连接光孔件、螺纹盲孔件，画出螺钉连接的主、俯视图。

螺栓连接		双头螺柱连接				螺钉连接				
螺栓公称直径	每块板厚	螺柱公称直径	连接盖厚	机体厚	机体材料	螺钉种类	螺钉公称直径	光孔件厚	盲孔件厚	盲孔材料
M24	35	M24	32	65	铸铁	沉头	M10	48	60	铸钢
M20	36	M20	36	60	铸铁	沉头	M10	40	60	铸铁
M10	22	M10	22	34	铝	开槽圆柱头	M10	25	30	铸钢
M12	12	M12	18	28	铸钢	开槽圆柱头	M10	20	30	铸铁

2-5 续	班级学号		姓名		成绩	

一、螺栓连接
1. 螺栓
2. 螺母
3. 垫圈

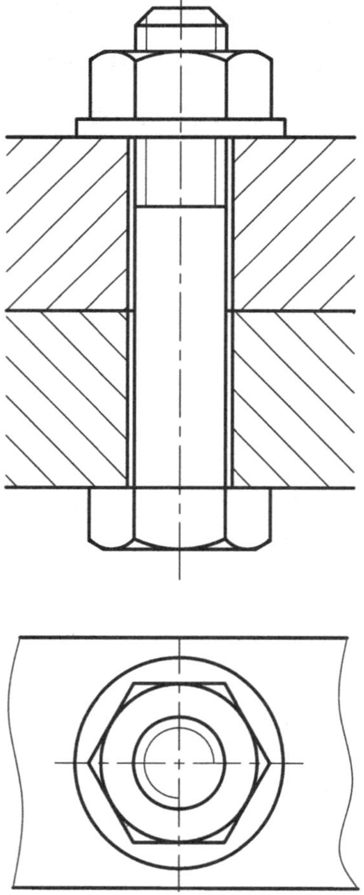

二、螺柱连接
1. 螺柱
2. 螺母
3. 弹簧垫圈

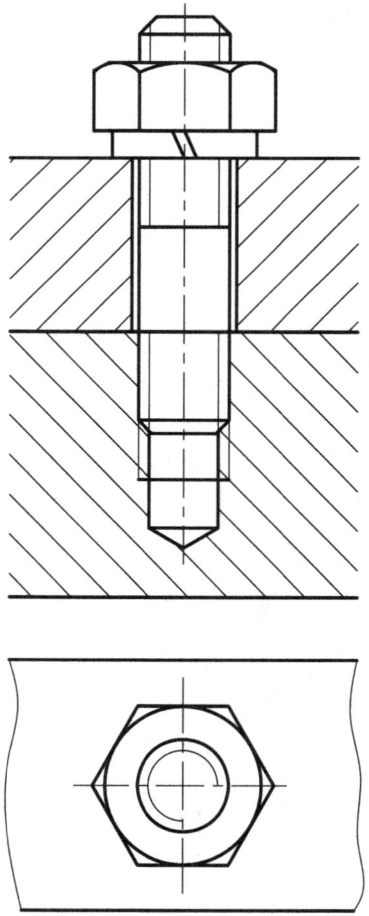

三、螺钉连接
螺钉

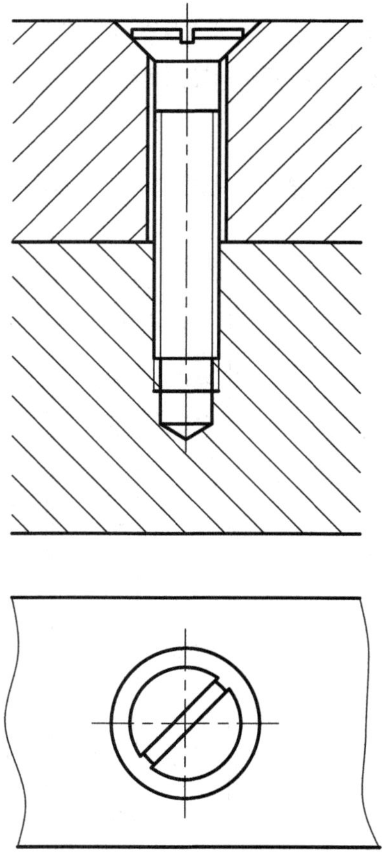

2-6 普通平键及其连接画法。	班级学号		姓名		成绩	

1.画出轴的A-A断面图，并注全键槽尺寸。

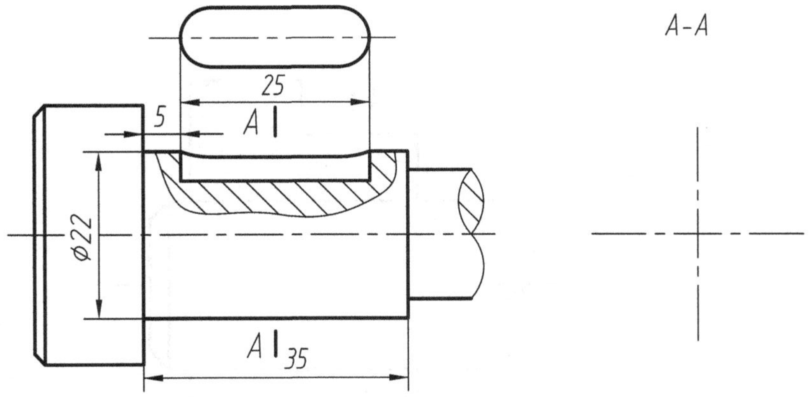

2.画出齿轮孔的局部视图，补全主视图，并注全键槽尺寸。

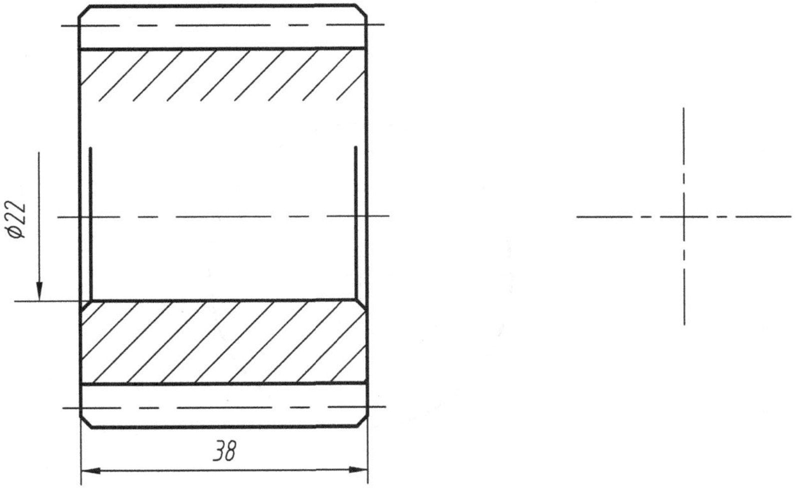

3.补全用A型普通平键连接1、2两图中轴和齿轮的连接图，并写出键的规定标记。

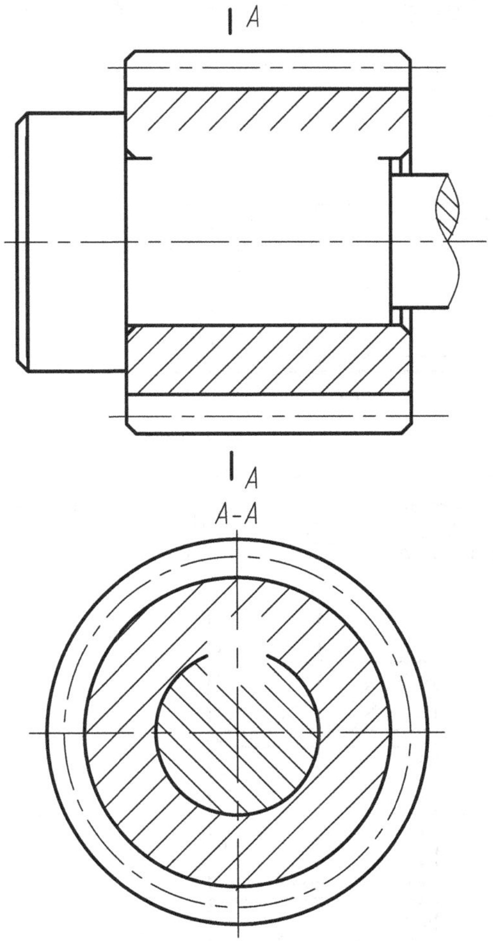

规定标记：________

2-7 花键的画法及标注。	班级学号		姓名		成绩	

1. 画出矩形外花键的断面图，并按尺寸标注法标注花键的尺寸（外花键长40，大径尺寸为⌀22a11，小径尺寸为⌀18f7，键宽尺寸为5d10，键数为6，倒角为C2.5）。

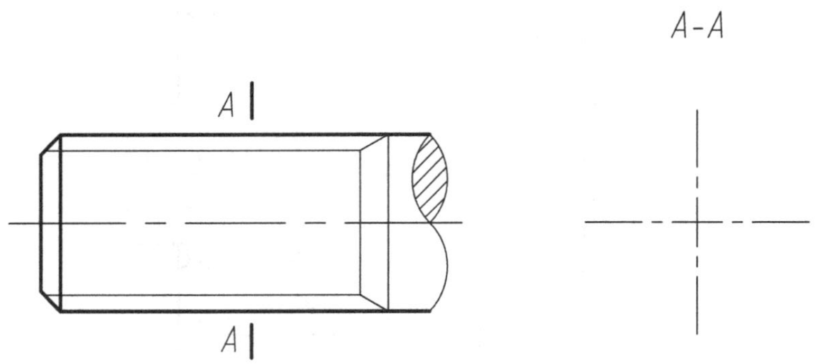

2. 画出矩形齿内花键的局部视图，并按标记标注法标注尺寸（内花键长30，大径尺寸为⌀22H10，小径尺寸为⌀18H7，键宽尺寸为5H11，键数为6，倒角为C2）。

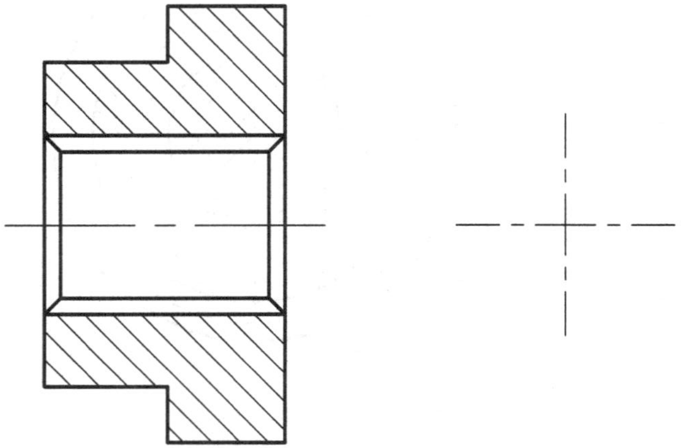

3. 将题1中的外花键装配到题2的内花键孔中，补全花键连接的主视图和A-A断面图。

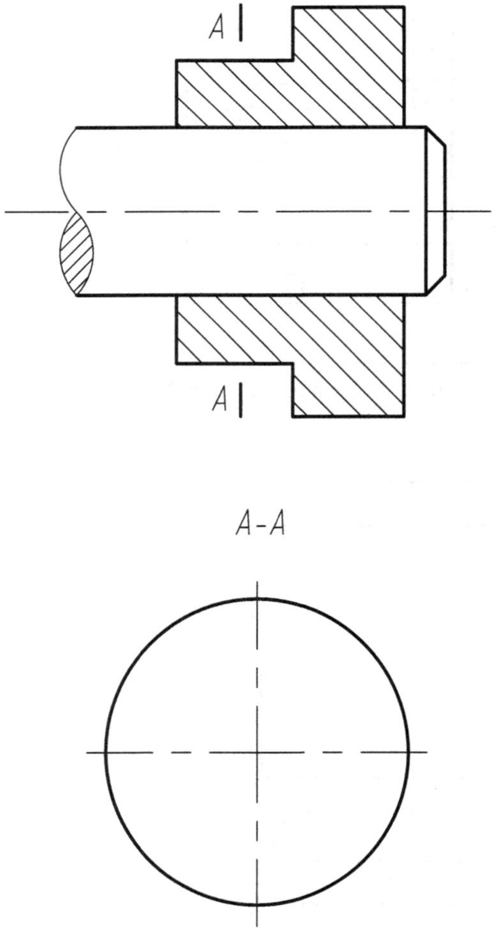

2-8 销及其连接。	班级学号		姓名		成绩	

1. 选择适当长度公称直径为$\phi 8h8$的圆柱销，画出销连接的装配图；写出圆柱销的标记；在零件上标注销孔的尺寸。

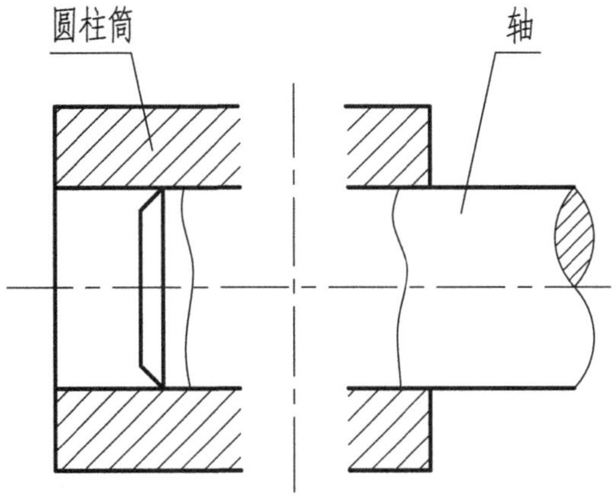

规定标记：________________

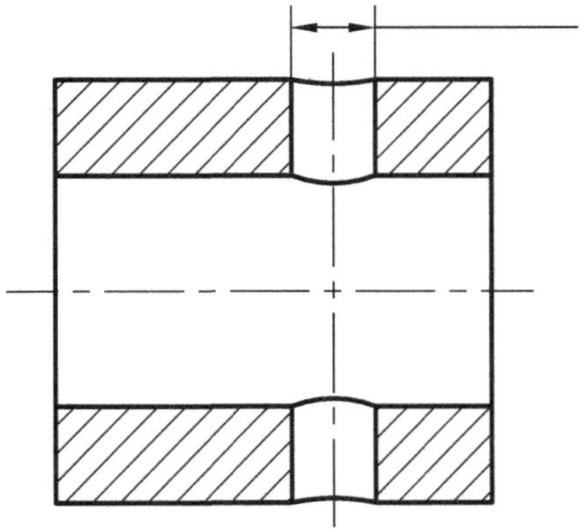

2. 选择适当长度公称直径为$\phi 6$的圆锥销，画出圆锥销连接的装配图；写出圆锥销的标记；在零件上标注销孔的尺寸。

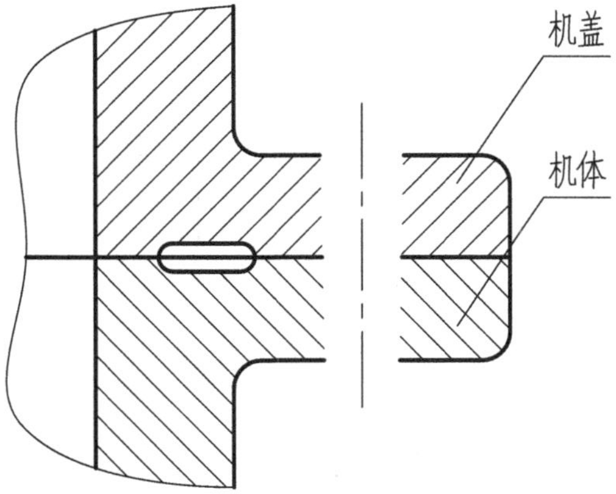

规定标记：________________

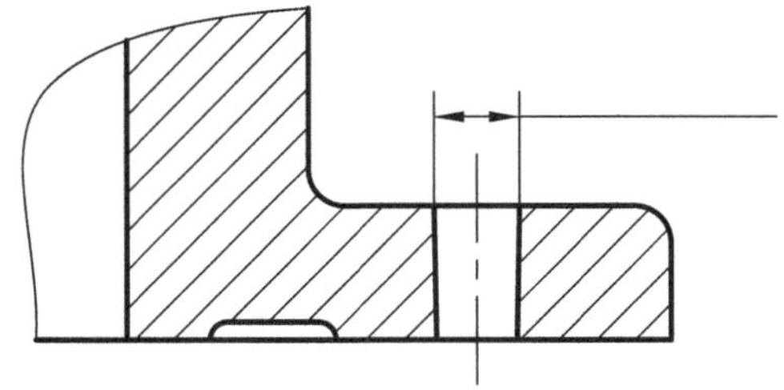

2-9 用规定画法画出指定的滚动轴承，并标注轴承的有关尺寸。	班级学号		姓名		成绩	

1. 深沟球轴承 6208 GB/T 276

2. 圆锥滚子轴承 30208 GB/T 297

3. 推力球轴承 51208 GB/T 301

2-10 圆柱齿轮的规定画法。	班级学号		姓名		成绩	

1. 已知直齿圆柱齿轮模数$m=2.5$，齿数$Z=40$，齿顶倒角为C1.5，用1:1比例完成下列两个视图，并标注分度圆、齿顶圆、齿根圆和齿顶倒角尺寸。

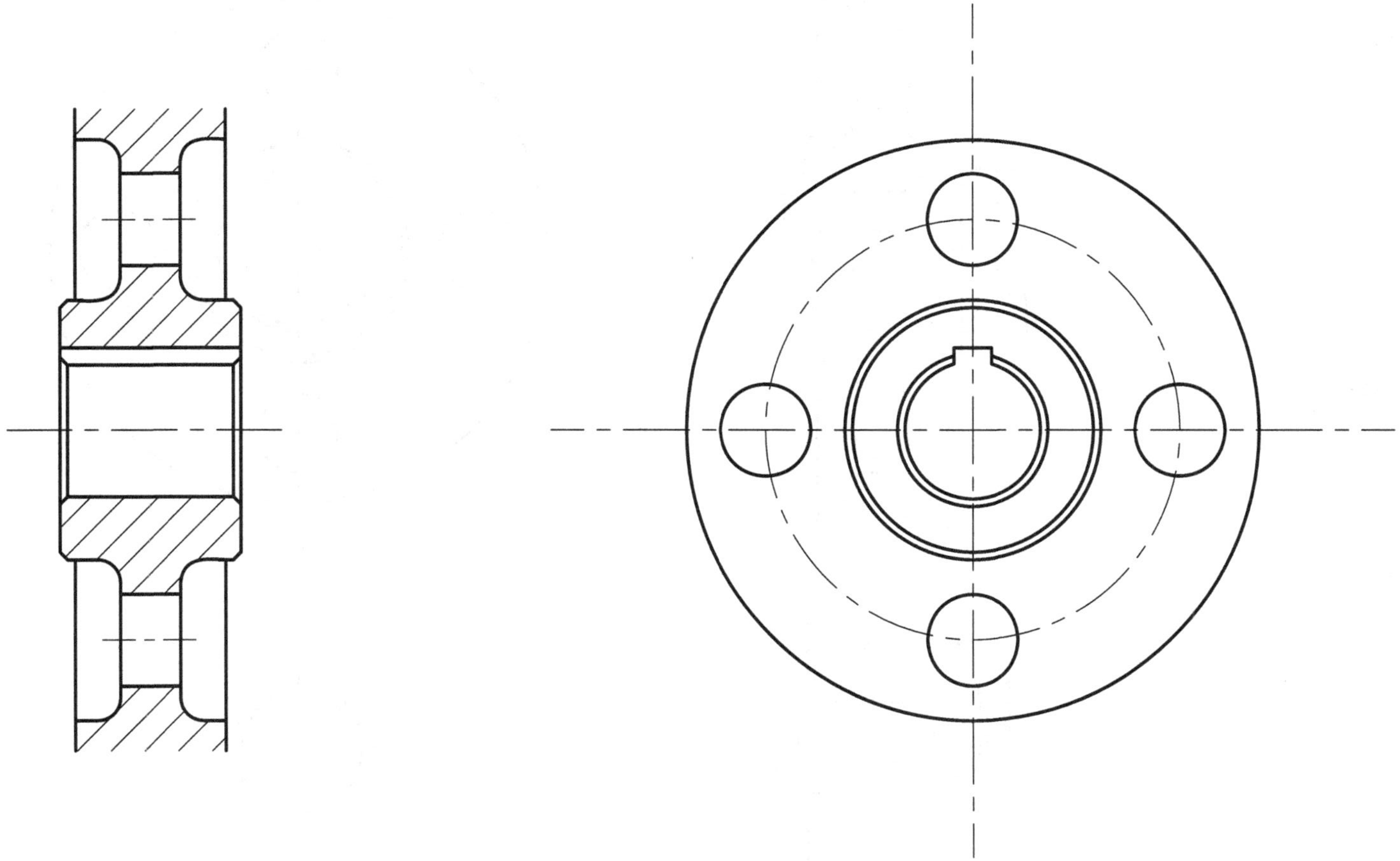

2-10 续	班级学号		姓名		成绩	

2. 已知大齿轮的模数$m=2.5$，齿数$Z_2=34$，两齿轮的中心距$a=65mm$，试计算两齿轮的分度圆、齿顶圆、齿根圆的直径及传动比。用1:1比例完成下列直齿圆柱齿轮的啮合图。将计算结果写在图的左侧空白处。

分度圆直径：

$d_1=$

$d_2=$

齿顶圆直径：

$d_{a1}=$

$d_{a2}=$

齿根圆直径：

$d_{f1}=$

$d_{f2}=$

传动比：

$i=$

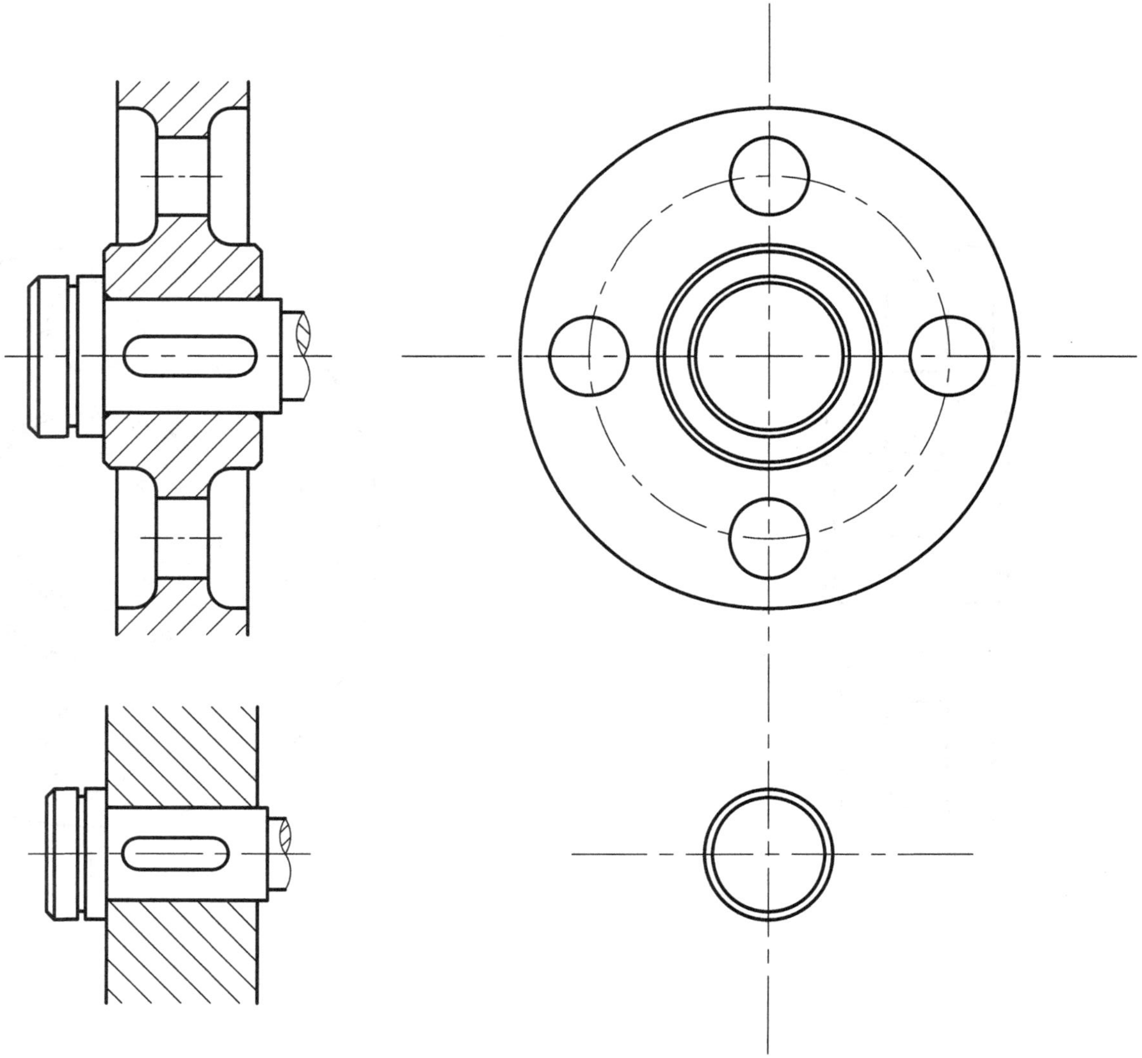

2-11 锥齿轮的规定画法	班级学号		姓名		成绩	

1. 已知一直齿锥齿轮模数$m=3$，齿数$Z=27$，分锥角$\delta=45°$，用1:1比例完成下列两个视图，并标注分度圆、齿顶圆的尺寸。

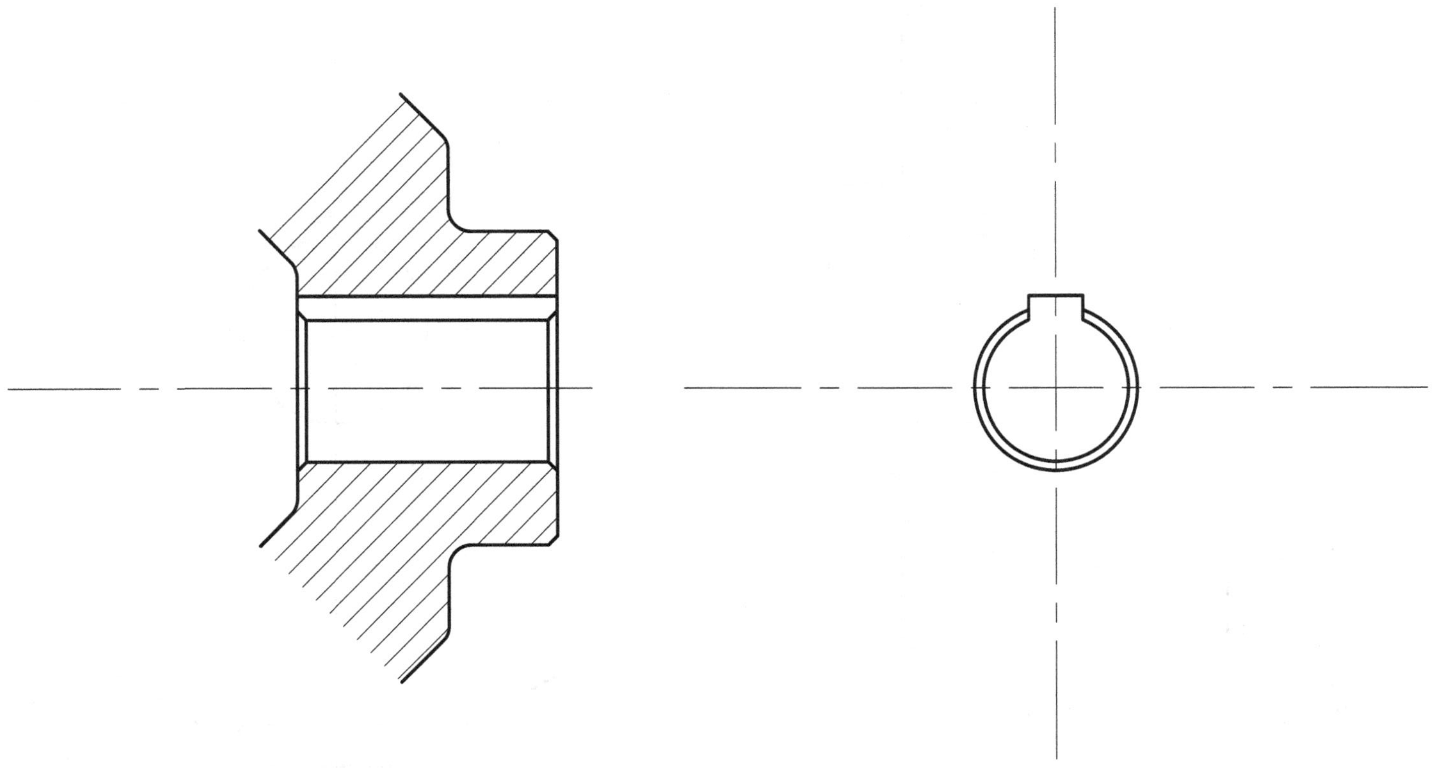

2-11 续	班级学号		姓名		成绩	

2. 已知一对直齿锥齿轮啮合，模数$m=3$，齿数$Z_1=18$，$Z_2=31$，$\delta_1=30°$，$\delta_2=60°$，用1:1比例完成下列两个视图。

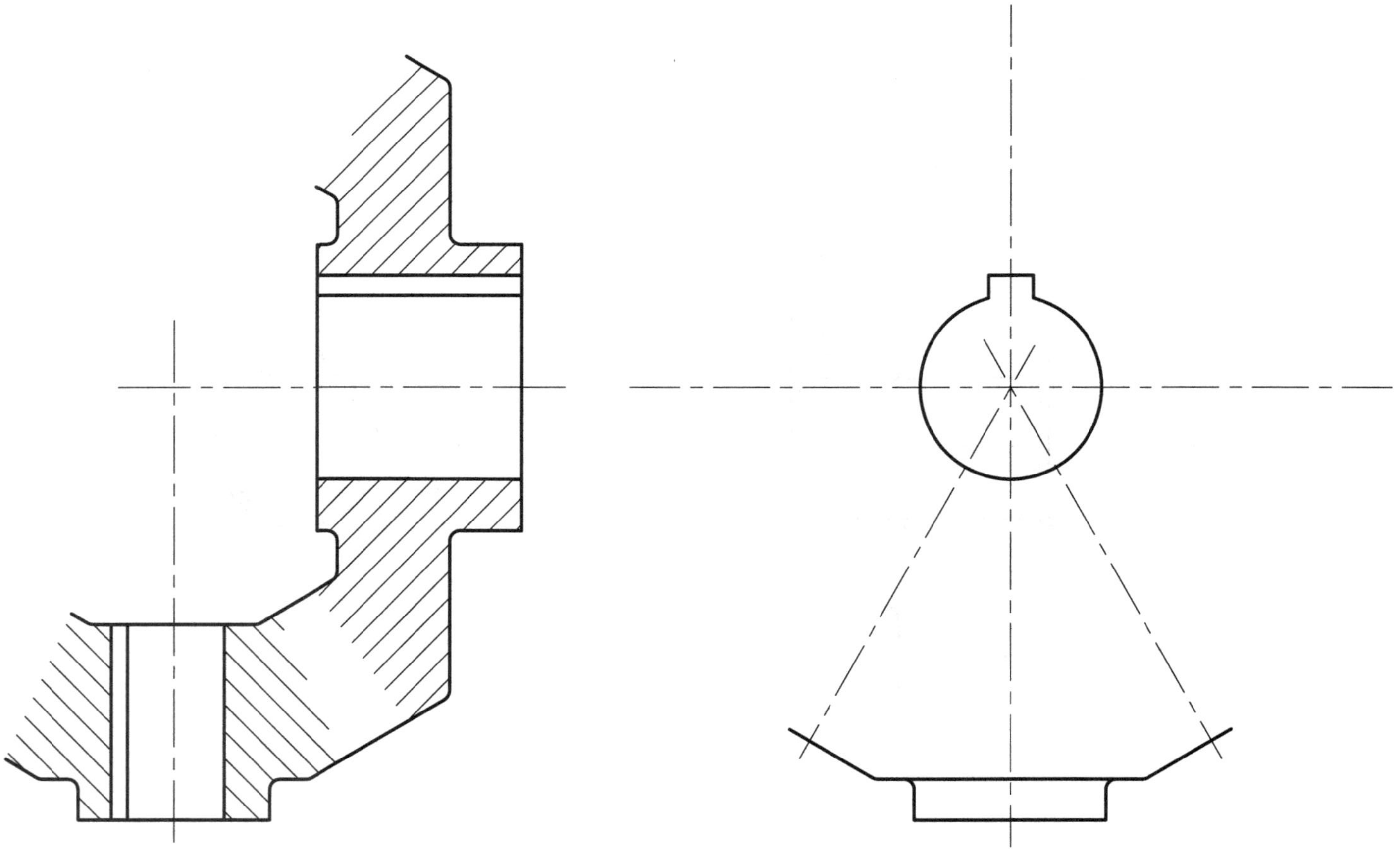

2-12 蜗杆蜗轮的规定画法。	班级学号		姓名		成绩	

1. 已知一蜗轮模数$m_t=2.5$，齿数$Z_2=26$，（与之啮合的蜗杆模数$m_x=2.5$，$Z_1=2$，$d_1=28$），用1:1比例完成下列蜗轮的两个视图，并标注分度圆、齿顶圆、齿顶外圆的直径。

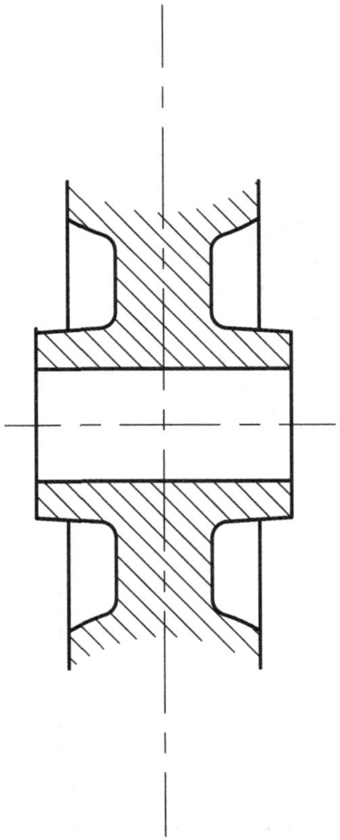

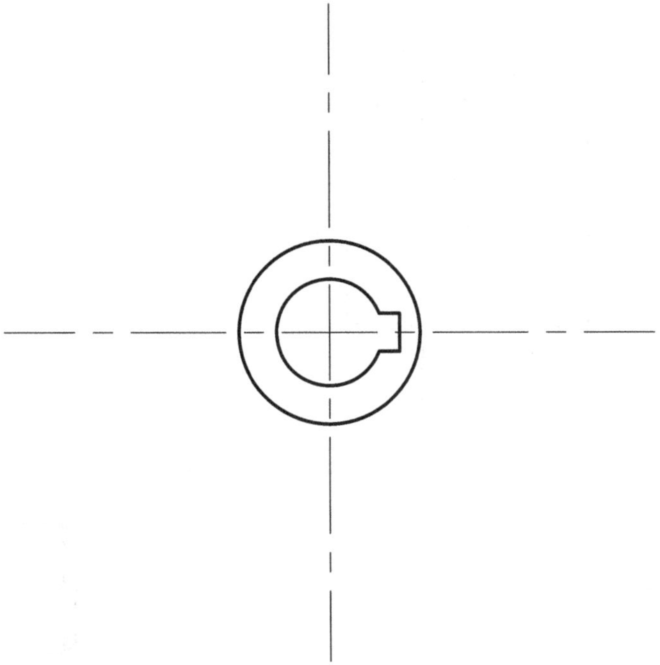

2-12 续	班级学号		姓名		成绩	

2. 已知蜗杆蜗轮$m_t=m_x=2.5$，$Z_1=2$，$Z_2=26$，$d_1=28$，完成蜗杆蜗轮啮合图（主视图用全剖，左视图用局剖）。

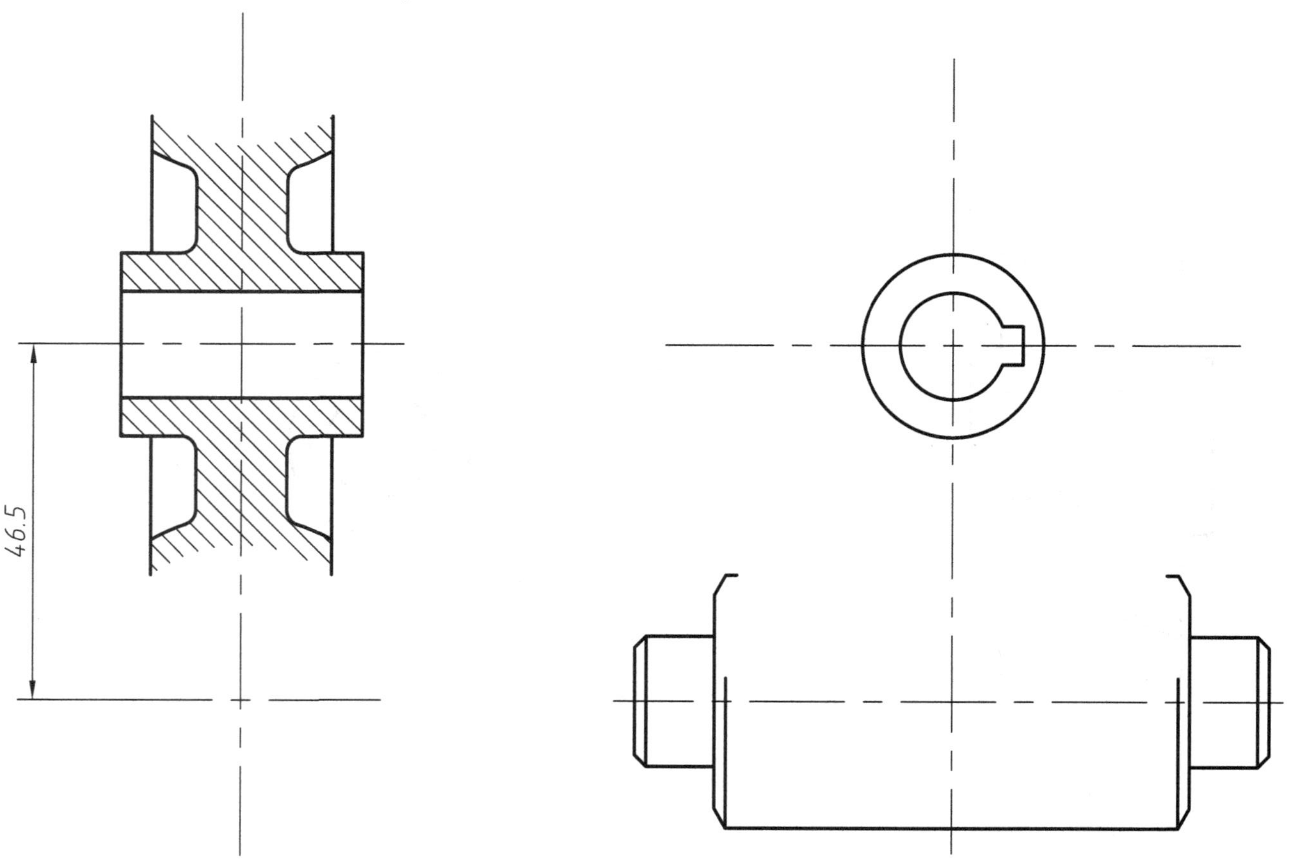

2-13 圆柱螺旋压缩弹簧的规定画法。	班级学号		姓名		成绩	

已知一圆柱螺旋压缩弹簧，支承圈数$n_2=2.5$，有效圈数$n=8$，节距$t=16$，其标记为：YA 10×50×148 GB/T 2089。画出该弹簧的主视图，并标注有关尺寸。

2-14 分析图中标准件、常用件及其连接画法中的错误，画出正确的图形。	班级学号		姓名		成绩	

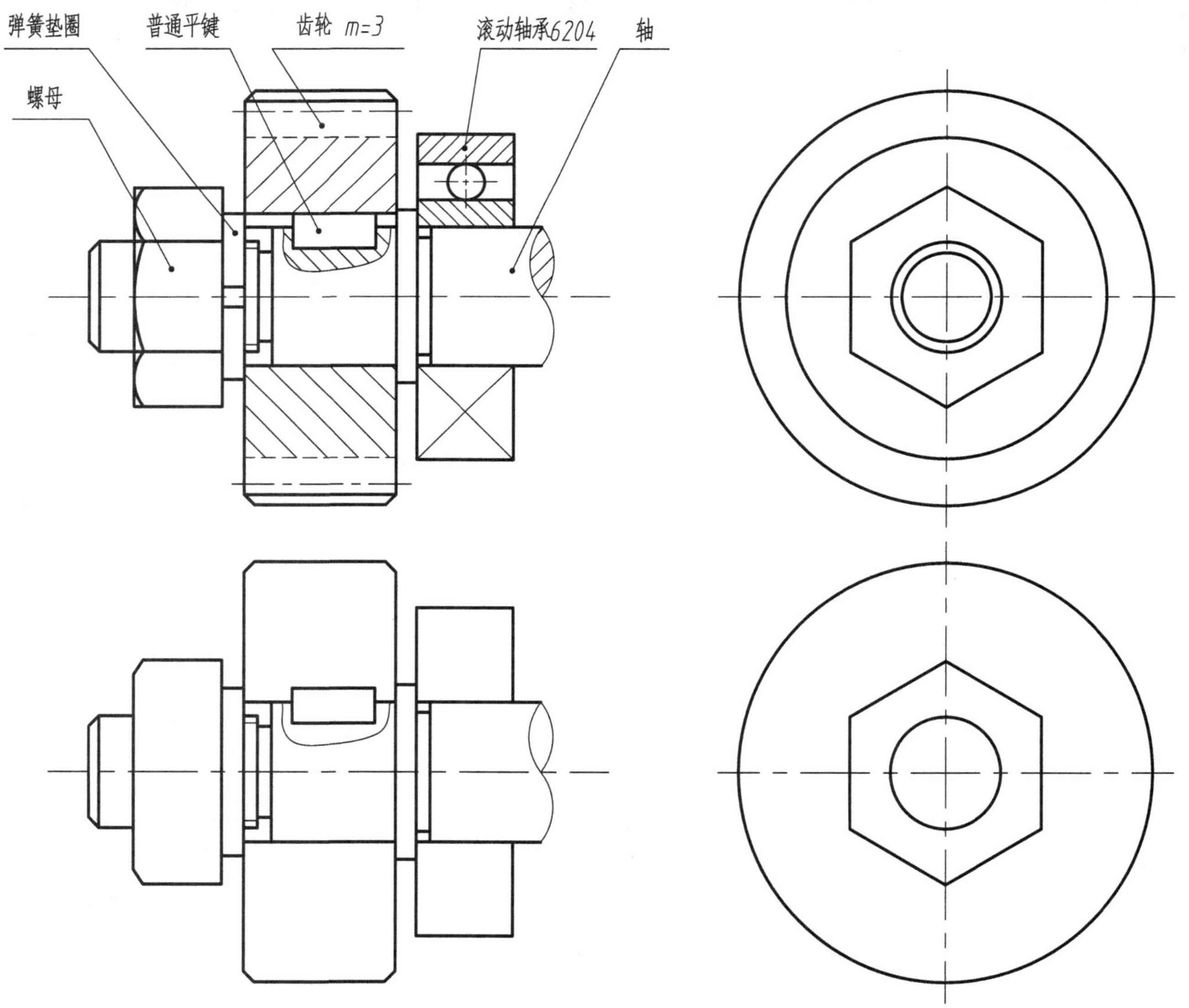

3-1 零件图的尺寸标注。	班级学号		姓名		成绩	

1. 标注零件盖的尺寸（数值从图中直接量取，取整数，1:1比例标出）。

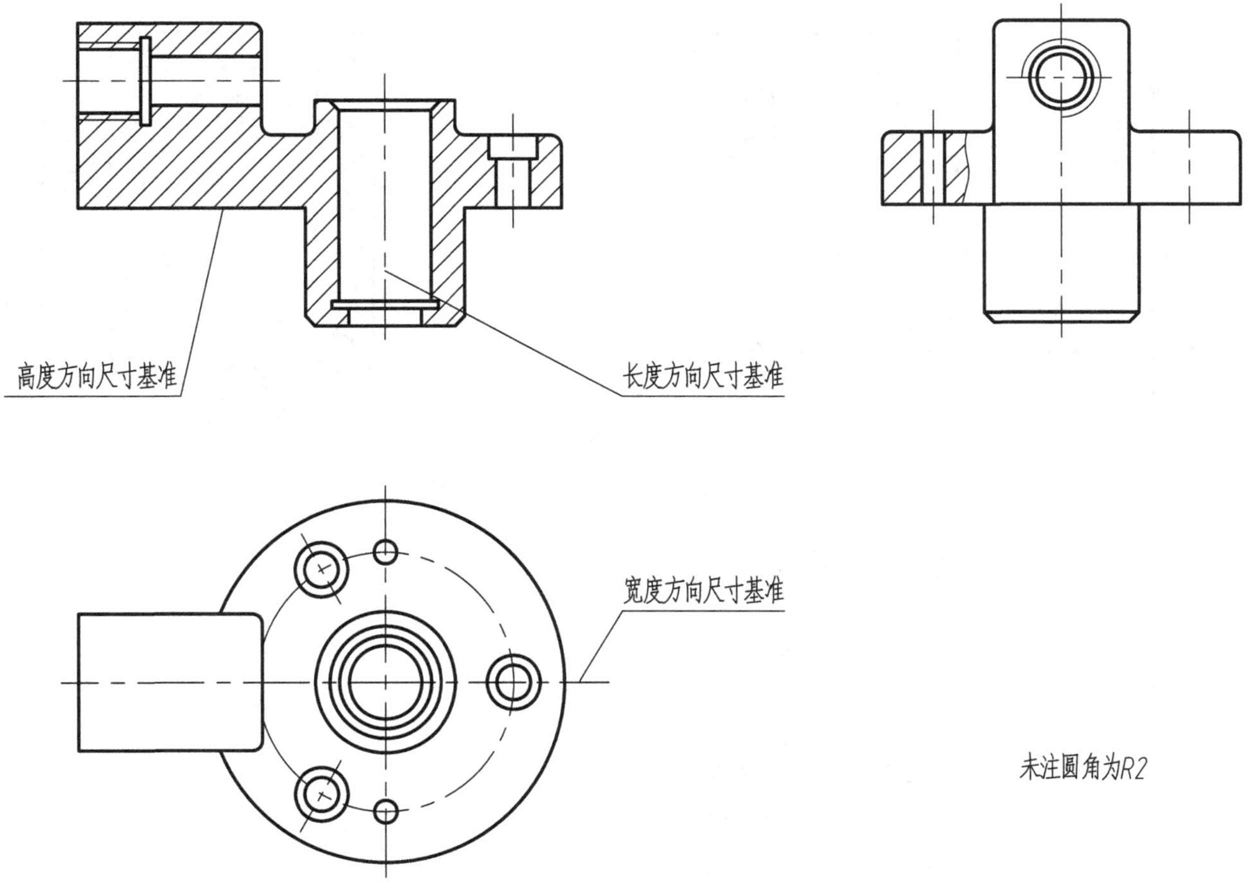

3-1 续	班级学号		姓名		成绩	

2. 标注零件四通体的尺寸（数值从图中直接量取，取整数，1:1比例标出）。

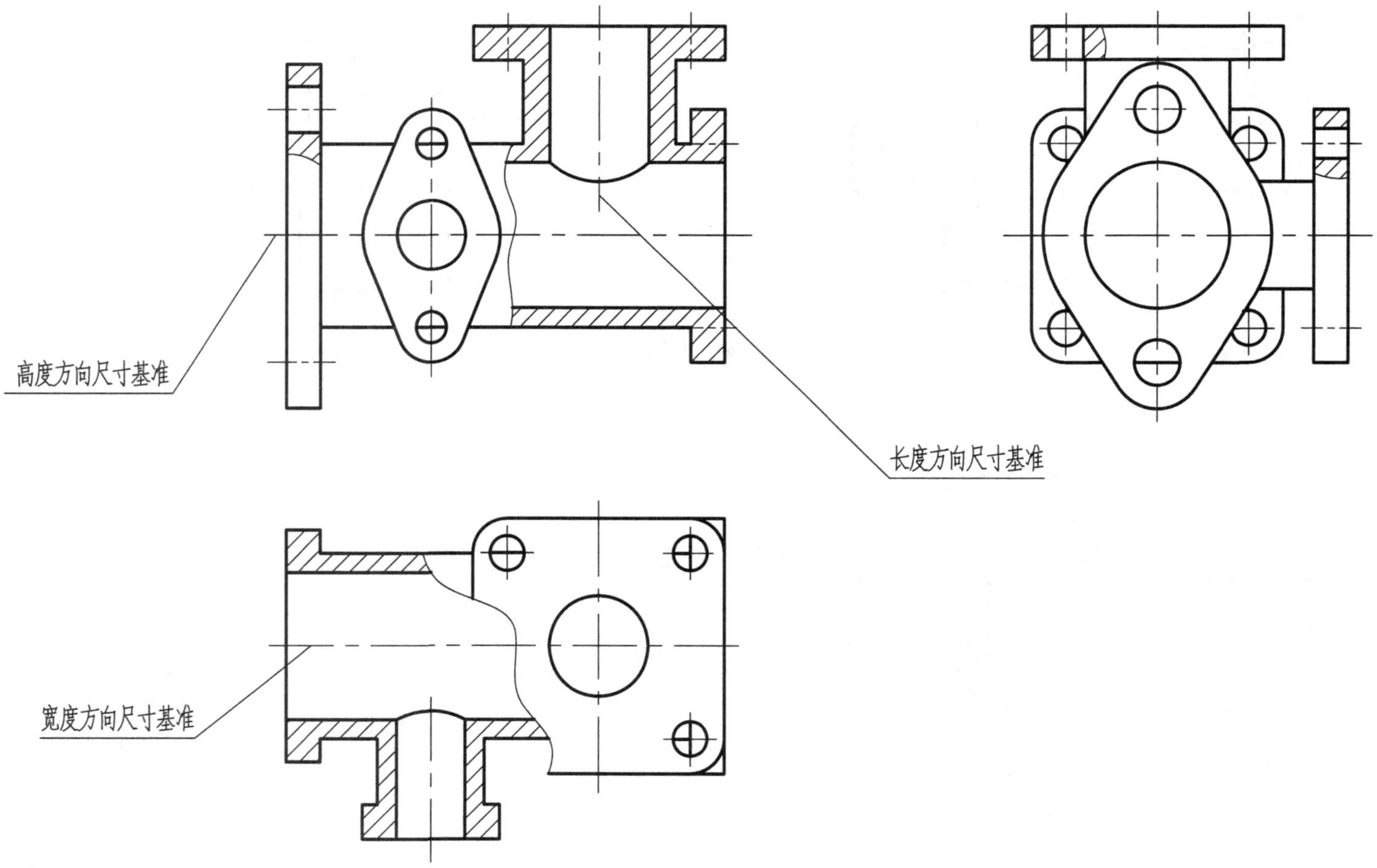

3-2 极限与配合的标注及其含义

班级学号		姓名		成绩	

1. 根据配合代号，在零件图上分别标注相应的轴和孔的公称尺寸、公差带代号和上、下极限偏差值。

（1）.

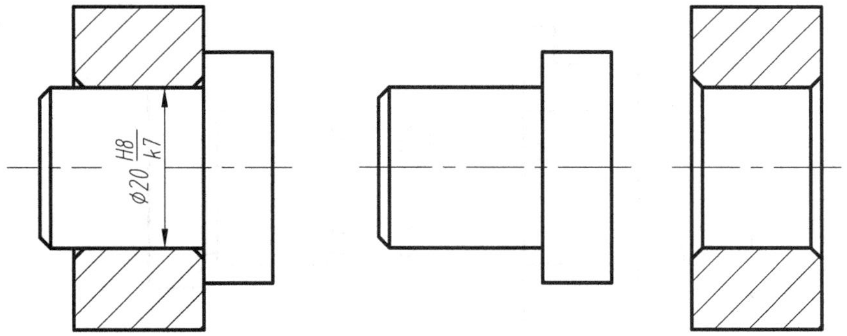

（2）.

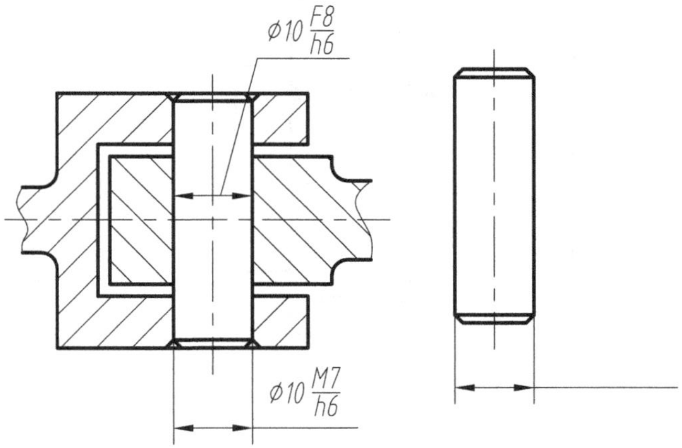

（3）.

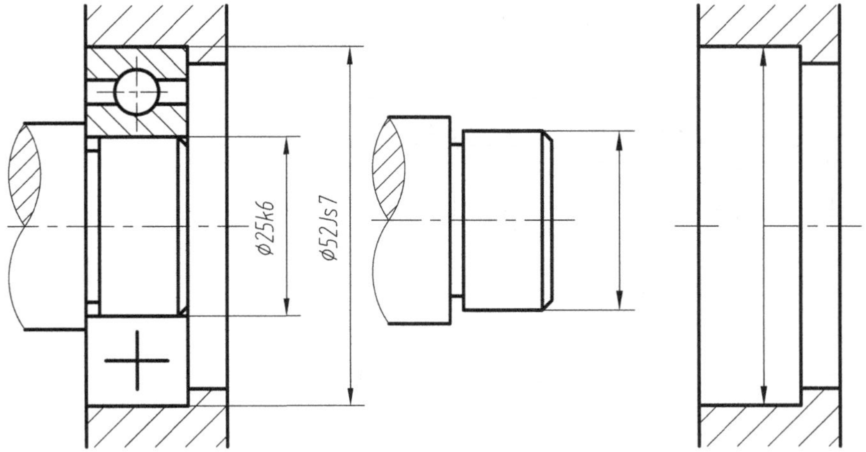

填空：滚动轴承内圈与轴的配合是______制的配合，基准孔是轴承的______；

滚动轴承外圈与座孔的配合是______制的配合，基准轴是轴承的______。

3-2 续　　班级学号　　姓名　　成绩

2. 根据零件轴和孔的公称尺寸和上、下极限偏差值，查表确定其公差带代号，填写在公称尺寸后，并在装配图中标注出配合表面的配合尺寸及配合代号。

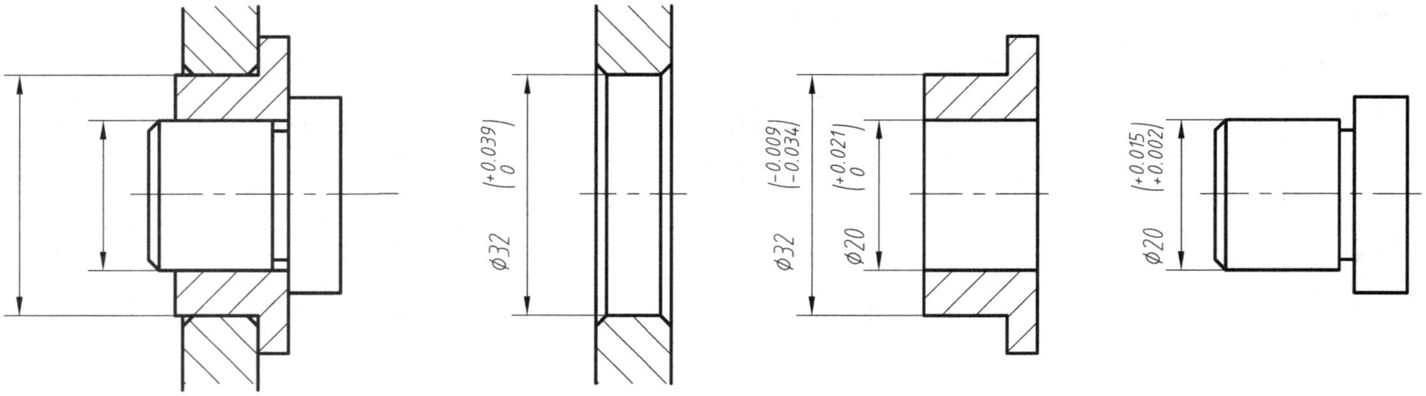

3. 填表说明各配合尺寸的含义

配合尺寸	配合制	配合种类	公差带代号		基本偏差代号		标准公差等级	
			孔	轴	孔	轴	孔	轴
$\phi 20\frac{H8}{k7}$								
$\phi 10\frac{M7}{h6}$								
$\phi 10\frac{F9}{k9}$								

3-3 表面粗糙度的标注。

班级学号		姓名		成绩	

1. 按要求在指定表面标出表面粗糙度代号。

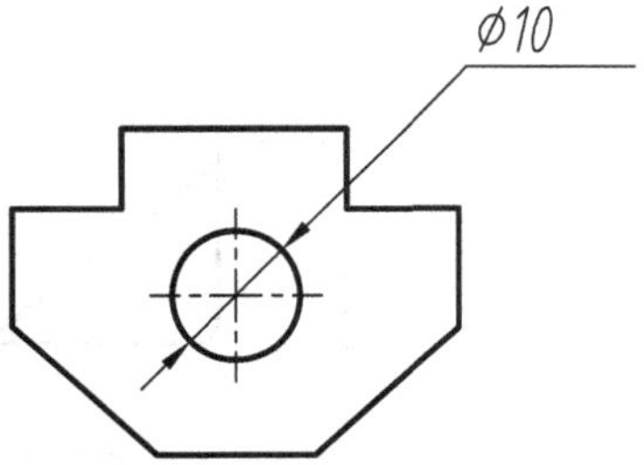

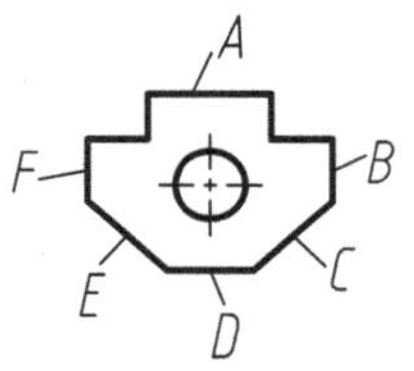

表面粗糙度要求:

A、D面为 Ra 1.6

B、F面为 Ra 3.2

C、E面为 Ra 6.3

ϕ孔表面为 Ra 6.3

其余面为 Ra 12.5

2. 根据文字叙述，将表面粗糙度要求用代号标注在零件图上。

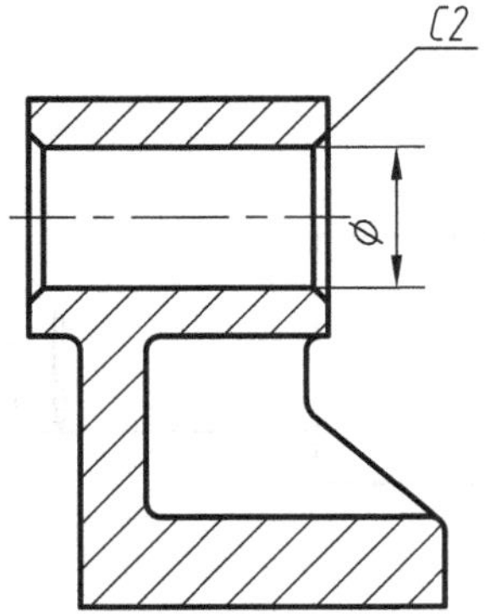

表面粗糙度要求:

∅孔内表面Ra的上限值为1.6um；

∅孔两端面Ra的上限值为6.3um；

倒角C2的Ra的上限值为12.5um；

底平面Ra的上限值为3.2um；

其余表面均不进行切削加工。

3. 根据给定的Ra值，在指定表面标出表面粗糙度代号。

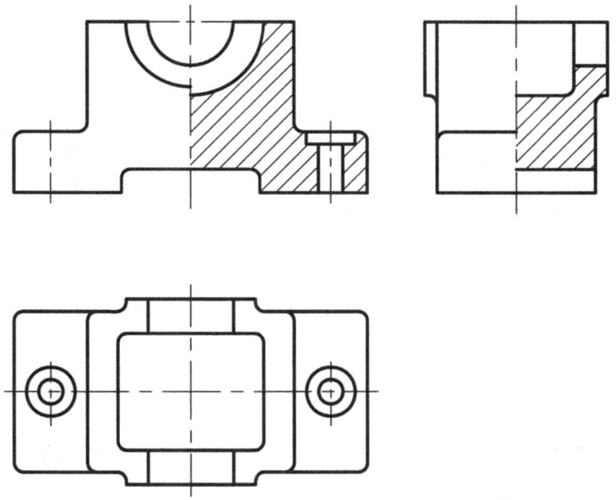

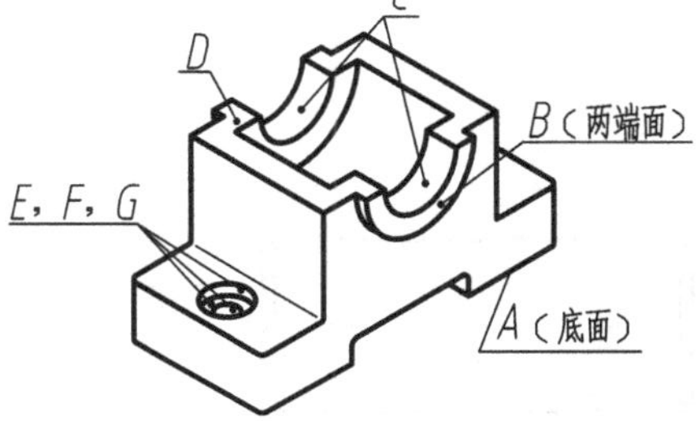

表面	A，B	C	D	E，F，G	其余毛坯面
Ra	12.5	3.2	6.3	12.5	25

3-4 几何公差的标注。	班级学号		姓名		成绩	

1. 顶面的平面度公差为0.03。

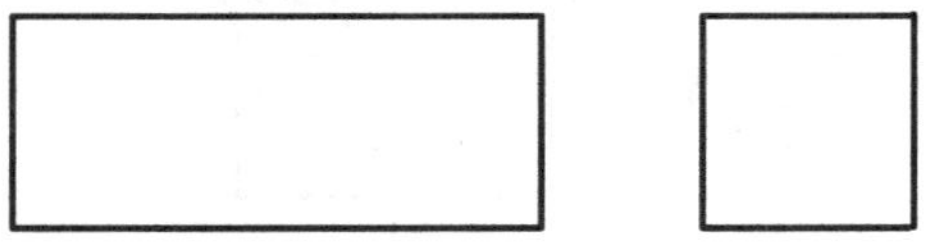

3. ϕ50g6轴线的直线度公差为0.02。

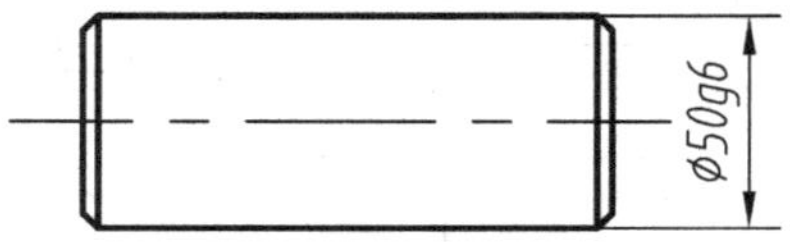

5. 左端面相对下底面的垂直度公差为0.03。

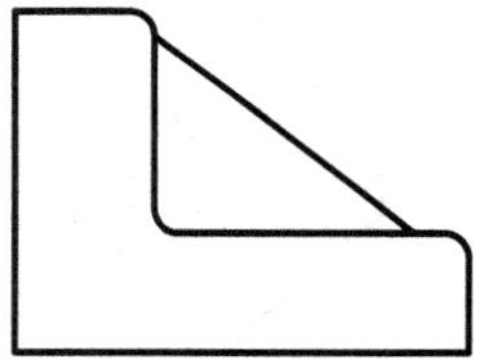

2. ϕ50g6的圆柱度公差为0.015。

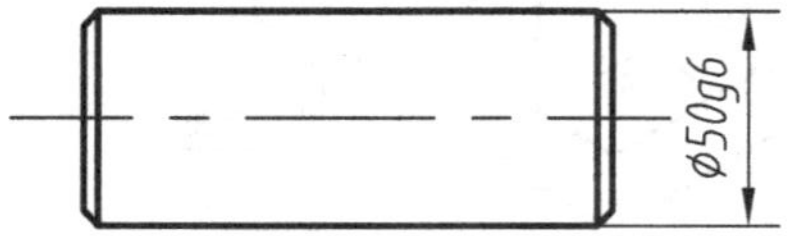

4. 顶面对底面的平行度公差为0.02。

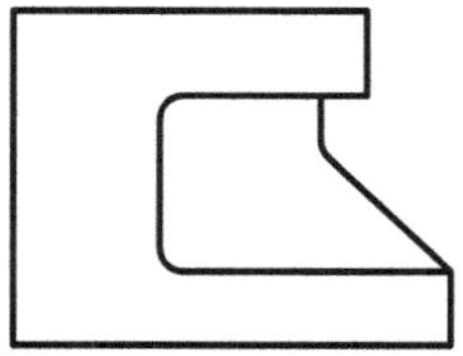

6. ϕ50h7轴线对ϕ30h6轴线的同轴度公差为0.02。

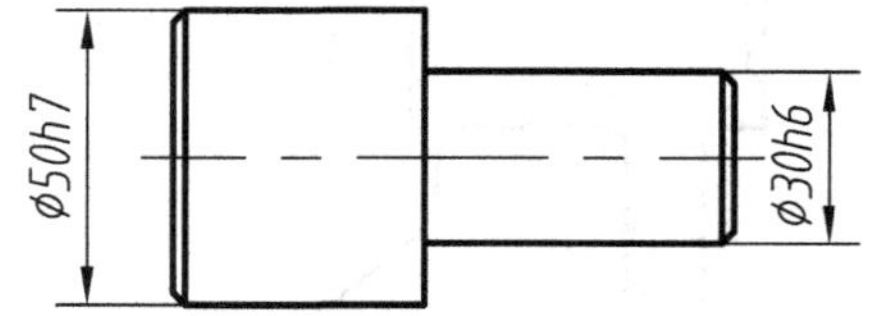

3-4 续　　班级学号　　姓名　　成绩

7. 键槽6N7对Ø26轴线的对称度公差为0.01。

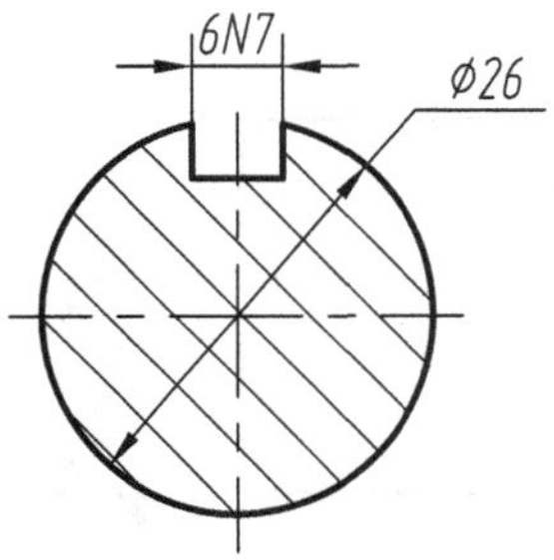

9. Ø50h7轴线对两Ø30h6轴线的同轴度公差为0.02。

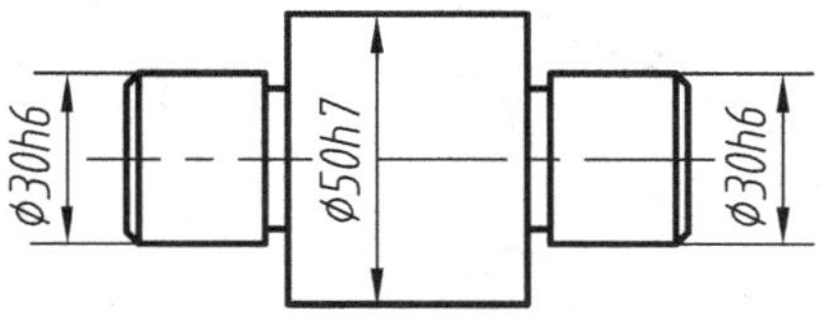

11. Ø10H7轴线对底面的倾斜度公差为0.015。

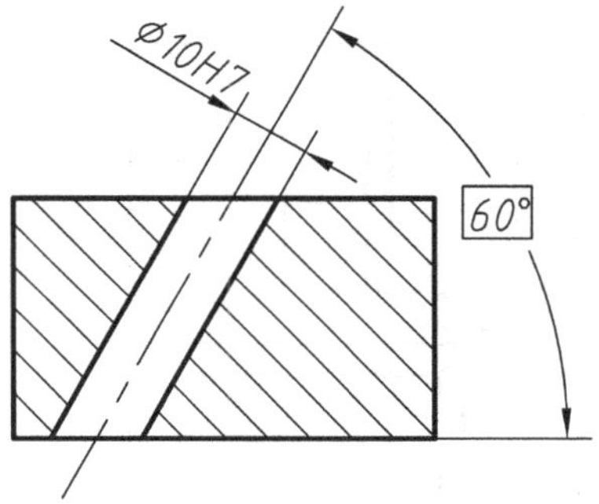

8. Ø20H7轴线对底面的平行度公差为0.02。

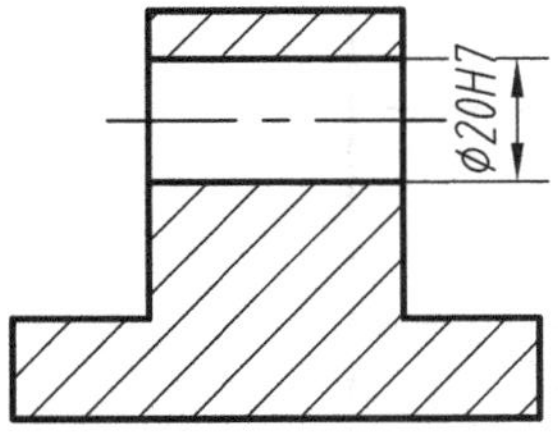

10. Ø60h9两端面对两Ø30h6轴线的圆跳动公差为0.04。

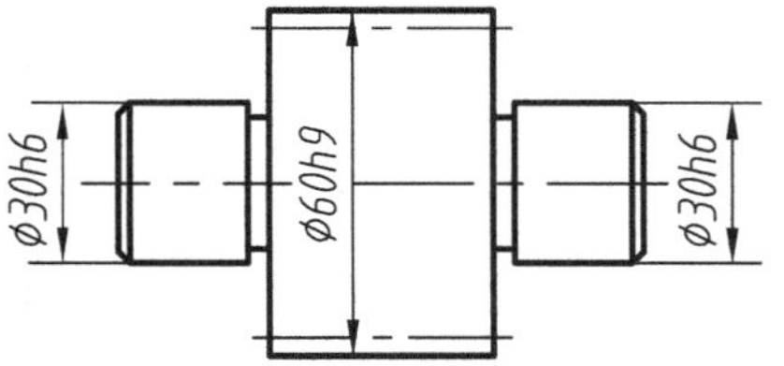

12. Ø25H6圆心对基准Ⅰ和基准Ⅱ位置度公差为0.03。

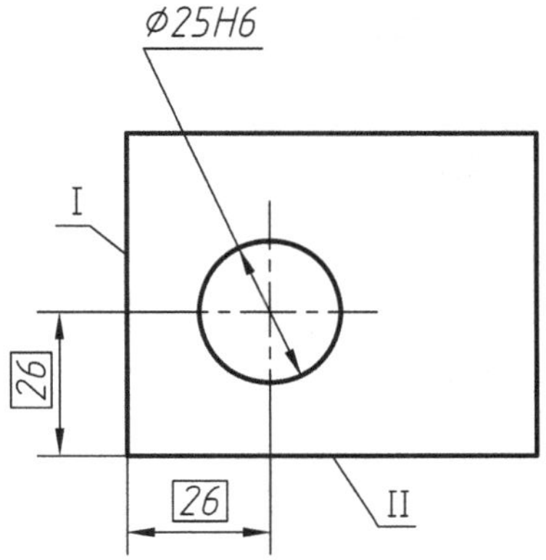

3-5 用文字说明几何公差标注的含义及改错	班级学号		姓名		成绩	

1.说明几何公差标注的含义。

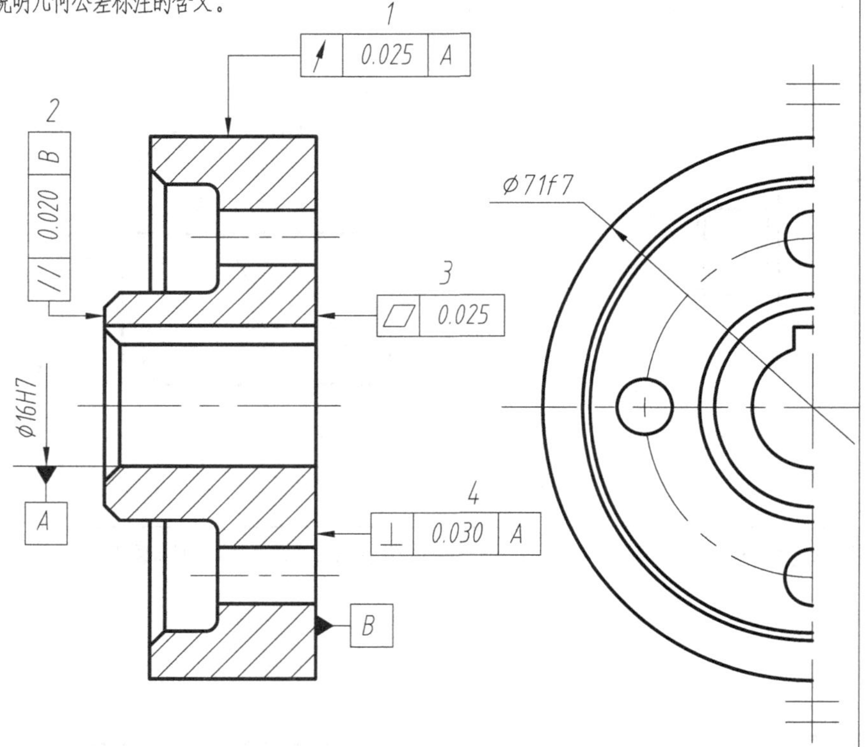

文字说明：

1. ______

2. ______

3. ______

4. ______

2.分析图中几何公差、表面粗糙度、尺寸公差标注的错误，在下图中进行正确的标注。

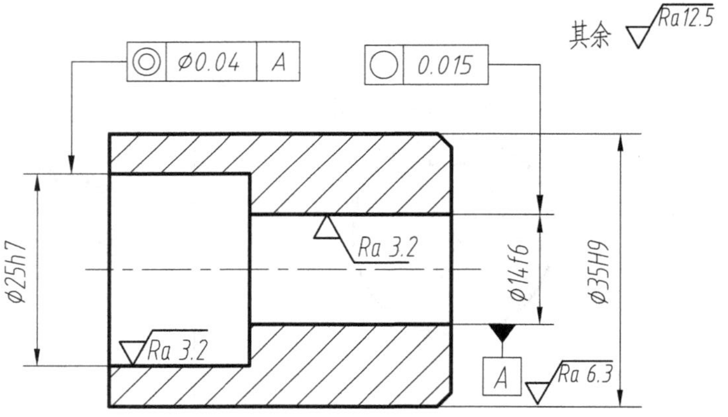

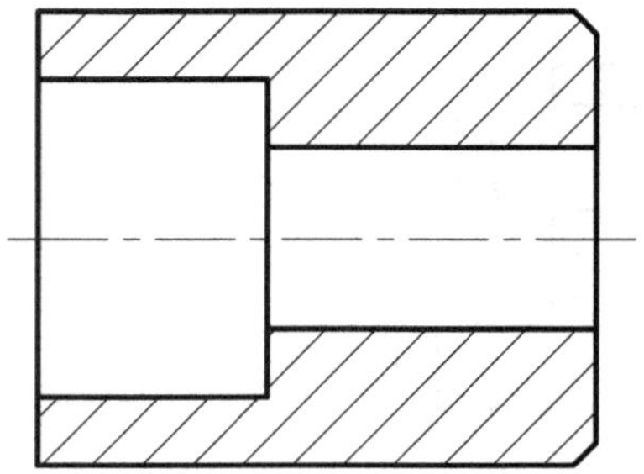

3-6 大作业：画零件图。	班级学号		姓名		成绩	

画零件图作业指导

一、目的要求

1. 目的 学习零件草图和工作图的绘制方法和步骤；学习零件图的视图选择、尺寸标注和技术要求的注法。
2. 要求 零件必须表达完全、正确、清晰，尺寸标注要正确、完整、清晰、基本合理。

二、图名 图幅 比例

1. 图名 按零件的名称填写
2. 图幅 A3
3. 比例 1:1

三、绘图步骤及注意事项

1. 首先要认真分析零件形体结构及其功用，选择视图表达方案时需思考几个方案，从中择优。
2. 绘制零件草图。
3. 根据图幅和比例合理布置各个图形位置，绘图时视图方案可做调整、优化。
4. 绘图时要注意按投影关系"几个视图有联系地同时绘制"，以保证质量和提高作图效率。
5. 要注意零件形状上的"工程特点"，如铸造圆角、过渡线、倒角等结构均应画出。
6. 完成底稿后要仔细检查再描深。

1.

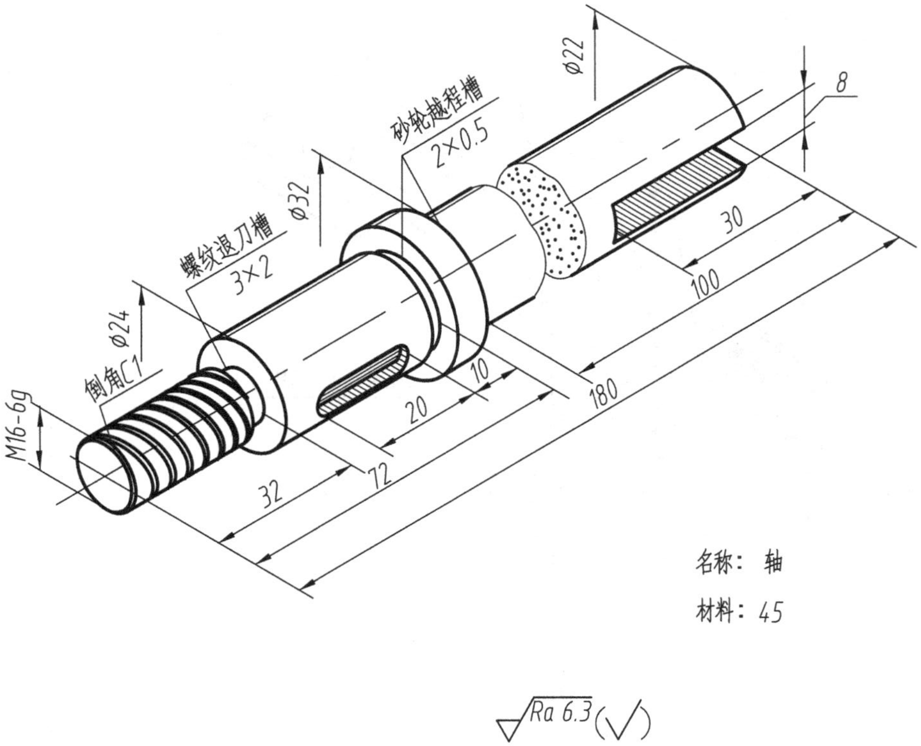

3-6 续	班级学号		姓名		成绩	

2.

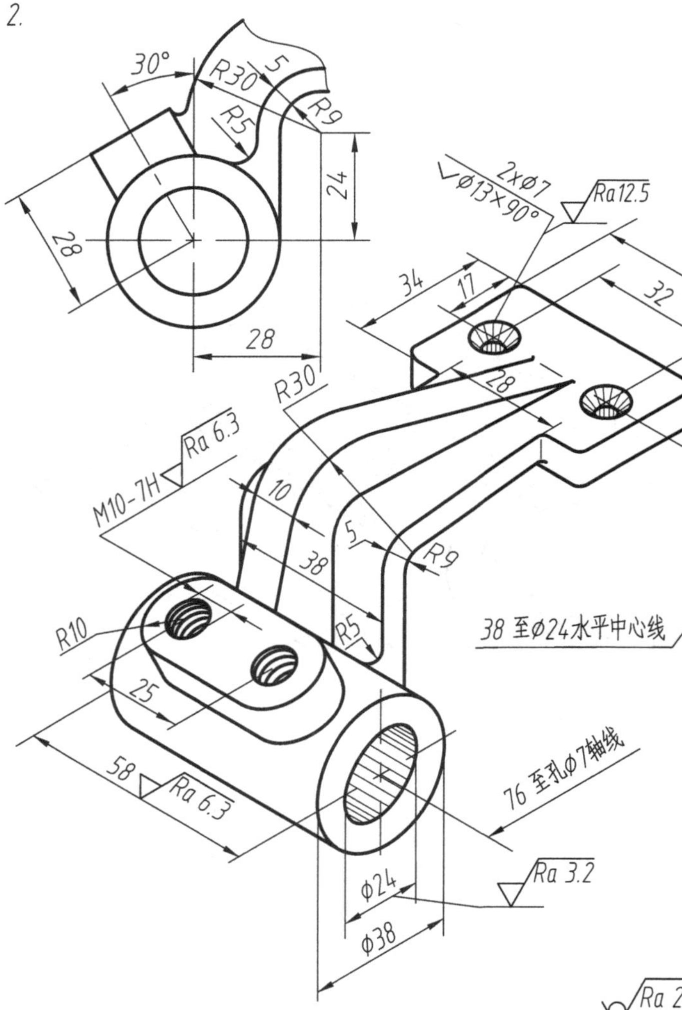

名称：踏架

材料：HT150

未注圆角R3

Ra 25 (√)

3.

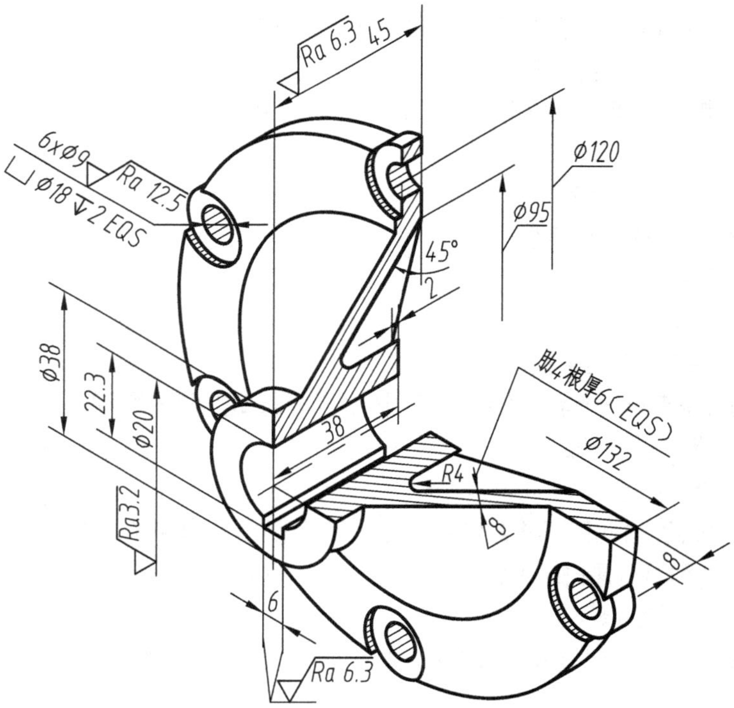

Ra 25 (√)

名称：机匣盖

材料：HT150

3-6 续	班级学号		姓名		成绩	

4.

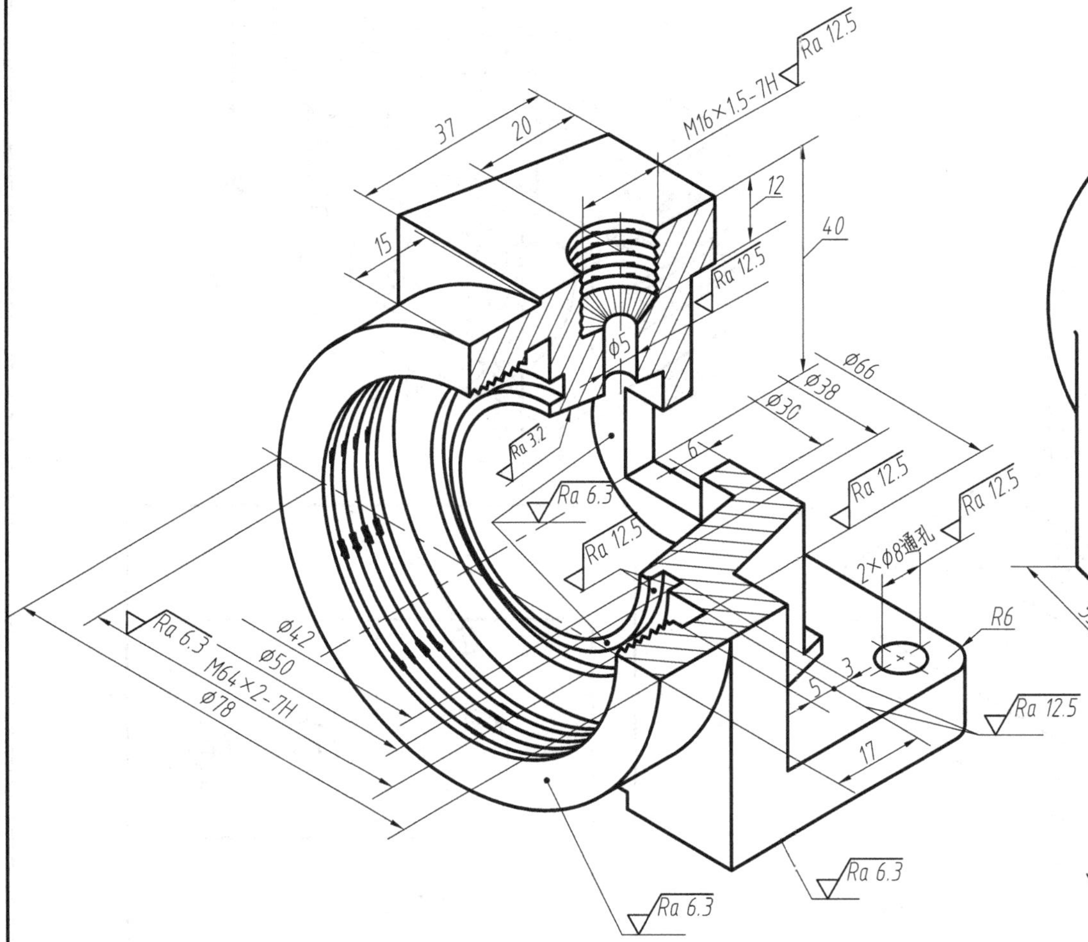

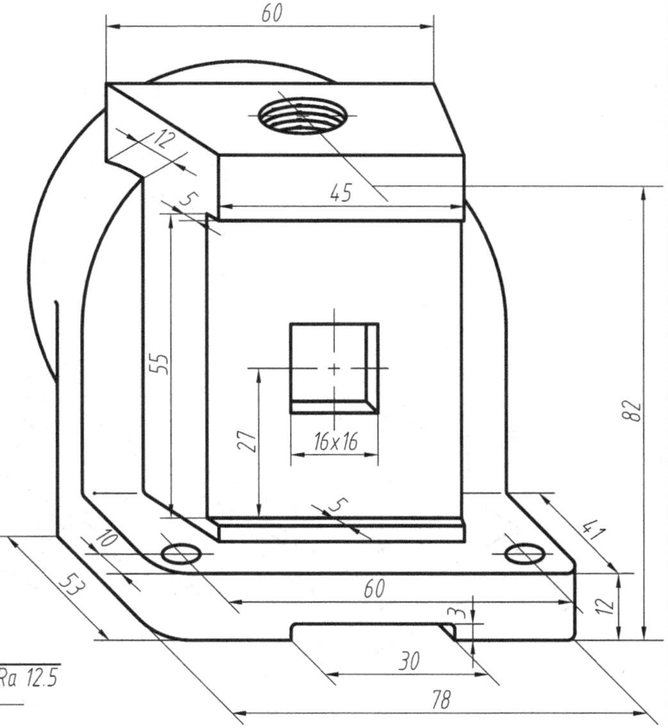

$\sqrt{Ra\ 25}$ (√)

名称：警报器壳体
材料：HT200
铸造圆角为 R1~R3

3-6 续	班级学号		姓名		成绩	

5.

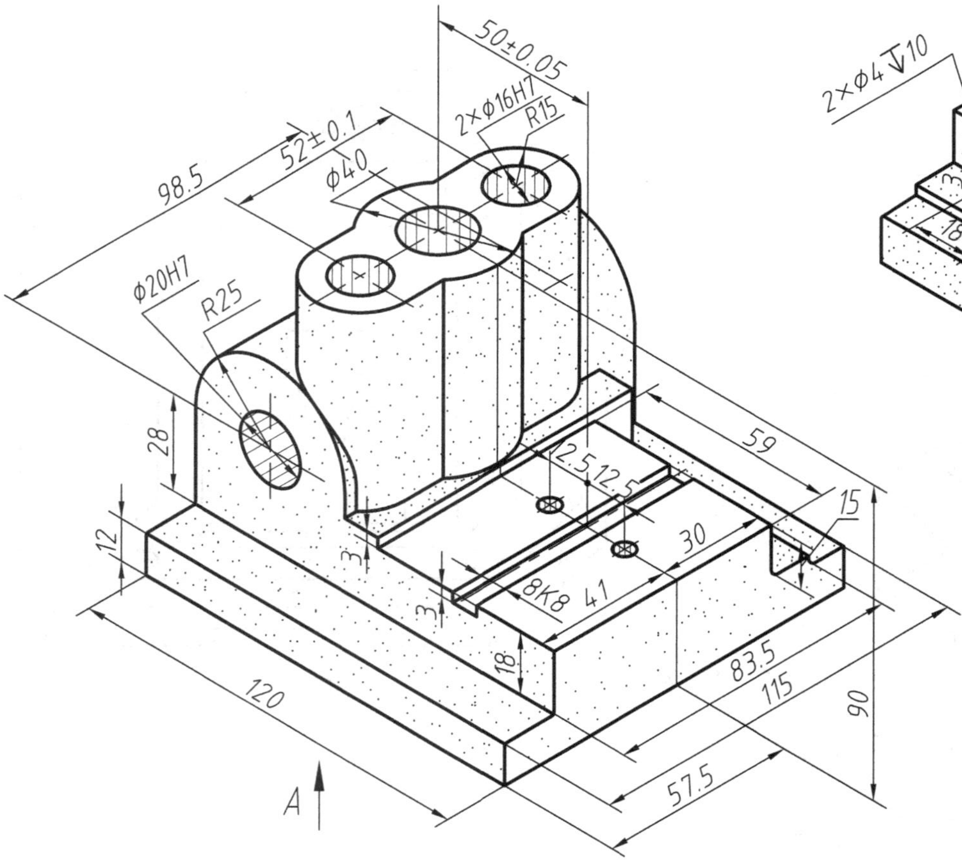

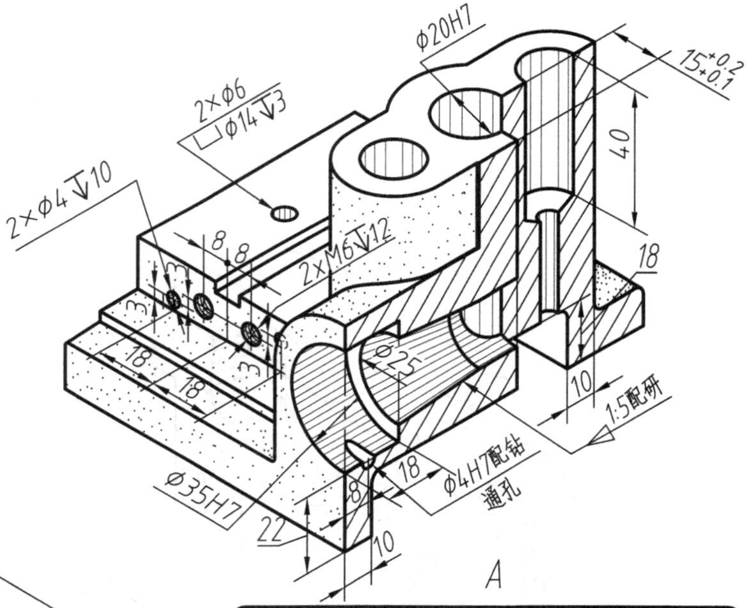

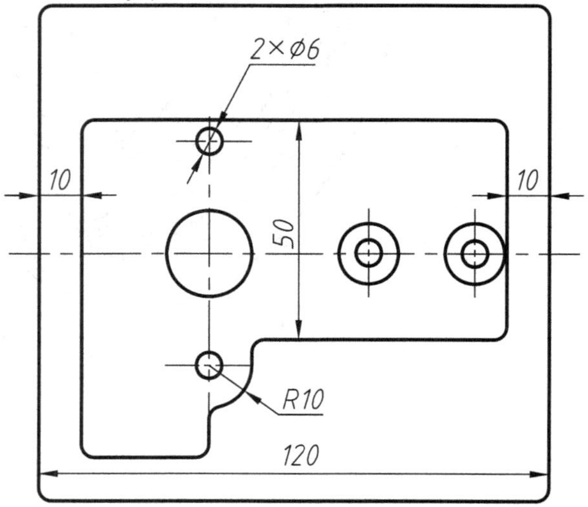

注：加工表面的粗糙度值根据需要自定

名称：钻模体
材料：HT200
铸造圆角为 R1~R3

3-7 读轴、套类零件图	班级学号		姓名		成绩	

1. 读齿轮轴零件图，补画轮齿部分的局部剖视图，和C-C断面图，注全键槽尺寸，并填空回答问题。

模数	m	2
齿数	z	18
压力角	α	20°

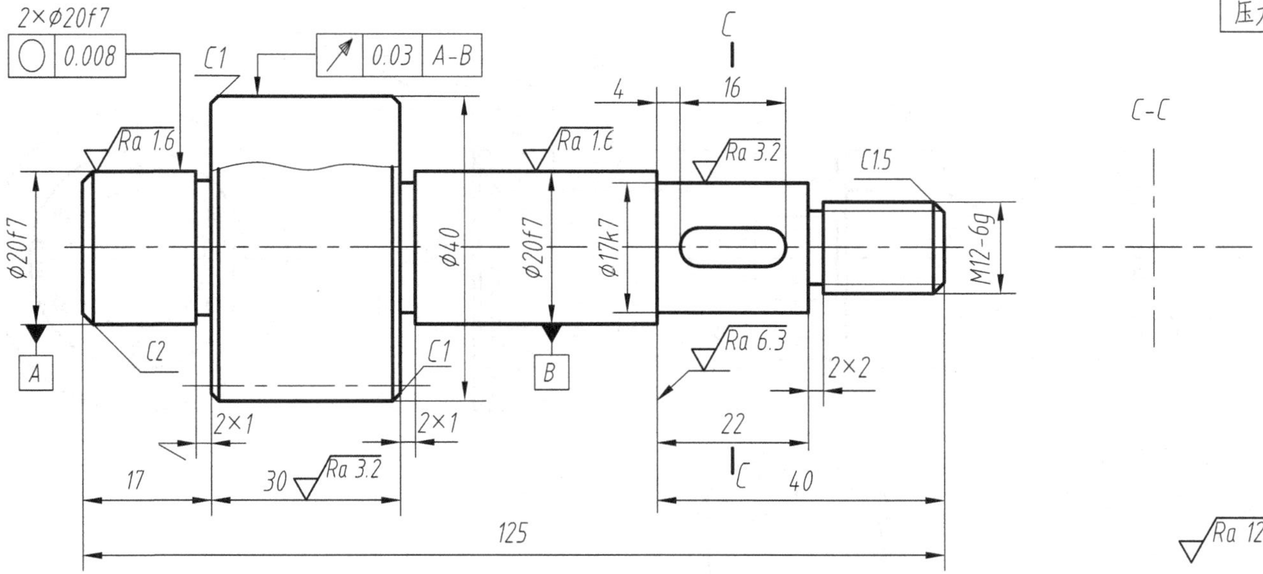

$\sqrt{Ra\ 12.5}$ ($\sqrt{}$)

填空回答下列问题：

(1). 说明 ϕ20f7的含义：ϕ20为 ________，f7是 ________。如果将ϕ20f7写成有上、下极限偏差 的形式，注法是 ________________。

(2). 说明 [↗ | 0.03 | A-B] 的含义：符号↗表示________公差中的 ________公差项目，数字0.03 是 ________，A-B是 ________。

(3). 说明 [○ | 0.008] 的含义：符号○表示________公差中的________公差项目。

(4). 表面结构要求$\sqrt{Ra\ 1.6}$处的表面形状为________，它是由__________的方法获得的。

(5). 指出图中的工艺结构，它有 ____处倒角，其尺寸分别为 __________，有_____处螺纹退刀槽，其尺寸为 _______，有_____处砂轮越程槽，其尺寸为 ________。

制图			齿轮轴	比例	1:1
校核				件数	
			45		

3-7 续	班级学号		姓名		成绩	

2. 读套筒零件图，补画H-H断面图，并填空回答问题。

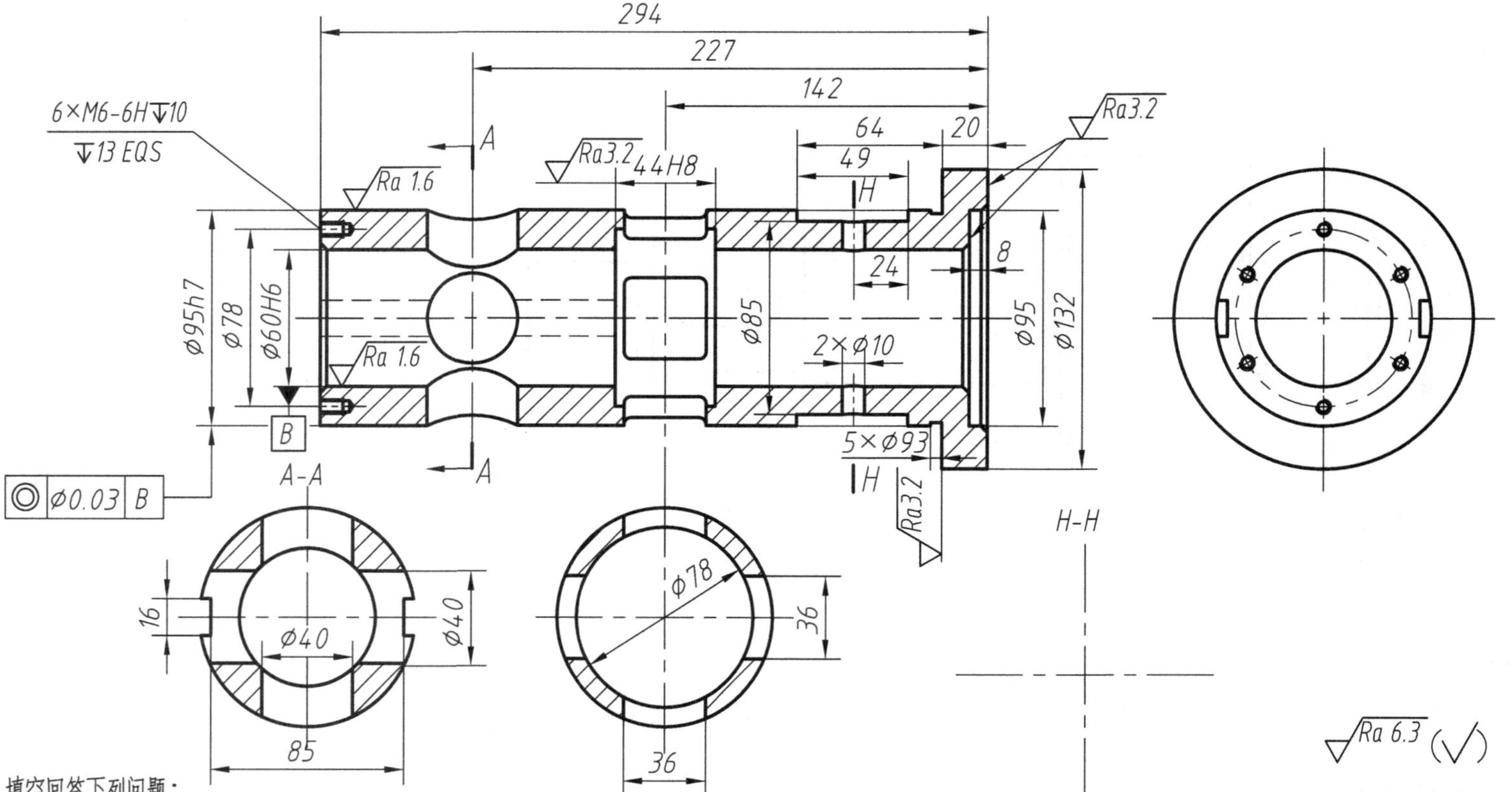

未注倒角为C2.5。

填空回答下列问题：

（1）. 该零件采用了_____个基本视图，主视图采用的是_____剖视图，图中A-A是_____图。

（2）. 零件上长度方向尺寸的主要基准是______，φ95h7的上、下极限偏差是____________，φ60H6的上、下极限尺寸是____________。

（3）. 说明 ◎ | φ0.03 | A 的含义：符号◎表示_______公差中的_______公差项目。被测要素是____________，基准要素是____________。

制图			套　筒	比例	1:3
校核				件数	
			45		

3-8 读盘、盖类零件图	班级学号		姓名		成绩	

读端盖零件图，在指定位置上补画A-A剖视图，并填空回答问题。

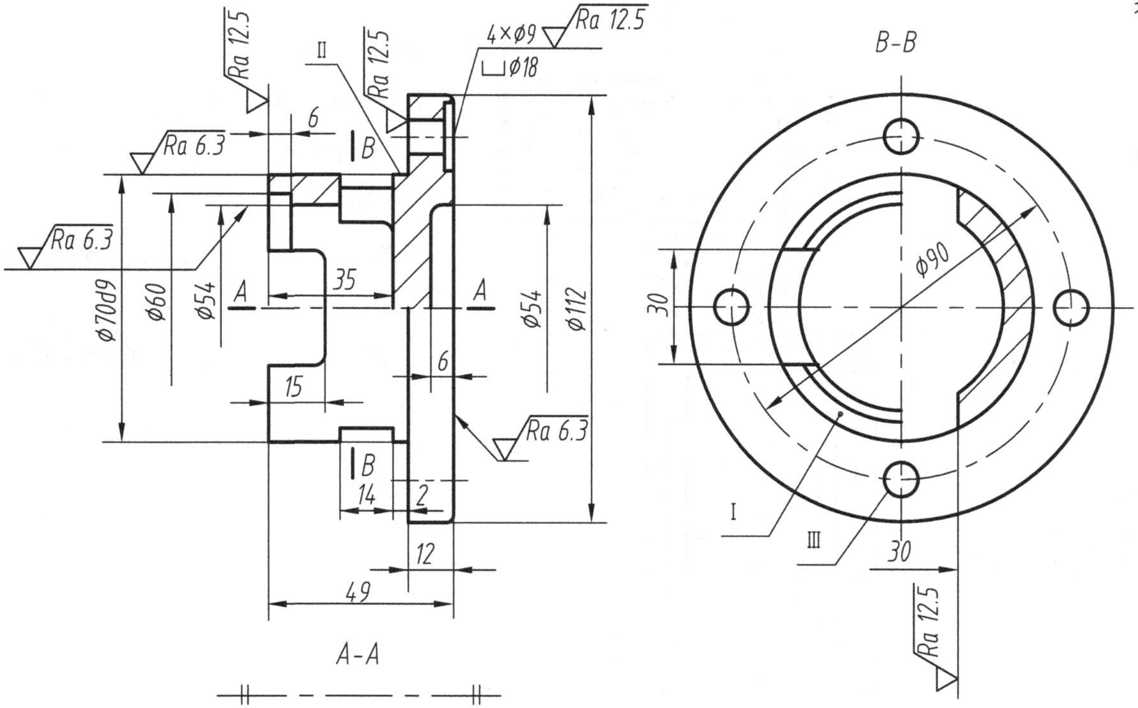

填空回答下列问题：

(1).Ø70d9写成有上、下极限偏差的形式，注法为______________。

(2).表面Ⅰ的粗糙度代号为________；

表面Ⅱ的粗糙度代号为________；

表面Ⅲ的粗糙度代号为________。

(3).主视图中右端面有Ø54深6的凹槽，这样的结构是为了________零件的重量。

(4).说明$\frac{4\times Ø9}{⌴Ø18}$的含义：

4表示有____个直径为____的孔；

4×Ø9是为____连接而设计的，螺栓公称直径应为____；

⌴Ø18的深度只要达到______为止。

Ra 25 (√)

制图			端 盖	比例	1:2
校核				件数	
			HT200		

3-9 读叉架类零件图	班级学号		姓名		成绩	

读拨叉零件图，补画B向视图，并用“△”符号标明长、宽、高三个方向的尺寸基准，并填空回答问题。

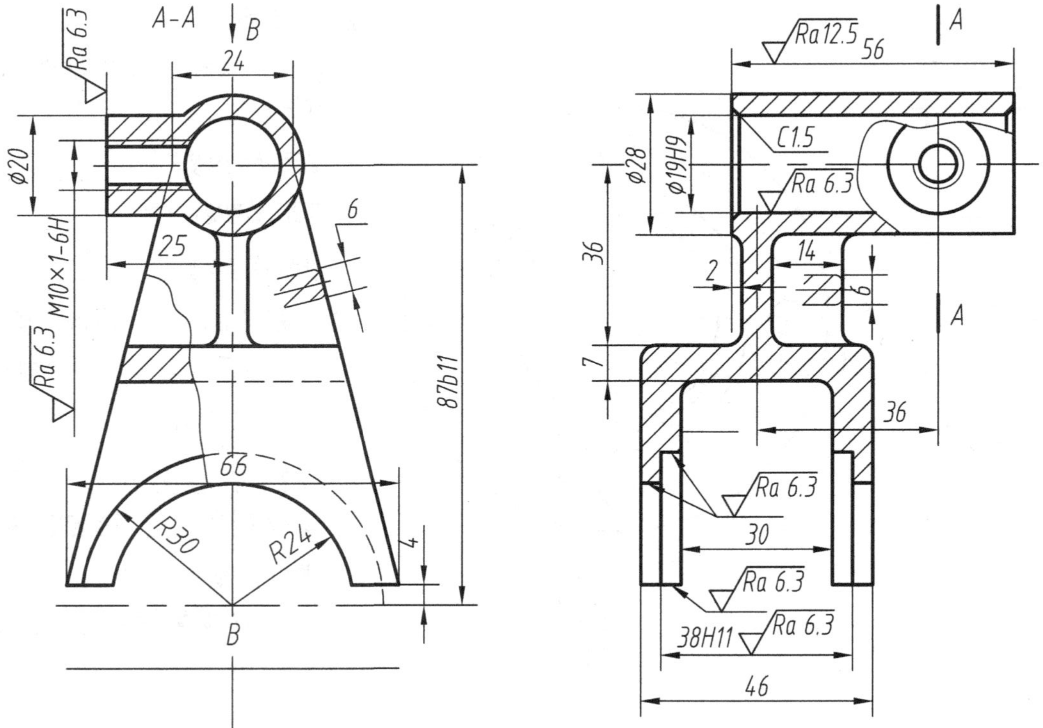

填空回答问题：

1. 38H11表示公称尺寸是_______；

公差带代号是______；

公差等级是_______。

2. M10×1-6H是__________ 螺纹，

螺距是____；

6H是____________ 的公差带代号。

技术要求

1. 未注圆角为R3~R5。
2. 铸件不得有气孔、砂眼等缺陷。
3. 铸件应退火处理。

制图			拨 叉	比例	1:1.5
校核				件数	
			HT200		

3-10 读箱体类零件图。	班级学号		姓名		成绩	

1. 读箱体零件图，补画C向局部视图。

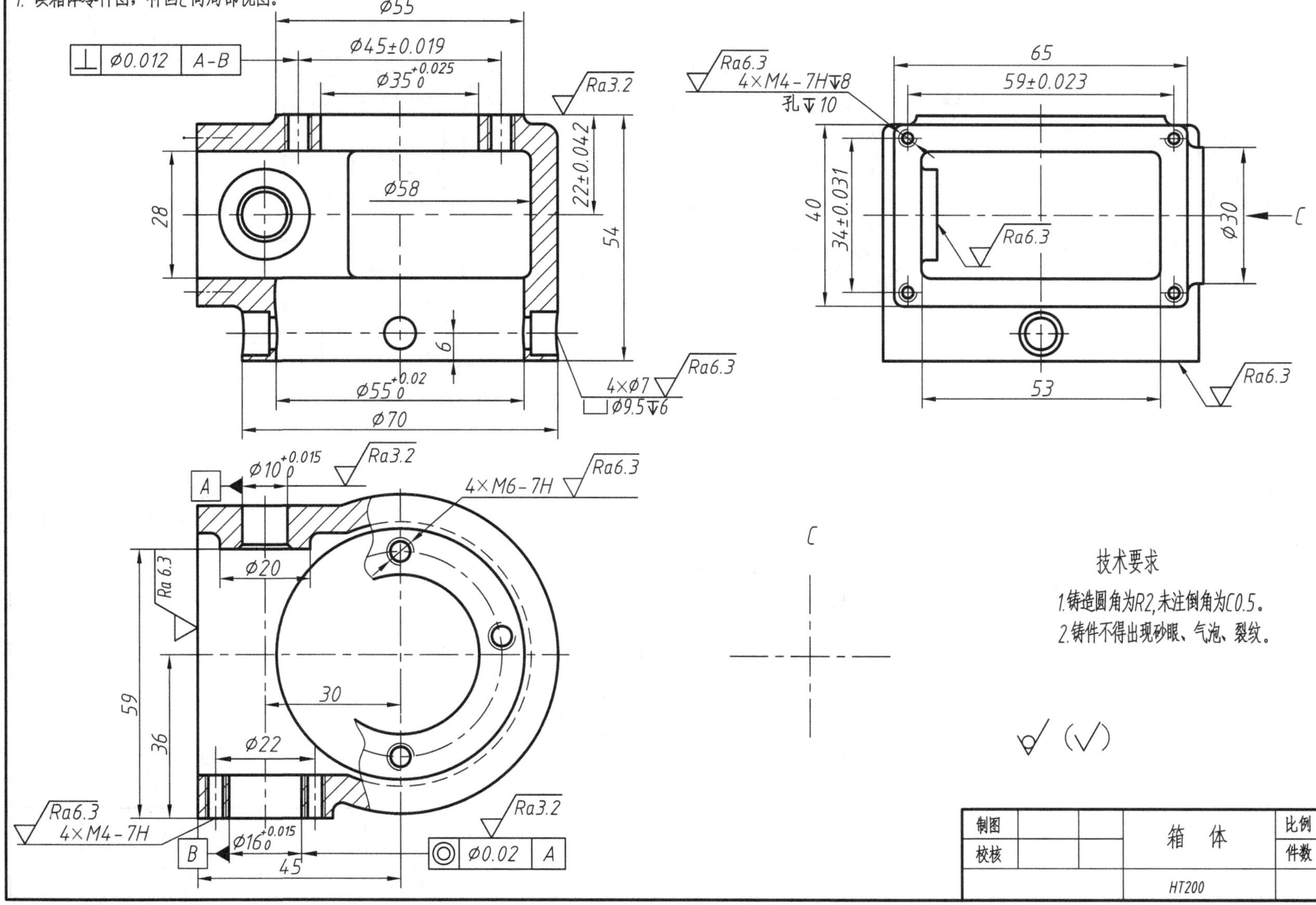

技术要求

1. 铸造圆角为R2，未注倒角为C0.5。
2. 铸件不得出现砂眼、气泡、裂纹。

制图			箱　体	比例	
校核				件数	
			HT200		

3-10 续	班级学号		姓名		成绩	

1. 读弯头体零件图，补画B向局部视图。

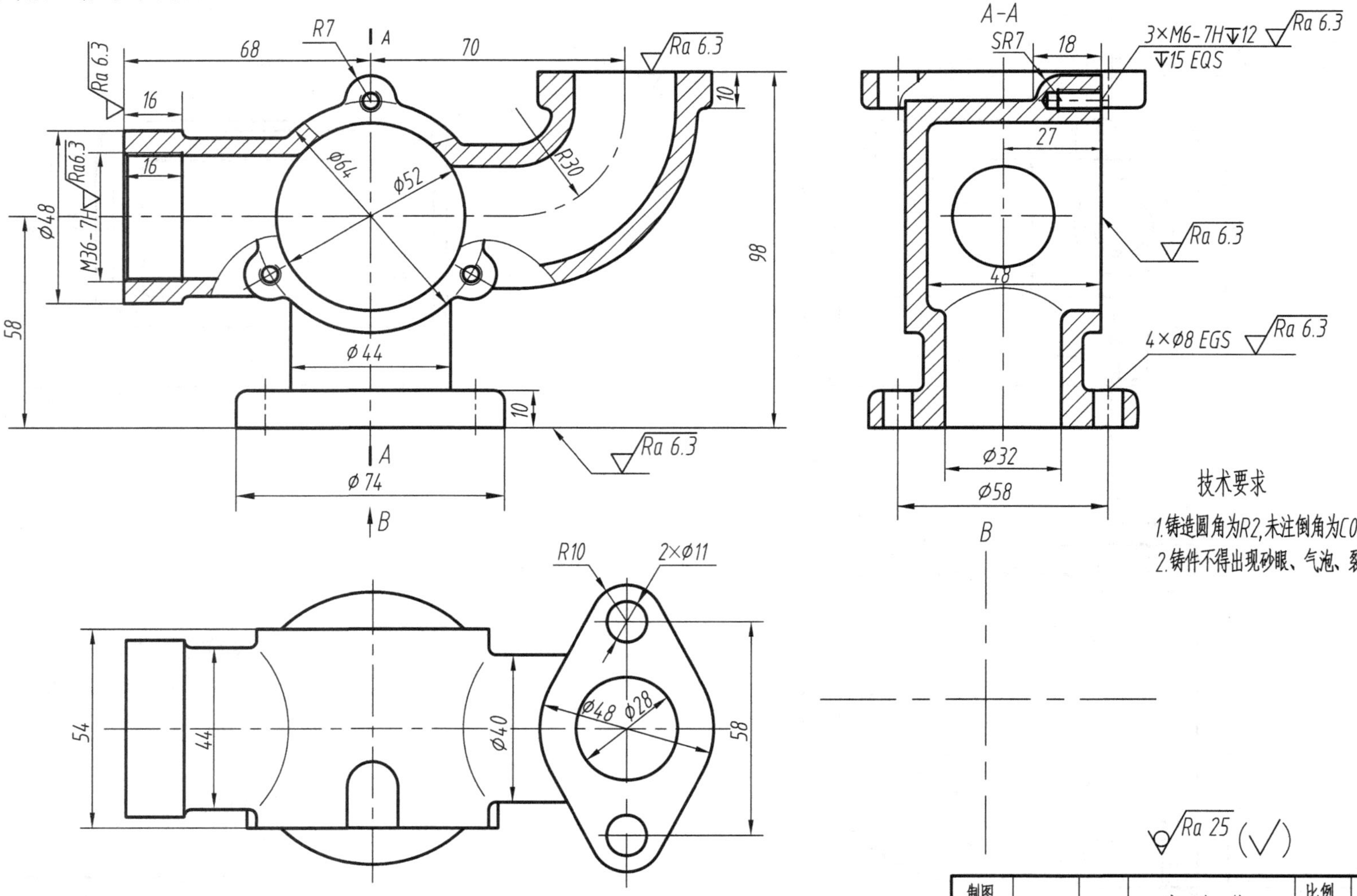

技术要求

1.铸造圆角为R2,未注倒角为C0.5。

2.铸件不得出现砂眼、气泡、裂纹。

Ra 25 (√)

制图			弯头体	比例	
校核				件数	
			HT200		

4-1 大作业：由零件图画装配图。	班级学号		姓名		成绩	

由零件图画装配图作业指导

一、目的要求

1. 目的　熟悉装配图的内容，学习装配图的视图选择、尺寸标注以及技术要求的注写，掌握由零件图拼画装配图的方法和步骤。

2. 要求　把装配图的功用、工作原理、各零件间的装配关系以及对外的装配关系表达完全、正确、清晰；注出常见的五种尺寸；编号、明细表等格式应符合规定。

二、图名 图幅 比例

1. 图名　按装配体的名称填写

2. 图幅　13-1用A3，13-2和13-3用A2

3. 比例　1:1

三、完成作业的要点及注意事项

1. 首先要认真阅读给出的装配示意图、工作原理说明及每张零件图，搞清该装配体的功用、工作原理、各零件间的装配关系以及对外的装配关系等。

2. 确定视图表达方案后，布图时一定要留出标题栏、名细表、编号以及注尺寸的位置，以免返工。

3. 画底稿一般顺序是先主（主装配线）后次（次装配线），先内后外，先定位后定形，先粗后细，按习惯的状态画装配体，例如千斤顶画螺旋杆升降的起始位置，手动气阀画储气筒与工作气缸接通位置，转子泵画叶片甩出状态。对于可调节的零件，画时应留出可调节的间隙，如转子泵上的填料应有继续压紧的可能。

4. 注意画图时，装配图上相邻零件的剖面线方向和间隔应有区别，同一零件在不同视图上剖面线的方向和间隔应一致。

5. 编号时，先画出各零件的指引线，待检查确认无遗漏或重复后。再按顺序写件号数字。

6. 图中的字体规格按：尺寸数字为3.5号，件号数字为5，标题栏、明细表中字体为5号，装配体的名称为7号字。

4-2 拼画千斤顶装配图。	班级学号		姓名		成绩	

工作原理及作业要求

转动绞杆，使螺旋杆在螺套中转动，用螺钉GB/173M10x12使螺套固定在底座上，螺旋杆的旋转运动转变成上下直线运动，顶起或降下重物，螺旋杆头部的圆球面上套装顶垫，既保证顶重物受力向心，也使螺旋杆旋转时与顶垫的球面之间产生摩擦，保证不损伤重物表面，螺钉GB/175M8x12与螺旋杆连接而不固定，防止顶垫随螺旋杆一起旋转而且不脱落。

读懂千斤顶的装配关系、工作原理和全部零件图，拼画装配图（采用A3图纸，比例为1：1）。

千斤顶装配示意图

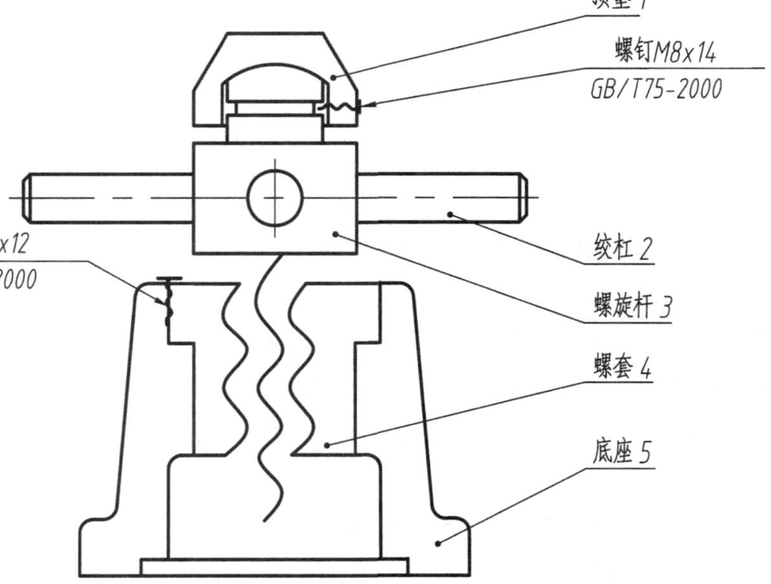

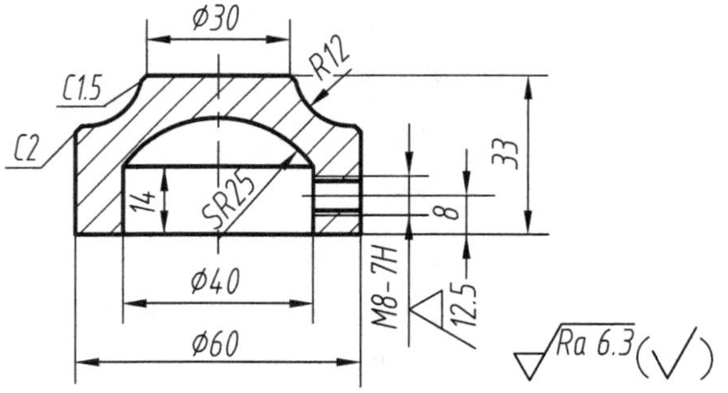

1	顶垫	Q275-A	1:2	1件

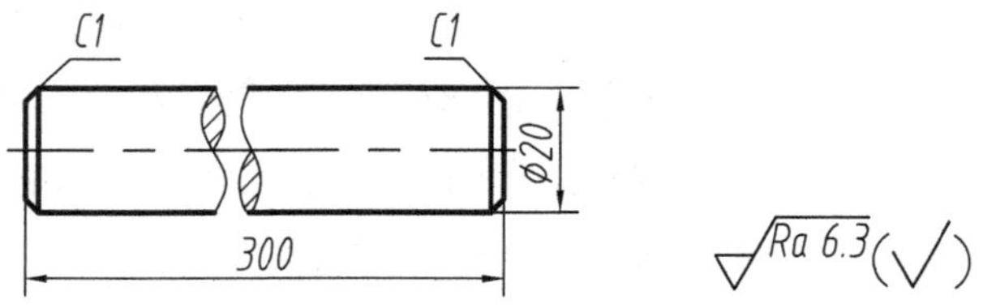

2	绞杠	Q275-A	1:2	1件

4-2 续	班级学号		姓名		成绩	

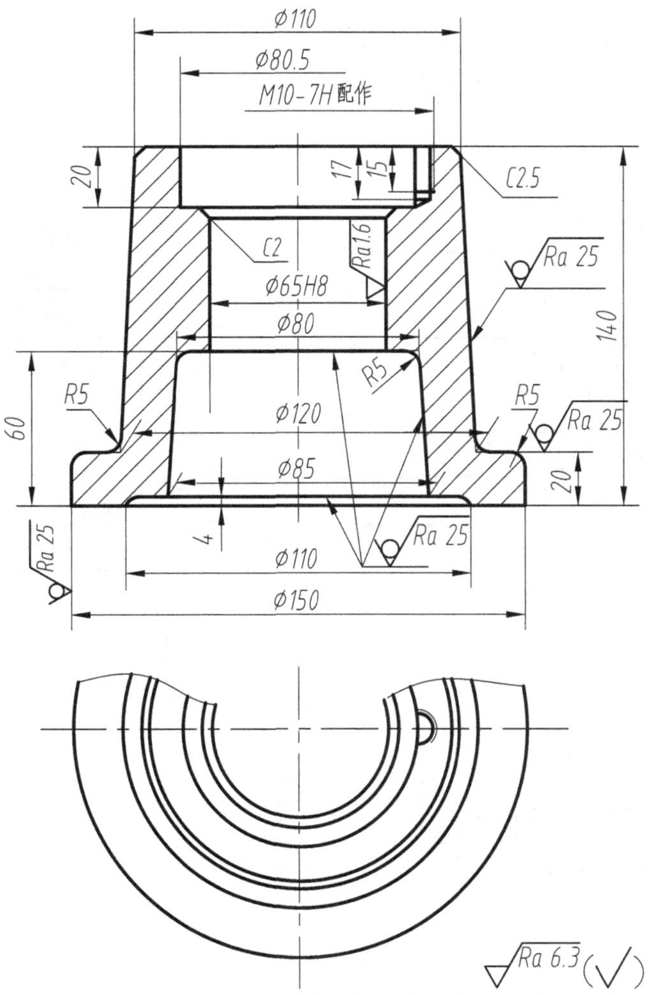

5	底座	HT200	1:2.5	1件

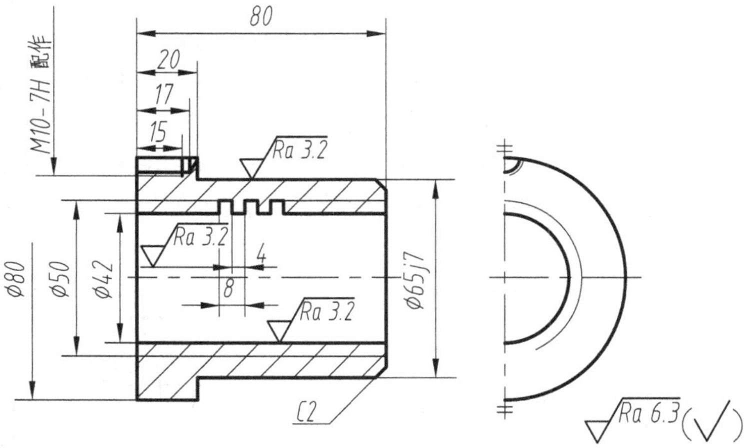

4	螺套	2CuAl10Fe3	1:2.5	1件

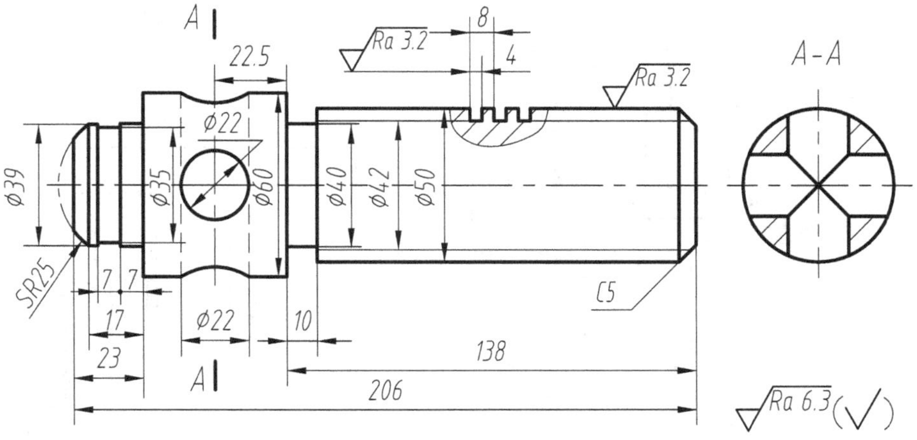

3	螺旋杆	Q275-A	1:2.5	1件

4-3 拼画手动气阀装配图。	班级学号		姓名		成绩	

工作原理及作业要求

手动气阀是汽车上用的一种压缩空气开关机构。

当通过手柄球1和芯杆2将气阀杆拉到最上位置时（如图所示），储气筒与工作气缸接通，当气阀杆推到最下位置时，工作气缸与储气筒的通道被堵死，此时工作气缸通过气阀杆中心的孔道与大气接通，气阀杆与阀体4的孔是间隙配合，装有“O”型密封圈5防止压缩空气泄露，螺母3是固定手动气阀位置用的。

读懂手动气阀装配的示意图和全部零件图，拼画装配图（采用A2图纸，比例为2：1）。

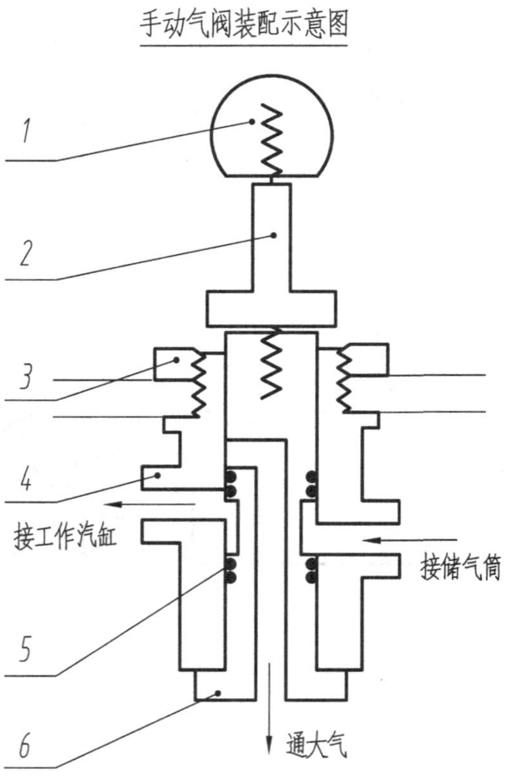

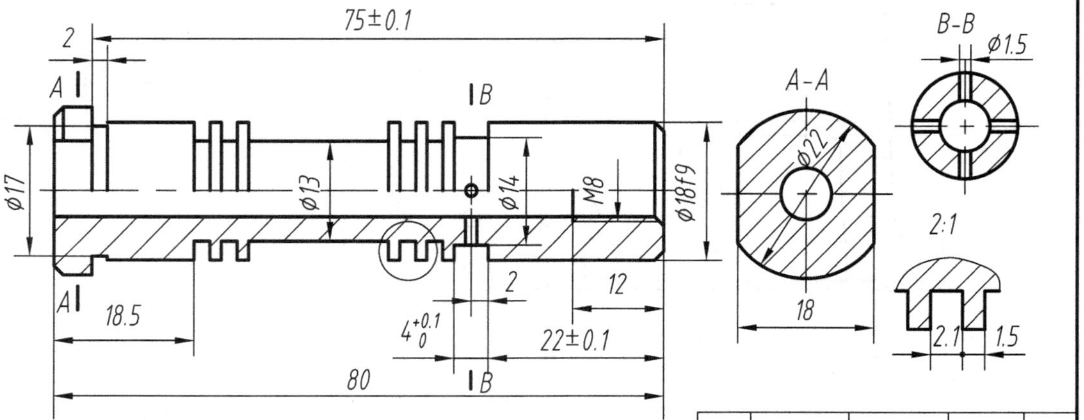

6	气阀杆	45	1:1	1件

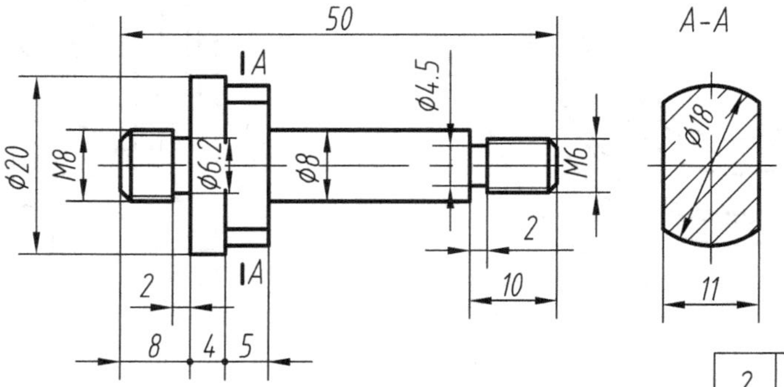

2	芯杆	Q235	1:1	1件

4-3 续	班级学号		姓名		成绩	

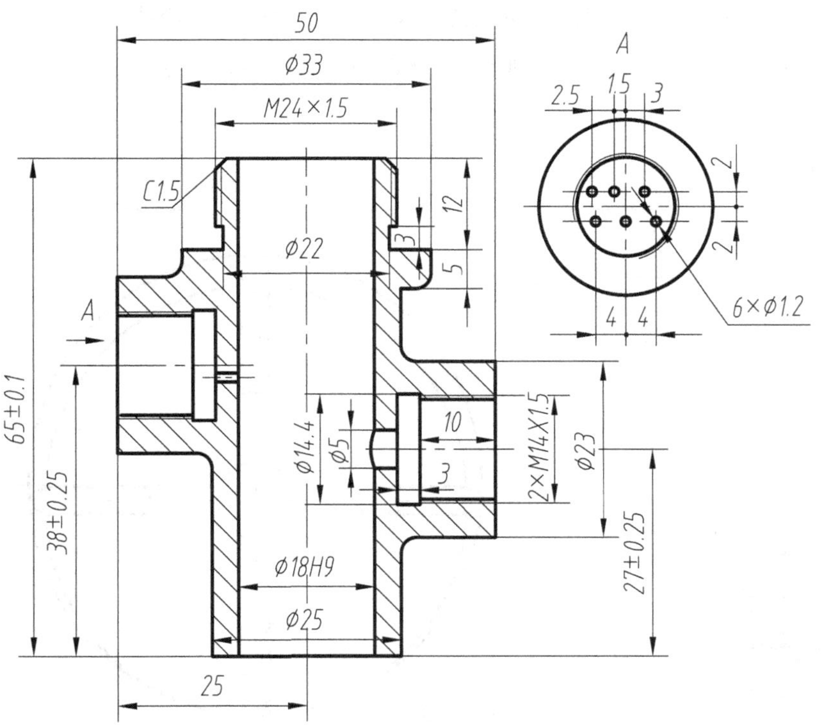

铸造圆角为R2。

4	阀体	Q235	1:1	1件

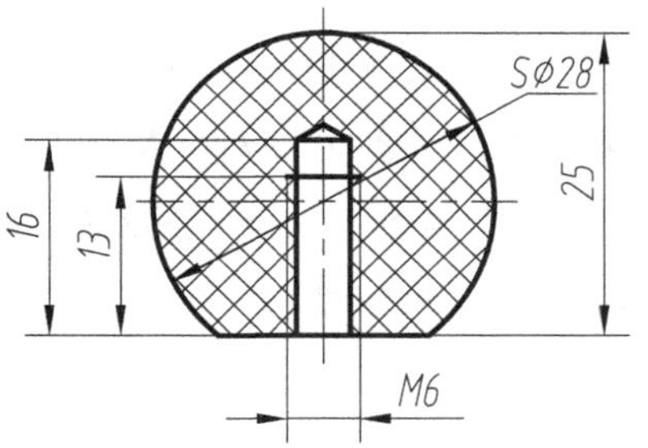

1	手柄球	酚醛塑料	1:1	1件

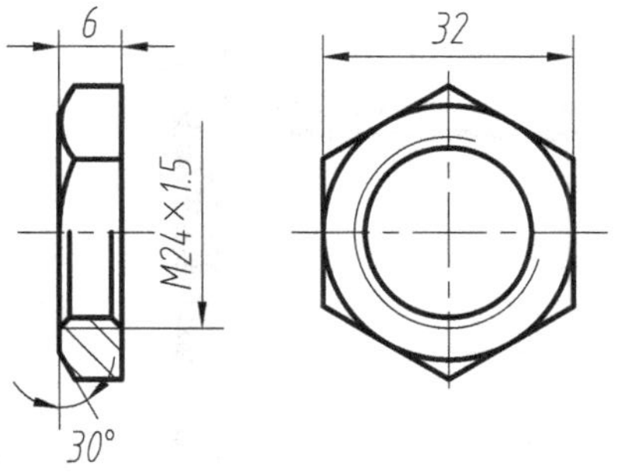

3	螺母	Q235	1:1.5	1件

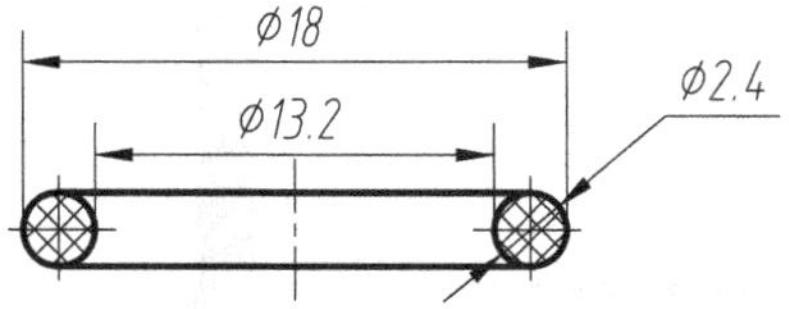

5	O型密封圈	橡胶	2:1	4件

4-4 拼画转子泵装配图。	班级学号		姓名		成绩	

工作原理及作业要求

转子泵是一种定量叶片泵。泵体1两侧的管螺纹与油管相连，分别为进油口和出油口。泵体1与转子3之间因偏心而形成一个月牙形空腔。当电动机通过带轮11带动轴7旋转时，位于转子槽中的叶片4由于离心力作用，向外贴紧在衬套2的内壁上。叶片开始由月形空腔的尖端转向中部时，两相邻叶片与衬套隔成的空间逐渐变大，完成吸油的过程。转过中点后，这个空间又逐渐变小，完成压油过程。泵盖13装有填料8（石棉绳），通过填料压盖12和压盖螺母9将其压紧，防止油沿轴渗出。在泵体背后加工的两个M5的螺纹孔，是为方便更换衬套时用。

读懂转子泵装配示意图和全部零件图拼画装配图（采用A2图纸，用1:1比例画出）。

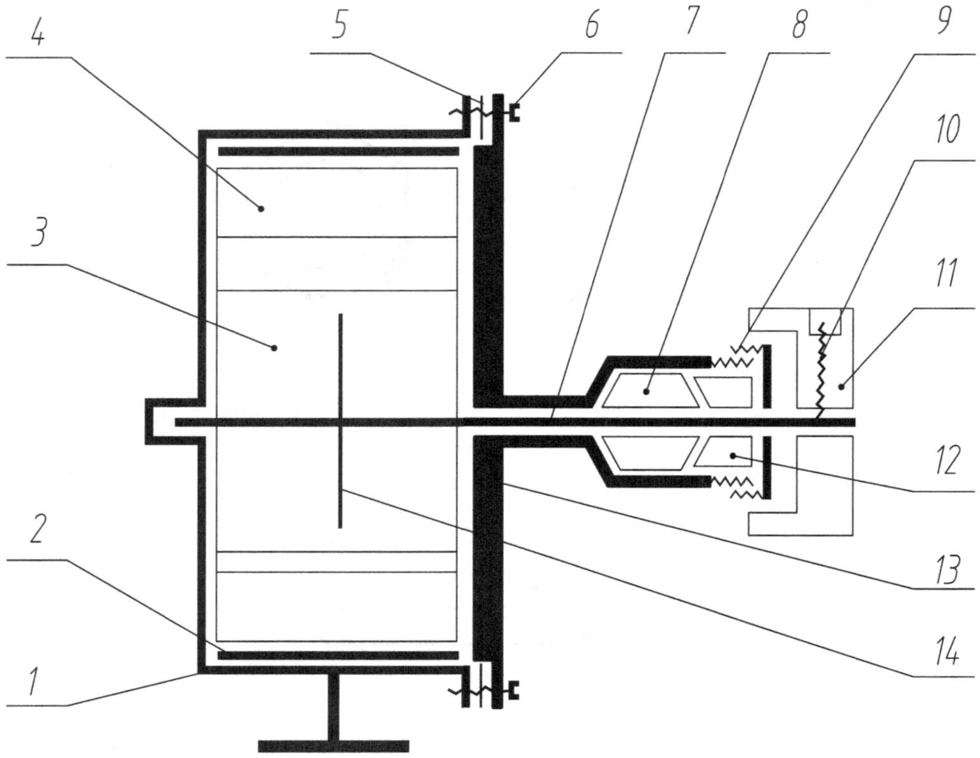

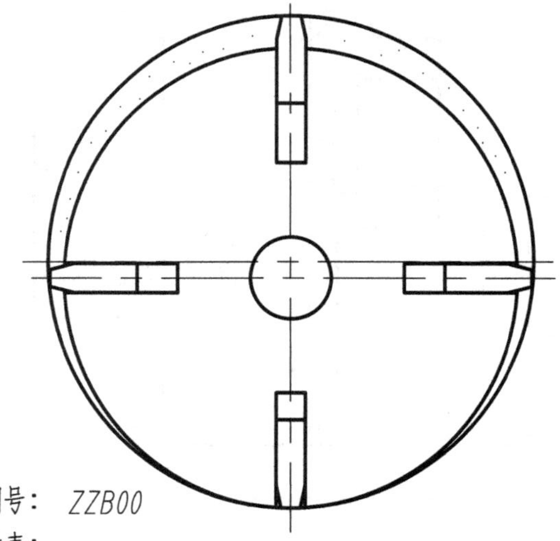

装配图号： ZZB00

标准件表：

序号	序号	规　格	材料	数量
6	螺钉	GB/T65　M6X14	35	3
10	螺钉	GB/T75　M8X25	35	1
14	销	GB/T119.1 4X40	35	1

4-4 续	班级学号		姓名		成绩	

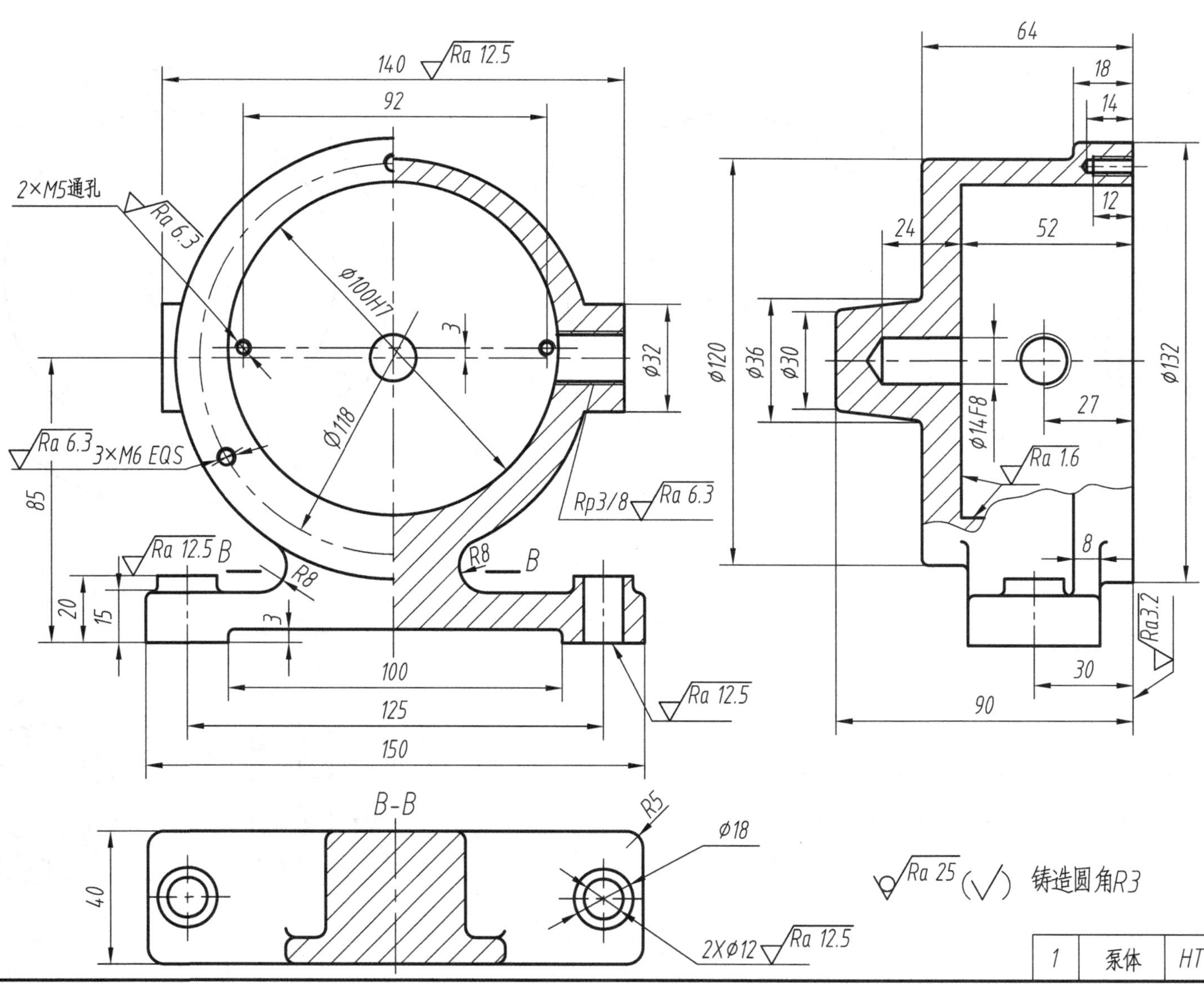

1	泵体	HT150	1:2	1件

4-4 续	班级学号		姓名		成绩	

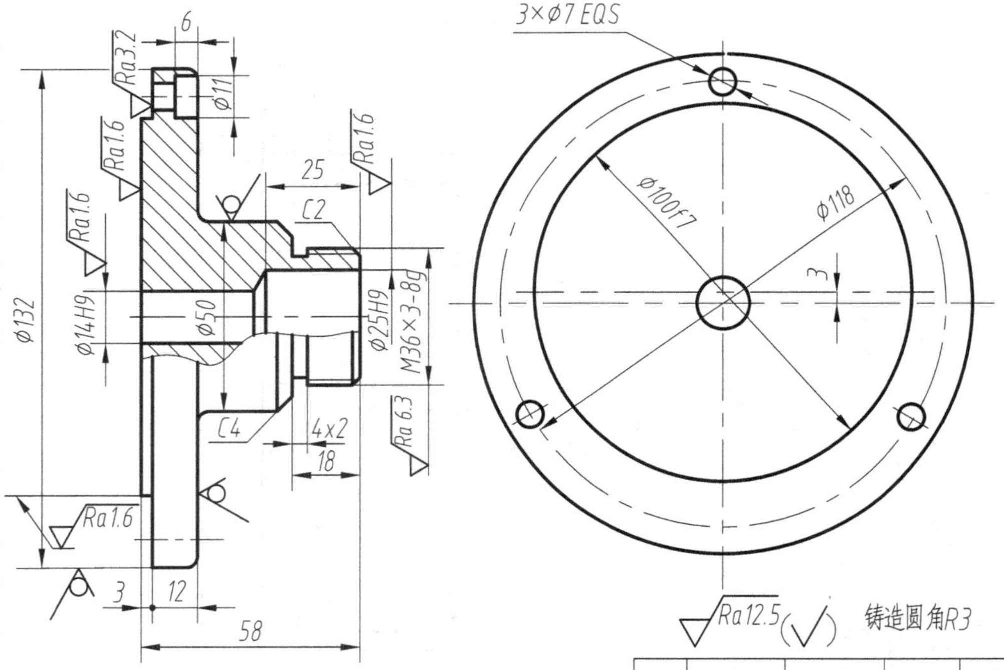

13	泵盖	HT150	1:2	1件

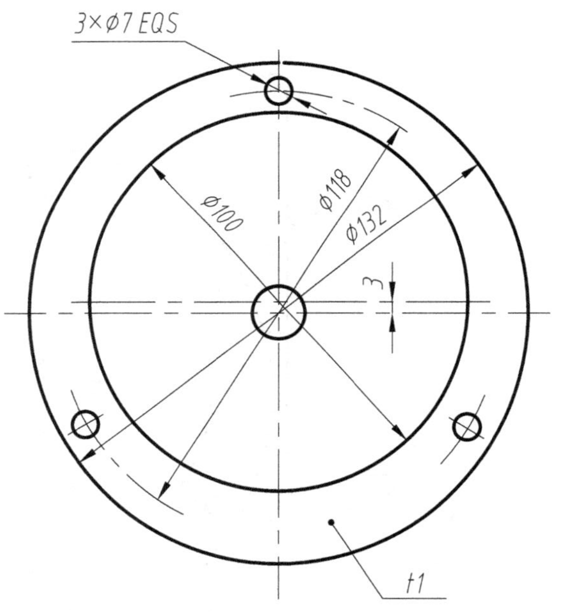

5	垫片	工业用纸	1:2	1件

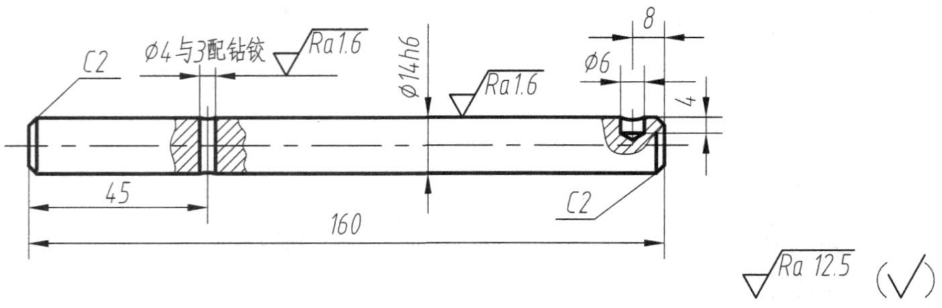

7	轴	45	1:2	1件

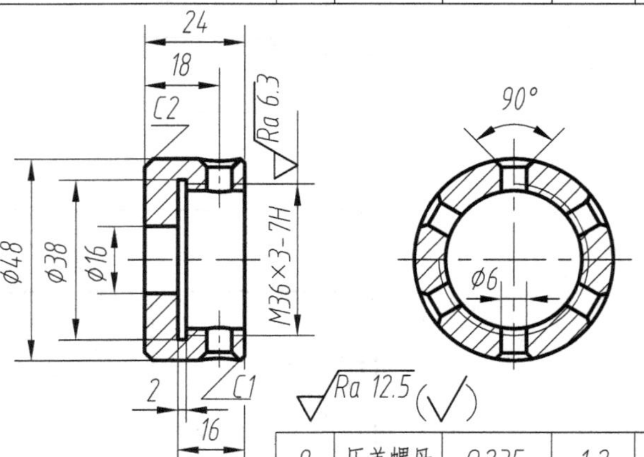

9	压盖螺母	Q235	1:2	1件

4-4 续	班级学号		姓名		成绩	

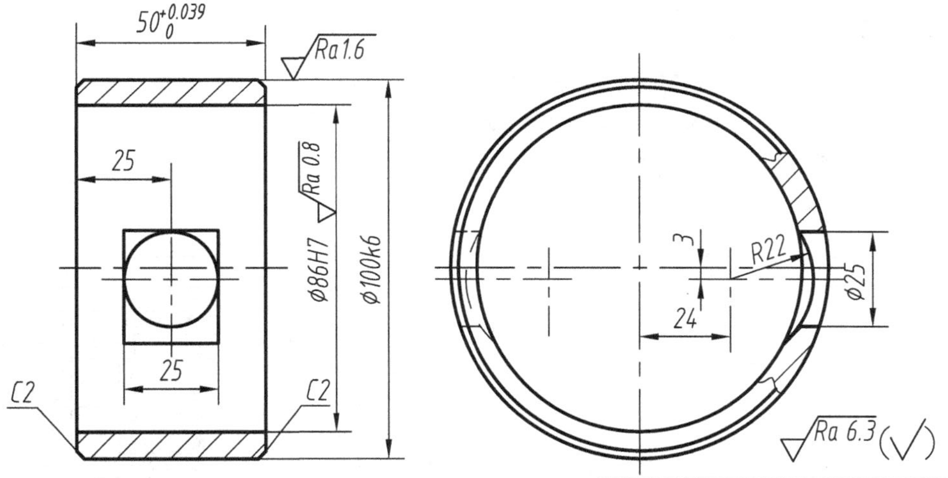

2	衬套	20	1:2	1件

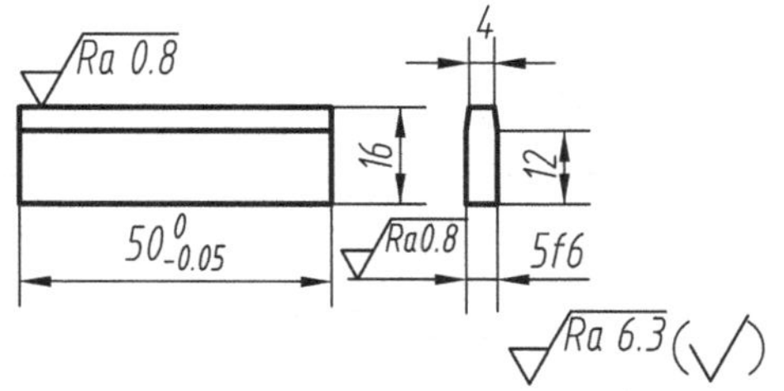

4	叶片	45	1:2	4件

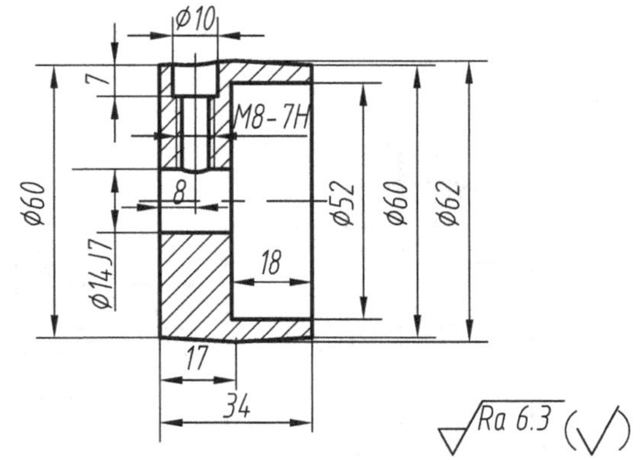

11	带轮	HT150	1:2	1件

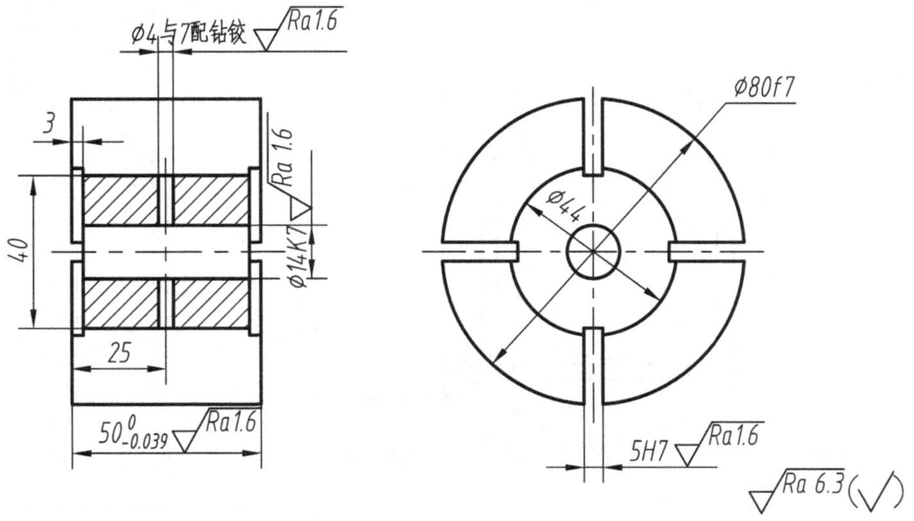

3	转子	Q235	1:2	1件

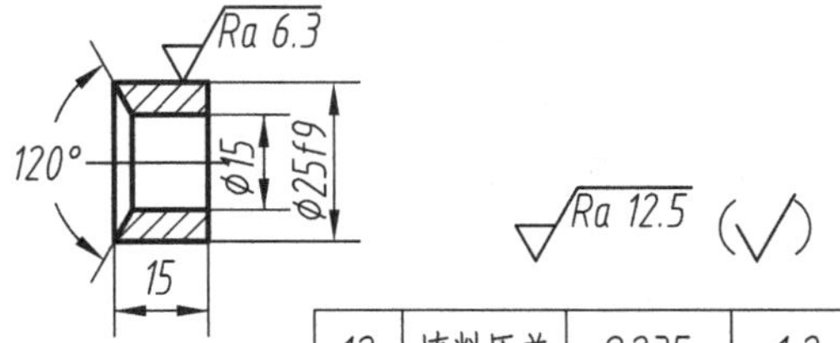

12	填料压盖	Q235	1:2	1件

4-5 拼画齿轮油泵装配图	班级学号		姓名		成绩	

工作原理及作业要求

齿轮油泵是在液压系统中提供压力油的部件。通过齿轮传动，从进油口将低压油吸入，将充满轮齿间的油送到出油口，得到所需压力。在泵盖9上有一套安全装置，它由阀门31、弹簧30、挡圈29、压紧螺母28及调节螺钉26等组成。当出油口压力过高时，高压油可以克服弹簧的压力，冲开阀门31流回进油口，使出口处的压力迅速下降至规定数值。弹簧30的压力可由调节螺钉26调节。

读懂齿轮油泵装配示意图和全部零件图拼画装配图（采用A2图纸，用1:1比例画出）。

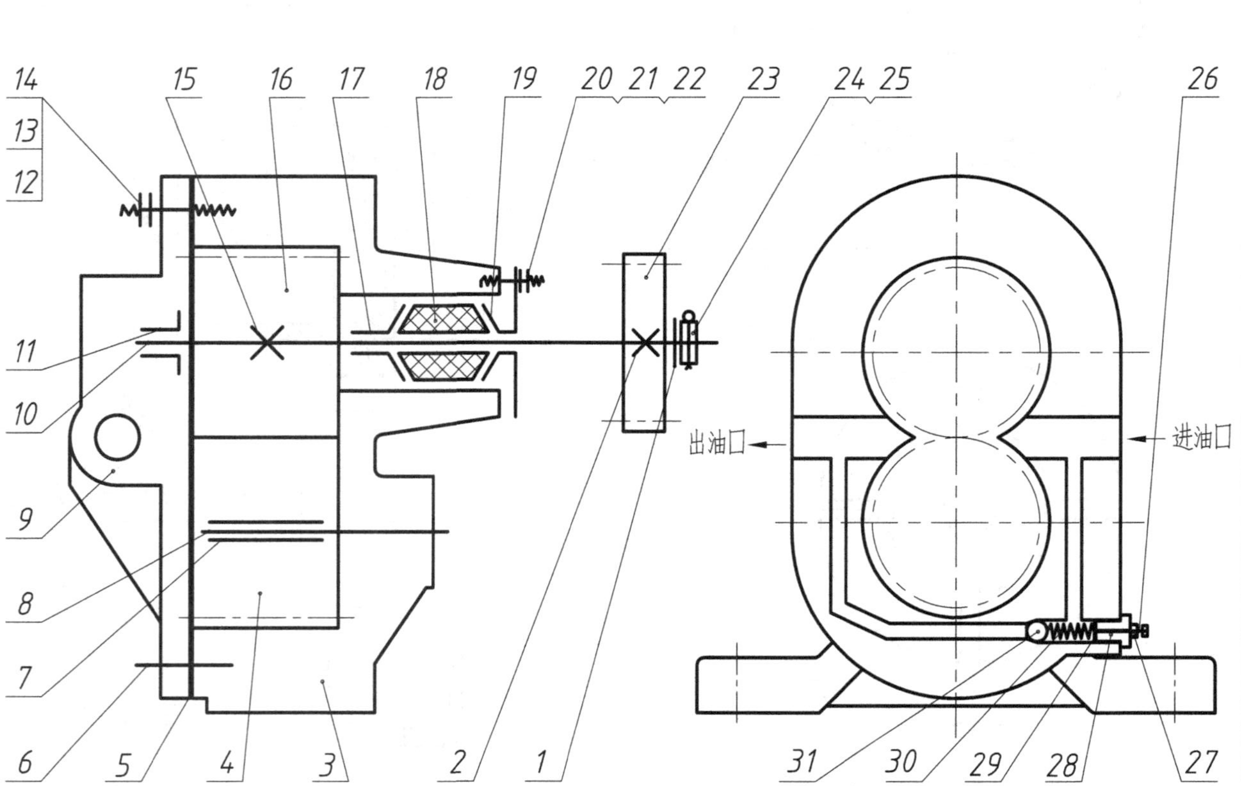

序号	代号	名称	数量	材料	备注
31	LCLB00-17	钢球	1	45	
30	LCLB00-16	弹簧2×12×54	1	65Mn	
29	LCLB00-15	挡圈	1	45	无图
28	LCLB00-14	压紧螺母	1	Q235	
27	GB/T6170	螺母 M8	1	Q235	
26	LCLB00-13	调节螺钉	1	Q235	
25	GB/T97	销 2.5×26		45	
24	GB/T6170	螺母 M10	1	Q235	
23	LCLB00-12	传动齿轮	1	45	m=3,z=25
22	GB/T97.1	垫圈 6	2	Q235	
21	GB/T6170	螺母 M6	2	Q235	
20	GB/T899	螺柱 M6×30	2	35	
19	LCLB00-11	填料压盖	1	Q235	
18		填料	1	石棉	
17	LCLB00-10	轴套	1	ZCuSn5Pb5Zn5	
16	LCLB00-09	主动齿轮	1	45	m=3,z=17
15	GB/T1096	键	1	45	8×7×28
14	GB/T899	螺柱 M8×20	6	35	
13	GB/T6170	螺母 M8	6	Q235	
12	GB/T97.1	垫圈 8	6	Q235	
11	LCLB00-08	轴套	1	ZQSn5-5-5	
10	LCLB00-07	主动轴	1	45	
9	LCLB00-06	泵盖	1	HT200	
8	LCLB00-05	从动轴	1	45	
7	LCLB00-04	齿轮衬套	1	ZCuSn5Pb5Zn5	
6	GB/T117	销 6×20	2	45	
5	LCLB00-03	垫片 δ=1	1	纸	
4	LCLB00-02	从动齿轮	1	45	m=3,z=17
3	LCLB00-01	泵体	1	HT200	
2	GB/T1096	键	1	45	5×5×16
1	GB/T97.1	垫圈 B10	1	Q235	

制图		齿轮油泵	比例	
校核			件数	
			LCLB00	

4-5 续	班级学号		姓名		成绩	

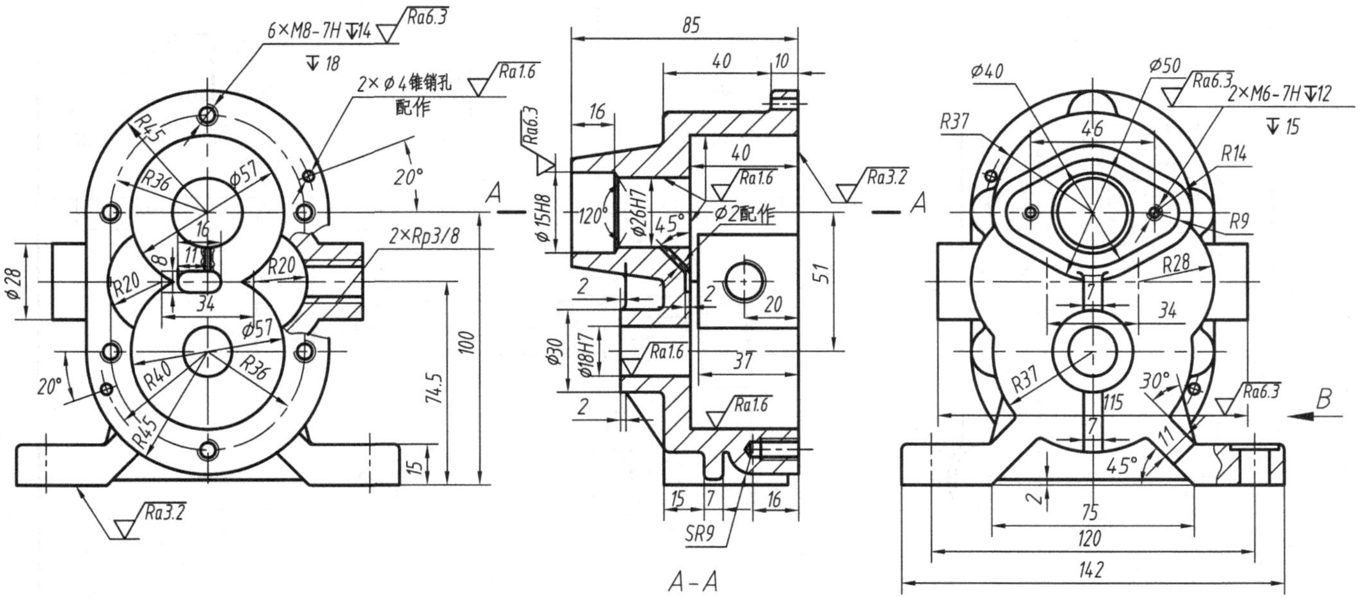

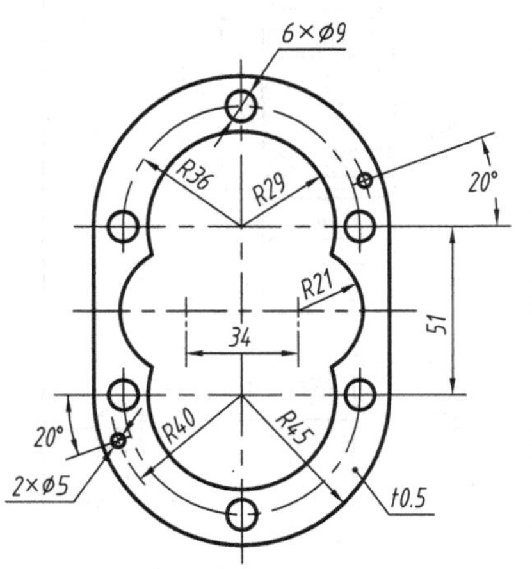

5	垫片	纸	1:2	1件

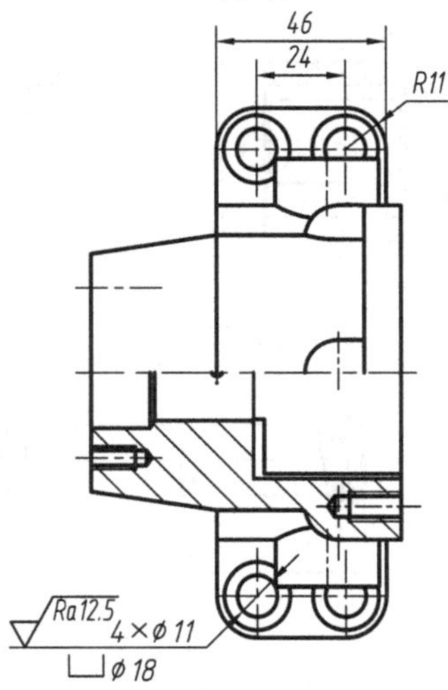

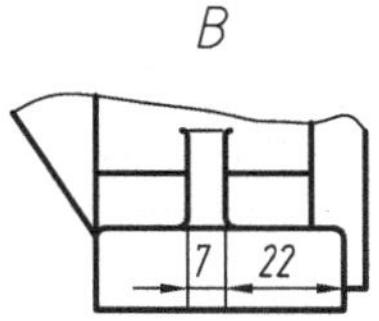

技术要求

1. 铸造圆角为R2~R3
2. 铸件不得出现砂眼、气泡、裂纹,进行时效处理
3. 铸件要求进行压力测试

(√)

3	泵体	HT200	1:2	1件

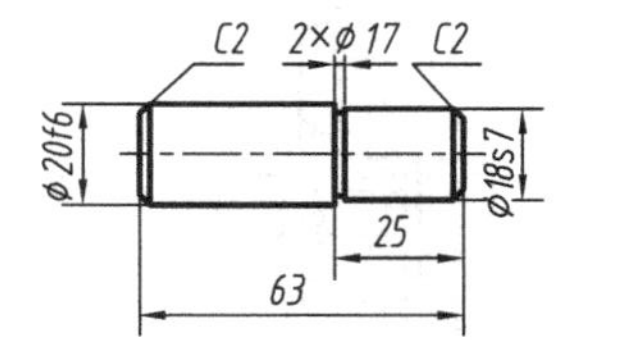

8	从动轴	45	1:2	1件

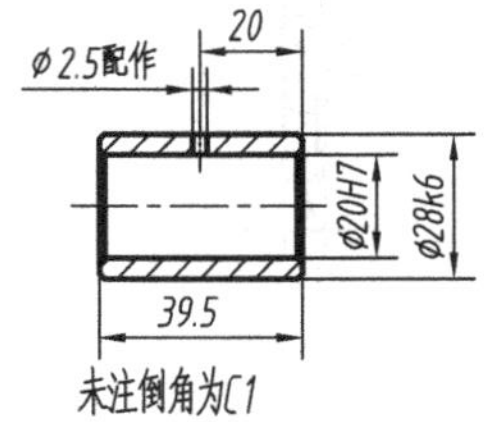

未注倒角为C1

7	齿轮衬套	ZCuSn5Pb5Zn5	1:2	1件

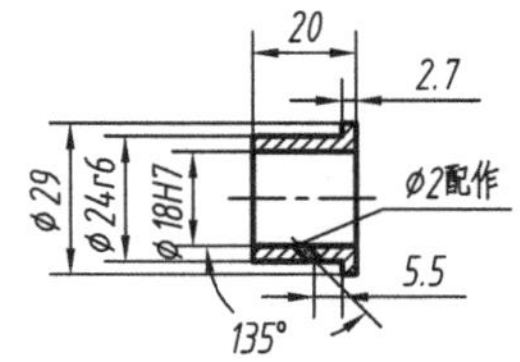

11	轴 套	ZQSn5-5-5	1:2	1件

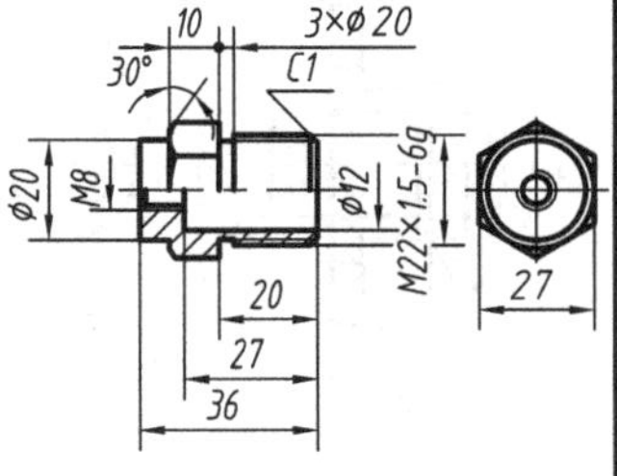

28	压紧螺母	Q235	1:2	1件

4-5 续

班级学号		姓名		成绩	

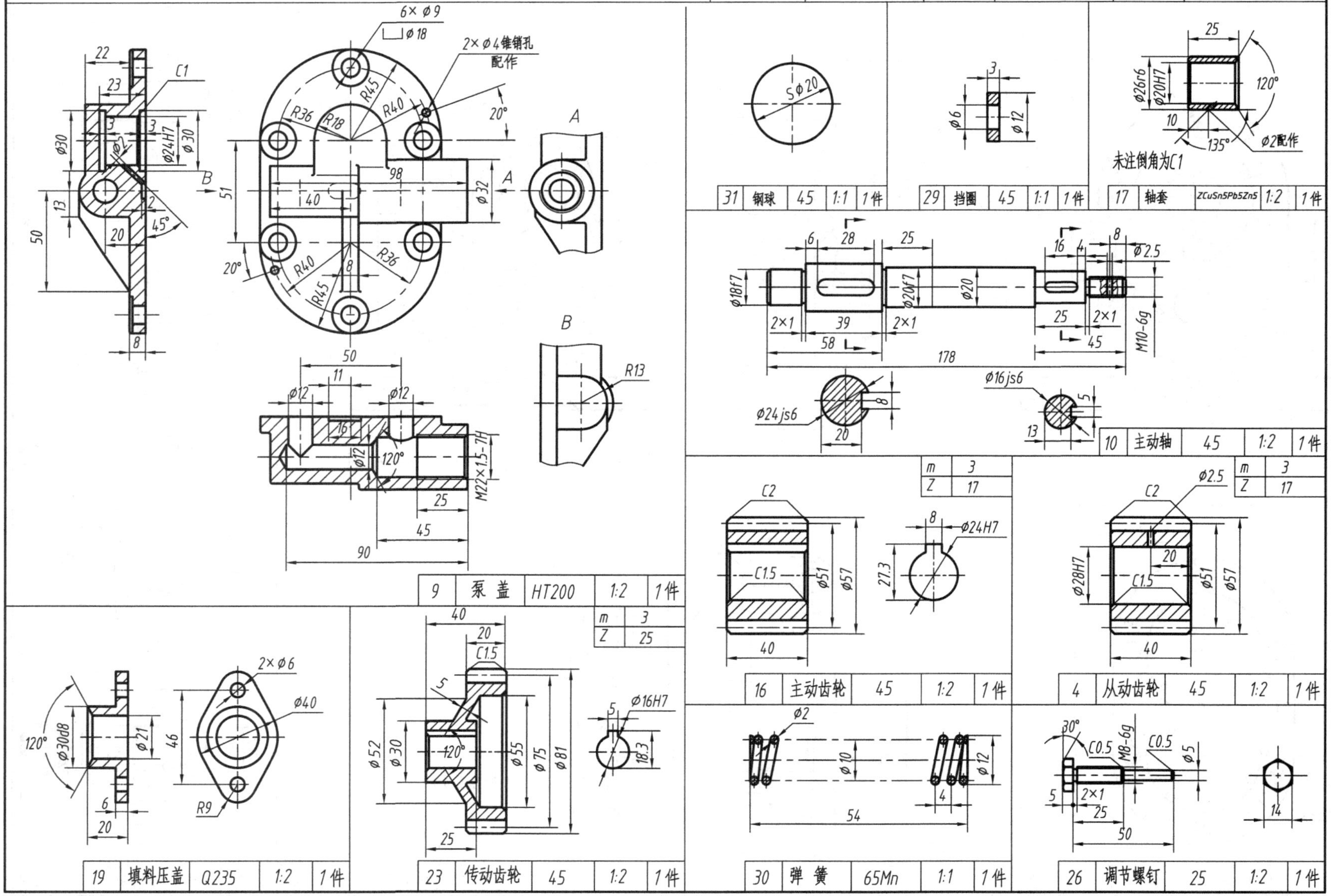

4-6 拼画“Z12”手摇台钻装配图。	班级学号		姓名		成绩	

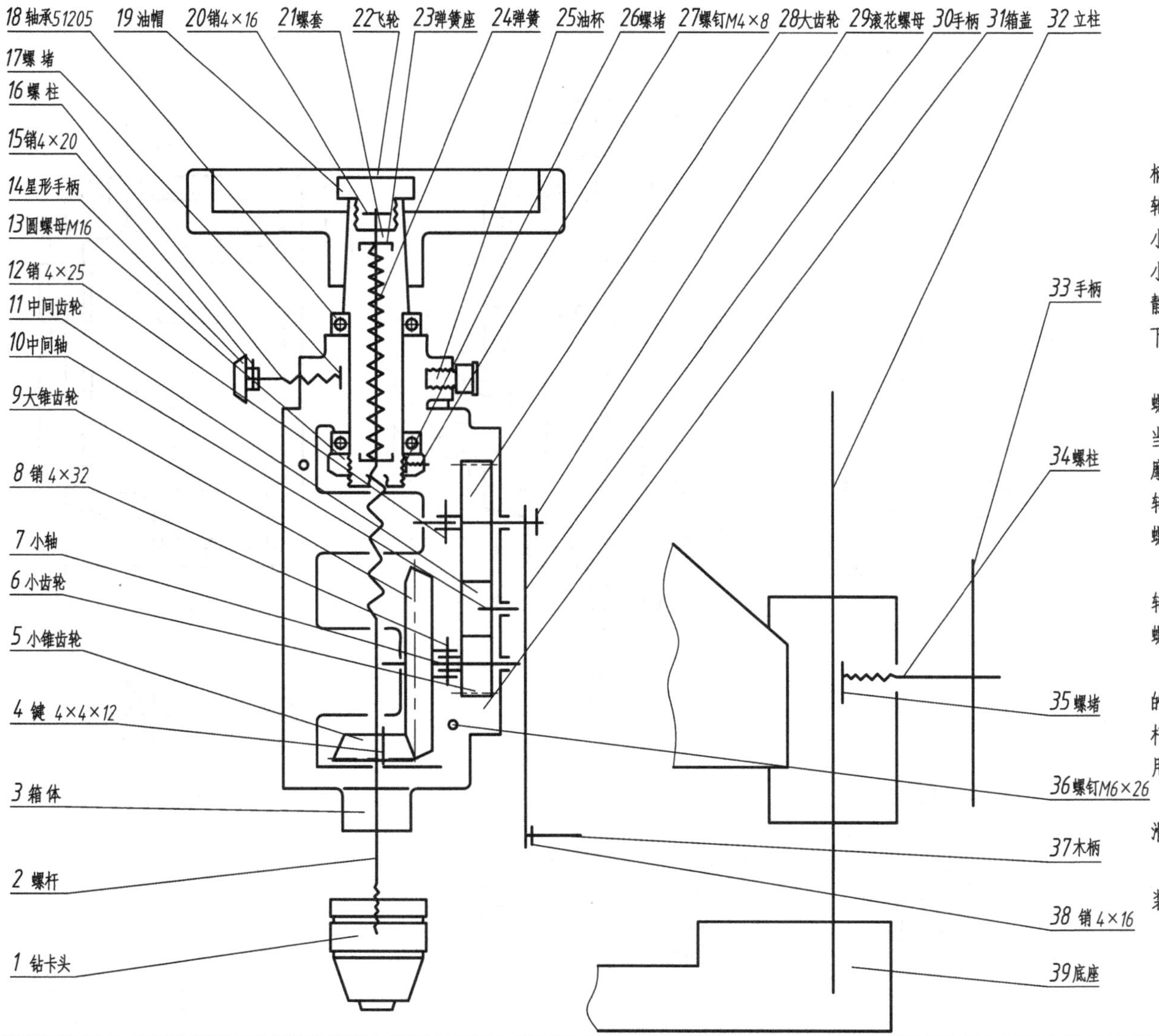

工作原理及作业要求

手摇台钻是钳工加工孔的部件。当顺时针转动手柄30时，经过中间轴10带动大锥齿轮9转动；由大齿轮带动中间齿轮11并带动小齿轮6转动。小齿轮6经过小轴7及销8带动大锥齿轮9转动并带动小锥齿轮5转动。小锥齿轮锥5通过键4带动螺杆2旋转。由于螺套21处于静止状态，螺杆就以每旋转一周下降一个螺距的速度向下移动，即进给运动。

当钻卡头1遇到工件后，阻力增大，进给速度锐减，螺杆上部的方牙螺纹和螺套上的方牙螺纹摩擦力增大，当此力大于螺套21与滚动轴承18及螺套21与铜堵17间的摩擦力以及飞轮22的惯性时，轴套、飞轮、螺杆就一起转动。但螺套、飞轮的转动总滞后于螺杆的转速，所以螺杆总是具有下降的进给运动，即达到钻孔的目的。

当钻孔完毕，手柄30停止转动，螺杆也随即停止旋转，但由于飞轮的惯性转动，仍然带动螺套一起转动，螺套上的方牙螺纹即将螺杆向上提起，达到退刀目的。

转动星形手柄14，可以调节铜堵17对螺套21摩擦力的大小，滚动轴承18除支承螺套旋转外，还可以承受螺杆的轴向力。当螺杆向上退刀时，弹簧24可以起缓冲作用。

手柄33是调节钻身沿立柱升降用的。油杯25用于润滑螺套。而螺杆的润滑是从顶部油帽19加油润滑。

读懂“Z12”手摇台钻装配示意图和全部零件图拼画装配图（采用A2图纸，用1:1比例画出）。

4-6 续	班级学号		姓名		成绩	

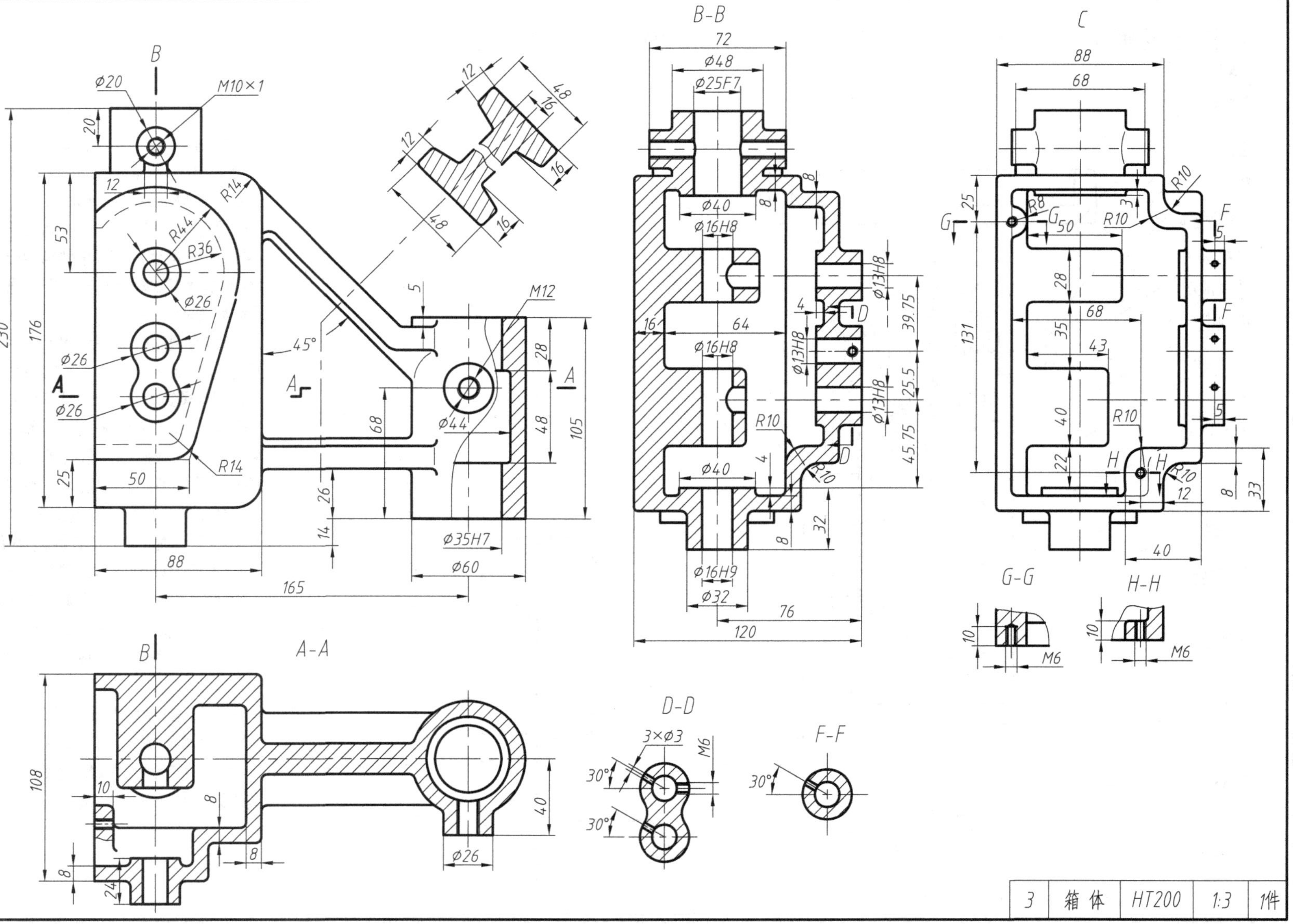

3	箱体	HT200	1:3	1件

4-6 续	班级学号		姓名		成绩	

模数	m	2
齿数	Z	44
压力角	α	20°

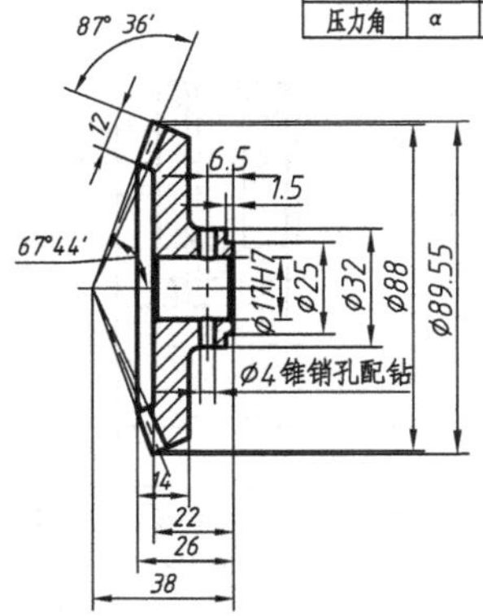

9	大锥齿轮	45	1:3	1件

模数	m	2
齿数	Z	18
压力角	α	20°

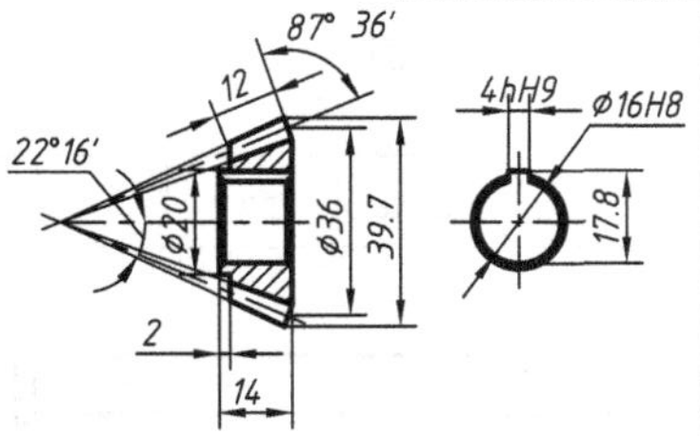

5	箱体	HT200	1:3	1件

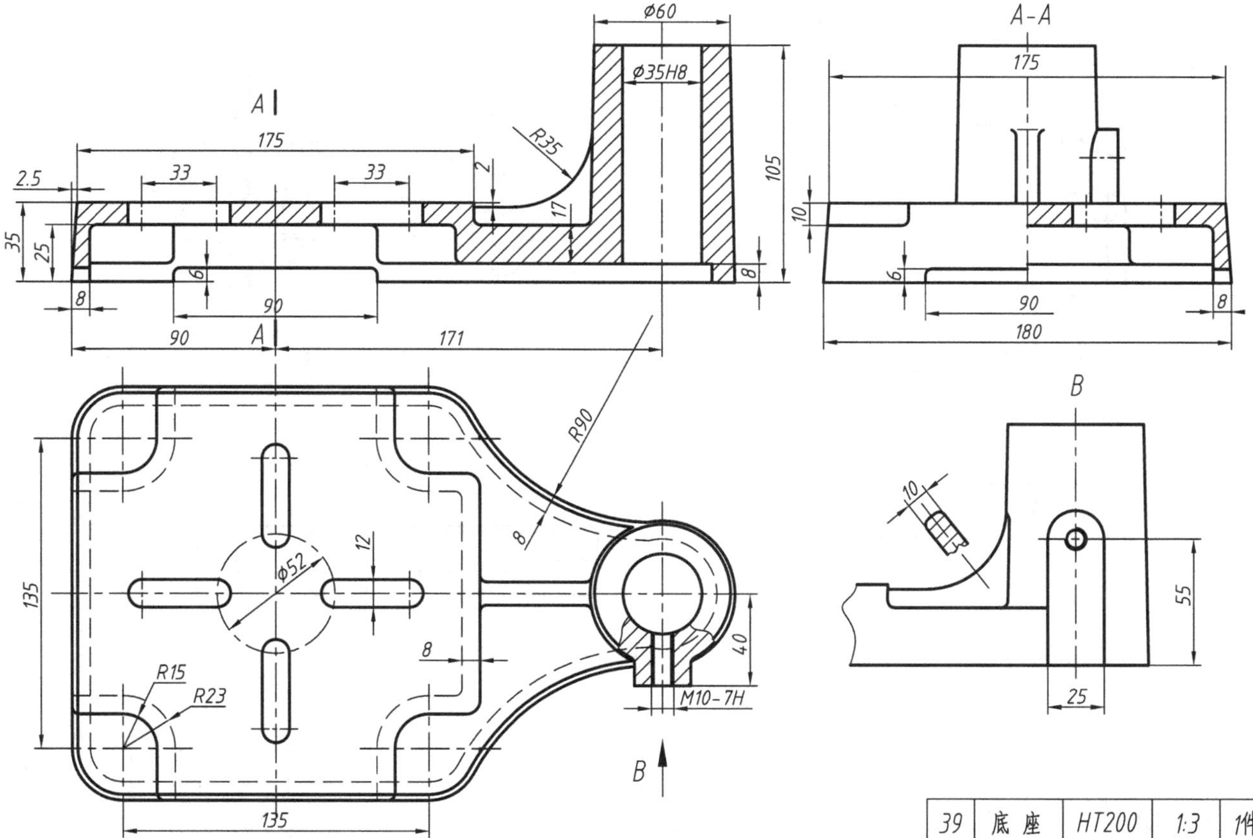

39	底座	HT200	1:3	1件

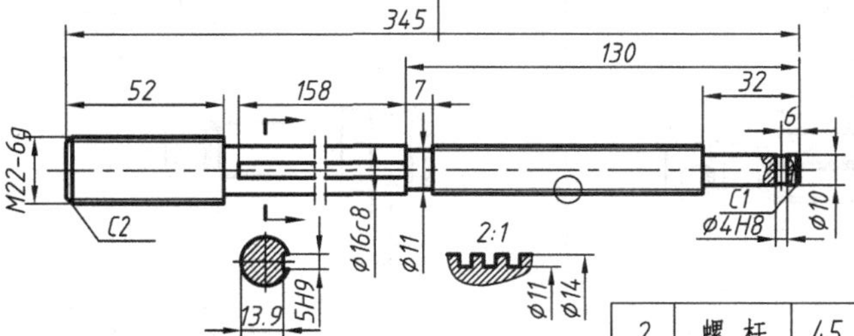

2	螺杆	45	1:3	1件

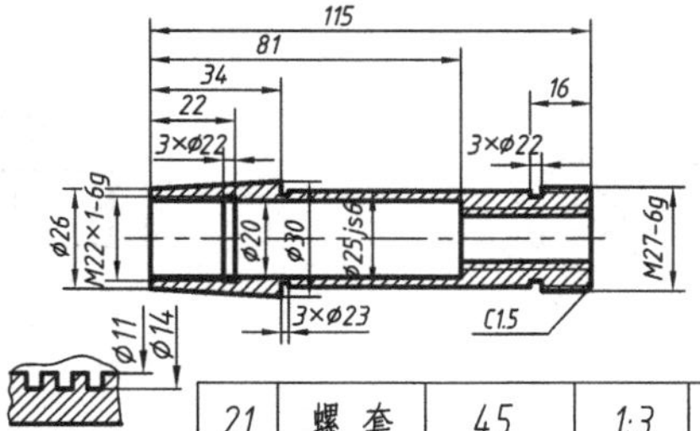

21	螺套	45	1:3	1件

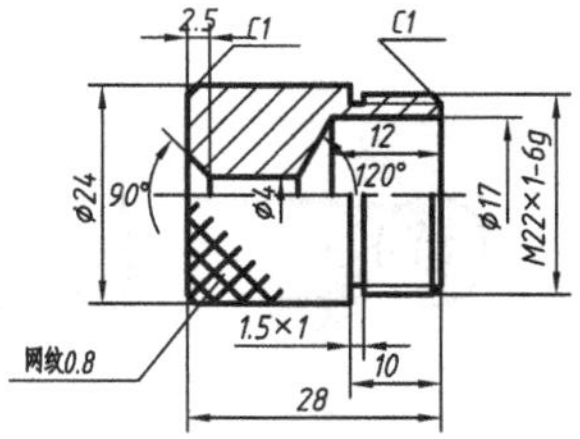

19	油帽	35	1:1.5	1件

4-6 续	班级学号		姓名		成绩	

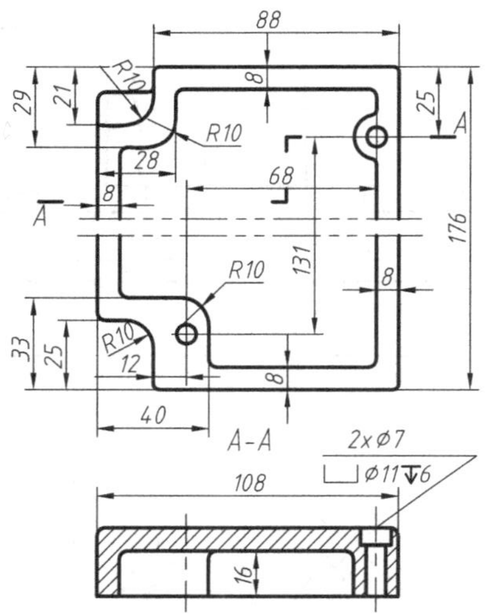

31	箱 盖	HT150	1:3	1件

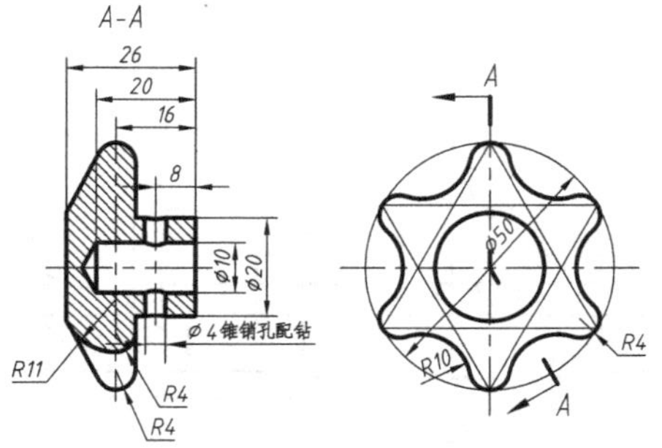

14	星形手柄	HT150	1:2	1件

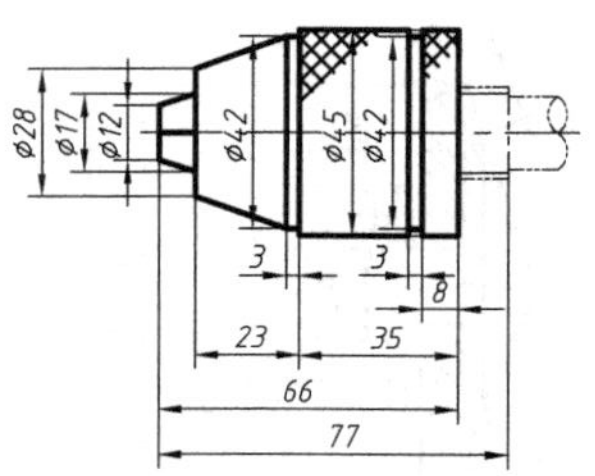

1	钻卡头	外购组件	1:3	1件

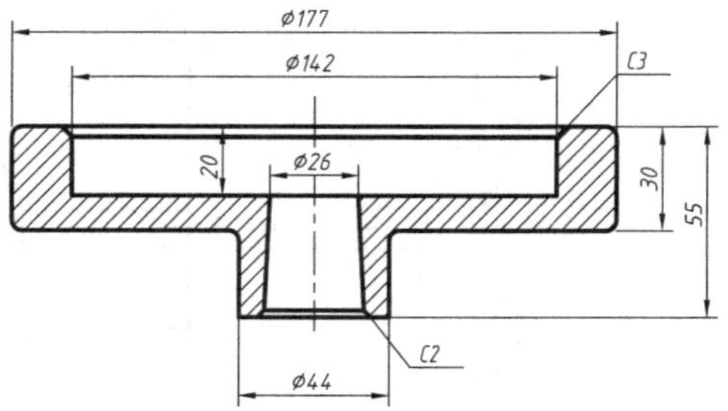

22	飞 轮	HT150	1:3	1件

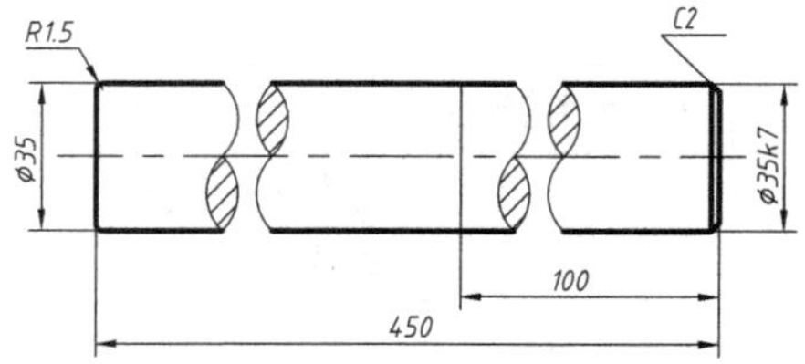

32	立 柱	35	1:2	1件

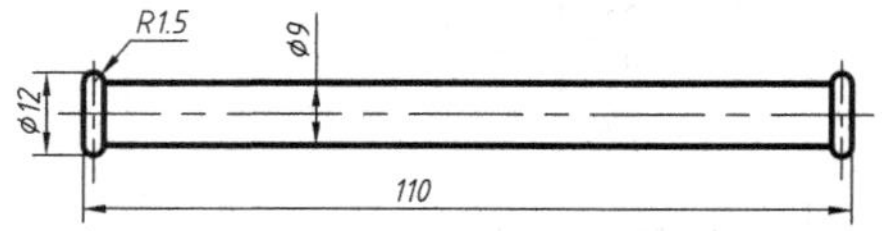

33	手 柄	HT150	1:2	1件

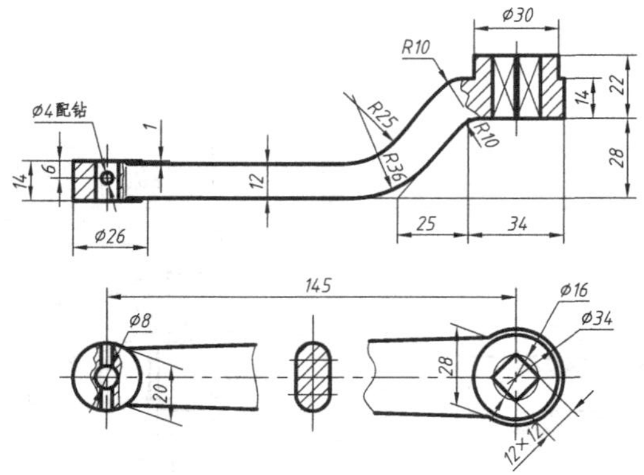

30	手 柄	35	1:3	1件

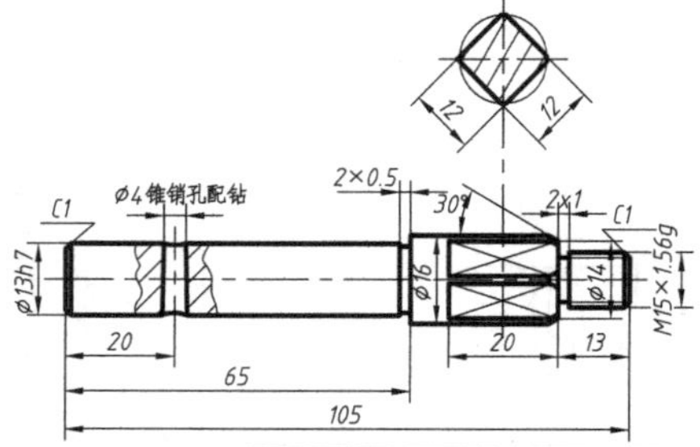

7	小 轴	45	1:2	2件

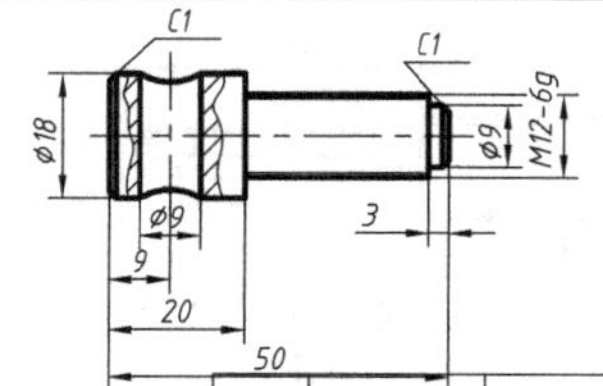

34	螺 柱	35	1:2	1件

4-6 续	班级学号		姓名		成绩	

模数	m	1.5
齿数	Z	36
压力角	α	20°

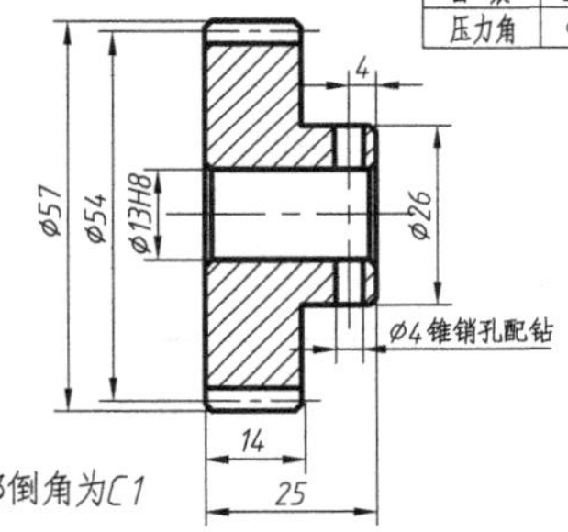

全部倒角为C1

28	大齿轮	45	1:2	1件

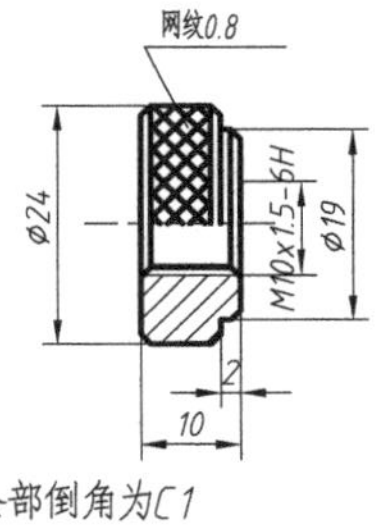

全部倒角为C1

29	滚花螺母	35	1:1.5	1件

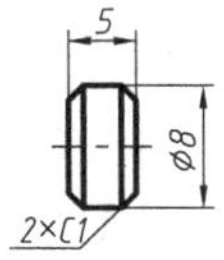

26	螺堵	Q235	1:1	1件

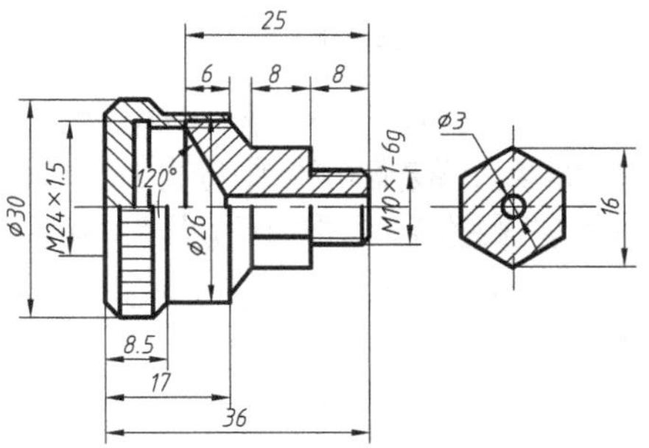

25	油杯	组合件	1:1.5	1件

模数	m	1.5
齿数	Z	17
压力角	α	20°

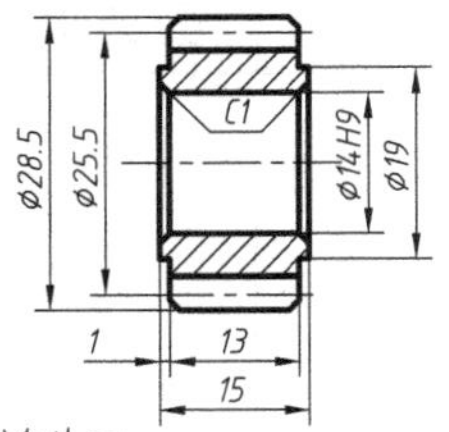

全部倒角为C1

11	中间齿轮	45	1:1.5	1件

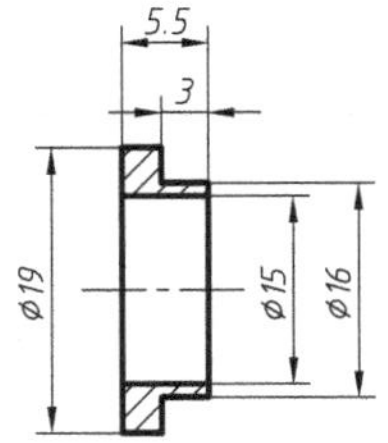

23	弹簧座	35	1:1	2件

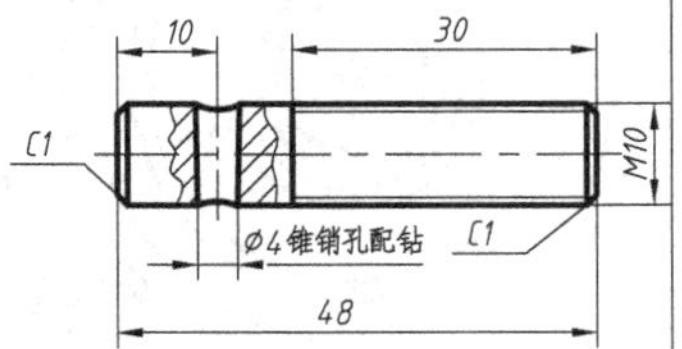

16	螺柱	45	1:1.5	1件

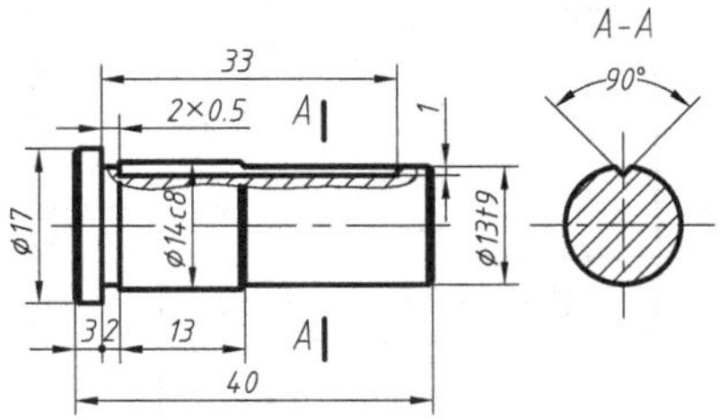

10	中间轴	45	1:1.5	1件

模数	m	1.5
齿数	Z	17
压力角	α	20°

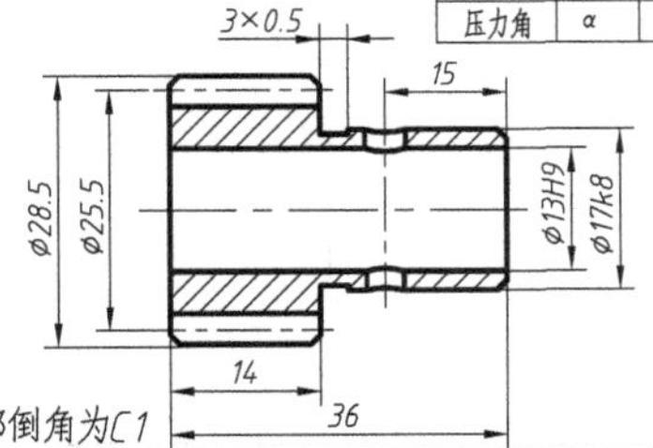

全部倒角为C1

6	小齿轮	45	1:1.5	1件

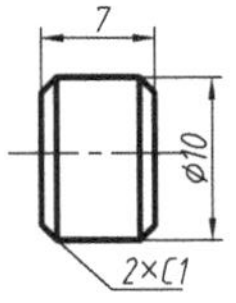

17	螺堵	Q235	1:1	1件

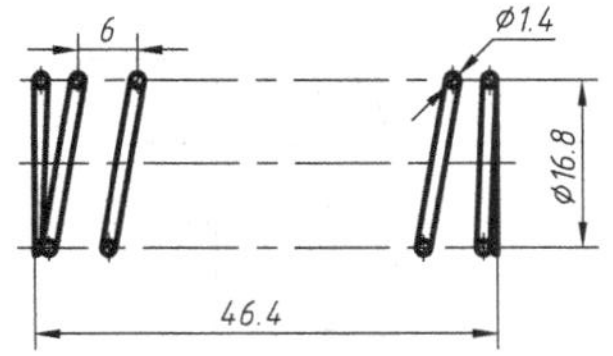

总圈数 9
有效圈数 7.5
展开长度 396

24	弹簧	65Cr	1:1.5	1件

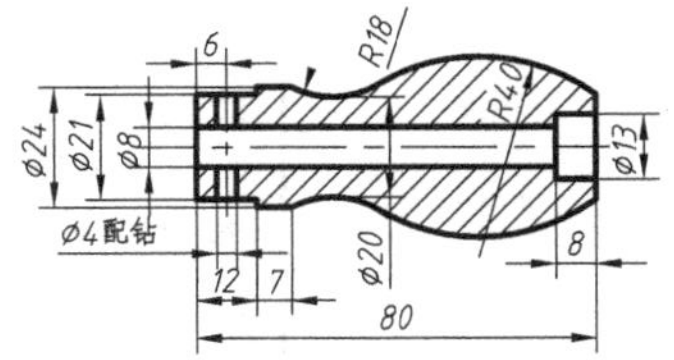

37	木柄	木材	1:1.5	1件

4-7 读装配图拆画零件图	班级学号		姓名		成绩	

夹线体工作原理及作业要求

夹线体是将线穿入衬套3中，然后旋转手动压套1，通过螺纹M36x2使手动压套向右移动，沿着锥面接触使衬套向中心收缩（因在衬套上开有槽）而夹紧线体，当衬套夹紧线体后，还可以与手动压套1、夹套2一起在盘座4的ø48H7孔中旋转。

读懂夹线体装配图，画出A-A断面图，并采用1:2的比例拆画夹套2和盘座4零件图。

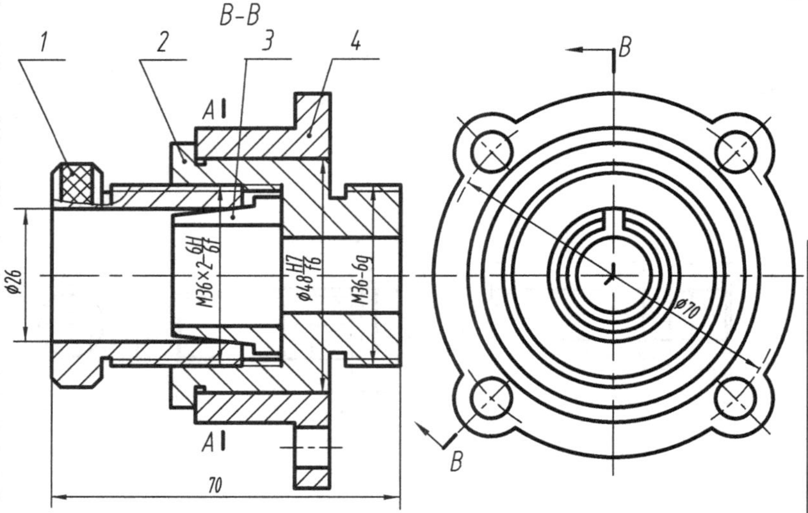

4	盘　座	1	45	
3	衬　套	1	Q235	
2	夹　套	1	Q235	
1	手动压套	1	Q235	
序号	名　称	数量	材料	备注

制图			夹线体	比例	1:1.5
校核				件数	
				0900	

A-A

2	夹　套	Q235	1:2	1件

4	盘　座	Q235	1:2	1件

4-7 续

班级学号		姓名		成绩	

1. 读懂手压阀装配图，拆画阀体8零件。
2. 简述手压阀的工作原理。

手压阀的工作原理：

8	阀　体	HT200	1:2	1件

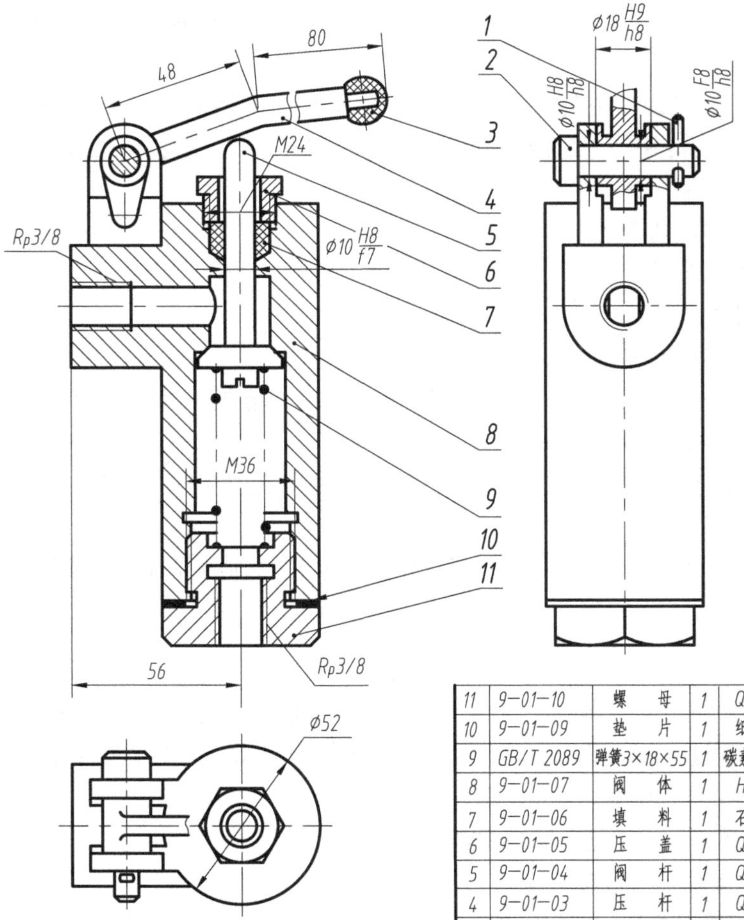

序号	代　号	零件名称	数量	材　料	备注
11	9—01—10	螺　母	1	Q235	
10	9—01—09	垫　片	1	纸片	
9	GB/T 2089	弹簧3×18×55	1	碳素弹簧钢丝II组	
8	9—01—07	阀　体	1	HT200	
7	9—01—06	填　料	1	石棉绳	
6	9—01—05	压　盖	1	Q235	
5	9—01—04	阀　杆	1	Q235	
4	9—01—03	压　杆	1	Q235	
3	9—01—02	手　把	1	ABS	
2	9—01—01	轴	1	40	
1	GB/T 91	开口销	1	Q235	

制图		手压阀	比例	1:2
校核			件数	
			9-01	

4-8 大作业：由装配图拆画零件图	班级学号		姓名		成绩	

读装配图拆画零件图作业指导

一、目的要求

1. 目的 学习读装配图的方法，培养读装配图的能力；学习和掌握由装配图拆画零件图的方法。
2. 要求 所画零件图要求形体表达完整、正确、清晰，符合装配的功能要求；尺寸标注要完全、正确、清晰、基本合理，技术要求的标注完整。

二、图名 图幅 比例

1. 图名 按零件的名称填写
2. 图幅 根据实际选择
3. 比例 根据实际选择

三、完成作业的要点及注意事项

1. 读图时必须认真阅读有关装配图的说明书，搞清装配体的工作原理、零件间的装配关系、各零件的作用和结构形状等，并回答读图问题。读图必须将投影分析与结构功用、装配关系分析结合起来进行。
2. 拆画零件图时，零件的视图必须根据零件视图选择原则和方法重新分析考虑确定，切忌不加分析地照抄装配图上该零件的视图。还应考虑加上必要的工艺结构，如倒角、退刀槽等。
3. 在标注零件尺寸时，特别要注意有相互关系的零件其相关尺寸的协调一致。对装配图上已有的尺寸，应转注到相应的零件图上。对螺纹、键槽等标准结构的尺寸，应查表注出。

平口钳功用说明和读图问题

平口钳用于夹持被加工的工件。使用时固定钳体1安装在工作台上，旋转螺杆2带动螺母5及活动钳体3做直线往复运动，从而使两钳口板闭合或张开以夹紧或松开工件。螺钉4用来锁紧螺母5。思考下列问题：

1. 当螺杆2顺时针旋转时，活动钳体3向何方移动？
2. 螺钉4上面的两个小孔有什么作用？
3. 当需要把螺母5拆下时，其拆卸步骤如何？
4. 主视图上尺寸$\phi 22H8/f7$属装配图上何种尺寸？说明其具体含义。左视图上尺寸112属何种尺寸？
5. 拆画固定钳体1、螺杆2、活动钳体3的零件图。

顶尖座功用说明和读图问题

顶尖座属铣床附件，使用时底座11安装在工作台上。顶尖8可左右移动，以松开或顶紧工件；顶尖的上下位置可调节，还可使顶尖的轴线与水平方向成倾斜位置。定位键21的作用是确定顶尖轴线在前后方向的准确位置。思考下列问题：

1. 说明顶尖座能实现哪几种运动，以及实现每种运动的具体操作步骤。
2. 升降螺杆10的螺纹有何作用？
3. A-A剖视图上的尺寸$18J7/h6$属装配图上的何种尺寸？分别说明18、J7、h6的含义。
4. 拆画底座11、尾座体6的零件图。
5. 描绘出使顶尖8向右移动15mm、升高20mm、顶尖轴线向右下方倾斜到极限位置的主视图（取全剖视）。

4-9 读平口钳装配图拆画零件图	班级学号		姓名		成绩	

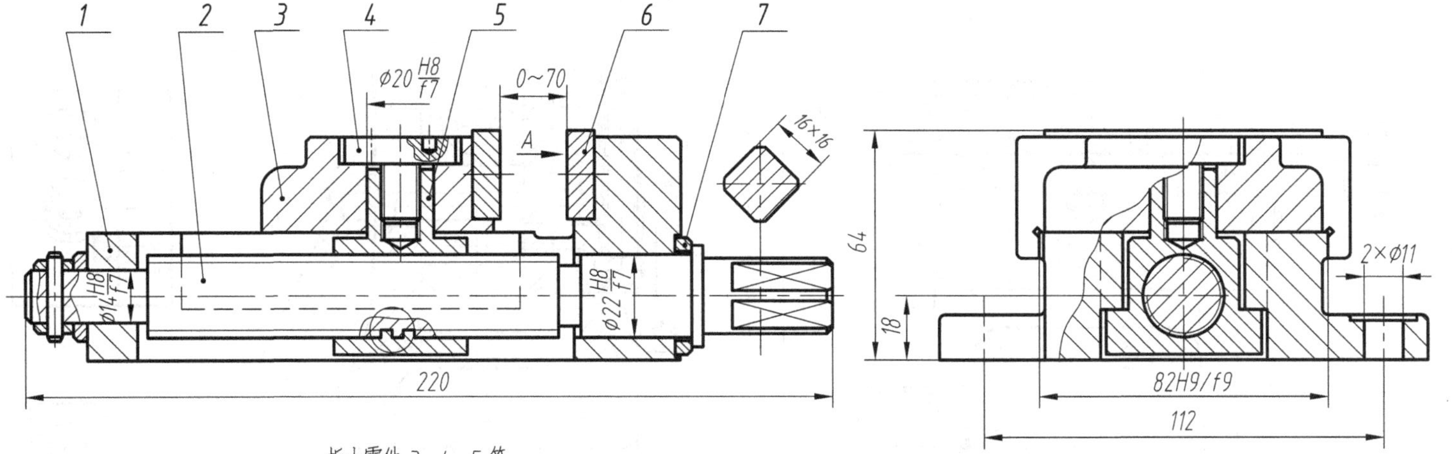

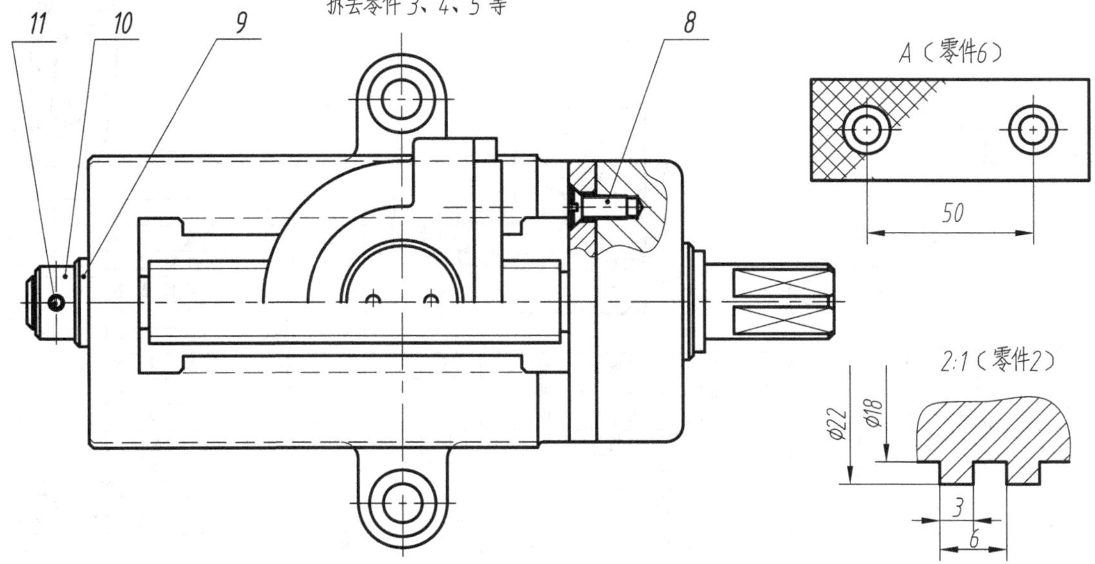

序号	代号	名称	数量	材料	备注
11	GB/T119.1 4×22	销	1	35	
10	18100-10	环	1	35	
9	18100-09	垫圈	1	Q235	
8	GB/T68 M6×16	螺钉	4	Q235	
7	18100-07	垫圈	1	Q235	
6	18100-06	钳口板	2	45	
5	18100-05	螺母	1	HT150	
4	18100-04	螺钉	1	45	
3	18100-03	活动钳体	1	HT150	
2	18100-02	螺杆	1	45	
1	18100-01	固定钳体	1	HT150	

制图			平口钳	比例	1:1.5
校核				件数	
				18100	

4-10 读顶尖座装配图拆画零件图	班级学号		姓名		成绩	

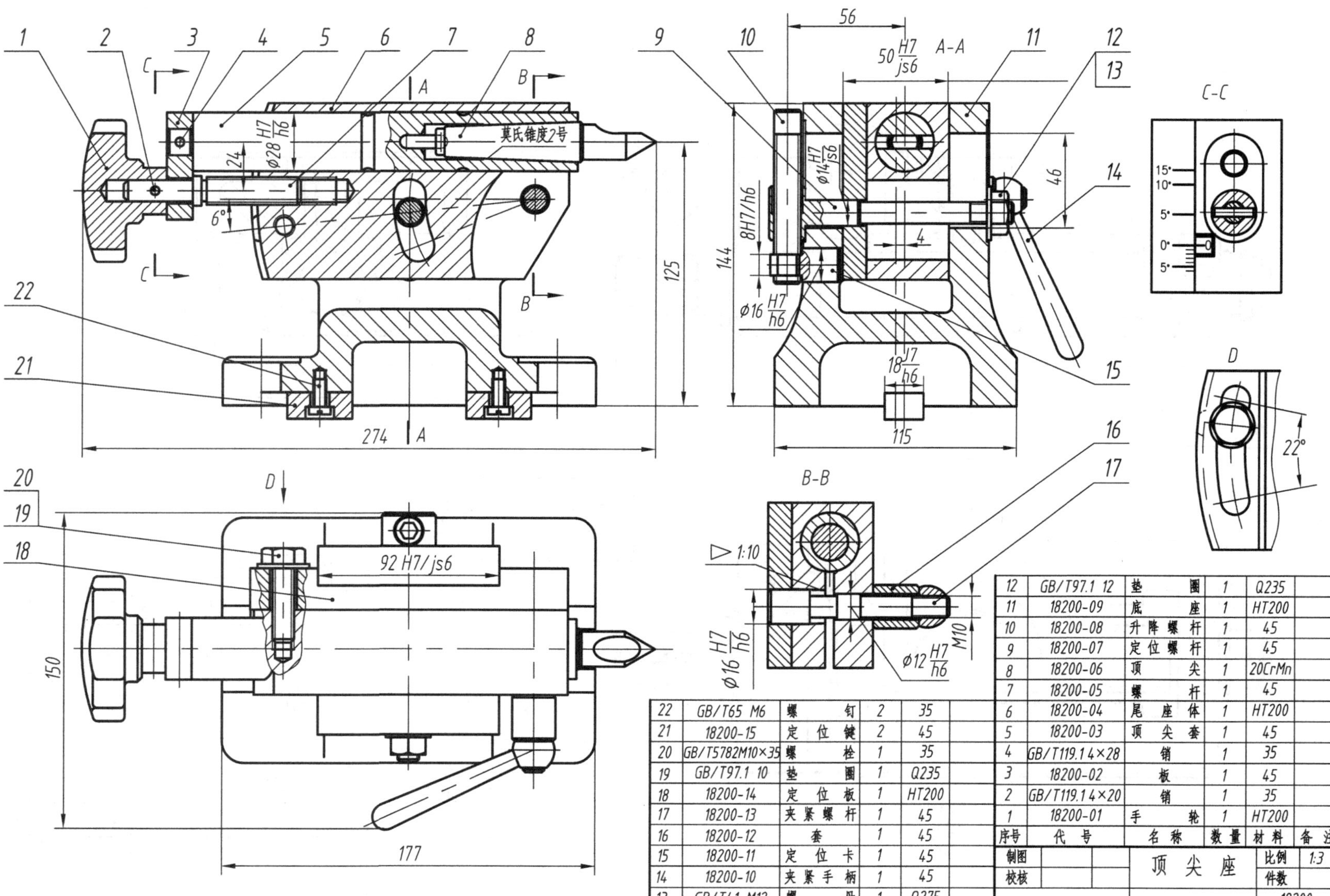

序号	代号	名称	数量	材料	备注
22	GB/T65 M6	螺钉	2	35	
21	18200-15	定位键	2	45	
20	GB/T5782M10×35	螺栓	1	35	
19	GB/T97.1 10	垫圈	1	Q235	
18	18200-14	定位板	1	HT200	
17	18200-13	夹紧螺杆	1	45	
16	18200-12	套	1	45	
15	18200-11	定位卡	1	45	
14	18200-10	夹紧手柄	1	45	
13	GB/T41 M12	螺母	1	Q275	
12	GB/T97.1 12	垫圈	1	Q235	
11	18200-09	底座	1	HT200	
10	18200-08	升降螺杆	1	45	
9	18200-07	定位螺杆	1	45	
8	18200-06	顶尖	1	20CrMn	
7	18200-05	螺杆	1	45	
6	18200-04	尾座体	1	HT200	
5	18200-03	顶尖套	1	45	
4	GB/T119.1 4×28	销	1	35	
3	18200-02	板	1	45	
2	GB/T119.1 4×20	销	1	35	
1	18200-01	手轮	1	HT200	

制图			顶尖座	比例	1:3
校核				件数	
				18200	

4-11 读快速阀装配图拆画零件图	班级学号		姓名		成绩	

快速阀的主视图和左视图

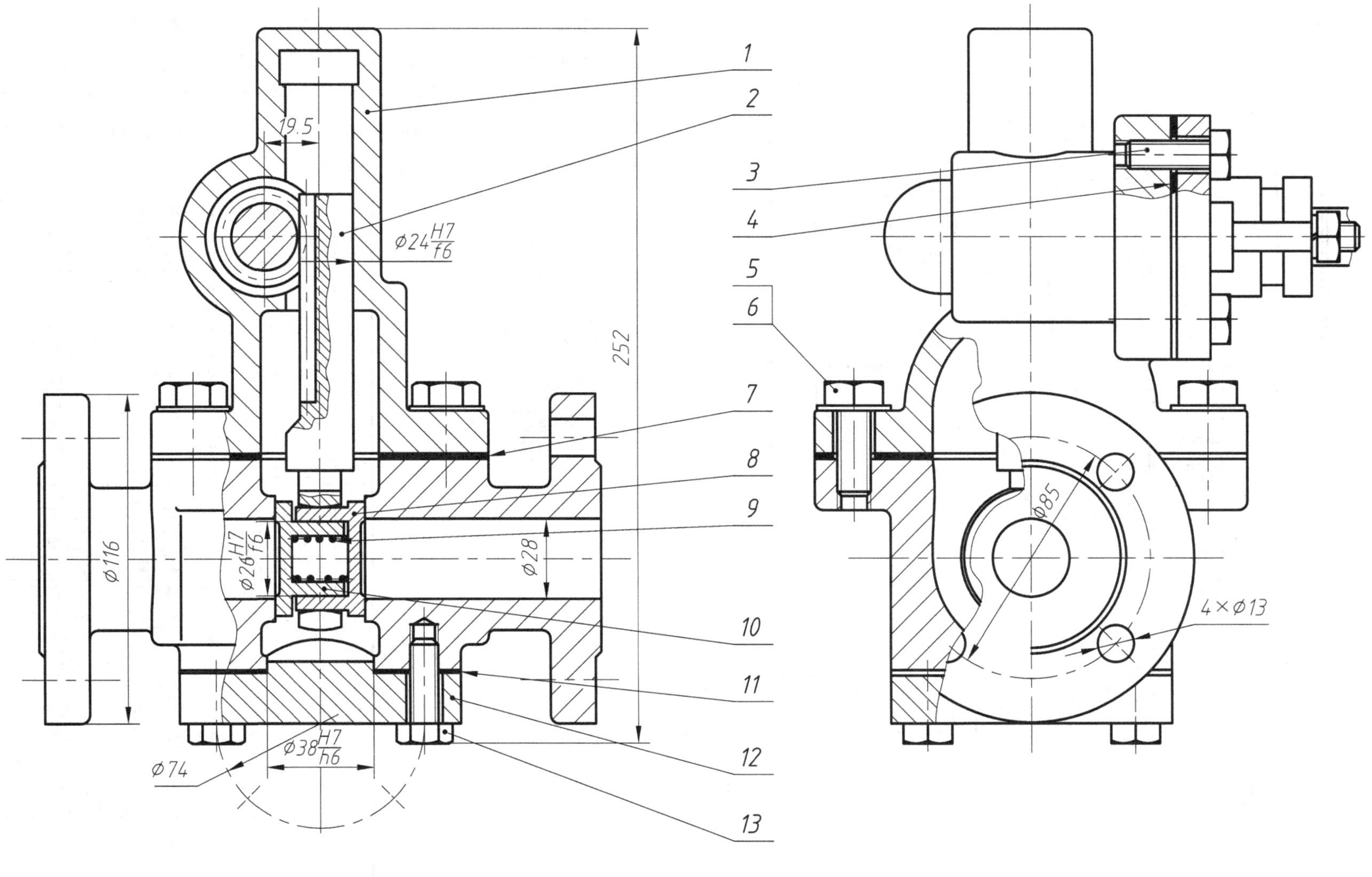

4-11 续	班级学号		姓名		成绩	

快速阀的俯视图

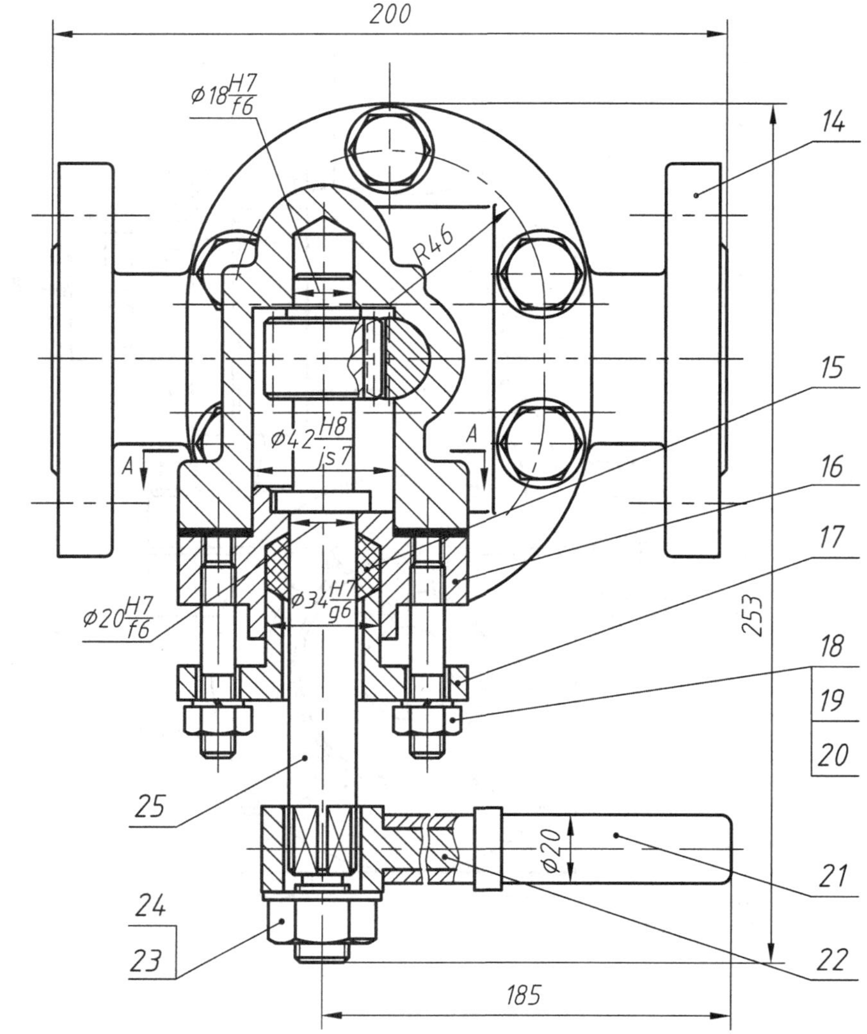

快速阀功用说明和读图问题

快速阀是借助齿轮与齿条传动快速启动流体通路的一种装置。当转动手柄22时，通过齿轮轴25的转动，使齿条向上移动，从而带动阀瓣8、10向上移打开通路；反之，则关闭通路。阀瓣8、10由于弹簧9的弹力而紧紧贴在Φ28的孔口凸缘上。齿轮轴25与上封盖16上的扇形凸缘结构可以限制手柄的旋转角度（见A-A），以确定阀瓣上升和下降的极限位置。拆画阀盖1、阀体14和齿条2零件图。

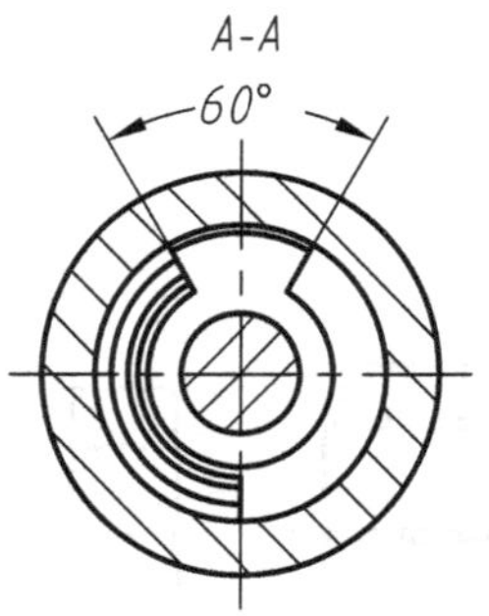

序号	代号	名称	数量	材料	备注
25	KSF00-15	齿轮轴	1	45	m=2.5, z=12
24	GB/T97.1	垫圈 16	1	Q235	
23	GB/T41	螺母 M16	1	Q275	
22	KSF00-14	板手	1	45	
21	KSF00-13	套筒	1	35	
20	GB/T93	垫圈 10	2	65Mn	
19	GB/T41	螺母 M10	2	Q235	
18	GB/T898	螺柱 M10×45	2	35	
17	KSF00-12	填料盖	1	HT200	
16	KSF00-11	上封盖	1	HT200	
15		填料		石棉绳	
14	KSF00-10	阀体	1	HT200	
13	GB/T5781	螺栓 M10×30	4	35	
12	KSF00-09	下封盖	1	HT200	
11	KSF00-08	垫片 δ=1	1	工业用纸	
10	KSF00-07	内阀瓣	1	ZCuSn38	
9	KSF00-06	弹簧 1×8×25	1	65Mn	n=4
8	KSF00-05	外阀瓣	1	ZCuSn38	
7	KSF00-04	垫片 δ=1	1	工业用纸	
6	GB/T97.1	垫圈	6	Q235	
5	GB/T5781	螺栓 M12×30	6	35	
4	KSF00-03	垫片 δ=1	1	工业用纸	
3	GB/T5781	螺栓 M10×30	4	35	
2	KSF00-02	齿条	1	45	m=2.5
1	KSF00-01	阀盖	1	HT200	

制图			快速阀	比例	1:2
校核				件数	
					KSF00

第五章 展 开 图

5-1 展开图的绘制。	班级学号		姓名		成绩	

1. 绘制棱台的展开图。

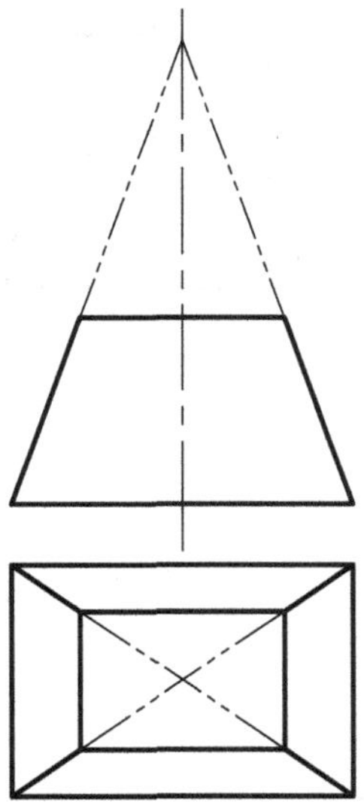

2. 绘制斜口圆柱表面的展开图。

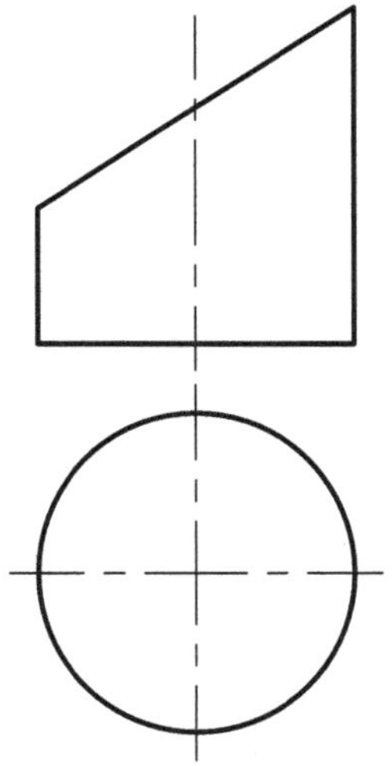

5-1 续	班级学号		姓名		成绩	

3. 绘制异径三通圆柱表面的展开图。

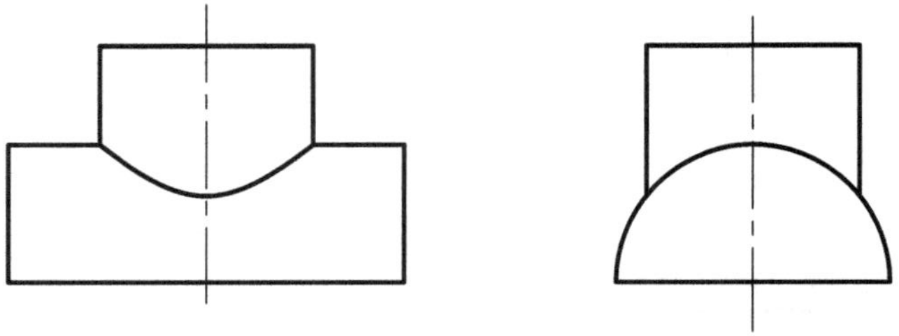

4. 绘制穿孔截头圆锥表面的展开图。

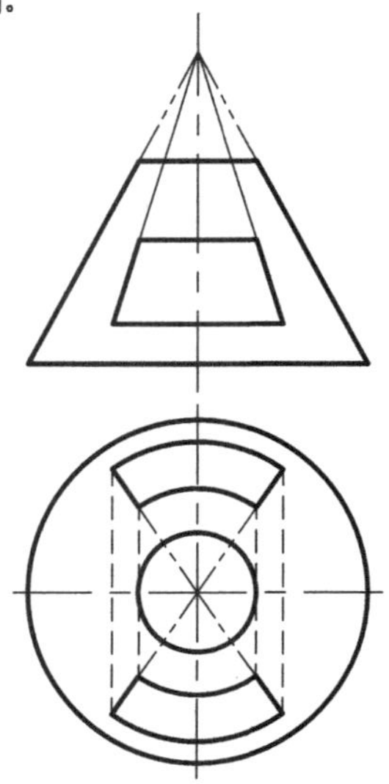

6-1 房屋建筑图的绘制及尺寸标注。	班级学号		姓名		成绩	

要求：按2:1比例画出左边立体图所示房屋的平面图，尺寸数字按100:1进行标注。

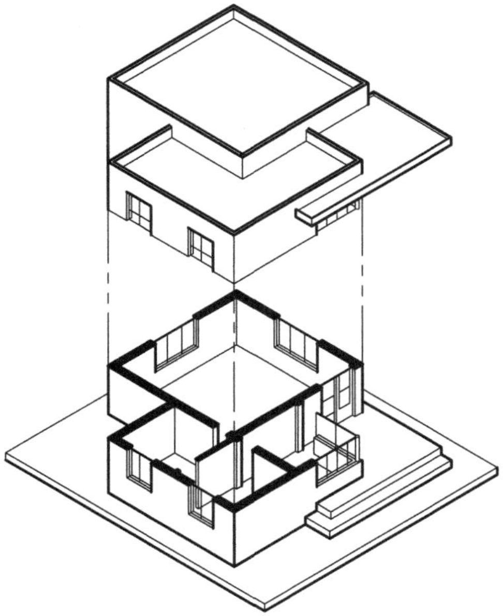

平面图 1:100

6-2 焊缝的标注。	班级学号		姓名		成绩	

焊接要求：底版1与支撑板2之间采用手工电弧焊双面角焊缝，焊角高度为8mm。侧板3与支撑板2之间也采用手工电弧焊，四周都是角焊缝，焊角高度为6mm。

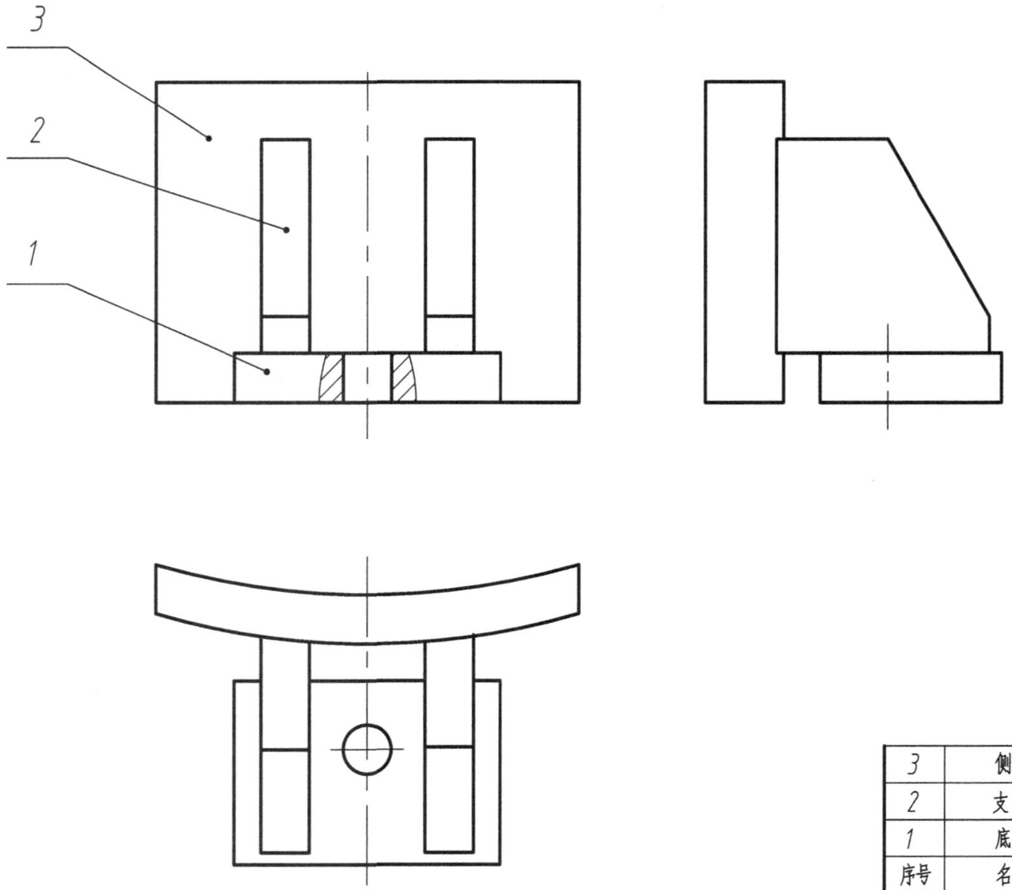

序号	名称	数量	材料	备注
3	侧板	1	Q235-A	
2	支撑板	2	Q235-A	
1	底板	1	Q235-A	

制图		支座	比例	
审核			（图号）	

第七章 工程图样的管理

7-1 工程图样的编号。	班级学号		姓名		成绩	

1.用隶属编号法将下图中空出的编号填上（各级组件数和零件数均不超过9个）。

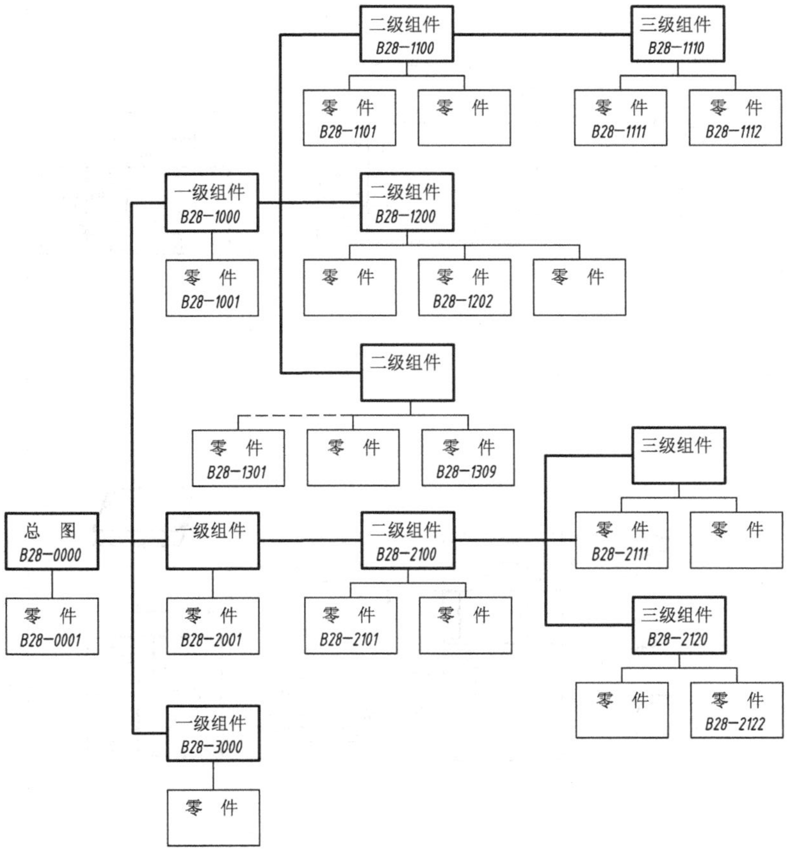

2.用隶属编号法将下图中空出的编号填上（各级组件数不超过9个和零件数任意个）。

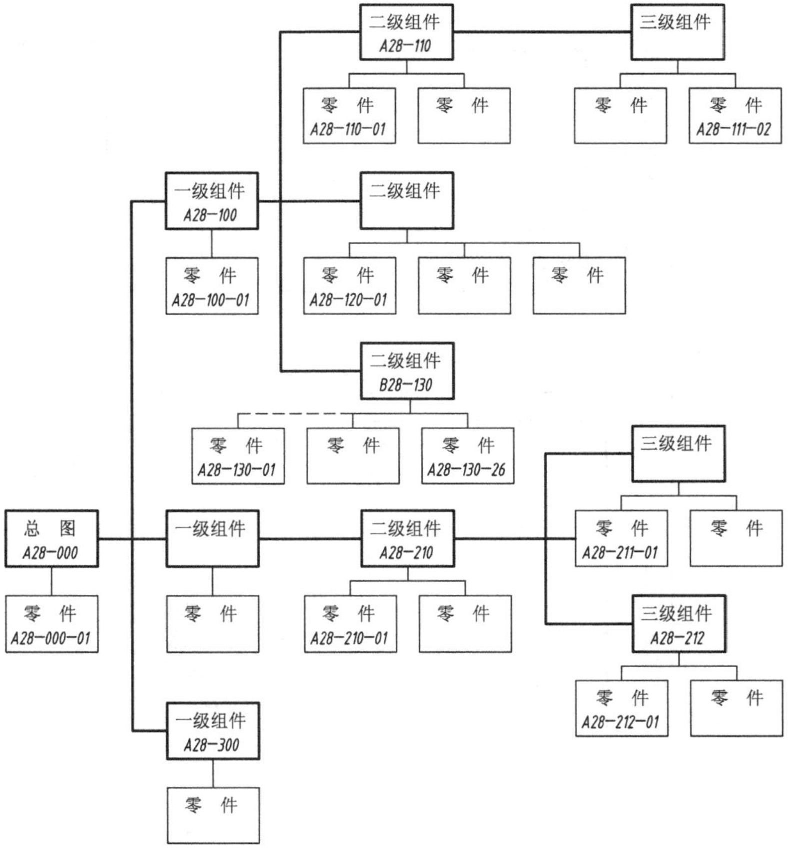

7-2 工程图样的折叠

班级学号 | 姓名 | 成绩

要求：按1:4的比例照表中的折叠方法将图纸折叠成A4的副面

标题栏的方位 \ 幅面	A0	A1	A2	A3
在图纸的短边上	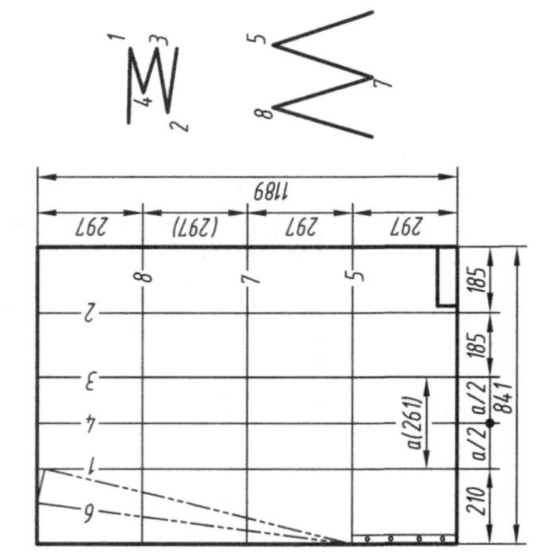	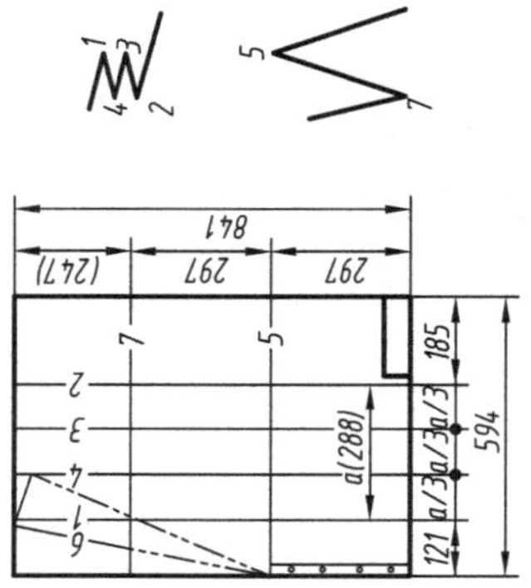	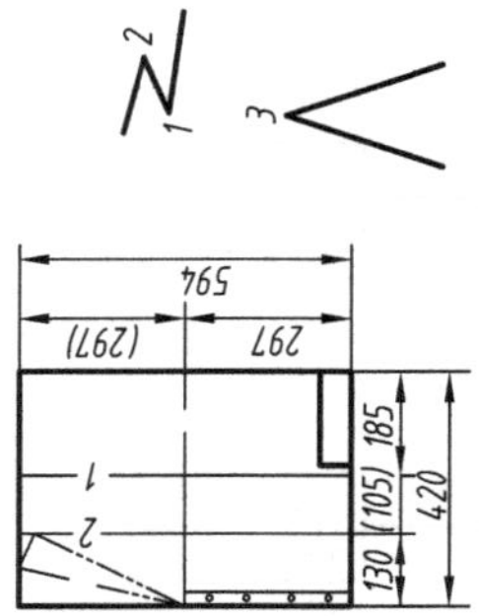	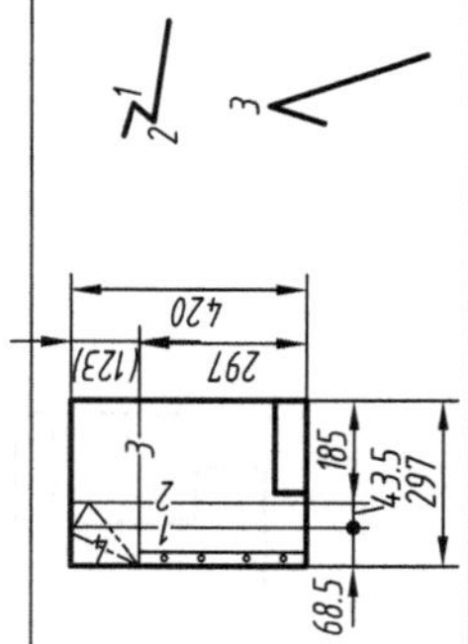
在图纸的长边上	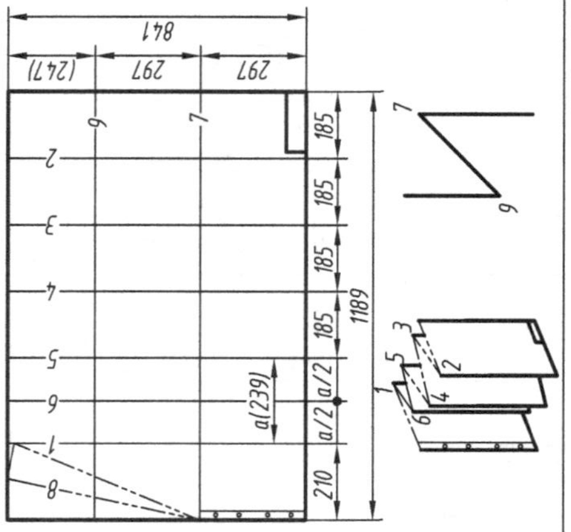	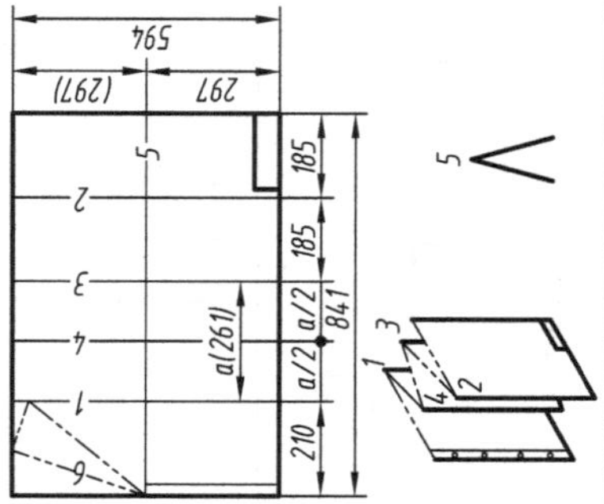	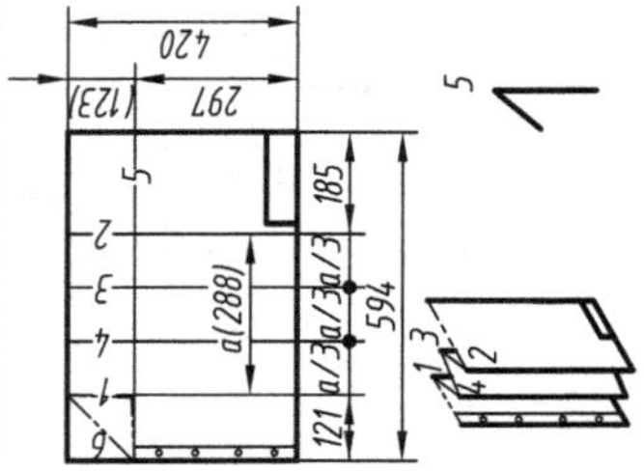	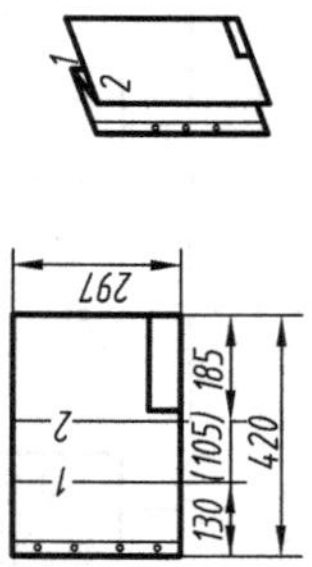

第八章 计算机三维实体造型

8-1 草图的创建。	班级学号		姓名		成绩	

1.

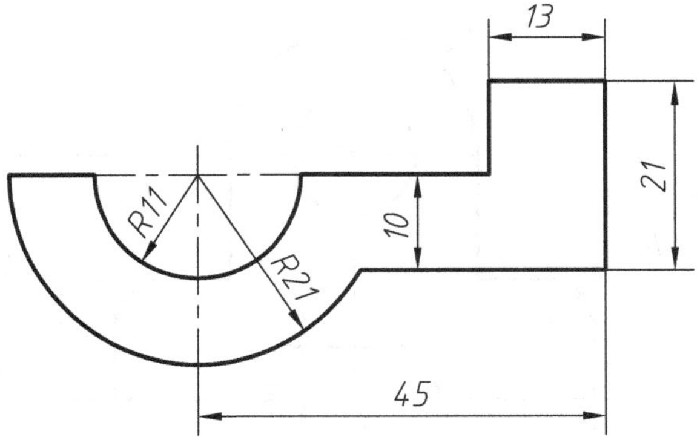

3.

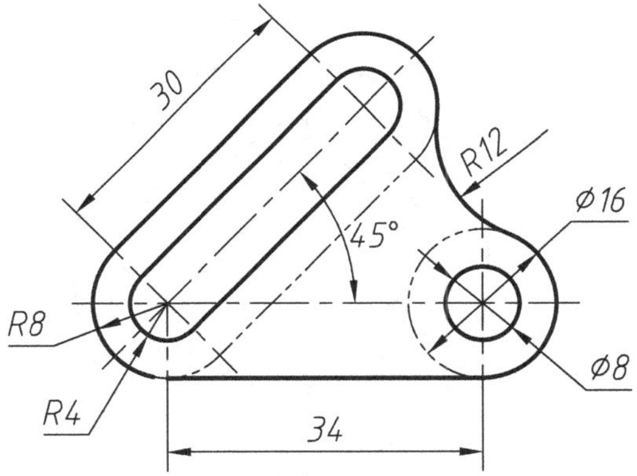

2.

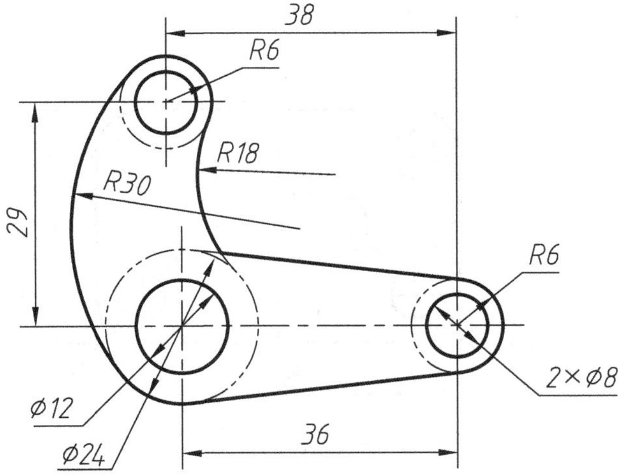

4.

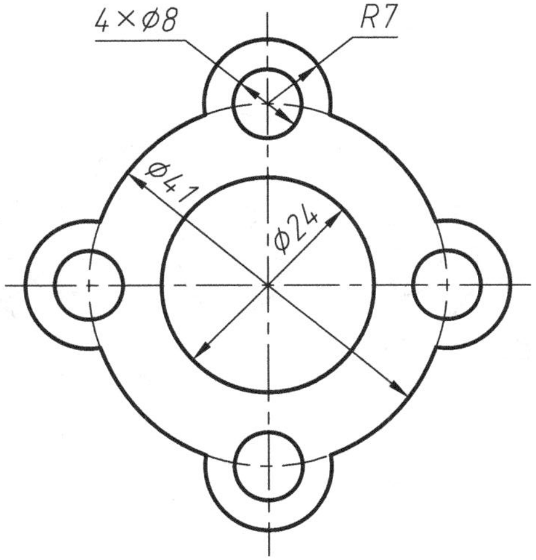

8-1 续	班级学号		姓名		成绩	

5.

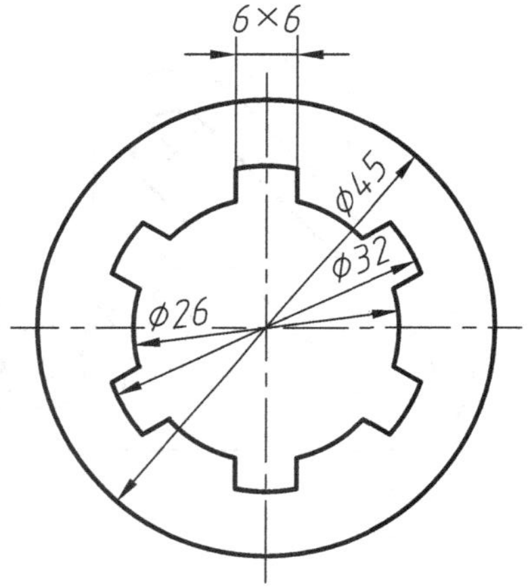

7.

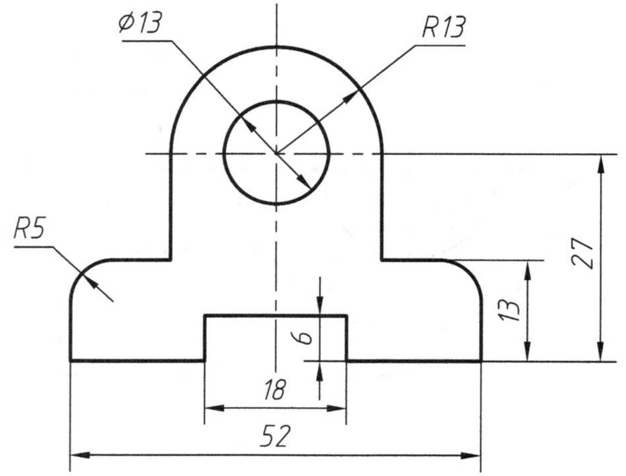

6.

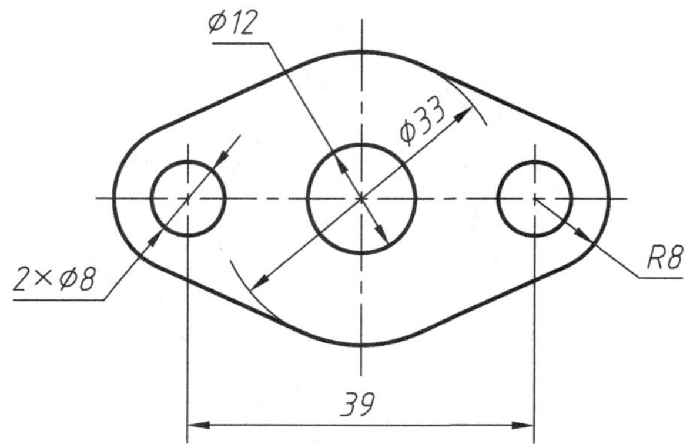

8.

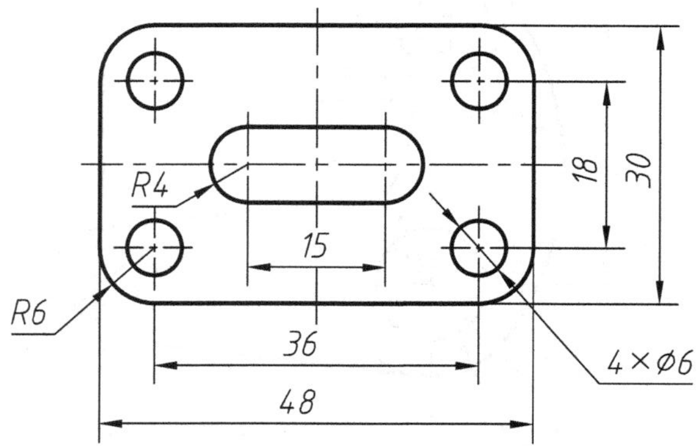

8-2 零件三维实体造型。

班级学号		姓名		成绩	

1.

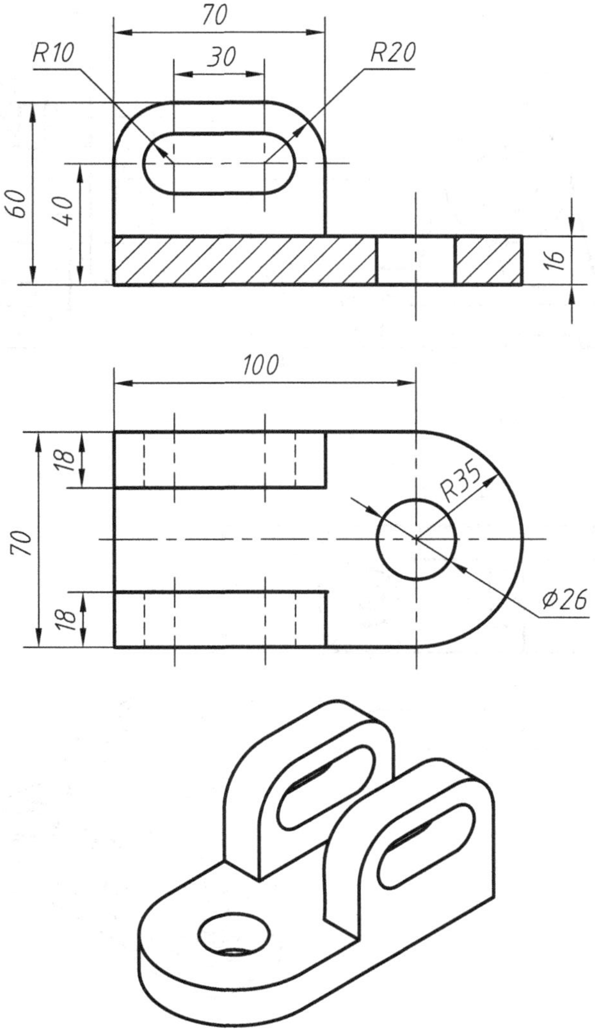

2.

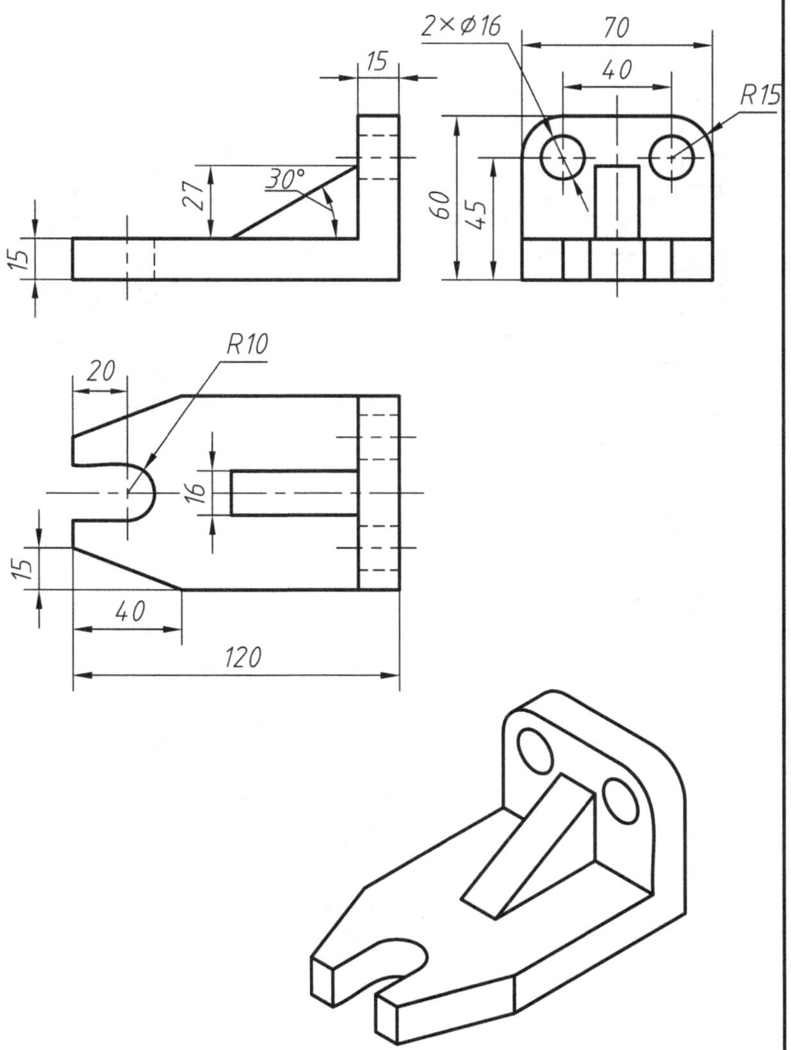

8-2 续	班级学号		姓名		成绩	

3.

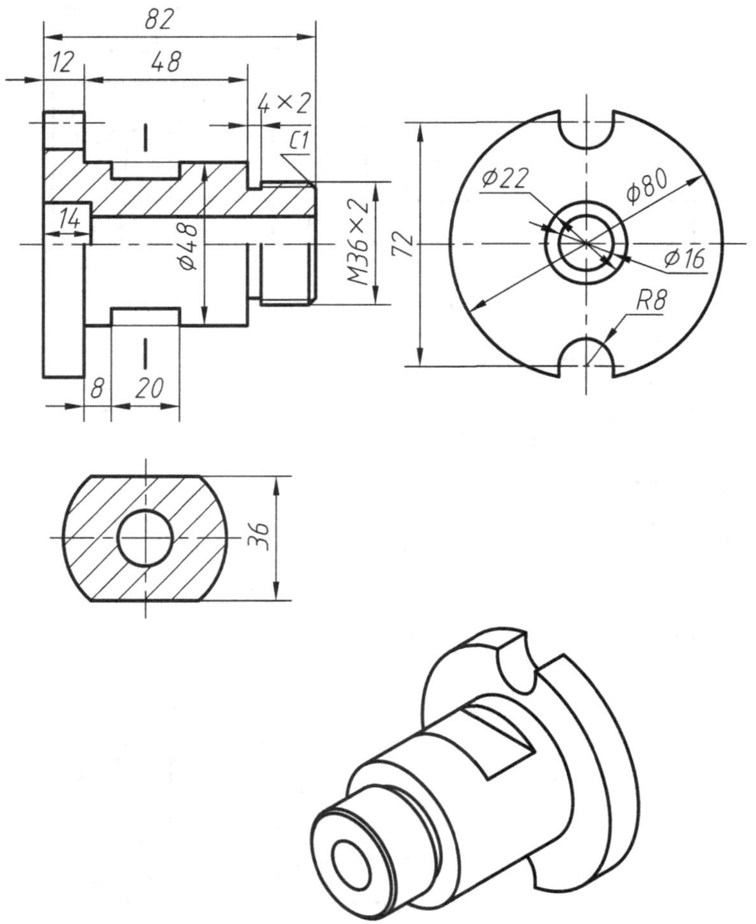

4.

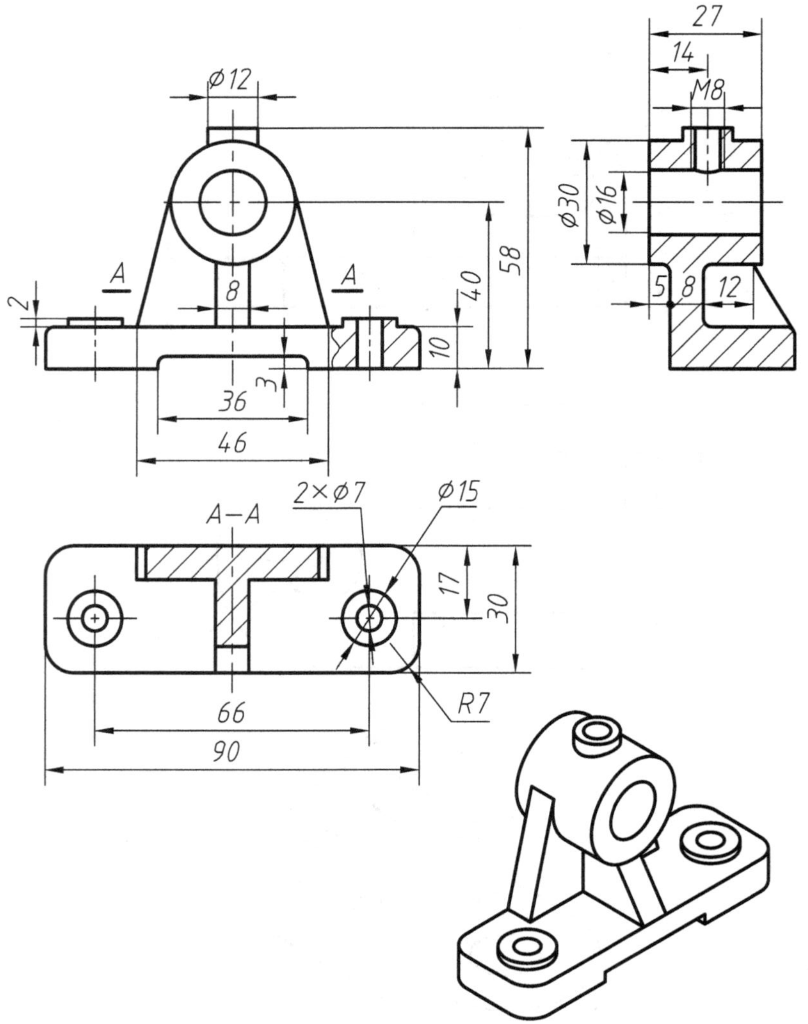

8-2 续	班级学号		姓名		成绩	

5.

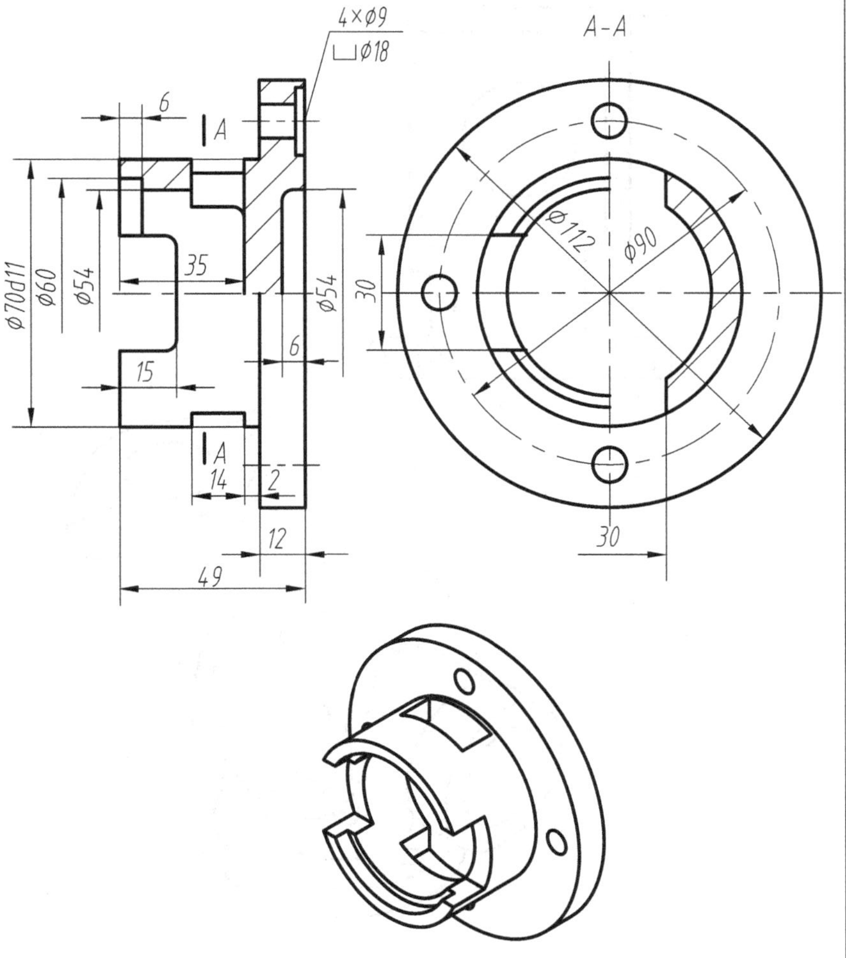

6.

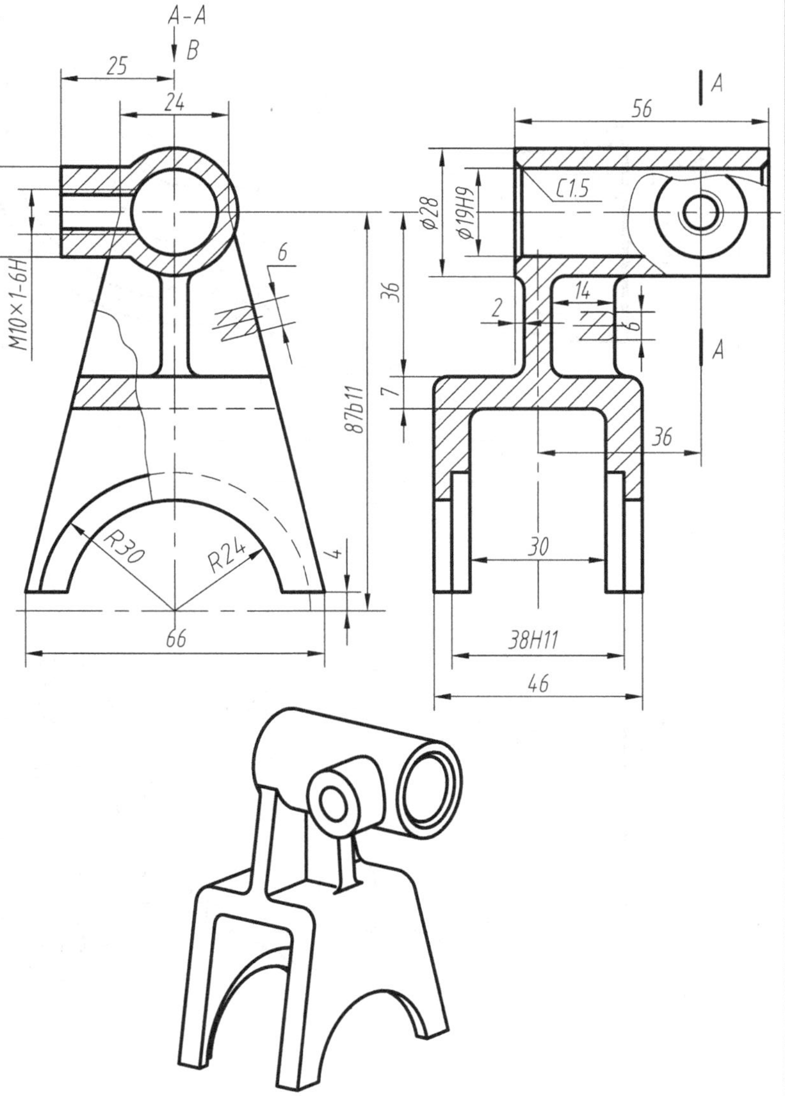

8-2 续	班级学号		姓名		成绩	

7.

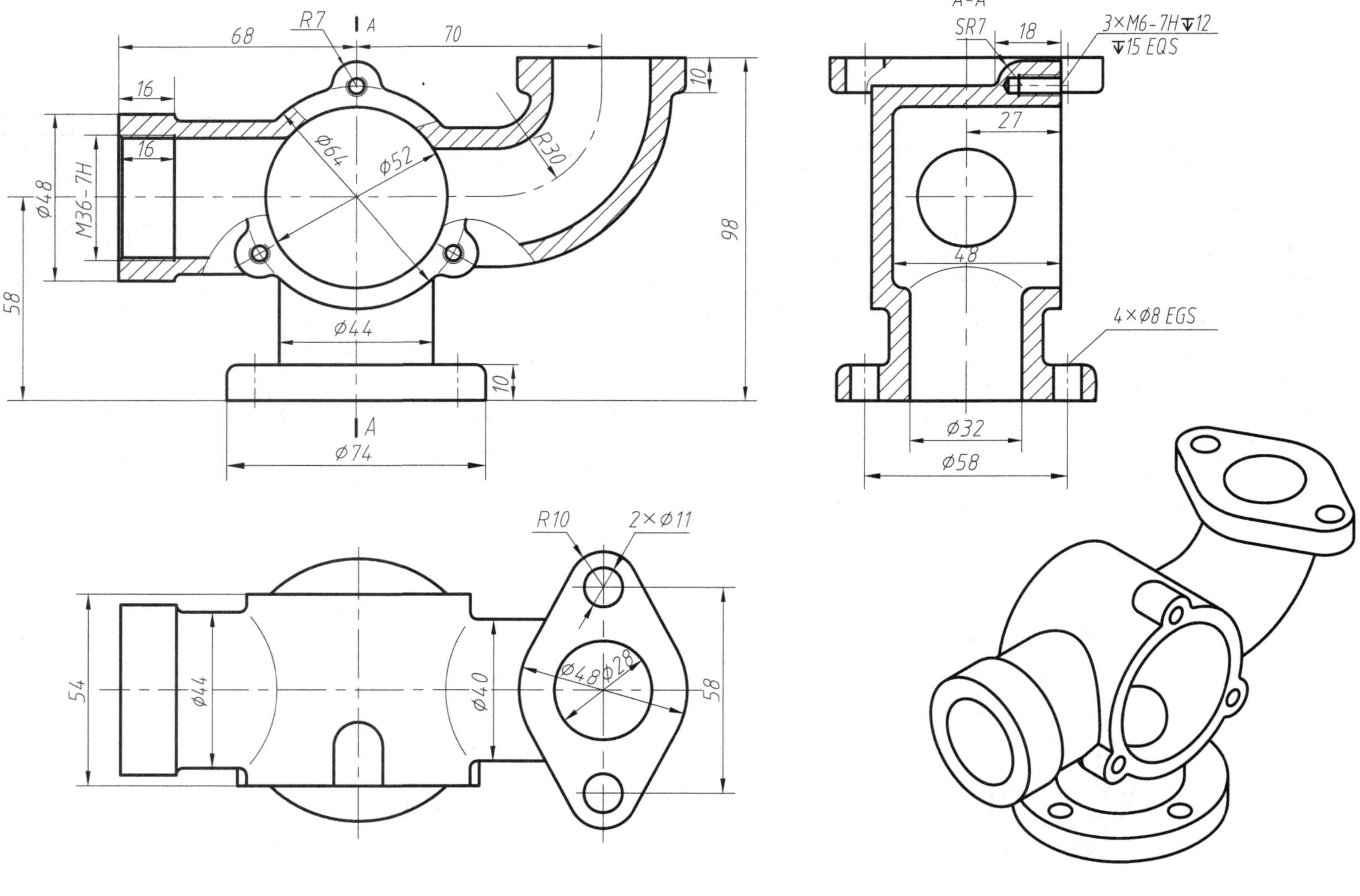

8-3 零部件装配建模	班级学号		姓名		成绩	

1. 夹紧装置

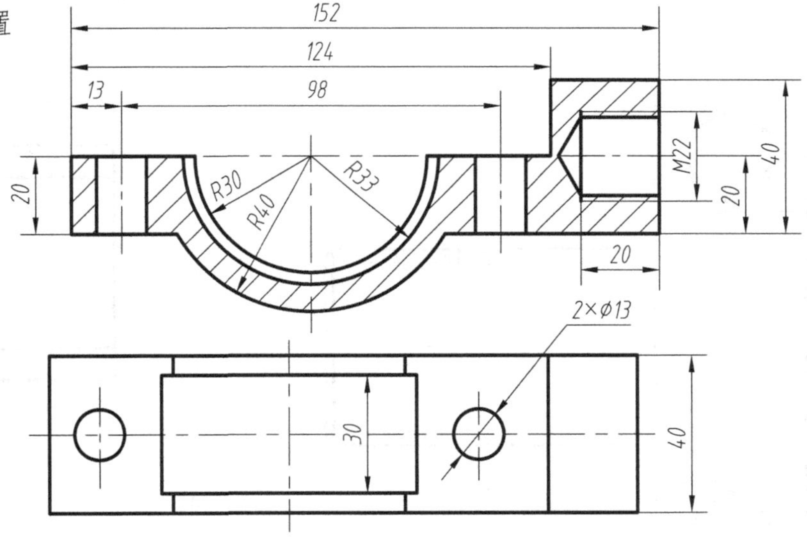

7	左压板	45	1:2	1件

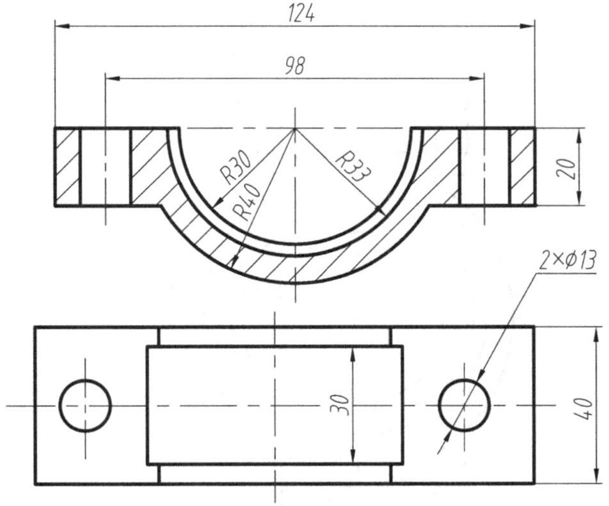

6	右压板	45	1:2	1件

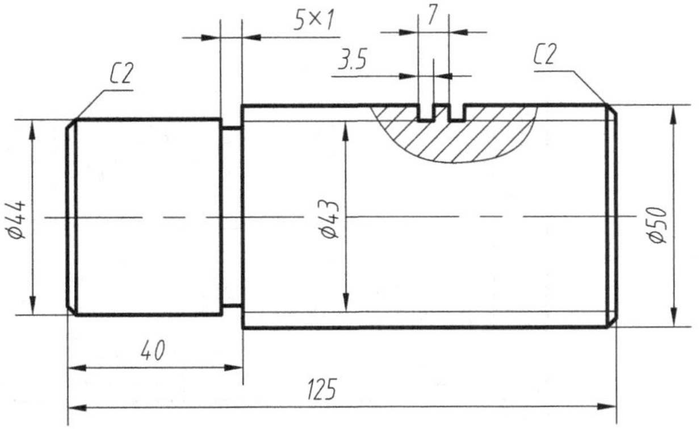

5	轴	45	1:2	1件

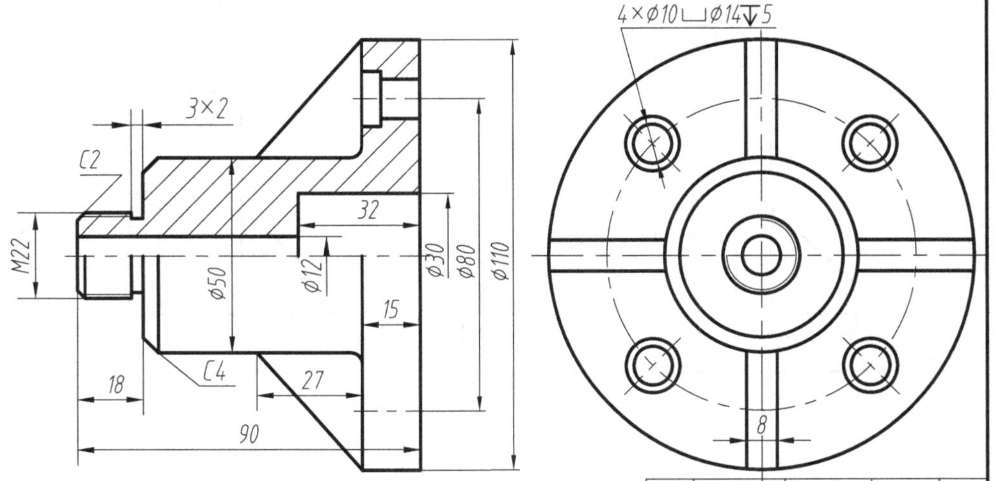

8	底座	45	1:2	1件

8-3 续	班级学号		姓名		成绩	

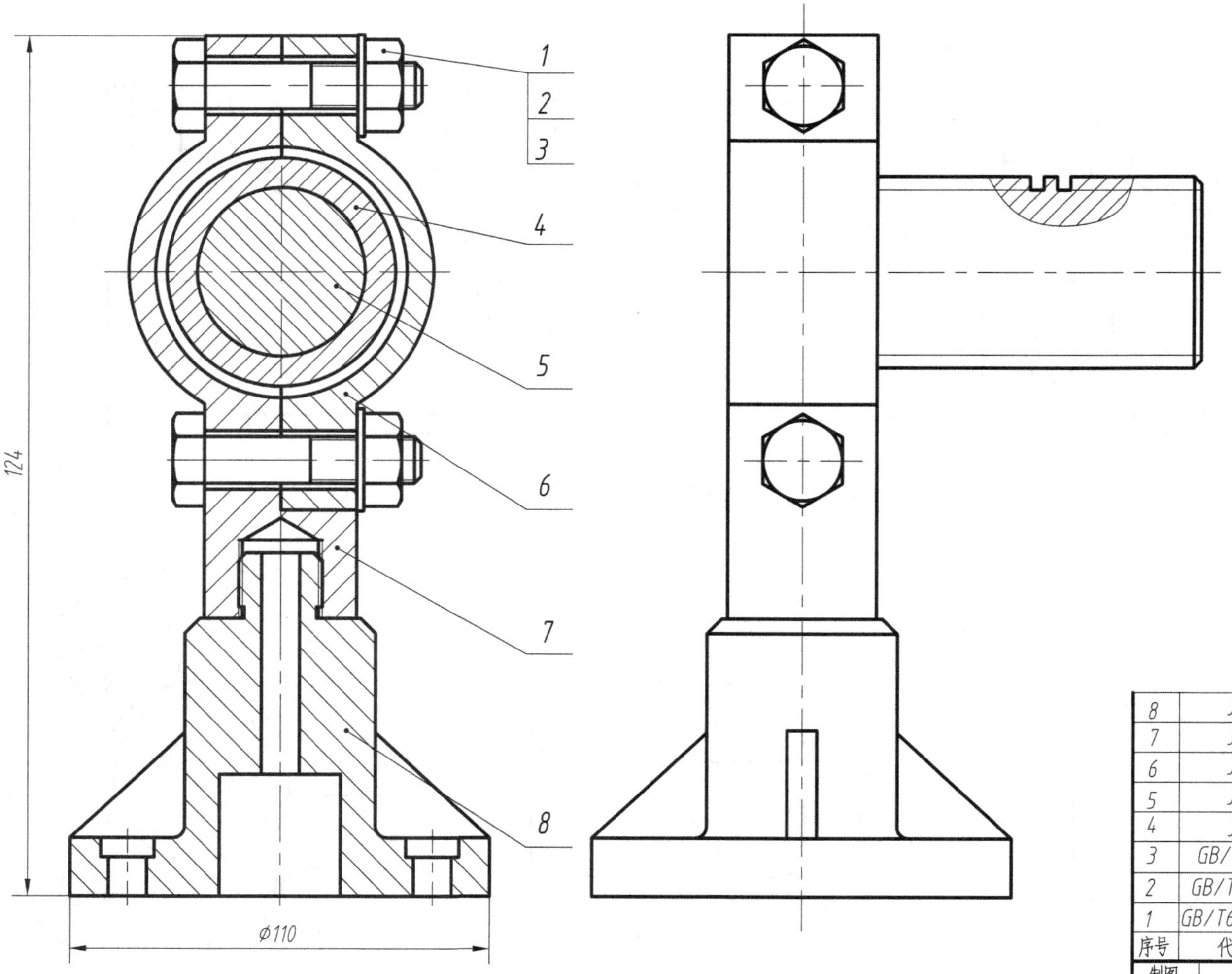

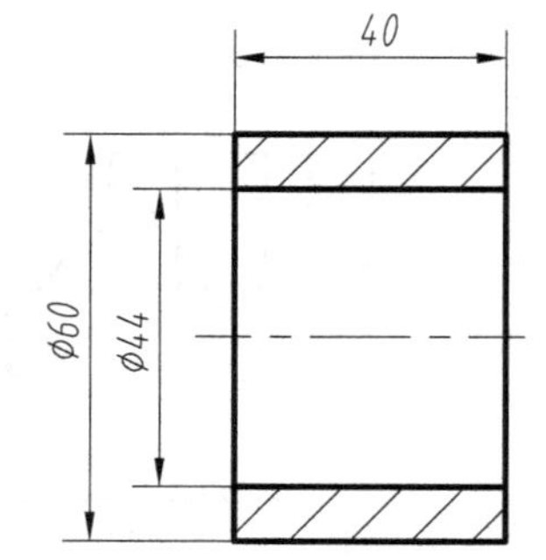

4	套	45	1:2	1件

8	JJ-05	底座	1	45	
7	JJ-04	左夹板	1	45	
6	JJ-03	右夹板	1	45	
5	JJ-02	轴	1	45	
4	JJ-01	套	1	45	
3	GB/T97.1 12	垫圈	2	Q235	
2	GB/T6170 M12	螺母	2	Q235	
1	GB/T68 M14×60	螺栓	2	Q235	
序号	代号	名称	数量	材料	备注

制图			夹紧装置	比例	
校核				件数	
				JJ00	

8-3 续	班级学号		姓名		成绩	

2. 安全阀

安全阀工作原理

安全阀是供油管路上的装置。正常工作时，阀门12靠弹簧1的压力处于关闭位置，此时油从阀体右孔流入，经阀体下部的孔进入导管。当导管中油压增高超过弹簧压力时，阀门被顶开，油就顺着阀体左端孔另一导管流回油箱，使油压在允许的范围内，以保证管路的安全。弹簧压力大小靠螺杆5来调节。为防止螺杆松动，在螺杆上部用螺母6并紧。罩子7用来保护螺杆。阀门12两侧有小圆孔，使进入阀门内腔的油流出来。

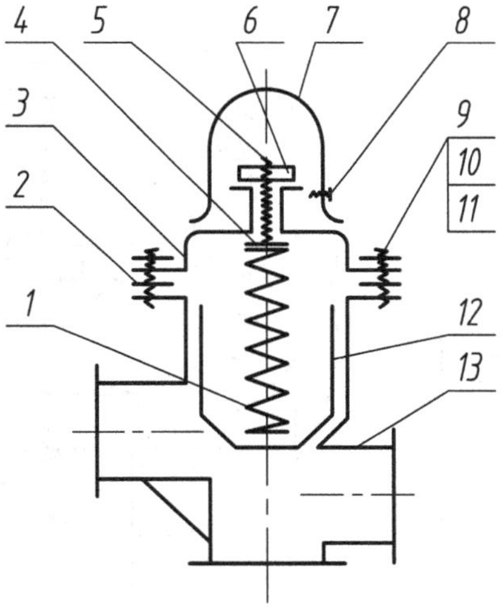

序号	名称	数量	材料	备注
13	阀 体	1	ZL102	
12	阀 门	1	H62	
11	螺栓M12×35	4	Q235	GB/T 6170
10	螺母 M12	4	Q235	GB/T 6170
9	垫 圈 12	4	Q235	GB/T97.1
8	螺 钉 M6	1	Q235	GB/T 75
7	罩 子	1	ZL102	
6	螺母 M16	1	Q235	GB/T 6170
5	螺 杆	1	35	
4	弹 簧 垫	1	H62	
3	阀 盖	1	ZL102	
2	垫 片	1	纸板	
1	弹 簧	1	65Mn	

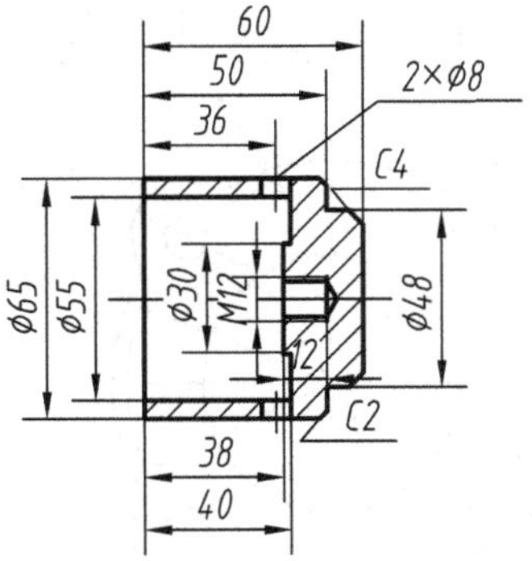

12	阀门	H62	1:3	1件

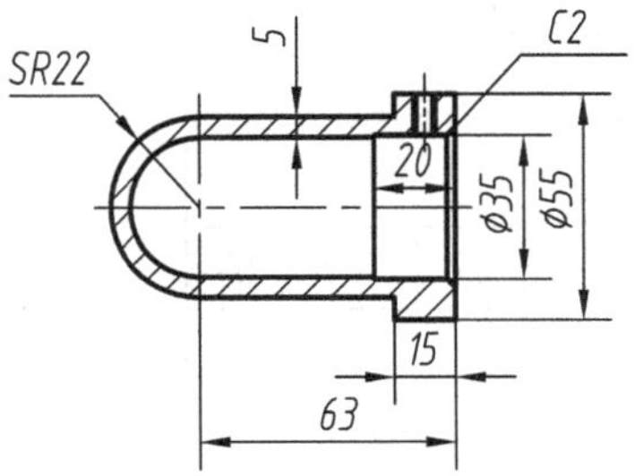

7	罩子	ZL102	1:3	1件

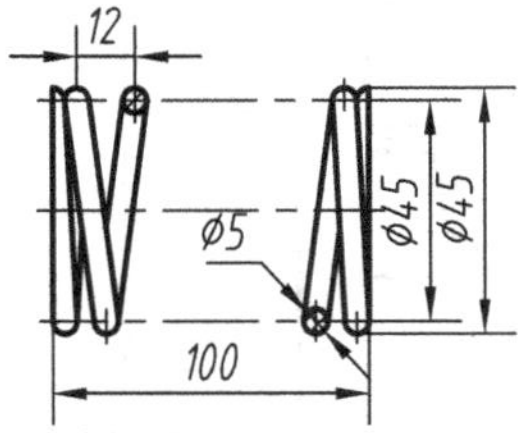

技术要求

1. 有效圈 $n=7.5$
2. 总圈数 $n_1=10$
3. 右旋
4. 展开长度 $L=1256$

1	弹簧	Mn65	1:2.5	1件

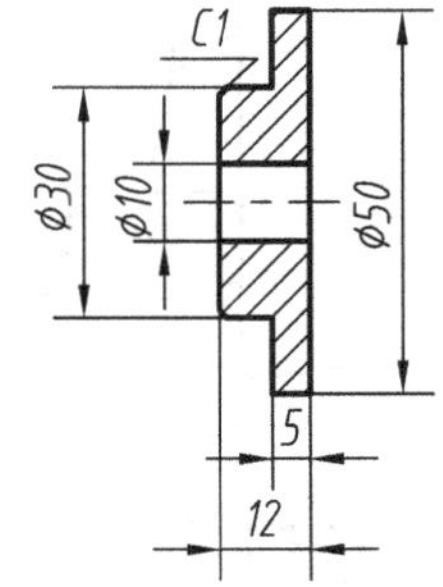

4	弹簧垫	H62	1:2	1件

8-3 续	班级学号		姓名		成绩	

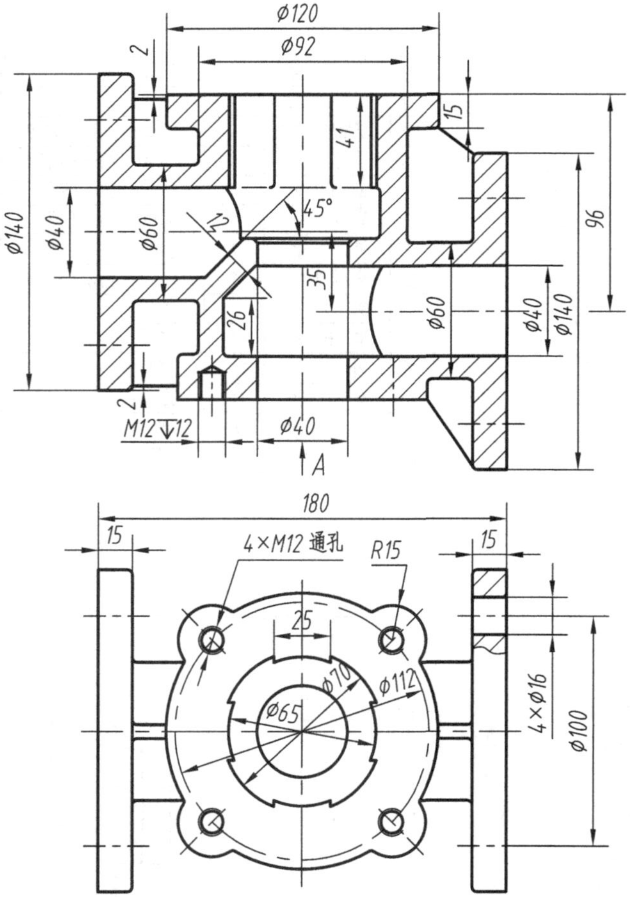

13	阀体	ZL102	1:3	1件

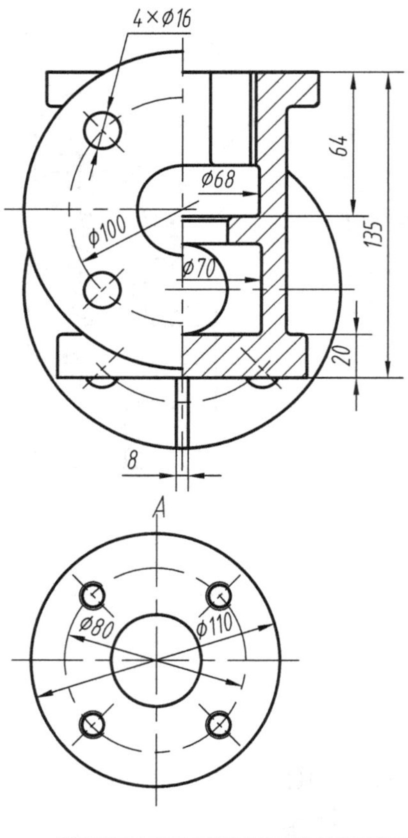

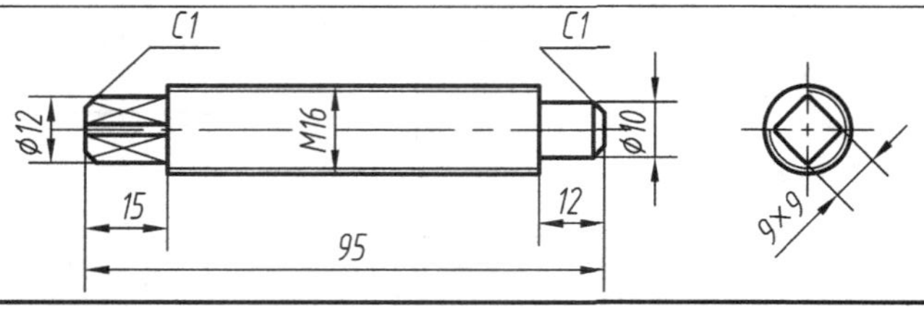

5	螺杆	35	1:2	1件

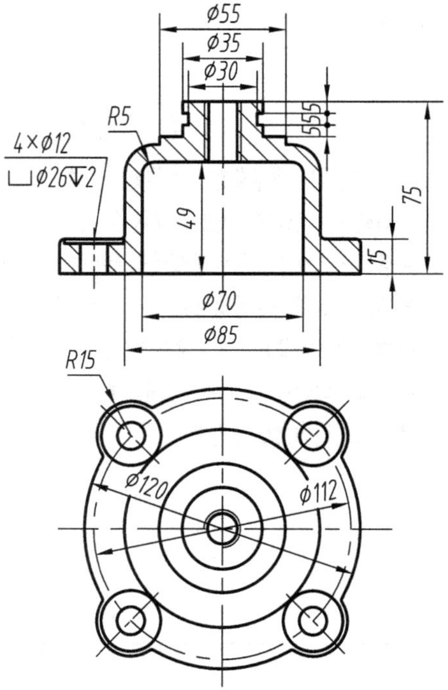

3	阀盖	ZL102	1:3	1件

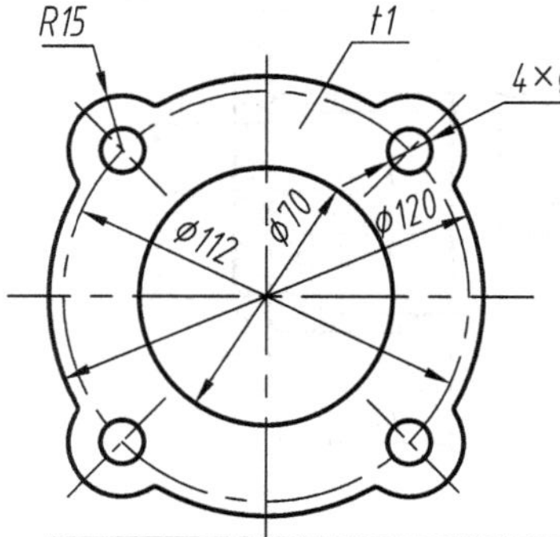

2	垫片	纸板	1:3	1件

8-4 由三维模型生成二维工程图	班级学号		姓名		成绩	

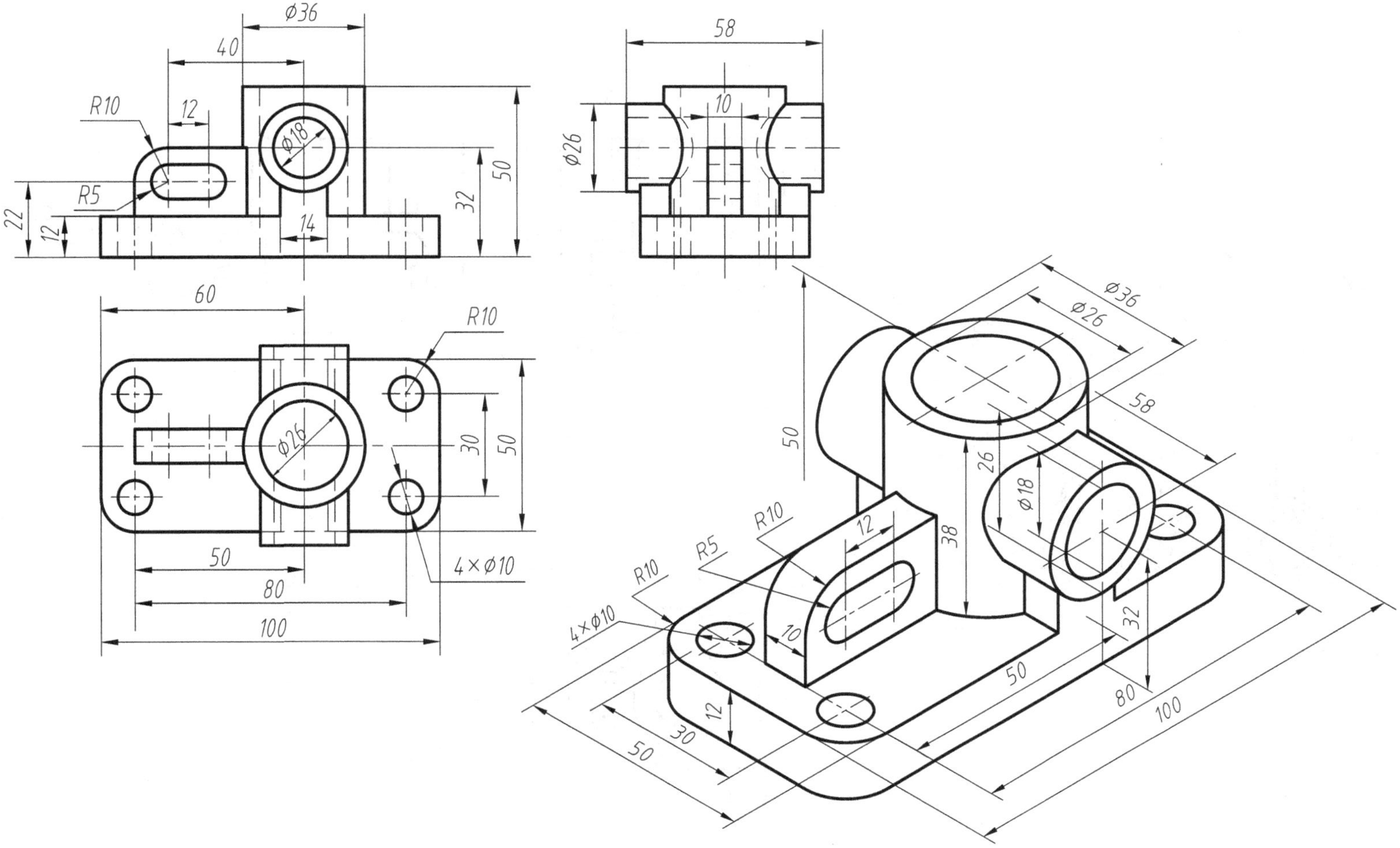

制图			支 座	比例	
校核				件数	
			HT150		

8-4 续	班级学号		姓名		成绩	

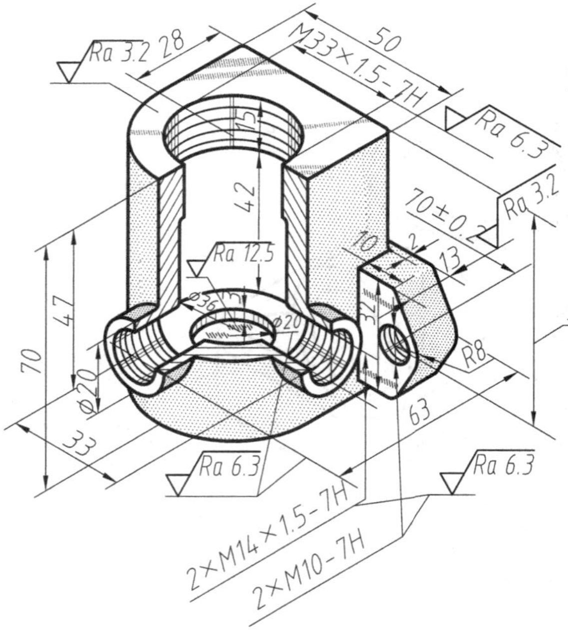

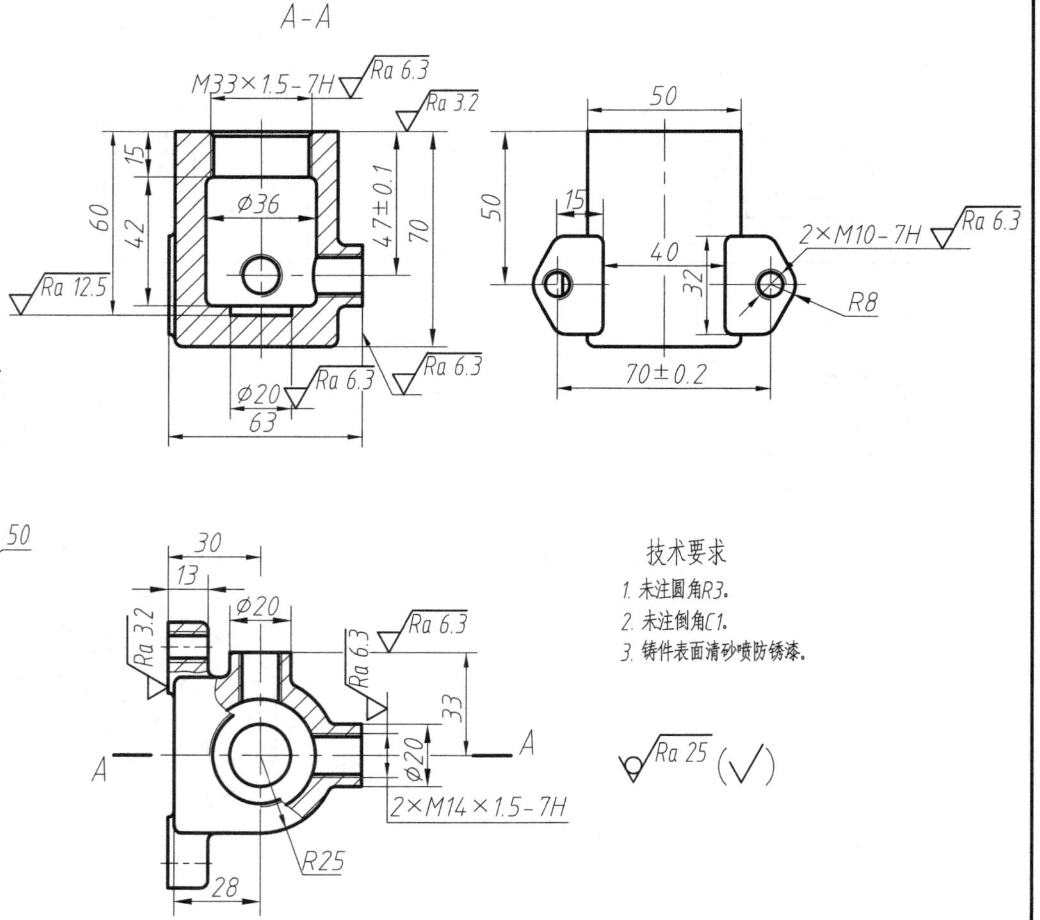

技术要求

1. 未注圆角R3。
2. 未注倒角C1。
3. 铸件表面清砂喷防锈漆。

Ra 25 (√)

制图			泵 体	比例	
校核				件数	
			HT150		